दीया जले सारी रात

बिन बाती बिन तेल

(झेन, सूफी एवं उपनिषद की कहानियों एवं बोध कथाओं पर पुणे में हुई सीरीज के अंतर्गत दी गईं सुबोधगम्य उन्नीस OSHO Talks)

ओशो

डायमंड बुक्स

OSHO

दीया जले सारी रात

बिन बाती बिन तेल

ओशो

Bin Bati Bin Tel

Published by : **Diamond Pocket Books Pvt. Ltd.**
X-30, Okhla Industrial Area, Fase-II,
New Delhi-110020,
Phone : 40712200
Website.: www.diamondbook.in,
E-mail : sales@dpb.in

The material in this book is a transcript of a series of original OSHO Talks 'Bin Bati Bin Tel' given to a live audience. All of Osho's talks have been published in full as books, and are also available as original audio recordings. Audio recordings and the complete text archive can be found at www.osho.com

Printed in India by : Adarsh Printers, Shahdara, Delhi.
ISBN :

प्रवेश से पूर्व

''दीया जले अगम का, बिन बाती बिन तेल।''

सरल सा दिखने वाला सूत्र अति कठिन है।

जो भी हम जानते हैं, जिन दीयों से भी हमारा परिचय है, वे सभी तेल से जलते हैं; उन सभी में बाती की जरूरत है। अकारण हमारी जानकारी में कुछ भी नहीं है। आग जलेगी तो ईंधन होगा। आदमी चलेगा तो भोजन जरूरी है। भोजन ईंधन है।

जो भी हम जानते हैं, जो भी हमारा ज्ञान है, वह सभी कारण से बंधा है।

यह सूत्र ऐसे तो सरल है, कि उस अगम-अगोचर का जो दीया है, परमात्मा की जो ज्योति है, वह बिना तेल, बिना बाती के जल रही है। पर कठिन बहुत है; क्योंकि हमारी कोई पहचान ऐसे किसी स्रोत से नहीं। हमारी जानकारी तो उन्हीं वृक्षों से है, जो बीज से पैदा होते हैं। निर्बीज, अबीज वृक्ष से हमारा कोई परिचय नहीं। इसलिए कठिन है। लेकिन थोड़ा समझने की कोशिश करें। कुछ उपाय अलग-अलग आयाम से समझने में सहयोगी होंगे।

बुद्धि से समझने से यह बात कभी भी न आएगी, क्योंकि बुद्धि कारण को समझती है, अकारण को नहीं। लेकिन बुद्धि से गहरे में छिपा हुआ एक और स्रोत भी है। हृदय अकारण को ही समझता है, कारण को नहीं।

जिन्होंने यह कहा है: 'दीया बले अगम का बिन बाती बिन तेल', उन्होंने कोई सिद्धांत प्रतिपादित नहीं किया है। वे किसी विचार की सरणी को उपस्थित नहीं कर रहे हैं। ऐसा उन्होंने देखा। वे उस दीये के आमने-सामने पड़ गए, जहां न बाती थी, न तेल था। ऐसा उन्होंने अनुभव किया, ऐसा उन्होंने जाना।

और यह दीया अगर अलग होता जानने वाले से, तो शायद भूल-चूक भी हो जाती। शायद तेल छिपा हो, शायद बाती इस ढंग से बनी हो कि दिखाई न पड़ती हो, लेकिन जिन्होंने जाना उन्होंने जाना कि वे स्वयं ही वह दीया हैं; उन्होंने अपने भीतर ही उस ज्योति को जलते देखा। भूल-चूक की कोई गुंजाइश न थी। उन्होंने स्वयं को ही पाया कि अकारण हैं।

जीवन का न कोई उदगम है, न कोई अंत।

न जीवन का कोई स्रोत है, न कोई समाप्ति।

न तो जीवन का कोई प्रारंभ है, और न कोई पूर्णाहुति।

बस, जीवन चलता ही चला जाता है।

ऐसी जिनकी प्रतीति हुई, उन्होंने यह सूत्र दिया है। यह सूत्र सार है बाइबिल, कुरान, उपनिषद--सभी का; क्योंकि वे सभी इसी दीये की बात कर रहे हैं।

पहली बात: जिस जगत को हम जानते हैं, विज्ञान जिस जगत को पहचानता है, तर्क और बुद्धि जिसकी खोज करती है, उस जगत में भी थोड़ा गहरे उतरने पर पता चलता है कि वहां भी दीया बिना बाती और बिना तेल का ही जल रहा है।

वैज्ञानिक कहते हैं, कैसे हुआ प्रारंभ इस जगत का, कुछ कहा नहीं जा सकता। और कैसे इसका अंत होगा, यह सोचना भी असंभव है। क्योंकि जो है, वह कैसे मिटेगा? एक रेत का छोटा सा कण भी नष्ट नहीं किया जा सकता। हम पीट सकते हैं, हम जला सकते हैं, लेकिन राख बचेगी। बिलकुल समाप्त करना असंभव है। रेत के छोटे से कण को भी शून्य में प्रवेश करवा देना असंभव है--रहेगा; रूप बदलेगा, ढंग बदलेगा, मिटेगा नहीं।

तो जब एक रेत का अणु भी मिटता नहीं, तो यह पूरा विराट कैसे शून्य हो जाएगा? इसकी समाप्ति कैसे हो सकती है? अकल्पनीय है! इसका अंत सोचा नहीं जा सकता; हो भी नहीं सकता।

इसलिए विज्ञान एक सिद्धांत को स्वीकार कर लिया है कि शक्ति अविनाशी है। पर यही तो धर्म कहते हैं कि परमात्मा अविनाशी है। नाम का ही फर्क है। विज्ञान कहता है, प्रकृति अविनाशी है। पदार्थ का विनाश नहीं हो सकता। हम रूप बदल सकते हैं, हम आकृति बदल सकते हैं, लेकिन वह जो आकृति में छिपा है निराकार, वह जो रूप में छिपा है अरूप, वह जो ऊर्जा है जीवन की, वह रहेगी।

और अगर अंत नहीं है, तो प्रारंभ नहीं हो सकता। जिस डंडे का एक छोर न हो, उसका दूसरा छोर भी नहीं हो सकता। क्योंकि अगर हम यही नहीं सोच सकते कि जगत कैसे समाप्त होगा, तो हम यह कैसे सोच सकते हैं कि कैसे शुरू हुआ? अगर रेत का एक कण शून्य में नहीं जा सकता, तो शून्य से रेत का कण कैसे आ सकता है?

दोनों ही बातें एक ही हैं, एक जैसी हैं। अगर जगत शून्य से पैदा हो तो जगत शून्य में खो सकता है। अगर जगत शून्य में नहीं खो सकता तो शून्य से पैदा भी नहीं हुआ। इसका अर्थ हुआ कि जगत सदा था। अस्तित्व सदा-सदा था और सदा-सदा रहेगा। इसका कोई उदगम नहीं है।

जिस ऊर्जा का कोई उदगम न हो, वह अकारण है। जिस ऊर्जा का कोई अंत न हो, वह अकारण है।

-ओशो

विषय सूची

१

मृण्मय घट में चिन्मय दीप

ओशो, सबसे पहले हमारा प्रेम, प्रणाम व अहोभाव स्वीकार करने की कृपा करें।
परम तत्व को उपनिषद स्वयंभू या स्वप्रकाश कहते हैं। आप कहते हैं कि जो सकारण है वह पदार्थ है; और जो अकारण है, वह परमात्मा।
इसी बात को संत कवित्वमयी भाषा में कहते हैं:
''दिया बले अगम का बिन बाती बिन तेल।''
लेकिन हम हैं कि अकारण तत्व तो दूर, इस सकारण जगत को भी ठीक से नहीं समझते हैं। और बत्ती-तेल वाला हमारा दीया बस टिम टिमाता भर है।
कृपापूर्वक हमें समझाएं, हमें बताएं कि क्या सच में ही 'बिन बाती बिन तेल' का कोई दीया जलता है?

दीया बले अगम का, बिन बाती बिन तेल।
सरल सा दिखने वाला सूत्र अति कठिन है।

जो भी हम जानते हैं, जिन दीयों से भी हमारा परिचय है, वे सभी तेल से जलते हैं; उन सभी में बाती की जरूरत है। अकारण हमारी जानकारी में कुछ भी नहीं है। आग जलेगी तो ईंधन होगा। आदमी चलेगा तो भोजन जरूरी है। भोजन ईंधन है।

जो भी हम जानते हैं, जो भी हमारा ज्ञान है, वह सभी कारण से बंधा है।

यह सूत्र ऐसे तो सरल है, कि उस अगम-अगोचर का जो दीया है, परमात्मा की जो ज्योति है, वह बिना तेल, बिना बाती के जल रही है। पर कठिन बहुत है; क्योंकि हमारी कोई पहचान ऐसे किसी स्रोत से नहीं। हमारी जानकारी तो उन्हीं वृक्षों से है, जो बीज से पैदा होते हैं। निर्बीज, अबीज वृक्ष से हमारा कोई परिचय नहीं। इसलिए कठिन है। लेकिन थोड़ा समझने की कोशिश करें। कुछ उपाय अलग-अलग आयाम से समझने में सहयोगी होंगे।

बुद्धि से समझने से यह बात कभी भी न आएगी, क्योंकि बुद्धि कारण को समझती है, अकारण को नहीं। लेकिन बुद्धि से गहरे में छिपा हुआ एक और स्रोत भी है। हृदय अकारण को ही समझता है, कारण को नहीं।

जिन्होंने यह कहा है: 'दीया बले अगम का बिन बाती बिन तेल', उन्होंने कोई सिद्धांत प्रतिपादित नहीं किया है। वे किसी विचार की सरणी को उपस्थित नहीं कर रहे हैं। ऐसा उन्होंने देखा। वे उस दीये के आमने-सामने पड़ गए, जहां न बाती थी, न तेल था। ऐसा उन्होंने अनुभव किया, ऐसा उन्होंने जाना।

और यह दीया अगर अलग होता जानने वाले से, तो शायद भूल-चूक भी हो जाती। शायद तेल छिपा हो, शायद बाती इस ढंग से बनी हो कि दिखाई न पड़ती हो, लेकिन जिन्होंने जाना उन्होंने जाना कि वे स्वयं ही वह दीया हैं; उन्होंने अपने भीतर ही उस ज्योति को जलते देखा। भूल-चूक की कोई गुंजाइश न थी। उन्होंने स्वयं को ही पाया कि अकारण हैं।

जीवन का न कोई उदगम है, न कोई अंत।

न जीवन का कोई स्रोत है, न कोई समाप्ति।

न तो जीवन का कोई प्रारंभ है, और न कोई पूर्णाहुति।

बस, जीवन चलता ही चला जाता है।

ऐसी जिनकी प्रतीति हुई, उन्होंने यह सूत्र दिया है। यह सूत्र सार है बाइबिल, कुरान, उपनिषद--सभी का; क्योंकि वे सभी इसी दीये की बात कर रहे हैं।

पहली बात: जिस जगत को हम जानते हैं, विज्ञान जिस जगत को पहचानता है, तर्क और बुद्धि जिसकी खोज करती है, उस जगत में भी थोड़ा गहरे उतरने पर पता चलता है कि वहां भी दीया बिना बाती और बिना तेल का ही जल रहा है।

वैज्ञानिक कहते हैं, कैसे हुआ प्रारंभ इस जगत का, कुछ कहा नहीं जा सकता। और कैसे इसका अंत होगा, यह सोचना भी असंभव है। क्योंकि जो है, वह कैसे मिटेगा? एक रेत का छोटा सा कण भी नष्ट नहीं किया जा सकता। हम पीट सकते हैं, हम जला सकते हैं, लेकिन राख बचेगी। बिलकुल समाप्त करना असंभव है। रेत के छोटे से कण को भी शून्य में प्रवेश करवा देना असंभव है--रहेगा; रूप बदलेगा, ढंग बदलेगा, मिटेगा नहीं।

तो जब एक रेत का अणु भी मिटता नहीं, तो यह पूरा विराट कैसे शून्य हो जाएगा? इसकी समाप्ति कैसे हो सकती है? अकल्पनीय है! इसका अंत सोचा नहीं जा सकता; हो भी नहीं सकता।

इसलिए विज्ञान एक सिद्धांत को स्वीकार कर लिया है कि शक्ति अविनाशी है। पर यही तो धर्म कहते हैं कि परमात्मा अविनाशी है। नाम का ही फर्क है। विज्ञान कहता है, प्रकृति अविनाशी है। पदार्थ का विनाश नहीं हो सकता। हम रूप बदल सकते हैं, हम आकृति बदल सकते हैं, लेकिन वह जो आकृति में छिपा है निराकार, वह जो रूप में छिपा है अरूप, वह जो ऊर्जा है जीवन की, वह रहेगी।

और अगर अंत नहीं है, तो प्रारंभ नहीं हो सकता। जिस डंडे का एक छोर न हो, उसका दूसरा छोर भी नहीं हो सकता। क्योंकि अगर हम यही नहीं सोच सकते कि जगत कैसे समाप्त होगा, तो हम यह कैसे सोच सकते हैं कि कैसे शुरू हुआ? अगर रेत का एक कण शून्य में नहीं जा सकता, तो शून्य से रेत का कण कैसे आ सकता है?

दोनों ही बातें एक ही हैं, एक जैसी हैं। अगर जगत शून्य से पैदा हो तो जगत शून्य में खो सकता है। अगर जगत शून्य में नहीं खो सकता तो शून्य से पैदा भी नहीं हुआ। इसका अर्थ हुआ कि जगत सदा था। अस्तित्व सदा-सदा था और सदा-सदा रहेगा। इसका कोई उदगम नहीं है।

जिस ऊर्जा का कोई उदगम न हो, वह अकारण है। जिस ऊर्जा का कोई अंत न हो, वह अकारण है। क्योंकि जब भी कारण हो तो अंत हो सकता है। अगर आप भोजन के कारण जी रहे हैं--भोजन बंद, आपकी मृत्यु हो जाएगी। अगर श्वास के कारण जी रहे हैं--श्वास टूटी, आप समाप्त हुए। अगर सूरज की रोशनी के कारण जी रहे हैं--सूरज बुझा, आप बुझे। अगर कारण है तो कारण हटाया जा सकता है। सिर्फ उसका ही अंत नहीं होगा, जिसका कोई कारण न हो। तर्क भी, विचार भी, इतना तो समझ ही पा सकता है कि इस जीवन की लीला का कोई प्रारंभ नहीं।

लेकिन बुद्धि चकराती है। क्योंकि तब और उलझनें उठ आती हैं। अगर इसका कोई प्रारंभ न हो, अगर इसका कोई अंत न हो, अगर यह अंतहीन शृंखला है, तो फिर इसका प्रयोजन क्या होगा? फिर इसका अर्थ क्या है? फिर सारी बात अर्थहीन हो जाती है; फिर इसका कोई प्रयोजन नहीं रह जाता।

और बुद्धि को यह मानना कठिन होता है कि कुछ है और उसका प्रयोजन नहीं। क्योंकि बुद्धि व्यवसाय है। प्रयोजन हो तो बुद्धि फैलती है। कुछ पाने को हो तो बुद्धि कुछ करती है, कुछ कर सकती है। अगर कुछ पाने को नहीं, कोई अंत नहीं, यह अंतहीन शृंखला चलती ही रहेगी। तुम क्या करते हो, इससे कोई फर्क न पड़ेगा। तुम्हारा कृत्य कोई अंतर न लाएगा। तुम्हारा कृत्य स्वप्न जैसा है।

एक सूफी फकीर जुन्नैद ने कहा है, कि बुद्धि के सारे कृत्य ऐसे हैं, जैसा एक मच्छर लोहे के हाथी को काटने की कोशिश कर रहा हो। लोहे का हाथी! और मच्छर उसमें से खून पीने की कोशिश कर रहा हो। बुद्धि के सारे उपाय, बुद्धि के सारे कृत्य ऐसे हैं।

अगर जगत अंतहीन शृंखला है, तो तुम्हारे किए क्या होगा? बुद्धि इससे डरती है, क्योंकि फिर अहंकार निर्मित नहीं होता। मेरे करने से कुछ भी न होगा; मेरे होने के पहले था, मेरे होने के बाद होगा। जब मैं हूं तब भी मैं एक स्वप्न से ज्यादा नहीं; यथार्थ वैसा का वैसा बना रहेगा। मेरे होने, न होने से कोई फर्क नहीं पड़ता। अहंकार को निर्मित होना कठिन हो जाता है। और बुद्धि का सारा खेल अहंकार को निर्मित करने का है-- 'मैं हूं।' लेकिन मेरे होने में वजन तभी आता है, जब मैं कुछ कर सकूं; कृत्य मेरे बस में हो। तो जितना ज्यादा मैं कर सकूं, उतना वजनी मैं हो जाता हूं। अगर कुछ भी न कर सकूं, उतना ही मैं नष्ट हो जाता हूं, उतना ही मैं खो जाता हूं।

अस्तित्व प्रयोजन-शून्य है तो अहंकार को बनने की कोई जगह न रही। और अगर इसका कोई प्रारंभ, अंत नहीं तो बुद्धि को खोजने को कुछ न बचा। बुद्धि की जिज्ञासा है जानना: कैसे हुआ प्रारंभ? किसने बनाया? क्यों बनाया? कब होगा अंत? कब आएगी प्रलय? कैसे होगा अंत? बुद्धि को खोजने के लिए जगह मिलती है। बुद्धि और अहंकार इस प्रयोजन-शून्य, अंतहीन विस्तार में कहीं भी नहीं टिकते; खो जाते हैं।

इसलिए जो अहंकार और बुद्धि को छोड़ कर खड़ा होगा, वह तत्क्षण देख पाएगा: ''दीया बले अगम का, बिन बाती बिन तेल।''

और यह दीया बाहर ही नहीं जल रहा है, यह दीया भीतर भी जल रहा है। यही दीया है सब तरफ, एक ही ज्योति जल रही है। हम सब एक ही ज्योति की अलग-अलग लपटें हैं। लपटें जलेंगी, बुझेंगी; वह जो स्रोत है अग्नि का, वह शाश्वत है।

मैं मिट जाऊंगा, क्योंकि मैं एक रूप हूं। तुम मिट जाओगे, क्योंकि तुम एक आकार हो। लेकिन जिसने तुम्हारे भीतर आकार लिया है, वह तुम्हारे मिटने पर भी नहीं मिटेगा। लहर खो जाएगी, क्योंकि लहर एक रूप थी; लेकिन लहर में जो सागर छिपा था, वह रहेगा। तुम मिटोगे, तुम खोओगे, क्योंकि तुम सकारण हो। मां से, पिता से तुम पैदा हुए। रूप पैदा हुआ, तुम नहीं; शरीर बना, तुम नहीं। जो मां-बाप से बना है, मौत उसे ले जाएगी।

भोजन से तुम निर्मित हो रहे हो। शरीरशास्त्री कहते हैं, तीन महीने भोजन बंद कर दिया जाए तो तुम समाप्त हो जाओगे। तीन महीने भी इसलिए कि तीन महीने तक सुरक्षित भोजन शरीर में है। तुम इकट्ठा कर लिए हो मांस, चरबी, वह तीन महीने में चुक जाएगा। तेल चुका, ज्योति बुझी। श्वास तो अभी बंद कर दी जाए तो तुम अभी समाप्त हो जाओगे। पानी में डुबा दिया जाए तुम्हें और निकलने न दिया जाए तो दो क्षण में मौत हो जाएगी। क्योंकि तुम्हारा जो, जो दीया है, वह हवा से मिलती आक्सिजन से जल रहा है।

एक दीया जलता हो, हवा का झोंका आए तो शायद न बुझे। तुम उसे बचाने के लिए एक बर्तन से ढंक दो, थोड़ी देर जलेगा, फिर बुझ जाएगा। क्योंकि जितनी बर्तन के भीतर ऑक्सीजन होगी उतनी देर श्वास ले लेगा, फिर ऑक्सीजन चुकी, कि दीया गया। हवा के झोंके में शायद न भी बुझता, क्योंकि उसमें प्राण की ऊर्जा भी थी, लेकिन बंद बर्तन में मिट जाएगा।

तुम प्रतिपल श्वास ले रहे हो, वह श्वास तुम्हारे भीतर के दीये को जला रही है। यह दीया तो बिना बाती बिना तेल का नहीं है; इसलिए मौत का इतना डर है। क्योंकि तुम कितना ही झुठलाओ और तुम कितना ही अपने को समझाओ, तुम्हारा मन यह मानने को राजी नहीं हो सकता कि तुम अमृत हो। तुम हो भी नहीं। अमृत तुममें छिपा है, लेकिन उसका तुम्हें पता नहीं। तुम तो जो भी हो, वह सकारण है। उसमें तो तेल मिलता रहे तो तुम जलते रहोगे। तेल खिंचा कि तुम मिटे।

महावीर जैसे व्यक्तियों ने उपवास के बड़े गहरे प्रयोग किए, उन प्रयोगों का सार तुम्हें मैं कहता हूं, जैनों को उस सार का कुछ भी खयाल नहीं रहा। महावीर के वर्षों

तक भूखे रहने के लंबे प्रयोग हैं। कहा तो यह जाता है कि बारह वर्ष में महावीर ने केवल एक वर्ष भोजन किया--कभी-कभी। कभी तीन महीने भूखे रहे, फिर एक दिन भोजन किया; कभी दो महीने भूखे रहे, फिर एक दिन भोजन किया, ऐसा बारह वर्षों में सब मिला कर तीन सौ पैंसठ दिन भोजन किया। इसका मतलब हुआ कि बारह दिन में एक दिन भोजन और ग्यारह दिन करीब-करीब भूखे रहे।

महावीर क्या कर रहे थे? यह प्रयोग क्या था? क्या सिर्फ भूखे मरने से कोई अध्यात्म को उपलब्ध हुआ है? तब तो भुखमरी सौभाग्य होगी; तब तो दीनता, दरिद्रता आशीर्वाद है परमात्मा का; तब तो जो भूखे हैं, वे परमात्मा को पा लेंगे। लेकिन भूखे का तो शरीर भी खो जाता है, आत्मा को पाना तो बहुत मुश्किल है।

महावीर क्या कर रहे थे? महावीर जो कोशिश कर रहे थे, वह इसी सूत्र से संबंधित है। महावीर यह कोशिश कर रहे थे जानने की, कि क्या है मेरे भीतर, जो तेल से जलता है और क्या मेरे भीतर, जो बिना तेल के जलता है; इसका भेद साफ करने की कोशिश कर रहे थे। क्योंकि भोजन बंद करने से कौन मेरे भीतर मरने लगता है? भोजन न देने से कौन सी ज्योति मंद पड़ने लगती है? क्या वही मैं हूं? अगर वही मैं हूं, तो व्यर्थ है सब। क्योंकि आज नहीं कल तेल चुकेगा, आज नहीं कल दीया टूटेगा। मिट्टी का दीया है, आज नहीं कल बाती समाप्त हो जाएगी। अगर वही मैं हूं तो सब व्यर्थ है।

बारह वर्ष निरंतर दीये में से तेल अलग कर-कर के, बाती को बुझा-बुझा कर महावीर यह समझने की कोशिश कर रहे थे कि क्या मेरा होना इस होने से पृथक है? रूप में जो दिखाई पड़ता है, क्या मैं वही हूं या अरूप भी मेरे भीतर है? इस मरणधर्मा दीये में जो जलता है, क्या वही मेरी ज्योति है? या मैंने शरीर की ज्योति को अपनी ज्योति समझा? शरीर से पृथक मैं हूं या नहीं?

भरे पेट इसे जानना जरा मुश्किल है। खाली पेट इसे जानना जरा आसान है। भरे पेट जानना इसलिए मुश्किल है, कि शरीर की ज्योति भी इतनी ठीक से जलती है कि आपको पता लगाना मुश्किल है कि मेरी ज्योति कहां है। जब शरीर की ज्योति मद्दी हो जाती है, फिर भी आपकी ज्योति में रत्ती भर फर्क नहीं पड़ता--तभी आपको पता चलता है!

अगर आप बुद्धिमान हों तो बीमारी भी अध्यात्म का मार्ग बन सकती है। भूखा होना भी आत्मा की खोज बन सकती है। दुख भी परम आनंद का द्वार बन सकता है। नरक से भी स्वर्ग खोजा जा सकता है।

तपश्चर्या का एक ही लक्ष्य है कि वह जो शरीर का दीया है, उसकी ज्योति को इतना मंदा कर देना है कि उसकी ज्योति से तुम्हारी ज्योति का कोई संबंध ही न रह जाए। वह इतनी बुझी-बुझी हो जाए, फिर भी तुम भीतर पाओ कि मैं तो उतना ही जला हूं, जितना पहले था। कोई अंतर नहीं पड़ता। शरीर क्षीण हो जाता है, मैं क्षीण नहीं होता हूं। शरीर बिलकुल बुझने के करीब आ जाता है। तीन महीने शरीर की क्षमता है कि बिना भोजन के रह ले।

तो महावीर ने बहुत से उपवास तीन-तीन महीने के किए। तीन महीने के बाद वे भोजन करेंगे। जिस दिन पाया कि बस अब आखिरी बूंद चुकी जाती है, कि अब शरीर गिर ही पड़ेगा, उस दिन वे भोजन करेंगे; उस दिन थोड़ा तेल फिर डाल देंगे; फिर तीन महीने प्रतीक्षा चलेगी। बारह वर्ष की इस निरंतर विश्लेषण की प्रक्रिया से महावीर ने साफ कर लिया कि मैं अलग हूं और शरीर अलग है। भेद स्पष्ट हो जाए।

इस भेद की प्रक्रिया को महावीर ने 'भेद-विज्ञान' कहा। उपवास भेद-विज्ञान का एक माध्यम है। कैसे जानें रूप और अरूप की पृथकता? आकार और निराकार इतने मिले हैं, लहर इतनी जुड़ी है सागर से कि कैसे पता चले? सागर इतना प्रवेश कर गया है लहर में, भेद कैसे मालूम हो?

सागर को भी भेद तभी मालूम पड़ता है, जब सागर शांत होता है, सब लहर सो गई होती हैं। हवाओं के झोंके नहीं होते, तूफान नहीं होता, तब सागर जानता है कि वह जो लहर की तरह उछल रहा था मुझमें, वह विजातीय था। वह लहर तो मिट गई, लेकिन मैं उतना का उतना हूं, जितना लहर के साथ था। इसलिए लहर का होना एक सांयोगिक घटना थी, स्वभाव न था।

अगर तुम्हारी चेतना पूरी की पूरी जलती है उपवास में भी, और रत्ती भर भेद नहीं पड़ता... और तुम चकित होओगे, उपवास में चेतना ज्यादा प्रखरता से जलती है। भरे पेट थोड़ी मूर्च्छा होती है। भोजन मूर्च्छा लाता है; इसलिए भोजन के बाद नींद की इच्छा होती है। भोजन किया कि लगता है थोड़ा विश्राम कर लें, सो जाएं। इसलिए खाली पेट रात नींद नहीं आती। क्योंकि खाली पेट जागरण हो जाता है, खाली पेट चेतना ज्यादा प्रखर होती है।

जिन लोगों ने भी थोड़े से उपवास के प्रयोग किए हैं, उनका यह अनुभव है कि दो-तीन-चार दिन तो तकलीफ मालूम पड़ती है, क्योंकि शरीर की आदत! वह मांग करता है। लेकिन पांचवें या सातवें दिन के बाद शरीर की मांग शांत हो जाती है। शरीर समझ

लेता है कि अब भोजन मिलने वाला नहीं; वह मांग बंद कर देता है। सातवें दिन के बाद चेतना में बड़ा हलकापन आना शुरू हो जाता है। और सातवें दिन के बाद मूर्च्छा कम होने लगती है। सातवें दिन के बाद नींद एकदम क्षीण हो जाती है; करीब-करीब ना के बराबर हो जाती है। अगर तीन सप्ताह का उपवास किया तो नींद बिलकुल खो जाती है।

और जब नींद बिलकुल खो जाती है, चौबीस घंटे होश रहता है और होश हलका हो जाता है, जैसे पंख लग गए, जैसे कोई वजन न रहा, जैसे जमीन का कोई ग्रेविटेशन तुम पर न रहा, तुम निर्भार हो गए; जैसे तुम चाहो तो अब उड़ सकते हो शरीर को छोड़ कर, ऐसे क्षणों में तुम्हें पहली दफा पता चलता है कि शरीर का दीया अलग, मेरा दीया अलग! शरीर पर मैं निर्भर नहीं हूं। शरीर की ज्योति जले या बुझे, इससे न मेरे बुझने का कोई संबंध है, न मेरे जलने का। मैं जलता हूं शरीर से अलावा भी। और मैं जलता रहूंगा। जब शरीर नहीं था तब भी मैं था। इसलिए अगर कोई डेढ़ महीने के उपवास में जाए--छह सप्ताह का उपवास, तो उसे पिछले जन्मों का स्मरण आना शुरू हो जाए।

इसलिए आश्चर्य की बात नहीं कि महावीर ने जाति-स्मरण के विज्ञान को सबसे गहराई में खोजा--पिछले जन्म के स्मरण को। क्योंकि लंबे उपवास से आप इतने हलके हो जाते हैं! और शरीर से आपका संबंध करीब-करीब टूटा हो जाता है। जैसे जरा सा इशारा, एक झटका--और आप शरीर से अलग हो सकते हैं। उस क्षण में आपको पिछले जन्मों की स्मृति आनी शुरू हो जाती है; क्योंकि जब यह शरीर नहीं था, तब भी आप थे और जब यह शरीर नहीं रहेगा, तब भी आप रहेंगे। जैसे ही यह साफ होता है कि शरीर से मेरा तादात्म्य नहीं है, तब दर्शन होते हैं--'दीया बले अगम का बिन बाती बिन तेल।'

और जिसको भीतर यह दीया पहचान में आ गया तो भीतर तो छोटी सी ज्योति है; सब तरफ उसी की ज्योति जल रही है। वृक्षों में जो हरी आग दिखाई पड़ रही है, वह भी उसी की ज्योति है। फूलों में जो लाल आग दिखाई पड़ रही है, वह भी उसी की ज्योति है। जो पक्षियों में उड़ रहा है, वह भी उसी की ज्योति है।

एक बहुत अदभुत पश्चिम में कवि हुआ, ब्लैक। एक सुबह बैठा था, और आकाश में बगुलों की एक कतार उड़ी। नीले आकाश में सफेद बगुलों की कतार एक तीर की तरह निकल गई। ब्लैक ने उस दिन एक कविता लिखी, और उसमें उसने लिखा कि अगर आंखें शुद्ध हों, मन का दर्पण साफ हो, देखने की क्षमता हो, तो पक्षी दिखाई

नहीं पड़ते, सिर्फ ऊर्जा दिखाई पड़ती है। पक्षी का आकार नहीं दिखाई पड़ता, अंदर जलती हुई आग दिखाई पड़ती है--पर आंख साफ हो।

आंख धुंधली हो तो आकार दिखाई पड़ता है। आंख साफ हो तो निराकार दिखाई पड़ता है। और आंख कब साफ होती है, जब तुम्हारी मूर्च्छा कम होती है। जब तुम्हें नींद पकड़ती है तो कुछ साफ दिखाई नहीं पड़ता।

खयाल करो, कभी तुम बैठे हो और जगना पड़ रहा है और नींद आ रही है। तुम खोलने की कोशिश कर रहे हो आंखें, लेकिन आंखें खुलना नहीं चाहतीं, भीतर से बेहोशी छा रही है। तब तुम्हारी देखने की क्षमता कैसे साफ होगी? तब ऐसा भी हो सकता है कि तुम आंख बंद कर लो और सपना देखो कि आंख खुली है। नींद यह भी खेल करती है।

जितने दुनिया में एक्सीडेंट होते हैं, वे रात तीन बजे से पांच बजे के बीच में अधिकतम होते हैं। क्योंकि ड्राइवर को नींद धोखा दे देती है। तीन और पांच के बीच सबसे गहरी नींद का समय है। चौबीस घंटे में आदमी का शरीर का तापमान दो घंटे के लिए, करीब-करीब तीन और पांच के बीच में दो डिग्री कम हो जाता है। जब शरीर का तापमान दो डिग्री कम होता है, वही नींद का समय है। उस वक्त शरीर पूरी मूर्च्छा से भर जाता है। मूर्च्छा इतनी हो जाती है, कि ड्राइवर सोचता है कि आंखें खुली हैं। ऐसा लगता है उसे कि आंखें खुली हैं और आंखें बंद हो जाती हैं। उसी वक्त दुर्घटनाएं हो जाती हैं। जो लोग निद्रा के विज्ञान पर बड़ी खोजें कर रहे हैं, वे कहते हैं कि तीन और पांच के बीच सब ट्रैफिक बंद हो जाना चाहिए, तो दुनिया के आधे एक्सीडेंट कम हो जाएं--पचास प्रतिशत। क्योंकि आधा उपद्रव तीन और पांच के बीच हो रहा है।

जब तुम्हारी आंखें नींद से भरी होती हैं, तब तुम देखोगे कैसे? इसलिए सुबह तुम्हें जो दिखाई पड़ता है वह अलग है। सांझ तुम्हें जो दिखाई पड़ता है वह अलग है। सांझ तुम्हें उदास मालूम पड़ती है। सब तरफ, चारों तरफ एक तरह का विषाद दिखाई पड़ता है। सूर्यास्त के साथ जैसे सब धीमा, मंदा हो जाता है। ऐसा हो नहीं रहा है, सिर्फ तुम्हारी आंखें दिन भर की थकी और मंदी हो रही हैं। तुम्हारी आंखों पर धुआं इकट्ठा हो गया है।

सूर्यास्त उतना ही सुंदर है, जितना सूर्योदय। सूर्यास्त उतना ही ताजा है, जितना सूर्योदय। सांझ उतनी ही सुखद, सुंदर और स्वस्थ है, जितनी सुबह। वहां कोई भेद नहीं पड़ रहा है। तुम्हारी आंखें थक गई हैं। और तुम्हारी आंखों की थकान चारों तरफ दिखाई पड़ रही है। तुम्हारी आंखें मंदिम हो गई हैं। तुम ठीक से नहीं देख पा रहे हो।

उपवास के क्षणों में जब बेहोशी कम हो जाती है, और शरीर उन रासायनिक तत्वों को पैदा नहीं करता, जिनसे मूर्च्छा पकड़ती है... भोजन सिर्फ जीवन ही नहीं देता, मूर्च्छा भी देता है। इसलिए ज्यादा भोजन कर लो तो वह शराब का काम कर सकता है। बहुत से लोग भोजन का उपयोग शराब की तरह करते हैं। इतना ज्यादा भोजन करते हैं। और वे पूछते हैं कि क्यों इतना ज्यादा भोजन करते हैं? ज्यादा भोजन शराब का काम देता है। तब बेहोशी अच्छी तरह आ जाती है।

भोजन के साथ बेहोशी क्यों आ जाती है? क्योंकि जैसे ही पेट में भोजन जाता है, मस्तिष्क में जो ऊर्जा साधारणतः काम करती है--जो शक्ति, वह पेट खींच लेता है। क्योंकि पेट को पचाने की जरूरत पड़ती है, तो सारे शरीर से शक्ति को पेट खींच लेता है, क्योंकि भोजन को पचाना है, पेट की अग्नि को ठीक से जलना है।

और मस्तिष्क बड़ी सूक्ष्म शक्ति से चलता है। होश सूक्ष्मतम शक्ति है। जैसे ही पेट में भोजन गया कि मस्तिष्क की शक्ति पेट की तरफ उतर जाती है। बस, सिर झपकी खाने लगता है, नींद आने लगती है। वह जो नींद आ रही है, वह इस बात का सबूत है कि जो शक्ति मस्तिष्क को चलने के लिए चाहिए, वह नहीं मिल रही। और पेट शरीर का केंद्र है। मस्तिष्क से शक्ति ली जा सकती है। मस्तिष्क को शक्ति तो पेट तभी देता है, जब उसके पास अतिरिक्त होती है। मस्तिष्क गौण है पेट के लिए। इसलिए ज्यादा भोजन करने वाले लोग बहुत प्रखर बुद्धि के नहीं होते। और एक बड़ी हैरानी की बात है कि ज्यादा भोजन करने वाले लोग न तो प्रखर बुद्धि के होते हैं और न ज्यादा जीते हैं; जल्दी मर जाते हैं।

पश्चिम में एक वैज्ञानिक है, स्किनर। वह चूहों पर प्रयोग कर रहा था। छह चूहों को जरूरत से ज्यादा भोजन, इतना स्वादिष्ट कि उनको करना ही पड़े। आदमी स्वाद से उलझ जाता है तो चूहे...! दूसरा वर्ग था छह चूहों का जिनको सम्यक भोजन; उतना, जितना उनके शरीर के लिए जरूरी है; नियमित कैलोरी, बंधा हुआ भोजन! और तीसरा हिस्सा था, जिसको जरूरत से आधा भोजन--छह चूहों को; जितनी उनके शरीर की जरूरत हो, उससे आधा। यह जिनको आधा भोजन दिया गया, ये तीन गुने ज्यादा जीए। उनकी उम्र तिगुनी हो गई उनसे, जिनको दोहरा भोजन दिया गया। और जिनको सम्यक आहार मिला, उनसे भी दोगुनी उम्र हो गई। तो स्किनर का कहना है कि दुनिया में भूख से कम लोग मरते हैं, भोजन से ज्यादा लोग मरते हैं। भोजन के बिना जीया नहीं जा सकता--यह सच है, लेकिन अगर भोजन ज्यादा हो तो शरीर में इतने विषाक्त द्रव्य

पैदा करना शुरू कर देता है, इतनी बेहोशी लाने लगता है, कि वह बेहोशी पायज़नस है, जहर है। आदमी जल्दी मर जाता है।

अगर महावीर का स्वास्थ्य अप्रतिम है तो उसका कारण कहीं न कहीं उपवास में छिपा होगा। और अगर संन्यासी ज्यादा जीते रहे हैं तो उसका उपाय कहीं न कहीं उनके कम भोजन में छिपा होगा।

जैसे ही भोजन कम होता है, होश बढ़ता है। महावीर यही खोज रहे थे कि मेरी होश की ज्योति में कोई अंतर तो नहीं पड़ता, जब मैं भोजन नहीं करता हूं, भूखा होता हूं! और अगर अंतर नहीं पड़ता तो मौत में भी अंतर नहीं पड़ेगा, क्योंकि मौत सिर्फ शरीर को छीन सकती है, मुझे नहीं।

साधक के जीवन का एक ही लक्ष्य है: इस बात को खोज लेना कि मेरे भीतर दो हैं। एक जो सकारण है, वही संसार है। और एक जो अकारण है, वही परमात्मा है। सकारण का अर्थ होता है कि कारण हट जाएं तो वह मिट जाएगा। अकारण का अर्थ होता है, कुछ भी हो, कोई भेद न पड़ेगा।

नास्तिक और आस्तिक में इसी सकारण और अकारण का उपद्रव है। चार्वाक और उनके धाराओं को मानने वाले नास्तिकों का कहना है कि आदमी भी वस्तुओं का एक जोड़ है। वस्तुओं को अलग कर लो, आदमी समाप्त हो जाएगा--एक संघात है। जैसे आप पान खाते हैं, तो मुंह लाल हो जाता है। वह लाली पान में जो तीन, चार, पांच चीजें मिल कर पान बना है, उनसे आती है। एक-एक चीज को अलग कर लें, वह लाली खो जाएगी; वह अलग नहीं है। चार्वाक कहते हैं कि आदमी की जो चेतना है, वह भी बस पान की लाली की तरह है। उसके शरीर के तत्वों को अलग कर लो, वह चेतना भी खो जाएगी। यही मार्क्स भी कहता है, 'कांशियसनेस इज़ ए बाइ-प्रोडक्ट।'--कि चेतना जो है, वह पदार्थ की उपपत्ति है। शरीर से पदार्थ अलग कर लो, आत्मा नहीं पाई जाएगी।

महावीर उपवास करके यही कोशिश कर रहे हैं जीते-जी, कि शरीर से सारे तत्व अलग कर लिए जाएं, सारा भोजन-ईंधन अलग कर लिया जाए, और देखा जाए कि इससे मुझमें कोई कमी पड़ती है या नहीं? अगर रत्ती भर भी इससे कमी नहीं पड़ती और शरीर तीन महीने से भूखा है, सब ईंधन करीब-करीब चुक गया है; और शरीर की ज्योति इतनी मंदी जल रही है, कि कोई भी हवा का झोंका--और शरीर बुझ जाएगा,

और मेरी चेतना में फर्क ही नहीं पड़ा, बल्कि मेरी चेतना और प्रगाढ़ होकर जल रही है तो निश्चित ही यह चेतना शरीर के जोड़ से पैदा नहीं हुई है; अकारण है!

अकारण चेतना का अनुभव परमात्मा का अनुभव है।

भीतर इसका अनुभव हो तो बाहर भी इसका अनुभव होगा। और एक बार व्यक्ति इसकी प्रतीति को पा ले, इसे पहचान ले, यह उसे दिखाई पड़ जाए, तो इसी प्रतीति का विस्तार सब तरफ दिखाई पड़ना शुरू हो जाता है। फिर तुम नहीं हो, तुम्हारे भीतर जो छिपा है, वही दिखाई पड़ता है। देखने का गेस्टाल्ट बदल जाता है।

मैं तुम्हें देख रहा हूं, तुम्हें दो तरह से देखा जा सकता है। एक तो तुम्हारा रूप है, एक आकृति है: तुम्हारा चेहरा है, नाक है, आंख, कान, शरीर, वजन है, ऊंचाई है, दुबले हो, मोटे हो--एक तुम्हारा रूप है। पर रूप तुम्हारी परिधि है। वह परिधि तुम नहीं हो। रूप तुम्हारी खोल है, वह तुम्हारा वस्त्र है, तुम्हारा घर है, वह घर-मालिक नहीं है। तुम्हारे वस्त्र तुम नहीं हो।

एक तो देखने का ढंग है: तुम्हारे रूप को देखना, आकृति को देखना; वही आमतौर से हमारा देखने का उपाय है। वह रहेगा, क्योंकि जिसने अपने भीतर अरूप को नहीं पहचाना, वह कैसे दूसरे के भीतर अरूप को देख सकेगा? अगर मुझे लगता है कि मैं शरीर हूं तो मैं तुम्हारे शरीर को ही देख सकता हूं। मेरी आंख उतनी ही गहरी जाएगी तुममें, जितनी मेरे भीतर गहरी गई है।

लेकिन, अगर मैंने अपने भीतर उस ज्योति को देख लिया, जो अगम की है, अगोचर की है, अदृश्य की है... बस, तुम्हारा रूप सिर्फ एक खोल रह जाता है। फिर तुम पारदर्शी हो जाते हो, फिर मैं तुम्हें सीधा देख पाता हूं। फिर रूप तुम्हें घेरे है, लेकिन वह तुम नहीं हो। तुमने वस्त्र पहने हैं शरीर के, लेकिन वह तुम नहीं हो। तब चारों तरफ ज्योति जलती दिखाई पड़ने लगती है।

एक युवक बुद्ध के पास गया और उसने कहा कि मुझे मौत से बड़ा डर लगता है। मैं कंपता हूं, सो नहीं सकता। पता नहीं रात सोऊं, सुबह उठ न सकूं। कोई मर जाता है, तो मैं घर से कई दिन तक निकल नहीं पाता। हाथ-पैर कंपते हैं। बीमार हो जाता हूं, तो बस लगता है, मौत आ गई। अब बच ना सकूंगा। कुछ रास्ता बताएं।

बुद्ध ने कहा: कोई भी रास्ता तुझे बताया जाए, वह गलत होगा। क्योंकि रास्ता बताने का अर्थ होगा कि मैंने स्वीकार कर लिया कि तेरी यह प्रतीति सही है। रास्ता कोई भी नहीं है। तुझे खुद की पहचान करनी पड़ेगी। इस भय से बचने का कोई उपाय

नहीं है। यह भय तो केवल संकेत है, कि तू अब तक अपने को पहचान नहीं पाया। तू जिस दिन अपने को पहचान लेगा उसी दिन भय विदा हो जाएगा।

और दो ही तरह के शिक्षण हैं जगत में। एक तो शिक्षण है, जो तुम्हें, तुम जो हो वैसा ही रहने देता है, और सांत्वना के उपाय कर देता है।

एक औरत एक रास्ते से गुजर रही है। अपने कंधे पर एक उसने पेटी ले रखी, पेटी में ऊपर बहुत से छेद हैं। राह चलते एक राहगीर ने उससे पूछा कि यह क्या है? कुछ पेटी अनूठी सी है और ऊपर छेद हैं। तो उस स्त्री ने कहा कि इसमें एक बिल्ली है। तो राहगीर थोड़ा और जिज्ञासु हुआ कि इस बिल्ली को किसलिए सिर पर ढो रही हो? तो उस स्त्री ने कहा कि रात मुझे सपने आते हैं और सपनों में मुझे चूहे दिखाई पड़ते हैं। चूहों से मुझे बहुत डर लगता है। तो मेरे मनोविश्लेषक ने कहा है कि बिल्ली को पास रखना अच्छा रहेगा; इससे भय कम होगा। वह आदमी तो बहुत हैरान हुआ। उसने कहा कि सपने के चूहे तो काल्पनिक हैं।

वह स्त्री झुकी और उस आदमी के कान में बोली, इसी तरह यह बिल्ली भी काल्पनिक है, डिब्बे में कुछ है नहीं!

काल्पनिक चूहे पकड़ने हों तो असली बिल्ली काम की है भी नहीं। असली बिल्ली कैसे झूठे चूहे पकड़ेगी! उनका मेल ही न होगा। काल्पनिक चूहे पकड़ने हों तो काल्पनिक बिल्ली चाहिए।

तुम्हारा मौत का भय झूठा है। फिर जो गुरु तुम्हें मंत्र देता है कि इसको याद रखो, इससे मौत का भय कम हो जाएगा; वह इससे भी ज्यादा झूठा है। वह काल्पनिक बिल्ली है, काल्पनिक चूहों को पकड़ने के काम आती है।

तो जो गुरु तुम्हें ताबीज देता है कि यह बांध लो, इससे तुम्हारा भय कम हो जाएगा... तुम वैसे ही एक झूठ से पीड़ित थे, उसने तुम्हें एक और झूठ पकड़ाया। इससे अस्थायी सहायता मिल भी सकती है, लेकिन कोई बुनियादी अंतर नहीं पड़ता। तुम, तुम ही रहते हो। पहले तुम एक झूठ से परेशान थे, अब दूसरे झूठ से परेशान हो। पहले डरते थे कि मौत न आ जाए! अब डरते हो कि कहीं ताबीज गंदा न हो जाए, कहीं ताबीज गिर न जाए, कहीं ताबीज भूल न जाए; क्योंकि ताबीज गया कि तुम गए। एक झूठ से दूसरा, दूसरे से तीसरा... झूठों की शृंखला पैदा हो जाती है।

एक तो शिक्षण ऐसा है, जिसको शिक्षण कहना उचित नहीं, जो तुम्हें सांत्वना देता है। और एक शिक्षण ऐसा है, जो तुम्हें सांत्वना नहीं देता, सत्य देता है। लेकिन सत्य को

पाना दुर्भर है, दूभर है। सत्य का मार्ग कठिन है। क्योंकि तुम्हें बहुत कुछ अपने भीतर काटना पड़े, बहुत कुछ अपने भीतर तोड़ना पड़े, छेनी लेकर अपने ऊपर काम करना पड़े। क्योंकि तुम इतने जुड़ गए हो जन्मों-जन्मों की धारणा के कारण, कि मैं शरीर हूं, कि इसे तोड़ने में पीड़ा होगी। तुम दीये से जुड़ गए हो, बाती से जुड़ गए हो, तेल से जुड़ गए हो। और इस दीये के साथ जोड़ ऐसा गहरा हो गया है कि तुम्हें याद भी नहीं आता कि तुम दीये से अलग भी हो सकते हो।

तब सब सिद्धांत हैं। तब तुम कितने ही सिद्धांत पढ़ो, शास्त्र पढ़ो, यह सूत्र बंद रहेगा; इसका ताला न खुलेगा। कुछ करना पड़े। और जरूरत नहीं है कि तुम महावीर की तरह जंगल जाओ, बारह वर्ष उपवास करो तब पहचान आए। दुख बुलाने की जरूरत नहीं, दुख वैसे ही काफी है। महावीर को जरूरत पड़ी होगी। वे राजपुत्र थे, सुख में रहे थे। दुख उन्होंने जाना नहीं था इसलिए तपश्चर्या करनी पड़ी। तुमने सुख जाना ही नहीं, तुम तपश्चर्या कर ही रहे हो; सिर्फ उसका उपयोग तुम्हें पता नहीं।

मैंने सुना है कि एक ईसाई पादरी नये पादरियों को समझा रहा था कि जब वे लोगों को समझाएं तो किस तरह व्याख्यान दें, किस तरह समझाएं। उसने कहा कि मुद्राओं का बड़ा उपयोग है। तुम जो कहो वह भाव तुम्हारे चेहरे, हाथ, गेस्चर, मुद्रा, सब में आना चाहिए। जैसे जब तुम स्वर्ग के संबंध में समझाओ, तुम्हारे चेहरे पर तेज आ जाना चाहिए, आंखें चमक उठनी चाहिए, पूरे शरीर में जैसे बिजली खुशी की दौड़ गई। तुम्हारी लंबाई एकदम बढ़ जानी चाहिए। जैसे तुम आनंद-विभोर हो गए। जब तुम स्वर्ग की बात करो, तो तुम्हें आनंद-विभोर, चेहरे की चमक, तेजी, आवाज में बल, शक्ति, यह सब प्रकट होनी चाहिए। और जब तुम नरक की बात करो तो तुम्हारा साधारण चेहरे से काम चल जाएगा। जब तुम नरक की बात करो तो तुम्हारे साधारण चेहरे से काम चल जाएगा, कुछ करने की जरूरत नहीं है। क्योंकि चेहरा नारकीय बना ही हुआ है! कोई मुद्रा, कोई भाव प्रकट करने की जरूरत नहीं है। तुम काफी हो, जैसे हो।

वही मैं तुमसे कहता हूं। महावीर को जरूरत पड़ी होगी जंगल जाने की और उपवास करने की और पीड़ा खड़ी करने की। तुम जैसे हो, काफी तपश्चर्या में हो। तुम बहुत दुख वैसे ही झेल रहे हो। इन्हीं दुखों का उपयोग कर लो, उनको सीढ़ियां बना लो। जब बीमार पड़ो तो बीमारी पर ज्यादा ध्यान मत दो, चेतना पर ज्यादा ध्यान दो।

आंख बंद करके बिस्तर पर पड़े हो, इस बात को देखने की कोशिश करो कि शरीर बीमार पड़ा है। बीमारी तुम्हें भी छूती है या नहीं! तुम बीमार हो या नहीं? पैर में कांटा चुभा है, पैर में तकलीफ हो रही है, कांटा तुममें भी चुभा है या नहीं, या तुम सिर्फ देख रहे हो? तुम सिर्फ जानने वाले हो, या अनुभोक्ता हो? पैर टूट गया है, हड्डी टूट गई है, फ्रैक्चर हुआ है, पट्टियां बंधी हैं, तुम पड़े हो, पीड़ा हो रही है, उस पीड़ा को गौर से देखो और खोजने की कोशिश करो कि हड्डी का टूटना तुम्हारा टूटना है? या तुम अब भी साबित हो? फ्रैक्चर हुआ है, हाथ-पैर बंधे पड़े हैं, तुम बंध गए हो या तुम अब भी मुक्त हो?

हथकड़ियों के बीच भी चेतना सदा मुक्त है। कारागृह के भीतर भी चेतना कभी कारागृह में नहीं है।

यूनान का एक फकीर डायोजनीज एक बार पकड़ लिया गया था। कुछ दुष्टों ने पकड़ लिया और उसे बेचना चाहते थे गुलाम की तरह। जब उन्होंने पकड़ा, तो वे बड़े हैरान हुए, क्योंकि डायोजनीज बड़ा मस्त फकीर था--सबल, शक्तिशाली। वे बहुत डरे हुए थे, क्योंकि चार के लिए वह अकेला काफी था। नंग-धड़ंग वह जंगल में घूम रहा था। जब उन चार ने बड़ी हिम्मत की सोच-विचार कर, कि चार की भी फजीहत कर सकता है अकेला। बड़ी हिम्मत से, बड़ी ताकत से उस पर हमला किया तो वे बड़े हैरान हुए। वह बिलकुल शांत खड़ा हो गया उनके बीच में और उसने अपने को पकड़ा दिया। वे चकित भी हुए। वह हमला करता तो इतने चकित न होते। जरा भी उसने अड़चन न दी। और जब वे हथकड़ियां पहना रहे थे तो उसने हाथ कर दिए, जब वह बेड़ियां डाल रहे थे तो उसने पैर आगे बढ़ा दिए। उनमें से एक ने पूछा कि तुम कुछ जरा अजीब हो, दिमाग तुम्हारा ठीक है? हम तुम्हें गुलाम बना रहे हैं। डायोजनीज ने कहा कि तुम, और मुझे अगर गुलाम बना सकते तो मैं लड़ता। तुम मुझे गुलाम न बना सकोगे, क्योंकि आत्मा किसी भी स्थिति में गुलाम नहीं बनाई जा सकती। जिस हाथ में तुम हथकड़ियां डाल रहे हो वह मैं नहीं हूं। इसीलिए तो हाथ बढ़ा सका, क्योंकि अगर वह मैं होता तो हाथ छुड़ाता। और जिस शरीर को तुमने घेर रखा है, वह मैं नहीं हूं, इसीलिए तो मैं चुपचाप खड़ा हो गया कि नाहक उपद्रव क्यों खड़ा करना। तुम भूल में हो सकते हो, मैं भूल में नहीं हूं।

उन लोगों को कुछ समझ में तो आया नहीं, लेकिन अजीब आदमी और रहस्यपूर्ण मालूम पड़ा। जब वह चलने लगा तो वह शानदार आदमी था, वे चारों उसकी तरफ

घसिट रहे थे, जैसे गुलाम हों और मालिक वह हो। और जब वे बाजार में गए, जहां वह उसको बेचना चाहते थे, तो लोग उससे पूछते थे कि बात क्या है? क्या इन गुलामों को बेचना है? और बाजार में जहां आदमी बिकते थे... जो आदमी नीलाम करने को टिकटी पर खड़ा हुआ, डायोजनीज ने कहा, तू नीचे उतर। तू वैसे ही मरी हुई हालत में है, तेरी आवाज कौन सुनेगा? हम आवाज देते हैं।

तो डायोजनीज टिकटी पर खड़ा हो गया और उसने कहा कि है कोई गुलाम! एक मालिक बिकने आया है। कोई गुलाम खरीदना चाहता हो एक मालिक को, तो मालिक बिकाऊ है। वह मालिक जैसा लग रहा था। वह मालिक था।

आत्मा को गुलाम बनाने का कोई उपाय नहीं। पर आत्मा से पहचान होनी चाहिए।

जब बीमार पड़ो तो खोजो कि तुम्हारे भीतर कोई है, जो बीमार नहीं पड़ा! उसकी जरा सी भी तुम्हें संध मिल गई तो तुम्हारे जीवन में सुख का पारावार न रहेगा। जब तुम दुख में हो तो खोजो कि कोई है तुम्हारे भीतर, जो दुख से अस्पर्शित रह गया है! उसकी जरा सी भी प्रतीति स्वर्ग की हवाओं को तुम्हारे भीतर भर देगी। जब तुम हारे हुए पड़े हो और कोई तुम्हारी छाती पर बैठा है, तब आंख बंद करके देखो कि क्या कोई उपाय है कि तुम्हारी छाती पर कोई बैठ सके? यह छाती तुम्हारी छाती है? तुम हो? और एक गहन हंसी तुम्हें घेर लेगी। जीवन एक व्यंग्य मालूम पड़ेगा, क्योंकि जो बंध नहीं सकता, वह बंधा हुआ मालूम पड़ रहा है। जिसके दुख में होने का कोई मार्ग नहीं वह दुख में पड़ा है। जो सम्राटों का सम्राट है, वह सड़क पर भीख मांग रहा है।

जिस दिन तुम अपने दुख में इस अस्पर्शित को खोज लोगे, उसी दिन तुम्हें समझ में आ जाएगा कि एक दीया ऐसा भी है, जो बिना तेल और बिना बाती के जल रहा है। वही दीया खोजने जैसा है; वही ज्योति पाने जैसी है। और तब सब तरफ उसी ज्योति के दर्शन होंगे। तब सब तरफ उसी ज्योति का मंदिर दिखाई पड़ेगा। तब पूरा अस्तित्व एक विराट ऊर्जा हो जाती है--अंतहीन, प्रारंभहीन! न कोई प्रयोजन है इसका। यह कोई व्यवसाय नहीं।

इसलिए हिंदू एक बड़ी मधुर बात कहते रहे हैं। हिंदू कहते हैं यह परम लीला है, यह विराट का आनंद है। यह ऊर्जा इतनी अतिशय है कि पारावर नहीं है; इसलिए बही जाती है--निष्प्रयोजन!

पूछो नदी से, किसलिए बह रही हो? और जब वर्षा आती है और नदी भर जाती है... और इतनी भर जाती है तो सब बांध तोड़ देती है। सब किनारे तोड़ देती है। सब किनारे तोड़ कर उसका पारावार नहीं रहता।

पूछो एक बच्चे से, किसलिए कूद रहा है, नाच रहा है? ऊर्जा मुक्त होना चाहती है। पूछो वृक्षों से कि किसलिए ऊग रहा है? किसलिए इतने हरे हो? क्या है खुशी फूलों की?

कोई कारण नहीं है। अकारण का नाम लीला है।

यह काम नहीं है परमात्मा का, जैसा कि ईसाई, यहूदी और मुसलमान सोचते हैं। क्योंकि काम होता तो परमात्मा अब तक थक गया होता। थक ही जाना चाहिए था; काम से कोई भी थक जाता है। अगर यह काम होता तुमको पैदा करना, और तुमको मारना, और बीमार करना और स्वस्थ करना, पापों का हिसाब रखना और पुण्यों का खाता रखना, और फिर सबको सम्हालना--इतना बड़ा उपद्रव! कभी का पागल हो गया होता परमात्मा, अगर यह काम होता। अगर यह काम होता तो उसने भी अब तक दुकान बंद कर देने की सोची होती। कभी का उसने संन्यास ले लिया होता, गृहस्थी छोड़ दी होती।

तुम तक उत्सुक हो जाते हो संन्यास लेने को और गृहस्थी छोड़ने को। एक छोटा सा घर, एक छोटा सा काम-धंधा, एक छोटी सी दुकान, तुम्हें ऐसा बेचैन कर देती है कि तुम मरना पसंद करोगे, लेकिन उस काम-धंधे में नहीं रहना चाहते। थोड़ा सोचो, इस विराट को अगर काम की तरह चलाना हो, तो परमात्मा कभी का संन्यस्त हो जाता। और अगर परमात्मा उदास हो जाए तो फिर तुम्हारे आनंदित होने का उपाय क्या है? और अगर परमात्मा संन्यास ले ले तो जगत तत्क्षण खो जाएगा।

तुम्हारा संन्यास लेना और संसार को छोड़ देना सिर्फ तुम्हारे घर को ही चोट पहुंचाता है। अगर परम ऊर्जा विश्राम कर ले, थक जाए, ऊब जाए, दुखी हो जाए, तो संसार तत्क्षण विलुप्त हो जाएगा। क्योंकि यह ऊर्जा उसमें बहती रहे तो ही वृक्ष खिलेंगे, तो ही बच्चे नाचेंगे; तो ही आकाश में बादल चलेंगे, नदियां बहेंगी, पहाड़ उठेंगे। यह ऊर्जा उदास हो जाए, सिकुड़ जाए, संकोच को हो जाए उपलब्ध, तो विस्तार खो जाएगा। सब सिकुड़ कर बंद हो जाएगा।

हिंदुओं की धारणा अनूठी है; उन जैसी धारणा जगत में किसी की नहीं। हिंदू कहते हैं, यह लीला है। यह खेल है। खेल से कभी कोई थकता नहीं। खेल का मतलब यही

है, जिसमें कोई प्रयोजन नहीं; जिसमें फल का कोई सवाल नहीं। खेल का मतलब ही है कि अभी और यहीं शक्ति की अभिव्यक्ति में ही रस है; परिणाम में कोई रस नहीं।

तुम हो, यह परमात्मा का आनंद है। तुम कैसे हो, यह सवाल नहीं है। साधु को देख कर ज्यादा आनंदित हो अगर परमात्मा, और असाधु को देख कर कम, तो वह दुकान चला रहा है। तो फिर वह भी तुम्हारे जैसा है। जो बेटा कमा कर लाता है, उससे तुम खुश हो और जो बेटा गवां आता है, उससे तुम नाखुश हो। तब फिर वह भी धंधेबाज है और उसके दिमाग में भी गणित है।

ना, परमात्मा असाधु में भी उतना ही प्रसन्न है, साधु में भी उतना ही प्रसन्न है। खेल तटस्थ है। खेल का मतलब ही यह है कि जो रावण का पार्ट कर रहा है नाटक में, परमात्मा उससे उतना ही प्रसन्न है, जितना राम से। और जब खेल का अंत होगा तो राम और रावण में भेद न रह जाएगा।

इस धारणा को समझना बड़ा कठिन है, क्योंकि हमारा मन कहता है साधु-असाधु में भेद होना चाहिए। बुरे-भले में भेद होना चाहिए। एक चोरी कर रहा था, एक दिन-रात प्रार्थना कर रहा था, इनमें फर्क होना चाहिए। जो प्रार्थना कर रहा था उसको पुरस्कार मिलना चाहिए, जो चोरी कर रहा था उसको दंड मिलना चाहिए। हमारे इसी मन के कारण हमने नरक और स्वर्ग निर्मित किए हैं। वे हमारी धारणाएं हैं। वह व्यवसायी चित्त का विस्तार है। वह दुकानदार की बुद्धि है। अगर परमात्मा है तो नरक नहीं हो सकता। अगर परमात्मा है तो सभी कुछ स्वर्ग है। अगर परमात्मा है तो सभी कुछ खेल है।

कृष्ण अर्जुन को यही समझाने की कोशिश करते हैं, अर्जुन की समझ में नहीं आता। वह हिसाब-किताब लगाता है। वह कहता है, इतने लोगों को मारूंगा तो कितना पाप लगेगा? इतने लोगों को मार कर जो धन राज्य मिलेगा, वह इस योग्य भी है या नहीं? कृष्ण अर्जुन को कहते हैं, तू हिसाब मत लगा; तू परिणाम की चिंता मत कर। तू निमित्त है। एक खेल है, तू उसे खेल ले। और खेलते समय तू इतना ही स्मरण रख कि परमात्मा तुझसे खेल रहा है। तू बांसुरी से ज्यादा नहीं है। गीत उसका है, गाने वाला वह है।

यह अहंकार मानने को राजी नहीं होता कि मैं बांस की पोंगरी हूं। अहंकार सोचता है कि गीत भी मेरा है। अहंकार सोचता है, यह जो मधुर स्वर पैदा हो रहे हैं ये मेरे हैं।

और जब तक अहंकार ऐसा सोचता है, तब तक आप उसको ही जान पाएंगे, जिसका कारण है। वही ज्योति आपको दिखाई पड़ेगी, जो तेल से जलती है।

अहंकार, तेल से जलने वाला दीया है; आत्मा, बिन बाती बिन तेल।

पर एक क्रांति चाहिए दृष्टिकोण में। काम न रह जाए अस्तित्व; अस्तित्व सिर्फ एक उत्सव हो।

होली पर आप एक-दूसरे पर पानी फेंक रहे हैं, रंग फेंक रहे हैं, गुलाल डाल रहे हैं। कोई अगर पूछे कि क्या कर रहे हो? इसका क्या फायदा है? तुम गुलाल डालोगे फिर इस आदमी को जाकर घंटा भर स्नान करने में खराब करना पड़ेगा। लेकिन जिस पर तुम गुलाल डाल रहे हो, वह भी आनंदित हो रहा है, वह भी प्रसन्न है; ऐसा प्रसन्न वह कभी भी न था। और काम बिलकुल व्यर्थ है। छोटे बच्चों पर अगर कोई होली पर रंग नहीं डालता तो गली में इधर-उधर जाकर वह खुद पर डाल कर बाहर आ जाएंगे। क्योंकि यह मानना उनको अच्छा नहीं लगता कि किसी ने भी इस योग्य नहीं समझा कि थोड़ा रंग डाले।

पर होली क्या है? सिर्फ एक उत्सव है। और हमारे बाकी दिन तो इतने दुख से भरे हैं कि कभी होली, कभी दीवाली हमें बनानी पड़ी। लेकिन परमात्मा के लिए अस्तित्व सदा होली और दीवाली है। वहां सदा दीये जल रहे हैं, जो कभी बुझते नहीं। और वहां सदा रंग फेंका जा रहा है। कोई उन्हें फूल कहता है, कोई उन्हें इंद्रधनुष कहता है। वहां सदा रंग फेंका जा रहा है। स्रोत कभी चुकता नहीं।

यह विराट अगर तुम्हें लीला जैसा दिखाई पड़े तो फिर तुम चिंता न करोगे कि इसका कारण क्या है? यह कब हुआ? कब मिटेगा? न, यह उत्सव चलता रहेगा। उत्सव में भाग लेने वाले बदलते जाएंगे, क्योंकि वे थक जाते हैं। वे भी थक जाते हैं इसलिए, कि इसको काम समझते हैं। अन्यथा यह नृत्य जारी है। इसमें रूप बदलते रहेंगे, लहरें बदलती रहेंगी। सागर अपना तुमुलनाद करता रहेगा।

पर पहले पहचानना भीतर, पहले भेद खड़ा करना भीतर, तभी तुम्हें बाहर यह भेद दिखाई पड़ सकेगा।

यहां एक बात समझ लेनी जरूरी है, जो कि ऊपर से देखने पर विरोधाभासी मालूम पड़ती है। महावीर अपनी पूरी चिंतना को भेद-विज्ञान कहते हैं। शंकर और दूसरे वेदांती, अभेद की बात करते हैं और महावीर भेद की बात करते हैं। महावीर कहते हैं, तुम्हें साफ-साफ भेद कर लेना चाहिए। तुम्हारे भीतर जो मिटने वाला है मर्त्य, और जो

अमृत है, उन दोनों को बिलकुल अलग कर लो, भेद कर लो। सार-असार को छांट कर अलग कर लो, क्योंकि जरा भी इसमें तुम भ्रांति में रहे, तो तुम भटकते रहोगे। जिस दिन तुम साफ-साफ अलग कर लोगे; भूसा अलग, गेहूं अलग, सार अलग, असार अलग--बस उसी दिन तुम मुक्त हो जाओगे।

महावीर का सारा जोर भेद पर है, शंकर का सारा जोर अभेद पर है। शंकर कहते हैं जब तक तुम भेद करते रहोगे कि तुम अलग और यह संसार अलग, अस्तित्व अलग और तुम अलग, तब तक तुम भटकोगे। जिस दिन तुम जान लोगे कि तुम, यह और वह दोनों एक हो: 'तत्वमसि'; उसी दिन तुम मुक्त हो जाओगे।

पर मैं तुमसे कहता हूं ये दोनों शब्द अलग, रास्ते जरा अलग से दिखाई पड़ते हैं, पर बिलकुल एक हैं। और साधक के लिए महावीर का रास्ता ज्यादा सुगम है बजाय शंकर के, क्योंकि महावीर शुरू से शुरू करते हैं और शंकर अंत से शुरू करते हैं। शंकर वहां से चर्चा शुरू करते हैं, जहां मंजिल पर पहुंचा हुआ आदमी करे। महावीर वहां से बात शुरू करते हैं, जहां से बाजार में बैठा हुआ आदमी समझे। महावीर साधक को देख कर बोल रहे हैं, शंकर सिद्ध को देख कर बोल रहे हैं। तुम सिद्ध नहीं हो। इसलिए शंकर के वेदांत का दुष्परिणाम हुआ भारत पर। कई नासमझ, जो अभी साधक भी नहीं, सिद्धों की तरह बात करने लगे।

विवेकानंद ने लिखा है कि एक गांव में एक संन्यासी था, नाम था भोलेबाबा। गांव में प्लेग पड़े तो वह कहे: कौन मरता? कौन जीता? आत्मा अमर है। सामने कोई किसी गरीब, निर्धन को पीट रहा हो तो वह रास्ते से निकल जाता। वह कहता कि सब ब्रह्म है--मारने वाला भी, पीटने वाला भी। लेकिन अगर कोई भोलेबाबा को भीख न दे तो वह शाप दे देता; कि सड़ोगे, जन्मों-जन्मों तक सड़ोगे। तब उसका ब्रह्मज्ञान खो जाता।

वेदांत ने कई लोगों को भ्रांति दी है, क्योंकि सिद्ध की भाषा खतरनाक है। सिद्ध की भाषा का अर्थ है, वह परम अभिव्यक्ति है सत्य की। और तुम्हें सत्य की पहली किरण का भी पता नहीं। वह परम अभिव्यक्ति तुम्हारे मस्तिष्क में बैठ जाए, तुम उसे दोहराने लगो तो खतरा है। तुम चलोगे नहीं, तुम यात्रा ही नहीं करोगे, मंजिल मिली ही नहीं तुम्हें कभी, और तुम भाषा सिद्ध की बोलने लगे हो। इसलिए शंकर की बात का दुष्परिणाम हुआ फायदे की जगह। हिंदुस्तान में हजारों संन्यासी हो गए; जो पहला कदम भी नहीं चले हैं, जिन्होंने क ख ग भी पूरा नहीं किया है और बात वे ब्रह्म की करने लगे।

विवेकानंद बहुत नाखुश थे। इस वजह से बहुत नाखुश थे कि इसकी वजह से हिंदुस्तान की पूरी-पूरी गरिमा खो गई। नासमझ समझदारी की बातें करें, इससे ज्यादा नुकसानदायक और कुछ भी नहीं हो सकता। क्योंकि रहते वे नासमझ ही हैं। जब प्लेग पड़े तब वे कहते हैं ब्रह्मज्ञान। जब कोई दूसरा पिट रहा हो, तब वे कहते हैं, मारने वाला भी वही, पीटने वाला भी वही। लेकिन उन पर तुम चोट करो, तब उनका ज्ञान खो जाता है, तब वे मारने को तैयार हो जाते हैं। वहीं कसौटी है। वहीं पहचान है।

महावीर साधक की भाषा बोलते हैं। महावीर कहते हैं, पहले अपने भीतर मर्त्य को और अमृत को अलग कर लो। इतना अलग कर लो कि रत्ती भर भी सेतु न रह जाए दोनों के बीच। जिस दिन यह घटना घटेगी, महावीर कहते हैं, तुम मुक्त हो गए। उसी दिन तुम जानोगे कि सब एक है। वह जिसे हमने मर्त्य कहा था, वह भी अमृत का ही हिस्सा है। वह भी मिटता नहीं। लेकिन यह तुम उसी दिन जानोगे, जिस दिन तुम भीतर अलग कर लोगे।

इसे थोड़ा समझो। तुम्हारी आत्मा भी नहीं मिटेगी, तुम्हारा शरीर मिटेगा क्या? आकृति मिट जाएगी शरीर की। ऐसा शरीर न होगा, लेकिन रहेगा; इसके पांचों तत्व रहेंगे। पानी में पानी गिर जाएगा, आकाश में आकाश खो जाएगा, मिट्टी मिट्टी से मिल जाएगी, आग आग के साथ एक हो जाएगी, वायु वायु में गिर जाएगी। मिटेगा क्या? तुम्हारा शरीर अगर पांच का जोड़ है तो जोड़ टूटेगा, पांचों रहेंगे। तुम भी मिटोगे नहीं, शरीर भी मिटेगा नहीं। कुछ भी मिटता नहीं है, सिर्फ संयोग टूटते हैं। फिर-फिर संयोग बनते रहेंगे, फिर-फिर शरीर उठता रहेगा, मिटता रहेगा, गिरता रहेगा।

पर महावीर कहते हैं, यह बात समझ में आएगी, जिस दिन तुम भीतर भेद साफ कर लोगे। अकारण दीये को जान लोगे और सकारण दीये को जान लोगे, उसी दिन भेद भी विलीन हो जाएगा। उसी दिन तुम जानोगे, तुम भी नहीं मिटते, चेतना भी नहीं मिटती, शरीर भी नहीं मिटता। सिर्फ चेतना और शरीर का संबंध मिटता है, सिर्फ संबंध विनाशी है। और इसलिए संन्यास का नाम है, संबंध के पार उठ जाना।

सिर्फ संबंध विनाशी है। न तुम्हारी पत्नी में संसार है, न तुममें संसार है। तुम पत्नी से संबंधित हो, वह जो संबंध की धारणा है, उसमें संसार है। न धन में संसार है, न तुममें संसार है, लेकिन तुम तिजोरी पकड़ कर बैठे हो। धन और तुम्हारे बीच जो संबंध है, उसमें संसार है।

संबंध का नाम संसार है, इसलिए असंग संन्यासी है।

इसका यह मतलब नहीं कि वह पत्नी को छोड़ कर भाग जाए। जिससे कोई संबंध ही नहीं उसको छोड़ कर भी क्या भागना? संबंध हो तो छोड़ कर भागना, एक नया संबंध निर्मित होता है। धन को त्यागने का भी कोई सवाल नहीं, क्योंकि जिसको तुमने कभी भोगा नहीं, उसको तुम त्यागोगे कैसे? जिससे तुम कभी जुड़े ही नहीं थे, उससे तुम टूटोगे कैसे? इसलिए सवाल भागने का नहीं, सवाल जागने का है, जानने का है। संबंध गिर जाए। तुम्हारा कोई संबंध न रह जाए, किसी भांति का संबंध न रह जाए। तत्क्षण तुम मुक्त हो।

इस असंग अवस्था को महावीर कहते हैं: 'केवल'--अकेली चेतना की अवस्था, जहां कोई संबंध नहीं है।

संबंध माया है। असंगता ब्रह्म है।

पर एक-एक कदम चलना जरूरी है। सीधी मंजिल को पकड़ लेने का कोई उपाय नहीं है। और एक-एक कदम का अर्थ है, भीतर से शुरू करो; सिद्धांत से नहीं, अनुभव से। शरीर और स्वयं को अलग करो। पहला संबंध वहां तोड़ो। फिर और संबंध उसी संबंध पर खड़े हैं। जैसे तुमने आधारशिला अलग कर ली और पूरा भवन गिर जाए।

जिस दिन तुम भीतर स्वयं के और शरीर के संबंध को अलग कर लोगे, उसी दिन तुम्हारे सारे संसार का महल भूमिसात हो जाएगा।

अगर वह आधारशिला बची रही, तो तुम कहीं भी जाओ, तुम नये संबंध निर्मित करोगे। क्योंकि बीज तुम्हारे साथ है, नये अंकुर आ जाएंगे। आश्रम में जाओगे, वह आश्रम तुम्हारा हो जाएगा। बच्चों को छोड़ दोगे, शिष्य बन जाएंगे, वे शिष्य तुम्हारे हो जाएंगे। बेटा मरता तो जैसा दुख होता है वैसा ही शिष्य के मरने से दुख होगा। घरों में ही माताजी नहीं हैं, आश्रम में माताजी खड़ी हो जाएंगी। तुम जहां भी जाओगे, अगर बीज-संबंध तुम्हारे भीतर है, तो अंकुर खड़े होंगे।

बीज-संबंध को तोड़ दो। भीतर खोजो उस ज्योति को, जो जलती है बिना दीये बिना बाती के। उसकी झलक को पकड़ो और धीरे-धीरे उसमें लीन होते जाओ।

आत्मा को जाने बिना परमात्मा को जानने की कोई व्यवस्था नहीं है।

स्वयं को पहचाने बिना सत्य से कोई पहचान न कभी हुई है, न हो सकती है। और जो उस पहली पहचान को उपलब्ध हो जाता है, अंतिम बहुत दूर नहीं है। इस यात्रा में पहला कदम अंतिम कदम बन जाता है।

कृष्णमूर्ति की एक किताब है: 'द फर्स्ट एंड लास्ट फ्रीडम', 'पहली और अंतिम मुक्ति।' यहां पहला अंतिम बन जाता है। लेकिन जो पहले को चूक गया, और अंतिम को कंठस्थ कर लिया, वह भटक जाता है।

ज्ञान से थोड़ा बचना। अज्ञान इतना खतरनाक नहीं है। अज्ञान तो निर्दोष है। ज्ञान चालाक है। अज्ञान जिस दिन नहीं रहेगा, उस दिन जो ज्ञान तुम्हारे भीतर प्रकट होगा वह तुम्हारा है। और जो तुम्हारा है वही मुक्त करता है। तुम इस अज्ञान को ढांक ले सकते हो ज्ञान से, वेदांत से, वेदों से। तब तुम्हारा अज्ञान सुरक्षित हो गया, किले के भीतर हो गया। अब इसे नष्ट करना भी बहुत मुश्किल है। अब इस पर हमला करना भी कठिन है। अज्ञान को याद रखना, भीतर के संबंध को तोड़ने की कोशिश करना। धीरे-धीरे जैसे-जैसे संबंध टूटेगा, वैसे-वैसे अज्ञान गिरेगा। जैसे-जैसे असंबंधित चेतना का दीया दिखाई पड़ेगा, वैसे-वैसे ज्ञान प्रकट होगा।

जिस दिन तुम्हारे भीतर की लौ जो बिना दीये और बिना बाती के जलती है, बिना तेल के जलती है, पहचान में आ जाएगी--उस दिन ज्ञान! उस दिन तुम वेद हो गए। उस दिन वेद को कंठस्थ करना व्यर्थ है।

एक युवक, एक ईसाई युवक एक झेन फकीर के पास गया और उसने झेन फकीर से कहा कि मैं यह बाइबिल लाया हूं, मेरी आस्था बाइबिल में है। तुमने कभी बाइबिल पढ़ी? उस फकीर ने कहा कि नहीं, पढ़ने की फुरसत नहीं मिली। अपने को ही पढ़ने में सारी शक्ति लगी जा रही है। फिर भी तुम ले आए हो तो कुछ पढ़ कर सुना सकते हो। ईसाई युवक आया ही इसलिए था कि झेन फकीर को ईसाई बना ले। तो वह बड़ा प्रसन्न हुआ। उसने 'सरमन ऑन दि माउंट', 'पर्वत-प्रवचन' के कुछ हिस्से पढ़ कर सुनाए: 'कि धन्य हैं वे जो निर्बल हैं, क्योंकि परमात्मा का राज्य उन्हीं का होगा।'

'धन्य हैं वे जो विनम्र हैं और अंतिम खड़े हैं, क्योंकि मेरे राज्य में वे ही प्रथम खड़े होंगे; वे ही सर्वोपरि होंगे।'

उस फकीर ने कहा, कि बस रुक जाओ। मुझे पता नहीं किसने ये वचन कहे हैं, लेकिन जिसने भी ये वचन कहे हैं उसने भीतर की लौ पहचान ली थी। और जिसने भी ये वचन कहे, वह बुद्ध था।

उस युवक ने कहा कि अभी और आगे वचन हैं।

उसने कहा: बस! सागर का एक घूंट काफी है नमकीनपन को जान लेने के लिए। अब तुम किताब बंद करो। एक बूंद चख ली, पूरा सागर चख लिया। जिसने भी ये

वचन कहे, यह आदमी बुद्धत्व को उपलब्ध हो गया था। इसने भीतर की पहचान कर ली थी। और यह मैं तुमसे कहता हूं--उस फकीर ने कहा--इसलिए नहीं कि ये वचन बड़े मधुर हैं, लेकिन इसलिए कि यही मेरी भी पहचान है, ऐसा ही मैंने भी जाना।

वेद अर्थहीन हैं, जब तक तुम गवाही न दे सको। गीता कचरा है, जब तक तुम अपने अनुभव का सहारा न दे सको। तुम्हारे अनुभव के सहारे से गीता का स्वर्ण प्रकट होगा। तुम गवाह हो। वेद, बाइबिल, कुरान कुछ भी अर्थ नहीं रखते। तुम अर्थ डालोगे। लेकिन तुम अर्थ तभी डाल सकोगे, जब तुम्हारी अपनी अनुभूति, तुम्हारी अपनी प्रज्ञा, तुम्हारी अपनी ज्योति जलेगी--प्रखरता में, तीव्रता में, त्वरा में।

और ध्यान रखना, बस एक ही बात ध्यान में रखना है, उस ज्योति को खोज लेना है, जो बिना ईंधन के जलती है।

आज इतना ही।

२

मन की आंखें खोल

ओशो, एक अंधा आदमी अपने मित्र के घर से रात के समय विदा होने लगा तो मित्र ने अपनी लालटेन उसके हाथ में थमा दी।

अंधे ने कहा: 'मैं लालटेन लेकर क्या करूंगा? अंधेरा और रोशनी दोनों मेरे लिए बराबर हैं।'

मित्र ने कहा: 'रास्ता खोजने के लिए तो आपको इसकी जरूरत नहीं है, लेकिन अंधेरे में कोई दूसरा आपसे न टकरा जाए इसके लिए यह लालटेन कृपा कर अपने साथ रख लें।'

अंधा आदमी लालटेन लेकर जब थोड़ी ही दूर गया था कि एक राही उससे टकरा गया।

अंधे ने क्रोध में आकर कहा: 'देख कर चला करो! यह लालटेन नहीं दिखाई पड़ती है क्या?'

राही ने कहा: 'भाई, तुम्हारी बत्ती ही बुझी हुई है।'

ओशो, कृपापूर्वक इस कहानी का मर्म हमें समझाएं।

प्रकाश दूसरे से मिल सकता है, लेकिन आंख दूसरे से नहीं मिल सकती। जानकारी दूसरे से मिल सकती है, लेकिन ज्ञान दूसरे से नहीं मिल सकता। और अगर आंख ही न हो तो प्रकाश का क्या करिएगा? ज्ञान न हो तो जानकारी बोझ हो जाती है।

अंधा आदमी बिना लालटेन के ज्यादा सुविधा में था, क्योंकि सम्हल कर चलता, होशपूर्वक चलता। अंधा हूं, तो डरकर चलता। हाथ में लालटेन थी, आदमी अंधा था तो आश्वासन से चलने लगा। अब कोई डर न था, अब कोई भय न था, अब कोई कैसे टकराएगा? रोशनी हाथ में है।

लेकिन अंधे आदमी को अपनी रोशनी भी जली है या बुझी है, यह तो दिखाई नहीं पड़ सकता। पहले भी अंधा रोज उन रास्तों से गुजरा होगा, बिना टकराए निकल गया था। आज टकराना सुनिश्चित हो गया। अंधे का भरोसा प्रकाश पर हो गया इसलिए सम्हल कर चलना उसने बंद कर दिया।

पापी जितना सम्हल कर चलता है, पंडित उतना सम्हल कर नहीं चलता। पापी जितना होश रख पाता है उतना पंडित नहीं रख पाता। क्योंकि पापी को तो कोई भी भरोसा नहीं है, भूल होना करीब-करीब निश्चित है। पंडित को भरोसा है, भूल से सुरक्षा है। उसने इंतजाम कर रखा है।

लेकिन सिद्धांत जो दूसरे से मिले हों, हाथ में बुझी हुई लालटेन की तरह हैं।

पांडित्य जो उधार हो, वह आंख नहीं बनता; और आंख सहारा है।

उस अंधे आदमी ने ठीक ही कहा था चलते वक्त कि मेरे पास आंख नहीं है तो मैं लालटेन का क्या करूंगा? उसका तर्क उचित ही था, अनुभव पर आधारित था। जिंदगी उसने अंधे की तरह ही गुजारी है; और गुजार ली है। किसी तरह रास्तों से पार हो ही जाता है। मित्र ने तर्क दिया। और तर्क ठीक मालूम पड़ते हैं और ठीक होते नहीं। क्योंकि जिंदगी कोई तर्क मान कर चलती नहीं।

जिंदगी के रास्ते ज्यादा बेबूझ हैं, तर्क सीधे गणित की तरह हैं।

मित्र का तर्क ठीक ही मालूम पड़ता है। मित्र ने कहा, माना कि तुम तो प्रकाश न देख सकोगे, वह मुझे भी पता है, उसे कहने की कोई जरूरत भी नहीं; लेकिन रास्ता अंधेरा है, रात अंधेरी है, हाथ में प्रकाश होगा तो दूसरे तुमसे टकराने से बच जाएंगे। तो दूसरों के ध्यान से प्रकाश ले जाओ।

अंधा भी जवाब न दे पाया। तर्क तो साफ है। गणित में कहीं कोई भूल-चूक नहीं। लेकिन न मित्र को खयाल आया, न अंधे को खयाल आया कि अगर हवा के झोंके ने लालटेन बुझा दी, तो अंधे को पता नहीं चलेगा और अंधा इस भरोसे में चलता रहेगा कि लालटेन जल रही है। इसलिए जो सदा की, रोजमर्रा की सावधानी थी, वह भी छूट जाएगी और आज का यह अपरिचित प्रकाश जो दूसरे ने दिया है, यह भी बुझ सकता

है। दोनों को न सूझा, दोनों ही बुद्धि से जी रहे थे। तर्क साफ था, अंधे ने भी स्वीकार कर लिया। लालटेन लेकर रास्ते पर चल पड़ा। दस कदम भी नहीं चला था कि कोई टकरा गया। क्रोध स्वाभाविक है। किसी और दिन कोई आदमी टकरा जाता तो अंधा क्रोध न करता। इसलिए पंडितों में जितना क्रोध दिखाई पड़ेगा, उतना किसी और में नहीं।

कोई और दिन कोई टकरा जाता तो अंधा जानता था कि मैं अंधा हूं, रात अंधेरी है, टकराना स्वाभाविक है। वह टकराने को स्वीकार कर लेता। इसमें एतराज जैसा कुछ भी है नहीं। यह भाग्य था, यह नियति थी कि मैं अंधा हूं और कोई टकरा गया। क्रोध तो तब पैदा होता है जब हम सोचते हैं कि कुछ हो रहा है जो नहीं होना चाहिए था। क्रोध तो तब पैदा होता है जब भाग्य की स्वीकृति नहीं होती। इसे थोड़ा समझें।

जो व्यक्ति भाग्य को स्वीकार करता है, वह अक्रोधी हो जाएगा, क्योंकि वह मानता है, जो होना था वह हुआ है। अनहोना नहीं है कुछ; इसलिए नाराजगी की बात क्या है? इस अंधे से पहले भी लोग टकरा गए होंगे। ऐसा असंभव है कि अंधे से लोग न टकराए हों। पर यह पहले कभी क्रोधित न हुआ होगा। इसने समझा होगा अपनी असहाय अवस्था को। इसने समझा होगा कि अंधा हूं--यह ठीक ही है कि लोग टकरा जाते हैं। थोड़ी-बहुत टकराहट होगी। यह मेरी नियति है, यह मेरा भाग्य है, इस विधि को बदलना आसान नहीं। नाराजगी क्या है? शायद इसके पहले जब कोई अंधे से टकराया होगा तो अंधे ने क्षमा मांगी होगी, क्योंकि अंधा यह तो मान नहीं सकता कि आंख वाले मुझसे टकराए होंगे। अंधा यही समझेगा कि मैं गैर आंख वाला ही आंख वालों से टकरा गया होऊंगा।

अज्ञानी क्षमा मांग ले, पंडित क्षमा नहीं मांग सकता। क्योंकि अज्ञानी स्वीकार करता है कि मैं नासमझ हूं, भूल मुझसे हो सकती है। पंडित स्वीकार नहीं करता कि भूल मुझसे हो सकती है, या कि मैं नासमझ हूं। पंडित से और भूल... होना संभव ही नहीं है!

क्रोध पैदा हुआ, अंधा नाराज हुआ। और अंधे ने जरूर कहा होगा कि 'क्या अंधे हो? देख कर नहीं चलते? हाथ की लालटेन दिखाई नहीं पड़ती?'

जब भी कोई व्यक्ति अपनी स्थिति को स्वीकार नहीं कर पाता, तभी क्रोध उत्पन्न होना शुरू हो जाता है। अगर तुम्हारे जीवन में क्रोध जलता हो, जगह-जगह निकल आता हो तो इसका अर्थ यही है कि तुम एक बुझी हुई लालटेन लिए हुए चल रहे हो। सोचते हो कि प्रकाश हाथ में है इसलिए कोई टकराएगा नहीं; लेकिन टकराहट होती है।

सच तो यह है कि सिवाय टकराहट के तुम्हारे जीवन के मार्ग पर कुछ और होता ही नहीं। जिनसे परिचित हो उनसे टकराहट होती है। जिनसे अपरिचित हो उनसे टकराहट होती है--मित्रों से, शत्रुओं से। सिवाय टकराहट के तुम्हारे जीवन की कथा क्या है? जो भी पास आता है उसी से टकराहट हो जाती है और तब तुम बड़े क्रोध से भर जाते हो। और सदा दूसरा दोषी दिखाई पड़ता है। क्योंकि तुम यह तो मान ही नहीं सकते कि तुम्हारा दीया बुझा हुआ है; कि तुम्हारे हाथ में जो रोशनी है, वह खो गई है। तुम हाथ में अंधेरा लेकर चल रहे हो, यह तो तुम मान ही नहीं सकते। जब भी कोई टकराता है तो उत्तरदायित्व दूसरे का है, वही जिम्मेवार है। इसलिए क्रोध पैदा होता है।

क्रोध का अर्थ है: उत्तरदायित्व दूसरे का है, दूसरा जिम्मेवार है। तुम लाख कोशिश करो क्रोध से बचने की, तुम न बच पाओगे, अगर तुम्हारी दृष्टि दूसरे को जिम्मेवार ठहराने की है। जिस दिन तुम समझोगे कि जिम्मेवार मैं हूं, उस दिन क्रोध को उठने का मूल कारण खो जाएगा। तुमने जड़ काट दी।

मेरे पास लोग आते हैं, वे कहते हैं, बहुत क्रोध है, कैसे इसे शांत करें? क्रोध को शांत किया नहीं जा सकता। उठा लिया तो भोगना ही पड़ेगा। क्रोध की जड़ काटी जा सकती है; उठे क्रोध को शांत करना मुश्किल है। क्रोध उठे ही न, ऐसी व्यवस्था की जा सकती है। लेकिन तब तुम्हें जीवन की पूरी शैली ही बदलनी पड़े। तुम्हारे जीवन का पूरा ढंग ही तुम्हें रूपांतरित करना पड़े।

अभी तुम्हारे जीवन का ढंग यह है कि दूसरा हमेशा जिम्मेवार मालूम होता है। अगर तुम दुखी हो तो कोई तुम्हें दुखी कर रहा है। अगर तुम परेशान हो तो कोई तुम्हें परेशान कर रहा है। तुम यह मान ही नहीं सकते कि परेशानी तुम्हारे भीतर से आ सकती है, दुख तुम्हारे भीतर से आ सकता है। तुम्हारा अंधापन जिम्मेवार होगा टकराहट में, यह तुम्हारा मन मानने को राजी नहीं होता। और तब तुम टूट पड़ते हो। जब दूसरा जिम्मेवार है तो दूसरे का अपराध सिद्ध करने की तुम कोशिश करते हो। जब तक तुम ऐसा करते रहोगे, तब तक तुम्हारी क्रोध की आग को ईंधन मिलता ही रहेगा। तब तुम घी डाल रहे हो आग में और सोचते हो कि आग शांत हो जाए। पूछते हो, क्रोध कैसे मिटे? पूछो, क्रोध कैसे पैदा होता है? वहीं रोक देना होगा। बीज पर ही रोक देना होगा, पहले कदम पर ही रोक देना होगा।

महावीर का एक बहुत अनूठा सूत्र है। महावीर कहते हैं, पहला कदम उठ गया तो आधी मंजिल तो आ ही गई। अब बचना मुश्किल है। कदम उठने के पहले ही रुकना

आसान है। कदम उठ जाने के बाद यात्रा शुरू हो गई। मध्य से लौटना बहुत मुश्किल है, करीब-करीब असंभव है; क्योंकि ऊर्जा ने एक यात्रा शुरू कर दी।

भोजन किया, गले के नीचे चला गया कि तुम्हारे हाथ के करीब-करीब बाहर हो गया। जब तक तुमने भोजन नहीं किया है तब तक तुम्हारे हाथ में था। तुम चाहते तो न भी करते। तुम चाहते तो उपवास कर लेते। एक बार कंठ के नीचे भोजन उतर गया कि तुम्हारी स्वेच्छा के बाहर हो गया। तब तुम्हारे शरीर ने उसे ले लिया, और शरीर की गतिविधि भोजन को पचाने की, तुम्हारी स्वेच्छा में नहीं है। तुम भोजन नहीं पचाते हो, शरीर भोजन पचाता है। तुमसे पूछता भी नहीं, तुम्हारी जरूरत भी नहीं है। शरीर काम करता है। और अगर पेट में चले गए भोजन से तुम्हें छुटकारा पाना हो तो बड़ी अप्राकृतिक क्रिया करनी पड़े, वमन करना पड़े; जिससे कि पूरे शरीर को धक्के लगेंगे, पूरा तंत्र झकझोर उठेगा। और जितना नुकसान भोजन से हो सकता था, उससे भी ज्यादा नुकसान वमन से हो जाएगा।

अगर क्रोध का पहला कदम उठ गया तो कंठ के नीचे उतर गई बात। अब लौटना मुश्किल है; और वमन करना पड़े। और वमन कष्टपूर्ण है। क्रोध से जितना नुकसान हो सकता है, उससे भी ज्यादा नुकसान वमन से होगा। तुम टूट जाओगे।

और या फिर एक उपाय है कि तुम दमन कर लो, अगर वमन न करना हो। तो तुम क्रोध को इस भांति पी जाओ कि वह मल बनकर निकल न सके। तब भी तुम कठिनाई में पड़ जाओगे, क्योंकि मल शरीर में इकट्ठा हो जाए तो विषाक्त है; तो सारे खून की तह-तह में पहुंच जाएगा, रोएं-रोएं में भर जाएगा। तो जो लोग क्रोध को दमन करते हैं, धीरे-धीरे क्रोध उनके जीवन की व्यवस्था हो जाती है। फिर वे क्रोधित नहीं होते, वे क्रोधित रहते हैं। फिर उठते-बैठते वह क्रोध चल रहा है। वे सिर्फ प्रतीक्षा में हैं कि कहीं कोई बहाना मिल जाए कि उनका क्रोध फूट पड़े। अगर बहाना न मिले तो वे बहाना खोज लेंगे। फिर कोई भी बहाना काम देगा।

तुम्हें भी अपने जीवन का अनुभव है। बहुत बार तुम बहाने खोजते हो; फिर संगत-असंगत भी नहीं देखते। तुम ही पीछे लौटकर सोचोगे तो हंसोगे कि यह मैंने क्या किया! हास्यास्पद था।

एक आदमी एक किसान से उसकी कुल्हाड़ी मांगने आया था। तो उस किसान ने कहा कि आज तो देना मुश्किल है, क्योंकि आज मुझे दाढ़ी बनानी है। जो मांगने आया था वह भी चौंका, लेकिन कुछ बोला नहीं। उससे भी ज्यादा चौंकी किसान की पत्नी;

और उसने कहा कि कुछ तो होश-हवास रखो! वह कुल्हाड़ी मांगने आया है और तुम कह रहे हो कि मुझे आज दाढ़ी बनानी है। उस किसान ने कहा कि जब देनी ही नहीं है तो कोई भी बहाना काफी है। इससे क्या फर्क पड़ता है कि बहाना क्या है? इतनी बात वह भी समझ गया कि देनी नहीं है।

करीब-करीब तुम जब अपने क्रोध को दबा लेते हो तब तुम बहाने की फिकर नहीं करते। फिर कोई भी बहाना काम दे जाता है। क्रोध ही करना है तो फिर कोई भी बहाना काम कर जाता है। और जहां क्रोध की कोई भी जरूरत न थी, वहां क्रोध फूट पड़ता है। वहां तुम उबल उठते हो और जल उठते हो। जो भी तुम्हारे आसपास हैं, सबको हैरानी होती है। पत्नी समझ नहीं पाती कि पति क्यों नाराज हो रहा है! नारजगी का कोई कारण नहीं दिखाई पड़ता। पति समझ नहीं पाता कि मैंने अभी घर में प्रवेश भी नहीं किया कि पत्नी क्यों उबल उठी? नाराजगी का कोई कारण समझ में नहीं आता। सौ में निन्यानबे मौके पर दूसरा क्यों नाराज है, यह समझ में नहीं आता। मगर जो नाराज है, वह होश में नहीं है। जैसे क्रोध एक जहर है, जो बेहोश कर देता है।

क्रोध को बीच से तो रोकना मुश्किल है। रोकोगे, तो या तो दमन करना होगा; दमन बहुत खतरनाक है, क्योंकि तब तुम्हारे जीवन की पर्त-पर्त में क्रोध छा जाएगा। तुम्हारा प्रेम भी तुम्हारे क्रोध से भर जाएगा। तुम भोजन भी करोगे तो तुम्हारा क्रोध मौजूद रहेगा।

मनोवैज्ञानिक कहते हैं कि जब क्रोध में कोई आदमी भोजन करता है तो वह इस तरह भोजन को चबाता है, जैसे भोजन को मार रहा हो। जब हम क्रोध में आते हैं तो हम कहते हैं कि चबा जाऊंगा। तो चबाने में कहीं न कहीं क्रोध हमारा छिपा हुआ है। नहीं तो 'चबा जाऊंगा' इस तरह के भाषा के व्यवहार की कोई जरूरत न थी। क्रोधी आदमी भोजन को पीसता है दांतों के बीच। क्रोधी आदमी रात में भी सोता है तो सपने में दांत पीसता है। क्रोधी आदमियों के दांत घिस जाते हैं। रात में पीसते रहते हैं। क्रोधी आदमी प्रेम भी करेगा तो प्रेम उसका क्रोध जैसा हो जाएगा।

पश्चिम में एक बहुत कुख्यात विचारक हुआ, मार्कविस दी सादे। वह अपने साथ, जैसे डॉक्टर एक बैग रखते हैं, ऐसा एक बैग रखता था। बहुत धनपति आदमी था, बड़ा जमींदार था, मार्कविस था। उस बैग में वह प्रेम के सामान छिपाए रखता था। कोड़ा, कांटे, और-और तरह की चीजें उसने ईजाद कर रखी थीं। सुंदर था, धनपति था, सुविधा थी और फ्रांस की रंगीन दुनिया थी। स्त्रियां खोज लेना कोई कठिन न था।

लेकिन जब भी वह किसी स्त्री को प्रेम करता तो द्वार-दरवाजे बंद कर देता और बाहर पहरा लगवा देता। पहले तो कोड़ों से उसकी ठीक से पिटाई करता। कांटे चुभाता, सब तरह उसे सताता, तब प्रेम करता। इसलिए मार्कविस दी सादे के नाम पर एक पूरे रोग का नाम 'सैडिज्म' पड़ गया। जो व्यक्ति भी प्रेम के माध्यम से दूसरों को सताता है वह 'सैडिस्ट' है। मार्कविस दी सादे के नाम से वह शब्द निर्मित हुआ।

अब मार्कविस दी सादे कहता था कि जब तक मैं मार-पीट न करूं तब तक मुझ में प्रेम का उदय ही नहीं होता। जब मैं एक स्त्री को तड़फते देखता हूं तब मेरा प्रेम उदय होता है। यह जरा सोचने जैसी बात है। जब आप किसी को तड़फते देखते हैं तब आप में करुणा का जन्म होता है। यह मार्कविस दी सादे जरा गणित में और आगे चला गया। खुद तड़फा ले और फिर प्रेम का अनुभव करे।

लेकिन तुम भी जब किसी को तड़फते देखते हो और तुममें प्रेम का जन्म होता है तो तुम दूसरे को तड़फाने में कुछ न कुछ रस ले रहे हो। दूसरे को तड़फते देख कर तुममें करुणा का जन्म रुग्ण है। करुणा तो सहज होनी चाहिए, दूसरे के तड़फने पर निर्भर नहीं होनी चाहिए। दूसरा न भी तड़फ रहा हो तो करुणा होनी चाहिए। करुणा तुम्हारा स्वभाव होना चाहिए। लेकिन दूसरा जब तड़फता है तब तुममें करुणा का जन्म होता है, निश्चित ही दूसरे के तड़फने में तुम्हारा क्रोध निष्कासित हो रहा है।

और जब भी क्रोध का निष्कासन होता है तो करुणा का जन्म होता है। यह जरा जटिल बात है। क्योंकि धर्मगुरु यही समझाते रहे हैं कि दूसरों को तड़फते देखो तो करुणा करो। मैं तुमसे कहता हूं कि तुम दूसरे को तड़फते देखने के लिए रुकते क्यों हो? तब तुम करुणा करोगे जब दूसरा तड़फेगा, जब दूसरा भूखा मरेगा तब तुम दान करोगे? इतनी देर तुम रुके क्यों? तुम्हारे भीतर कहीं कोई गहन क्रोध छिपा है। मार्कविस दी सादे ज्यादा गणित की आखिरी सीमा पर पहुंच गया। इतनी देर क्यों रुकना? प्रेम के जन्म के लिए दूसरे को तड़फाओ? परिस्थिति पर क्यों निर्भर रहना? खुद तड़फा दो, फिर प्रेम का जन्म हो जाता है।

छोटे-छोटे बच्चे भी इस बात को समझते हैं कि जब भी वे बीमार पड़ते हैं और परेशान होते हैं तभी मां-बाप उनको प्रेम करते हैं। इसलिए बच्चे अक्सर झूठे भी बीमार पड़ जाते हैं। या बच्चा अगर गिर पड़े तो चारों तरफ देख लेता है कि कोई है, जो प्रेम प्रकट करेगा? अगर कोई भी नहीं है तो रोना-धोना बेकार है। उठ कर चल पड़ता है। लेकिन अगर उसकी मां आसपास हो और वह गिर पड़े तो भारी हायतोबा मचा देता

है। क्योंकि उसी हायतौबा से मां का प्रेम उसकी तरफ बहेगा। यह भी कैसा प्रेम है, जो दुख की प्रतीक्षा करता है? इसमें थोड़ा रोग है। इसमें थोड़ा मां रस ले रही है। इस दुख में थोड़ी सी मां की भी कुछ रेचन-प्रक्रिया हो रही है। उसका क्रोध, उसका दमित वेग इससे बह रहा है।

क्रोध दब जाए तो मवाद की तरह है; जिसे तुमने भीतर छिपा लिया, वह कहीं से भी निकलेगी। और जब भी निकलेगी तब तुम हल्के अनुभव करोगे।

इसलिए क्रोध करके लोग हलका अनुभव करते हैं। मन बोझ से खाली हो जाता है, जैसे सिर से एक भार उतर गया। तो कितना ही धर्मगुरु कहें कि क्रोध बेकार है, लोग जानते हैं कि क्रोध से हलकापन आता है। और जब तुम क्रोध को भीतर दबा लेते हो तो सिर भारी हो जाता है। दबा हुआ क्रोध सिरदर्द बन जाता है।

चिकित्सक कहते हैं कि स्त्रियां हृदय की बीमारी से कम पीड़ित होती हैं, हृदय की दुर्बलता से कम पीड़ित होती हैं। हृदय के असफल होने से बहुत कम स्त्रियां मरती हैं। पुरुष मरते हैं; और पुरुषों के मरने की भी एक खास आयु है। चालीस और पचास के बीच पुरुष हार्ट अटैक से, हृदय के आक्रमण से मरते हैं।

मनोवैज्ञानिक कहते हैं कि स्त्रियां क्रोध को उतना नहीं दबातीं, जितना पुरुष दबाते हैं। क्योंकि पुरुष का अहंकार स्त्रियों से ज्यादा प्रबल है। भीतर क्रोध जल रहा हो तो भी पुरुष मुस्कुराता है। भीतर से हत्या कर देने का मन हो रहा हो तो भी शिष्टाचार बरतता है। न क्रोधित हो सकता है दूसरे पर, और न खुद पर हो सकता है। न रो सकता है, न चीख सकता है, न चिल्ला सकता है, क्योंकि ये सब मर्द के लक्षण नहीं। ऐसा बचपन से बच्चों को समझाया गया है कि रोना मत, क्रोध मत करना। पुरुष का लक्षण है, संयमी, नियंत्रित। और अगर कोई पुरुष रोने लगे तो वह स्त्री है, स्त्रैण है। क्रोधित हो जाए छोटी-छोटी बात में तो बचकाना है, प्रौढ़ नहीं है। छोटे-छोटे बच्चे तक यह समझ जाते हैं फर्क, कि स्त्री और पुरुष में एक फर्क है।

मैंने सुना है, एक स्त्री बहुत परेशान थी। उसके छोटे तीन साल के लड़के ने खुद को बाथरूम में बंद कर लिया। न तो बोलता था, न जवाब देता था, भीतर से। यह भी पक्का करना मुश्किल था कि उससे दरवाजा खुल नहीं रहा है या वह खोल नहीं रहा। स्त्री जब थक गई तो उसने पुलिस स्टेशन को खबर की। पुलिस इंस्पेक्टर आया, उसने पूछा कि बच्चा अंदर है, लड़का है या लड़की? उसने कहा, यह भी कोई पूछने की... इससे क्या मतलब है? निकालो उसे बाहर, लड़का है। उसने कहा कि ठहरो, वह दरवाजे के पास

गया और उसने कहा कि बेटी, बाहर निकल आ। वह लड़का तत्काल बाहर निकल आया गुस्से में, कि उससे बेटी कहा! उस इंस्पेक्टर ने कहा कि यह तरकीब हमेशा काम करती है। तीन साल का बच्चा भी मर्द!

आंखों में आंसू की जो ग्रंथियां हैं वे बराबर हैं; पुरुष की हो, चाहे स्त्री की आंख, उसमें रत्ती भर फर्क नहीं है। इसलिए कि प्रकृति ने तो आंखें दोनों की रोने के लिए ही बनाई हैं, लेकिन मर्द रोएगा नहीं। क्रोध की जितनी ग्रंथियां पुरुष में हैं उतनी ही स्त्री में हैं, उसमें कोई फर्क नहीं। शरीर की जितनी रासायनिक संभावना क्रोध से भरने की पुरुष की है उतनी ही स्त्री की है; उसमें कोई अंतर नहीं।

लेकिन पुरुष दबाता है; उसे दबाना सिखाया जाता है। दबाते-दबाते चालीस साल के करीब वह वक्त आ जाता है, इसके बाद झेलना मुश्किल हो जाता है। इसलिए हृदय दुर्बल हो जाता है, क्योंकि सब दमन हृदय को दुर्बल करता है। पुरुष मरते हैं हृदय रोग से, स्त्रियां नहीं मरतीं। रो-धो लेती हैं, हलकी हो लेती हैं। रोज निपटारा हो जाता है, इकट्ठा नहीं हो पाता। क्रोध कर लेती हैं, नाराज हो जाती हैं, दूसरे को न मार सकें तो खुद को पीट लेती हैं।

यह जान कर हैरान होंगे कि पुरुष स्त्रियों से दुगुने पागल होते हैं। और आमतौर से आप सोचते होंगे स्त्रियां ज्यादा आत्महत्या करती हैं तो आप गलती में हैं। न तो स्त्रियां ज्यादा पागल होती हैं और न ज्यादा आत्महत्या करती हैं; पुरुष ही करते हैं। अपराध भी स्त्रियां कम करती हैं, पुरुष ही करते हैं।

जैसे सारे उपद्रव पुरुष करता है! और मनस्विद कहता है कि इसके मूल में कारण है कि पुरुष सारी मवाद को इकट्ठा करता चला जाता है। फिर वह इतनी इकट्ठी हो जाती है, कि जब फूट कर बहती है तो उससे दुर्घटना ही होती है।

क्रोध को न तो दबाया जा सकता है और न क्रोध का वमन किया जा सकता है। वमन भी नुकसान पहुंचाता है। सारा शरीर संस्थान कंप जाता है। बहुत बार तुम वमन भी करते हो। वमन दिखाई नहीं पड़ता, क्योंकि भोजन तो दृश्य है, क्रोध इतने दृश्य नहीं; लेकिन क्रोध का वमन भी चलता है। कई तरह से क्रोध का वमन हो रहा है।

पुरुष नाराज है, उसने कार निकाली, और एक्सीलेरेटर पर उसका पैर तेजी से जाएगा। वह सोचेगा भी नहीं कि यह साठ-सत्तर की जो रफ्तार आ रही है, यह क्रोध का वमन हो सकता है। लेकिन इससे दुर्घटना हो सकती है। पचास प्रतिशत कार दुर्घटनाएं क्रोध के कारण होती हैं। वह वमन का रास्ता बन जाता है। स्पीड जितनी

बढ़ती जाती है गाड़ी की, उतना क्रोध वमित होता जाता है। लेकिन यह खतरनाक है। यह खेल खतरनाक है, इससे पूरा जीवन खतरे में पड़ सकता है--खुद का भी, दूसरे का भी।

न मालूम कितनी बीमारियां इसलिए पैदा होती हैं, क्योंकि उन बीमारियों के द्वारा तुम्हारा क्रोध वमन हो जाता है। वास्तविक उलटी भी हो सकती है, वमन हो सकता है। अगर तुम बहुत क्रोध से भरे हो तो उलटी हो सकती है, 'नाशिया' आ सकता है। वास्तविक क्रोध से भरे हुए, शरीर-शास्त्री कहते हैं भोजन को पचने में दो-गुना समय लगता है। जो भोजन चार घंटे में पचता है वह आठ घंटे में पचेगा। और भोजन इतना ठंडा हो जाएगा आठ घंटे में, कि पचना मुश्किल हो जाएगा।

इसलिए अक्सर लोग कहते हैं कि क्रोधी व्यक्ति दुबला होता है। वह भोजन को ठीक से पचा नहीं पाता। उसका भोजन अनपचा फिंक जाता है। वह भी वमन है। तुम्हें खयाल हो कि क्रोध के क्षण में कभी तुमने उल्टी की है? तो हलकापन लगा होगा। हालांकि तुम सोचोगे कि उल्टी अपने आप हो गई। कोई चीज बाहर निकलना चाहती थी और तुमने रोक ली, उसके साथ भोजन भी बाहर फिंक गया।

बहुत सी बीमारियां वमन हैं। कोई पचास प्रतिशत बीमारी तो मानसिक वमन है, जो शरीर को, संस्थान को कंपा जाता है।

मनुष्य का स्वयं से बड़ा दुश्मन खोजना कठिन है।

न दमन काम करेगा, न वमन काम करेगा; ठीक काम तो तब शुरू होगा, जब तुम पहले ही बिंदु पर रुक जाओगे, यात्रा शुरू ही न होगी। वहीं रोका जा सकता है। और वहां रुक जाओ तो तुम्हारी ऊर्जा स्वस्थ होगी, प्रवाहित होगी। क्रोध तुम्हारे शरीर में जहर को न फैला पाएगा, करुणा का अमृत तुम्हारे शरीर में बहेगा।

कौन सा मूल बिंदु है? मूल बिंदु वहां है, जहां हमने दूसरे को जिम्मेवार ठहराया।

यह अंधा आदमी सदा अपने को जिम्मेवार समझता था। जब भी टकराया होगा, उसने कहा होगा, क्षमा करें, मैं अंधा आदमी हूं। लेकिन आज नहीं, आज अंधे के हाथ में लालटेन थी। चिल्लाया वह कि अंधे हो? दिखाई नहीं पड़ता? हाथ की लालटेन इतनी बड़ी है, फिर भी टकराए जा रहे हो?

तुम भी जब दूसरे पर चिल्लाओगे, दिखाई नहीं पड़ता? क्या कर रहे हो? टकराए जा रहे हो! तो एक बार सोचना कि कहीं ऐसा तो नहीं है, कि तुम टकरा रहे हो और दूसरे को दोष दे रहे हो? सौ में निन्यानबे मौके पर हालत यही है। सदा हम दोष दूसरे

को देते हैं। दूसरे को दोष देने में अहंकार की सुरक्षा है। हम बच जाते हैं। हर एक ने अपनी एक प्रतिमा बना रखी है। वह प्रतिमा ऐसी है कि जैसे तुम देवता हो। दूसरों को भला तुममें शैतान दिखाई पड़ता हो, तुम कभी दर्पण में शैतान नहीं देख पाते; देवता दिखाई पड़ता है। और कभी-कभी अगर यह देवता विकृत हो जाता है तो ये दूसरे हैं, जो परिस्थिति पैदा कर देते हैं, जिसके कारण देवता विकृत हो जाता है। तुम्हारी प्रतिमा तो सर्वांग-सुंदर है। तब अंधे की यह स्थिति स्मरण करना। उस दूसरे आदमी ने कहा कि मित्र, तुम्हारे हाथ की लालटेन बुझी हुई है। अंधेरा घना है। अंधा मैं नहीं हूं, लेकिन हाथ में लालटेन नहीं है।

अगर तुम्हारे जीवन में बहुत कष्ट हो तो समझना कि तुम्हारे जीवन का प्रकाश बुझा हुआ है। और हर आदमी, जो तुम्हारे करीब आता है तुमसे टकरा जाता होगा, जिससे भी मैत्री बनती हो वही शत्रु हो जाता होगा, जिससे भी प्रेम का संबंध बनता हो वही घृणा में रूपांतरित हो जाता होगा। जिससे भी मिलते हो उससे ही कष्ट मिलता है, जो भी पास आता है वह तुम्हारा नरक बन जाता है, तो थोड़ा सोचना कि तुम्हारे हाथ की लालटेन बुझी हुई है।

निश्चित ही हमारे जीवन का प्रकाश बुझा हुआ है, इसलिए ही दूसरे हमसे टकराए चले जाते हैं। हमारा आत्मज्ञान क्षीण है, ना के बराबर है। वह दीया, जैसे है ही नहीं। हमें एक बात का बिलकुल पता नहीं है कि मैं कौन हूं! लेकिन हम सब सोचते हैं कि हमें पता है। यही बुझा हुआ दीया है, जो हम ढो रहे हैं। आत्मज्ञान रत्ती भर नहीं है, पर प्रत्येक को खयाल है कि मैं कम से कम अपने को तो जानता हूं।

आप दूसरों को भला जानते हों, आप बड़े विशेषज्ञ हो सकते हैं, पौधों-पशुओं, पृथ्वी-आकाश के, लेकिन एक संबंध में आप बिलकुल ही भ्रांति में हैं कि मैं अपने को जानता हूं। वहां दीया बिलकुल बुझा हुआ है। स्वयं की तो हमें कोई भी खबर नहीं, कोई भी पहचान नहीं है। और यह जो अनपहचाना स्वयं है, यह जो अज्ञान और अंधकार से भरा हुआ स्वयं है, यह आकर्षण है दूसरों को टकराने का।

एक व्यक्ति प्रेम में पड़ जाता है, तो जब वह किसी के प्रेम में पड़ता है, या किसी की मित्रता में पड़ जाता है, तब वह अपना दूसरा ही रूप प्रकट करता है, जो उसका वास्तविक रूप नहीं है। इसलिए सभी प्रेम-विवाह करीब-करीब असफल हो जाते हैं। प्रेम-विवाह का सफल होना बड़ी दुर्लभ घटना है।

एक युवक एक युवती के प्रेम में पड़ता है तो युवक अपना वह चेहरा दिखलाता है, जो असली नहीं है, क्योंकि यह असली चेहरा तो इस युवती को दूर हटा देगा। तो वह सर्वांग सुंदर प्रतिमा प्रकट करता है। युवती भी अपनी वही प्रतिमा प्रकट करती है, जो वास्तविक नहीं है। दोनों एक-दूसरे को आकर्षित करने में लगे हैं। उनकी वाणी मधुर है, कर्कश नहीं है। उनकी देह सुसज्जित है, सुगंधित है, पसीने की बदबू नहीं आती। वे कपड़े ताजे पहनते हैं, स्नान करके मिलते हैं। और यह मिलना कभी घड़ी दो घड़ी का समुद्र के किनारे है, किसी बगीचे में। बगीचे में कोई चौबीस घंटे नहीं रहता। समुद्र के किनारे कोई चौबीस घंटे नहीं बैठ सकता। यह झूठा है। यह ऊपर की सतह है।

फिर कल वे विवाहित हो जाते हैं, तब जिंदगी का पूरा ढांचा बदलता है। ऊपर की सतह को चौबीस घंटे सम्हालना बहुत मुश्किल है, अंततः बहुत बोझ मालूम होगी। आदमी को असली होना ही पड़ेगा, तभी वह रिलैक्स हो सकता है, तभी विश्राम कर सकता है। धीरे-धीरे ऊपर का चेहरा उतार कर रख दिया जाएगा। स्त्री अपने रूप में प्रकट होगी, पुरुष अपने रूप में प्रकट होगा, कलह शुरू हो जाएगी। शरीर से बदबू आने लगेगी, शरीर में खामियां दिखाई पड़ने लगेंगी, आवाज की मधुरता चली जाएगी, कर्कश हो जाएगी।

मैंने सुना है, एक आदमी, जब भी उसकी पत्नी हार्मोनियम बजाती और संगीत का अभ्यास करती तो मकान के बाहर टहलने लगता। आखिर उसकी पत्नी ने पूछा कि बात क्या है? जब भी मैं संगीत का अभ्यास करती हूं, तुम बाहर क्यों टहलते हो? उसने कहा, इसलिए ताकि मोहल्ले वाले यह न समझें कि मैं तुम्हारी पिटाई कर रहा हूं।

पति को पत्नी की आवाज कर्कश सुनाई पड़ने लगती है। यह वही आवाज है, जो कभी मधुरतम संगीत थी, जिससे कोयलें फीकी पड़ जातीं। पति की आवाज पत्नी को फिर रुचिकर नहीं मालूम पड़ती। जब भी पति बोलता है तो कुछ उपद्रव है। तो पति चुप रहने लगता है। पति करीब-करीब गूंगे हो जाते हैं। डायलॉग, जिसको हम संभाषण कहें, वह घरों में समाप्त हो जाते हैं। पत्नी बोलती रहती है, पति अखबार पढ़ता रहता है।

एक-दूसरे से बचने का उपाय शुरू हो जाता है, जब एक-दूसरे की वास्तविकता प्रकट होती है। दीया भीतर बिलकुल बुझा है। इसलिए हम स्वयं की वास्तविकता दिखलाएं भी कैसे? उस वास्तविकता का हमें भी पता नहीं है। हम एक अराजकता हैं,

एक व्यक्तित्व नहीं, एक संगीत नहीं, एक शोरगुल हैं। इस शोरगुल को हम किसी तरह ढांके हुए जीते हैं।

यह अंधा आदमी है, लेकिन दूसरे के दिए हुए लालटेन पर भरोसा कर लिया। और तुमने भी दूसरों ने तुम्हें जो आत्मज्ञान दिया है, उस पर भरोसा कर लिया है। कोई उपनिषद पर भरोसा कर रहा है, कोई गीता पर, कोई वेद पर, कोई कुरान पर; लेकिन ये सब प्रकाश दूसरों के दिए हुए हैं। प्रकाश तो कोई तुम्हें दे देगा, आंखें तुम्हें कौन देगा? मित्र आंखें तो निकाल कर नहीं दे सकता है कि यह ले जाओ, रास्ता अंधेरा है, इनका उपयोग कर लेना। लालटेन दे सकता है, लेकिन अंधे के लिए लालटेन का कोई भी अर्थ नहीं; खतरा है। उसके लिए लालटेन सहारा नहीं बनेगी। लालटेन ही बाधा हो गई, उसके कारण ही कोई टकरा गया।

और ध्यान रहे, दूसरे के द्वारा दिया गया प्रकाश सदा बुझा हुआ होगा। क्योंकि एक तो दीया तुम्हारे भीतर है, जो जलता है बिन बाती बिन तेल। वह कभी नहीं बुझता। लेकिन उस दीये का तुम्हें पता नहीं। और एक दीया, जो तुम्हें बाहर से दिया जा सकता है, वह सदा बुझता है, क्योंकि उसका तेल है, चुक जाएगा। उसकी बाती है; बुझ जाएगी; हवा का झोंका उसे मिटा देगा। कोई भी कारण मिल जाएगा और वह बुझ जाएगा। वह सदा जलने वाला नहीं है।

पुरानी पुराण-कथा है कि अलेक्जेंड्रिया में एक प्रकाश स्तंभ था, जो सदा जलता रहता। उस दीये में किसी तेल को डालने की जरूरत न थी, कोई बाती न बदलनी पड़ती थी। सैकड़ों फीट ऊंचा स्तंभ था। वहां तक जाने का भी कोई उपाय न था।

लेकिन मालूम होता है, यह कहानी ही होगी। वह जगत के चमत्कारों में से एक था। यह हो नहीं सकता। बाहर कोई भी दीया बिना बाती बिना तेल के जल नहीं सकता। सूरज इतना बड़ा दीया है, वह भी बुझेगा; क्योंकि उसकी भी बाती और तेल है।

वैज्ञानिक कहते हैं कि चार हजार साल और सूरज जल सकता है; उसका तेल रोज चुक रहा है। उसका ईंधन समाप्त हो रहा है, क्योंकि रोज ये इतनी किरणें आ रहीं हैं, उतना सूरज बुझता जा रहा है। चार हजार साल में सूरज बिलकुल बुझ जाएगा, चुक जाएगा। सूरज चुक जाता है! इतना बड़ा दीया है, पृथ्वी से साठ हजार गुना बड़ा है, लेकिन अरबों-खरबों सालों में उसकी रोशनी भी खो जाती है। इससे भी बड़े-बड़े सूर्य बुझ चुके हैं। यह सूर्य कोई बहुत बड़ा नहीं है; पृथ्वी से साठ हजार गुना बड़ा है, लेकिन इससे हजारों गुने बड़े सूर्य बुझ चुके हैं, बुझ रहे हैं।

बाहर तो जो भी होगा, अकारण नहीं हो सकता; उसमें कारण होगा। कारण चुकेगा, दीया बुझ जाएगा।

मित्र ने तो बहुत सम्हाल कर ही दिया होगा, लेकिन हवा के झोंकों का क्या भरोसा? नहीं, दीये के संबंध में मित्रों का भरोसा नहीं किया जा सकता। और दीये के संबंध में गुरु पर निर्भर मत रहना। गुरु कितना ही दे, तुम्हारे हाथ में ही आते दीया बुझ जाएगा। तुम अंधे ही रहोगे, क्योंकि गुरु की आंख तुम्हारी आंख नहीं बन सकती।

इसलिए वास्तविक गुरु दीये नहीं देता, वास्तविक गुरु केवल आंख को खोलने की विधि देता है। वास्तविक गुरु केवल आंख का उपचार देता है, औषधि देता है। दीयों का क्या भरोसा! कितनी देर चलेंगे? इसलिए वास्तविक गुरु तुम्हें नियम, मर्यादाएं नहीं देता, क्योंकि सभी नियमों की सीमाएं हैं। जो नियम आज ठीक है, वह कल गलत हो सकता है। आज की स्थिति में जो बात मर्यादा थी, कल की स्थिति में अमर्यादा हो सकती है। जो एक परिस्थिति में औषधि है, दूसरी परिस्थिति में जहर हो सकती है। इसलिए वास्तविक गुरु तुम्हें नियम नहीं देता, और न जीवन का अनुशासन देता है। वास्तविक गुरु तुम्हें केवल आंख का उपचार देता है, ताकि हर परिस्थिति में तुम देख सको। दीया बुझ जाए तो तुम जानो, दीया जलता हो तो तुम जानो। रास्ता अंधेरा हो तो दिखाई पड़े, रास्ता प्रकाश से भरा हो तो दिखाई पड़े। कोई टकराए तो तुम पहचानो; तुम किसी से टकराओ तो तुम पहले से जान सको।

झेन फकीर हुआ, लिंची। उससे किसी आदमी ने आकर पूछा कि मुझे बताएं, मैं किस तरह का आचरण करूं? मैं कैसा व्यवहार करूं कि मैं सत्य को पा सकूं? लिंची ने कहा, वह मैं तुम्हें नहीं बताऊंगा। तुम गलत आदमी के पास आ गए। क्योंकि आचरण कोई बंधी हुई बात नहीं है। आज तुम्हें कहूं ठीक, कल की परिस्थिति में गलत हो जाए। फिर तुम्हारे साथ चौबीस घंटे मैं न रहूंगा। आज मैं हूं, कल मैं नहीं रहूंगा; तुम किससे पूछोगे? फिर तुम किसी और से पूछोगे, वह कुछ और जवाब देगा।

सारे धर्मों ने आचरण के अलग-अलग नियम निर्धारित किए हैं। जैन से पूछें, तो वह कहता है शाकाहार, शुद्ध शाकाहार आचरण है। और जब तक तुमने जरा सा भी जीवाणु को नुकसान पहुंचाया कि तुम सत्य को न पा सकोगे। लेकिन ईसाई, मुसलमान चिंता नहीं करते शाकाहार की। फिर भी वहां से भी लोग सत्य तक पहुंचे हैं।

और क्वेकर हैं, ईसाइयों का एक संप्रदाय है, वह दूध भी नहीं पीता। वे जैनों को मांसाहारी समझते हैं, क्योंकि दूध खून है; और दूध में हिंसा है। जब तुम गाय से दूध

छीनते हो तो तुम बछड़े का दूध छीन रहे हो। लेकिन जैनों के शास्त्र, हिंदुओं के शास्त्र दूध को तो पवित्रतम भोजन कहते हैं; शुद्धतम। लेकिन उसमें हिंसा तो है ही, क्योंकि दूध बछड़े के लिए था, तुम्हारे लिए नहीं था। बछड़े का भोजन तुम छीन लिए हो, और तुम सोच रहे हो कि शुद्ध आहार है। और दूध बनता तो खून से है। इसलिए दूध पीने से खून जल्दी बढ़ता है, इसलिए दूध पूरा आहार है। बच्चा और कुछ नहीं लेता, सिर्फ मां का दूध काफी है, सब काम कर देता है दूध, क्योंकि दूध शुद्ध खून है। सारे शरीर को पुष्ट कर देता है। क्वेकर दूध नहीं पीते, लेकिन क्वेकर अंडा खाता है। वह कहता है, जब तक अंडे में चूजा प्रकट नहीं हुआ, तब तक कोई हिंसा नहीं।

किसकी सुनिए? अगर जैनों की बात को पूरा मान कर चलिए तो वृक्ष से फल को तोड़ना भी पाप है। क्योंकि चोट लगती है, गहरी चोट लगती है। लेकिन तब तो गेहूं या कोई भी अनाज खाना पाप है। क्योंकि गेहूं बीज है; उससे न मालूम कितने वृक्ष पैदा होते। अगर अंडे से मुर्गी पैदा होने वाली है तो गेहूं से न मालूम कितने वृक्ष पैदा होने वाले थे। तुम उन सबको खा गए। वृक्ष का जीवन है, जैसा मुर्गी का जीवन है। गेहूं अंडा है। उससे वृक्ष होने वाले थे, वह तुम खा गए। अगर आचरण की तरफ कोई विचार करने लग जाए तो किसी निष्कर्ष पर कभी नहीं पहुंच पाएगा। कोई निष्कर्ष ही नहीं है फिर। फिर वह आचरण के संबंध में सोचते-सोचते मर जाएगा। आचरण जीने का न समय बचेगा, न सुविधा।

लिंची ने कहा कि आचरण के सूत्र मैं तुम्हें न दूंगा। तुम मेरे पास रुको, मैं तुम्हें ध्यान दूंगा, ताकि तुम्हारी आंखें खुल जाएं। फिर खुली आंखों से जो तुम्हें ठीक लगे करना; वही आचरण है। इसलिए सदज्ञानियों ने कहा है, खुली आंख से जो भी ठीक लगे, वही आचरण है। बंद आंख से जो भी किया जाए, वही अनाचरण है। तो बंद आंख से अहिंसा भी अनाचरण है, खुली आंख से हिंसा भी आचरण हो सकती है।

इसीलिए कृष्ण अर्जुन को कह सके, 'तू फिकर मत कर; सिर्फ आंख खुली रख और युद्ध में कूद जा; फिर कोई हिंसा नहीं है।' यह जरा जटिल बात है। खुली आंख से संभोग भी ब्रह्मचर्य हो सकता है। बंद आंख से ब्रह्मचर्य भी दमित संभोग है। पर यह जरा जटिल है बात। इसलिए कृष्ण इतना बड़ा रास रचा सके, इतनी स्त्रियों से प्रेम कर सके।

आंख खुली हो तो आचरण सदा ठीक है। आंख बंद हो तो आचरण सदा गलत है। और जब आंख बंद हो तो जो भी आचरण हम स्वीकार करते हैं, वह दूसरे के दिए हुए दीये हैं। वह अपनी अनुभूति नहीं, वह अंतःप्रज्ञा नहीं।

मित्र प्रेमी था, भला था। सहानुभूति से ही उसने कहा कि दीया ले जाओ, कोई तुमसे टकरा न जाए। लेकिन तर्क छोटा है, जीवन बहुत बड़ा है। तर्क सब इंतजाम कर लेता है, जीवन का एक हलका सा हवा का झोंका आता है, दीये बुझ जाते हैं और तर्क की सब व्यवस्था टूट जाती है।

तुम्हारे पास भी जो दीये हैं, जिनके सहारे तुम चल रहे हो, एक सवाल अपने से पूछ लेना कि वह दूसरों के दिए हुए हैं, या स्वयंस्फूर्त हैं? तुम्हारी आंखें उनमें हैं, या सिर्फ मित्रों की सहानुभूति? मित्रों की सहानुभूति पर्याप्त नहीं है! और जब कोई तुम्हें दीया दे, तो उसे धन्यवाद देना, लेकिन दीया मत लेना। कहना, दीया तो मैं खुद ही खोजूंगा।

जैसी यह कहानी है, ऐसी एक और झेन कथा है। एक सदगुरु के पास एक युवक कुछ खोजने आया। उसके प्रश्न लंबे थे, जिज्ञासा गहरी थी और रात हो गई थी। तो सदगुरु ने कहा कि रात अंधेरी है, भय तो नहीं लगता?

उस युवक ने कहा: आपने ठीक पहचाना; भय लगता है। गांव तक पहुंचने में बड़ा जंगल बीच में है, खूंखार जानवर हैं।

गुरु ने कहा: 'काश, मैं तुम्हें साथ दे सकता! लेकिन इस जगत में सब अकेले हैं। जंगल घना है, जंगली जानवर हैं, रास्ता उलझन से भरा है, भटकने की पूरी संभावना है, लेकिन काश, इस जगत में कोई किसी का साथ दे सकता!'

युवक तो थोड़ा हैरान हुआ कि यह भी खूब तरकीब बचने की निकाल रहे हैं! साथ दे सकते हैं, जा सकते हैं। तुम्हारा परिचित है जंगल, तुम यहां झोपड़ा बना कर रहते हो। लेकिन अशिष्टता होगी कुछ कहना, तो चुप रहा।

फिर गुरु ने कहा: 'लेकिन एक काम मैं कर सकता हूं, दीया तुम्हें दे सकता हूं। रात अंधेरी है, यह प्रकाश तुम ले जाओ।'

युवक के हाथ में दीया उसने दिया। युवक ने सोचा यही बहुत। न कुछ से यह भी काफी है। डूबते को तिनका भी सहारा है। कम से कम देख तो सकूंगा अंधेरे में, रास्ता कहां है! लेकिन जैसे ही वह सीढ़ियां उतरने लगा, सदगुरु ने फूंक मारी और दीया बुझा दिया। उस युवक ने कहा: 'आप यह क्या कर रहे हैं? आप क्या मजाक कर रहे हैं?'

गुरु ने कहा: 'दूसरों का दिया हुआ दीया काम पड़ नहीं सकता। न केवल रास्ता अकेला है, न केवल हर आदमी अकेला पैदा होता है, अकेला चलता है, और अकेला मरता है, यहां उधार ज्ञान से कुछ भी सुविधा नहीं बनती। मैं तुम्हारा शत्रु नहीं

हूं, इसलिए तुम्हें यह भ्रांति नहीं दे सकता कि उधार प्रकाश काम आ सकता है। इसके पहले कि हवाएं तुम्हारे दीये को बुझाएं, मैं स्वयं बुझा देता हूं। तुम अंधेरे में ही जाओ, अपना रास्ता खोजो।'

होश रखना! वह तुम्हारे भीतर है। वह मैं नहीं दे सकता। और यह रात कीमती है, क्योंकि अंधेरा घना है और जंगली जानवर निकट हैं। रास्ता अनजाना है, गांव दूर है। इस खतरे की स्थिति में हो सकता है, तुम होश को सम्हालो। इस खतरे की स्थिति में तुम सम्हल कर चलो; क्योंकि राजपथों पर कोई भी सम्हल कर नहीं चलता। राजपथ हम बनाते ही इसीलिए हैं ताकि वहां शराब पीकर चल सकें; जहां होश की जरूरत न हो। घरों में कोई होश से नहीं रहता, घर बनाते हम इसीलिए हैं कि वहां सब सुरक्षित है, सावधानी की कोई जरूरत नहीं। जंगल में होश रखना पड़ता है।

कुछ आश्चर्य न होगा कि जिस दिन आदमी ने जंगल छोड़ा और घर बनाए, उसी दिन से आदमी ने होश भी छोड़ा और घरों में सुरक्षित हो गया। इसलिए अगर तुम खानाबदोशों से परिचित हो, तो उनमें तुम जिस तरह की सावधानी पाओगे, उस तरह की गृहस्थों में नहीं पा सकते। जो लोग घुमक्कड़ हैं--कुछ जातियां अभी भी घुमक्कड़ हैं। बलूचियों का एक वर्ग अभी भी घूमते ही रहता है।... हब्शी हैं, वे घूमते ही रहते हैं। हालांकि सारी दुनिया के सभ्य लोग उनके खिलाफ हैं। और सब मुल्कों में कानून बनाए जा रहे हैं कि हब्शियों को प्रवेश न करने दिया जाए। उनको बसाया जाए जबरदस्ती। उनको भटकने न दिया जाए, क्योंकि यह भटकते हुए आवारा लोग--ये सभ्य नहीं हैं।

लेकिन जो लोग भी हब्शियों के पास रहे हैं, उन्हें उनमें एक चीज दिखाई पड़ती है, जो घरों में रहने वाले लोगों में खो गई है। वह है एक खास तरह का होश। जिसको चौबीस घंटे भटकना है, जिसको साल भर चलना है, वर्षा हो कि ठंड हो कि गर्मी हो, जिसको रुकने के लिए कोई पड़ाव नहीं, जिसको कोई छाया नहीं, जिसको सुरक्षा की कोई सुविधा नहीं, जिसके भीतर सो सके, निश्चित ही उसमें एक तरह का होश होगा। और आदमी जब खानाबदोश की हालत में था तो उसमें एक होश था।

इसलिए कुछ आश्चर्य की बात नहीं कि भारत में बहुत से लोग घर-गृहस्थी को छोड़ कर संन्यासी हुए। संन्यासी का मतलब है, फिर आवारा हो जाना। संन्यासी का मतलब है, फिर घुमक्कड़ हो जाना। संन्यासी परिव्राजक है, खानाबदोश है; वह घर नहीं बनाएगा, वह सुरक्षा में नहीं रुकेगा। वह चलता ही रहेगा। अनजान रास्ते होंगे, खतरे

होंगे। रात सोएगा तो खतरा होगा, दिन बैठेगा तो खतरा होगा। आज भोजन है, कल भोजन हो या न हो, इस सारे खतरे की स्थिति में होश जगता है।

सदगुरु ने कहा कि तुम जाओ, अंधेरा शुभ है। जंगली जानवर भी मित्र हैं, अगर तुम होश से जा सको। और जो होश से चलता है, वह भटकता नहीं, पहुंच ही जाता है।

यह मित्र तो करुणावान था, लेकिन बोधपूर्ण नहीं था। यह मित्र समझदार था, लेकिन समझदारी इस दुनिया की थी, जो काफी नहीं है। यह मित्र होशियार था और तर्क में कुशल था, लेकिन जीवन के रहस्य का इसे कुछ भी पता नहीं है। इसने इंतजाम किया, लेकिन वह इंतजाम टूट गया। दो कदम चला, और इंतजाम टूट गया।

हमारे सभी इंतजाम ऐसे हैं; दो कदम चल भी नहीं पाते कि टूट जाते हैं। जिंदगी इतनी बड़ी है कि गणित में समा नहीं पाती। और जो भी हम सोचते हैं वैसा होता नहीं, कुछ और होता है।

प्रकाश दूसरे से कभी मत लेना। वह झूठा होगा। और तुम उसके कारण ही टकराओगे। लेकिन हमारे पास सारा ज्ञान उधार है। जो भी हम जानते हैं, वह किसी और का जाना हुआ है। आत्मा या परमात्मा या मोक्ष सुनी हुई बातें हैं। शास्त्रों से पढ़े हुए शब्द हैं, अनुभूतियां नहीं।

कथा मधुर है; और कथा यह कह रही है कि अंधे हो तुम। बहुत मित्र हैं, जो सहानुभूति रखते हैं। वे तुम्हें दीये देना भी चाहें तो धन्यवाद देना, लेकिन दीये लेना मत। उनसे पूछना कि अगर कुछ देना ही हो तो आंख का उपचार बताओ।

जो दीये देते हैं, वे तुम्हें शास्त्र पकड़ा देंगे। शास्त्र दीये हैं बुझे हुए और न मालूम कब के बुझ गए हैं! गीता को बुझे हुए कितना समय हो चुका! वह जब कृष्ण ने अर्जुन को दी, तभी बुझ गई। कुरान को बुझे हुए काफी समय हो गया। वह जब मोहम्मद ने लिखवाया, तभी बुझ गया। यह ज्ञान ऐसा है कि इसे हस्तांतरित तो किया नहीं जा सकता। जब भी कोई किसी दूसरे को देता है, तभी बुझ जाता है। जिंदा देने का कोई उपाय नहीं। यह मर ही जाता है देने में। जो शास्त्रों को सम्हाल रहे हैं, वे दीयों को सम्हाल रहे हैं, जो बुझे हुए हैं; जिनकी रोशनी कभी की खो गई।

इसलिए सदगुरु तुम्हें शास्त्र नहीं देता, सदगुरु तुम्हें ध्यान देता है। वह तुम्हें यह नहीं बताता कि क्या ठीक है, वह तुम्हें आंखें देता है, जो ठीक को देख सकें। और ध्यान उपचार है, ध्यान सिद्धांत नहीं है।

इसलिए बुद्ध को जो जानते हैं, उन्होंने कहा है कि बुद्ध एक वैद्य हैं। नानक को जो लोग पहचानते थे, उन्होंने कहा है कि नानक एक वैद्य हैं। वे जो दे रहे हैं, वह कोई सिद्धांत नहीं है; वे जो दे रहे हैं, वह एक तरकीब है, एक विधि है, एक तकनीक है; जिससे बंद आंख खुल जाती है।

और तुम अंधे होते तो मुश्किल थी। तुम अंधे नहीं हो, सिर्फ आंख बंद है। मगर इतनी सदियों से बंद है कि तुम भूल ही गए हो कि पलक खोली जा सकती है। पलक को लकवा लग गया है बस, और कुछ भी नहीं। पलक बोझिल हो गई है। बहुत-बहुत जन्मों से न खोलने की वजह से तुम्हें खोलने का खयाल ही भूल गया है।

ध्यान का अर्थ है: पलक को खोलने की तरकीब।

और जैसे ही तुम्हारी पलक खुल जाए, सब अंधेरा खो जाता है। आंख हो तो अंधेरे में भी चलना आसान है। आंख न हो तो प्रकाश में भी चलना मुश्किल है। इसलिए असली प्रकाश, आंख है। आंख तुम्हारे भीतर सूरज का अंश है। और भीतर का सूरज जल रहा हो तो बाहर के सूरज से संबंध जुड़ जाता है। भीतर का सूरज न जल रहा हो तो बाहर का सूरज व्यर्थ है, कोई सेतु नहीं बनता।

यह कथा मधुर है। तुम उसे अपने भीतर गुनगुनाना। तुम इसका स्मरण रखना। जल्दी मत करना। दीये सस्ते मिलते हैं। शास्त्र बाजार में बिकते हैं। अज्ञानी मित्र काफी हैं, जो तुमसे सहानुभूति रखते हैं। वे सलाह देने को सदा तैयार हैं। तुम न भी मांगो सलाह, तो वे तुम्हें सलाह देने को तैयार हैं। गुरु बाजार-बाजार बैठे हैं, जो तुम्हारी प्रतीक्षा कर रहे हैं कि उनके पास कोई सामग्री है, जो बेचनी है।

इस कहानी को याद रखना। कोई दीया दे भी, तो वापस लौटा देना। धन्यवाद देना, करुणा के लिए, प्रेम के लिए, सहानुभूति के लिए, लेकिन उधार ज्ञान मत लेना। क्योंकि जितने तुम उधार से भर जाओगे, उतना ही अपने की खोज मुश्किल हो जाएगी। और जितना उधार पर भरोसा आ जाएगा, उतनी ही खोज की जरूरत न मालूम पड़ेगी। और उधार ज्ञान की वजह से अगर तुम अकड़ कर चलने लगे तो ज्यादा देर नहीं है कि तुम टकराओगे; तब क्रोध जन्मेगा। क्रोध का कारण दूसरा आदमी नहीं है, तुम्हारे हाथ में दीया बुझा हुआ है।

उस दीये को खोजो, जो बिना तेल के जलता है, बिना बाती के। वह तुम्हारे भीतर है; उसे तुमने कभी भी खोया नहीं, एक क्षण को उसे खोया नहीं है। अन्यथा तुम हो ही नहीं सकते थे।

तुम मुझे सुन रहे हो, कौन सुन रहा है? वही दीया!

तुम रास्ते पर चलते हो, भला डगमगाते हो, लेकिन कौन चल रहा है? वही दीया! तुम भूल करते हो, लेकिन तुम्हें स्मरण भी आता है कि भूल की। किसे स्मरण आता है? होश भीतर है! कितना ही दबा हो, कितनी ही पर्तें उसके चारों तरफ धुएं की हों, लेकिन दीया भीतर है। थोड़ी सी धुएं की पर्तें काटनी हैं।

इसलिए धर्म एक प्रक्रिया है, एक उपचार है, एक चिकित्सा है। धर्म कोई दर्शन नहीं, धर्म कोई शास्त्र नहीं, धर्म एक विज्ञान है--अंतश्चक्षु की खोज।

कुछ और?

ओशो, सदाचार के जितने भी नियम हैं, पहले के या आज के, खोजा जाए तो सभी किसी न किसी धर्म से ही निकले हैं--चाहे बाइबिल से, चाहे कुरान से, चाहे मनुस्मृति से, चाहे पतंजलि के योगसूत्र से। पतंजलि ने तो योगसूत्र के आरंभ में ही यम-नियम ऐसे कठिन सदाचार दे रखे हैं। तो फिर हम उनको छोड़ कर कैसे चल सकते हैं?

छोड़ कर चलने का सवाल नहीं है। उन्हीं को मान कर बैठ जाने का खतरा है। जब मैं कहता हूं कि अंतसप्रकाश से जीओ तो इसका यह मतलब नहीं है कि समाज के सब आचरण के नियम तुम तोड़ दो। उससे तुम मुश्किल में पड़ोगे। क्योंकि वह तो खेल का नियम है। वह तो वैसा ही है, जैसा सड़क पर बाएं चलने का नियम है; उसकी कोई शाश्वतता नहीं है। कोई बाएं चलने वाला स्वर्ग पहुंचेगा और दाएं चलने वाला नरक पहुंच जाएगा, ऐसा नहीं है; लेकिन अगर तुम दाएं चले तो कार के नीचे आ जाओगे। क्योंकि पूरा समाज बायां मान कर चल रहा है। इसमें कोई नियम की शाश्वतता नहीं है। अमरीका में वे दाएं चल रहे हैं तो दाएं चलने का नियम है। अमरीका जाते ही से तुमको नियम अपना बदल लेना पड़ेगा।

जैसा सड़क का नियम है, बस वैसे ही आचरण के नियम हैं। और आचरण के नियमों की जरूरत है, क्योंकि तुम अकेले नहीं हो, बहुत लोग यहां रह रहे हैं। यहां कुछ व्यवस्था मान कर चलना पड़ेगी। और यहां किसी का भी दीया जला हुआ नहीं है। अगर बिलकुल व्यवस्था छोड़ दी जाए तो एक क्षण भी जीना संभव नहीं होगा।

लोग झूठ हैं, उनका व्यक्तित्व झूठ है, इसलिए नियम मान कर चलना पड़ता है कि सत्य, आचरण बनाओ। झूठ चलता है; सौ में से नब्बे प्रतिशत झूठ चलता है, लेकिन इस झूठ के बीच भी दस प्रतिशत सत्य को हम जमाते हैं; उससे समाज जीता है। यहां कोई आचरण भीतर से निकल नहीं रहा है किसी के।

तो दो ही उपाय हैं: या तो भीतर से आचरण निकले, तब तक हम प्रतीक्षा करें; और या फिर हम झूठे आचरण के नियम स्थापित कर लें, जिनसे काम चल जाए। ये नियम युटिलिटेरियन हैं, कामचलाऊ हैं। इनकी जरूरत है। इनकी जरूरत इसलिए है कि यहां इतना भीड़-भड़क्का है, कि यहां किसी न किसी तरह रास्ते पर हमें सोच कर चलना पड़ेगा कि आते हुए लोग बाएं से चलें, लौटते हुए लोग दाएं से चलें; अन्यथा उपद्रव होगा।

और जैसे-जैसे दुनिया की संख्या बढ़ती जाती है, वैसे-वैसे आचरण के नियमों की ज्यादा जरूरत पड़ती जाती है। एक जंगली कौम, वह बिना नियमों के रह सकती है, या थोड़े से नियम से काम चल जाता है। जितनी सभ्यता सघन होगी, उतने ज्यादा नियम चाहिए, क्योंकि उतने लोग बढ़ते जाते हैं; नहीं तो अराजकता होगी।

जब मैं कहता हूं, अंतसप्रकाश को खोजो तो उससे यह भ्रांत निष्कर्ष मत ले लेना कि तुम्हें सब समाज के नियम तोड़ देने हैं। समाज का नियम तो खेल है। समाज का नियम तो नाटक की एक व्यवस्था है; उसे मान कर ही चलना होगा।

मैंने सुना है, एक गांव में रामलीला हो रही थी; और जो रावण बना था और जो स्त्री सीता बनी थी, वह वस्तुतः उसके प्रेम में था। तो जब शिव का धनुष तोड़ने की बारी आई तो बाहर आवाज गूंजती है राज-मंडप के, कि लंका में आग लगी है। रावण को जाना चाहिए। वह चला जाएगा, इस बीच राम धनुष को तोड़ लेंगे, विवाह हो जाएगा, कथा चलेगी। वह रावण जो था, उसने कहा, 'लगी रहने दो आग! जल जाए लंका! आज मैं यहां से जानेवाला नहीं।' बड़ी मुसीबत खड़ी हो गई; क्योंकि वह तो नाटक था और इसके पहले कि कोई रोक-टोक कर सके, परदा गिराए, वह उठा और उसने धनुष तोड़ कर रख दिया। वह धनुष कोई शिवजी का धनुष तो था नहीं! साधारण बांस का धनुष था, उसने तोड़ कर रख दिया।

जनक सिंहासन पर बैठे घबड़ाए। वह सारी कथा ही उसने खत्म कर दी।

उसने कहा: 'कहां है तेरी सीता? निकाल! आज तो विवाह होकर रहेगा।'

अब उसका अगर विवाह हो जाए, तो आगे सब उपद्रव! जनक तो बूढ़ा आदमी था, लेकिन पुराना कुशल अभिनेता था। उसने तत्क्षण रास्ता निकाला। उसने कहा: 'भृत्यो! यह तुम मेरे बच्चों के खेलने का धनुष उठा लाए, शिवजी का धनुष लाओ।'

तब परदा गिरा कर रावण को बाहर करना पड़ा, दूसरे आदमी को रावण बनाना पड़ा। क्योंकि उस आदमी ने नाटक का नियम... नाटक तो नियम से चलता है!

जिस समाज में तुम जी रहे हो, वह एक बड़ा नाटक है। वहां मंच बड़ी है। वहां दर्शक कोई है ही नहीं, सभी अभिनेता हैं। वहां तुम्हें नियम मान कर चलना पड़ेगा। वहां तुम जान भी लो कि यह धनुष शिवजी का नहीं है तो भी तोड़ना मत; अन्यथा तुम्हारे जीवन में कठिनाई होगी, सुविधा नहीं होगी; और भीतर के प्रकाश की खोज में मुश्किल पड़ जाएगी।

इसलिए पतंजलि ने, महावीर ने, बुद्ध ने जो शील के नियम कहे हैं, वे सिर्फ इसलिए कहे हैं, ताकि तुम समाज के साथ अकारण उपद्रव में न पड़ो; अन्यथा तुम्हारी शक्ति झगड़े में नष्ट होगी। भीतर की खोज कौन करेगा? बुद्ध, पतंजलि के कारण भारत में कभी क्रांति नहीं हुई। क्योंकि बुद्ध और महावीर और पतंजलि ने कहा कि अगर तुम क्रांति में पड़ोगे, तो भीतर की क्रांति में कौन जाएगा? और असली क्रांति वहां है। इन छोटे-छोटे नियम को बदलने से नहीं, कि बाएं चलना ठीक नहीं, दाएं चलेंगे...!

च्वांगत्सु एक छोटी सी कहानी कहता था। च्वांगत्सु कहता था कि एक गांव में एक सर्कस था। सर्कस का मैनेजर था, मैनेजर के पास बंदर थे। उन बंदरों को वह सर्कस में खेल दिखलाता था। बंदरों को रोज सुबह चार रोटी दी जाती थीं, शाम को तीन रोटी दी जाती थीं। एक दिन ऐसा हुआ कि रोटियां थोड़ी कम पड़ गईं, तो मैनेजर ने कहा कि सुबह, बंदरो! तीन ले लो, शाम को चार दे देंगे। बंदर एकदम नाराज हो गए। उन्होंने बहुत शोरगुल मचाया, उछल-कूद की। उन्होंने कहा कि नहीं, यह नहीं चलेगा। यह बर्दाश्त के बाहर है। सदा हमें चार मिलती रही हैं। उसने बहुत समझाने की कोशिश की, लेकिन बंदर, तो बंदर! बहुत समझाने की कोशिश की कि चार और तीन सात ही होते हैं। चाहे सुबह चार लो कि तीन लो, चाहे शाम को चार लोगे, तो बंदरों ने कहा कि यह फालतू बातें हमसे मत करो। चार हमें सदा मिलती रही हैं, चार हमें चाहिए। जब उन्हें चार रोटियां दे दी गईं, बंदर एकदम प्रसन्न हो गए। सांझ को तीन रोटियां मिलीं, वे प्रसन्न थे। कुल मिला कर वे सात थीं।

करीब-करीब क्रांतियां ऐसी ही हैं--सभी क्रांतियां! उसमें सुबह चार मिलनी चाहिए, तीन नहीं लेंगे; कि शाम को चार मिलनी चाहिए, तीन नहीं लेंगे; लेकिन अंततः जोड़ बराबर सात होता है। कोई फर्क नहीं पड़ता। समाज के जीवन में कोई बुनियादी फर्क नहीं पड़ते हैं, बुनियादी क्रांति तो व्यक्ति के जीवन में घटित होती है। इसलिए पतंजलि ने कहा कि तुम इन सब नियमों को मान कर चलना ताकि समाज के साथ व्यर्थ की कलह खड़ी न हो। अन्यथा समाज बड़ा है और तुम कलह में ही नष्ट हो जाओगे। इसलिए विद्रोही व्यक्ति अक्सर सत्य को उपलब्ध नहीं हो पाते; न शांति को उपलब्ध हो पाते हैं; क्योंकि वे छोटी-छोटी बातों में लड़ रहे हैं, छोटी-छोटी बातों में उलझ रहे हैं। अगर बदलाहट भी हो जाएगी तो इतना ही फर्क पड़ेगा कि शाम को तीन रोटी, सुबह चार मिलेंगी; और कोई फर्क पड़ने वाला नहीं है। लेकिन तुम्हारा जीवन खो जाएगा।

समाज के साथ एक समझौता है इन नियमों में, कि हम तुम्हारे खेल का नियम मान कर चलते हैं, तुम हमें परेशान न करो। ताकि हम अपने भीतर प्रवेश कर सकें। तुम हमें बाधा न दो। जब समाज आश्वस्त हो जाता है कि तुम्हारा आचरण ठीक है, समाज बाधा नहीं देता। तुम उसका नियम मान कर चल रहे हो, फिर तुम ध्यान में जाओ, संन्यास में जाओ, तुम गहरी प्रज्ञा में प्रवेश करो, वह बाधा नहीं देता बल्कि साथ देता है। एक दफा उसे पता चल जाए कि तुम उपद्रव खड़ा करते हो, तुम नियम तोड़ते हो, तो वह तुम्हारा दुश्मन हो जाता है।

हम बुद्ध को सूली पर नहीं चढ़ाए, न महावीर को सूली पर चढ़ाए। चौबीस तीर्थंकर भारत में हुए, बिना सूली चढ़े चल बसे। बुद्ध, राम, कृष्ण को किसी को हमने सूली पर नहीं चढ़ाया। जीसस को सूली लग गई। उसका कुल कारण इतना था कि जीसस ने कुछ अजनबी प्रयोग कर लिया वहां। जीसस ने समाज के छोटे-मोटे नियमों की खिलाफत कर दी। अगर जीसस ने पतंजलि के सूत्र पढ़े होते, सूली नहीं लगती। छोटी-मोटी बातों पर झगड़ा खड़ा कर लिया। उस झगड़े के कारण कोई परिणाम अच्छा नहीं हुआ। उस झगड़े के कारण जो लाखों लोग लाभ ले सकते थे जीसस के दीये का, वे वंचित रह गए। और सूली लग जाने की वजह से, जीसस के पीछे जो अनुयायियों का वर्ग आया, वह सूली से प्रभावित होकर आया। वह गलत था। वह जीसस की प्रज्ञा से प्रभावित नहीं हुआ, सूली से प्रभावित हुआ कि महान शहीद है। इसलिए क्रिश्चियनिटी बुनियाद में पोलिटिकल हो गई, राजनैतिक हो गई।

वही भूल इस्लाम के साथ हो गई। मोहम्मद ने छोटी-छोटी बातों में बदलाहट करने की कोशिश की। उसकी वजह से मोहम्मद को चौबीस घंटे तलवार लिए खड़ा रहना पड़ा। और जब मोहम्मद ने तलवार ले ली तो फिर अनुयायी तो तलवार छोड़ ही नहीं सकता। तो फिर यह चौदह सौ वर्ष से मुसलमान तलवार लिए घूम रहे हैं, क्षुद्र बातों की बदलाहट के लिए। जिनका कोई मूल्य नहीं है, वह बदल भी जाएं तो भी कोई मूल्य नहीं है।

यह जो च्वांगत्सु की कथा है, यह बड़ी मीठी है। इस कथा का नाम है: 'दि लॉ ऑफ सेवन', सात का सिद्धांत। समाज की व्यवस्था कुल जोड़ में वही रहेगी। तुम सिर पटक कर यहां-वहां तीन की जगह चार, चार की जगह तीन कर लोगे, लेकिन पूरे जोड़ में कोई फर्क पड़ने वाला नहीं है। और उचित यही है कि तुम्हारी पूरी जीवन-ऊर्जा अंतः प्रवेश करे, तो तुम व्यर्थ के संघर्ष में न पड़ो। तुम छोटी बातों में मत उलझो।

समाज से अकलह की स्थिति रहे, इसलिए पतंजलि का यम-नियमों पर जोर है। और जिस व्यक्ति को धार्मिक क्रांति करनी है, उसे सामाजिक क्रांति से जरा बचना चाहिए। क्योंकि इन दोनों क्रांतियों का मेल नहीं होता है। सामाजिक क्रांतिकारी बाहर के जगत में भटक जाता है। वह अपने तक पहुंच ही नहीं पाता। उसका दीया अपरिचित ही रह जाता है।

इसलिए शील को मान कर चलना, आचरण को मान कर चलना। और जिस समाज में जाओ, उसके शील और आचरण को मान लेना; ताकि तुम्हारी ऊर्जा व्यर्थ संघर्ष में व्यय न हो और तुम्हारी पूरी ऊर्जा अंतर्मुखी हो सके।

संघर्ष बहिर्मुखता है, साधना अंतर्मुखी है।

आज इतना ही।

३

ध्यान: एक अकथ कहानी

ओशो, झेन संत होजेन अपने शिष्यों से कहा करते थे, कि ध्यान उस आदमी की तरह है, जो एक ऊंची चट्टान के किनारे खड़े वृक्ष को दांत से पकड़ कर लटक रहा है। न उसके हाथ किसी डाली को थामे हैं, और न उसके पांवों को ही कोई सहारा है। और तभी चट्टान के किनारे खड़ा दूसरा आदमी उससे पूछता है: 'बोधिधर्म भारत से चीन क्यों आए?'
यदि वह उत्तर नहीं देता है तो वह खो जाएगा और अगर उत्तर देता है तो वह मर जाएगा। वह क्या करे?
और ओशो, क्या ध्यान ऐसी असंभव साधना है कि उपनिषद उसको छुरे की धार पर चलना कहते हैं?

ध्यान की साधना तो कठिन है, लेकिन असंभव नहीं; पर ध्यान की अभिव्यक्ति असंभव है। ध्यान करना आसान है। ध्यान क्या है, यह बताना अति कठिन है; करीब-करीब असंभव। क्योंकि ध्यान इतनी भीतरी अनुभूति है, शब्द उसे प्रकट नहीं कर पाते। और जो भी शब्दों में उसे प्रकट करने की कोशिश करता है, वह अनुभव करता है कि जो कहना चाहता था, वह नहीं कहा गया। जो नहीं कहना था, वह शब्दों से प्रकट हो गया। जो कहना था वह भीतर छूट गया। खाली कोरे शब्द चले गए--मुर्दा! निष्प्राण!

ध्यान कर लेना इतना कठिन नहीं, लेकिन ध्यान से जो जाना जाता है वह उसे बता देना, जिसने कभी ध्यान न किया हो; करीब-करीब असंभव है।

यह कहानी ध्यान की कठिनाई के संबंध में नहीं है, यह कहानी ध्यान को बताने के संबंध में है।

कहानी बड़ी प्रीतिकर है। एक आदमी लटका है एक वृक्ष के पत्तों को मुंह से पकड़े हुए। मुंह ही एकमात्र सहारा है; उसी से वह वह वृक्ष से लटका है। नीचे भयंकर खड्ड है। बोला, कि गया! और वहां उससे कोई पूछता है कि बोधिधर्म भारत से चीन क्यों आया?

पहले तो इस सवाल को समझ लें कि झेन परंपरा का यह पारिभाषिक सवाल है। कोई चौदह सौ वर्ष पहले एक बहुत अनूठा आदमी भारत से चीन गया। उस अनूठे आदमी का नाम था बोधिधर्म। भारत से जो लोग बाहर गए हैं, इससे ज्यादा अनूठा आदमी कभी भारत के बाहर नहीं गया।

बोधिधर्म चीन क्यों गया? झेन फकीर इस सवाल को पूछते हैं। यह एक पहेली है। बोधिधर्म भारत से चीन गया, बड़े गहन कारण थे उसके। उसके पास कोई संपदा थी, जो वह किसी को देना चाहता था; लेकिन लेने वाला आदमी न मिला। मजबूरी में उसे चीन जाना पड़ा खोजने, इस आशा में कि शायद कोई चीन में मिल जाए।

संपदा सभी को तो नहीं दी जा सकती। हीरे उन्हीं को दिए जा सकते हैं जो पारखी हों; अन्यथा हीरे फेंक दिए जाएंगे, खो जाएंगे। क्योंकि जो नहीं जानते उनके लिए तो हीरा पत्थर है; उनके लिए हीरा खिलवाड़ हो जाएगा और खोने में ज्यादा देर न लगेगी।

ध्यान की जो संपदा है, वह तो अदृश्य है; उसके पारखी खोजना तो बहुत मुश्किल है। और जो उसे लेने को तैयार न हों उन्हें देने का कोई उपाय नहीं है। अभी जिनके हृदय के द्वार बिलकुल खुले हों, केवल वे ही उस संपदा को सम्हाल पाएंगे।

तो बोधिधर्म दरवाजे खटखटाता था अनेक लोगों के, लेकिन पाया उसने कि कोई आदमी खोजना मुश्किल है। आखिर भारत जैसे देश में, जहां ध्यान की इतनी लंबी परंपरा है, कि इतनी लंबी परंपरा संसार में कहीं भी नहीं; वहां बोधिधर्म को एक आदमी न मिला, जिसको वह ध्यान की संपदा दे देता? इसलिए प्रश्न पूछने जैसा है कि बोधिधर्म चीन क्यों गया?

लेकिन उसके पीछे कारण हैं। इसी कारण कि भारत के पास ध्यान की बड़ी पुरानी संपदा है, भारत ने उसे खो दिया। कुछ संपदाएं ऐसी हैं कि उन्हें अगर रोज नया न किया

जाए, तो वे खो जाती हैं। कुछ संपदाएं ऐसी हैं कि अगर पुरानी हो जाएं, सड़ जाती हैं। कुछ संपदाएं ऐसी हैं कि अगर आप आश्वस्त हो जाएं कि वे आपके हाथ में हैं, तो आपके हाथ रिक्त हो जाते हैं।

भारत की ध्यान की परंपरा अति प्राचीन है। इतिहास के पार जाती है यात्रा; प्रागैतिहासिक है। मोहनजोदड़ो, हड़प्पा जैसे पुराने अवशेष, वैज्ञानिक कहते हैं कि कोई सात हजार वर्ष पुराने हैं। वहां भी मूर्तियां मिली हैं, जो ध्यानस्थ हैं। सात हजार साल पहले भी हड़प्पा और खजुराहो में कोई न कोई ध्यान कर रहा था।

फिर बोधिधर्म को भारत में कोई मिल क्यों न सका ग्राहक, खरीददार? परंपरा इतनी पुरानी हो गई, और शब्द इतने रटे-रटाए हो गए, और शास्त्र इतने कंठस्थ हो गए कि लोग ध्यान के संबंध में तो जानने लगे, ध्यान को भूल गए। और ध्यान के संबंध में जानना एक बात, ध्यान को जानना बिलकुल दूसरी बात।

प्रेम के संबंध में जानना एक बात और प्रेम को जानना बिलकुल दूसरी बात। आप पंडित भी हो सकते हैं, प्रेम के संबंध में सारा शास्त्र पढ़ डालें। प्रेम पर शोधकार्य भी कर सकते हैं। कोई विश्वविद्यालय आपको डी. लिट. की डिग्री भी दे दे, लेकिन प्रेम करना बात और है; क्योंकि प्रेम करने में तो मिटना होता है। प्रेम तो बड़ी खतरनाक यात्रा है। वहां तो अहंकार समाप्त होता है। वहां तो बूंद खोती है सागर में।

प्रेम तो इस जगत में असंभव जैसी घटना है, क्योंकि वहां आप कम महत्वपूर्ण और दूसरा ज्यादा महत्वपूर्ण हो जाता है। वहां आपकी आत्मा जैसे दूसरे में समा जाती है। जैसे उसका जीवन आपका जीवन, उसकी मृत्यु आपकी मृत्यु हो जाती है। यह असंभव घटना है। दूसरे का साधन की तरह उपयोग नहीं, साध्य की तरह उपयोग--असंभव है। तो प्रेम तो बहुत कठिन है। प्रेम के संबंध में जानना बहुत आसान है। शास्त्र खरीदे जा सकते हैं। सिद्धांत कंठस्थ हो सकते हैं।

ध्यान के संबंध में भारत को इतनी बातें पता चल गईं कि लोगों ने समझा कि अब ध्यान करने की कोई जरूरत नहीं; सब मालूम है। और जब सब मालूम ही है तो अब और खोज करने को क्या रहा? बुद्ध-महावीर खो गए, बुद्ध और महावीर की वाणी हाथ में रह गई।

बोधिधर्म भटकता रहा। पंडित उसे मिले जो बड़े जानकार थे। शास्त्र जिनकी जीभ पर रखा था। सरस्वती के जो वरद-पुत्र थे और गणित में उनका कोई मुकाबला न था। तर्क उनसे करें तो हार के सिवाय आपको कुछ भी न मिलेगा। लेकिन वे आंखें न मिलीं,

जो ध्यानस्थ हों। वह हृदय न मिला, जो ध्यान से भरा हो। वह व्यक्तित्व न मिला, जो ध्यान की समाधिस्थ अवस्था में हो; जिसको संपदा बोधिधर्म दे दे। पंडित मिले बहुत, आचार्य मिले बहुत, जानकार मिले बहुत, अनुभवी न मिला।

झेन फकीर पूछते हैं कि बोधिधर्म चीन क्यों गया? भारत में आदमी न मिला ध्यान करने वाला, तो चीन जाना पड़ा?

यह प्रश्न बड़ा महत्वपूर्ण है। क्योंकि बोधिधर्म के जाने के साथ ही भारत का अध्यात्म तिरोहित हुआ। बोधिधर्म का जाना इस बात का सूचक था कि अध्याय समाप्त हुआ। अब यहां रूखे-सूखे लोग हैं, उनमें हरियाली खो गई। अब यहां निष्प्राण कब्रें हैं। अब उनमें मंदिर का खोजना मुश्किल है। बोधिधर्म का भारत के बाहर जाना किसी ध्यानी व्यक्ति की तलाश में... भारत की गरिमा जैसे अस्त हो गई! भारत से सूर्य जैसे विदा हो गया!

लेकिन बोधिधर्म चीन ही क्यों गया? बड़ी दुनिया थी, कहीं भी जा सकता था। आखिर चीन क्यों चुना? इसलिए प्रश्न बड़ा महत्वपूर्ण है।

भारत क्यों छोड़ा?

भारत इसलिए छोड़ा कि कोई ध्यानी न मिला, जिसको संपदा दे दे।

चीन क्यों गया?

चीन में थोड़ी आशा थी, क्योंकि भारत में अगर बुद्ध पैदा हुए तो चीन में लाओत्सु पैदा हुआ। दोनों करीब-करीब एक ही समय में पैदा हुए। जब भारत में बुद्ध थे, तब चीन में लाओत्सु था। और बुद्ध ने तो थोड़ा-बहुत शब्दों का भी उपयोग किया, लाओत्सु ने शब्दों का बिलकुल उपयोग नहीं किया। और भारत तो पांडित्य से भर गया, लेकिन लाओत्सु की जीवनधारा अभी भी बह रही थी, जो अभी पांडित्य से नहीं भरी थी। क्योंकि लाओत्सु का पूरा-पूरा जोर पांडित्य के विपरीत था, जानकारी के विरोध में था, सूचनाओं से कोई सार नहीं।

लाओत्सु का बुद्धत्व बुद्ध से भी ज्यादा शब्द-शून्य है।

तो जहां लाओत्सु की हवा थी, सोचा बोधिधर्म ने कि शायद वहां कोई व्यक्ति मिल जाए। और अगर लाओत्सु और बुद्ध का मिलन हो जाए, तो जो धारा पैदा होगी वह सदियों तक बहेगी। यह एक 'क्रॉस ब्रीडिंग' का बड़ा गहरा प्रयोग था। हम पश्चिम से सांड को खरीद कर लाते हैं; भारतीय गाय, पश्चिम का सांड--तो जो बच्चे पैदा होंगे वे सबल होंगे, सक्षम होंगे, ज्यादा दूध देने वाले होंगे।

जो हम सांड के साथ करते हैं, वह बोधिधर्म ने ध्यान के साथ किया। यहां बुद्ध की धारा थी, महावीरों की धारा थी, उपनिषदों की धारा थी। एक बड़ी गहरी क्रांतिकारी खोज थी, लेकिन उसको सम्हालने वाला नहीं मिल रहा था। संपदा इतनी बड़ी थी, कि उतना बड़ा हृदय नहीं मिल रहा था। शायद लाओत्सु की धारा में कोई जिंदा हो! और अगर इन दोनों का मिलन हो जाए तो एक ऐसा नया जीवन-प्रयोग होगा कि शायद बहुत जी सके। और बोधिधर्म सही साबित हुआ।

झेन वह परंपरा है, जो बुद्ध और लाओत्सु के मिलने से पैदा हुई। तो झेन न तो बौद्ध है, और न ताओवादी है, झेन दोनों का मिलन है। इसलिए झेन में जो मधुरिमा है, वह न बुद्ध की धारा में है, न लाओत्सु की धारा में है। जब भी दो भिन्न धाराएं मिलती हैं तो जिस बच्चे का जन्म होता है, वह अनूठा होता है। जितने दूर की धाराएं हों, उतनी ही अद्वितीय संतति पैदा होती है।

इसलिए हम भाई-बहिन को शादी नहीं करने देते, क्योंकि भाई-बहिन इतने करीब हैं, बच्चा बहुत अच्छा नहीं हो सकता। तनाव नहीं होगा। और जब तनाव नहीं होगा तो जीवन क्षीण होगा। अगर भाई-बहिन विवाह करें तो बच्चे की उम्र ज्यादा नहीं होगी। बच्चा जल्दी मर जाएगा। और बच्चे में प्रतिभा भी नहीं होगी, क्योंकि प्रतिभा के लिए बड़ी दूर की धाराओं का मिलन चाहिए। तब एक नई चीज की उत्पत्ति होती है। भाई-बहिन इतने एक जैसे हैं कि उन्हीं जैसा एक बच्चा पैदा होगा; अद्वितीय नहीं होगा, बेजोड़ नहीं होगा। इसलिए सारी दुनिया में भाई-बहिन की शादी को हम रोकते हैं। संबंधियों की शादी को रोकते हैं--जितना दूर का हो...।

अगर यह तर्क ठीक से समझा जाए; और इससे जीवन-शास्त्री राजी हैं कि तर्क ठीक है। तो इसका मतलब यह हुआ कि जहां तक बन सके न केवल जाति, न केवल परिवार की निकटता को रोकना चाहिए, बल्कि खून, रंग, भाषा जितनी दूर की हो, जितनी अंतर्राष्ट्रीय शादी हो, उतना बच्चा ज्यादा सप्राण पैदा होगा। और जब दूर-दूर की धाराएं मिलती हैं तब ऐसे बच्चे पैदा होते हैं...!

ऐसा और भी दफा हुआ है। बुद्ध और लाओत्सु के मिलन से झेन पैदा हुआ। इस्लाम और हिंदुओं के मिलन से सूफी चिंतना पैदा हुई। ईसाइयत और यहूदियों के मिलन से हसीद पैदा हुए। और ये तीनों धाराएं सबसे ज्यादा जीवंत धाराएं हैं। इस समय पृथ्वी पर जो सबसे ज्यादा मूल्यवान है, वह यह इन तीन धाराओं में है--होना भी

चाहिए। बुद्ध जैसा पिता और लाओत्सु जैसी मां; या लाओत्सु जैसा पिता और बुद्ध जैसी मां मिल सके तो जो संतति पैदा होगी, वह अप्रतिम होगी।

क्यों गया बोधिधर्म भारत से चीन?

बोधिधर्म बुद्ध जैसा था। बुद्ध भी मिल जाते तो बोधिधर्म को ठीक अपने जैसा पाते; पाते कि जैसे दर्पण में देख रहे हैं अपने को। वह लाओत्सु की तलाश में गया और चीन में उसने खोज की; और आदमी खोज लिया, जिसके हृदय में यह अपने हृदय को उंडे़ल सका।

इस पर एक बड़ी जिम्मेवारी थी। महाकाश्यप को जो बुद्ध ने दिया था और म हाकाश्यप के बाद जो अलग-अलग गुरुओं को सक्सेशन में मिला था, परंपरा से मिला था, वह बोधिधर्म के पास था।

ऐसा कठिन सवाल पूछ रहा है एक आदमी उससे, जो मुंह के बल लटका हुआ है खाई के ऊपर, वह उससे पूछ रहा है कि बोधिधर्म भारत से चीन क्यों गया?

कथा कहती है कि अगर यह आदमी बोले, तो मरे। क्योंकि वाणी निकली, कि इसकी जो पकड़ है वृक्ष से, वह छूट जाएगी। बोला कि मरा। न बोले तो भटक जाए; न बोले तो भटक जाए इसलिए, कि जिसके पास भी ध्यान की संपदा हो, वह अगर देने से इनकार करे तो वह संपदा खो जाए।

इसे थोड़ा समझ लेना जरूरी है।

इस जगत में दो तरह की संपदाएं हैं; एक तो अगर आप दें, तो खो जाती है। धन है आपके पास; अगर आप दें तो खो जाएगा। अगर बचाना है तो अपना तो देना ही मत; दूसरे का छीनना। ऐसी संपदा जो देने से खो जाती है और छीनने से बढ़ती है, उसको ही हमने पाप कहा है। और एक और संपदा है पुण्य की, जिसका नियम इसके ठीक विपरीत है। अगर रोको, मर जाती है; दे दो, बच जाती है। जितना बांटो उतना बढ़ती है, जितना बचाओ उतना सड़ती है। बाहर की संपदा छीननी पड़ती है, शोषण करना पड़ता है; भीतर की संपदा का दान करना पड़ता है। भीतर और बाहर के नियम बिलकुल अलग हैं।

तो यह कहानी कहती है कि अगर वह आदमी न बोले तो खो जाए। क्योंकि कोई पूछ रहा है, ध्यान क्या है? कोई पूछ रहा है, बोधिधर्म भारत से चीन क्यों गया? वह यही पूछ रहा है कि ध्यान क्या है? यह बुद्ध और लाओत्सु का मिलन क्या है? इस मिलन से जो जन्म हुआ, वह क्या है? वह रहस्य क्या है? यह आदमी जानता है उस

रहस्य को। बोले तो पकड़ छूटती है और खो जाएगा। न बोले तो भटक जाएगा। यह आदमी क्या करे?

यह झेन पहेली है। साधक को दी जाती है कि वह उस पर ध्यान करे, और पता लगाकर लाए कि वह आदमी क्या करे?

तुम मुश्किल में पड़ोगे, क्योंकि इसमें दोनों तरफ उपाय नहीं दिखते। बोला, तो मर जाएगा; शायद बोल भी नहीं पाएगा और मर जाएगा। क्योंकि जैसे ही पहला शब्द निकलेगा कि पकड़ छूट जाएगी, वह खाई में गिर जाएगा। शायद पूरी बात कह भी नहीं पाएगा इस आदमी से। न बोले तो भटक जाएगा। और दो ही उपाय दिखते हैं। बुद्धि की समझ में नहीं आता, अब और क्या किया जा सकता है!

तो झेन गुरु अपने साधकों को कहता है बैठो, इस पर ध्यान करो कि यह आदमी क्या करे? समझो कि तुम लटके हो; तुम क्या करोगे? भूल जाओ कहानी को। तुम ही इस स्थिति में हो, क्या तुम्हारा उत्तर होगा? क्या तुम्हारा प्रत्युत्तर होगा? बोलोगे या चुप रहोगे?

बुद्धि के साथ मजा है; कि बुद्धि के पास सदा दो विकल्प होते हैं, तीसरा नहीं होता। बुद्धि द्वंद्वात्मक है। उसका द्वंद्व है--हां और ना बस दो ही उत्तर होते हैं। और दोनों उत्तर पहले से ही बंद हैं। एक उत्तर दोगे तो खो जाओगे, दूसरा उत्तर दोगे तो भी खो जाओगे; और तीसरा उत्तर बुद्धि के पास नहीं है। अगर तुम इस पर सोचोगे-सोचोगे-सोचोगे, तो एक ऐसी घड़ी आएगी जब तीसरे उत्तर का जन्म होगा। वह बुद्धि से नहीं आएगा, क्योंकि बुद्धि के पास तीसरा होता ही नहीं; उसके पास हमेशा दो होते हैं। एक-दूसरे के विपरीत होते हैं। और तीसरा बिलकुल भिन्न है, गुणात्मक रूप से भिन्न है।

ऐसा हुआ, बोकोजू के एक शिष्य को उसने यह कहानी दी और कहा, इस पर ध्यान कर। उसने कई तरकीबें खोजीं, क्योंकि ये दो तो उपाय थे नहीं। तो उसने कहा कि वह कुछ हाथ से इशारा करे। बुद्धि ने कुछ रास्ता खोजने की कोशिश की कि हाथ से कुछ इशारा करके बताए। तो बोकोजू ने कहा: जो शब्दों से कहना मुश्किल है, क्या हाथ के इशारे से कहा जा सकेगा? क्या उपाय है, कह कर बताओ। बोधिधर्म क्यों आया चीन, इसको हाथ के इशारे से कह कर बताओ।

यह कोई पानी पीना तो नहीं है कि तुम हाथ के इशारे से बता दो कि पानी पीना है, कि भूख लगी है। शरीर के संबंध में थोड़ी सूचनाएं हाथ के इशारे से दी जा सकती

हैं, क्योंकि दूसरे को भी उनकी अनुभूतियां हैं। दूसरे को भी प्यास लगी है कभी, तो तुम जब हाथ की अंजुली बना कर इशारा करते हो, वह समझ जाता है कि प्यास लगी है। दूसरे को भी भूख लगी है तो तुम, जब हाथ की मुट्ठी बांध कर मुंह की तरफ इशारा करते हो तो वह समझ जाता है। इशारा काम का है, अगर दूसरे का भी अनुभव वैसा ही हो, जैसा तुम्हारा।

लेकिन, अगर दूसरे को पता ही होता कि बोधिधर्म क्यों चीन आया, तो तुमसे पूछता क्यों?

ध्यान के संबंध में कुछ भी तो कहना मुश्किल है, क्योंकि दूसरे का कोई भी अनुभव नहीं है; इसलिए भाषा असमर्थ है। अगर मैं कहूं प्रेम, तुम थोड़ा-बहुत समझ जाते हो। मैं कहूं वृक्ष, तुम थोड़ा-बहुत समझ जाते हो। मैं कहूं प्रार्थना, तुम कुछ भी नहीं समझ पाते। मैं कहूं परमात्मा, शब्द गूंजता है, खो जाता है। भीतर कोई आकार निर्मित नहीं होता, कोई अर्थ नहीं बनता। भीतर कोई सुगंध नहीं फैलती। कोई सत्य का साक्षात्कार नहीं होता। परमात्मा शब्द गूंजता है, खो जाता है; जैसे हवाएं गूंजी हों वृक्षों में, थोड़ी चहल-पहल हुई हो, कुछ सूखे पत्ते गिर गए, हवाएं जा चुकीं, वृक्ष फिर मौन खड़े हैं। ऐसा ही परमात्मा गूंजता है, लेकिन भीतर कोई अर्थ निर्मित नहीं होता।

अर्थ होता ही तब निर्मित है, जब तुम भी अनुभव से गुजरे होते हो। यही कठिनाई है। अगर तुम भी अनुभव से गुजरे हो तो इशारे की भी जरूरत नहीं है। तुम अनुभव से नहीं गुजरे तो कोई इशारा काम नहीं करेगा। और जब शब्द, जो कि ज्यादा सूक्ष्म हैं, जो कि बारीक और महीन हैं, जो कि नाजुक इशारे कर सकते हैं, जब वे असमर्थ हैं तो इतना स्थूल इशारा हाथ का कैसे काम आएगा?

बोकोजू ने कहा: भाग जा यहां से; और दुबारा इस तरह के उत्तर मत लाना। ऐसे शिष्य बहुत उत्तर लाया। कभी उसने कहा कि आंख से। कभी उसने कहा कि मुंह को तो बंद रखे, लेकिन भीतर आवाज करे। उसने कई रास्ते खोजे, लेकिन कोई रास्ता स्वीकार नहीं किया जा सका। क्योंकि ध्यान को किसी इशारे से नहीं कहा जा सकता। और अगर यह आदमी ध्यान को उपलब्ध था तो इसकी आंखें तो कह ही रही थीं कि ध्यान क्या है, अब और क्या किया जा सकता है? अगर आदमी दरवाजे पर खड़ा हुआ आंखों को समझ पाता तो पूछता ही नहीं।

फिर क्या हुआ? साल बीत गया, शिष्य अनेक उत्तर लाया, सब उत्तर अस्वीकार कर दिए गए। उसकी बुद्धि चक्कर खाती रही, खाती रही, खाती रही--थक गया। फिर

उसने खोज ही छोड़ दी। फिर उसे साफ दिखाई पड़ गया कि उत्तर हो ही नहीं सकता। यह स्थिति बेबूझ है। बहुत दिन तक शिष्य नहीं आया तो बोकोजू उसकी तलाश में गया कि क्या हुआ? क्योंकि वह तो दो-चार दिन में उत्तर खोज कर ले आता था। देखा एक वृक्ष के नीचे शिष्य मौन बैठा है। बोकोजू ने उसे हिलाया, शिष्य ने आंखें खोलीं--उसकी आंखें शून्य थीं: उसके भीतर कोई विचार न था। उसके मन के आकाश पर कोई बदली न थी; कोई पक्षी न उड़ता था। वह ऐसे बैठा रहा, जैसे कुछ भी नहीं हुआ है। बोकोजू आया है, यह भी जैसे कोई घटना नहीं घटी। उसकी आंखों में रत्ती भर फर्क न पड़ा। गुरु सामने खड़ा था, उसने झुक कर प्रणाम भी न किया। गुरु सामने खड़ा था, जरा सी भी झिझक उसके भीतर न आई कि पूछेगा, कि वह सवाल... उस आदमी का क्या हुआ, वह जो वृक्ष से लटका है? उसने क्या उत्तर दिया? न सवाल उठा, न जवाब उठा, न गुरु की मौजूदगी से कोई भेद पड़ा।

बोकोजू झुका और शिष्य के चरण छुए।

वह बात फिर नहीं उठाई गई। वह सवाल फिर नहीं पूछा गया। वह बात जैसे समाप्त ही हो गई। उत्तर मिल गया।

जब तक बुद्धि उत्तर देगी, तब तक उत्तर नहीं मिलेगा। जब बुद्धि चुप हो जाती है तो उत्तर मिल जाता है। उत्तर तुममें छिपा है; वह बुद्धि के विकल्पों में नहीं है। वह बुद्धि के द्वंद्व में नहीं है, वह तुम्हारी निर्द्वंद्वता में है। और तुम कब होते हो निर्द्वंद्व, अखंड? जब बुद्धि शांत होती है। जब तुम सोचते नहीं, तब तुम इकट्ठे होते हो। जब तुम सोचते हो, तब तुम बंट जाते हो। जितने ज्यादा विचार, उतने तुम्हारे खंड हो जाते हैं। जितना निर्विचार, उतने तुम अखंड हो जाते हो। जब तुम अखंड हो, वहीं उत्तर है। यह कोई प्रश्न उत्तर पाने के लिए नहीं था, यह प्रश्न बुद्धि को थकाने के लिए था।

मैं जो भी ध्यान के प्रयोग तुमसे करने को कह रहा हूं, वे तुम्हारे शरीर और तुम्हारी बुद्धि को थकाने के प्रयोग हैं। तुमसे कह रहा हूं कि 'दरवेश, व्हिरलिंग'। दरवेश नृत्य, तुम घूमते ही जाते हो, घूमते ही जाते हो, चकरी खाते जाते हो, थोड़ी देर में बुद्धि भी थक जाती है, शरीर भी थक जाता है। अगर तुम थकने के पहले ही गिर गए तो चूक जाओगे। अगर तुम बिलकुल थक गए, इतनी भी ऊर्जा न बची भीतर कि एक विचार निर्मित हो सके--अचानक तुम शून्य हो जाओगे।

उसी शून्य में उत्तर है कि बोधिधर्म चीन क्यों आया?

उसी शून्य में उत्तर है कि ध्यान क्या है?

ध्यान में ही उत्तर है कि ध्यान क्या है! और कोई उपाय नहीं।

क्या करे वह आदमी? वह कुछ भी न करे, वह सिर्फ ध्यान में रहे। न बोलने की जरूरत है; क्योंकि बोला तो गिरेगा। न न-बोलने की जरूरत है; क्योंकि नहीं बोला तो चूकेगा।

यह थोड़ा सा जटिल है, क्योंकि हमें लगता है यही तो दो स्थितियां हैं: बोलो, या न बोलो। एक और भी स्थिति है, जिसको कहते हैं शांत रहो; वह न बोलने से अलग है। न बोलने की स्थिति बोलने के विपरीत है। तुम बोलते हो, तुम्हें कुछ करना पड़ता है। जब तुम नहीं बोलते तब भी तुम्हें कुछ करना पड़ता है, रोकना पड़ता है। मैंने तुमसे पूछा, तुम्हारा नाम क्या है? तुम बोलो, तो तुम्हें प्रयत्न करना पड़ता है। तुम न बोलो, तो तुम्हें प्रयत्न से अपने को रोकना पड़ता है, क्योंकि नाम तुम्हें मालूम है। तुम्हारा नाम तुम्हें पता है। न बोलो तो तुम्हें प्रयत्न करना पड़ता है रोकने का, कि न बोलूं। बोलो तो प्रयत्न करना पड़ता है, न बोलो तो प्रयत्न करना पड़ता है। शांत होना बिलकुल तीसरी अवस्था है; वहां कोई प्रयत्न नहीं है--न बोलने का, न न-बोलने का।

वह आदमी लटका ही रहे; न तो बोले, और न न-बोले। क्योंकि दोनों में झंझट है। बोले तो गिरेगा, न बोले तो भटक जाएगा। वह बोलने की झंझट में ही न पड़े, न न-बोलने की झंझट में पड़े; वह चुनाव न करे। बोलना, न-बोलना एक-दूसरे के विपरीत है।

न बोलना, शांत होना नहीं है। न बोलने में भीतर आग जलती रहती है। न बोलने में तुम भीतर तो बोलते ही चले जाते हो। न बोलने में तुम बोलना तो चाहते थे, रोकते हो। न बोलना नकारात्मक बोलना है, वह भी बोलना है। किसी को तुम गाली दो, यह बोलना है। और फिर किसी को गाली न दो, रोको, तो गाली तो भीतर गूंजती चली जाती है।

एक तीसरी अवस्था है: गाली उठती ही नहीं। न तुम बोलते हो, न न-बोलते हो; गाली की लहर ही नहीं आती। इस तीसरी अवस्था का नाम ध्यान है।

वह जो आदमी वृक्ष से लटका है, वह लटका ही रहे; वह कुछ भी न करे। रत्ती भर भी चहल-पहल उसके भीतर न हो। इस आदमी ने पूछा कि बोधिधर्म क्यों चीन गया? इस प्रश्न से कोई भी उत्तर उसके भीतर न उठे। वह कोई उत्तर की तलाश भी न करे। तब न तो बोलना होगा--और न न-बोलना होगा। तब वह द्वंद्व के पार हो जाएगा। तब वह शांत रहेगा, जैसे किसी ने कुछ पूछा ही नहीं। जैसे किसी को कोई जवाब देना

भी नहीं है। तब वह ध्यानस्थ होगा। और ध्यान का उत्तर सिर्फ ध्यान है। जब भी कोई उतनी गहरी बात पूछता है तो शब्द तो छिछले हैं, ऊपर-ऊपर हैं। इनसे उस गहराई की कोई खबर नहीं दी जा सकती। तुम्हें उस गहराई में खड़े रह जाना पड़ेगा। और अगर वह तुम्हारी गहराई न समझ पाएगा तो तुम्हारे शब्द कैसे समझेगा?

नान-इन से किसी ने पूछा कि सार बात एक शब्द में कह दो। ज्यादा न तो मेरे पास समय है, न सुविधा है। सार बात एक शब्द में कह दो। नान-इन चुप रहा। उसने कहा: 'अगर सार ही पूछना है तो एक शब्द का भी आग्रह मत करो। अगर असार जानना है, तो जितना कहो, उतना बोल सकता हूं। लेकिन अगर सार जानना है तो एक शब्द का भी आग्रह मत करो।'

पर उस आदमी ने कहा: 'यह जरा ज्यादा हो जाएगा। संक्षिप्त करें, लेकिन इतना संक्षिप्त नहीं। थोड़े में कहें, लेकिन इतने थोड़े में भी नहीं, क्योंकि फिर मैं समझूंगा ही नहीं अगर आप चुप रह गए। एक शब्द, इशारे के लिए!'

तो नान-इन ने कहा: 'ध्यान।'

उस आदमी ने कहा कि काफी नहीं है। थोड़ा बढ़ाएं, थोड़ी व्याख्या...।

तो नान-इन ने कहा: 'ध्यान और ध्यान...!'

उस आदमी ने कहा: 'यह पुनरुक्ति है। इससे कुछ विस्तार नहीं हुआ। थोड़ी और कृपा!'

तो नान-इन ने कहा: 'ध्यान और ध्यान और ध्यान...'

वह आदमी उठ कर खड़ा हो गया। और उसने कहा कि यह पागलपन की बात है। आप वही दोहराए जा रहे हैं।

नान-इन ने कहा: 'पहली तो बात, जब तुमने शब्द का आग्रह किया तभी सब खो गया। एक शब्द मैंने किसी तरह कहा, कुछ थोड़ा उसमें बचा; अगर व्याख्या की, वह भी खो जाएगा।

ध्यान का उत्तर, ध्यान के संबंध में कुछ पूछा गया हो तो ध्यान ही है। अगर कोई तुमसे पूछे, प्रेम क्या है? तो तुम्हारा प्रेमपूर्ण होना ही उत्तर हो सकता है, और कोई उत्तर नहीं हो सकता। तुम जो भी उत्तर दोगे, वह छोटा पड़ेगा, ओछा पड़ेगा। इसलिए सभी संत पीड़ित रहे हैं कि वे कह नहीं पाते, जो कहना चाहते हैं।

रवींद्रनाथ ने अपने अंतिम दिनों में लिखा है। रवींद्रनाथ तो महाकवि हैं। कोई छह हजार गीत उन्होंने लिखे हैं। पश्चिम में शैली को बहुत बड़ा कवि कहा जाता है, उसके

दो हजार गीत हैं। शैली के सभी गीत संगीत में नहीं बांधे जा सकते, रवींद्रनाथ के सभी गीत संगीतबद्ध हैं। तो और क्या उपलब्धि हो सकती है? इस पृथ्वी पर महान से महान से महान, कवि!

एक मित्र ने मरते समय उनसे कहा कि तृप्त हो तुम? संतुष्ट हो? जो पाना था, तुमने पा लिया। यश, प्रतिष्ठा, ख्याति सब तुम्हें मिला। एक पैंगंबर की तरह तुम पूजे गए। कवि की तरह नहीं, एक ऋषि की तरह तुम्हें सम्मान मिला। और तुमने इतने गीत लिखे कि शायद दुबारा कोई आदमी नहीं लिख सकेगा। और हर गीत अनूठा है, तुकबंदी नहीं है, हृदय से आया है।

रवींद्रनाथ ने कहा: बंद करो यह सब बातचीत, क्योंकि मैं बड़े दुख में मर रहा हूं। जो मैं गाना चाहता था, वह तो मैं अभी तब गा नहीं पाया। अगर तुम मुझसे पूछो तो मैं मरते इन क्षणों में परमात्मा से प्रार्थना कर रहा हूं कि यह भी क्या बात हुई! बामुश्किल तो ठोक-पीट कर साज बिठा पाया था, अब गाने का वक्त करीब आ रहा था कि पर्दा गिरने लगा। अभी तो सिर्फ ठोक-पीट कर रहा था अपने वाद्ययंत्रों पर कि तैयारी हो जाए तो गाऊं। अभी गा कहां पाया था? और जिसे लोगों ने संगीत समझा, वह तो केवल साज बिठा रहा था। और अब जब कि लगता है कि साज बैठने के करीब आया, संगति बंधती थी, सुर सम्हले थे, भरोसा बढ़ा था और हृदय आपूरित था कि अब बहूंगा, अब गाऊंगा, यह जाने का वक्त आ गया! यह क्या मजाक है?

जो भी जानते हैं, उन्हें यह मजाक खयाल में आएगा ही। क्योंकि जब वे कहने में समर्थ होते हैं, तब वाणी खोने के करीब आ जाती है। जब वे बता सकते थे, तब जाने का समय आ जाता है। जब कि स्वागत होना था, समारंभ होना था उनके आने का, तब विदा का क्षण! जब कि वे पैदा होने के करीब थे, तब मौत घट जाती है।

और ऐसा सदा ही होगा। इसमें किसी परमात्मा के हाथ कोई मजाक नहीं है। यह जीवन की प्रक्रिया है कि जितना गहरा तुम पाओगे, उतना ही बताना मुश्किल होता जाएगा। रवींद्रनाथ को अगर सौ साल की उम्र और दे दी जाती तो मैं कहता हूं कि सौ साल के बाद भी वे यही कहते मरते वक्त; इससे कुछ भेद न पड़ता। इससे जरा भी भेद नहीं पड़ता। शायद पीड़ा और भी बढ़ जाती, क्योंकि सौ साल में वे और भी गहरे हो जाते। और जितनी भीतर गहराई बढ़ती है, उतना बाहर तक खबर लाना मुश्किल होता जाता है।

सत्य को कहा नहीं जा सकता। ध्यान को, प्रेम को बताया नहीं जा सकता; जीया जा सकता है, इसलिए जीना ही बताने का एकमात्र ढंग है।

तो उस आदमी को न तो बोलने की जरूरत है... न न-बोलने की जरूरत है। वह ध्यान का फूल बना लटका रहे।

और क्यों ऐसी कहानी चुनी होगी इन झेन फकीरों ने? क्योंकि कोई भी तो ऐसा वृक्ष के पत्तों को मुंह में पकड़कर लटका नहीं। पर मैं तुमसे कहता हूं, कहानी यही है। सभी लोग लटके हैं; क्योंकि किसी भी क्षण मौत घट सकती है। अब इतना ही सहारा है जैसे दांत से दबा रखी हो वृक्ष की शाखा। बस, इतना ही सहारा है। जरा में टूट सकता है यह धागा। यह धागा बहुत बारीक है; मकड़ी के जाल से भी ज्यादा बारीक। जरा सा इशारा--और यह टूट सकता है।

यह मतलब है कथा का। हर आदमी ऐसा ही लटका है। नीचे खाई है, किसी भी क्षण मौत घट सकती है।

महाभारत में एक मधुर घटना है। एक भिखारी भीख मांग रहा है, युधिष्ठिर के द्वार पर। पांडव, पांचों भाई अज्ञातवास में छिपे हैं। मांगने वाले को भी पता नहीं, छिपे हुए सम्राट हैं। युधिष्ठिर सामने ही पड़ गए हैं। उन्होंने कहा, 'कल आ जाना।' भीम खिलखिला कर हंसने लगा। युधिष्ठिर ने पूछा कि तू पागल तो नहीं हो गया? क्यों खिलखिला रहा है? उसने कहा कि मैं जाता हूं, गांव में डिंडोरी पीट आऊं कि मेरे बड़े भाई ने समय को जीत लिया है। एक भिखारी को उन्होंने वायदा किया है कि कल आ जाना। युधिष्ठिर दौड़े, उस भिखारी को वापस लाए और कहा कि भीम ठीक कहता है। ऐसे वह जरा बुद्धि से मंद है, लेकिन फिर भी कभी-कभी उसे झलक आती है।

कभी-कभी मंदबुद्धि लोगों को झलकें आ जाती हैं और बहुत कुशल बुद्धि लोग चूक जाते हैं। कुशल बुद्धि अक्सर पंडित हो जाते हैं। जो युधिष्ठिर को न दिखाई पड़ा... और वे धर्मराज थे, धर्म के ज्ञाता थे! लेकिन धर्म के ज्ञाता अक्सर अंधे होते हैं, क्योंकि शास्त्र आंखों पर छप जाता है। फिर सत्य नहीं दिखाई पड़ता। जो है, वह नहीं दिखाई पड़ता, पर्तें शास्त्रों की इकट्ठी हो जाती हैं। इसलिए जो दिखाई नहीं पड़ा युधिष्ठिर को, वह दिखाई पड़ गया भीम को। भीम सीधा-सादा आदमी है, निष्कपट है। लड़ सकता है, क्रोधित हो सकता है, प्रेम कर सकता है, लेकिन पंडित नहीं है। जी सकता है, लेकिन शब्दों का कोई मालिक नहीं है। उसे एक बात सीधी सी दिखाई पड़ गई कि यह

भी क्या मजाक है? कल का भरोसा नहीं है और तुम भिखारी से कहते हो, कल आ जाना? कल तुम रहोगे यहां? तुम्हें पक्का है, कल भिखारी बचेगा?

चीन में कथा है ताओ को स्वीकार करने वाले लोगों की, कि एक सम्राट नाराज हो गया अपने वजीर पर; उसने उसे जेल में डाल दिया। लेकिन जिस दिन उसको फांसी लगने वाली थी, अचानक उसके घर के लोग तो रो रहे थे, छाती पीट रहे थे, वह घोड़े पर सवार घर वापस लौट आया। पत्नी को भरोसा न हुआ, बेटों को भरोसा न हुआ, उन्होंने कहा कि क्या हुआ? क्या चमत्कार? हम तो समझे थे कि बस, छह बजे शाम फांसी हो जाने वाली है।

वजीर ने कहा कि चमत्कार ही समझो। नियम है राज्य का, कि घंटे भर फांसी के पहले सम्राट आता है जिसकी फांसी हो रही है, उससे मिलने। वह मिलने मुझसे आया था। और जब वह मिलने मुझसे आया, मैंने सोचा कि एक दांव लगाना बुरा नहीं। मैं रोने लगा। मुझे रोते देख कर सम्राट ने पूछा कि तू और रोता है? और मैं तो सोचता था कि तू एक बहादुर आदमी है। तूने अनेक युद्ध लड़े, तू अनेक बार जीता, तू रोएगा यह मैं सोच भी नहीं सकता। मैंने कहा कि मैं इसलिए रो भी नहीं रहा हूं। मौत देख कर नहीं रो रहा हूं, तुम्हारे घोड़े को देख कर रो रहा हूं, जो तुम दरवाजे के बाहर बांध आए हो।

सम्राट हैरान हुआ; उसने कहा, घोड़े को देख कर रोने की क्या बात है?

वजीर ने कहा कि मैं एक कला सीखा था, कि मैं घोड़ों को आकाश में उड़ना सिखा सकता हूं। लेकिन एक खास जाति का घोड़ा चाहिए। उसे खोजता रहा जिंदगी भर, वह न मिला; और जिस घोड़े पर बैठ कर तुम आए हो, यही उस जाति का घोड़ा है। रो रहा हूं कि सारी कला व्यर्थ गई। घंटे भर बाद तो मुझे मरना है; अब तो कुछ उपाय नहीं। जो मैं जानता था, मेरे साथ खो जाएगा।

सम्राट लोभी! स्वभावतः अगर उसके पास उड़ने वाला घोड़ा हो सके तो जगत में उसका कोई मुकाबला न हो। उसने कहा कि तू ठहर, घबड़ा मत। कितना समय चाहता है? तो वजीर ने कहा, एक साल। एक साल में इस घोड़े को उड़ना सिखा दूंगा। सम्राट ने कहा, कुछ अड़चन की बात नहीं। अगर एक साल में घोड़ा उड़ना सीख गया तो तेरी मौत तो बचेगी ही, मैं अपनी लड़की से तेरी शादी भी करूंगा और आधा राज्य भी तुझे दे दूंगा। लेकिन अगर एक साल बाद घोड़ा उड़ना नहीं सीख पाया तो तेरी फांसी हो जाएगी। हर्ज कुछ भी नहीं है।

पत्नी और जोर से छाती पीट कर रोने लगी कि यह भी तुमने क्या किया? क्योंकि मुझे भलीभांति पता है, ऐसी कोई कला तुम जानते नहीं। वजीर ने कहा: वह तो मुझे भी पता है, लेकिन साल भर में क्या भरोसा? घोड़ा मर जाए, सम्राट मर जाए, मैं मर जाऊं। साल भर इतना लंबा वक्त है! और दुनिया में चमत्कार तो घटते हैं। कौन जाने, घोड़ा सीख ही जाए! उड़ना सीख जाए! साल भर काफी है; बहुत ज्यादा है।

भीम को दिखाई पड़ गया कि एक दिन का भरोसा नहीं है। कल तुम बचो न बचो, देने की हालत बचे न बचे, यह भिखारी बचे न बचे, फिर यह वचन अधूरा रह जाएगा धर्मराज! तो लोग लिखेंगे कि तुम झूठ बोले। युधिष्ठिर दौड़े, उस भिखारी को भिक्षा दी, कहा कि तू जल्दी ले जा; देर न हो जाए।

हम सब लटके हैं। किसी भी क्षण शाखा टूट सकती है। किसी भी क्षण मुंह खुल सकता है।

और क्यों यह कथा इस तरह चुनी है? क्योंकि जब भी आदमी मरता है तो अक्सर मुंह खुल जाता है। इसलिए झेन फकीर कहते हैं, मुंह से पकड़ कर हम रुके हैं। जब आदमी मरता है तो मुंह खुल जाता है, पकड़ छूट जाती है। हाथ वगैरह से पकड़ने का उपाय नहीं, मुंह से ही पकड़े हुए हैं।

ऐसी यह बात और भी गहराई में सच है; क्योंकि जिस श्वास के धागे से हम बंधे हैं, वह हमारे मुंह से जुड़ा है, हाथों से नहीं। श्वास कटी, हम कट गए। तो अगर जीवन को हम एक वृक्ष समझें तो श्वास के धागे से हम मुंह से उससे बंधे हैं। श्वास ही हमें रोके हुए है। श्वास गई, फिर हाथ से श्वास को पकड़ने का कोई उपाय नहीं। इसलिए फकीर जो भी कहते हैं, मतलब तो होता ही है। बेमतलब वे कुछ कहेंगे भी नहीं। मुंह से पकड़े हुए हैं और लटके हैं।

प्रतिपल मौत है। और जीवन हर क्षण खतरे में है। जो जानता है, वह बोलेगा भी नहीं; क्योंकि बोलते से ही सब गलत हो जाता है। सत्य को बोला नहीं जा सकता। बोलते से ही सब गलत हो जाता है, क्योंकि सत्य को बोला ही नहीं जा सकता।

फिर बुद्ध बोलते हैं, कृष्ण बोलते हैं, बोलते ही चले जाते हैं। तो सवाल उठता है, कि जब सत्य बोला नहीं जा सकता तो बुद्ध बोलते क्यों? चुप क्यों नहीं हो जाते?

बुद्ध जो भी बोलते हैं वह सत्य नहीं है। सत्य तो बोला ही नहीं जा सकता।

बुद्ध कुछ और बोल रहे हैं। वह ऐसा ही है, जैसे बच्चों को मिठाई बांटी जा रही हो ताकि बच्चे बैठे रहें। कुछ और घटाने का आयोजन है। मगर मिठाई न बांटी जाए,

बच्चे भाग जाएं। इसलिए हम मंदिर में प्रसाद बांटते हैं, मिठाई बांटते हैं। बुद्ध मिठाई बांट रहे हैं, वह प्रसाद है; क्योंकि कुछ बच्चे सिर्फ मिठाई को ही समझ सकते हैं और कोई चीज नहीं समझ सकते।

मैं तुमसे बोल रहा हूं; जो बोल रहा हूं, वह सत्य नहीं है। वह सत्य हो नहीं सकता। बोलते ही सत्य खो जाता है; अखट खाई में गिर जाता है आदमी। वहां से कुछ बोला नहीं जा सकता। एक शब्द बोले कि गए! फिर तुमसे बोल रहा हूं, वह मिठाई बांटना है। उस बोलने के बहाने तुम यहां बैठे हो। अगर मैं चुप हो जाऊं, तुम जा चुके। मेरी चुप्पी में तुम न बैठे सकोगे। बोलने के बहाने तुम बैठे हो, वह सिर्फ मिठाई है, वह प्रसाद है। तुम शायद प्रसाद लेने मंदिर आए हो, प्रार्थना करने नहीं। लेकिन प्रसाद के बहाने शायद प्रार्थना भी हो जाए, बोलने के बहाने शायद मेरे पास बैठे-बैठे तुम्हें शांति का सुर भी पकड़ जाए; शायद शून्य की झलक भी आ जाए। तो यह केवल बहाना है।

बुद्ध बोलते हैं, वह बहाना है। बुद्ध चाहते तो वह देना हैं तुम्हें, जो कि बोल कर नहीं दिया सकता। लेकिन तुम शब्द ही समझ सकते हो, इसलिए शब्द का उपयोग है। वह तुम्हारे लिए है, सत्य के लिए नहीं है। तुम्हारे कारण है, सत्य के कारण नहीं है। जो भी बोला जाएगा, वह बोलते ही असत्य हो जाता है। इसलिए सब बोलना कथा है, कहानी है।

मैं जो इतनी कहानियों का उपयोग करता हूं, उसका कारण कुल इतना है कि सब बोलना एक कहानी है; सब बोलना एक पुराण है। सत्य को तो जाना जा सकता है।

जानने की यात्रा भी कठिन तो है, असंभव नहीं। लेकिन दोनों बातें समझ लेनी जरूरी हैं। ध्यान में उतरना कठिन है, इसलिए नहीं कि ध्यान कठिन है, बल्कि इसलिए कि तुम जटिल हो।

एक आदमी नदी के किनारे खड़ा है, तैरना कठिन नहीं है, लेकिन डर के मारे वह नीचे पैर ही नहीं रख पाता। डर के मारे पानी में नहीं उतर पाता। वह डर कठिनाई पैदा कर रहा है; तैरना कठिन नहीं है। इस आदमी को फेंक दिया जाए पानी में, यह तैरना, हाथ-पैर तड़फड़ाना शुरू कर देगा। तैरने में और अनजान आदमी के हाथ-पैर तड़फड़ाने में बहुत फर्क नहीं है; शैली का फर्क है। जरा सी व्यवस्था का फर्क है। अगर तुम्हें कोई ऐसे ही धक्का दे दे पानी में तो भी तुम तैरोगे, लेकिन तुम्हारे तैरने में संगति न होगी। यह भी हो सकता है, तुम डूब जाओ। नदी के कारण तुम न डूबोगे, उलटा-सीधा तैरने की वजह से डूब जाओगे। तुम खुद ही उलझन खड़ी कर लोगे। जिस दिन तुम

तैरना सीख जाओगे, क्या सीखोगे तुम? यही हाथ-पैर का फेंकना, तड़फड़ाना थोड़ा व्यवस्थित हो जाएगा, तुम थोड़े आश्वस्त हो जाओगे, भय कम हो जाएगा। इसलिए जो तुम्हें तैरना सिखाता है, वह तैरना नहीं सिखाता, सिर्फ तुम्हें आश्वासन सिखाता है। बाकी तैरना तुम जानते हो।

तो गुरु के पास कोई ध्यान नहीं सीखता, सिर्फ आश्वासन सीखता है, क्योंकि ध्यान में उतरना छलांग लगाना है। किसी का भरोसा चाहिए। कोई कहता है, कूद जाओ, डरो मत, मैं खड़ा हूं। मैं सम्हाल लूंगा। जो लोग भी तैरना सिखाते हैं, उनकी कुल कला इतनी है कि वे अपना भरोसा दिला देते हैं कि मैं खड़ा हूं। तुम जानते हो, यह आदमी तैरना जानता है। तुमने इसे नदी पार होते देखा, कोई डर नहीं है। बस, तुम्हारे डर को कम करने की जरूरत है। गुरु तुम्हारे डर को काटता है।

गुरु भगवान नहीं दे सकता, भय को काट सकता है। भय कटा कि तुम भगवान हो। तुम्हारी हिम्मत बढ़ी, तुमने छलांग ली, कि तैरना तो तुम्हें आता ही है। तैरने को तुम कभी भूले ही नहीं हो, इसलिए एक बार तैरना आ जाए तो फिर कोई कभी नहीं भूलता। बड़ी मजे की बात है; और सब चीजें भूल जाती हैं, तैरना क्यों नहीं भूलता? तुम तीस साल तक मत तैरो, भूलोगे नहीं। तीस साल तक और कोई चीज याद रखने की कोशिश करो। तीस साल तक मां को न देखा हो तो मां का चेहरा भूल जाएगा। संदिग्ध हो जाओगे। तीस साल तक भाषा का उपयोग न किया हो, भाषा भूल जाएगी। तीस साल लंबा वक्त है। लेकिन तीस साल तैरना मत, तो भी भूलोगे नहीं। पानी में उतरे कि तैरना है।

जरूर तैरने में कुछ फर्क है। तैरने का संबंध तुम्हारी स्मृति से होता, तो तुम इसीलिए भूल जाते। तैरना तुम शायद जानते ही हो। इसका संबंध समृति से नहीं, इसे तुमने कभी सीखा नहीं। अगर सीखा होता तो भूल सकते थे। इसका सिर्फ आविष्कार हुआ है। यह मौजूद था; तुम सिर्फ पहचाने, प्रत्यभिज्ञा हुई, रिकग्नाइज किया कि मैं जानता हूं।

और जिस दिन तुम ठीक से पहचान लोगे, उस दिन तैरने की भी जरूरत नहीं पड़ती। कुशल तैराक नदी में लेट जाता है। हाथ-पैर भी नहीं तड़फड़ाता। नदी ही उसे सम्हालती है। इतनी भी जरूरत नहीं रहती, क्योंकि उसका भय बिलकुल कम हो गया है। भय ही डुबाता है, नदी नहीं डुबाती। इसलिए मुर्दे को डुबाना मुश्किल है, क्योंकि मुर्दे को भयभीत करना मुश्किल है। मुर्दे को छोड़ दो नदी में, वह तैरता चला जाता है।

लाख नदी कोशिश करे, कितनी ही गहरी हो, नदी मुर्दे को नहीं डुबा सकती। जिंदा को डुबाती है, क्योंकि जिंदा भयभीत होता है।

तब जरा सोचने जैसा है, कि नदी डुबाती है या भय डुबाता है? तैरने में कठिनाई है, या तुम्हारे भयभीत चित्त की जटिलता है? तुम्हारे भय में सारी जटिलता है।

ध्यान तो सरल है, तुम कठिन हो। तुम्हारी कठिनाई जितनी कटेगी, उतना ही ध्यान सरल होता जाएगा। जिस दिन तुम्हारे भीतर कोई कठिनाई न होगी, तुम पाओगे ध्यान इतना सरल है, जैसे श्वास लेना। तुम्हें कुछ भी नहीं करना होता।

एक अर्थ में ध्यान से ज्यादा सरल कुछ भी नहीं है, क्योंकि वह तुम्हारा स्वभाव है। दूसरे अर्थ में ध्यान से कठिन कुछ भी नहीं है, क्योंकि तुम बहुत जटिल हो गए हो।

तुम्हारी जटिलता काटने में ही सारी साधना है। लेकिन यह असंभव नहीं है, क्योंकि जटिल तुम ही हुए हो, जान कर हुए हो, कोशिश कर-कर के हुए हो। विपरीत यात्रा करोगे, जटिलता कट जाएगी। तुम्हारी हालत ऐसी है, जैसे कोई आदमी कमर झुका कर चलने का अभ्यास कर ले। कमर झुका कर चले। साल दो साल अभ्यास करना पड़े, फिर सरल हो जाए। फिर उसको सीधी कमर करना मुश्किल हो जाए। जन्मों-जन्मों तक तुम विचार के साथ चले हो, विचार ने तुम्हारी कमर तिरछी कर दी है। उसके कुछ फायदे हैं, इस वजह से।

मैंने सुना है, एक गांव में एक आदमी था। रोज राज्य में युद्ध होते रहते। जवान पकड़ लिए जाते, स्वस्थ आदमी पकड़ लिए जाते। तो उसने पहले से ही झुक कर चलना शुरू कर दिया। धीरे-धीरे उसकी कमर तिरछी हो गई। जवान पकड़े जाते, लेकिन उसे कोई कभी नहीं पकड़ता था। वह सोचता था कि यह झुक कर चलने से कुछ हर्जा तो है नहीं; जब चाहेंगे, सीधे खड़े हो जाएंगे। इसमें लाभ ही लाभ था। लेकिन थोड़े दिन में उसने पाया कि अब सीधे खड़ा होना असंभव है। कमर झुक ही गई।

इनवेस्टमेंट जब भी तुम करते हो किसी गलत चीज में तब थोड़ा होश से करना; उससे कुछ लाभ दिखाई पड़ रहा हो भला तात्कालिक, लंबे अर्सों में महंगा पड़ जाएगा। विचार का कुछ लाभ है। चिंता का कुछ लाभ है, तनाव का कुछ लाभ है; इसलिए तुम तने हो, चिंता से भरे हो, विचार से भरे हो। इस जगत में कुछ चीजें बिना चिंता के नहीं मिलतीं।

इस जगत में जो निश्चिंत है, वह कुछ चीजें तो पा ही नहीं सकता। धन कमाना बहुत मुश्किल है, जो निश्चिंत है। जो निश्चिंत है, वह दिल्ली नहीं पहुंच सकता; राजपदों

पर बैठना कठिन है। जो निश्चिंत है, वह दूसरों की छाती पर सवार नहीं हो सकता। क्योंकि जब तुम दूसरों की छाती पर सवार होते हो तो चिंता पकड़ती है। क्योंकि दूसरों को भी तुम मौका देते हो कि तुम्हारी छाती पर सवार होने की कोशिश करें। कम से कम तुम्हारे छुटकारे से बाहर निकलने की चेष्टा करें। जब तुम पद की तलाश में जाते हो तो चिंता स्वाभाविक है।

एक राज्य के मुख्यमंत्री मेरे पास आते थे। वह हमेशा कहते किसी तरह से मेरी चिंता से छुटकारा दिलाएं। मैंने उनसे कहा कि एक बात साफ कर लो; अगर मुख्यमंत्री रहना है तो चिंता में कुशलता प्राप्त करो, छुटकारे की कोशिश मत करो; क्योंकि यह मुख्यमंत्री पद नहीं बचेगा, अगर चिंता से छुटकारा करना है। और अगर चिंता से ही छूटना है तो इतनी तैयारी रखो कि मुख्यमंत्री पद छूट जाए। वे बोले कि नहीं, आप तो... आपकी कृपा हो तो दोनों चल सकते हैं। किसी की कृपा से दोनों नहीं चल सकते।

'--फिर आपका आशीर्वाद चाहिए।'

मैं आशीर्वाद इसमें दे भी नहीं सकता। क्योंकि यह होने ही वाला नहीं है। चिंता न हो और मुख्यमंत्री का पद बना रहे--कैसे होगा? रॉकफेलर होना चाहते हैं, और भिखमंगे की तरह शान से सोना भी चाहते हो; दोनों नहीं हो सकते। भिखमंगे को कुछ तो बचने दो! इसको नींद बची है, वह भी तुम चाहते हो। भिखमंगा शांति से सो सकता है, क्योंकि खोने को कुछ नहीं है, इसलिए अशांति और चिंता का कारण क्या है? तुम्हारे पास जितना खोने को होगा, उतनी अशांति और चिंता बढ़ेगी।

लेकिन आदमी इसी मूढ़ता का प्रयोग करना चाहता है जीवन में, इसी आशा में कि चिंता भी न रहे, धन भी हो, पद भी हो, प्रतिष्ठा भी हो, महत्वाकांक्षा भी पूरी हो और चिंता भी न हो। तुम असंभव की मांग कर रहे हो। यह असंभव होने वाला नहीं है, यह स्पष्ट हो जाना जरूरी है।

चिंता जाएगी तो महत्वाकांक्षा जाएगी; तब ध्यान उत्पन्न होगा।

इसलिए बहुत लोग ध्यान में उत्सुक होते हैं, लेकिन गलत कारण से उत्सुक होते हैं। और जो धंधा करने वाले गुरु हैं, वे समझते हैं कि किस कारण से लोग ध्यान में उत्सुक होते हैं। तो महेश योगी जैसे व्यक्ति प्रचारित करते हैं: कि इस जगत में भी लाभ होगा, उस जगत में भी लाभ होगा। ध्यान करोगे--धन भी मिलेगा, धर्म भी मिलेगा।

अमरीका में अगर किसी से कहा जाए कि सिर्फ धर्म मिलेगा, तो फिर वह उत्सुक ही नहीं होते। धर्म चाहता कौन है? लोग धन चाहते हैं। और धन के साथ-साथ अगर शांति भी मिलती हो तो लोग लेने को तैयार हैं। लेकिन बात ही व्यर्थ है।

चिंता का कुछ लाभ है, इसलिए तो लोग चिंतित हैं, नहीं तो लोग चिंतित क्यों होते? लोग बिना कारण चिंतित हैं? बिना लाभ के चिंतित हैं? तुम चिंता छोड़ना चाहते हो, लाभ बचा लेना चाहते हो; यही जटिलता है। जिस दिन तुम्हें यह साफ हो जाएगा, उस दिन तुम चिंता को उतार कर रख सकते हो, लेकिन साथ ही लाभ भी जाता है चिंता का। महालाभ के द्वार खुलते हैं, लेकिन उनका तुम्हें कोई पता नहीं है।

ध्यान सरल है। तुम्हारी सरलता चाहिए।

और तुम्हारी सरलता का अर्थ है, विपरीत दिशाओं में यात्रा मत करो, तुम सरल हो जाओगे। तुम विपरीत दिशाओं में चलोगे, तुम जटिल हो जाओगे।

एक आदमी ने बैलगाड़ी में दोनों तरफ बैल जोत लिए हैं, वह दोनों तरफ हांक रहा है; बैलगाड़ी कहीं नहीं जा रही है। वह परेशान है, वह चीख-चिल्ला रहा है। वह कह रहा है, कोई रास्ता बताओ। उससे मैं कहता हूं, एक दिशा के बैल खोल दो। दोनों जोड़ियों को एक ही दिशा में जोत दो। यह गाड़ी अभी सरपट भागेगी। पर दोनों दिशाओं में उसके लक्ष्य हैं। इस तरफ दुकान है, इस तरफ मंदिर है; इस तरफ चिंता है, इस तरफ शांति है; इस तरफ धन है, इस तरफ ध्यान है; दोनों वह चाहता है। वह कहता है, आप कहते तो ठीक हैं, लेकिन कुछ ऐसा आशीर्वाद दो कि यह बैलगाड़ी दोनों मंजिलों पर पहुंच जाए।

इसी आशीर्वाद की तलाश में चमत्कारी गुरुओं की खोज करता है। क्योंकि मेरे जैसा आदमी तो यह आशीर्वाद दे ही नहीं सकता। क्योंकि जो देता है, वह या तो मूढ़ है, या शैतान है। इस आशीर्वाद का आश्वासन देना भी संघातक है। क्योंकि उस आदमी का जीवन नष्ट हो रहा है; उसकी ऊर्जा व्यर्थ हो रही है। विपरीत लक्ष्य एक साथ नहीं पाए जा सकते, यह तुम्हें साफ हो जाए तो तुम सरल हो जाओगे।

सरलता का अर्थ है, तुम्हारे जीवन में विपरीत खो गए, तुम्हारा जीवन एक लयबद्ध धारा हो गया, तुम एक तरफ बहना शुरू हो गए। फिर कोई अड़चन नहीं है। फिर तुम्हारी सरिता ध्यान के सागर में अपने आप गिर जाएगी। फिर तुम्हें ध्यान सीखने की भी शायद जरूरत न पड़े, क्योंकि ध्यान कोई सिखा नहीं सकता। सरल व्यक्ति के जीवन में ध्यान के फूल लगना शुरू हो जाते हैं।

तो तुमसे मैं कहूंगा, सरल हो जाओ, निर्दोष हो जाओ। और ध्यान रहे, जब मैं कहता हूं निर्दोष हो जाओ तो मेरा मतलब यह नहीं कि तुम सिगरेट मत पीना, तो निर्दोष हो जाओगे; कि तुम शराब मत पीना, तो तुम निर्दोष हो जाओगे; कि तुम मांस मत खाना, तो तुम निर्दोष हो जाओगे--नहीं। हालांकि मैं जानता हूं, तुम निर्दोष हो जाओगे तो तुम सिगरेट न पी सकोगे, शराब तुम न छू सकोगे, मांसाहार असंभव होगा। लेकिन तुम शराब न पीओ, मांस न खाओ, सिगरेट न पीओ तो तुम निर्दोष हो जाओगे, यह मैं नहीं कहता।

इतना सस्ता नहीं है मामला। क्योंकि बहुत से लोग न शराब पी रहे हैं, न मांस खा रहे हैं, न सिगरेट पी रहे हैं और निर्दोष नहीं हैं। बल्कि कई दफे तो ऐसा होता है कि ऐसे आदमी ज्यादा खतरनाक हैं।

हिटलर न शराब पीता, न मांस खाता, न सिगरेट पीता, हिटलर शुद्ध शाकाहारी है। शुद्ध शाकाहारी ही इतना उपद्रव कर सकता है, जितना हिटलर ने किया। मुसोलिनी शुद्ध शाकाहारी है। इन दो शाकाहारियों ने इस पृथ्वी पर जितना नरक खड़ा किया, उतना कोई मांसाहारी कभी नहीं कर पाया। अगर साधुओं से पूछो तो हिटलर बिलकुल साधु मालूम पड़ेगा। न फिल्म देखता है, न संगीत में उसे रस है, न नाच देखने जाता है। एक अर्थ में करीब-करीब ब्रह्मचारी है, क्योंकि स्त्री में भी उसे रस नहीं। ब्रह्ममुहूर्त में उठता है; और करीब-करीब अपनी कोठरी में बंद है। लेकिन बड़ा विस्फोटक आदमी सिद्ध हुआ।

तो मैं तुमसे नहीं कहता कि तुम इन-इन चीजों को छोड़ दोगे तो सरल हो जाओगे। अगर तुमने सरलता के लिए इन्हें छोड़ा तो तुमने गणित तो पहले बिठा लिया। यही गणित तो तुम्हारी जटिलता है। तुमको कोई भरोसा दिला देता है कि सिगरेट मत पीओ तो मोक्ष मिल जाएगा; तो तुम छोड़ देते हो। कभी तुमने सोचा कि कितने सस्ते में तुम मोक्ष पाना चाह रहे हो? सिगरेट छोड़ कर तुम मोक्ष पाना चाह रहे हो। सिगरेट छोड़ कर अगर मोक्ष मिलता हो तो पाने योग्य भी नहीं है। क्योंकि कीमत कितनी! अगर शराब छोड़कर मोक्ष मिलता हो तो पाने योग्य भी नहीं है। कितना मूल्य होगा उसका, जो शराब छोड़ने से मिल जाता हो?

नहीं, तुम क्या करते हो, इससे बहुत सवाल नहीं है। तुम्हारी सरलता का संबंध है कि तुम विपरीत दिशाओं में मत बहो। तुम जो भी करो, उसमें एक संगति हो; उसमें एक आंतरिक संगीत हो; उसमें विघटन और विरोध न हो।

सरलता का अर्थ है: तुम एक तरफ प्रवाहित। और यही बुद्धिमानी का लक्षण है कि तुम बहुत तरफ न बहो, बहुत दिशाओं में यात्रा मत करो। तुम्हारी जीवन-ऊर्जा एक तीर की तरह चले, तो तुम लक्ष्य तक पहुंच जाओगे। लक्ष्य दूर नहीं है। सरल होते ही चित्त ध्यान को उपलब्ध हो जाता है।

इस कथा में ध्यान की कठिनाई नहीं बताई गई है; बताया गया है, ध्यान के संबंध में बताना कठिन है। तो एक तो कठिनाई है बुद्ध की, जब वह छह वर्ष तक ध्यान की साधना करते हैं। वह कठिनाई बड़ी नहीं है। दूसरी कठिनाई है, चालीस वर्षों तक जब वे ध्यान के संबंध में लोगों को समझाते हैं। वह दूसरी कठिनाई बड़ी है। पहली कठिनाई तो वे छह साल में पार कर गए। दूसरी कठिनाई वे चालीस साल में भी पार नहीं कर पाए। पहली कठिनाई तो सभी लोग थोड़े-बहुत दिनों में पार कर लेते हैं, दूसरी कठिनाई अब तक कोई पार नहीं कर पाया; कभी कोई पार कर भी नहीं पाएगा।

सत्य को जानना सरल है, सत्य को बताना मुश्किल है। सत्य को जीना सरल है। जीकर ही बताना एक मात्र रास्ता है।

आज इतना ही।

४

सुखी आदमी का अंगरखा

ओशो, आज हम आपसे एक सूफी कहानी का अर्थ समझना चाहेंगे। एक मुरीद बहुत समय से एक फकीर के पीछे पड़ा था: 'मुझे दुख से छुटकारे का गुर बता दीजिए।

आखिर पीर ने उससे एक दिन कहा: 'बहुत आसान उपाय है। जो आदमी कहे कि मैं सबसे सुखी आदमी हूं, उसका अंगरखा मांग कर पहनना।'

फिर क्या था, वह शिष्य सुख की खोज में निकल पड़ा। और वर्षों-वर्षों की भटकन के बाद एक फकीर को मिला, जो खजूर के नीचे मुंह पर अंगोछा डाले बैठा था।

पूछने पर फकीर ने कहा: 'हां, मैं सबसे सुखी आदमी हूं।'

लेकिन जब अंगरखे की मांग हुई, तब उसने हंस कर कहा: 'देखो तो बेटा, मेरे बदन पर अंगरखा कहां?'

यह कह कर उसने अपने मुंह से अंगोछा हटा लिया। युवक ने देखा कि यह तो वही पीर था, जिसने सुख का गुर बताया था। और यह कि उसका शरीर नंगा था।

शायद हर आदमी की तलाश यही है। और कोई दूसरी तलाश हो भी नहीं सकती। इसे हम महासुख का राज जान लें। दुखी हैं हम, और सुख की खोज कर रहे हैं। अगर इस युवक ने किसी सूफी फकीर को पूछा, तो यह पूरे मनुष्य की ही अंतर-आकांक्षा है।

लेकिन पूछना आसान है, जवाब उतना आसान नहीं; क्योंकि जवाब तो तभी दिया जा सकता है, जब पूछनेवाला तैयार हो। तुम पूछ लेते हो इतना काफी नहीं है उत्तर पाने के लिए; उत्तर देने वाले को देखना पड़ेगा कि तुम उत्तर के लिए तैयार भी हो या नहीं? प्रश्न तो कोई भी पूछ लेता है, उत्तर को झेलने की क्षमता थोड़े से ही लोगों में होती है।

इसलिए सूफी फकीर ने पहला काम तो यह किया कि इस युवक को खोज पर भेजा, कि जा और उस आदमी की तलाश कर, जो परम सुखी हो; जो कहे कि मैं परम सुखी हूं। उससे तू उसका अंगरखा मांग लेना। अंगरखा पहनते ही तू भी सुखी हो जाएगा।

सूफी फकीर समय चाहता है। युवक तैयार नहीं है। उत्तर तो अभी दिया जा सकता है। उत्तर तो फकीर के पास है, लेकिन ग्राहक वहां मौजूद नहीं है। अभी जिज्ञासा, मुमुक्षा नहीं है। यह भेद समझ लेना चाहिए।

एक तो जिज्ञासा होती है कुतूहलवश--जैसा छोटे बच्चे पूछते हैं, यह झाड़ लंबा क्यों है? यह झाड़ हरा क्यों है? ये फूल पीले क्यों हैं? तुम दो मिनट दूसरी बातें करो, वे भूल जाते हैं; फिर वे दुबारा नहीं पूछते। फिर शायद जिंदगी भर दुबारा न पूछें। पूछने में कोई प्राण नहीं है, सिर्फ मन का कुतूहल था। अगर मन के कुतूहल ने ही प्रश्न उठाया हो तो गहरे उत्तर नहीं दिए जा सकते।

इसलिए एक तो जिज्ञासा है, जो केवल मन की है; और एक ऐसी जिज्ञासा है, जो प्राणों की है। उस जिज्ञासा का नाम मुमुक्षा है। प्राणों की जिज्ञासा का अर्थ यह है कि सवाल मेरे जीवन और मृत्यु का है। जो मैं पूछ रहा हूं, उस पर बहुत कुछ निर्भर है; मेरा बचना या मेरा मिटना। अगर जिज्ञासा सिर्फ बौद्धिक है तो तुम दर्शनशास्त्र में भटक जाओगे। और दर्शनशास्त्र से बड़ा जंगल खोजना कठिन है। वहां सिद्धांतों की अनंत श्रृंखला है। अगर तुमने जिज्ञासा मात्र की, तो तुम शास्त्रों में खो जाओगे। वहां उत्तर हैं, फिर भी वहां उत्तर नहीं हैं। तुम्हारी जिज्ञासा अगर मुमुक्षा है तो तुम शास्त्रों से बच सकोगे। और तो ही तुम सदगुरु को खोज पाओगे।

धर्म, मुमुक्षा से पैदा होता है; फिलॉसफी जिज्ञासा से।

सूफी फकीर ने कहा कि खोज उस आदमी को, जो कहे कि मैं परम सुखी हूं। उसका अंगरखा मांग लेना। सूफी फकीर जानना चाहता है कि क्या कुछ वर्षों तक यह जिज्ञासा टिकेगी? तुम्हारा तो प्रेम भी नहीं टिकता, जिज्ञासा तो बहुत दूर है टिकने की बात।

एक युवक, जो कि एक सैन्य-टुकड़ी में नया-नया भरती हुआ था, अपने सेनापति से जाकर बोला कि मुझे छुट्टी चाहिए। मैं बड़े प्रेम में पड़ गया हूं, और जल्दी ही एक दो सप्ताह के भीतर शादी करके वापस लौट आऊंगा। और यह जीवन-मरण का सवाल है, इसमें आप बाधा मत डालना। वह सेनापति मुस्कुराया और उसने कहा कि ऐसा करो कि अगर सच में ही यह प्रेम है तो एक वर्ष रुक जाओ। अगर एक वर्ष बाद फिर भी तुमने कहा कि शादी करनी है तो मैं तुम्हें छुट्टी दे दूंगा। और तब योग्य होगा। जल्दी मत करो। मैं अनुभव से कहता हूं। यह प्रेम मौसमी फूलों की तरह हैं, खो जाते हैं।

युवक मान कर रुक गया। साल भर बाद उसने फिर दफ्तर पर आकर दस्तक दी। उसने कहा कि छुट्टी चाहिए। साल पूरा हो गया। सेनापति थोड़ा विचार में पड़ा। उसने कहा: क्या तुम अब भी प्रेम में हो? उसने कहा: अब भी! लेकिन स्त्री दूसरी है। और अब देर मत करें, क्योंकि मैं भी अब अनुभवी हो गया। अगर देर की तो अगले साल फिर स्त्री तीसरी होगी। और ऐसे तो जिंदगी निकल जाएगी। विवाह कब होगा?

तुम्हारा तो प्रेम भी बदल जाता है।

फकीर चाहता था जानना कि इसकी जिज्ञासा बदलती है या नहीं? जिज्ञासा अगर न बदले तो मुमुक्षा है। जिज्ञासा अगर बदल जाए तो कुतूहल है, क्यूरियॉसिटी है। अगर जीवन-मृत्यु का सवाल है, तो जब तक मुक्ति न मिल जाए तब तक कैसे जिज्ञासा बदलेगी? बढ़ेगी, गहरी होगी। मोक्ष की खोज को हमने मुमुक्षा कहा है, मुक्ति की खोज को हमने मुमुक्षा कहा है।

सत्य से भी बड़ी खोज मुक्ति की खोज है।

क्योंकि सत्य का खोजी तो हो सकता है शब्दों में भटक जाए, लेकिन मुक्ति का खोजी शब्दों में नहीं भटक सकता। उसके पास कसौटी है। वह हर सत्य को परखेगा, क्योंकि सत्य वही है, जो तुम्हें मुक्त करे; और मुक्ति कसौटी है। जो सत्य तुम्हें बांध ले और गुलाम बना ले, वह सत्य नहीं है, संप्रदाय है।

जिज्ञासु तो किसी संप्रदाय में बंध जाएगा। खोज में निकला था सत्य की, आखिर में हथकड़ियां हाथ लगती हैं। लेकिन अगर मुमुक्षा हो तो तब तक समाप्त न होगी, जब

तक कि मुक्ति न मिल जाए। अगर प्यास असली है, तो जितनी देर तुम प्यासे रहोगे, उतनी बढ़ेगी। अगर भूख असली है, तो जितने तुम भूखे रहोगे, उतनी गहरी होगी।

लेकिन तुम्हारी जिज्ञासा तुम्हारी भूख जैसी है। एक बजे रोज भोजन करते हो तो एक बजे घड़ी में देखकर भूख लगती है। अगर घड़ी ग्यारह बजे बंद हो गई हो तो एक बज जाता है, भूख नहीं लगती। अगर घड़ी को किसी ने बदल दिया हो और ग्यारह बजे एक बज जाए तो ग्यारह बजे भूख लग जाती है। और तुम्हें भूख लगती है, अगर पंद्रह मिनट तुम किसी दूसरे काम में लगे रहो तो भूख खो जाती है।

तुम्हारी भूख सिर्फ एक मन की आदत है। उसकी जड़ें शरीर की गहराई में नहीं हैं। वह तुम्हारी जठराग्नि से नहीं उठ रही है। वह तुम्हारे विचार से उठ रही है कि बस एक बज गया, भूख का समय हो गया, अब भोजन करना जरूरी है। और बिना भूख के तुम जो भोजन भरते चले जाते हो; उसमें स्वाद नहीं हो सकता। क्योंकि स्वाद तो भूख में है, भोजन में नहीं है। इसलिए राजमहल में चाहे स्वादिष्ट से स्वादिष्ट भोजन हों, स्वाद नहीं होता। स्वाद तो भिखारी लेता है। उसके पास रूखी रोटी हो, रूखी रोटी से कोई संबंध ही नहीं है; कितनी गहरी भूख है, उतना ही गहरा स्वाद होता है।

कितनी गहरी मुमुक्षा है, उतने ही गहरे सत्य की उपलब्धि होती है।

इस सूफी फकीर के पास सत्य तो अभी था, इसी क्षण दे सकता था, लेकिन लेने वाला मौजूद नहीं था। और लेने वाले की परीक्षा करनी जरूरी थी। समय बीतना चाहिए। समय के साथ ही जिज्ञासा पकती है और मुमुक्षा बनती है। और बीच में ही अगर आदमी बदल जाए तो फकीर व्यर्थ श्रम से बच गया। समय गुजारना जरूरी था।

फकीर ने कहा: 'तू जा और खोज। ऐसे लोग हैं, जिन्होंने परम सुख को पा लिया है। और तुझे कुछ ज्यादा नहीं करना है, उनका अंगरखा पहन लेना है।'

यह भी थोड़े समझ लेने जैसी बात है कि क्या जिस व्यक्ति ने परम सुख को पा लिया है, उसका अंगरखा पहनने से तुम सुखी हो जाओगे?

अंगरखा पहनना सूफियों का प्रतीकात्मक ढंग है। अंगरखा पहनने का मतलब है, जब कोई व्यक्ति किसी सुखी व्यक्ति को पा जाता है, तो गुरु को पा जाता है, तो गुरु को ओढ़ ले। गुरु छा जाए सब तरफ से--अंगरखा पहनने का अर्थ है। रत्ती भी गुरु से खाली न रहे। रोआं भी गुरु से अनढंका न रहे। गुरु तुम्हारा आकाश हो जाए, अंगरखा हो जाए; वह तुम्हें घेर ले। तुम कहीं से खुले न रह जाओ। कहीं से अनढंके न रह

जाओ, कहीं से नग्न न रह जाओ। सब तरफ से गुरु तुम्हें घेर ले। तुम्हारे मन में जरा सी भी जगह न रह जाए, जो गुरु से खाली हो।

सदगुरु को ओढ़ने का अर्थ है, अंगरखा ओढ़ लेना।

तो जब तुम्हें कोई सुखी आदमी मिल जाए, देर मत करना, उसे ओढ़ लेना। क्योंकि उसे ओढ़ते ही तुम बदलना शुरू हो जाओगे।

लेकिन ओढ़ने में बड़ी कठिनाई है। तुम्हें मिटना पड़ेगा। अंगरखा बड़ा महंगा है। सस्ता होता तो बाज़ार से खरीद लेते। अंगरखा बड़ा महंगा है, क्योंकि गुरु को ओढ़ने से ज्यादा कठिन इस पृथ्वी पर और कोई बात नहीं। मरना भी आसान है। कम से कम तुम तो रहते हो! गुरु को ओढ़ने का अर्थ है: तुम बिलकल बुझ गए; तुमने अपनी लकीर मिटा दी। अब गुरु है, तुम नहीं हो। तुम छाया की तरह हो।

किसी की छाया की तरह होकर जीना शिष्यत्व है।

लेकिन किसी की छाया की तरह होकर जीना अति दुर्लभ, अति कठिन है। क्योंकि अहंकार इनकार करेगा। अहंकार मना करेगा। अहंकार पच्चीस तरकीबें और तर्क खोजेगा। अहंकार पहले तो यह कहेगा कि यह आदमी कहता है कि सुख को पा लिया, लेकिन पाया कि नहीं? क्या भरोसा, झूठ बोलता हो! क्या भरोसा, सिर्फ अंगरखा बेचने का रास्ता खोज रहा हो! क्या भरोसा, धोखा!

तो पहले तो मन खोजेगा कि कोई तरकीब मिल जाए जिससे सिद्ध हो जाए कि यह आदमी परम सुखी नहीं है। तो झंझट मिटी; तो तुम अंगरखा ओढ़ने से बचे।

तो शिष्य पहले तो यह कोशिश करता है कि गुरु गुरु नहीं है। यह बचने का सुगम उपाय है। जैसे ही मन को साफ हो जाता है कि गुरु गुरु नहीं है, तुम छूट गए। तुम्हारा अहंकार जी सकता है। इसलिए जिस गुरु के पास तुम्हारे अहंकार को तृप्त करने की व्यवस्था हो, थोड़े सचेत होना; क्योंकि तर्क तुम्हें ही पता नहीं है, दूसरी तरफ भी ज्ञात है। और आचरण को सुनियोजित कर लेना बड़ी सरल बात है। जो गुरु तुम्हारे तर्क के बाहर पड़ता हो, शायद वहां कोई क्रांति की संभावना है।

गुरजिएफ के पास लोग आते तो गुरजिएफ बड़ा ही अभद्र आचरण करता था। कभी-कभी विक्षिप्त आचरण करता था। पुराने शिष्य बड़े परेशान हो जाते थे कि जब भी नये लोग आते हैं तो तुम ऐसा व्यवहार करके उनको दूर क्यों हटा देते हो? गुरजिएफ कहता, मैं अपना समय नष्ट नहीं करना चाहता। जो मेरे किसी गलत व्यवहार के कारण दूर हट जाता है, वह आज नहीं कल मेरे व्यवहार में गलती खोज कर हटेगा ही। उससे

मैं जल्दी छुटकारा चाहता हूं। जिसका धीरज इतना नहीं है कि थोड़ा रुके, जो इतनी जल्दी निर्णय लेता है...

गुरु के संबंध में जल्दी तो निर्णय नहीं लिया जा सकता है। यह कोई सोना नहीं है कि कसौटी पर तुमने कसा और परख लिया। और जितना गहरा गुरु होगा, उतनी ही कठिनाई होगी। उतनी ही जांच-परख मुश्किल होगी। क्योंकि जांच-परख तो उसकी हो सकती है, जो सतह पर जीता हो। जितना गहरा जीवन होगा, तुम्हारी कसौटी के पत्थर वहां नहीं पहुंच पाएंगे। तुम्हारा हृदय वहां पहुंच सकता है। जिस दिन तुम अपने हृदय को ही कसौटी का पत्थर बनाओगे उस दिन तुम पहचान लोगे।

लेकिन कुछ लोग रुक जाते थे। कुछ लोग गुरजिएफ के इस व्यवहार को देख कर भी रुक जाते थे; प्रतीक्षा करते। जो प्रतीक्षा करने को राजी होता, गुरजिएफ का व्यवहार उससे बदल जाता। धीरे-धीरे गुरजिएफ का जो अपना व्यवहार था, वह प्रकट होता।

यह बड़े मजे की बात है। जो गुरु तुम्हें धोखा देना चाहता है, उसका व्यवहार तुम पहले बहुत भला पाओगे। जैसे-जैसे तुम करीब जाओगे, वैसे-वैसे व्यवहार वास्तविक होगा; उतनी ही तुम मुश्किल में पड़ोगे। जितना छोटा आदमी होगा, दूर से देखोगे, बड़ा मालूम होगा; पास आओगे, छोटा होता जाएगा। जितने निकट आओगे, उतना ही छोटा हो जाएगा। जितना बड़ा आदमी होगा, जितने दूर से तुम देखोगे उतना छोटा मालूम होगा। इसलिए मैं कहता हूं, यह बात गणित के बाहर है। जैसे-जैसे तुम करीब आओगे, आदमी बड़ा होता जाएगा। तुम जिस दिन हृदय के बिलकुल करीब पहुंचोगे, तुम्हारा गुरु परमात्मा हो जाएगा, उससे छोटा नहीं। और अगर ऐसा होता हो तो ही जानना कि तुम ठीक दिशा में जा रहे हो। कि तुम जितने गुरु के निकट आते हो, उतना वह बड़ा होने लगे, विराट होने लगे। तुम्हारे पास आने से छोटा हो तो साधारण आदमी है। पास आने से तो सभी छोटे हो जाते हैं; इसलिए राजनीतिज्ञ, जिसको कि बड़ा दिखने की आकांक्षा है, वह किसी को पास नहीं आने देता, वह दूर रखता है। तुम जितने दूर रहो, उतना ही वह बड़ा मालूम पड़ता है। तुम बड़े से बड़े राजनीतिज्ञ के पास चले जाओ, तुम पाओगे वहां छोटा आदमी खड़ा है।

रिचर्ड निक्सन की जो निजी वार्ताएं प्रकाशित हो रही हैं, वे घबड़ाने वाली हैं। क्योंकि वह भी उन शब्दों का प्रयोग करता है, जो अत्यंत तुच्छ लोग प्रयोग करें। क्षुद्र गालियों का उपयोग करता है अपनी निजी वार्ताओं में। दूसरों को छोटा करने, मिटाने

की सब आयोजनाएं करता है। जो बड़ी क्षुद्र हैं, जो कि अमरीका के राष्ट्रपति से जिनकी आशा नहीं की जा सकती।

लेकिन तुम यह मत सोचना कि यह निक्सन की गड़बड़ है। यह सभी राष्ट्रपतियों के साथ यही है। बस इतना है कि निक्सन फंस गया है और चीजें जाहिर हो गई हैं। तुम्हारे सभी राजनीतिज्ञों की अंतर्वार्ताएं पकड़ ली जाएं, वे सभी इसी उलझन में पाए जाएंगे। ये छोटे लोग हैं। तो फासला रखना पड़ता है। एक चेहरा है राजनीतिज्ञ का, जो बाजार में दिखाई पड़ता है। एक चेहरा उसका निजी है, जो उसके अंतरंग लोग जानते हैं; जो निकट हैं वे जानते हैं।

सदगुरु के पास तुम जाओगे तो पहले तो तुम उसे पहचान न सकोगे; वह बेबूझ मालूम पड़ेगा। जल्दी मत करना। तुम रुकोगे, करीब आओगे, करीब आने का तुम्हें मौका मिलेगा तो ही उसकी सही प्रतिमा प्रकट होगी। बहुत करीब रह कर जब तुम अर्जित कर लोगे योग्यता, तभी उसका यथार्थ स्वरूप तुम्हारे सामने आएगा। और यह सस्ता सौदा नहीं है; इसलिए सदगुरु जल्दी में नहीं है।

अंगरखा ओढ़ने का अर्थ है: जिस दिन गुरु इतना महत्वपूर्ण हो जाएगा कि तुम अपने को भी खोकर गुरु जैसा होने की आकांक्षा करोगे, उस दिन तुमने अंगरखा ओढ़ लिया।

सूफी फकीर जब अपने शिष्य को उत्तराधिकारी चुनते हैं तो अपना अंगरखा देते हैं। वह प्रतीक है। जिस दिन अंगरखा दिया गुरु ने, उसी दिन शिष्य मिट गया। अब गुरु ही रहेगा। शिष्य जब बिलकुल मिट जाता है, तभी अंगरखा दिया जाता है।

तो फकीर ने ठीक कहा है कि जिस दिन तुम्हें कोई परम सुखी व्यक्ति मिल जाए, उसका अंगरखा ले लेना। लेकिन यह फकीर बड़ी उलझन में डाल रहा है इस युवक को। उलझन यह है, कि एक तो खोजना परम सुखी व्यक्ति को।

यह युवक निश्चित ही राजमहलों में गया होगा पहले, क्योंकि हम सभी को खयाल है, वहां सुखी लोग हैं। निश्चित ही इसने धनपतियों के दरवाजे पर दस्तक दी होगी, राजनेताओं से मिला होगा, अभिनेताओं का पीछा किया होगा। कहानी यह कुछ कहती नहीं, लेकिन यह जरूर किया होगा, क्योंकि तुम सुखी आदमी को कहां खोजोगे? सुखी आदमी को तुम महल में ही खोजोगे, झोपड़े में खोजने तो नहीं जाओगे।

इसने धनपतियों से कहा होगा कि तुम्हारा अंगरखा दे दो, तुम बहुत सुखी हो। उन धनपतियों ने निश्चित कहा होगा कि अंगरखा एक नहीं, चार ले जाओ; लेकिन

ये अंगरखे काम न करेंगे, क्योंकि हम खुद ही सुखी नहीं हैं। हम खुद दुख में हैं। हम खुद खोज रहे हैं। अगर तुम किसी दिन खोज लो, हमें भी खबर करना। हम थक गए हैं और हम दुख के लिए राजी हो गए हैं। तुम अभी जवान हो, अभी तुम्हारी खोज जारी है। अगर किसी दिन तुम्हें पता चल जाए कोई आदमी, जिसका अंगरखा पहनने से सुख मिलता हो, तो हम उस अंगरखे को सब-कुछ देकर खरीद लेंगे। सम्राटों के महल में जाकर इसने पूछा होगा, उन्होंने कहा होगा, अंगरखा क्या, हम पूरा साम्राज्य देने को राजी हैं, लेकिन यह काम न करेगा, क्योंकि हम खुद ही दुखी हैं।

युवक बहुत भटका होगा। अनेक वर्षों के बाद पूछते...पूछते...पूछते...लेकिन उसने पूछना जारी रखा; वह रुका नहीं। उसकी खोज बंद न हुई। उसकी जिज्ञासा मुमुक्षा बनती गई। उसकी खोज और भी तड़प-भरी हो गई। उसकी खोज में और त्वरा आ गई, तेजी आ गई। जैसे-जैसे उम्र ढलने लगी, जैसे-जैसे समय बीतने लगा, वैसे-वैसे उसकी खोज और भी तीव्र होती गई, क्योंकि समय कम है और किसी भी क्षण उम्र खो सकती है। और सुख अभी तक पाया नहीं गया।

आश्चर्य की बात है कि इतने लोग जमीन पर बिना सुख पाए कैसे जी लेते हैं! फिर भी उनके जीवन में खोज पैदा नहीं होती। यह चमत्कार है। किसलिए जी रहे हो? और अगर जीवन रोज हाथ से निकलता जा रहा है--जो कि निकलता जा रहा है; रोज जीवन कम होता जा रहा है, प्रतिपल तुम्हारी मौत करीब आ रही है। तो तुम कब की प्रतीक्षा कर रहे हो? कब तुम्हारी खोज शुरू होगी? तुम्हें कुछ भी नहीं मिला है, लेकिन तुम समय को खोए जा रहे हो।

पर इस युवक की खोज बढ़ती गई और जब इसने महलों में तलाश की और वहां न पाया; धनपतियों से पूछा और अंगरखा न मिल सका। अंगरखे तो वहां बहुत थे। जहां अंगरखे बहुत होते हैं, वहां आदमी तो होते ही नहीं। बहुत महल हैं, जहां वस्त्र ही वस्त्र इकट्ठे हो गए हैं और आत्मा बिलकुल खो गई है। आदमी वस्तुओं को इकट्ठा करने में पड़ता ही इसलिए है कि सोचता है, शायद वस्तुओं के ज्यादा हो जाने से सुख मिल जाए। जैसे सुख कुछ वस्तुओं के संग्रह में, परिग्रह में हो! जैसे एक वस्तु मेरे पास है तो थोड़ा सुख, दो तो ज्यादा, तीन... अनंत और वस्तुएं मेरे पास हैं तो अनंत सुख होगा।

यह गणित बड़ा अजीब है, लेकिन हम सब इसी गणित में जीते हैं। और हम इस गणित में कभी झांकते भी नहीं कि यह कितना झूठा है! तुम्हारे पास अगर एक कार है और सुख नहीं मिला तो चार कार होने से कैसे सुख मिल जाएगा? थोड़ा-बहुत मिलता

तो चार कार होने से चौगुना हो जाता। लेकिन मन बड़ा अदभुत है और तुम उसका धोखा माने चले जाते हो। जब तुम्हारे पास एक भी कार नहीं थी, तब वह कहता था, एक कार हो जाए तो सुखी हो जाऊंगा। अब वह कहता है, दो कार हो जाएं, चार कार हो जाएं तो सुखी हो जाऊंगा। जब तुम्हारी तिजोरी में कुछ भी न था, तब वह कहता था, तिजोरी भर जाए तो सुखी हो जाना। अब वह कहता है इतनी छोटी तिजोरी में कहीं सुख हो सकता है! बड़ी तिजोरी चाहिए।

तुम इस गणित को कभी फैला कर भी नहीं देखते कि यह कब रुकेगा गणित? तुम्हारा जीवन समाप्त हो जाएगा, यह गणित रुकेगा नहीं। यह तो क्षितिज की भांति रोज दूर होती जाती है बात। यह तो इंद्रधनुष की भांति है कि तुम पास पहुंचते हो तो खो जाता है, फिर दूर दिखाई पड़ने लगता है। फिर यात्रा शुरू हो जाती है। वासना कभी भी पूरी नहीं होती, सदा दुष्पूर है।

उसने सब महल खटखटा कर देख लिया होगा। तब इसकी आंख खुली और इसने सोचा कि आधा जीवन तो मैंने व्यर्थ ही गंवाया। मैं गलत जगह पूछ रहा था, गलत लोगों से पूछ रहा था।

तब इसने फकीरों के पास फिर से जाना शुरू कर दिया होगा। और तब एक संध्या, जब सूरज ढल गया होगा और थोड़ा अंधेरा उतर आया है, इसे एक आदमी नदी के किनारे बैठा हुआ मिला चट्टान पर। वह एक बांसुरी बजा रहा था... जो इस कहानी में नहीं है। लेकिन मुझे पक्का पता है, वह बांसुरी बजा रहा था। और उसकी बांसुरी में ऐसी धुन थी कि इस आदमी को लगा, हो न हो, इस आदमी को सुख मिल गया है। सुख की एक धुन, एक बांसुरी है, जो बिना बजाए भी बजती रहती है।

जब तुम सुखी आदमी के पास पहुंचोगे तो पूछने की जरूरत न पड़ेगी, क्या तुम सुखी हो? यह तो हम पूछते ही उससे है, जो दुखी है। यह प्रश्न ही संदेह से भरा है। जब तुम सुखी आदमी के पास पहुंचते हो तो तुम्हें उसकी सुगंध मिल जाती है। तुम्हारे नासापुट उसकी सुगंध से भर जाते हैं। तुम्हारा रोआं-रोआं उसके नृत्य को अनुभव करने लगता है। उसकी ध्वनि, उसके होने की ध्वनि ओंकार है। उसके होने की ध्वनि तुम्हें भर देती है, आपूरित कर देती है। अचानक तुम पाते हो कि तुम किसी के पास हो, जो कि एक 'मैगनेट' की तरह है। तुम खिंचे जा रहे हो। सुख खींचता है। और जब कोई महासुखी व्यक्ति पास होता है तो तुम एक पतंगे की तरह हो जाते हो, जो उसके दीये का चक्कर लगाने लगती है।

सुनी इस संध्या उसने बांसुरी की आवाज! सोचा, निश्चित ही वह आदमी अब मिल गया है, जिससे सुख का राज पता चल जाएगा। क्योंकि इतना मधुर संगीत जब तक हृदय सुख से न भरा हो, कैसे पैदा होगा? यह बांसुरी कोई साधारण बांसुरी न थी। वह बैठ गया इस आदमी के चरणों में। बांसुरी रुके तो पूछ ले। यह आदमी ठीक है; अंगरखा मिलने का समय आ गया।

बांसुरी बंद हुई, सन्नाटा टूटा, उस युवक ने पूछा कि मैं सोचता हूं कि तुम्हें सुख मिल गया है, तुमने सुख का राज जान लिया है। मना मत करना, क्योंकि मैं बिलकुल पहचान गया हूं। ये सुर उठ ही नहीं सकते, यह मैंने सारी दुनिया खोज कर देख लिया है। ये सुर अनूठे हैं और अज्ञात के हैं। यह बांसुरी कहीं से बज रही है, जो स्रोत बहुत गहरे में है। तुम मुझे धोखा मत देना, मैं बड़ा भटक रहा हूं।

उस आदमी ने कहा कि निश्चित महासुख मुझे मिल गया है। उस युवक ने पैर पकड़ लिए और कहा होगा, दे दो अंगरखा तुम्हारा। तुम्हारा अंगरखा मैं पहन लूं।

वह आदमी हंसने लगा। उस आदमी ने कहा कि सुख तो मुझे मिल गया है, लेकिन अंगरखा तुम मुझसे मत मांगो क्योंकि देखो, मैं नंगा बैठा हूं।

अंधेरा घना हो गया था और वह अपने चेहरे को छिपाए था एक अंगोछे में। ये सभी प्रतीक बड़े अर्थपूर्ण हैं। जिसको भी महासुख मिल जाता है, उसका चेहरा छिप जाता है।

चेहरा तो हमारे दुख को छिपाने की तरकीब है। चेहरा हमारा अंगोछा है, जिससे हम दुख को छिपा रहे हैं। तुम्हारे भीतर कितना ही दुख हो, लेकिन सुबह तुम जल्दी ही दाढ़ी-मूंछ बना कर, रंग-रोगन करके, इत्र-फुलैल लगा कर बाहर निकल पड़ते हो। तुम्हारे चेहरे से ऐसा लगता है, बड़े सुखी हो। सुगंध तुमसे नहीं आती, इत्र से आती है। चेहरे पर जो चमक मालूम होती है, वह तुम्हारी नहीं है। वह सुबह-सुबह दाढ़ी बना लेने की वजह से मालूम पड़ रही है। वह जो आंखों में ताजगी दिखाई पड़ती है, वह भी कृत्रिम है, वह भी झूठी है। वह भी अभ्यास से अर्जित है।

हम चेहरों में जीते हैं। चेहरे हमारे अंगोछे हैं, जिनमें हम अपने दुख को छिपाते हैं।

लेकिन जिस व्यक्ति को महासुख मिल गया हो, उसका चेहरा खो जाता है। वह फेसलेस हो जाता है। इस चेहरे की उसे जरूरत ही नहीं रहती। यह चेहरा तो एक धोखा था, जो हमने दूसरों के लिए ओढ़ रखा था। यह चेहरा हमारा था नहीं। यह ओरिजिनल फेस नहीं है, यह तुम्हारा मूल चेहरा नहीं है।

झेन फकीर अपने साधकों को कहते हैं कि जब तक तुम्हें अपना मूल चेहरा न दिखाई पड़ जाए, तब तक खोज जारी रखना।

'मूल चेहरा क्या है?' एक शिष्य ने अपने गुरु को पूछा।

उसने कहा: जब तुम पैदा नहीं हुए थे, तब तुम्हारा जो चेहरा था, वही तुम्हारा मूल चेहरा है। या जब तुम मर जाओगे, और लोग तुम्हारे शरीर को जलाकर राख कर देंगे, फिर भी तुम्हारा जो चेहरा बचेगा, वही मूल चेहरा है। बीच में सब झूठ है। बीच में बहुत-बहुत तरह के चेहरे हैं, लेकिन वे मुखौटे हैं; वे ओढ़े हुए हैं। और एक चेहरा भी नहीं है तुम्हारे पास, अनेक चेहरे हैं, क्योंकि जरूरत बहुत तरह की है। और जरूरत बदलती है तो चेहरा बदलना पड़ता है।

तुर्गनेव की एक छोटी सी कहानी है। दो पुलिस के आदमी एक रास्ते से गुजर रहे हैं। एक होटल के सामने, एक आवारा आदमी ने एक आवारा कुत्ते की टांग पकड़ रखी है। और वह उसे पछाड़ कर मार डालने को है, क्योंकि कुत्ते ने उसे काट लिया है। वहां भीड़ लग गई है, लोग मजा ले रहे हैं। लोग कह रहे हैं, मार ही डालो। यह कुत्ता और लोगों को भी सता चुका है। एक पुलिसवाले ने कहा कि ठीक ही हुआ कि कुत्ता पकड़ा गया। यह पुलिसवालों को भी परेशान करता है। आवारा है। मार ही डालो।

लेकिन तभी दूसरे पुलिसवाले ने उसके कान में कहा कि ठहरो! यह हमारे अधिकारी का, बड़े ऑफिसर का कुत्ता मालूम होता है। वह पुलिसवाला चिल्ला रहा था कि मार ही डालो, पछाड़ ही डालो... जैसे ही उसने सुना कि हमारे ऑफिसर का कुत्ता मालूम पड़ता है, झपट कर उसने उस आवारा आदमी की गर्दन पकड़ ली और कहा कि तू यह क्या कर रहा है? यह कुत्ते को मार रहा है? कुत्ते को उठा कर उसने गले से लगा लिया--ऑफिसर का कुत्ता है। चेहरा बदल गया!

क्षण भर पहले वह कह रहा था, मार ही डालिए, पुलिसवालों को भी सताता है; लेकिन ऑफिसर का कुत्ता है तो बात बदल गई। अब कुत्ते को मारना नहीं है। उस आदमी को पकड़ कर जेल ले जाना है। जैसे ही उसने कुत्ते को अपने कंधे पर लिया, चूमा, पुचकारा, उसके बगल वाले आदमी ने कहा कि नहीं, भूल हो गई। यह कुत्ता मालिक का नहीं है। तत्क्षण कुत्ता जमीन पर पटक दिया गया और उस आवारा आदमी को छोड़ कर उसने कहा कि खत्म करो इस कुत्ते को, यह आवारा है। और यह और लोगों को भी काट चुका है और एक सार्वजनिक उपद्रव है।

भीड़ भी चकित है, क्योंकि चेहरे इतने जल्दी बदलें तो मुश्किल हो जाती है। वह आवारा आदमी भी तय नहीं कर पा रहा है, लेकिन जब पुलिसवाला कह रहा है तो उसने फिर उसकी टांग पकड़ ली और वह पछाड़ने को तैयार ही है, तभी बगल वाले आदमी ने फिर कहा कि नहीं क्षमा करें, कुत्ता तो मालिक का ही मालूम पड़ता है। फिर बात बदल गई। और ऐसी कहानी चलती जाती है। वह कई दफे बदलती है। आवारा आदमी पकड़ लिया जाता है, पुनः कुत्ते को कंधे पर रख लिया जाता है, वह पुलिसथाने की तरफ चल पड़ता है। तब रास्ते में फिर एक आदमी कहता है, अरे! यह आवारा कुत्ते को कंधे पर रखे हो? लगता है तुम भी उसी भूल में पड़े हो, जिसमें मैं एक दिन पड़ गया था कि बड़े पुलिस ऑफिसर का कुत्ता है। यह उनका कुत्ता नहीं है; फिर हालत बदल जाती है।

तुम्हारा चेहरा, कोई असली चेहरा तो नहीं है, जो न बदले। वह तो जरूरत, सुविधा, आवश्यकता से बनता है, मिटता है। यह चेहरा तुम्हारी आत्मा तो नहीं हो सकती। यह तुम्हारा अंगोछा है, जिसमें तुम अपने को छिपाए हो।

लेकिन जब कोई परम सुख को उपलब्ध हो जाता है, जब स्वर्ग किसी के हृदय में उतर आता है, तब उसके चेहरे खो जाते हैं। जिनको हम चेहरे जानते हैं, वे खो जाते हैं। एक अर्थ में वह 'फेसलेस' हो जाता है, चेहरे से शून्य; और एक अर्थ में उसका मूल चेहरा प्रकट हो जाता है। शून्य ही तो मूल चेहरा है। वहां कोई नाक-नक्शा नहीं है, वहां कोई रूप-आकृति नहीं है, वहां निराकार है। वही तो चेहरा है। इसलिए गुरु अंगोछे में छिपाए बैठा है।

फकीर ने अंगोछा अलग कर दिया अपने चेहरे से और कहा कि देख, परम सुख तो मुझे मिल गया है। जितना तुझे लेना हो ले ले; लेकिन अंगरखा मेरे पास नहीं; वह बात मत उठा। मैं नंगा बैठा हूं।

बड़ी मुसीबत हो गई! जिनके पास अंगरखे थे, उनके पास सुख न था; और जिसके पास सुख पाया, उसके पास अंगरखा नहीं है!

गुरु का अंगरखा कोई दिखाई पड़ने वाला अंगरखा हो भी नहीं सकता। गुरु का अंगरखा पदार्थ से निर्मित हो भी नहीं सकता। उस फकीर ने गौर से देखा होगा इस युवक को कि अब क्या करता है! क्योंकि गुरु का अंगरखा ओढ़ने का अर्थ है, गुरु को ही ओढ़ना है, उसका वस्त्र नहीं। गुरु ही अंगरखा है। इसलिए और कोई अंगरखे की जरूरत भी नहीं है।

और इस युवक को बड़ी दुविधा खड़ी हो गई, क्योंकि यह वही आदमी है, जिससे बीस या तीस साल पहले जब वह युवक था--अब तो बूढ़ा हो गया--पूछा था सुख का राज और यह वही आदमी है। युवक ने कहा होगा कि महानुभाव! पहले ही क्यों न कह दिए? मैं आया था। इतनी भटकाने की क्या जरूरत थी?

लेकिन जिंदगी कुछ ऐसी है कि जब तक तुम बहुत द्वारों पर न भटक लो तब तक तुम अपने द्वार पर नहीं आ सकते। और जब तक तुम हर पड़ोसी के दरवाजे को न खटखटा लो, तब तक तुम पहचान भी नहीं सकते कि अपना दरवाजा कौन है?

यात्रियों का अनुभव है कि जब तक तुम दूसरे देशों में न घूम लो तब तक तुम्हें अपने देश की पहचान ही नहीं होती। और जहां तक मैं जानता हूं, यात्री सुख की तलाश में जाते हैं, दुनिया का चक्कर लगाते हैं, लौट कर घर में सुख पाते हैं। बड़ा विश्राम मालूम होता है। थक गए होते हैं। लेकिन उस थकान से गुजरना जरूरी है। नहीं तो घर में तो वे पहले भी मौजूद थे। इस सुख के लिए कहीं जाने की जरूरत न थी। लेकिन घर की पहचान ही खो जाती है। हम उसमें इतने मौजूद हैं, सदा वहीं रहे हैं कि थोड़ी भटकन जरूरी है, ताकि पहचान लौटे। थोड़ा दूर जाना जरूरी है, ताकि अपना घर दिखाई पड़ सके।

यह तीस साल की भटकन आवश्यक थी। इस भटके बिना पहुंचना नहीं हो सकता था।

मेरे पास निरंतर लोग आते हैं। उनमें से जो लोग और गुरुओं के पास भटक चुके हैं, वे ज्यादा काम के साबित होते हैं। उनको गहराई में ले जाना आसान पड़ता है। जो सीधे ही मेरे पास आते हैं, जरा मुश्किल होती है, जरा कठिनाई होती है। लेकिन बहुत-बहुत जन्मों की कथा है। बहुत गुरुओं के पास करीब-करीब सभी भटक चुके हैं। कोई इस जन्म का ही हिसाब नहीं है। तीस साल का ही मामला नहीं है, तीसों जन्मों का मामला है।

लेकिन फिर भी कभी-कभी ऐसा व्यक्ति आ जाता है, जो किसी जन्म में गुरुओं के पास नहीं गया है। उसके साथ तो बिलकुल असंभव है काम करना। और शुरू-शुरू में जैसे खुदाई कोई करे कुएं की, तो कंकड़-पत्थर हाथ आते हैं; फिर गीली जमीन हाथ आती है; फिर पानी हाथ आता है। ऐसी ही खुदाई गुरु को आपके भीतर करनी पड़ती है। पहले तो कंकड़-पत्थर ही हाथ आते हैं। आपकी आत्मा तक पहुंचने के लिए तो काफी प्रतीक्षा और श्रम की जरूरत है। जो बहुत दरवाजों पर भटक चुका है, उसकी

पहचान भी साफ हो जाती है। वह यह भी देख लेता है कि कहां, किसकी कुंजी से द्वार खुलेगा। बहुत कुंजियों पर जो भटक चुका है, उसकी सही कुंजी की आंख, सही दृष्टि भी पैदा हो जाती है। जिसे बहुतों ने धोखा दिया है, बहुतों से जिसने धोखा खाया है, वह ठीक को पहचानने में कुशल हो जाता है। इसलिए मैं कहता हूं गलत गुरु भी जरूरी है, क्योंकि उसी से गुजर कर आदमी ठीक गुरु तक पहुंचता है।

इस जगत में गैर-जरूरी कुछ भी हो नहीं सकता। वह जो धोखा दे रहा है, वह भी जरूरी है। वह जो दुकान चला रहा है, वह भी जरूरी है। वह तुम्हारे लिए आवश्यक है, क्योंकि तुम वहां से धोखा खाकर गुजरो, वह अनुभव तुम्हें प्रौढ़ करेगा। इस जगत में कुछ भी गैर-जरूरी नहीं है। जो तुम्हें रास्ते से भटका देता है वह भी जरूरी है, क्योंकि उस भटकाव में ही तुम्हें पहली दफा पता चलेगा कि रास्ता क्या है! जो तुम्हारे समय को व्यर्थ करता है, तुम्हारे जीवन को व्यर्थ करता है, वह भी जरूरी है, क्योंकि उसके पास ही तुम्हें त्वरा मिलेगी और खोज में गति आएगी कि अब जीवन जा रहा है, अब बहुत भटक चुका। और तुम्हारी आंखें तभी पहचान सकती हैं, तभी सत्य को पहचान सकती हैं, जब बहुत से भ्रमों को भी उन्होंने पहचाना हो।

सत्य को जानने के पहले असत्य को जानना जरूरी है।

इसलिए कृष्णमूर्ति निरंतर कहते हैं कि जो ठीक से पहचान लेता है क्या गलत है, उसको सही की पहचान आ जाती है। जो जान लेता है क्या भ्रांत है, उसको सत्य के दर्शन शुरू हो जाते हैं। पर भ्रांत से गुजरना होगा, तभी तुम पहचान भी सकोगे।

उस युवक ने कहा होगा कि यह क्या मजाक! और यह मजाक बड़ा गहरा है और खतरनाक भी। क्योंकि यह हो सकता था, मैं भटक ही जाता। और यह भी हो सकता था कि तुम न बचते। और अगर तुम्हारे पास ही गुर था, राज था तो उसी दिन क्यों न दे दिया?

नहीं, उस दिन नहीं दिया जा सकता था। पूछ लेना काफी नहीं है पाने के लिए। देने वाले को यह भी देखना पड़ता है कि पात्र तैयार है या नहीं? अमृत डालने से कुछ भी न होगा, अगर पात्र जहर से भरा हो। अमृत भी जहरीला हो जाएगा। और अगर जहर में अमृत डाल दिया तो जहर अमर हो जाएगा बस, इतना ही होगा। वह फिर जहर मरेगा नहीं कभी। तुम्हें लाभ न मिलेगा, लाभ जहर को मिलेगा।

इसलिए बहुत से चिकित्सक हैं दुनिया में, जो कहते हैं कि बीमारी में भोजन देना बंद कर देना, क्योंकि वह भोजन तुमको नहीं मिलता, बीमारी को मिलता है। तुम्हारी

पूरी देह रोग से भरी है, उस समय तुम जो भोजन लेते हो, वह भोजन तुम्हारी जो शक्ति बनाता है, वह तुम्हारे रोग को मिलती है, तुम्हें नहीं। इसलिए बहुत सी चिकित्सा-पद्धतियां भोजन बंद कर देंगी चिकित्सा के समय; ताकि बीमारी को कोई शक्ति न मिले।

यह युवक आया था तब बीमार था और जहर से भरा था। आंखें इसकी अंधी थीं। इसके हाथ तब तैयार न थे। अगर हीरा इसे दिया जाता तो यह बोझ समझ कर उसे कहीं छोड़ आता। जहर डाल लेना आसान था, अमृत डालना इसमें कठिन था। क्योंकि हम समान को ही ग्रहण कर पाते हैं। असमान को हम त्यक्त कर देते हैं, छूट जाता है। यह बीमार था और बीमारी ले सकता था, लेकिन स्वास्थ्य लेना मुश्किल था। प्रतीक्षा जरूरी थी।

गुरु जब तुम्हें अपने द्वार से वापस भेजता है, तो कोई बहुत प्रसन्नता से वापस भेजता है, ऐसा नहीं है। क्योंकि खतरा तो है, जोखम तो है--तुम लौट पाओगे, नहीं लौट पाओगे! लौटोगे तो गुरु मौजूद होगा या नहीं होगा--खतरा तो है ही। लेकिन यह खतरा उठाना पड़े। उठाना पड़े इसलिए कि तुम तैयार ही इस ढंग से हो सकते हो।

भूल किए बिना कोई भी ठीक होने की अवस्था में नहीं आता। इस दुनिया में भूल करना बुरा नहीं है, एक ही भूल को बार-बार करना बुरा है। इस दुनिया में भटकना बुरा नहीं है, क्योंकि भटके बिना कोई सन्मार्ग पर कैसे आएगा? लेकिन भटकन को आदत बना लेना बुरा है। इस दुनिया में केवल वे ही लोग चूक जाते हैं पाने से, जो भूल करने के डर से उठते ही नहीं और बैठे रहते हैं, कि चले तो कहीं कोई गलती न हो जाए!

मैंने सुना है कि एक किसान, अपने झोपड़े के सामने बैठा हुआ हुक्का पी रहा है। एक यात्री गांव से गुजर रहा था। रात हो गई, वह रास्ता भटक गया है और उस किसान के घर में रुकना चाहता है। किसान ने कहा, मजे से रुको। बात आगे चलाने को, मैत्री स्थापित करने को उस यात्री ने पूछा, कि इस साल कपास कैसी आई? उस किसान ने कहा कि बोई ही नहीं, क्योंकि मौसम कपास के लायक नहीं मालूम पड़ता। बात टूट गई। यात्री ने पूछा तो फिर गेहूं बोया? उसने कहा कि नहीं, क्योंकि हर साल कीड़े गेहूं खा जाते हैं। यात्री जरा मुश्किल में पड़ा, उसने कहा, कुछ... कुछ भी बोया कि नहीं? तो उसने कहा कि मैं सदा जब तक चीज बिलकुल सुरक्षित न हो, कुछ करता ही नहीं। कुछ भी नहीं बोया।--आइ प्लेयॅड सेफ।

माना कि कीड़े भी लगते हैं फसल को, माना कि कभी वर्षा ज्यादा हो जाती है; कभी कम होती है, फसल नष्ट भी हो जाती है, लेकिन इसी डर से जो बैठा ही रहे, उसकी फसल तो कभी आ ही न पाएगी।

और आप सभी 'प्लेइंग-सेफ' की हालत में हैं; झंझट से बचने की। भूल-चूक न हो जाए। बच-बच कर चलते हैं। बस बच-बच कर चलना ही एक परम भूल है। वैसा आदमी कभी पहुंचता ही नहीं; क्योंकि चलने से गिर सकता है, भटक सकता है इसलिए बैठा ही रहता है। भयाक्रांत सत्य तक नहीं पहुंच सकता। भ्रांत पहुंच सकता है। भटका हुआ मार्ग पर आ सकता है, न चला हुआ कैसे आएगा?

यह तीस साल की भटकन जरूरी थी। गुरु ने इसे भेजा कि भटक!

झेन फकीर, सूफी फकीर एक अनूठा प्रयोग करते रहे हैं; और वह यह है कि वे अक्सर शिष्यों को दूसरे गुरुओं के पास भी भेजते हैं। और अक्सर ऐसा होता है कि अपने से विरोधी गुरु के पास भी भेजते हैं; जो कि बड़ी अनूठी बात है। एक गुरु के पास आप काम करेंगे, वर्षों की मेहनत के बाद वह कहेगा कि रुको, अब तुम ऐसा करो कि फलां गुरु के पास चले जाओ, जो कि मेरा दुश्मन है।

यह भरोसे योग्य नहीं है कि गुरु अपने दुश्मन के पास भेजेगा। गुरु का कोई दुश्मन तो होता नहीं। शायद वे एक बड़ा खेल खेल रहे हैं। शायद वे एक-दूसरे के विपरीत कह कर एक हवा पैदा कर रहे हैं, द्वंद्व की; जिसे कि लोग आसानी से समझ लेते हैं और पक्षों में बंट जाते हैं। और पक्षों में बंट कर इस गुरु, या उस गुरु के जाल में पड़ जाते हैं। और जब तक कोई जाल में न पड़ जाए, उस पर काम नहीं किया जा सकता।

बायजीद को जब उसके गुरु ने कहा कि अब तू मेरे विपरीत गुरु के पास चला जा। उसने कहा कि आप यह क्या कहते हैं? यह तो मैं कभी सोच भी नहीं सकता; वह दुश्मन है। बायजीद ने कहा कि जितना काम मैं कर सकता था तेरे एक हिस्से पर, वह मैं कर चुका। अब उसका विपरीत हिस्सा तेरे भीतर है। तो उसके लिए मेरा दुश्मन चाहिए, उस पर मैं काम नहीं कर सकता। यह जो बाहर जिस गुरु के पास भेज रहा हूं, मेरे विपरीत है। तेरे भीतर जो मैंने काम किया है, उसके विपरीत जो हिस्सा है, उस पर यही काम कर सकता है, और वह छिपा पड़ा है।

या तो गुरु में दोनों द्वंद्व हों तो वह तुम पर पूरा काम कर सकता है। लेकिन तब वह गुरु असंगत मालूम पड़ेगा--कभी कहेगा अ, कभी कहेगा ब, कभी कहेगा रात, कभी कहेगा दिन; मुश्किल में डालेगा। लेकिन वह एक गुरु काम कर सकता है, अगर वह

द्वंद्वात्मक हो, डाइलेक्टिकल हो; अगर वह दोनों छोरों से काम कर सके। नहीं तो एक ही उपाय है कि एक छोर पर वह काम करे, दूसरे पर उसका विरोधी काम करे।

तीस वर्षों तक यह युवक भटकता रहा और आया उस जगह जहां से शुरुआत हुई थी।

इसके और भी गहरे अर्थ हैं, वह समझ लेने चाहिए। असल में आना वहीं है, जहां से शुरुआत होती है; कहीं और जाने को नहीं है। जहां से जीवन की पहली किरण यात्रा पर निकलती है, वहीं लौट आने का नाम धर्म है।

तुम जहां से शुरू किए थे, अगर तुम वहीं लौट आओ--जिसको जीसस कहते हैं, पुनः बच्चे की भांति हो जाओ, फिर से गर्भस्थ हो जाओ, फिर निर्दोष हो जाओ--वर्तुल पूरा हो गया। यात्रा का प्रथम बिंदु अंतिम मंजिल बन गया। बस तुम पहुंच गए। कहीं और नहीं जाना है। वहीं आ जाना है, जहां से शुरू किया था। और जहां से तुमने शुरू किया था उसके अतिरिक्त और कोई मंजिल हो भी नहीं सकती। वही तुम्हारा घर है।

इस कहानी के अर्थ में समझ लेना जरूरी है कि जहां से तुम्हारी जिज्ञासा शुरू होती है, वहीं लौट आना है। तुम्हारे भीतर भी जहां से प्रश्न उठा था, वहीं लौट आना है।

अनेक झेन कथाएं हैं कि किसी झेन गुरु को किसी व्यक्ति ने बीच सभा में टोक कर पूछा--गुरु बोल रहा था--बीच सभा में किसी ने टोका और पूछा कि 'निरंतर सुनता हूं: आत्मा...आत्मा...आत्मा...परमात्मा...भीतर जाओ... मेरी कुछ समझ में नहीं आता। यह कहां है भीतर?'

उस गुरु ने अपना डंडा उठाया, उसने भीड़ से कहा: 'रास्ता दो। यह आदमी शब्द से नहीं मानेगा।' तो वह आदमी थोड़ा घबड़ाया भी, संकुचित भी हुआ, और गुरु नीचे उतरा।

और झेन फकीर मजबूत फकीर होते हैं, क्योंकि झेन फकीर आठ-आठ घंटे श्रम करता है बगीचे में, खेत में। क्योंकि झेन फकीर कहते हैं: 'ना काम, ना रोटी।' बिना काम किए एक रोटी भी नहीं मिल सकती। तो वे आठ-आठ घंटे मेहनत करते हैं, गड्ढे खोदते हैं, लकड़ी काटते हैं। मजबूत लोग होते हैं।

डंडा लेकर जब वह मजबूत आदमी चलने लगा और बीच में लोगों ने जगह दे दी, तो वह आदमी थोड़ा सकुचाया भी और उसने कहा कि जाने भी दीजिए, मैंने सिर्फ एक प्रश्न ही पूछा था।

उसने कहा कि जब पूछ ही लिया, तब उत्तर देना जरूरी है। आंख बंद कर और जहां से प्रश्न आया, भीतर उस जगह को खोज। और नहीं खोज पाया तो यह डंडा है।

उस आदमी ने आंखें बंद की होंगी। पहले तो थोड़ा डरा होगा कि पता नहीं, कब आदमी डंडा मार दे! लेकिन आप कुछ ऐसे हैं कि भय को ही मानते हैं।

कभी-कभी भय में आप शांत हो जाते हैं। वह शांति असली तो नहीं है, बहुत गहरी तो नहीं है, लेकिन भय में आप शांत हो जाते हैं। बहुत भय पकड़ ले तो विचार बंद हो जाते हैं। अगर कोई छाती पर छुरा रख दे तो विचार बंद हो जाते हैं; क्योंकि विचार करने की सुविधा नहीं मालूम पड़ती इतने खतरे के सामने। खतरे में विचार टूट जाते हैं। विचार भी एक तरह की सुविधा है। इसलिए जितने आप सुविधा-संपन्न होते हैं, उतने ज्यादा विचार करते हैं--बैठे हैं आराम से; कुछ और काम नहीं है, सारी जीवन-ऊर्जा विचार बन जाती है। लेकिन जहां जीवन खतरे में हो...

और वह आदमी खड़ा था डंडा लिए। आंख बंद की होंगी उस व्यक्ति ने, डंडा दिखाई पड़ता रहा होगा, विचार बंद हो गए। उसने भीतर झांका और कोई उपाय नहीं था। नहीं तो यह आदमी मारेगा। उसने भीतर झांका होगा, कहां से यह प्रश्न आया कि मैं कौन हूं? उतरा होगा प्रश्न की सीढ़ी के सहारे, भीतर...भीतर...भीतर; जहां से प्रश्न का पहला अंकुर फूटा है। क्योंकि प्रश्न कोई आकाश से नहीं आया, तुमसे आया है। जैसे बीज से अंकुर आता है, ऐसा प्रश्न तुमसे आया--कहां से आया, उस मूल-स्रोत को उसने खोजा होगा। उसका चेहरा शांत हो गया होगा, भय तिरोहित हो गया, क्योंकि उस मूल-स्रोत को पाते ही कोई भय नहीं; वहां अमृत है। वहां कैसा भय? खतरा खो गया। यह गुरु भूल गया, इसका डंडा भूल गया, वह आदमी शांत ही खड़ा रहा। घड़ी बीती, दो घड़ी बीती, लोग बेचैन हो गए, लेकिन वह आदमी ध्यान की प्रतिमा बन गया।

गुरु ने उसे हिलाया और कहा कि बस, दे दिया उत्तर? जान लिया कौन है तू? और कहते हैं, कई बार ऐसा हुआ कि ऐसे ही क्षण में निर्वाण उपलब्ध हुआ; ऐसे ही क्षण में ज्ञान हो गया।

वहीं लौट जाना है, जहां से यात्रा शुरू होती है। जिज्ञासा का पहला क्षण मुक्ति का अंतिम क्षण बनेगा। ठीक ही किया इस गुरु ने। तीस साल भटकाया, वर्तुल पूरा किया। और अंत में जब शिष्य आया तो पाया, वही जगह, वही गुरु, वही स्थान, जहां से जिज्ञासा शुरू हुई थी।

कहानी आगे कुछ और नहीं कहती। आगे की बात कहने जैसी नहीं है, इसलिए कहानी अनकही छोड़ दी गई है। आगे की बात यही है कि उसने देख लिया, अंगरखा तो नहीं है। और इसी आदमी ने कहा था कि अंगरखा मांग लेना उससे, जो कहे कि मैं परम सुखी हूं; जिसमें तुम पाओ कि परम सुख घटा है। और अंगरखा नहीं है; और इसी आदमी ने कहा था। बात साफ हो गई होगी। इसी आदमी को ओढ़ लेना। इसी के चरण पड़ जाना।

और परम सुख तभी उपलब्ध होता है, जब परिग्रह का भाव इतना भी नहीं रह जाता। परिग्रह का भाव इस बात की खबर देता है; यह मेरा है, ऐसा भाव--'मेरा अंगरखा'! इतना भी काफी है नरक पैदा करने के लिए; कोई बहुत बड़ा साम्राज्य नहीं चाहिए। इतना काफी है: 'मेरा'! 'मेरा'--काफी साम्राज्य हो जाता है--'मेरा अंगरखा।'

कथा है पुरानी भारतीयों की, कि जनक के पास एक संन्यासी आया। और उसके गुरु ने उसे भेजा। गुरु उससे थक गया और उसकी जिज्ञासा शांत न हो, मुक्ति भी उपलब्ध न हो, ध्यान भी न आए। तो गुरु ने कहा: तू अब ऐसा कर, हम तेरे काम के नहीं। तू जनक के पास चला जा, वह परम ज्ञानी है।

शिष्य को भरोसा न आया, क्योंकि यह नग्न गुरु था, परम संन्यासी था। जब इससे भी पूरा न हुआ काम, तो अब जनक क्या करेगा? एक राजा ही है आखिर! थोड़ा-बहुत जानता भी होगा, तो भी परिग्रह से तो कोई मुक्त हुआ नहीं है। और जो अभी राजमहल में है, साम्राज्य जिसके हाथ में है, राज्य का कारोबार चलाता है, वह मुझे क्या देगा? फिर भी उसने कहा, जब गुरु ने कहा, बेमन से आकांक्षा पूरी करनी पड़ेगी।

गुरु की आज्ञा मान कर वह गया--गया नहीं, आज्ञा थी, कर्तव्यवश पहुंचा! सांझ जब उसने दस्तक दी, दरवाजे खुले तो देखा कि वहां राग-रंग चलता था। जनक सिंहासन पर था, स्त्रियां अर्धनग्न नाचती थीं, दरबारी शराब पीए हुए पड़े थे। उसने कहा कि मैं पहले ही जानता था कि यह होने वाला है। अब कहां फंस गया आकर! और गुरु की आज्ञा मान कर गलती की।

बहुत बार शिष्य को लगता है कि गुरु की आज्ञा मान कर गलती की। क्योंकि गुरु पूरी कथा को देख पाता है; शिष्य तो अंशों को देखता है, जिनके अंत का उसे कुछ भी पता नहीं। लौटना चाहा, लेकिन जनक ने कहा, इतनी जल्दी क्या है? जब आ ही गए तो रात विश्राम करो और जल्दी मत करो। जब गुरु ने भेजा है तो मतलब से ही भेजा

होगा। संन्यासी ने कहा: रुक जाता हूं, लेकिन जो पूछने आया था, पूछूंगा नहीं। जनक ने कहा, पूछने की कोई जरूरत भी नहीं है।

गुरु से वस्तुतः पूछने की कोई जरूरत भी नहीं है। गुरु जानता है, क्या पूछने तुम आए हो। आज नहीं कल, कल नहीं परसों वह जवाब दे देगा। तुम्हारा प्रश्न तुम्हारे आते से ही पता चल जाता है। तुम अपने प्रश्न को अपने चेहरे पर ही लिए हुए हो। वह तुम्हारी आंखों में खुदा है, उसे कुछ कहने की जरूरत तो नहीं। वह तुम्हारी धड़कन-धड़कन से बोल रहा है। तुम्हारा प्रश्न तुम हो। तुम्हारी समस्या तुम हो।

तुम जब आते हो, तो तुम्हारी समस्या तुम्हारे साथ आती है। उस समस्या की तरंगें तुम्हारे साथ आती हैं। उस समस्या की दुर्गंध तुम्हारे साथ आती है। जैसी समाधि की सुगंध है, वैसी समस्या की दुर्गंध है। जैसे निष्प्रश्न हो गए चित्त की शांति है, वैसे प्रश्न से भरे चित्त की अशांति है। उसकी ध्वनि बज रही है। बेसुरी ध्वनि उसकी बज रही है।

पूछने की कोई खास जरूरत भी नहीं! जनक ने कहा: 'अब तुम आ ही गए हो तब हम समझ ही गए, किसलिए आए हो। अब रात रुक जाओ, जल्दी मत करो। गुरु ने कहा है तो ठीक ही कहा होगा।'

संन्यासी को जंची तो बात बिलकुल नहीं। इस महल में रुकना क्षण भर भी पाप मालूम पड़ा। जहां शराब बह रही हो, जहां नग्न स्त्रियां नाच रही हों, और यह आदमी जनक, जहां बीच में बैठा हो अड्डा जमाए, इससे क्या आशा?

अहंकार सदा इसी तरह सोचता है। जनक के आसपास क्या था, वह तो उसे दिखाई पड़ा; जनक दिखाई नहीं पड़े। और गुरु ने भेजा था जनक के पास। गुरु ने नहीं भेजा था कि जनक के आसपास क्या है, वहां तू जाना। न तो इन स्त्रियों से प्रश्न पूछना था, न शराब की बोतलों से पूछना था, न ये लुड़के पड़े दरबारियों से पूछना था। इनके पास तो भेजा भी नहीं था, भेजा जनक के पास था। काश! यह संन्यासी सिर्फ जनक को देखता, तो बात हल हो जाती। इसने सब देखा, जनक को छोड़ दिया।

रात संन्यासी सोया। सुबह उठा, विदा मांगी। जनक ने कहा कि रात के सोए हो, बासा हो गया शरीर। चलो नदी पर स्नान कर लें, फिर तुम विदा कर जाओ। ध्यान तो तुम्हें दे नहीं सकता, कम से कम स्नान तो दे ही सकता हूं। क्योंकि ध्यान तो तुम लेने को राजी नहीं मुझसे। और स्नान इतना कुछ बुरा नहीं है। पीछे ही बहती है नदी।

दोनों स्नान करने गए। संन्यासी ने अपनी लंगोटी रखी तट पर, सम्राट ने अपने बहुमूल्य वस्त्र रखे। दोनों उतरे पानी में। और जब वे पानी में खड़े थे, तभी संन्यासी

एकदम चिल्लाया कि जनक, भागो! तुम्हारे महल में आग लगी है। महल धू-धू करके जल रहा है। जनक ने कहा: स्नान तो पूरा करें। और जो हो रहा है, उसे रोका नहीं जा सकता। और महल आज नहीं कल जल ही जाते हैं, चिंता की बात क्या? लेकिन संन्यासी वहां सुनने को नहीं था। वह भाग गया था। अपनी लंगोटी जो वह किनारे छोड़ आया था... क्योंकि थोड़ी न बहुत देर में महल की आग किनारे तक आ सकती है। वह अपनी लंगोटी उठाकर वापस लौट आया।

जनक ने कहा, देखते हो? सवाल परिग्रह का नहीं है। एक लंगोटी भी साम्राज्य की तरह बांध ले सकती है। अभी तुम्हारी लंगोटी में आग नहीं लगी थी, अभी आग बड़ी दूर है। और लंगोटी ही है, जल जाएगी तो क्या मिटा जा रहा है? लेकिन ममत्व...!

अंगरखा नहीं है गुरु के पास, नग्न बैठा है गुरु, इसका कुल मतलब इतना ही है कि ममत्व नहीं है। कुछ भी मेरा नहीं है। जब कुछ भी मेरा नहीं तब परम नग्नता प्रकट होती है। जरूरी नहीं है कि कपड़े उतार दो; क्योंकि कपड़े उतारने से नग्नता का कोई भी संबंध नहीं है। नंगापन तो आ जाएगा कपड़े उतारने से, नग्नता नहीं।

नग्नता तो बड़ी निर्दोष दशा है। वह तो ऐसे है जैसे छोटा बच्चा जब पैदा होता है, उसे पता ही नहीं होता कि मेरा कुछ है। उसे अपना ही पता नहीं होता कि मैं कुछ हूं। 'मैं'--'मेरा', धीरे-धीरे पैदा होता है।

यह गुरु जब परम आनंद को उपलब्ध हो गया, जिसकी बांसुरी बज रही थी स्वर्ग की--इसके पास कुछ भी नहीं है; इसका मतलब केवल इतना ही है कि इसका कोई ममत्व नहीं है...'मेरा'!

ध्यान रखना, अंगरखा हो या न हो; यह बड़ा सवाल नहीं है, 'मेरा' अंगरखा नहीं है। क्योंकि बहुत गुरु हैं, जो अंगरखे में मिलेंगे। और अगर तुमने कहीं पक्का नियम बना लिया कि गुरु को तो हम तभी स्वीकार करेंगे, जब वह नंगा मिले, तो बहुत गुरु नंगे खड़े हो जाएंगे। क्योंकि तुम नंगेपन को समझ सकते हो। और तब अंगरखा बाधा बन जाएगा। नग्न गुरु हुए हैं, अंगरखे वाले गुरु हुए हैं, पर वे सभी नग्न हैं, क्योंकि ममत्व उनका कोई भी नहीं है। साम्राज्य हो तो भी जनक नग्न हैं। क्या तुम्हारे पास है, यह सवाल नहीं है। जब तक तुम सोचते हो 'मेरा' है, तब तक तुम संसारी हो। जिस दिन तुम नहीं सोचते कि मेरा है, परमात्मा का है, उसी दिन तुम संन्यस्त हुए।

संन्यास का अर्थ है: सब-कुछ परमात्मा का है, मेरा कुछ भी नहीं है।

संसारी का अर्थ है: मेरा सब-कुछ है, परमात्मा का कुछ भी नहीं है। और जो परमात्मा के हाथों में भी मालूम पड़ता है उसे भी आज नहीं कल छीन लेना है।

संसारी का जब तक सब न हो जाए, तब तक उसकी कोई तृप्ति नहीं और सब उसका कभी नहीं हो सकता। और संन्यासी का प्रत्येक क्षण तृप्ति का है; क्योंकि वह अतृप्ति की जो दौड़ थी ममत्व की, कि मेरा हो, वह गिर गई है।

और बड़े रहस्यों का रहस्य तो यह है कि जब एक छोटा सा आंगन छूट जाता है तो पूरा आकाश तुम्हारा आंगन हो जाता है। जब एक छोटा सा छप्पर छूट जाता है, तो परमात्मा की अनुकंपा, अनंत अनुकंपा तुम्हारा छप्पर हो जाती है। जैसे ही तुम क्षुद्र को छोड़ते हो कि विराट तुम्हारे हाथ में आ जाता है। वह रुका ही इसलिए है कि हाथ तुम्हारे क्षुद्र पर बंधे हैं; हाथ खुले चाहिए। तुम क्षुद्र को पकड़े हुए हो इतने कस कर कि तुम्हारे हाथ खुले नहीं हैं। और विराट तुम पर नहीं बरस सकता है। इस बात को खयाल में ले लें। क्षुद्र को पकड़ना पड़ता है। विराट को पाना हो, तो छोड़ना पड़ता है।

एक बड़ा अनूठा सूत्र उपनिषदों में और गीता में दिया है: तेन त्यक्तेन भुंजीथाः। जो छोड़ देते हैं, वे ही परम भोग को उपलब्ध होते हैं। इससे ज्यादा कंट्राडिक्टरी, इससे ज्यादा स्व-विरोधी कोई सिद्धांत जगत में नहीं है। त्याग करने वाले भोग को उपलब्ध होते हैं, फिर भोगियों का क्या होता है? भोगी सिर्फ त्याग में सड़ते हैं। भोगी को मिलता कुछ नहीं, बस खयाल रहता है कि मिल रहा है; मिलेगा... आशा! और हाथ में कुछ भी नहीं। और त्यागी सब छोड़ देता है और सब उसका हो जाता है। जिस क्षण सब छूट जाता है, उस दिन सब तुम्हारा हो जाता है।

यह गुरु नग्न बैठा था। सभी कुछ इसका था, पर अंगरखा भी मेरा नहीं था। इतना भी नहीं था जिसको वह कहे 'मेरा' जिसको वह दे सके। अगर शिष्य नासमझ रहा हो, जो कि नहीं हो सकता, क्योंकि तीस साल तक अगर तुम अपनी नासमझी में भी हठ किए जाओ तो समझदार हो जाओगे।

अरब में एक कहावत है कि मूर्ख अगर सतत मूर्खता किए चला जाए तो बुद्धिमान हो जाएगा। पत्थर पर भी निशान पड़ जाते हैं, मूढ़ता में भी दरार पड़ जाती है, अगर तुम उसका अभ्यास किए ही चले जाओ। और मूढ़ता को भी अनुभव होने लगता है, बोध जगने लगता है।

तीस साल जो खोजता ही रहा है, वह नासमझ रहा हो भला प्रारंभ में, अब नासमझ नहीं है। और उसने तत्क्षण उस अदृश्य अंगरखे को देख लिया होगा, जो गुरु

का है। और उसने तत्क्षण गुरु की उस महिमा को देख लिया होगा, जो उसका अंगरखा है। उसने गुरु के उस प्रकाश-मंडल को देख लिया होगा, जिसको ओढ़ना है। जहां परम सुख है, वहां वह प्रकाश-मंडल भी मौजूद है। बस, आंख देखने की चाहिए। और ओढ़ने का सवाल बड़ा नहीं है, झुकने का बड़ा सवाल है; क्योंकि जो झुकता है वह गुरु को ओढ़ लेता है। वह झुक गया होगा। वह मिट गया होगा। उसने अपने को खो दिया होगा। उसी क्षण महासुख उस पर भी बरसा होगा।

कहानी यह नहीं कहती। क्योंकि यह कुछ ऐसा है, जो कहा नहीं जा सकता। पर कहानी इशारे पूरे कर देती है। रास्ता पूरा बता देती है। मंजिल के संबंध में चुप है। मंजिल के संबंध में सदा ही चुप रहा जाएगा। कहां तुम पहुंचोगे, कहना कठिन है! कैसे तुम पहुंचोगे, इतना ही बताया जा सकता है। रास्ता ठीक रहा तो तुम जरूर पहुंच जाओगे। मंजिल को बताने का कोई भी उपाय नहीं; सिर्फ मार्ग...।

इसलिए परम ज्ञानियों ने कोई सिद्धांत नहीं दिए, विधियां दी हैं। यह नहीं कहा कि वह रहा तुम्हारा मुकाम, चल पड़ो। उन्होंने इतना ही कहा है, चल पड़ो, यह रहा मार्ग। और अगर तुम ठीक से चले और चलते ही रहे तो मंजिल आ जाती है। शायद मंजिल दूर भी नहीं है, तुम्हारे गलत चलने की वजह से दूर मालूम हो रही है। तुम्हारे भटकते चित्त के कारण दूर हो जाती है। अगर तुम्हारा चित्त ठहर जाए, तो शायद इसी क्षण तुम जहां हो वहीं मंजिल है।

यह युवक अगर पहले ही दिन गौर से देख लेता तो यह तीस साल की भटकन बच जाती। उस दिन भी बांसुरी बज रही थी, पर इसके पास सुनने वाले कान न थे। उस दिन भी यह गुरु नग्न था, लेकिन इसको गुरु को देखने की फुरसत कहां थी? यह अपने में उलझा था। उस दिन सब-कुछ मौजूद था, जो आज मौजूद था, लेकिन उस दिन इसकी क्षमता न थी उसे देखने की, जो मौजूद है।

मंजिल भविष्य में नहीं है, मंजिल तो वर्तमान में है। लेकिन तुम्हें प्रतीक्षा करनी पड़ेगी, क्योंकि तुम्हारा मन निखरे यह एक लंबी यात्रा है। मंजिल तो यहां है और इसी क्षण तुम्हारा चित्त शांत हो तो उसका प्रतिबिंब बन जाए। लेकिन तुम्हारे दर्पण पर बड़ी धूल है और उसकी सफाई करने में समय लगेगा।

सत्य को पाने में समय नहीं लगता, मन की सफाई करने में समय लगता है। समय तुम्हारी जरूरत है। सत्य अभी और यहीं है। ऐसा थोड़े ही है कि सत्य कल होगा! सत्य तुम नहीं थे तब भी था, अभी भी है, कल भी होगा। सत्य शाश्वत है। बस, तुम जिस

दिन तैयार होओगे, तुम जिस दिन आंख खोलोगे, उसी दिन प्रकट हो जाएगा। जहां भी तुम आंख खोलोगे, वहीं रास्ता खो जाएगा और मंजिल प्रकट हो जाएगी।

तुम्हारी बंद आंख के कारण रास्ता है। तुम्हारे भीतरी अंधेरे के कारण भटकाव है। तुम संसार हो। कितनी देर तुम लगाओगे, यह तुम पर निर्भर है। तुम चाहो तो इसी क्षण क्रांति घट सकती है। लेकिन शायद तुम उस क्रांति को इतने जल्दी चाहते भी नहीं। तुम्हारे कुछ मोह हैं, कुछ काम हैं, धाम हैं, वे पूरे कर लेने हैं। तुम इतनी जल्दी में भी नहीं हो।

शायद यह युवक भी इतनी जल्दी में नहीं था। अन्यथा क्या जरूरत थी जाने की कहीं और? जब यह आदमी कह रहा था कि जहां भी तुम परम सुख पाओ, या जो भी कहे कि मैं परम सुखी हूं, उसी का अंगरखा पहन लेना। तो पहले तो इसी के पैर पकड़ने थे कि जब तुम्हें यह सूत्र ही पता है, तब मैं पहले तुमसे ही पूछ लूं कि परम सुख मिला या नहीं; फिर कहीं और जाऊं। इसने दूसरा प्रश्न ही न पूछा, यह चल पड़ा! जो आदमी कुंजी दे रहा है कि यह है कुंजी खोलने की, पहले इससे तो पूछ लेना था कि कुंजी तुमने कहां से पाई; तुम्हें ताले का भी पता होगा। और जब तुम कुंजी दे रहे हो तो अब मैं कहीं और कहां जाऊं? अब जाना खत्म हुआ।

यह बुद्धपुरुष के पास पहुंच कर भी खोजने चला गया। यह धोखे में आ गया। इसे एक खिलौना पकड़ा दिया गुरु ने और यह चल पड़ा। इसने लौट कर भी न पूछा कि जहां से यह खबर आती है, जिसकी बात मान कर मैं लंबी यात्रा पर जा रहा हूं, इसमें तो झांक कर देख लूं! यह आदमी जो कह रहा है, यह परम सुख को खुद भी उपलब्ध हुआ या नहीं?

अगर यह होश थोड़ा भी होता इस युवक में, तो इसने पैर वहीं पकड़ लिए होते। इसने कहा होता, मंजिल सब खत्म, अब कहीं जाना नहीं! कहां है अंगरखा? दे दो अंगरखा! उसी दिन यह पाता कि गुरु नग्न है। गुरु उस दिन भी नग्न था।

नग्नता का अर्थ है: निर्दोष। नग्नता का अर्थ है: छोटे बच्चे की भांति। नग्नता का अर्थ है: जिसके पास अपना कुछ भी नहीं।

पैर पकड़ लेता; तो बांसुरी उस दिन भी सुनाई पड़ती। नहीं, लेकिन तीस साल की कठिन साधना जरूरी थी।

साधना है, तुम्हारे मन को काटने के लिए; साध्य को पाने के लिए नहीं। साध्य मिला ही हुआ है।

आज इतना ही।

५

जीवन एक वर्तुल है

ओशो, आज एक लोककथा जैसी दिखने वाली सूफी कहानी का अर्थ आप हमें समझाने की कृपा करें।

एक चोर चोरी के इरादे से खिड़की की राह एक महल में घुस रहा था। खिड़की की चौखट के टूटने से वह जमीन पर गिर पड़ा और उसकी टांग टूट गई। चोर ने इसके लिए महल के मालिक पर अदालत में मुकदमा कर दिया।

गृहपति ने कहा: 'इसके लिए तो चौखट बनाने वाले बढ़ई पर मुकदमा होना चाहिए।'

बढ़ई जब बुलाया गया, तब उसने कहा: 'राज ने खिड़की का द्वार ठीक से नहीं बनाया, इसलिए दोषी राज है।'

और राज ने अपनी सफाई में कहा कि मेरे दोष के लिए वह सुंदर स्त्री जिम्मेवार है, जो उसी वक्त उधर से निकली थी; जब मैं खिड़की पर काम करता था।

और उस स्त्री ने अपनी सफाई में कहा: 'उस समय मैं एक बहुत खूबसूरत दुपट्टा ओढ़े थी। साधारणत: तो मेरी ओर कोई ताकता नहीं है। यह इस दुपट्टे का कसूर है, जो कि चतुराई के साथ इंद्रधनुषी रंग में रंगा गया।'

इस पर न्यायपति ने कहा: 'अब अपराधी का पता चल गया। उस चोर की टांग टूटने के लिए यह रंगरेज जिम्मेवार है।'

लेकिन जब रंगरेज पकड़ा गया, तब वह उस स्त्री का पति निकला, और यह भी पता चला कि वही खुद चोर भी था!

कहानी प्रीतिकर है।

पहली बात: कि जीवन एक संयुक्त घटना है; सब जुड़ा है। ऊपर से देखने पर कहानी बेबूझ मालूम पड़ती है, मूढ़तापूर्ण मालूम पड़ती है। और न्यायाधीश पागल मालूम पड़ता है। लेकिन कहानी बड़ी कीमती है।

कहानी जिंदगी के संबंध में ज्यादा सच है, बजाय तुम्हारे शास्त्रों के; बजाय तुम्हारे सिद्धांतों के; क्योंकि जीवन का प्राथमिक सत्य यह है कि हम अलग-अलग नहीं हैं, इकट्ठे हैं। और अगर कहीं कोई चोरी कर रहा है, तो साधु भी जिम्मेवार है, जिसका चोरी से कोई संबंध नहीं दिखाई पड़ता। कहीं अगर युद्ध हो रहा है तो तुम--जिन्हें कि उसकी खबर भी नहीं है--तुम भी अपराधी हो। क्योंकि जीवन संयुक्त है।

यहां घटनाएं अलग-अलग कटी हुई, बंटी हुई नहीं हैं। हम सब जुड़े हैं और हम सब एक ही चेतना के भाग हैं। हम सब लहरें एक ही सागर की हैं। तो अगर पास में कोई लहर कंपती है, तो हमारा उसमें हाथ है।

बुद्ध ने कहा है, कि जब तक आखिरी पापी मुक्त न हो जाए, तब तक मैं मुक्त कैसे हो सकूंगा? यह सिर्फ करुणा की बात नहीं, सत्य है। अगर जीवन इकट्ठा है, तो यह कैसे संभव है, कि एक व्यक्ति मुक्त हो जाए! बुद्ध ने कहा है, 'रुकूंगा द्वार पर निर्वाण के, उस समय तक, जब तक अंतिम यात्री प्रवेश न कर जाए।'

लोगों ने समझा कि यह सिर्फ महा करुणा का वचन है। करुणा तो उसमें है ही, लेकिन कुछ और भी है। वह यह है कि आखरी पापी भी बुद्ध का ही हिस्सा है। तो जब मेरा एक हाथ पाप कर रहा हो, तो मेरी आत्मा स्वर्ग में कैसे प्रवेश कर सकेगी? जब मेरा बायां हाथ पाप करता हो तो मेरा दायां हाथ साधु कैसे हो सकेगा? पहली तो यह बात समझ लें।

और दूसरी बात यह समझें कि जीवन अगर गणित जैसा हो तो यह न्यायाधीश पागल है, और यह सूफी कथा विक्षिप्तता की है। लेकिन जीवन गणित जैसा नहीं है, साफ-सुथरा नहीं है, यहां हर चीज एक-दूसरे में घुल-मिल जाती है। यहां सीमाएं बंटी

हुई नहीं हैं; एक-दूसरे के साथ जुड़ी हैं। वस्तुतः सीमाएं नहीं हैं। चोर साधु में पिघल रहा है, साधु चोर में पिघल रहा है। प्रतिपल तुम कभी साधु होते हो, कभी चोर हो जाते हो।

जिंदगी तरल है, ठोस नहीं है।

इसलिए खंडों में बांटने का उपाय नहीं है। सुबह जब तुम प्रार्थना में बैठे थे तो तुम परम साधु थे। फिर तुम दुकान पर पहुंच जाते हो, साधुता खो जाती है; तुम चोर हो जाते हो। फिर मंदिर, फिर प्रार्थना; फिर ध्वनि उठती है मंत्रों की, घंटनाद होता है, तुम बदल जाते हो।

आदमी तरल है।

तर्क सही हो सकता है, अगर जिंदगी ठोस होती। जिंदगी ठोस नहीं है, तरल है; इसलिए तर्क सही नहीं हो सकता।

यह कहानी बड़ी अतर्क्य है, इल्लॉजिकल है। पर जीवन ही अतर्क्य है; उसे समझने का बुद्धि से कोई भी उपाय नहीं है। उसे समझने के लिए कोई और आंखें चाहिए, जो बुद्धि नहीं देती।

ऐसा हुआ, चीन में लाओत्सु को मानने वाला उसका एक भक्त, न्यायाधीश हो गया। पहला ही मुकदमा उसके हाथ में आया। एक आदमी ने चोरी की थी, बड़ी चोरी थी; चोर ने स्वीकार भी कर लिया। जिस धनपति के घर चोरी हुई थी, वह प्रसन्न था। तब न्यायाधीश ने अपना निर्णय दिया, और उसने कहा कि छह महीने की सजा चोर के लिए, और छह महीने की सजा साहुकार के लिए। जिस के घर चोरी हुई है, वह भी छह महीने के लिए जेल; और जिसने चोरी की है, वह भी छह महीने के लिए जेल। धनपति ने कहा कि तुम पागल तो नहीं हो गए हो? बुद्धि तो तुम्हारी ठीक है? मेरे घर चोरी हुई और मुझे जेल? उस न्यायाधीश ने कहा कि तुमने इतना धन इकट्ठा कर लिया, इसलिए चोरी हुई। और जब भी कोई इतना धन इकट्ठा कर लेगा, चोरी नहीं होगी तो क्या होगा? यह चोर नंबर दो का कसूरवार है। और दया है मेरी कि तुम्हें भी छह महीने की सजा देता हूं, अन्यथा तुम छह साल के योग्य थे।

और जब तक चोर ही दंडित किया जाएगा, तब तक चोरी बंद न होगी। क्योंकि चोर सिर्फ आधा कसूरवार है। उससे भी पहले किसी ने धन इकट्ठा कर लिया, तब तो चोरी हो सकती है!

उस न्यायाधीश ने कहाः 'पूरा गांव भूखा मर रहा है, सिर्फ तुम्हारे पास संपदा है, और इन्हीं सबसे तुमने संपदा छीनी है। वे भूखे मर रहे हैं, क्योंकि तुम्हारी तिजोरी भरी है। उनके पेट खाली हैं, क्योंकि तुमने तिजोरी भर ली है। कसूरवार कौन है?'

न्यायाधीश निकाल दिया गया पद से, क्योंकि सम्राट की समझ में यह बात न आई। और सम्राट को भी डर लगा होगा कि अगर आज धनपति जाता है जेल, तो कल यह न्यायाधीश मुझे जेल भेज सकता है। इसलिए अपराधियों की सांठ-गांठ है। बड़े अपराधियों की सांठ-गांठ है। सम्राट से किसी ने पूछा कि यह बात तो ठीक मालूम पड़ती थी; यह न्यायाधीश गलत तो नहीं था। सम्राट ने कहा: 'गलत और सही का सवाल नहीं है, अगर यह सही है तो मैं भी अपराधी हूं। यह नहीं हो सकता। इसलिए इस न्यायाधीश को गलत होना ही पड़ेगा।'

तो धनपतियों की एक सांठ-गांठ है। और उनकी सांठ-गांठ की वजह से चोरी पैदा होती है। और जब चोरी पैदा होती है तो चोरी अपराध है।

लाओत्सु ने कहा है: 'जब तक धनपति है, तब तक दुनिया से चोरी नहीं मिटाई जा सकती। और जब तक दुनिया में साधु हैं, तब तक असाधु भी रहेंगे।'

धनपति के साथ चोर का संबंध तो हम समझ भी लें; साधु के साथ असाधु का बिलकुल समझ में नहीं आता। तो हम कहेंगे ठीक है, यह बात भी समझ में आती है कि बहुत धन इकट्ठा तुम कर लोगे, तो कोई न कोई चोरी करेगा, लेकिन क्या यह बात सूक्ष्म अर्थों में साधु के साथ भी लागू नहीं है? कि जो बहुत गुण इकट्ठे कर लेगा, वह कहीं किन्हीं लोगों को दुर्गुण में छोड़ देगा। जो इतनी साधुता साध लेगा, उसकी साधुता के साधने के लिए किसी न किसी को असाधु हो जाना पड़ेगा, क्योंकि जीवन एक संतुलन है। वहां बेलेंस चाहिए, नहीं तो जीवन खो जाएगा।

तुम सोच भी तो नहीं सकते कि अगर राम अकेले हों और रावण न हों तो राम की कथा कैसे खड़ी रहेगी? तो राम की कथा में कौन नायक है--राम या रावण? जो भी कहे राम, वह गलत। जो भी कहे रावण, वह गलत। राम और रावण संयुक्त नायक हैं। क्योंकि दोनों एक साथ ही हो सकते हैं। रावण न हो तो राम नहीं हो सकते। राम न हो तो रावण नहीं हो सकते। राम-कथा गिर जाएगी, क्योंकि राम-कथा चलती है राम और रावण के संतुलन पर। पूरा खेल चलता है। जैसे नट चलता है रस्सी पर; तो कभी बाएं झुकता है, कभी दाएं झुकता है। जब लगता है उसे कि दाएं ज्यादा झुक गया है, तो संतुलन लाने के लिए बाएं झुकता है। जब लगता है अब गिर जाऊंगा बाएं, तो संतुलन लाने के लिए दाएं झुकता है।

समाज एक संतुलन है। वहां साधु-असाधु; गरीब-अमीर; बुद्धिमान-बुद्धिहीन एक-दूसरे को संतुलित कर रहे हैं।

गुरजिएफ का एक अनूठा खयाल था कि दुनिया में बुद्धिमत्ता की भी मात्रा है। और जब एक व्यक्ति बहुत बुद्धिमान हो जाता है, तो निश्चित बहुत लोगों को बुद्धिहीन छोड़ देता है। कसूरवार कौन है? इसमें थोड़ी सचाई मालूम पड़ती है, गुरजिएफ के सिद्धांत में। और इस सिद्धांत के आधार पर बहुत सी बातें साफ हो सकती हैं।

जैन कहते हैं, कि केवल एक कल्प में चौबीस तीर्थंकर हो सकते हैं; पच्चीस नहीं हो सकते। पर क्यों चौबीस? हिंदू कहते हैं, एक कल्प में केवल चौबीस अवतार हो सकते हैं, पच्चीस नहीं। पर क्यों चौबीस? बौद्ध कहते हैं, कि एक कल्प में बुद्ध चौबीस हो सकते हैं, ज्यादा नहीं! पर क्यों चौबीस? क्या राज है?

गुरजिएफ अगर सही हो तो राज साफ हो जाएगा। अगर एक खास मात्रा है तीर्थंकरत्व की तो सीमा निश्चित हो गई। उतने लोग ही तीर्थंकर हो सकते हैं। और मात्रा चुक जाएगी। अगर एक खास मात्रा है जल की, तो कुछ लोग ही तृप्त हो सकते हैं पानी से, बाकी प्यासे रह जाएंगे। और बात सच मालूम पड़ती है, क्योंकि बुद्धि भी भौतिक है; मस्तिष्क भी भौतिक है। इसलिए मात्रा तो होनी ही चाहिए। और एक खास मात्रा से ज्यादा तीर्थंकर नहीं हो सकते।

इसका तो यह अर्थ हुआ कि तीर्थंकर भी दोषी है। जो लोग तीर्थंकर नहीं हो पाते उनके लिए वह उतना ही दोषी है; जैसा कि धनी उनके लिए दोषी है, जो भिखमंगे रह जाते हैं।

तो ज्ञानी भी अज्ञानी के लिए भागीदार है। सूफी इस कहानी में यही कह रहे हैं।

बड़ी मजेदार कहानी है, इसलिए बड़ी मीठी है। एक चोर घुसा है एक घर में। इरछी-तिरछी थी खिड़की। चोट खा गया, सिर टूट गया, हाथ-पैर की हड्डी टूट गई। जाकर उसने अदालत में मुकदमा कर दिया।

पहले तो हमें लगेगा कि चोर अक्सर मुकदमा नहीं करते। लेकिन तुम गलती में हो। चोर सबसे पहले मुकदमा करता है। अदालतों में चोरों के अतिरिक्त और कोई मुकदमे करने जाता ही नहीं। और इसके पहले कि दूसरा चोर मुकदमा करे, होशियार चोर पहले ही मुकदमा कर देता है।

इस सत्य को थोड़ा समझने की कोशिश करो।

अगर अभी यहां किसी की जेब कट जाए, तो जो आदमी जेब काटेगा वह सबसे ज्यादा शोरगुल मचाएगा; कि जेब काटना बहुत बुरा है। किसने काटा? पकड़ो, मारो! यह जरूरी है, अगर वह बुद्धिमान है। और अगर वह बुद्धू है, तो वह छिपने की कोशिश

करेगा। छिपने में पकड़ा जाएगा। अगर थोड़ा भी कुशल है तो शोरगुल मचाएगा। शोरगुल से साफ हो जाएगा, किसी को यह खयाल भी नहीं आएगा कि यह आदमी और चोर हो सकता है?

बर्ट्रेंड रसल ने कहा है कि जब भी कोई शोरगुल मचाए चोरी के खिलाफ तो पहले उसे पकड़ लेना।

पापी बहुत ज्यादा पुण्य की बातें करते हैं। क्योंकि पुण्य की चर्चा, पाप को छिपाने के लिए धुआं बन जाती है। असाधु, साधुता के गुणगान गाते हैं। व्यभिचारी, ब्रह्मचर्य की पर्त खड़ी करते हैं चर्चा में; ताकि व्यभिचार छिप जाए। असल में जिसे भी छिपाना हो, उससे विपरीत की बातचीत करनी चाहिए। जिसे तुम चाहते हो प्रकट न हो जाए, उससे उलटा प्रदर्शन करना चाहिए।

चोर अदालत जाते हैं और छोटे चोरों को पकड़ा देते हैं। बड़े चोर बाहर रह जाते हैं। छोटे पापी ही पकड़े जाते हैं, क्योंकि कानून का जाल बड़े पापियों को नहीं पकड़ पाता; क्योंकि बड़े पापी तो कानून का जाल बनाते हैं। तो जाल की डोर उनके हाथ में है। फिर छोटे पापी फंस जाते हैं, क्योंकि जाल मजबूत और छोटे पापी कमजोर। बड़े पापी मजबूत हैं, जाल तोड़ कर बाहर हो जाते हैं।

तुम अगर नदी में मछलियों को पकड़ने के लिए जाल डालो, तो तुम उस मछली को न पकड़ पाओगे, जो तुम्हारे जाल से ज्यादा मजबूत हो। वह तोड़ कर बाहर निकल जाएगी। सिर्फ कमजोर मछलियां पकड़ में आएंगी, जो जाल को न तोड़ सकें। तो छोटे चोर अदालतों में फंस जाते हैं, कारागृहों में सड़ते हैं। बड़े चोर...! उनका इतिहास लिखा जाता है।

नेपोलियन क्या है? सिकंदर क्या है? तैमूरलंग क्या है? बाबर, औरंगजेब, अकबर, अशोक क्या हैं? कैसे ही उनके ढंग हों ऊपर से, महाचोर हैं। उनसे बड़े लुटेरे खोजने मुश्किल हैं। पर लूट इतनी बड़ी है कि लूट जैसी मालूम नहीं होती, सम्राट मालूम होते हैं। बड़े डाकू हैं। उनसे बड़े हत्यारे खोजने मुश्किल हैं। एच. जी. वेल्स ने लिखा है, 'अगर तुम एकाध हत्या करो तो मुश्किल में पड़ोगे। अगर तुम लाखों हत्याएं करो तो इतिहास तुम्हारे गुणगान करेगा।' इस जगत में सिर्फ छोटा फंसता है, बड़ा बच जाता है।

चोर अदालत पहुंच गया होगा। होशियार आदमी था। इसके पहले कि कोई सवाल उठाए कि तू चोरी करने क्यों गया, उसने सवाल उठा दिया कि यह आदमी शैतान है। इसने खिड़की ऐसी बनाई कि यह किसी की जान ही ले ले। यह आदमी हत्यारा है।

और भी एक बात समझने की है कि भला तुम चोरी करने गए हो, तब भी तुम दोषी दूसरे को ही मानते हो। वह भी मन का सीधा सा नियम है। चोर भी दोषी दूसरे को मानता है। दोष हम सदा ही दूसरे पर रखते हैं। यह खयाल ही नहीं आता कि मैं दोषी हो सकता हूं। दीये के तले हमेशा ही अंधेरा रहता है। सब तरफ रोशनी होती है, उसी में सब दिखाई पड़ता है। 'मैं' भर छिप जाता हूं।

इस चोर को भी यह खयाल न आया कि मैं चोरी करने गया था। सिर में लगी चोट, हाथ-पैर टूट गए, खयाल आया कि आदमी, मकान का बनाने वाला जो मालिक है, शरारती है। पहले से इसने खिड़की ऐसी बना कर रखी, कि किसी की जान ले ले। फिर उसने अपने को समझाया होगा कि अभी मैंने कोई चोरी तो की नहीं थी, सिर्फ घुस ही रहा था। अभी घटना कोई घटी तो थी नहीं। इसलिए दोषी होने का कोई अभी सवाल नहीं है। क्योंकि चोरी हो जाए तभी दोष है।

हम कृत्य में दोष मानते हैं, विचार में दोष नहीं मानते। अगर तुम किसी की हत्या कर दो तभी दोषी हो। तुम सिर्फ सोचते हो कि हत्या कर दें, तो तो कोई अदालत तुम्हें पकड़ नहीं सकती। इस आदमी ने भी चोरी तो की नहीं थी, खिड़की पर ही था अभी; सोचा ही था। सोचने से तो कोई चोर होता नहीं। यह हमारा मन हमें समझाता है। सोचने से कोई हत्यारा नहीं होता, व्यभिचारी नहीं होता। जो पाप दुनिया में आदमी, कोई भी आदमी कर सकता है, वह सब तुम करते हो, लेकिन मन में! खिड़की पर ही थे अभी, भीतर तो गए नहीं थे।

मैंने सुना है, एक महिला ने एक बहुत विशाल समृद्ध होटल के मैनेजर को जाकर कहा बड़े क्रोध में, कि मैं तो सोचती थी कि यह एक सम्मानित होटल है। लेकिन अभी-अभी मैंने देखा कि इस होटल का एक बैरा एक स्त्री के पीछे भाग रहा है। यह अशोभन है। मैनेजर ने कहा कि उसने स्त्री को पकड़ा तो नहीं? उसने कहा, नहीं। उस ने कहा, यह होटल अभी भी सम्मानित है। जब तक वह पकड़ ही न ले, तब तक इस होटल का सम्मान खोने का कोई कारण नहीं है। जो अभी हुआ ही नहीं है, उसके लिए क्या शिकायत कर रही हो?

इस चोर ने भी सोचा होगा कि कोई चोरी तो मैंने की नहीं। गया था, मन में खयाल था, घटना कोई घटी न थी। और यह आदमी शरारती है।

मजिस्ट्रेट जरूर बड़ी गहरी समझ का आदमी रहा होगा। क्योंकि या तो गहरी समझ के आदमी ऐसा काम कर सकते हैं, या पागल। उसने कहा, यह बात ठीक है। बुलाओ

उस आदमी को; वह जिम्मेवार है, अपराधी है। वह आदमी बुलाया गया। उसने कहा, क्षमा करें; मेरा इसमें कोई कसूर नहीं है। जिसने खिड़की बनाई है, उस बढ़ई का कसूर है। बढ़ई को बुलाया गया और बढ़ई ने कहा, कि मैं क्या कर सकता हूं? राज ने इरछी-तिरछी दीवाल उठाई थी। कसूर मेरा नहीं है। राज बुलाया गया। उसने कहा, मैं क्या कर सकता हूं? जब मैं दीवाल उठा रहा था, मन मेरा डावांडोल हो गया। एक खूबसूरत औरत वहां से निकल गई। मैं उसको देखने में लग गया। उतनी देर में सब भूल-चूक हो गई। कसूर उसी स्त्री का है। उस स्त्री ने कहा, मुझे तो कोई देखता भी नहीं। पर उस दिन मैंने एक दुपट्टा ओढ़ा था, उस दुपट्टे की ही सब भूल-चूक मालूम पड़ती है, बड़ा रंगीन था, सतरंगी था। और सभी की आंखों का आकर्षण का केंद्र बन गया था। रंगरेज का कसूर है।

एक बात समझने जैसी है कि हर आदमी कसूर दूसरे पर टालता चला जाता है। कोई भी न्यायाधीश यह नहीं कहता कि यह क्या पागलपन है? हर आदमी कसूर दूसरे पर टाल देता है। यही सुगम है, यही आसान है। और जिंदगी जुड़ी हुई है, कसूर टाला जा सकता है। क्योंकि कोई न कोई कारण तो रहा होगा। ठीक ही कह रहा है राज कि मैं क्या कर सकता हूं! एक खूबसूरत औरत निकल गई, उसमें मेरी आंखें उलझ गईं। मन डावांडोल हो गया, वासना से भर गया, भूल-चूक हो गई।

यह कहानी पागलपन की लगती है, लेकिन मनोवैज्ञानिक यही कहते हैं। अगर बच्चा पागल हो गया तो वे कहते हैं, मां को पकड़ो। उसने बचपन में दुर्व्यवहार किया होगा। मां कहती है, मैं क्या कर सकती हूं? मेरी मां को पकड़ो। क्योंकि मेरे साथ बचपन में दुर्व्यवहार हुआ होगा। किसको पकड़िएगा?

मनोवैज्ञानिक कहते हैं, शिक्षक को पकड़ो, शिक्षाशास्त्री को पकड़ो, मां-बाप को पकड़ो, समाज को पकड़ो--दोष किसी और का है। अगर आज पश्चिम में इतने जोर से युवकों में बगावत है, तो उस बगावत का नब्बे प्रतिशत कारण मनोविज्ञान की धारणाएं हैं। क्योंकि मनोविज्ञान कहता है, कोई न कोई कसूरवार है। कसूर तुममें तो पैदा हो ही नहीं सकता, क्योंकि बच्चा तो शुद्ध पैदा होता है। कोई न कोई उसके मन को विकृत करता है। जो विकृत करता है, वही कसूरवार है। लेकिन इसका तो यह अर्थ हुआ, कि सिवाय परमात्मा के और कोई कसूरवार नहीं हो सकता; क्योंकि पकड़ते जाओ, हटते जाओ पीछे।

तो बढ़ई कहता है, राज; राज कहता है, औरत; औरत कहती है, रंगरेज।

कहानी का अंत हो सका, क्योंकि संयोग से रंगरेज उसका पति था। और इतना ही संयोग नहीं था, वही आदमी चोर था; जो अदालत के सामने मुकदमा लाया था, वही चोरी करने घुसा था।

इसलिए एक अनूठा आयाम है कहानी में। अगर हम जगत में दोषी को पकड़ने जाएं, तो जब तक परमात्मा न मिल जाए, तब तक दोषी को पकड़ना असंभव है। किसको दोषी ठहराइएगा?

महावीर ने परमात्मा को इनकार किया सिर्फ इस कारण से, क्योंकि अगर परमात्मा है, तो तुम दोषी नहीं हो सकते। तुम कैसे दोषी हो सकते हो? जिसने तुम्हें बनाया है, उसने बनाया इस ढंग से तुम्हें कि तुमसे भूल हो रही है; कि तुम पाप कर रहे हो, कि तुम बेईमान हो, कि तुम चोर हो। अगर एक पेंटिंग में कुछ भूल-चूक है तो पेंटिंग को तो कोई कसूरवार नहीं कह सकता, चित्रकार को ही पकड़ा जाएगा। अगर एक मूर्ति बेहूदी है, तो मूर्तिकार पकड़ा जाएगा, मूर्ति को तो सजा देने का कोई अर्थ नहीं। अगर परमात्मा स्रष्टा है तो तुम मुक्त हो गए। दोष तुम्हारा नहीं है। यह तो पाप के लिए सीधा खुला रास्ता होगा।

तो महावीर ने बड़ी हिम्मत का काम किया और कहा कि परमात्मा नहीं है, बस तुम ही हो। इसलिए दोष को कहीं तुम टाल न सकोगे। तुम्हारा ही पाप है, तुम्हारा ही पुण्य है, तुम ही जिम्मेवार हो। स्वर्ग होगा तो तुम, नरक होगा तो तुम। जहां भी तुम हो, तुम्हारे अतिरिक्त और कोई आधार नहीं है। इसलिए महावीर का परमात्मा को इनकार करना बड़ा धार्मिक है; बड़ी गहरी बात है। हिंदुओं ने तो समझा, यह आदमी नास्तिक है, ईश्वर को इनकार करता है। लेकिन महावीर को अगर ठीक से समझोगे तो यही आदमी आस्तिक है। क्योंकि इसकी आस्तिकता तुम्हें जिम्मेवार ठहराती है; और तुम अगर जिम्मेवार हो तो बदलाहट हो सकती है। अगर परमात्मा जिम्मेवार है, तुम क्या करोगे?

इस कहानी में हरेक दूसरे पर कसूर टालता जाता है। यह कहानी अंतहीन चल सकती थी। वह तो कहानी को खत्म करना था, नहीं तो कहानी खत्म नहीं होती। आखिर में परमात्मा पकड़ा जाता है। लेकिन परमात्मा को पकड़ा भी नहीं जा सकता।

मनोविज्ञान ने एक उपद्रव का द्वार खोल दिया यह कहकर कि तुम जिम्मेवार नहीं हो, जिम्मेवार कोई और है। तो बस ठीक है, जब मैं जिम्मेवार नहीं हूं, तो मैं जो भी कर रहा हूं, ठीक है। और दूसरों के कारण मैं कर रहा हूं। तो मैं तो बदल नहीं सकता, जब तक दूसरे न बदल जाएं।

मार्क्स और फ्रायड--दोनों ने आज की सभ्यता को बुरी तरह से रोगग्रस्त किया है। क्योंकि मार्क्स कहता है कि परिस्थितियां जिम्मेवार हैं और फ्रायड कहता है, अन्य व्यक्ति जिम्मेवार हैं। दोनों एक बात से राजी हैं कि तुम जिम्मेवार नहीं हो। अगर कोई चोर है तो वह इसलिए कि वह गरीब है। अगर कोई व्यभिचारी है तो इसलिए कि बचपन से उसको जो शिक्षा दी गई है, जो दीक्षा दी गई है, उसने व्यभिचार पैदा किया है। दोनों तुम्हें मुक्त कर देते हैं: तुम्हारा दायित्व शून्य हो जाता है।

और जिस क्षण तुम्हारा दायित्व शून्य हो जाता है, उसी क्षण तुम्हारा पतन हो जाता है। फिर तुम्हें पतन से रोकने का कोई उपाय नहीं है। फिर कोई मार्ग नहीं है कि तुम्हें रोका जा सके गिरने से। फिर अतल खाई है, जिसमें तुम गिरोगे। तो पश्चिम जो गिर रहा है, हर व्यक्ति जो अपनी निम्नतम स्थिति में आ रहा है, और हर व्यक्ति यह कह रहा है कि मैं क्या कर सकता हूं! मेरे वश के बाहर है; अवश हूं।

यह बड़े मजे की बात है कि पश्चिम की नास्तिकता उसी जगह ले आई, जहां पूरब की तथाकथित आस्तिकता लाई थी। पश्चिम की नास्तिकता यह कह रही है कि तुम जिम्मेवार नहीं हो, परिस्थिति जिम्मेवार है। पूरब की तथाकथित आस्तिकता ने कहा परमात्मा, भाग्य, विधि जिम्मेवार है, तुम जिम्मेवार नहीं हो। दोनों ने तुम्हें मुक्त कर दिया। पश्चिम भी पतित हो रहा है, पूरब बुरी तरह पतित पहले हो चुका है।

हिंदुओं के पास पुराने से पुराने धर्मशास्त्र हैं, लेकिन ओछी से ओछी नीति है; तुच्छ से तुच्छ नीति है। श्रेष्ठ से श्रेष्ठ ऊंचाइयां हैं उपनिषदों की, लेकिन हिंदू का आचरण? क्षुद्र है। इसलिए कभी-कभी बड़ा चकित होकर देखना पड़ता है। त्याग की इतनी महिमा है, लेकिन जिस तरह हिंदू पैसे को पकड़ता है, इस पृथ्वी पर कोई नहीं पकड़ता। जिनको हम भौतिकवादी कहते हैं, वे भी पैसे को इस पागलपन से नहीं पकड़ते। जितना लोभी हिंदू है, उतनी पृथ्वी पर कोई भी जाति खोजनी कठिन है। और अलोभ की इतनी चर्चा है! इतनी ऊंचाई विचार की और आचरण की इतनी क्षुद्रता!--क्या होगा कारण?

पश्चिम से लोग खोज करने आते हैं सत्य को पूरब, और जब यहां के लोगों को देखते हैं तब बहुत हैरान होते हैं। इनसे ज्यादा क्षुद्र वृत्ति के लोग उन्हें कहीं भी मिलने मुश्किल हैं। आत्मा-परमात्मा की बातें हैं, लेकिन इनका व्यवहार अत्यंत जमीन से बंधा हुआ है, और रुग्ण है।

क्या होगा कारण? यह है कारण कि जब एक दफे यह बात साफ हो गई कि सबके लिए जिम्मेवार परमात्मा है, भाग्य है, विधि है, कुछ किया नहीं जा सकता, तो तुम जैसे हो, वैसे हो। अतल खाई खुल गई गिरने की।

जब भी कोई व्यक्ति अनुभव करता है, मैं जिम्मेवार हूं, तब उसकी चेतना सजग होती है। तब वह जागता है। तब वह श्रम करता है, चेष्टा करता है, सम्हालता है। क्योंकि तुम अपने को सम्हालोगे तो ही इस खाई में गिरने से बच सकते हो। तुमने अपने को नहीं सम्हाला तो कोई तुम्हें सम्हालने वाला नहीं है। सभी तुम्हें धक्के दे सकते हैं, लेकिन सम्हालने वाला तुम्हें कोई भी नहीं है। क्योंकि तुम्हारी ऊंचाई में किसकी उत्सुकता है? तुम्हारी शुद्धता में किसका रस है? और तुम जीवन के परम कगार बन जाओ, इसके लिए कौन मेहनत करेगा? सब अपने लिए मेहनत कर रहे हैं। जिस दिन व्यक्ति का दायित्व शून्य हो जाता है, बस उसी दिन उसके आधार समाप्त हो जाते हैं। उसके पैर के नीचे की जमीन जैसे किसी ने खींच ली।

अगर महावीर और बुद्ध ने पृथ्वी पर महानतम प्रयोग किया है और हजारों लोगों की चेतनाओं को निर्वाण तक पहुंचाया है, उस सबका आधार एक था कि उन्होंने कहा, कि कोई परमात्मा नहीं है, कोई भाग्य नहीं है--तुम हो। और इसलिए अगर तुम नरक में जी रहे हो तो तुम ही कारण हो। निराश होने की कोई जरूरत नहीं है, क्योंकि तुम ही नरक में भीतर गए हो, बाहर आ सकते हो। किसी ने तुम्हें भेजा नहीं है। यह तुम्हारा अपना निर्णय है। स्वेच्छा से तुम गए हो। जब तुम स्वेच्छा से गए हो, तो स्वेच्छा से बाहर आ सकोगे। इस पर किसी का दबाव नहीं है। न परिस्थिति तुम्हें दबा रही है, न भाग्य तुम्हें दबा रहा है, न परमात्मा तुम्हें धका रहा है, तुम अपनी ही गति से चल रहे रहो, तुम परम स्वतंत्र हो।

मनुष्य की स्वतंत्रता को पूर्ण करने के लिए महावीर को परमात्मा को इनकार कर देना पड़ा। क्योंकि अगर परमात्मा है तो तुम्हारी स्वतंत्रता परम नहीं हो सकती। तुम्हारी स्वेच्छा झूठी होगी।

तुम्हारी स्वेच्छा ऐसी होगी, जैसा मैंने सुना है कि एक स्कूल के कुछ बच्चों ने स्कूल में आग लगा दी। किसी शिक्षक से वे नाराज थे। शिक्षक कमरे के भीतर था, वह अधजला हो गया। अदालत में मुकदमा चला। लेकिन बच्चे छोटे थे, नाबालिग थे। मजिस्ट्रेट ने कहा कि जो-जो बच्चे स्वीकार कर लेंगे अपना कसूर, वे माफ कर दिए जाएंगे। जो बच्चे स्वीकार नहीं करेंगे, उन्हें फिर दंडित करने के सिवाय कोई रास्ता नहीं है। तो सभी मां-बाप ने अपने बच्चों को कोशिश की कि स्वीकार कर लो। एक मां अपने बेटे को लेकर अदालत में आई और उसने कहा कि महानुभाव, इसने स्वेच्छा से स्वीकार कर लिया है कि इसने आग लगाने में भाग लिया और यह क्षमा मांगता है। तो मजिस्ट्रेट ने पूछा: स्वेच्छा से तेरा क्या मतलब?

तो उस स्त्री ने कहा कि स्वेच्छा से इसने स्वीकार किया। आज पहले तो मैंने इसकी अच्छी मरम्मत की, ठीक से इसकी पिटाई की। फिर इसे आंगन में बंद किया, इसके सब कपड़े उतार लिए। ठंडी रात... और भोजन नहीं दिया। और इससे कहा कि रात भर तू यहां आंगन में ही रहेगा, सुबह फिर तेरी मरम्मत की जाएगी; अन्यथा स्वेच्छा से स्वीकार कर ले। आधा घंटे में महानुभाव, इसने स्वेच्छा से स्वीकार कर लिया कि मैंने गलती की है। और यह क्षमा मांगता है।

अगर परमात्मा है तो स्वेच्छा इसी तरह की होगी। अगर तुम बनाए गए हो तो तुम्हारी स्वेच्छा क्या हो सकती है? अगर कोई स्रष्टा है, तो तुम्हारी स्वतंत्रता क्या है? तुम कठपुतली हो, धागे किसी और के हाथ में हैं। कोई तुमसे कुछ करवा रहा है, तुम कर रहे हो। इसलिए हिंदू जाति का पतन हुआ; क्योंकि दायित्व का कोई भाव न रहा। कोई करवा रहा है और हम कर रहे हैं; कठपुतली हैं। हिंदू कहते ही हैं कि परमात्मा धागे खींच रहा है और हम कठपुतलियों की तरह नाच रहे हैं। वही करने वाला है।

अगर वही करने वाला है, तो चोरी करते वक्त तुम कैसे अपने को रोकोगे? पाप करते वक्त तुम कैसे अपने को रोकोगे? तुम्हारी स्वेच्छा झूठी है। स्वेच्छा हो ही नहीं सकती।

महावीर ने एक परम दृष्टि दी, कि परमात्मा के साथ स्वतंत्रता नहीं हो सकती। इसे समझा नहीं जा सका। इसे जैन भी नहीं समझ पाए। क्योंकि जैनों को भी यह बात घबड़ाने वाली लगती है कि परमात्मा के साथ स्वतंत्रता नहीं हो सकती। और अगर महावीर को ठीक से समझा जाए तो स्वतंत्रता ही परमात्मा है। तब स्वतंत्रता परम तत्व है। इसलिए मोक्ष परम तत्व है, परमात्मा नहीं। मुक्ति परम तत्व है, परमात्मा नहीं।

तुम्हें परमात्मा नहीं होना है, तुम्हें मुक्त होना है। तुम्हें परम स्वतंत्र होना है। लेकिन परम स्वतंत्र तुम तभी हो सकोगे जब गुलामी तुम्हारी अपने हाथ से पैदा की गई हो। अगर किसी ने तुम्हें गुलाम बनाया, तुम कैसे स्वतंत्र होओगे? वह तुम्हें फिर गुलाम बना सकता है। तब मोक्ष आत्यंतिक नहीं हो सकता। तुम मोक्ष में भी बैठे हो, परमात्मा की मर्जी बदल जाए, तो तुम्हें फिर संसार में पटक देगा। क्योंकि पहले भी उसी ने पटका था। तुम मोक्ष में ही बैठे रहे होओगे। क्योंकि पहले तुम कहां थे? वह फिर तुम्हें संसार में भेज दे। फिर नया खेल करने लगे। फिर नई लीला रचाए। तुमसे कहे, उठो! चलो! तुम क्या करोगे? कठपुतली के धागे को खींच कर वह स्वतंत्र कर दे, बिठा दे आकाश में, फिर धागा खींच दे, गिरा दे जमीन पर।

परमात्मा के साथ तुम स्वतंत्र नहीं हो सकते। परमात्मा के साथ जगत एक लोकतंत्र नहीं है, एक तानाशाही है।

लेकिन महावीर कहते हैं कि स्वतंत्रता ही परम तत्व है, वही परमात्मा है। जिस दिन तुम परम स्वतंत्र हो गए, जानना कि तुमने परमात्मा को पा लिया। और कोई परमात्मा नहीं है।

हमारा मन सदा दूसरे पर दोष डालने का होता है। यह कहानी कह रही है यही। अदालत बुलाती गई लोगों को, और हरेक ने कहा कि मेरा इसमें कुछ मामला नहीं है, किसी और ने...

और जरा सोचें तो, उनकी बात सही भी मालूम पड़ती है। राज क्या कर सकता है, अगर एक सुंदर औरत सामने से गुजर जाए! तुम क्या करोगे? सुंदर औरत सामने से गुजरेगी तो तुम्हारा इसमें क्या कसूर है? न तुमने सुंदर औरत बनाई, न तुमने उससे गुजरने के लिए आग्रह किया। यह परिस्थिति तुम्हारे हाथ के बाहर है। न तुमने यह हृदय अपना बनाया, जो कि सुंदर औरत को देख कर डावांडोल होता है। न तुमने यह वासना अपने हाथ से पैदा की। यह तुममें छिपी है; यह परमात्मा का दान है। यह तुम्हारी प्रकृति है। इसमें क्या कसूर है राज का कि उसके पास आंखें थीं, सौंदर्य को देखने की क्षमता थी, रूप आकर्षित करता था! क्या कर सकता है राज? उसके हाथ में कुछ भी नहीं है, वह मूर्च्छित चल रहा है। एक बेहोशी है, जो खींचे लिए जा रही है। यह बात ठीक भी मालूम पड़ती है कि आदमी जिम्मेवार नहीं है। लेकिन अगर यह तुम्हारे मन में गहरे बैठ जाए, तो तुम पाप के अतल गर्त में गिर जाओगे, क्योंकि तुम्हारी चेतना ही तुम्हें रोकती है। तुम्हारा होश ही तुम्हें सम्हालता है। तुम डगमगा जाओगे और गिर पड़ोगे। तुम जमीन पर चल रहे हो, चल पा रहे हो, पैरों पर खड़े हो, थोड़ा सा होश है इसलिए। अगर यह राज थोड़ा सा होशपूर्ण होता तो क्या सुंदर स्त्री इसे खींच पाती? क्योंकि सुंदर स्त्री केवल मूर्च्छा में ही खींच सकती है। सुंदर स्त्री केवल मूर्च्छा में ही वासना को पैदा कर सकती है। अगर यह होश से भरा होता, अगर यह सजग होता, अगर यह देख रहा होता कि क्या हो रहा है मेरे भीतर और क्या हो रहा है बाहर, तो सुंदर स्त्री गुजर जाती।

कुछ युवक जंगल में एक नग्न वेश्या को आमोद-प्रमोद के लिए ले आए थे। जब वे ज्यादा बेहोश हो गए शराब पीकर तो वह भाग गई। जब उन्हें आधी रात होश आया, जब ठंड बढ़ी, नशा थोड़ा कम हुआ, तब उन्होंने देखा कि वह स्त्री तो भाग गई, तो उसकी खोज में निकले--पच्चीस सौ साल पहले की घटना है। वृक्ष के नीचे उन्होंने

बुद्ध को बैठे हुए पाया--और तो कोई था नहीं उस जंगल में। उन्होंने हिलाया बुद्ध को और कहा कि एक सुंदर स्त्री नग्न इस रास्ते से निकली थी, तुमने जरूर देखा होगा। किस तरफ वह गई है? क्योंकि तुम जहां बैठे हो, यहीं से रास्ते फूट जाते हैं दो मार्गों पर। तो हम बाएं जाएं कि दाएं?

बुद्ध ने कहा: कोई निकला जरूर, लेकिन बताना मुश्किल है कि स्त्री थी या पुरुष! पगध्वनि मैंने जरूर सुनी है, कान चूंकि खुले हैं, पर आंख मेरी बंद थी। और कुतूहल अब मुझ में पैदा नहीं होता कि आंख खोल कर देखूं कि कौन है? कोई गुजरा जरूर; स्त्री थी या पुरुष, कहना कठिन है। कुछ वर्षों पहले यह घटना घटी होती... तो बुद्ध ने कहा, मैं जरूर बता देता कि स्त्री है या पुरुष; क्योंकि तब मेरा पुरुष भीतर मूर्च्छित था। मूर्च्छित पुरुष स्त्री की तलाश में है। हर पगध्वनि स्त्री की ही मालूम पड़ती है। इतना ही कह सकता हूं कि कोई गुजरा था। हड्डी, मांस, पिंड का संग्रह था। पुरुष था या स्त्री, मुश्किल है। और सुंदर की पूछते हो; तो सौंदर्य तो व्याख्या है, वासना है। अब न मुझे कुछ सुंदर है, न कुरूप।

किस चीज को तुम सुंदर कहते हो? बड़ा मजेदार मामला है। तुम सोचते हो कोई तुम्हें आकर्षित करता है, क्योंकि सुंदर है। तो तुम गलत सोचते हो। कोई तुम्हें आकर्षित करता है इसलिए सुंदर मालूम पड़ता है। फिर वासना सौंदर्य को पैदा करती है, सौंदर्य वासना का जन्मदाता नहीं है। जब तुम्हारी वासना खो जाती है, तो सौंदर्य भी खो जाता है। तुम्हारे भीतर वासना है, वही सौंदर्य को पैदा करती है। तुम्हारी वासना की व्याख्या है। तुम्हारी वासना जिसको भोग योग्य पाती है, उसको सुंदर कहती है। जिसको भोग योग्य नहीं पाती, उसको असुंदर कहने लगती है। जिसको तुम भोग लेते हो, वह भी सुंदर नहीं रह जाता है। क्योंकि जब भूख चली गई, सौंदर्य कैसे बच सकता है?

इसीलिए पत्नी किसी पति को सुंदर नहीं मालूम पड़ती। अगर पत्नी पति को सुंदर मालूम पड़ती हो तो उसका अर्थ यही है कि यह संबंध वासना का नहीं, प्रेम का है। क्योंकि वासना जब भर जाएगी... जब तुम भूखे हो तब भोजन में जो गंध मालूम होती है, वह भरे पेट कैसे मालूम हो सकती है? जब तुम भूखे हो, तब थाली पर बैठ कर तुम्हें जो रस मालूम होता है थाली में, जब भरे पेट हो जाओगे तो कैसे मालूम होगा? भरे पेट का अर्थ ही यह है कि भोजन का रस खो गया। और अगर कोई जबरदस्ती तुम्हें भोजन करवाए भरे पेट, तो न केवल रस मालूम नहीं होगा, विरसता आएगी; वमन करने का मन होगा। वह भोजन जो इतना आकर्षित करता था, विकर्षित करेगा।

मैंने सुना है, एक ड्राइवर रोका गया एक चौराहे पर। और पुलिस के ऑफिसर ने उसके पास आकर उसके कागजात गाड़ी के देखना चाहे। वह एक राज्य से दूसरे राज्य में प्रवेश कर रहा था। कागजात सही थे। और उसने पूछा कि तुम्हारे साथ कौन है? तो उसने कहा, मेरी पत्नी। उस अधिकारी ने कहा कि और सब तो ठीक है, लेकिन तुम्हारे पास क्या प्रमाण है कि जिस स्त्री को तुम ले जा रहे हो, वह तुम्हारी पत्नी है? वह ड्राइवर खिड़की के बाहर झुका। ऑफिसर के कान में उसने कहा कि अगर तुम सिद्ध कर दो कि यह मेरी पत्नी नहीं, तो हजार रुपया नगद!

हर पति पत्नी से छुटकारा पाना चाह रहा है। पत्नी पति से छुटकारा पाना चाह रही है। क्योंकि सौंदर्य खो गया है। या तो वासना भरपूर हो गई, या निरंतर निकट रहने से विकर्षण हो गया, पेट भर गया है। और सौंदर्य तो वासना ही पैदा करता है। इसलिए जितना दूर हो व्यक्ति, उतना सुंदर मालूम पड़ता है।

जानने वाले तो कहते हैं कि तुम्हारे भीतर वासना है इसलिए तुम बाहर व्याख्या करते हो सौंदर्य की, कुरूप की। तुम्हारे भीतर से वासना गई कि न कुछ सुंदर है इस जगत में, न कुछ कुरूप है; क्योंकि न कुछ भोग्य है, न कुछ अभोग्य। पर बेहोश चित्त सोचता है, सुंदर स्त्री है, उसने खींच लिया है।

लेकिन उस स्त्री ने भी बड़ी बढ़िया बात कही। और उसने मजिस्ट्रेट को कहा कि क्षमा करें, मैं तो बहुत साधारण स्त्री हूं। कोई मेरी तरफ देखता भी नहीं। यह तो इस दुपट्टे का कसूर है। यह बड़ा रंगीन है, सतरंगा है, इंद्रधनुषी है। रंगने वाले ने गजब का काम किया है। इस दुपट्टे की वजह से इस आदमी को रस पैदा हुआ होगा।

स्त्रियां इसे भलीभांति जानती हैं कि शरीर में उतना रस नहीं है, जितना दुपट्टों में है। इसलिए वस्त्र, आभूषण, सजावट--जिन स्त्रियों में तुम्हें सौंदर्य दिखाई पड़ता है, उनमें अस्सी प्रतिशत सजावट है, धोखा है, दुपट्टे हैं वहां! उस स्त्री ने ठीक ही कहा कि मैं तो बहुत साधारण सी स्त्री हूं। इस दुपट्टे का ही कसूर होना चाहिए। मेरी तरफ कोई कभी देखता नहीं। और यह आदमी इतने रस से भर गया है कि चूक हो गई इसके काम में। यह तो हो ही नहीं सकता।

सभी सौंदर्य ऊपर-ऊपर हैं--चाहे दुपट्टे का हो, चाहे शरीर का हो। शरीर भी दुपट्टा है, खूब रंगा गया है।

'इस रंगरेज को पकड़ लो'; उसने कहा कि 'मैं क्या कर सकती हूं?'

रंगरेज पकड़ भी लिया गया, लेकिन मुसीबत यह हो गई कि वही आदमी चोर था।

इस कहानी का अर्थ यह है कि अगर तुम खोजते ही चले जाओ तो आखिर में तुम ही पकड़े जाओगे। तुम दोष किसी को भी दो, अगर तुम्हारी खोज जारी रहे, तो आखिर में तुम दोषी स्वयं को पाओगे। कितना ही लंबा वर्तुल हो, कितना ही तुम सरकाओ दोष को दूसरे पर, कितना ही दायित्व दूसरे के कंधे पर रखो; अगर तुम खोजते ही चले गए, तो आखिर में तुम पाओगे कि तुम्हारे अतिरिक्त और कोई दोषी नहीं है। चोर भी तुम हो, रंगरेज भी तुम हो। चोरी करने भी तुम ही गए थे और सिर जो तुम्हारा टूटा है, वह भी तुम्हारे कारण ही टूटा है। तुम्हारे अतिरिक्त और कोई भी नहीं है इस जगत में। तुम्हारे सारे कष्ट, तुम्हारे सारे जंजाल, जंजीरें, कांटे, तुम्हारे ही बोए हुए हैं। तुम्हारी ही फसल है, जो तुम काट रहे हो।

बड़ा मजा हुआ होगा उस दिन अदालत में; क्योंकि तब तो रंगरेज को कुछ भी कहने को नहीं बचा होगा; इसलिए कहानी खत्म हो गई। क्योंकि चोरी करने भी वही गया था, और उसके ही कारण, उसके ही दुपट्टे ने, उसकी ही पत्नी ने सब भटकाव पैदा किया था।

एक वर्तुल है जीवन में। इसलिए जो बुद्धिमान हैं, वे दूसरे को दोष देते ही नहीं, वह पहले से ही स्वीकार कर लेता है कि दोषी मैं हूं--इतना लंबा चक्कर है। आखिर में दुपट्टा रंगता हुआ मैं ही पकड़ा जाऊं, इसमें कुछ अर्थ नहीं है। चोरी भी मेरी है, दुपट्टा भी मेरा ही रंगा हुआ है, सिर मेरे ही कारण टूट रहा है।

यह चक्कर कहानी में बहुत छोटा है, क्योंकि कहानी तो कल्पित है। जीवन में बहुत बड़ा है, अनेक जन्मों का है, क्योंकि जीवन कोई कल्पित नहीं है। अनंत जन्मों का चक्कर है। आखिर में तुम ही पकड़े जाओगे।

ईसाई और मुसलमानों का एक सिद्धांत है: 'दि डे ऑफ लास्ट जजमेंट'--कयामत की रात, या कयामत का दिन। जिस दिन तुम्हारे सारे चक्कर के बाद निर्णायक स्थिति आएगी, उस दिन तुम पकड़े जाओगे।

सूफी कहते हैं कि कयामत के लिए क्यों रुकते हो? फिर उस दिन कुछ करने को न बचेगा। फिर कोई उपाय न होगा। तुम आज ही क्यों नहीं निर्णय ले लेते हो? यह निर्णय व्यक्ति के जीवन में धर्म का जन्म बन जाता है, कि मैं जिम्मेवार हूं। चाहे मन कितना ही कहे, लेकिन हर भूल के लिए अगर तुमने अपने को जिम्मेवार माना तो जल्दी ही तुम पाओगे कि भूलें समाप्त हो गईं। हर दोष के लिए अगर तुमने अपने को दोषी समझा तो तुम पाओगे कि दोष धीरे-धीरे खो गए और तुम निर्दोष हो गए। क्योंकि अगर मैं ही

जिम्मेवार हूं तो काटना बहुत आसान है। अगर मैं ही कारणभूत हूं तो अड़चन क्या है? अगर मेरी ही फसल मेरे जीवन को विष से भरती है तो मैं बीज बोना बंद कर रहा हूं।

कर्म का सिद्धांत, इस कहानी का आधार है। कर्म के सिद्धांत का अर्थ है, तुम जो भी फल पा रहे हो, वह तुम्हारे ही कर्मों का है। आदमी का मन कितना अदभुत है और कितना चालाक है! कर्म का सिद्धांत भाग्य के बिलकुल विपरीत है, लेकिन हिंदुओं ने कर्म के सिद्धांत का इस ढंग से व्यवहार किया है कि वह भाग्य मालूम होता है। लोग कहते हैं, क्या करें, कर्मों का चक्कर है। जैसे कि कर्म इनको चक्कर में डाल रहा है! कोई कर्म है जैसे, जो इन्हें चकरा रहा है! लोग कहते हैं, अब क्या किया जा सकता है, पिछले जन्मों का कर्मफल भोग रहे हैं। कर्मफल को उन्होंने भाग्य का पर्यायवाची बना लिया है; जब कि कर्म का सिद्धांत भाग्य के विपरीत है। इसलिए महावीर ने परमात्मा को इनकार किया, कर्म को इनकार नहीं किया।

हिंदुस्तान में तीन बड़े धर्म पैदा हुए हैं। और इनका कोई मुकाबला पृथ्वी पर कहीं भी नहीं है। बाकी सब धर्म इन धर्मों के मुकाबले फीकी छायाएं हैं। हिंदू धर्म पैदा हुआ, जैन धर्म, और बौद्ध धर्म; ये तीन महान धर्म भारत में पैदा हुए। इन तीनों में हजारों फर्क हैं, विवाद हैं; सिर्फ एक बात निर्विवाद है, वह कर्म का सिद्धांत है।

महावीर परमात्मा को नहीं मानते। हिंदुओं का सारा आधार परमात्मा पर खड़ा है। बुद्ध न परमात्मा को मानते हैं, न आत्मा को मानते हैं। जैनों का सारा आधार आत्मा पर खड़ा है। ये बड़े कठिन और कुछ इस तरह के विरोध हैं, कि इनके बीच कोई सेतु नहीं बनाया जा सकता। हिंदू मानते हैं; आत्मा, परमात्मा, संसार। जैन मानते हैं, आत्मा और संसार। और बुद्ध मानते हैं, तीनों को ही नहीं--न आत्मा, न परमात्मा, न संसार; शून्यता! लेकिन एक मामले में तीनों राजी हैं, वह कर्म का सिद्धांत है। निश्चित ही कर्म का सिद्धांत इतना गहरा है कि उस संबंध में विवाद नहीं हो सकता।

शायद कर्म का सिद्धांत भारत की गहरी से गहरी खोज है--परमात्मा से गहरी, आत्मा से गहरी, निर्वाण से गहरी; क्योंकि उस संबंध में बुद्ध, महावीर और कृष्ण में मतभेद नहीं हैं। उस संबंध में वे राजी हैं, एकमत हैं। सोचने जैसा है कि जिसमें इस तरह के तीन लोग, जो सब चीजों में विपरीत हैं एक-दूसरे से राजी होते हों तो बात कुछ ऐसी है कि सिद्धांत की नहीं होगी, सत्य की होगी। कुछ जीवन के नियम की होगी। व्याख्या की नहीं होगी। व्याख्या में तो झगड़ा हो ही जाएगा।

कर्म के सिद्धांत का अर्थ है कि तुम जिम्मेवार हो।

तुम जहां हो, अपने ही कारण हो।

तुम जो हो, अपने ही कारण हो।

तुम जैसे हो, अपने ही कारण हो।

तुम अपने ही कर्मों का संघट, जोड़ हो।

जिस दिन तुम इसे पहचान लोगे, उसी दिन कहानी समाप्त हो जाएगी। उसी दिन तुम पाओगे, चोरी करने भी तुम ही गए, दुपट्टा तुमने रंगा, पत्नी को सुंदर बनाया, राज की आंखें चौकाईं, बढ़ई को मुश्किल में डाला, मकान-मालिक को फंसाया, चोरी को तुम ही गए। सब तुमने ही किया--शुरू से लेकर आखिर तक। प्रथम से लेकर अंत तक सारी कहानी में तुम ही जिम्मेवार हो।

जिस दिन किसी व्यक्ति को यह साफ हो जाता है कि मैं ही जिम्मेवार हूं, मेरे जीवन का स्रष्टा मैं हूं, उसी क्षण धर्म का जन्म होता है। जिस क्षण तुम दूसरे को जिम्मेवार ठहराना बंद कर देते हो, उसी क्षण क्रांति शुरू हो जाती है। क्योंकि अब पलायन नहीं किया जा सकता। दुख है तो मेरा, सुख है तो मेरा। मेरे अतिरिक्त कोई भी नहीं है, जो रत्ती भर भी कुछ सुख-दुख दे रहा हो। तो अब फिर मेरे हाथ में है। अगर मैं दुख पाना चाहता हूं तो पाता रहूं; लेकिन तब रोने की कोई जरूरत नहीं। अब मेरे हाथ में है, सुख पाना हो तो दुख के बीज न बोऊं। बात बिलकुल सीधी और साफ हो जाती है। और विज्ञान की हो जाती है।

इसलिए मैं कहता हूं, कहानी मधुर है और बड़ी गहरी है। और उसे ठीक से समझना, हंसना मत। क्योंकि इस कहानी का उपयोग करीब-करीब लोग भूल ही गए हैं। यह बात ही भूल गए कि यह सूफियों की कथा है। यह तो बच्चों की किताबों में लिखी जा रही है। छोटे बच्चे स्कूल में पढ़ रहे हैं और हंस रहे हैं, जैसे कि यह कोई व्यंग्य हो! यह कोई जोक नहीं है, यह तो बड़ी आधारभूत बात है। यह किसी पागल, विक्षिप्त मजिस्ट्रेट का झक्कीपन नहीं है, यह तुम्हारे जीवन की कथा है। यह कर्म का सिद्धांत है। देर-अबेर तुम पकड़े जाओगे और पाओगे कि तुम ही चोर हो, तुम ही रंगरेज हो।

कब तक इसे टालोगे? इन दोनों छोरों को जल्दी मिला लो, कहानी को पूरा करो। ये दोनों छोर मिले कि तुम बाहर हो सकते हो इस वर्तुल के। यह जो जीवन का चक्र है, इससे तुम कूद सकते हो। जब तक तुम इसको न समझ पाओगे, तब तक तुम इस संसार के इस चक्र में भटकते ही रहोगे। इस बात को समझना कि मैं ही चोर हूं और मैं ही रंगरेज हूं, अपनी स्वतंत्रता को समझ लेना है। अपनी शक्ति को समझ लेना है। अपनी सामर्थ्य को समझ लेना है।

तुम्हारी सामर्थ्य अपरंपार है। यह तुम्हारी सामर्थ्य का फल है कि तुमने इतना बड़ा नरक अपने आसपास निर्मित किया है। इसलिए मैं नहीं कहता कि परमात्मा ने जगत बनाया। मैं कहता हूं, तुमने बनाया। एक तरफ से दुपट्टा रंगा है और एक तरफ से चोरी करने निकल गए हो। बाएं हाथ से दुपट्टा रंग रहे हो, दाएं हाथ से चोरी कर रहे हो। और तुम्हारा, दोनों हाथों के बीच में तुम्हारा ही सिर फूट रहा है।

इसे समझो। इस कहानी को गुनो। इसको हंसी-मजाक मत समझना। इस तरह की बहुमूल्य कहानियां जब हंसी-मजाक बन जाती हैं... शायद वह भी हमारी तरकीब हो। शायद उस तरकीब से हम पीड़ा से बच जाते हों। उनका जो दंश है, वह अलग हो जाता है, कांटा हट जाता है। हम समझते हैं कि व्यंग्य है, हंस लिया, बात खत्म हो गई। छोटे बच्चे कहानी पढ़ कर प्रसन्न हो लेते हैं। यह कहानी बूढ़ों को समझने के लिए है। और सूफियों ने इस तरह की बहुत सी कहानियां पैदा की हैं, जिनमें बच्चे भी रस ले सकें और जिनमें बूढ़े भी क्रांति पा सकें। जिनको बच्चे भी समझ लें एक तल पर और दूसरे तल पर बूढ़ों को भी समझना मुश्किल हो जाए।

कहानी के कई तल होते हैं। एक तल तो ऊपर होता है, जो कि साफ है। और एक तल गहरा है, जो कि साफ नहीं है। उसी तल को दिखाने की कोशिश मैं कर रहा हूं। वह भी तुम्हें दिखाई पड़ जाए गहरा तल, तो यह कहानी तुम्हारे लिए कयामत की रात हो सकती है। इसे पढ़कर तुम दूसरे ही आदमी हो जाओगे। तब यह तुम्हारी साधना बन जाती है।

कुछ और?

ओशो, क्या हम इसे, इस कहानी को एक सिद्धांत के रूप में स्वीकार करके आगे बढ़ सकते हैं...?

सिद्धांत के रूप में कोई भी चीज स्वीकार करके कभी कोई आगे नहीं बढ़ता। सिद्धांत के रूप में स्वीकार करने का अर्थ ही है कि तुमने अस्वीकार कर दिया, तुम समझे नहीं। खोज करनी पड़ेगी। इस कहानी के तत्व को जीवन में खोजना होगा। खोजोगे, तो ही सिद्धांत तुम्हें मिलेगा। सिद्धांत शब्द बड़ा अदभुत है। इसका अर्थ है, जो सिद्ध हो गया, ऐसा अंत। सिद्धांत जैसा शब्द अंग्रेजी में या दूसरी भाषाओं में नहीं है। सिद्धांत

का अर्थ प्रिंसिपल नहीं है। सिद्धांत का अर्थ तो होता है कि जिसे तुमने जीवन में सिद्ध कर लिया। जो तुम्हारा अनुभव हो गया, बस वही सिद्धांत है। तुम्हारे अनुभव के बिना कोई सिद्धांत, सिद्धांत नहीं है। बातचीत है, परिकल्पना है, थियरी है, शास्त्र है; सिद्धांत नहीं है। तुम्हें तो जीवन में खोजना पड़े। किसी भी कोने से खोजो, जल्दी पहुंच जाओगे।

जब तुम्हें क्रोध आए, तत्क्षण मन कहानी में उतरेगा। और तुम कहोगे कि इसने इस तरह की बात कही इसलिए क्रोध आया है। तब जरा गौर से देखना कि क्रोध क्या कोई दूसरा तुममें पैदा कर सकता है? क्रोध तुममें होगा तो दूसरा उभार सकता है। शायद और गहरे देखोगे तो तुम यह भी पाओगे कि क्रोध भी तुममें चाहिए और उभरने की क्षमता भी चाहिए, तो ही दूसरा उभार सकता है। तब दूसरे का क्या अर्थ रहा?

तब तुम ऐसी स्थितियां भी देखना, जब कि दूसरा है ही नहीं, तब भी तुम क्रोधित हो जाते हो। अगर तुम्हें चौबीस घंटे कमरे में बंद कर दिया जाए, जहां कोई भी न हो, तुम्हें कोई बाधा न देता हो, भोजन नीचे से सरका दिया जाता हो, पानी पहुंचा दिया जाता हो, सब सुविधा हो, तब भी तुम चौबीस घंटे में पाओगे कि कभी तुम क्रोधित हो जाते हो, कभी खिन्न हो जाते हो, कभी उदास हो जाते हो, कभी अचानक तुम पाते हो कि बड़ी प्रसन्नता है, बड़ी शांति है। कोई कारण नहीं है। जैसे सभी तुम्हारे भीतर से पैदा होता है। बाहर तुम सिर्फ निमित्त खोजते हो। बाहर तुम सहारे खोजते हो। तुम दूसरों के कंधों पर हाथ रखकर उन पर जुम्मेवारी छोड़ते हो।

बहुत से प्रयोग किए गए हैं पश्चिम में, जिसको वे सेंस डिप्राइवेशन कहते हैं। ऐंद्रिक अनुभूतियों को सब तरह से रोक दिया जाता है। इस तरह की छोटी-छोटी कोठरियां बनाई गई हैं, जिनमें सब सुविधा है। भोजन भी तुम्हें उठ कर नहीं करना पड़ता, वह इंजेक्शन तुम्हारे शरीर में चला जाता है। अंधकार है; न कोई ध्वनि सुनाई पड़ती है, न कोई ध्वनि बाहर जाती है--निर्ध्वनि की स्थिति है। तुम परम सुख की अवस्था में विश्राम कर रहे हो। कोई ऐंद्रिक संवेदना नहीं आती। और तुम्हारे मस्तिष्क से तार जुड़े हैं, जो खबर दे रहे हैं कि तुम्हारे मन की स्थिति प्रतिपल बदल रही है; और कारण कोई भी नहीं है वहां। कारण सब बंद कर दिए गए हैं। कभी तुम क्रोधित हो जाते हो, खबर देता है तार। ग्राफ पर खबर आती है कि तुम क्रोधित हो। शायद तुम कोई सपना देख रहे हो। शायद तुमको कोई दुश्मन मिल गया सड़क पर, जिसने कोई बात कह दी। कोई मिला नहीं है, तुम अंधेरे में अकेले पड़े हो। लेकिन अब तुम कल्पना कर रहे हो।

मनोवैज्ञानिक इस नतीजे पर पहुंचे हैं, कि अगर इक्कीस दिन किसी व्यक्ति को पूरी तरह से इंद्रियों की संवेदना से शून्य रखा जाए, तो वह सपने खुली आंख से देखना शुरू कर देता है, बंद करने की जरूरत नहीं रहती। तब कोई सपना नहीं देखता, वह अनुभव करता है कि मित्र पास बैठा है, बातचीत हो रही है, उसने कुछ बात कह दी, नाराज हो गया।

पागलों को तुम जाकर देखो, वे यही कर रहे हैं। वह पागलपन तुम्हारे भीतर भी छिपा है। पागल मित्रों से बात कर रहे हैं, झगड़ रहे हैं दुश्मनों से। और कोई भी नहीं है वहां, वे अकेले हैं। इक्कीस दिन में तुम्हारी भी यही हालत हो जाती है कि तुम पागलों जैसे हो जाते हो, हैल्युसिनेशन पैदा हो जाता है। तब तुम्हें सपना नहीं होता, तुम वस्तुतः पाते हो कि मित्र सामने बैठा है, बातचीत हो रही है। उसने कुछ नाराजगी की बात कह दी, तुम क्रोधित हो गए, तुम मारने को खड़े हो गए। अभी तुम मन में यह सब बातें करते हो।

कभी तुमने खयाल किया कि जब तुम मारने की बात सोचते हो, तब तुम्हारे भीतर क्रोध उतना ही उठ आता है, जितना कि वस्तुतः मारने में उठता है! जब तुम कामवासना से भरते हो, तब तुम्हारा शरीर उसी तरह कामोत्तेजित हो जाता है, जैसा कामवासना से होता है। स्त्री की मौजूदगी जरूरी नहीं है, सिर्फ तुम्हारी कल्पना काफी है। यह भी हो सकता है, स्त्री निकली ही न हो, सिर्फ एक डंडे पर रंगा हुआ दुपट्टा निकला हो। लेकिन दुपट्टे से खयाल आ जाए स्त्री का, तो बस काम शुरू हो गया।

मन की क्षमता सारा संसार निर्मित करने की है। बाहर का संसार तो सिर्फ बहाना है। खूंटी की तरह उसका उपयोग है। तुम अपना क्रोध टांग देते हो, प्रेम टांग देते हो, घृणा टांग देते हो, लेकिन तुम उसे तैयार भीतर रखे हो। तो पहले तो जब क्रोध आए तब देखना कि सच में क्रोध दूसरे ने पैदा किया है, या मुझ में था! तब जरा भीतर खोज करना कि मैं कहीं दूसरे की प्रतीक्षा तो नहीं कर रहा था कि कोई जरा उकसा दे, तो जिम्मेवारी मुझ पर न रहे और मैं क्रोधित हो जाऊं! और तब एकांत में देखना कि क्रोध बिना कारण भी आता है; तब क्रोध तुम्हारी भीतरी क्षमता है, बाहर से उसका कोई भी संबंध नहीं।

इस तरह तुम खोजोगे अपने जीवन के अलग-अलग आयामों में, तब तुम्हें इस कहानी का सिद्धांत खयाल में आएगा। तब यह कहानी तुम्हारे लिए सिद्धांत हो जाएगी। लेकिन सिद्धांत से मेरा अर्थ थियरी से नहीं है। तब यह तुम्हारा अनुभव, प्रयोग हो

जाएगा। तब तुम जानोगे। तब तुम्हें कोई समझाने की बात न रहेगी, तब यह एक तथ्य होगा, व्याख्या नहीं।

और जीवन में जो भी क्रांति आती है, वह व्याख्याओं से नहीं आती, तथ्यों से आती है। और हम तथ्यों से बचते हैं और व्याख्याओं को पकड़ते हैं। तुम इसे पकड़ ले सकते हो व्याख्या की तरह। तब तुम कोशिश करोगे इसे ठीक बिठाने की कि हां, यह बिलकुल ठीक है। लेकिन ठीक तो हमें उसी को बिठाना पड़ता है, जो ठीक नहीं है। जो ठीक है, उसे बिठाना नहीं पड़ता, वह प्रकट होने लगता है।

इस कहानी को तुम जीवन में खोजना। पहले से ठीक मान लेने की कोई जरूरत नहीं है। अभी इसे कहानी ही रहने देना। अपने जीवन में खोजना और जब तुम जीवन में पाओ कि यही जीवन में घट रहा है, तब यह कहानी तत्क्षण रूप बदल लेगी, और सिद्धांत हो जाएगी।

बुद्ध ने, महावीर ने, क्राइस्ट ने, जीवन के जो भी परम तत्व हैं, छोटी-छोटी कहानी, पैरेबल्स में कहे हैं। वे इसीलिए पैरेबल्स में कहे हैं कि तुम इसे कहानी ही म ानना, जब तक यह तुम्हारे जीवन का अनुभव न बन जाए। तब तक इसे सिद्धांत समझने की जरूरत नहीं है। तब तक यह बस एक कहानी है, एक मनोरंजन है। पर इससे तुम सूत्र पकड़ लेना और जीवन में खोजने निकल जाना।

थोड़ी परख करोगे, अगर कहानी में कहीं भी कोई सिद्धांत है, तो वह तुम्हें खयाल में आ जाएगा। और यही फर्क है नई और पुरानी कहानी में। पुरानी कहानियों के भीतर छिपे हुए तथ्य हैं। नई कहानी सिर्फ परिकल्पना है। पुरानी कहानी के भीतर कुछ सत्य छिपे हैं, रत्ती भर असत्य उनमें नहीं है। अगर कोई असत्य भी है, तो उनके रूप में है। जैसे ही तुम रूप के भीतर घुसोगे, पाओगे कि वहां सत्य की जलती आग है।

गुरजिएफ ने कला के दो विभाजन किए हैं: एक कला को वह कहता है, ऑब्जेक्टिव, तथ्यगत। और एक कला को वह कहता है, सब्जेक्टिव, आत्मगत। तो कहानियां दो तरह की हैं, चित्र दो तरह के हैं, कविताएं दो तरह की हैं। एक तो ऐसे चित्र हैं, जो कि तुम्हारे मन के रोग को बाहर पर्दे पर ले आते हैं, बस! जैसे पिकासो के चित्र हैं, वह ऑब्जेक्टिव नहीं हैं। इस सदी का बड़े से बड़ा चित्रकार किसी उपयोग का नहीं है। उसके जो भीतरी रोग हैं, उनको वह पेंट कर देता है। वह कैथार्सिस का काम कर रहे हैं। उससे पिकासो हलका अनुभव करता है। उसका रोग निकल गया। लेकिन उसे देखने वाला रोगग्रस्त होगा। अगर पिकासो के चित्र पर तुम ध्यान लगा कर देखो,

तो थोड़ी ही देर में तुम्हारा सिर घूमने लगेगा। और तुम्हें लगेगा कि पागल हो जाऊंगा। अगर पिकासो की पूरी प्रदर्शनी में तुम घंटे दो घंटे रह जाओ, तो तुम बहुत थके हुए, खिन्न, उदास, जैसे तुम्हारी कोई शक्ति खो गई है, वापस लौटोगे।

आधुनिक कला विक्षिप्तता जैसी है। क्योंकि कलाकर अपना रोग निकाल रहा है। आधुनिक कविता को तुम पढ़ो, तो पढ़ कर तुम्हारे भीतर कोई फूल न खिलेंगे। आधुनिक कविता को पढ़ कर तुम किसी शांति और किसी आनंद में मग्न न हो जाओगे। आधुनिक कविता तुम्हें ठीक लगेगी, क्योंकि तुम्हारा भी जीवन ऐसा ही खिन्न है, जैसी आधुनिक कविता खिन्न है; उन दोनों में तालमेल मिलेगा।

गुरजिएफ कहता है कि थोड़े से पुराने चित्र, पुरानी मूर्तियां, पुरानी कहानियां तथ्यगत हैं, ऑब्जेक्टिव हैं। उसमें किसी ने अपना रोग नहीं निकाला है बल्कि अपने जीवन के अनुभव को समाया है।

और जिसने यह सूफी कहानी लिखी, इसने जीवन का कोई सिद्धांत खोज लिया था अनुभव से। इसने जीवन की कोई पहचान कर ली, एक साक्षात्कार इसे हुआ। उस साक्षात्कार को इसने ऐसे शब्दों में रख दिया कि बच्चा भी समझ ले और बूढ़ा भी समझना चाहे तो बड़ी कठिनाई पाए। यह ऑब्जेक्टिव है। और सदियों-सदियों तक यह कहानी उस सत्य को छिपाए रहेगी।

और एक मजे की बात है; सिद्धांतों की भाषा हमेशा बदल जाती है, कहानी की भाषा कभी नहीं बदलती। इसलिए अगर दो हजार साल पुरानी सिद्धांत की भाषा तुम्हारी समझ में न आए, लेकिन दो हजार साल पहले की कहानी तुम्हें समझ में आएगी।

इसलिए बुद्ध ने, महावीर ने, जरथुस्त्र ने, क्राइस्ट ने अपना महत्वपूर्ण कहानियों में डाल दिया। और सूफी तो अदभुत कथाकार हैं। सूफियों ने तो ऑब्जेक्टिव आर्ट को इतनी गहराई में जन्म दिया है, जिसका कोई हिसाब नहीं। मगर वह खोता जाता है। क्योंकि हम... हमारे सामने भी खड़ा हो, जैसे ताजमहल खड़ा है--ताजमहल ऑब्जेक्टिव आर्ट का एक नमूना है, लेकिन किसी को उससे मतलब नहीं। बाकी तो कहानी है कि मुमताज के लिए उसके प्रेमी ने बनाया है। वह तो सब कहानी है। बनाया वह भी ठीक है, उस कहानी में कुछ असत्य भी नहीं है, पर वह तो ऊपरी रूपरेखा है।

ताजमहल पर अगर कोई ध्यान करे तो तत्क्षण शांत हो जाए। उसकी बनावट, और विशेष रातों में उससे उठती हुई जो आभा है--चांद और संगमरमर का जो मेल है, पूरे चांद की रात में ताजमहल से ज्यादा शांत कोई मकान इस पृथ्वी पर नहीं होता। लेकिन

वहां लोग पूर्णिमा की रात पहुंच भी जाते हैं, तो मूंगफली खाते रहते हैं, या रेडियो खोल कर सुनते रहते हैं। रेडियो घर ही सुना जा सकता था! या फिजूल की बकवास करते हैं। या राजनीति की चर्चा करते हैं। उन्हें पता भी नहीं कि वे एक बहुत बड़ी अनूठी ऑब्जेक्टिव कृति, एक तथ्यगत कृति के पास खड़े हैं, जिसमें ध्यान का राज छिपा है। यह कोई मुमताज के लिए नहीं बनाया गया है। वह तो बहाना है। मुमताज तो बहाना है। सूफी फकीरों ने शाहजहां का उपयोग कर लिया है और संगमरमर में एक कहानी खड़ी कर दी है।

लेकिन सूत्र खो गए। जैसे यह कहानी बच्चे पढ़ रहे हैं।

नहीं, इसे सिद्धांत की तरह मान कर मत चलना। मान कर चलने से ही जीवन में भ्रांति शुरू होती है। मानने की कुछ जरूरत नहीं है, खोजने की--खोजना! एक दिन तुम पाओगे, यह कहानी सत्य है। उस दिन कहानी खो जाएगी, सिद्धांत बचेगा। और वह सिद्धांत जीवन को बदलने वाला हो सकता है। बदलेगा ही, निश्चित बदलेगा; क्योंकि जब भी तुम कुछ सत्य को देख लेते हो, तब तुम वही नहीं रह सकते, जो देखने के पहले थे।

सत्य का दर्शन, तुम्हारे पुराने को नष्ट कर देता है और नये को जन्म देता है।

आज इतना ही।

६

प्रेम मृत्यु से महान है

ओशो, किसी जमाने में एक शरीफ की बेटी थी--सौंदर्य में अप्रतिम। रूप में ही नहीं, गुण-शील में भी उसका जोड़ नहीं था। वह ब्याहने के योग्य हुई तब रूप-गुण में श्रेष्ठ तीन युवकों ने उससे ब्याह का प्रस्ताव रखा। यह देख कर कि तीनों युवक समान योग्यता के हैं, पिता ने लड़की पर ही चुनाव का भार छोड़ दिया।

लेकिन महीनों तक लड़की कुछ तय नहीं कर पाई। इस बीच वह अचानक बीमार पड़ी और मर गई। बहुत शोकपूर्वक तीनों युवकों ने अपनी प्रेमिका को दफनाया।

एक युवक ने लड़की की कब्र को ही अपना घर बना लिया।

दूसरा फकीर होकर सफर पर निकल गया।

और तीसरा लड़की के शोकातुर पिता के पास ठहर गया।

फकीर युवक घूमते-घूमते एक ऐसे व्यक्ति के घर मेहमान हुआ, जो मंत्र-तंत्र का ज्ञाता था। जब मेजवान के साथ भोजन के लिए बैठा, तभी एक छोटा बच्चा रोने लगा; वह मेजवान का पोता था। तांत्रिक ने उस बच्चे को उठा कर भाड़ में फेंक दिया।

यह देख कर युवक चीख उठा और बोला: 'राक्षस! मैंने दुनिया के सब दुख देखे हैं, लेकिन ऐसा दुख कहीं नहीं देखा।'

मेजवान बोला: 'अज्ञान के कारण तुम्हें ऐसा लग रहा है।' उसने एक मंत्र पढ़ा, डंडा हिलाया और बच्चा हंसता हुआ आग से निकल आया। युवक ने मंत्र याद कर लिया, डंडा लिया और सीधे अपनी प्रेमिका की कब्र पर चला गया। और पलक मारते ही उसकी प्रेमिका जीवंत उसके सामने खड़ी थी।

वह अपने बाप के घर गई। तीनों युवक उस पर अपने-अपने दावे बताने लगे, जो जोरदार थे। लेकिन लड़की ने कहा: 'जिसने मुझे जिलाया, वह रहमवर था। जिसने मेरे पिता की सेवा की, उसके पास बेटे का दिल था। लेकिन जो मेरी कब्र पर रहा, वह प्रेमी था। मैं उससे ही ब्याह करूंगी।'

यह कथा एक प्रतीक कथा है। सूफियों ने दिल खोल कर इसका प्रयोग किया है। ऊपर से साधारण सी दिखती है, भीतर बहुत असाधारण है। कुछ प्राथमिक बातें समझ लें, फिर हम कथा में प्रवेश करें।

पहली बात, कि सूफी मानते हैं, प्रेम के अतिरिक्त सत्य का कोई द्वार नहीं है। प्रेमी ही पहुंच पाता है; ज्ञानी भटक जाता है। क्योंकि जानना तो सदा ऊपर-ऊपर है; प्रेम ही भीतर प्रवेश करता है। जानना तो सतह का है, हृदय तो केवल प्रेम से ही उघड़ता है। और सत्य सतह पर होता, तो विज्ञान उसे पा लेता। सत्य गहरे में है। और जीवन के हृदय में जिसे प्रवेश करना हो, केंद्र तक जिसे जाना हो, वह ज्ञान से नहीं, प्रेम से ही वहां तक पहुंच सकता है।

ज्ञान की कुंजी बहुत द्वार खोलती है, लेकिन उनमें से कोई भी द्वार अंतर्गृह तक नहीं जाता। सिर्फ प्रेम की कुंजी ही उस द्वार को खोलती है, जिसका नाम हृदय है। और सूफी कहते हैं, परमात्मा परम हृदय है। संसार उसकी परिधि है, परमात्मा उसका केंद्र है। और जब एक साधारण से व्यक्ति में भी प्रवेश संभव नहीं है बिना प्रेम के, तो उस परम हृदय में बिना प्रेम के कैसे प्रवेश होगा?

तो प्रेम सूफियों का मार्ग है। और इस वजह से सूफियों ने परमात्मा की बड़ी अनूठी कल्पना की है, जैसी किसी ने भी कभी नहीं की है। सिर्फ सूफी अकेले हैं पृथ्वी पर, जो परमात्मा को प्रेयसी के रूप में देखते हैं, प्रेमिका के रूप में। वह पुरुष नहीं है, क्योंकि पुरुष के पास इतना गहरा हृदय कहां? वह प्रेयसी है। परमात्मा एक प्रेमिका

है और भक्त उसका प्रेमी है। परमात्मा को पिता के रूप में लोगों ने देखा है--ईसाई, यहूदी, मुसलमान। परमात्मा को प्रेमी के रूप में भी लोगों ने देखा है। हिंदुओं की बड़ी पुरानी परंपरा है परमात्मा को प्रेमी के रूप में देखने की--कृष्ण के रूप में; तब भक्त गोपी बन जाता है।

बंगाल में एक संप्रदाय है भक्तों का; 'सखी संप्रदाय' उस संप्रदाय का नाम है। प्रेम की बड़ी गहरी खोज उन्होंने भी की है। परमात्मा प्रेमी है, वे उसकी सखियां हैं। इसलिए पुरुष भी सखी संप्रदाय का अपने को स्त्री ही मानता है। प्रार्थना-पूजा के दिन स्त्री के कपड़े पहनता है। रात जैसे कोई अपने प्रेमी को पास लेकर सोए, ऐसा कृष्ण की प्रतिमा को लेकर सोता है। लेकिन धारणा यह है कि कृष्ण पति है, वह पत्नी है।

सूफी अकेले हैं, जिन्होंने बड़ी हिम्मत की। खुद को प्रेमी और परमात्मा को प्रेयसी माना है।

इस बात में सचाई होने की संभावना ज्यादा है, क्योंकि पुरुष का चित्त ज्ञान के आसपास घूमता है। स्त्री का समग्र भाव प्रेम के आसपास घूमता है। पुरुष अगर प्रेम भी करता है तो भी उसका एक अंश ही प्रेमी बन पाता है। स्त्री जब भी प्रेम करती है तो उसका समग्र हृदय प्रेम बन जाता है। स्त्री पूरी की पूरी प्रेमिका बन जाती है। परमात्मा खंडित तो नहीं हो सकता। अगर वह प्रेमी है तो वह स्त्री जैसा होगा। अखंड उसका प्रेम होगा। पुरुष का प्रेम बदल भी जाता है। पुरुष का चित्त, मन; बड़ी तरंगों से भरा हुआ है; बड़े ऊपर के आकर्षण उसे खींचते हैं, आंदोलित करते हैं। स्त्री अनन्य भाव से एक की पूजा में रत रह पाती है। इसलिए स्त्रियां तो सती हो सकीं, एक भी पुरुष सती नहीं हो सका। एक प्रेमी मर गया तो स्त्री के जीवन का सारा सार खो जाता है। दूसरे पुरुष में उसी सार को खोजना स्त्री के लिए अकल्पनीय हैं। और जहां भी स्त्रियां दूसरे पुरुष में उस सार को खोजेंगी, वहां उनका स्त्रैण क्षीण हो जाएगा। उनकी गहरी गरिमा नष्ट हो जाएगी।

पश्चिम की स्त्री छिछली होती जाती है। उसका अस्तित्व परिधि पर होता जाता है। स्त्री की पूरी गरिमा तो पूरब ने खोजी थी। पर अनन्य भाव, एक के प्रति समग्र समर्पण?--समर्पण ऐसा कि अगर वह मर जाए तो वह उसकी मृत्यु मेरी भी मृत्यु बन जाए। प्रेमी का जीवन ही जीवन; प्रेमी की मृत्यु--मृत्यु!

पुरुष सती नहीं हो सकता। पुरुष उच्छृंखल है। क्योंकि पुरुष की सारी पकड़ मन से है, बुद्धि से है। और बुद्धि का अनन्य भाव नहीं होता। बुद्धि में भक्ति होती ही नहीं, श्रद्धा होती ही नहीं, संदेह होता है। पुरुष जब प्रेम भी करता है तब भी संदिग्ध रहता है।

पता नहीं ठीक है या गलत! पता नहीं यही स्त्री प्रेमिका होने की पात्र है या नहीं! और यह संदेह सदा पीछा करता है।

स्त्री श्रद्धा है। हृदय में कोई संदेह की तरंग नहीं उठती। इसलिए सूफियों ने परमात्मा को स्त्री माना है। वह शुद्ध हृदय है, वहां विचार की कोई तरंग नहीं है। वह शुद्ध प्रेम है। और वह प्रेम अनन्य भाव से बरस रहा है।

भक्त पुरुष है, क्योंकि वहां संदेह है। गहरे से गहरे भक्त में भी संदेह बना रहता है--मजबूरी है! क्योंकि हमारा व्यक्तित्व खंड-खंड है, बंटा है, द्वंद्व में है। एक हिस्सा श्रद्धा करता है, दूसरा अश्रद्धा करता है। एक से हम भाव बनाते हैं, दूसरा भाव को नष्ट करता है। सूफी कहते हैं, भक्त पुरुष जैसा है, परमात्मा स्त्री जैसा है।

और जिस दिन भक्त परिपूर्ण रूप से परमात्मा में लीन हो जाए, उस दिन उसके पास भी स्त्री जैसा हृदय होगा।

तो स्त्री का हृदय परम द्वार है। प्रेम मार्ग है, विचार नहीं है।

दुनिया के धर्म दो मार्ग खोजे हैं। एक मार्ग है, ध्यान; और एक मार्ग है, प्रेम। दो ही मार्ग हैं। बुद्ध, महावीर, पतंजलि ध्यान को मार्ग मानते हैं। इसलिए उन तीनों ने प्रेम को काटने का सारा उपाय किया है। क्योंकि जब तक तुम प्रेम में पड़े हो, तब तक तुम कैसे ध्यान करोगे? ध्यान का अर्थ है--अकेले होने की क्षमता। ध्यान का अर्थ है--केवल भाव! एकांत! मैं ही हूं, कोई दूसरा नहीं। और मैं अपने से राजी हूं। कोई तड़फन नहीं, कोई पीड़ा नहीं, कोई विरह नहीं, कोई पाने की आकांक्षा, वासना नहीं। धन की ही नहीं, परमात्मा को भी पाने की वासना नहीं; तभी ध्यान होगा।

इसलिए बुद्ध-महावीर कहते हैं, परमात्मा है ही नहीं। और पतंजलि कहते हैं, आवश्यक नहीं है। कोई न मान सके तो ठीक है, परमात्मा को मान ले, लेकिन जरूरी नहीं है। योगी के लिए परमात्मा की कोई जरूरत नहीं है। क्योंकि योगी की सारी साधना दूसरे से मुक्त होने की है। ध्यान का अर्थ है--दूसरे से मुक्त होने का प्रयास। इसलिए ध्यानी कभी भी प्रेम को जगह नहीं दे सकता। इसलिए बुद्ध के पास या महावीर के पास जाकर अगर प्रेम की चर्चा करें, तो वे कहेंगे, तुम नासमझ हो।

कल ही मैं पश्चिम के एक बहुत बड़े नास्तिक विचारक एपिकुरस के वचन पढ़ रहा था। एपिकुरस नास्तिक है; ईश्वर को मानता नहीं। ठीक बुद्ध-महावीर जैसा ही है। बड़ी अदभुत बात उसने लिखी है। उसने ज्ञानी के लक्षण लिखे हैं, उसमें एक लक्षण है कि ज्ञानी कभी प्रेम नहीं करेगा। यह लक्षण बिलकुल ठीक है। ज्ञानी कैसे प्रेम कर

सकता है? एपिकुरस कहता है, सिर्फ अज्ञानी ही प्रेम में पड़ सकता है, ज्ञानी कैसे प्रेम में पड़ेगा? ज्ञानी विवाह भला कर ले, लेकिन प्रेम नहीं कर सकता। क्योंकि विवाह तो एक संस्थागत बात है, एक व्यावहारिक, औपचारिक बात है। पत्नी की जरूरत है सेवा के लिए, भोजन के लिए, घर सम्हालने के लिए। तो ज्ञानी विवाह कर ले, क्योंकि विवाह की उपयोगिता है। लेकिन ज्ञानी प्रेम में नहीं पड़ सकता। 'ए वाइज़ मैन कैन नॉट फाल इन लव।' और एपिकुरस कहता है कि अगर बुद्धिमान प्रेम में पड़ जाए तो फिर निर्बुद्धि में और बुद्धिमान में भेद क्या? बुद्धिमानों ने ही प्रेम में 'गिरने' शब्द का उपयोग किया है। 'फालिंग इन लव'; उसमें पतन है, इसलिए फालिंग; इसलिए गिरने का भाव है। इसका मतलब, तुम अपनी बुद्धिमत्ता से गिर गए।

प्रेमी पागल जैसा मालूम पड़ता है बुद्धिमानों को--और है भी। क्योंकि बुद्धि से तो जीता नहीं है, हृदय से जीता है। हृदय के पास कोई तर्क तो नहीं है; भाव है। भाव अंधा है। या फिर भाव के पास ऐसी आंखें हैं, जिनको बुद्धि नहीं पहचान पाती।

तो बुद्ध, महावीर, पतंजलि तीनों ही प्रेम को काटते हैं, ताकि ध्यान पूर्ण हो सके। इसलिए सभी की साधना विराग की साधना है। प्रेम है राग, काटना है प्रेम को। प्रेम को इतना काट देना है कि दूसरा बचे ही न; तुम अकेले बचो। दूसरे की स्मृति भी न आए, दूसरे का विचार भी न उठे। जिस दिन तुम बिलकुल अकेले हो और यह सारा जगत खो गया और इसमें कोई दूसरा न बचा, जिससे तुम्हारे संतोष का कोई भी संबंध है, जिससे तुम्हारे सुख का कोई भी सेतु है, जिस पर तुम किसी भी तरह निर्भर हो; जिस दिन तुम परिपूर्ण स्वतंत्र हो गए। परिपूर्ण स्वतंत्र तो तुम तभी होओगे, जब प्रेम बिलकुल कट जाए। क्योंकि प्रेम तो एक तरह की परतंत्रता है। दूसरा उसमें जरूरी है। और दूसरे का सुख तुम्हारे सुख का आधार है। दूसरा दुखी हो तो तुम दुखी हो जाते हो। तो प्रेमी तो कैसे ध्यानी हो सकता है?

एक तो मार्ग ध्यानियों का है। बुद्ध, महावीर, पतंजलि उसके शिखर हैं।

एक मार्ग प्रेमियों का है। और प्रेमी कहते हैं कि जब तक तुम्हारे जीवन में प्रेम का पागलपन न आया, प्रेम की मस्ती न आई, तब तक तुम्हारा अहंकार मिटेगा कैसे? ध्यानी का जोर है कि दूसरे पर तुम निर्भर रहो तो तुम परतंत्र हो। प्रेमी का जोर है कि अगर तुम बिलकुल स्वतंत्र होने की कोशिश किए तो तुम्हारा अहंकार कैसे मिटेगा? तुम ही बच रहोगे आखिर में, वही तुम्हारा शुद्ध अहंकार होगा। और अहंकार ही बाधा है। प्रेम की कीमिया में ही अहंकार पिघलता है। प्रेम की आग में ही अहंकार जलता है।

प्रेमी कहते हैं, दूसरे का उपयोग तुम निर्भरता के लिए क्यों करते हो? दूसरे का उपयोग समर्पण के लिए करो। दूसरे पर निर्भर होने का सवाल ही नहीं, दूसरे में खो जाने का सवाल है। और जब तुम बचोगे ही नहीं तो कौन निर्भर? कौन परतंत्र?

इसे जरा समझ लें।

मिटाते दोनों हैं--ध्यानी दूसरे को मिटाता है, प्रेमी अपने को मिटाता है। प्रेमी कहता है, दूसरा ही बचेगा। एक घड़ी आएगी, जब मैं रहूंगा ही नहीं। फिर किसकी परतंत्रता? किसका बंधन? फिर कौन दुख में? दो हैं अभी, एक बचना चाहिए। ध्यानी दूसरे को मिटा कर अपने को बचा लेता है; प्रेमी अपने को मिटा कर दूसरे को बचा लेता है। जिस दिन एक बच जाता है, उसी दिन सत्य उपलब्ध हो जाता है। क्योंकि सत्य यानी एक। सत्य यानी अद्वैत।

अब इस अद्वैत को पाने के दो ढंग हो सकते हैं: या तो मैं मिटूं, या तुम मिटो। तू ना रहे, या मैं ना रहूं। दोनों मार्ग हैं। मेरे देखे दोनों सही हैं। दोनों तरफ से लोग पहुंचे हैं। सूफी हैं, कृष्ण-भक्त हैं, मीरा है, चैतन्य है, ये प्रेम के रास्ते से पहुंचे। और इनकी ऊंचाई बुद्ध, महावीर और पतंजलि से जरा भी कम नहीं; इंच भर भी कम नहीं। क्योंकि जब एक बचता है तो फर्क ही नहीं रह जाता, कौन बचा! उसे हम क्या कहें? उसे आत्मा कहें? ध्यानी उसे आत्मा कहता है; प्रेमी उसे परमात्मा कहता है। इसलिए ध्यानी परमात्मा की बात को छोड़ते हैं, क्योंकि परमात्मा में दूसरा आ जाता है। सिर्फ आत्मा! इसलिए महावीर कहते हैं, आत्मा ही परमात्मा है। और प्रेमी कहता है, तू ही मैं हूं।

जलालुद्दीन रूमी की प्रसिद्ध कविता है।

प्रेमी आया और उसने अपनी प्रेयसी के द्वार पर दस्तक दी।

भीतर से पूछा गया: 'कौन है? कौन आया?'

उसने कहा: 'मैं। क्या मेरी दस्तक तू नहीं पहचानी? क्या मेरे चरण की आवाज तू न पहचानी? मैं तो सोचता था तू मुझे पहचान गई; इसलिए हवा का झोंका भी मेरा तुझे खबर दे देगा। मैं तेरा प्रेमी।'

लेकिन फिर भीतर से कोई आवाज न आई। दरवाजे भी न खुले। प्रेमी ने बहुत सिर मारा तो भीतर से केवल इतनी खबर आई कि जब तक 'तू' है, तब तक दरवाजा कैसे खुल सकता है? प्रेम का दरवाजा 'मैं' के लिए कैसे खुल सकता है? तो जब तू तैयार हो जाए तब लौट आना।'

अनेक दिन आए और गए, अनेक चांद-तारे बीते; तब फिर वर्षों बाद प्रेमी उसके द्वार पर आया। उसने दस्तक दी।

भीतर से वही सवाल! प्रेम सदा वही पूछता है: 'कौन है?'

उसने कहा: 'अब तो तू ही है।'

तो रूमी कहते हैं, दरवाजा उस दिन खुल गया।

यह सूफियों का सार है। मिटना है दो को; और बनना है एक। पर प्रक्रिया दोनों की बड़ी अलग हो जाएगी। क्योंकि ध्यानी को दूसरे को भुलाना है और प्रेमी को अपने को भुलाना है। ध्यानी को दूसरे से मुक्त होना है, प्रेमी को अपने से मुक्त होना है। ध्यानी हत्यारे की भांति है, और प्रेमी आत्मघाती की भांति। ध्यानी काटता है दूसरे को, अकेला बच जाए। प्रेमी काटता है अपने को कि मैं न बचूं, वही बच जाए।

दोनों रास्तों से लोग पहुंचे हैं। दोनों से लोग सदा पहुंचते रहेंगे। मेरे लिए कोई चुनाव नहीं है, विकल्प नहीं है। मुझे इन दोनों में कोई भेद नहीं है। इसलिए पतंजलि पर भी मुझे बोलने में सुख है और सूफियों पर भी बोलने में सुख है।

और जब मैं तुमसे कहता हूं तो तुमसे कोई मार्ग चुनने को नहीं कह रहा हूं। तुम अपने को पहचानना। अपने भाव को पहचानना। तुम्हें फिर जो सरल लगे, उससे चले जाना। जो सरल, वही तुम्हारे लिए मार्ग है। मार्गों का चुनाव नहीं करना है तुम्हें, अपनी पहचान करनी है। अगर प्रेम ही तुम्हारे जीवन की धारा हो तो तुम अपने को मिटाना और परमात्मा को बचाना। अगर तुम पाओ कि प्रेम तुम्हारे जीवन में उठता ही नहीं; खींचते हो तो भी बैठ-बैठ जाता है। हृदय धड़कता ही नहीं, भाव पकड़ता ही नहीं; विचार ही दौड़ते हैं, तर्क ही पकड़ता है; श्रद्धा गहरी नहीं होती, संदेह ही गहरा है, तो फिर ध्यान ही तुम्हारा मार्ग है। और कोई ऊंचा-नीचा नहीं है।

अब हम इस कहानी को लें।

कहानी कहती है, युवती है एक सुंदर। तीन हैं उसके प्रेमी। प्रेयसी एक, प्रेमी तीन।

पहली बात समझ लेनी जरूरी है। परमात्मा एक, प्रेमी अनेक। अनंतता प्रेमियों की है; प्रेयसी की अनंतता नहीं है, प्रेयसी एक है।

कहानी कहती है कि युवती को बड़ी कठिनाई है, कैसे चुने! तीनों समान गुणधर्मा हैं। समान बुद्धिमान हैं, सुंदर हैं, स्वस्थ हैं। गुणों की तरफ से तौलने का कोई उपाय नहीं है। तीनों का प्रेम है उसकी तरफ। अगर गुणों में कमी-बेशी होती तो चुनाव आसान हो जाता। लेकिन वे तीनों समान गुणधर्मा हैं।

इसे थोड़ा समझना चाहिए।

असल में, प्रेम के लिए गुणों का सवाल ही नहीं है। जहां गुण का सवाल है, वहां बुद्धि प्रवेश कर जाती है।

बुद्धि सोचती है कि किसका गुण ज्यादा, किसका कम। बुद्धि तुलना करती है। बुद्धि हिसाब बिठाती है। तो सच नहीं है यह बात, कि तीनों समान गुणधर्मा थे; क्योंकि हो नहीं सकते। ऐसा युवती को दिखाई पड़ता है, तीनों समान गुणधर्मा हैं। तीनों हो नहीं सकते समान गुणधर्मा; क्योंकि दो समान होते ही नहीं। थोड़े से गणित को खोजने की जरूरत थी और पता चल जाता कि कोई गुण में ज्यादा है, कोई गुण में कम है। क्योंकि इस जगत में समान वस्तुएं होती ही नहीं। दो कंकड़ एक जैसे नहीं होते तो दो व्यक्ति तो एक जैसे कैसे हो सकते हैं? लेकिन यह सवाल बुद्धि का है। बुद्धि तौल करती है, माप करती है। बुद्धि का अर्थ है माप; मेजरमैंट। तौल हो जाती है; थोड़ा बारीक तराजू खोजना पड़ता बस, लेकिन तौल हो जाती है।

लेकिन हृदय बुद्धि से सोचता ही नहीं। इसलिए जब परमात्मा के निकट हजारों प्रेमियों की प्रार्थनाएं होती हैं तो तुम यह मत सोचना कि मैं ज्यादा बुद्धिमान हूं, इसलिए मेरी प्रार्थना पहले सुन ली जाएगी; कि मैं ज्यादा धनी हूं इसलिए मेरी आवाज पहले पहुंच जाएगी; कि मैं बड़ा चित्रकार हूं, मूर्तिकार हूं, या राजनीतिज्ञ हूं, इसलिए पंक्ति में मुझे पहले खड़े होने का मौका मिल जाएगा। नहीं, तुम्हारे गुणों का कोई सवाल नहीं। बल्कि तुम गुणों पर अगर निर्भर रहे तो यही तुम्हारा अयोग्यता का आधार होगा। तुम्हारा हृदय जांचा जाएगा। तुम्हारे गुणों का कोई सवाल नहीं है। तुम्हारी टैलेंट्स का कोई सवाल नहीं है। तुम्हारे परीक्षा-पत्र और तुम्हारी उपाधियां काम न पड़ेंगी। तुम्हारा हृदय ही काम आएगा।

युवती के सामने तीनों थे, उसे तीनों समान दिखते थे। प्रेम से भरा हुआ हृदय बुद्धि से सोचता नहीं। इसलिए अगर कभी तुम्हारा हृदय सच में ही प्रेम से भर जाए तो तुम भी माप-तौल में मुश्किल अनुभव करोगे।

एक मां के लिए उसके सात बेटे हैं, जरा भी भेद नहीं होता। उसमें कोई ज्यादा बुद्धिमान, कोई बुद्धू, कोई स्वस्थ, कोई अस्वस्थ, कोई सुंदर, कोई कुरूप, लेकिन मां को सातों बेटे एक जैसे दिखाई पड़ते हैं। और अगर सवाल उठ जाए कि इन सातों में से छह को बचा ले और एक को मर जाने दे तो मां मुश्किल में पड़ जाएगी कि किसको

छोड़ूं। क्योंकि अगर बुद्धि से सोचे तो साफ हो जाएगा कि जो सबसे ज्यादा बेकार है उसे। हृदय इस भांति नहीं सोचता, हृदय के सोचने के ढंग ही अलग हैं।

उस युवती को तीनों समान दिखाई पड़े। प्रेम को सदा तीनों समान दिखाई पड़ेंगे। प्रेम तुलना करता ही नहीं। और चूंकि यह कथा तो मूलतः परमात्मा की है, इसलिए परमात्मा को भक्त समान दिखाई पड़ेंगे। उनके गुणों से कोई भेद नहीं पड़ता। एक भक्त काशी से पांडित्य लेकर आया है और एक भक्त गांव का अज्ञानी है, इससे कोई फर्क नहीं पड़ता। काशी का पंडित यह दावा नहीं कर सकता कि मेरे पास पांडित्य अतिरिक्त है। भक्ति के साथ कुछ और भी मेरे पास है, इसलिए पहले मौका मुझे मिलना चाहिए। ना, कोई गुणों का सवाल नहीं है। हृदय के भाव का ही सवाल है। लेकिन भाव को तौलना बड़ा मुश्किल है। गुण तौले जा सकते हैं, परीक्षा हो सकती है, भाव नहीं तौला जा सकता है। भाव इतना निगूढ़ है, इतना रहस्यपूर्ण है, उसके लिए कोई तराजू निर्मित नहीं हो सके।

पश्चिम में मनोवैज्ञानिकों ने बुद्धि को तौलने के उपाय खोज लिए हैं। फ्रांस में बहुत बड़ा विचारक मनोवैज्ञानिक हुआ, बेनेट; उसने बुद्धि-अंक खोज लिया: 'आइ-क्यू'। तो बुद्धि नापी जा सकती है कि कितनी बुद्धि तुममें है; उसका भी तराजू है अब। सामान्य है, सामान्य से कम है, या ज्यादा है, या प्रतिभाशाली हो, तौला जा सकता है; कोई अड़चन नहीं है। पंद्रह मिनट में पता चल जाता है। लेकिन प्रेम को तौलने का कोई उपाय अब तक नहीं खोजा जा सका। 'इंटेलिजेंस कोशिएंट' खोज लिया गया, 'लव कोशिएंट' नहीं खोजा जा सका। बुद्धि-अंक तो पता चल जाता है, लेकिन प्रेम का अंक बिलकुल पता नहीं चलता। प्रेम को मापना मुश्किल है। कैसे हम मापें कि प्रेम है, या प्रेम नहीं है, या कितना है? बुद्धि से तो प्रश्न पूछे जा सकते हैं, बुद्धि उत्तर देगी; उत्तरों से पता चल जाएगा। प्रेम से कोई प्रश्न नहीं पूछे जा सकते।

प्रेम तो सिर्फ परिस्थिति में पता चलेगा।

इसे थोड़ा समझ लें।

प्रेम तो किसी घटना से पता चलेगा। प्रेम तो किसी ऐसी अवस्था में पता चलेगा, जो मौजूद हो जाए। तीन व्यक्ति तुम्हें प्रेम करते हैं और तुम डूब रहे हो नदी में, उस वक्त पता चलेगा कि उन तीन में से कौन अपनी जान को जोखिम पर लगाता है? कौन छलांग लेता है? कौन तुम्हें बचाने जाता है? परिस्थिति चाहिए। जीवंत परिस्थिति चाहिए तो ही प्रेम का पता चलेगा। इसलिए कहानी बड़ी साफ है।

कहानी कहती है, लड़की तय न कर पाई कि किसको चुनें। तीनों समान गुणधर्मा मालूम हुए और तीनों का प्रेम मालूम होता था। अब कोई परिस्थिति ही प्रकट कर सकती है।

और परिस्थिति सूफियों ने जो चुनी है, वह मौत। प्रेम का ठीक पता मौत के क्षण में ही चलता है, उसके पहले नहीं। यह बड़ी अजीब बात है। जीवन में प्रेम की जांच नहीं हो पाती, मौत में प्रेम की जांच होती है। क्योंकि जीवन में तो हम धोखा दे सकते हैं, इसलिए जो स्त्रियां अपने प्रेमियों के लिए मर गईं आग में जल कर उन्होंने खबर दी कि प्रेम था। जिंदा में तो सभी स्त्रियां अपने पतियों से कहती हैं कि तुम्हारे बिना न जी सकूंगी, मर जाऊंगी। यह सवाल नहीं है। कौन मरता है! यह कोई उत्तर की बात हो तो सभी पत्नियां यही कहती हैं कि तुम्हारे बिना मर जाऊंगी, तुम्हारे बिना क्षण भर न जी सकूंगी। लेकिन कोई मरता नहीं। पति मर जाता है, थोड़ा रोना-धोना होता है, फिर जिंदगी शुरू हो जाती है। घाव भर जाते हैं। फिर नये प्रेमी मिल जाते हैं।

मृत्यु ही प्रेम की जांच बन सकती है, क्योंकि मृत्यु से गहरी कोई घटना नहीं है। इसलिए प्रेम को जांचने के लिए उससे छोटी कोई चीज काम नहीं आएगी।

प्रेम इतना गहरा है, जितनी मृत्यु।

इसलिए जो जानते हैं, वे जानते हैं कि प्रेम और मृत्यु समान हैं, उनमें एक गहरा पर्याय है। दोनों एक जैसे हैं और उनकी गहराई बराबर एक जैसी है। प्रेम का अर्थ है, तुम्हारे केंद्र तक छिद जाए तीर। मृत्यु में भी केंद्र तक तो तीर छिदता है। मृत्यु में शरीर तो छिन जाता है, परिधि छिन जाती है, सिर्फ तुम रह जाते हो केंद्र की भांति। और प्रेम में भी सब छिन जाता है। सिर्फ तुम बचते हो, तुम्हारा केंद्र बचता है। तुम्हारा अस्तित्व मात्र बचता है, बाकी सब छिन जाता है।

तो प्रेम भी उतना ही गहरा जाता है, जितनी मृत्यु। इसलिए प्रेमी वही हो सकता है, जो मरने को तैयार हो। उससे कम की कोई परीक्षा काम नहीं देगी। जीने के लिए तो सभी तैयार हैं। मरने की जब तैयारी हो तो प्रेम का आविर्भाव होता है। और अगर मरने की तैयारी न हो तो प्रेम का धोखा चलता है, तब प्रेम का व्यवसाय चलता है।

कहानी कहती है, वह युवती मर गई अचानक। इसके सिवाय कोई मार्ग भी न था। जानने का बस एक ही उपाय था कि मृत्यु के बाद क्या व्यवहार है प्रेमियों का। उनमें से तीनों बड़े दुखी हुए, रोए, पीटे, खिन्न हुए, उदास हुए। जीवन से अर्थ खो गया। एक कब्र पर ही रह गया। दूसरा विपन्न पिता की सेवा में लग गया। लड़की मर गई और

पिता बहुत दुखी और बूढ़ा। और तीसरा विरागी हो गया, संन्यस्त हो गया, घर छोड़ कर फकीर हो गया।

तीनों ने जो भी व्यवहार किया, वह प्रेमपूर्ण है। क्योंकि विपन्न पिता की सेवा में लग जाना... इस पिता से तो कोई संबंध न था, सिर्फ प्रेयसी का पिता था। और प्रेयसी मर गई, तो अब क्या संबंध था? मरते ही हमारे सब संबंध टूट जाते हैं। क्योंकि सेतु ही मिट गया तो अब इस पिता से क्या लेना-देना था! लेकिन यह पिता दुखी था, मरी हुई प्रेयसी का पिता था। एक युवक पिता की सेवा में लग गया।

दूसरे के जीवन में अर्थ खो गया। जब प्रेयसी ही मर गई अब कुछ पाने को न बचा, वह फकीर हो गया। वह परमात्मा की तलाश पर निकल गया। तीसरे ने जैसे होश-हवास खो दिया। न कुछ करने को बचा, न कुछ खोजने को बचा। फकीरी तक व्यर्थ मालूम पड़ी। वह वहीं कब्र पर घर बना कर रहने लगा। वह कब्र ही उसका घर हो गई।

तीनों ने प्रेमपूर्ण व्यवहार किया, लेकिन तीनों के प्रेम बड़े अलग-अलग मालूम पड़ते हैं। भेद शुरू हो गया। परिस्थिति ने भेद साफ कर दिया। जो युवक पिता के पास रहने लगा, उसका प्रेम दया, करुणा, सहानुभूति जैसा था। परिस्थिति ने उघाड़ा हृदय को; और कोई जांचने का उपाय न था। उसके प्रेम में दया थी। लेकिन ध्यान रहे, दया और प्रेम बड़ी अलग बातें हैं। और प्रेमी दया नहीं मांगता, और अगर तुम प्रेमी को दया करो तो दुखी होता है। क्योंकि दया तो सदा अपने से नीचे पर की जाती है। प्रेम समान है; वह किसी को नीचे नहीं रखता। प्रेम दूसरे को समकक्ष मानता है। दया तो नीचे के प्रति की जाती है। दया में तुम ऊपर हो जाते हो। और दया का पात्र नीचा हो जाता है। दया तो भिक्षा जैसी है। प्रेम और दया पर्यायवाची नहीं हैं।

बहुत से लोगों ने यहां भूल की हुई है। और वे दया को प्रेम समझ रहे हैं। और उसके कारण उनके जीवन में प्रेम का फूल नहीं खिल पाता। पति दया करता है पत्नी पर, लेकिन पत्नी तृप्त नहीं होती, क्योंकि पत्नी प्रेम चाहती है, दया नहीं। दया का तो अर्थ है, तुमने दूसरे को भिखारी बना दिया। दया का अर्थ है, तुम धनी हो गए, तुम दाता हो गए। दूसरा भिक्षापात्र लिए खड़ा हो गया। दया तो बहुत अहंकार की घटना है। प्रेम दया नहीं मांगता। क्योंकि दया में दूसरे को तुम दे रहे हो। प्रेम में भी दूसरे को तुम देते हो; इसलिए समानता मालूम पड़ती है। लेकिन प्रेम में तुम दूसरे को इसलिए देते हो कि देने में आनंद है। दया में तुम दूसरे को इसलिए देते हो कि दूसरा दुखी है। दया एक कर्तव्य है, एक ड्यूटी है।

वह जो पहला युवक पिता की सेवा में लग गया, कर्तव्यनिष्ठ था। नैतिक बुद्धि उसके भीतर थी। अब प्रेयसी तो मर गई है, अब एक कर्तव्य बचा है, जिसे पूरा करना है।

कर्तव्य और प्रेम बड़े विपरीत हैं। तुम अगर अपनी मां की सेवा इसलिए करते हो कि यह कर्तव्य है, क्योंकि वह तुम्हारी मां है, तुम्हारी मां कभी तृप्त न होगी। क्योंकि मतलब साफ है कि यह एक बोझ है। कर्तव्य सदा बोझ है; वह प्रेम नहीं है। मां भी चाहती थी प्रेम। तुम इसलिए करते सेवा कि तुम आनंदित होते थे सेवा करके, तब बात अलग थी। सेवा तुम्हारा आनंद थी। लेकिन अभी तुम इसलिए सेवा करते हो कि दूसरा दुखी है, करना जरूरी है। एक कर्तव्य है, जो पूरा करना होगा। एक नैतिक बुद्धि काम कर रही है, लेकिन हृदय का भाव खो गया।

दया और प्रेम पर्यायवाची नहीं हैं।

प्रेम बड़ी अनूठी घटना है। दया बड़ी साधारण बात है। दया तो कोई भी बुद्धिमान आदमी कर लेगा--करनी चाहिए। लेकिन दया निष्प्राण है। वह ऐसा पक्षी है जो मर चुका, जिसमें तुमने भूसा भर कर घर पर रख दिया है, दूर से जीवित दिखाई पड़ता है।

प्रेम उड़ता हुआ पक्षी है आकाश में--जीवंत! दया मरा हुआ पक्षी है, जिसमें भूसा भर कर रख दिया है। देखने में जीवंत से भी ज्यादा स्वस्थ मालूम पड़ सकता है--बस देखने में। भीतर वहां प्राण नहीं है।

एक युवक निष्ठावान था; दया और करुणा से सेवा में लग गया।

सूफी फकीर कहते हैं कि दया तुम्हें परमात्मा तक नहीं पहुंचाएगी। दया नैतिक है, प्रेम धर्म है। इसलिए तुम गरीबों की सेवा करो, भूमिहीनों को भूमि दिलवाओ, बीमारों के हाथ-पैर दाबो। अगर यह कर्तव्य है तो तुम चूक गए।

ईसाइयत दया के कारण चूकती चली गई है। क्योंकि जीसस ने 'सर्विस' पर, सेवा पर बड़ा जोर दिया। लेकिन जीसस की सेवा प्रेम का पर्यायवाची थी। ईसाई मिशनरी सेवा कर रहा है, क्योंकि सेवा सीढ़ी है परमात्मा तक जाने की। गरीब चाहिए, बे-पढ़े-लिखे लोग चाहिए, आदिवासी चाहिए, भूखे-नंगे लोग चाहिए; उनकी सेवा करो। क्योंकि सेवा ही रास्ता है, उससे ही तुम पहुंच सकोगे। जिस दिन दुनिया में सभी सुखी होंगे और सेवा करने को कोई न बचेगा, उस दिन ईसाई मिशनरी के लिए स्वर्ग जाने का रास्ता बंद। तो बहुत गहरे में ईसाई मिशनरी चाहेगा नहीं कि दुनिया सुखी हो जाए।

एक हिंदू विचारक हैं करपात्री; उन्होंने एक किताब लिखी है रामराज्य और समाजवाद पर। समाजवाद के खिलाफ उन्होंने जो बड़ी से बड़ी दलील दी है, वह यह है कि अगर समाजवाद में सभी लोग समान हो गए तो दान असंभव हो जाएगा। और दान के बिना तो मोक्ष नहीं है। हिंदू धर्म कहता है कि दान के बिना मोक्ष नहीं। तो करपात्री कहते हैं, गरीब का रहना तो जरूरी है। दान कौन लेगा? दान देगा कौन? और जब हिंदू शास्त्र कहते हैं, दान के बिना मोक्ष नहीं तो अगर दान की व्यवस्था ही कट गई, समाजवाद हो गया तो मोक्ष खो जाएगा। तो करपात्री के मोक्ष के लिए गरीब का होना जरूरी है। गरीब एक सीढ़ी है, जिसके सिर पर पैर रख कर मोक्ष तक जाना है। यह सेवा किस तरह की सेवा है? यह दान किस तरह का दान है? इसमें प्रेम जरा भी नहीं है।

और अगर ऐसी सेवा से मोक्ष मिलता हो तो सूफी कहते हैं, ऐसा मोक्ष झूठा होगा। प्रेम से मिलता है मोक्ष। प्रेम हर हालत में किया जा सकता है। दया हर हालत में नहीं की जा सकती है। दया के लिए दूसरे का विपन्न होना जरूरी है। प्रेम सुखी से भी किया जा सकता है, दया केवल दुखी से की जा सकती है। इसे थोड़ा समझ लें।

यह लड़का बाप की सेवा करने आया और पाता कि बाप सितार बजा कर आनंदित हो रहा है। और यह उससे कहता है कि तुम्हारी लड़की मर गई और तुम आनंदित हो रहे हो! वह कहता है कि कौन मरता, कौन जीता! और सितार बजाता रहता। यह लड़का छोड़ कर चला जाता। इसकी क्या सेवा करनी! यह दुखी ही नहीं है।

तुम जब भी किसी की सेवा करने जाते हो और अगर तुम पाओ कि वह दुखी नहीं, तो तुम दुखी लौटते हो। तुम दुखी की तलाश में निकले थे। किसी के घर कोई मर गया है, तुम जाते हो शोक-संवेदना प्रकट करने, लेकिन वहां जाकर पाते हो कि वहां कोई शोक-संवेदना का सवाल ही नहीं है, तब तुम उदास लौटते हो। तुम न केवल उदास लौटते हो, बल्कि नाराज लौटते हो।

च्वांगत्सु की पत्नी मर गई। च्वांगत्सु तो ख्यातिनाम संत था। सम्राट संवेदना प्रकट करने आया। तो सम्राट तैयार करके आया होगा।

जब भी संवेदना प्रकट करने कोई जाता है तो रिहर्सल कर लेता है, क्या कहना! क्योंकि संवेदना का क्षण इतना नाजुक कि कहीं कुछ गलत बात न निकल जाए! तो हम तैयारी करके जाते हैं, क्या कहेंगे, कैसे कहेंगे। और संवेदना का क्षण बड़ा ही अटपटा। किसी के घर कोई मर जाए और तुम्हें जाना पड़ता है तो कैसी मुसीबत मालूम पड़ती है कि क्या करें! इसलिए लोग अकेले नहीं जाते, दस-पांच लोग जाते हैं। उसमें बोझ बंट

जाता है। बातचीत चल जाती है। यहां-वहां की बातचीत करके तुम दुख प्रकट करके वापस लौट आते हो।

सम्राट आया तो उदास चेहरा करके आया था। लेकिन यहां देखा कि फकीर च्वांगत्सु एक झाड़ के नीचे बैठ कर खंजड़ी बजा रहा है। सम्राट को थोड़ी चोट लगी। जब खंजड़ी बजाना बंद हुआ, उसने च्वांगत्सु की तरफ देखा। वह प्रसन्न है, जैसा सदा था। तो सम्राट ने कहा कि यह जरा सीमा के बाहर है। दुखी मत होओ, चलेगा; लेकिन कम से कम खंजड़ी तो मत बजाओ। मत रोओ, चलेगा, लेकिन यह उत्सव मनाने का तो क्षण नहीं है!

च्वांगत्सु ने कहा: या तो रोओ या उत्सव मनाओ। दो के बीच कोई जगह नहीं है। या तो ऊर्जा आंसू बनेगी, या ऊर्जा मुस्कुराहट बनेगी। दो के बीच कोई जगह नहीं है, जहां तुम खड़े हो जाओ।

तुमने कभी जीवन में ऐसी कोई जगह जानी है--दो के बीच? या तो तुम उदास होते हो या प्रसन्न; दो के मध्य क्या है? और कभी अगर तुम खयाल भी करते हो कि मैं मध्य में हूं तो तुम गौर से देखना, तुम उदास हो। मध्य में कोई होता ही नहीं। मध्य में कोई जगह ही नहीं है। या तो ऊर्जा बहती है आनंद की तरफ, या दुख की तरफ।

च्वांगत्सु ने कहा: 'मध्य में कोई जगह नहीं है। या तो खंजड़ी बजेगी, या आंसू बहेंगे। और आंसू बहाने की कोई जरूरत नहीं है; क्योंकि न कोई मरता है, न कोई कभी पैदा होता है। और फिर यह जो मेरी पत्नी थी, इसने मुझे इतना सुख दिया, इसे अगर मैं सुखपूर्वक विदा भी न दे सकूं तो और मैं क्या कर सकता हूं!'

सम्राट बिना बोले वापस लौट गया। दुबारा कभी च्वांगत्सु को देखने नहीं आया। क्योंकि वह जो सब तैयार करके आया था, इसने सब गड़बड़ कर दिया।

तुम दुखी आदमी की तलाश में हो, क्योंकि तुम्हें सेवा का मौका मिलता है, दया का मौका मिलता है। और दया में ऐसा मजा है अहंकार को, जिसका कोई हिसाब नहीं। तुम चाहते हो कि कोई मौका मिले, जब तुम दया कर सको। इसलिए तुम खयाल करो कि जब तुम पर कोई दया करता है तो तुम अच्छा अनुभव नहीं करते। जब तुम पर कोई दया बरसाता है तो तुम्हें भीतर पीड़ा होती है, तुम्हारे अहंकार को चोट लगती है। तुम भी परमात्मा से प्रार्थना करते हो, कोई मौका देना कि मैं भी दया कर सकूं इस पर। इसलिए तुम किसी को चोट पहुंचाओ, वे तुम्हें भला माफ कर दें, लेकिन तुमने जिस पर दया की है, वह तुम्हें कभी माफ नहीं करेगा।

एक धनपति मेरे पास आते थे। बड़े अहंकारी हैं, शुद्ध अहंकारी हैं। आदमी भले हैं। भले आदमी ही शुद्ध अहंकारी होते हैं, बुरे नहीं। किसी को चोट नहीं पहुंचाते, किसी को नुकसान नहीं करते। और जितना भी बन सके, लोगों की सहायता करते हैं। वह मुझसे पूछे कि एक बात मेरी समझ में नहीं आती, मैंने अपने सब रिश्तेदारों को धनपति बना दिया। जितना मैं दे सकता था, उससे ज्यादा मैंने उन्हें दिया, लेकिन कोई भी मुझसे प्रसन्न नहीं है। और सब मेरे दुश्मन हैं। जिसकी मैं सहायता करता हूं, वही आज नहीं कल दुश्मन हो जाता है।

मैंने उनसे कहा कि होगा ही। उनको भी दया करने का कभी मौका दें, वह आपने कभी नहीं दिया। आप दुश्मन पैदा कर रहे हैं, क्योंकि दया कभी भी क्षमा नहीं की जा सकती। और आप इतने सुविधा में हैं कि आप उनको कोई मौका नहीं देते कि वे भी आप पर कभी दया कर सकें। आपका मित्र तो कोई हो ही नहीं सकता। उनको बात पहले तो समझ में नहीं पड़ी, धीरे-धीरे समझ में आई।

दया करना भी दूसरे के अहंकार को चोट पहुंचाना है। प्रेम दया नहीं कर सकता। एक बार प्रेम क्रोध भला करे, लेकिन प्रेम दया नहीं कर सकता है। दया तो तभी होती है, जब प्रेम तिरोहित हो गया होता है। दया तो राख है। जब प्रेम जल चुका होता है, तब राख बचती है।

दूसरा युवक संन्यस्त हो गया, विरागी हो गया। उसका प्रेम भी बहुत गहरा न रहा होगा, उथला रहा होगा। तभी तो मृत्यु ने सारी बदलाहट कर दी। जहां राग था, वहां विराग आ गया। प्रेम अगर गहरा होता तो इतना आसान परिवर्तन नहीं था। छोड़ कर, फकीर होकर चल पड़ा। देखने में तो हमें लगेगा कि बड़ा प्रेमी था। सब छोड़ दिया! लेकिन प्रेम अगर गहरा हो तो देख ही नहीं पाता कि प्रेयसी मर सकती है।

प्रेम सदा अमृत को देखता है।

यह कोई प्रेमी नहीं था, यह इस स्त्री को भोगने को उत्सुक था। और जब स्त्री मर गई, भोग का द्वार बंद हो गया तो खिन्न और उदास! इसका जो संन्यास है, वह भी वास्तविक नहीं है; वह खिन्नता से पैदा हुआ है, उदासी से पैदा हुआ है, निराशा से पैदा हुआ है। और इस फर्क को ठीक से समझ लेना।

अगर तुम्हारा धर्म संसार की निराशा से पैदा हुआ है तो तुम्हारा धर्म वास्तविक नहीं हो सकता। क्योंकि निराशा से सत्य का कहीं जन्म हुआ है? और दुख से कहीं मोक्ष मिला है? दुख से जो बीज खिलेगा, उसमें दुख के ही बीज लगेंगे।

अगर तुम्हारा संन्यास संसार के अनुभव से पैदा हुआ हो, तब बात दूसरी है। अगर तुम्हारा संन्यास संसार के सुख से पैदा हुआ हो और संसार के सुख ने तुम्हें इशारा किया हो कि और महासुख की संभावना है, और तुम परमात्मा की खोज में गए हो, यह बात बिलकुल अलग है। यह एक विधायक तत्व है।

संसार में दुख है, व्यर्थता है, इसलिए तुम परमात्मा की खोज पर गए हो। तुम संसार से थके हो। तुम्हारी हालत वैसी ही है, जैसी ईसप की लोमड़ी की--जिसने छलांग बहुत मारी और अंगूर न पा सकी, तो वापस लौट कर गई और अपने मित्रों को कहा कि अंगूर खट्टे हैं।

संसार खट्टा है, तो परमात्मा बहुत मीठा नहीं हो सकता। संसार खट्टा इसीलिए है कि तुम संसार के फल चख नहीं पाए। और जब तुम संसार के फल नहीं चख पाए तो परमात्मा के फल तो तुम कैसे चख पाओगे? क्योंकि संसार के फल भी लंबी छलांग से न मिल सके, तो परमात्मा तो और भी लंबी छलांग है। संसार के फल तो बहुत निकट थे; यह अंगूर तो बहुत पास थे; लोमड़ी ने थोड़ी कोशिश की होती तो मिल ही गए होते।

ऐसा क्या है इस संसार में जो न मिल जाए? जरा सी कोशिश की जरूरत है और मिल ही जाता है। जो तुम्हें नहीं मिल रहा है, वह तुम्हारी छलांग की कमी है और कुछ भी नहीं है। लेकिन अहंकार यह मानने को राजी नहीं होता कि मेरी छलांग छोटी है। अहंकार एक तरकीब खोजता है कि अंगूर खट्टे हैं, इसलिए मैं छलांग की कोशिश ही कहां कर रहा हूं! सब असार है।

तुम्हें जीवन में बहुत से उदास लोग मिलेंगे जो कहेंगे, संसार में कोई सुख नहीं है। उसका कारण यह नहीं है कि उन्होंने संसार के फल चखे हैं। उसका कुल कारण इतना ही है, वे फलों तक भी नहीं पहुंच पाए। गरीब अक्सर कहता मिलेगा, धन में क्या रखा है! पद-हीन अक्सर कहता मिलेगा, पदों में क्या है! बड़े-बड़े सिकंदर आए और चले गए। लेकिन उसके भीतर गौर से झांकना, यह उसकी ईर्ष्या का परिणाम है। यह कोई अनुभव नहीं है।

ईर्ष्या जहां नहीं पहुंच पाती है, वहां कहती है, अंगूर खट्टे हैं।

यह युवक दुख से संन्यस्त हुआ। इसकी फकीरी सच्ची नहीं है। इसकी फकीरी अनुभव-प्रेरित नहीं है। इसकी फकीरी एक रोग से आई है। यह परमात्मा में उत्सुक

नहीं है। यह प्रेयसी में अनुत्सुक हो गया, क्योंकि वह मर गई। यह प्रेयसी से दूर जा रहा है--मर गई प्रेयसी से; परमात्मा के पास नहीं जा रहा है। और इसमें बड़ा फर्क है।

तुम संसार से भाग रहे हो, या परमात्मा की तरफ भाग रहे हो, ये दोनों भिन्न बातें हैं। अगर तुम संसार से भाग रहे हो, तुम परमात्मा तक कभी न पहुंचोगे। क्योंकि तुम्हारा ध्यान अभी भी संसार में लगा है। लेकिन तुम परमात्मा की तरफ भाग रहे हो, तब बात बिलकुल अलग है। संसार से तुम्हारा कोई प्रयोजन नहीं है। तुम कोई पलायनवादी नहीं हो। तुम खोजी हो।

यह युवक पलायनवादी था। और जो प्रेम पलायन बन जाए वह वास्तविक नहीं था। लेकिन एक स्थिति में ही इसका उदघाटन हो सकता है।

तीसरा युवक वहीं रुक गया। प्रेयसी मरी, कुछ भी न बचा, परमात्मा भी न बचा। प्रेयसी के अतिरिक्त कोई भी न था। संसार तो खो ही गया, परमात्मा भी न बचा, जिसकी खोज करनी हो। जैसे प्रेयसी ही परमतत्व थी। इसका राग, विराग नहीं बना। इसका राग शीर्षासन करके खड़ा नहीं हुआ। न यह उदास हुआ, न यह दुखी हुआ। कब्र ही इसका घर हो गया। प्रेयसी का जीवन, जीवन था। प्रेयसी की मृत्यु, मृत्यु हो गई। इसने प्रेयसी को उसके जीवन में ही नहीं चाहा था; प्रेयसी को चाहा था जीवित या मृत। यह चाह पूरी थी। इस चाह में कोई शर्त न थी। इस चाह में ऐसा भाव न था कि जब तक तुम जीवित हो, तब तक। तुम्हारा होना चाहे शरीर में हो, चाहे शरीर के बाहर हो, रूप रहे कि खो जाए; आकार बचे कि मिट जाए।

इस युवक को कहीं जाने को कोई जगह न बची। कब्र ही इसका घर हो गया। यह कब्र को ही प्रेम करने लगा। यह उत्तीर्ण हुआ। स्थिति इसको मिटा न पाई। मृत्यु से कोई फर्क न पड़ा।

इसे थोड़ा समझ लें।

जिन-जिन चीजों में मृत्यु से फर्क पड़ जाए, वह प्रेम नहीं है। जिस-जिस को मृत्यु छीन ले, मिटा दे, वह सब पार्थिव है। और प्रेम तो अपार्थिव है।

सूफी कहते हैं कि प्रेम को मृत्यु नहीं मार सकती। बस एक चीज को मृत्यु नहीं मार सकती, वह प्रेम है। इसलिए वे कहते हैं, प्रेम परमात्मा तक ले जाएगा। धन नहीं ले जाएगा, क्योंकि मृत्यु धन को छीन लेगी। बुद्धि नहीं ले जाएगी, क्योंकि बुद्धि मृत्यु के इसी तरफ पड़ी रह जाएगी। पद-सम्मान नहीं ले जाएगा, क्योंकि मृत्यु सबको पोंछ डालती है। सिर्फ प्रेम ले जाएगा, क्योंकि प्रेम को मृत्यु नहीं पोंछ सकती।

प्रेम मृत्यु से बड़ा है। प्रेम अमृत है।

यह युवक प्रेमी था--उस अर्थ में, जिसको सूफी प्रेमी कहते हैं। इसका प्रेम अनन्य था। इसका प्रेम बेशर्त था, अनकंडीशनल था। तुम्हारा प्रेम... आज पत्नी सुंदर है, आज प्रेयसी के पास रूप है तो तुम्हारा प्रेम है। कल प्रेयसी बूढ़ी हो जाएगी, तुम्हारा प्रेम खो जाएगा। मृत्यु तो बहुत दूर है, बुढ़ापा भी दूर है। कल प्रेयसी बीमार पड़ जाए, अपंग हो जाए, कुरूप हो जाए, लंगड़ी हो जाए, अंधी हो जाए, प्रेम खो जाएगा।

मैंने सुना है, एक नवविवाहित जोड़ा हनीमून पर था। दूसरे या तीसरे दिन पत्नी ने पूछा कि तुम मुझे सदा ही प्रेम करोगे? अगर मैं कुरूप हो जाऊं तब भी? बूढ़ी हो जाऊं तब भी? यह रूप, यह सौंदर्य न रह जाए, तब भी? उस युवक ने कहा कि देख, मैंने कसम खाई है, सुख-दुख में साथ देने की, मगर इसकी तो कोई चर्चा ही चर्च में न उठी थी। पादरी ने कहा था, 'सुख-दुख में साथ देना।' सुख-दुख में साथ दूंगा, बाकी यह बात मत उठाना। इसकी तो कोई चर्चा ही नहीं उठी थी।

थोड़ा मन में सोचना, कि जिसे तुम प्रेम करते हो, उसे कुरूप अवस्था में भी प्रेम कर पाओगे? तुम्हारे भीतर सोच कर ही डावांडोल होने लगेगा भाव। नहीं, यह संभव नहीं हो सकता। क्योंकि प्रेम तुमने आकृति को किया है, शरीर को किया है; प्रेम तुमने व्यक्ति को तो किया ही नहीं। जब आकार बदल जाएगा तो जिसे तुमने प्रेम किया था वह बचा ही नहीं। यह दूसरा ही व्यक्ति है।

युवक रुक गया। कब्र उसका घर हो गई। यह बड़ी मीठी बात है। मृत्यु उसका आवास बन गया। प्रेयसी खोई नहीं। जैसे प्रेयसी कहीं गई नहीं। जैसे विवाह हो ही गया। सिर्फ शरीर न रहा, लेकिन अशरीरी प्रेयसी--प्रेम बरकरार रहा, उसकी धारा बहती रही।

जो फकीर हो गया था, वह एक दिन एक तांत्रिक को मिल गया। और अक्सर जो फकीर हो जाते हैं, वे किसी न किसी दिन तांत्रिक को मिल जाते हैं।

तांत्रिक से मतलब है, ऐसा व्यक्ति जो सत्य की खोज में नहीं, शक्ति की खोज में है।

इसलिए जो लोग भी संन्यास लेते हैं, उन्हें सावधान रहना चाहिए, कि ऐसे व्यक्ति से मिलना न हो जाए, जो शक्ति की खोज में है। क्योंकि अहंकार हर मौका खोजता है खड़े हो जाने का।

देखा कि उस तांत्रिक को क्रोध आ गया बेटे पर; उसने उसको उठा कर जलती आग में फेंक दिया। चीख उठा यह युवक। उसने कहा कि ऐसा दुख तो मैंने कभी नहीं देखा। ऐसा भयंकर हत्यारा मैंने नहीं देखा। यह कसूर भी कुछ न था, बच्चा जरा रोता था; उसमें मार डालने की क्या जरूरत थी? वह तांत्रिक हंसा, उसने मंत्र पढ़ा और बच्चा हंसता हुआ वापस आ गया।

सभी मंत्र आकार से संबंधित हैं, निराकार से नहीं। इसलिए मंत्र की सिद्धि हो तो आकार खो भी सकता है; आकार बन भी सकता है। पर आकार का मतलब है, संसार। आकार का मतलब है, खेल की दुनिया, माया।

युवक भागा, जैसे ही मंत्र उसने सुना। मंत्र कंठस्थ किया। प्रेयसी फिर याद आ गई। संबंध जीवन का था, मरण का नहीं था। फिर विराग, राग बन गया। जो राग विराग बन सकता है, वह किसी भी दिन पुनः राग बन सकता है। क्योंकि तुम सिर्फ शीर्षासन कर रहे हो। तुममें कोई फर्क नहीं पड़ा। पहले तुम पैर के बल खड़े थे, अब तुम सिर के बल खड़े हो। जैसे ही मंत्र देखा, यह बच्चे का लौटना देखा आग से--भागा! फकीरी गई। वह फकीरी कोई वास्तविक न थी। वह केवल खिन्नता से पैदा हुई थी। संसार के दुख से आदमी संन्यासी हुआ था।

कोई मिल जाए, जो कह दे संसार में दुख नहीं है; और कोई एक सीढ़ी दे दे कि सीढ़ी ले जाओ, अंगूरों तक पहुंच जाओगे। फिर यह भूल जाएगा कि मैं कह रहा था कि अंगूर खट्टे हैं। इसने चखे तो कभी थे नहीं। बिना चखे लौट आया था। अपने को समझा रहा था। मंत्र क्या मिला, सीढ़ी मिल गई। भागा वृक्ष की तरफ, जहां अंगूर खट्टे थे और छोड़ आया था। प्रेयसी फिर अर्थपूर्ण हो गई। वासना फिर हरी हो गई। लहलहा उठा। सब फकीरी धुल गई एक क्षण में। आकर मंत्र पढ़ा, प्रेयसी जीवित हो उठी।

सूफी इस कहानी को गढ़े हैं सिर्फ यह कहने के लिए कि मृत्यु की परिस्थति ने प्रेम की जांच का मौका दिया।

युवती ने कहा कि तीनों भले हैं। पहले में करुणा है, दया है, सभ्यता है, शिष्टता है, लेकिन वह पुत्र होने योग्य है; पति होने योग्य नहीं।

थोड़ा समझने की बात है। पिता पुत्र को प्रेम करता है; लेकिन पुत्र सदा कर्तव्य निभाता है, क्योंकि प्रेम की धारा उलटी नहीं बहती, आगे की तरफ बहती है।

एक घर में मैं मेहमान था और ऐसा मुझे बहुत घरों में अनुभव हुआ है; क्योंकि सभी जगह रोग एक है, बीमारी एक है, तकलीफ एक है। घर के बूढ़े गृहपति ने मुझे

कहा कि हमने इतना प्रेम किया इन लड़कों को, हमारी तरफ कोई देखता भी नहीं। मैंने उनसे पूछा कि अगर ये तुम्हारी तरफ देखें, तो इनके लड़कों की तरफ कौन देखेगा? और फिर मैं तुमसे यह भी पूछता हूं तुमने अपने लड़कों को प्रेम किया, तुमने अपने बाप को प्रेम किया था? जो तुमने किया, वही ये कर रहे हैं। तुम्हारे बाप भी यही शिकायत करते हुए मरे होंगे। वह आदमी बोला आपको कैसे पता चला? पता चलने की कोई बात ही नहीं, सीधा गणित है।

प्रेम आगे की तरफ जा रहा है। क्योंकि यह जिसको हम प्रेम कहते हैं, केवल बायोलॉजिकल है। यह केवल जीवशास्त्रीय है। और जीवन आगे की तरफ जा रहा है। बाप को तो बचना नहीं है, बेटों को बचना है। जीवन की फिकर बूढ़ों को बचाने की नहीं, बच्चों को बचाने की है। तब बाप की तरफ प्रेम डालना तो फिजूल है; सूखे हुए वृक्ष पर पानी डालना है। वह सूख ही रहा है। वह जो नया अंकुरित हो रहा है, पानी वहां जाएगा। और जीवन बड़ा इकोनॉमिकल है। प्रकृति बड़ी इकोनॉमिकल है, बड़ी अर्थशास्त्रीय है। न्यूनतम शक्ति से अधिकतम काम लेना है, और फिजूल कुछ नहीं जाने देना है।

तो बाप का बेटे की तरफ प्रेम होता है; बेटे का बाप की तरफ कर्तव्य होता है। वह कर्तव्य निभा ले, उतना काफी है। उतना भी काफी है। प्रेम तो हो नहीं सकता। दुश्मनी न हो, यह भी बहुत है। घृणा न हो, यह भी बहुत है।

फ्रायड तो कहता है कि बेटों के मन में घृणा होती है बाप के प्रति। लड़कियां मां को घृणा करती हैं। इसमें सचाइयां हैं। क्योंकि जिनके साथ हम बड़े होते हैं, जो हमें बड़ा करते हैं, जीवन कुछ ऐसा है, कि अनेक बार उनके कारण हमारे अहंकार को चोट लगती है। पहली तो इसलिए चोट लगती है कि वे ताकतवर होते हैं, हम कमजोर होते हैं।

एक बच्चा आपके घर में पैदा हुआ, वह कमजोर है, आप ताकतवर हैं। फिर उसको चलाने में, बड़ा करने में, हर तरह से व्यवस्था देने में, आपको न मालूम कितनी आज्ञाएं देनी पड़ती हैं। कठोर होना पड़ता है। हर बार उसे चोट लगती है। वे सब चोटें इकट्ठी होती जाती हैं। वह चोटों का जो अंबार है, वह घृणा बन जाता है। इतना भी काफी है कि बेटा कर्तव्यवश बाप की सेवा करे। प्रेम की तो असंभावना है। प्रेम तो ऐसा होगा कि जैसे कि गंगा गंगोत्री की तरफ बहे--यह तो नहीं हो सकता--नीचे की तरफ, सागर की तरफ बहेगी!

तो उस युवती ने कहा कि यह बेटा पुत्र होने योग्य है। जैसा पुत्र होना चाहिए वैसा है, लेकिन पति होने योग्य नहीं। क्योंकि पति होकर यह कर्तव्य निभाएगा, दया करेगा, सेवा करेगा। एकदम अच्छा है। सब सुव्यवस्था दे देगा, लेकिन प्रेम की जो ऊंचाई है, जो तरंग है, जो समाधि है, वह इससे मिलने वाली नहीं है। दुख में साथी होगा, लेकिन यह सुख का साथी नहीं हो सकता।

और प्रेम है सुख का साथ। प्रेम है, दो उत्सव जहां मिलते हैं, जहां दो जीवन तरंगें अपनी आखिरी उछाल में मिलती हैं, वह शिखर का मिलन है।

यह कर्तव्य का मिलन समतल भूमि पर है। दुख होगा तो यह काम का है, सुख में यह किसी काम का नहीं है। इससे प्रेम नहीं हो सकता। इससे नाता-रिश्ता हो सकता है कर्तव्य का--समतल भूमि पर चलेगा; होशियार है। भाव इसका अच्छा है; काफी नहीं है।

दूसरा युवक, जिसने प्रेयसी को उठाया--कोई भी साधारणतः सोचेगा कि चुनना था उसे, जिसने फिर से जीवन दिया। पर युवती ने कहा: यह पिता जैसा है, क्योंकि जन्म दिया। इसकी उत्सुकता मुझमें कम है, जीवन में ज्यादा है। मृत्यु थी तो यह हट गया था, जीवन है तो यह आ गया। जन्म देने में इसका रस है। और इसने मुझे जन्म दिया, मेरे पिता जैसा है। लेकिन पति नहीं हो सकता।

पति तो यह तीसरा युवक है। न तो इसे कर्तव्य का कोई भाव है, न इसे दया का कोई भाव है, न नीति-आचरण का कोई हिसाब है। इसमें प्रेम का पागलपन है। इसे पता ही नहीं चला कि जैसे मेरे मरने और जीने में कोई फर्क है। इसका प्रेम मौत से ज्यादा गहरा है। कब्र इसका घर हो गई। जैसे यह मेरे साथ ही था। मृत्यु से कोई रत्ती भर भेद न पड़ा। जिस प्रेम में मृत्यु से भेद पड़ जाए, वह प्रेम नहीं है।

अगर मुझे पिता चुनना हो तो इस युवक को चुनूंगी, जो मंत्र लाया; जिसने इतनी मेहनत की, मुझे जिलाया। लेकिन इसका प्रेम जीवन से बंधा है। यह सुख का साथी हो सकता है, दुख का साथी नहीं हो सकता। जीवन में साथ चल सकता है, मृत्यु में साथ नहीं चल सकता। यह मृत्यु में अकेला छोड़ देगा। और जो मृत्यु में साथ जाने को राजी न हो, उसके जीवन का साथ एक औपचारिकता है। अभी राग, अभी विराग; फिर विराग हो सकता है। इसकी बदलाहट हो सकती है।

प्रेम इतना चंचल नहीं है। प्रेम एक थिर भाव है; एक समाधिस्थ दशा है, जहां कोई कंपन नहीं आते।

ये तीसरे युवक को चुनती हूं मैं। मृत्यु परीक्षा बन गई।

अर्थ क्या है? अर्थ यह है कि परमात्मा की भक्ति में परमात्मा केवल उसी को वरण करेगा, जो बेशर्त हो। परमात्मा के मंदिर में तीनों तरह के लोग पूजा करने जा रहे हैं। एक तो वे लोग हैं, जो परमात्मा के मंदिर में कर्तव्यवश पूजा करने जा रहे हैं। क्योंकि सदा जैसा होता रहा है...

मैंने सुना है कि एक सुबह-सुबह एक आदमी अभी दुकान के दरवाजे भी नहीं खुले थे, और अपने लड़के को बुला रहा था कि उठ गए या नहीं?

तो लड़के ने कहा: 'उठ गया हूं।'

तो कहा: 'आटे में रद्दी आटा मिला दिया या नहीं?'

तो उसने कहा: 'मिला दिया पिताजी।'

'और मिर्चों में लाल कंकड़ डाल दिए या नहीं?'

उसने कहा: 'डाल दिए पिताजी।'

'और गुड़ में गोबर मिलाया या नहीं?'

उसने कहा: 'डाल दिया पिताजी। सब कर दिया, सब हो गया है जी।'

तो उसने कहा: 'चल, फिर मंदिर हो आएं।'

यह मंदिर है? यह जिंदगी है? वहां गोबर गुड़ में मिलागा जा रहा है। और जब सब काम निपट गया तो मंदिर हो आएं। वह एक कर्तव्य है। एक रविवारीय धर्म है, कि रविवार को सुबह चर्च हो आएं। वह एक सामाजिक उपचार है; एक शिष्टाचार है। एक नियम, जिसको पूरा करना उचित है। और जिसके लाभ हैं; जिसकी सामाजिक प्रतिष्ठा है, उपयोगिता है। एक तो वह भी मंदिर जा रहा है, लेकिन उसकी प्रार्थना कभी परमात्मा तक नहीं पहुंच पाएगी, क्योंकि उसने कभी प्रार्थना की ही नहीं है।

एक वह भी वहां जा रहा है, जो संसार से परेशान हो गया है, जो दुखी हो गया है; जो जीवन का अनुभव नहीं ले पाया। इतना समर्थ नहीं पाया अपने को, साहस नहीं जुटा पाया। जीवन से वंचित हो गया है, या वंचित रह गया है। वह भी आ रहा है थका-हारा। उस थके-हारे की प्रार्थना भी नहीं सुनी जा सकेगी। क्योंकि जो संसार को भी अनुभव करने में समर्थ नहीं है वह सत्य को अनुभव करने में कैसे समर्थ हो पाएगा? जो सपने में भी पूरा नहीं उतर सकता, वह सत्य में कैसे पूरा उतरेगा? जो व्यर्थ को नहीं समझ पाता, वह सार्थक को नहीं समझ पाएगा। वह तो और बड़ी छलांग है।

ऐसा आदमी निरंतर ईश्वर से कहता है कि तू तो मुझे स्वीकार है, तेरा संसार स्वीकार नहीं। यह स्वीकृति अधूरी है, क्योंकि अगर ईश्वर मुझे स्वीकार है तो सब मुझे स्वीकार है; क्योंकि सभी उसका है।

स्वीकृति पूरी ही हो सकती है; तब उसका संसार भी स्वीकृत है। वह मुझे नरक में भी डाल दे तो वह भी मुझे स्वीकृत है। नरक में भी डाले जाने पर भक्त के हृदय से धन्यवाद ही निकलेगा कि धन्यवाद! तूने मुझे नरक दिया। स्वर्ग की आकांक्षा से ही धन्यवाद निकलता हो, तब हमारा चुनाव है। तब हम सुख में तो कहेंगे धन्यवाद और दुख में शिकायत करेंगे।

जिस हृदय से शिकायत उठती है, उसकी प्रार्थना नहीं सुनी जा सकती। उसकी प्रार्थना खुशामद है। उसकी प्रार्थना के पीछे शिकायत छिपी है। ना, वह भक्त नहीं है। उसकी श्रद्धा पूरी नहीं है। वैसा ही आदमी मंदिर में प्रार्थना कर रहा है। उसे वापस जाना होगा। उसे संसार में भटकना होगा। अभी यात्रा अधूरी है। अभी उसे और-और जन्म लेने होंगे। उसे जानना ही होगा कि अंगूर खट्टे हैं--अपने अनुभव से--या मीठे हैं। सिर्फ सांत्वना के लिए इस तरह की बातें काम नहीं करेंगी। उसे संसार के अनुभव से गुजर कर परिपक्व होना पड़ेगा। जैसे पके फल वृक्षों से गिरते हैं, ऐसा ही पका अनुभव प्रार्थना बनता है; उसके पहले नहीं।

और तीसरा वह प्रेमी भी मंदिर आ रहा है, जिसका जीवन भी वहीं है, जिसकी मृत्यु भी वहीं है। मंदिर ही उसका घर है। वह बाहर भी जाता है, तो मंदिर से बाहर नहीं जा पाता। मंदिर उसके साथ ही चल रहा है। मंदिर उसके जीवन की धारा है; उसकी श्वास-श्वास का स्वर है। और कुछ भी हो, जीवन हो या मृत्यु हो, उसने मंदिर को चुना है। वह चुनाव पूरा है। वह छोड़ेगा नहीं। वह चुनाव बेशर्त है।

मैंने सुना है, एक सूफी फकीर जुन्नैद को किसी ने कहा कि तू प्रार्थना किए ही चला जाता है, पहले यह पक्का तो कर ले कि परमात्मा है या नहीं? क्योंकि बहुत लोग संदिग्ध हैं। जुन्नैद ने कहा: 'परमात्मा से क्या मतलब! मुझे मतलब प्रार्थना से है।' परमात्मा न भी हो यह पक्का भी हो जाए तो जुन्नैद की प्रार्थना चलेगी।

'मुझे मतलब प्रार्थना से है।' और जुन्नैद ने कहा: 'मैं तुझसे कहता हूं, अगर मेरी प्रार्थना सही है तो परमात्मा को होना पड़ेगा। मैं इसलिए प्रार्थना नहीं कर रहा हूं कि परमात्मा है। मेरी प्रार्थना जिस दिन सच होगी, उस दिन परमात्मा होगा।'

परमात्मा के कारण प्रार्थना नहीं चलती सच्चे भक्त की, प्रार्थना के कारण परमात्मा पैदा होता है।

प्रेम, प्रेम-पात्र को निर्मित करता है। प्रेम सृजनात्मक है। इस जगत में प्रेम से बड़ी कोई सृजनात्मक शक्ति नहीं है। इसलिए प्रेम मृत्यु को तो स्वीकार कर ही नहीं सकता; वह घटती ही नहीं।

अगर तुम प्रेम करते हो किसी को, तो वह मरेगा ही नहीं; मर नहीं सकता। प्रेमी कभी नहीं मरता। प्रेमी मृत्यु को जानता ही नहीं है। प्रेम अमृत है।

और सूफी कहते हैं, प्रेम द्वार है।

यह कथा प्रार्थना की कथा है। इसे साधारण प्रेम की कथा मत समझ लेना। सूफी कहते हैं, दो तरह के प्रेम हैं। एक प्रेम लौकिक, एक प्रेम अलौकिक। यह अलौकिक प्रेम की तरफ इशारा है। इसलिए दो प्रेमी, जो किसी तरह लौकिक थे, वंचित रह गए। उनमें एक ही अलौकिक था। क्योंकि अलौकिक की पहचान यही है कि मृत्यु के पार भी अलौकिक प्रेम चलता रहेगा। उसका कोई अंत नहीं है।

आज इतना ही।

७

मनुष्य की जड़: परमात्मा

ओशो, किसी आदमी ने एक दिन एक पेड़ को काट लिया। एक सूफी फकीर ने, जो यह सब देख रहे थे, कहा: 'इस ताजा डाल को तो देखो! वह रस से भरा है और खुश है। क्योंकि वह अभी नहीं जानता है कि काट डाला गया है। हो सकता है यह इस भारी घाव से अनजान हो, जो अभी-अभी इसे लगा है। लेकिन थोड़े ही समय में वह जान जाएगा। इस बीच तुम इसके साथ तर्क भी नहीं कर सकते।'

ऐसी ही दशा मनुष्य की है। उसे पता भी नहीं कि उसकी जड़ें टूट गई हैं। उसे पता भी नहीं कि परमात्मा से उसका संबंध विच्छिन्न हो गया। उसे पता भी नहीं कि जीवन के स्रोत से उसकी सरिता अलग हो गई है। जल्दी ही सब सूख जाएगा। लेकिन अभी सूखने में देर है। और जब तक वह पूरा ही न सूख जाए, तब तक तर्क से उसे समझाने का कोई उपाय नहीं।

यह सूफी फकीर ठीक कह रहा है। किसी ने वृक्ष को काट गिराया है। वृक्ष कट गया है, लेकिन अभी हरा है। अभी भी फूल खिले हैं; मुरझाने में समय लगेगा। उसे पता नहीं कि जड़ों से संबंध टूट गया है। उसे पता नहीं कि अब जमीन से कोई नाता न रहा। कोई उपाय भी तो नहीं है उसे समझाने का। और जब समझाने का उपाय होगा तब समझाने

का कोई अर्थ न रह जाएगा। जब वह सूख ही जाएगा तभी उसकी बुद्धि को समझ में आएगा। लेकिन जब सूख ही गए तो कुछ करने को नहीं बचता।

आदमी तभी समझ पाता है, जब करने को समय ही नहीं रह जाता। अक्सर लोग मरने के समय समझ पाते हैं कि जीवन व्यर्थ गया। इसके पहले उन्हें समझाने की कितनी ही कोशिश करो, उनकी समझ में नहीं आता। क्योंकि क्षुद्र में ही वे सार देखते रहते हैं। और उन्हें यह भी भरोसा नहीं आता कि मौत आने वाली है। क्योंकि बुद्धि कहे जाती है--और दूसरे मरते होंगे, तुम तो कभी पहले मरे नहीं! और जो कभी नहीं हुआ, वह क्यों होगा? और जीवन को भरोसा नहीं आता कि मैं मृत्यु कैसे बन सकता हूं। प्रकाश माने भी तो कैसे माने कि मैं अंधकार हो जाऊंगा! अमृत को समझाएं भी तो कैसे समझाएं कि तू भी जहर हो सकता है!

आप जब भी किसी को मरते हुए देखते हैं तो ऐसा लगता है, कोई दुर्घटना हो गई। जैसे कोई दुर्घटना हो गई, न कि कोई जीवन का सत्य! मृत्यु ऐसी लगती है, जैसे होनी न थी और हो गई। लगनी तो ऐसी चाहिए कि आश्चर्य तो यही है कि इतनी देर क्यों न हुई!

जिस दिन जन्मे, उसी दिन जड़ें टूट गईं। जिस दिन जन्मे, उसी दिन पृथ्वी से नाता विच्छिन्न हो गया। जिस दिन जन्मे, उसी दिन परमात्मा से दूर जाने की यात्रा शुरू हो गई। उसी दिन हम पृथक हो गए। पृथकता का अर्थ समझ लेना चाहिए।

बच्चा जब पैदा होता है, एक क्षण पहले मां का अंग था। अंग कहना भी ठीक नहीं, क्योंकि उसे यह भी पता नहीं था कि मैं अंग हूं। वह मां के साथ एक था। यह भी हम सोच कर कहते हैं, उसे यह भी पता नहीं था कि मैं एक हूं। क्योंकि एक होने का भी पता तब ही चलता है, जब हम दो हो गए हों। दो हुए बिना एक का भी तो खयाल नहीं आता। बच्चा सिर्फ था। होना परिपूर्ण था। उस होने में कोई भी द्वैत नहीं था। फिर बच्चा पैदा हुआ, मां से विच्छिन्न हुआ, जड़ें टूटीं, जैसे किसी ने पौधा काट डाला।

जिसको हम जन्म कहते हैं, वह मां से दूर हटने की प्रक्रिया है। और फिर जिसको हम जीवन कहते हैं, वह रोज-रोज दूर हटते जाने का नाम है। पहले बच्चा मां के पेट से अलग होता है। लेकिन तब भी मां के स्तनों से उसका संबंध जुड़ा रहता है। फिर वह संबंध भी टूट जाएगा। फिर भी वह मां के आसपास घूमता रहेगा। लेकिन जल्दी ही वह संबंध भी टूट जाएगा। फिर भी मां से एक नाता बना रहेगा। क्योंकि वही स्त्री सर्वाधिक महत्वपूर्ण होगी। फिर वह नाता भी टूट जाएगा। वह किसी प्रेम में पड़ेगा; कोई स्त्री, और स्त्री महत्वपूर्ण हो जाएगी। तब मां की तरफ पूरी पीठ हो जाएगी।

ऐसे वह दूर जा रहा है। और जितना दूर जाएगा उतना अहंकार मजबूत होगा। क्योंकि जितना मां के पास था, उतना निर-अहंकार भाव था। जब मां के गर्भ में था, एक था, तो कोई अहंकार न था।

पश्चिम के मनोवैज्ञानिक कहते हैं कि मां से दूर होने में ही व्यक्तित्व का निर्माण है। व्यक्तित्व का अर्थ है, अहंकार। व्यक्तित्व का अर्थ है, कि मैं अलग हूं, पृथक हूं, भिन्न हूं, विशिष्ट हूं, व्यक्ति हूं। यह सब जो चारों तरफ दिखाई पड़ रहा है, इसके साथ मैं एक नहीं हूं, अलग हूं। यह अलग होने की भावना अस्मिता है। यह अहंकार मरेगा। थोड़ी देर डाल हरी रहेगी कट कर भी। वह थोड़ी देर चाहे सत्तर साल क्यों न हों! वह थोड़ी ही देर है। सत्तर साल का क्या मूल्य है इस अस्तित्व में?

वैज्ञानिक कहते हैं, इस पृथ्वी को बने कोई चार अरब वर्ष हुए। लेकिन पृथ्वी बड़ा ही नया ग्रह है। इससे पुराने ग्रह हैं। सत्तर वर्ष का क्या अर्थ है? इस विराट के फैलाव में सत्तर वर्ष क्षण से भी तो ज्यादा नहीं!

टूट गई डाल वृक्ष से, कुछ घड़ी हरी रहेगी, कुछ घड़ी फूल खिले रहेंगे। यह भी हो सकता है कि जो कली खिल रही थी वह अभी और खिलती चली जाए। क्योंकि अभी भी रस दौड़ रहा है। अभी भी वृक्ष भीतर हरा है। यह स्रोत नया बंद हुआ, लेकिन पुराना जितना रस दौड़ गया था वह तो अपनी यात्रा पूरी करेगा। पुराना मोमेंटम कायम है। अभी घड़ी कुछ देर टिक-टिक करेगी, हृदय धड़केगा। लेकिन जो जानते हैं वे कहते हैं, जन्म का दिन ही मृत्यु का दिन है। उसी दिन मौत घट गई। तुम्हें खबर सत्तर साल बाद पता चलेगी। कुल्हाड़ी से काट दिया वृक्ष को, उस वृक्ष को पता चलने में घड़ी दो घड़ी, दिन दो दिन लग जाएंगे। लेकिन तब तक उसे समझाने का भी उपाय नहीं।

अगर मैं तुमसे अभी कहूं कि तुम मर गए हो, तुम मेरी मानोगे नहीं; तुम हंसोगे। तुम कहोगे कि अभी हम भलीभांति जिंदा हैं, यह क्या पागलपन की बात है! लेकिन तुम मर गए उसी दिन, जिस दिन जन्म हुआ। उसी दिन कट गए। उसी दिन अस्तित्व से तुम्हारा नाता टूट गया।

धर्म की सारी खोज इस अनुभव से शुरू होती है कि मैं कट गया हूं, जुड़ कैसे जाऊं? जड़ें उखड़ गई हैं, फिर से मेरी जड़ें कैसे फैल जाएं? अस्तित्व से अलग हो गया हूं, फिर से एक कैसे हो जाऊं?

इस एकता की खोज ही धर्म है। और भिन्नता की खोज संसार है। कैसे और अलग हो जाऊं, कैसे और भिन्न हो जाऊं, इसकी तलाश सांसारिक है।

संसार में हम करते ही यही हैं। अगर तुम्हारे पास धन कम है, तो तुम बहुत ज्यादा अलग नहीं हो सकते। तुम्हारे पास धन ज्यादा है, तो तुम ज्यादा अलग हो सकते हो। जिसके पास बहुत धन है, उसे समाज में जाने की जरूरत भी नहीं रह जाती। उसे लोगों के सामने झुकने का सवाल ही नहीं रह जाता। सम्राट एक शिखर पर रहने लगता है, जहां कोई भी पहुंच नहीं सकता; जहां वह अकेला है। एक भिखमंगा अकेला नहीं हो सकता। उसको भीख मांगने दूसरों के पास जाना ही पड़ेगा। उसे निर्भर रहना पड़ेगा दूसरों पर। उसका अहंकार बहुत मजबूत नहीं हो सकता। एक सम्राट अहंकार से भर सकता है कि मैं बिलकुल पृथक हूं, और पूर्ण स्वतंत्र हूं, और किसी पर मेरी कोई परतंत्रता, कोई निर्भरता नहीं है।

बड़े पदों की लोग तलाश करते हैं। क्योंकि बड़ा पद शिखर की भांति है। तो जैसे पिरामिड होता है--नीचे बहुत चौड़ा, और ऊपर संकरा होता चला जाता है। आखिर में राष्ट्रपति, सम्राट, प्रधानमंत्री बचते हैं। नीचे जनता का बड़ा विस्तार है। उस भीड़ में अगर तुम खड़े हो, तुम अकेले नहीं हो। इसलिए हर एक कोशिश कर रहा है कि पिरामिड के शिखर पर कैसे पहुंच जाए! जहां वह बिलकुल अकेला होगा, सबके कंधों पर होगा और उसके कंधे पर कोई नहीं। पद की खोज अगर बहुत गहरे में देखो, तो अहंकार स्वतंत्रता की खोज कर रहा है: कैसे मैं अकेला हो जाऊं! कैसे मैं किसी पर निर्भर न रहूं, मुझ पर सब निर्भर हों। मैं किसी पर निर्भर न रहूं। तभी तो मैं कह सकूंगा, मैं हूं--अप्रतिम, अद्वितीय और सबसे ऊपर! और मेरे ऊपर कोई और नहीं।

धर्म की तलाश बिलकुल विपरीत है। धर्म की तलाश, अहंकार विसर्जन की तलाश है। कैसे मुझे पता चले कि मैं हूं ही नहीं। कैसे मैं मिटूं। जैसे बूंद सागर में खो जाती है, जैसे बर्फ पिघलता है और पानी होकर सरिता के साथ एक हो जाता है, ऐसे कैसे मेरा अहंकार पिघले और एक हो जाए! अहंकार बर्फ की तरह है, जमा हुआ। जमा है, इसलिए सीमा मालूम होती है। पिघल जाए, सीमा खो जाती है। और अगर वाष्पीभूत हो जाए तो आकाश के साथ एक हो जाता है। सभी सीमाएं खो जाती हैं।

तो तीन स्थितियां हैं मनुष्य के अस्तित्व की। एक है बर्फ की भांति जमा हुआ--फ्रोज़न; तब सीमा है। और सीमा साफ है। फिर दूसरी अवस्था है जल की भांति--पिघला; सीमा तरल हो गई। सीमा अभी भी है, लेकिन उतनी साफ न रही, धुंधली हो गई। दूसरे से मिलना शुरू हो गया। और फिर एक तीसरी अवस्था है वाष्पीभूत--भाप

की भांति। थोड़ी देर तो भाप में भी सीमा लगती है, लेकिन जल्दी ही सीमा खो जाती है और भाप आकाश के साथ एक हो जाती है।

धार्मिक व्यक्ति है वाष्पीभूत, अधार्मिक व्यक्ति है बर्फ की भांति।

और तुम्हारी आकांक्षा क्या है? क्या तुम चाहते हो कि तुम्हारी सीमा हो साफ? तुम दूसरों से पृथक और भिन्न, अलग मालूम पड़ो? तो तुम जो भी खोज रहे हो, उस खोज से दुख ही निकलेगा। और उस खोज से मौत आएगी। लेकिन तुम्हें समझाना मुश्किल है कि तुम मर गए हो। तुम्हारी बुद्धि तो यही कहती है, दूसरे मरते हैं सदा। तुमने दूसरों को मरते देखा है, खुद को मरते तुमने कभी देखा भी नहीं, देख भी न सकोगे। क्योंकि खुद को मरते देखने का कोई भी तो उपाय नहीं है। तुम जब भी देखोगे, अपने को जिंदा देखोगे। तुम्हारा अनुभव यही है। और बुद्धि तुम्हारे अनुभव से चलती है। इसलिए बुद्धि का तर्क ठीक है, कि कौन कहता है जड़ें टूट गई हैं! और कौन कहता है कि हम कट गए हैं? हम हैं, भलीभांति हैं। अभी सत्तर वर्ष लगेंगे तुम्हें सूखने में। समझोगे तुम भी, लेकिन जब समझोगे तब कुछ करने को न बचेगा।

मृत्यु के क्षण में अक्सर लोगों के जीवन में वैराग्य आ जाता है। पर तब समय नहीं बचता। सारा समय संसार में खो दिया, संन्यास के लिए कोई समय नहीं बचता। मृत्यु के क्षण में ऐसा लगता है, जो भी था स्वप्न जैसा खो गया। स्वप्न भी नहीं, बल्कि एक दुख-स्वप्न, एक 'नाइटमेयर।' क्या पाया, कुछ समझ नहीं पड़ता। हाथ खाली दिखाई पड़ते हैं। नग्न जाने की तैयारी हो रही है। और जहां जा रहे हैं, जो भी कमाया था, उपलब्धि की थी, वह कोई भी साथ न जा सकेगी। लेकिन यह उस समय समझ में आता है... पूरा जीवन दुहर जाता है आंख के सामने से।

तुमने सुना होगा--और वह घटना सही है--अगर कोई पानी में डूब कर मरे, तो उस डूबने के क्षण भर में पूरा जीवन फिल्म की भांति आंखों के सामने से घूम जाता है, उतर जाता है। फिर से दुहर जाता है पूरा जीवन, एक क्षण में! और सारा असार, जहां कुछ भी पाया नहीं, कुछ सार न निकला, जैसे रेत को निचोड़ते रहे और तेल हाथ न लगा; वहां खोजते रहे खजाना, जहां खजाना न था। उस दिशा में चलते रहे, जहां रास्ता तो बहुत लंबा था; लेकिन मंजिल कोई आती न थी। या शायद गोल वर्तुलाकार रास्ता था, जिस पर घूमते तो बहुत थे; जैसे कोल्हू का बैल घूमता है--घूमता रहता है; शायद सोचता हो, कहीं पहुंच रहे हैं... कहीं पहुंच रहे हैं। आंखों पर पट्टी बांध देते हैं कोल्हू के बैल को, ताकि उसे दिखाई न पड़े। उसे सिर्फ सामने दिखाई पड़ता है, आजू-बाजू

दिखाई नहीं पड़ता। सामने सदा रास्ता मालूम पड़ता है, चलता जाता है। आजू-बाजू दिखाई पड़े तो उसे पता चल जाए कि मैं गोल-गोल घूम रहा हूं, कहीं पहुंचूंगा नहीं। व्यर्थ घूम रहा हूं।

आदमी की आंखों पर भी पट्टी है। तुम भी आजू-बाजू नहीं देख पाते। तुम भी सिर्फ सामने देखते हो। न तुम पीछे लौट कर देखते हो, न तुम आजू-बाजू देखते हो। वासना सदा आगे देखती है। वासना पट्टी है। वासना सदा देखती है--कल। कल क्या मिलेगा? आंखें वहां लगी रहती हैं कल पर, वह आगे की तरफ तुम जा रहे हो। और तुम कभी नहीं सोचते कि कल भी तुम वही देख रहे थे, परसों भी तुम वही देख रहे थे। जब से तुम पैदा हुए, जब से तुमने सोचना शुरू किया था, तुम इसी रास्ते पर घूम रहे हो। वही कामवासना, वही क्रोध, वही लोभ, रोज-रोज वही है। नया कुछ भी नहीं है। तुम पहले भी उसी वासना में उतरे हो बहुत बार, अब भी उसमें उतरने की आकांक्षा कर रहे हो। बहुत बार क्रोध किया, वही क्रोध फिर करने की कोशिश कर रहे हो। बहुत लोभ किया, वही लोभ फिर दुहरा रहे हो।

आदमी एक पुनरुक्ति है, कोल्हू का बैल है। आगे दिखाई पड़ता है इसलिए खयाल में नहीं आता कि वर्तुलाकार घूम रहा हूं। इस वर्तुलाकार घूमने से मंजिल आएगी नहीं, मौत ही आएगी। बैल थकेगा, गिरेगा, मरेगा। शायद मरते क्षण में आसपास देखे, क्योंकि तब आगे देखने को कुछ भी न बचेगा। कल तो है नहीं। जब आदमी मरता है तो कल तो बचता नहीं। कल समाप्त हुआ। आज ही रह जाता है। शायद उस दिन आसपास देखे, शायद उस दिन पीछे लौट कर देखे। और तब पाए कि मैं एक ही गोल वर्तुल में सत्तर वर्ष घूमता रहा।

यह थोड़ा समझने जैसा है कि जीवन की सारी यात्राएं वर्तुलाकार हैं। चांद वर्तुल में घूम रहा है, पृथ्वी वर्तुल में घूम रही है, सूरज वर्तुल में घूम रहा है, ऋतुएं वर्तुल में घूम रही हैं, सारा जगत वर्तुल में घूम रहा है। तुम्हारा जीवन भी वर्तुल में ही घूम रहा होगा; क्योंकि यहां सारी यात्राएं वर्तुलाकार हैं। तुम्हारी यात्रा अलग नहीं हो सकती। कहां पहुंचेगा चांद घूम-घूम कर? कहीं भी नहीं पहुंचेगा, सिर्फ मरेगा। कहां पहुंचेगी पृथ्वी घूम-घूम कर? कहीं भी नहीं पहुंचेगी, सिर्फ टूटेगी और बिखरेगी। तुम भी टूटोगे और बिखरोगे। जड़ें तुम्हारी टूट ही चुकी हैं।

सूफी फकीर ठीक कहता है कि इस कटी हुई शाखा को समझाना मुश्किल है कि तू मर चुकी है; तेरी जड़ें टूट गई हैं, कि तेरा आगे अब कोई जीवन नहीं है। क्योंकि वह

शाखा कहेगी, अभी मैं हरी हूं, अभी मैं जवान हूं। अभी फूल खिल रहे हैं, कलियां अभी खिलती जा रही हैं, अभी पत्ते मुरझाए भी नहीं हैं; पागलपन की बात है! तर्क डाल का कहेगा, नहीं मैं जिंदा हूं।

बुद्धि भी समझेगी, लेकिन जब समझेगी, तब समय जा चुका होगा। इसलिए बुद्धिमान वह है, जो समय के पहले समझ जाए। तुम उस डाल की भांति व्यवहार मत करना। और जब कोई फकीर तुमसे कहे कि तुम टूट गए हो तो उसकी बात पर सोचना। और जब कोई बुद्ध तुमसे कहे कि तुम मर ही चुके हो, तब जल्दी मत करना इनकार करने की, क्योंकि तुम्हारी श्वास चल रही है। श्वास चलने से जीवन का कोई अनिवार्य संबंध नहीं है। श्वास चलती रह सकती है।

मैं एक स्त्री को देखने गया, वह नौ महीने से बेहोश है। श्वास चल रही है, कोमा में पड़ी है। और डॉक्टरों ने मुझे कहा कि कोई तीन साल तक यह कोमा में रह सकती है। इंजेक्शन दिए जा रहे हैं, ऑक्सीजन दी जा रही है, श्वास चल रही है, हृदय धड़क रहा है, खून बह रहा है। शरीर सब काम कर रहा है, लेकिन वह बेहोश पड़ी है। वह कभी होश में आएगी नहीं।

तुम्हारी श्वास चल रही है, हृदय धड़क रहा है, खून बन रहा है, तुम भी तो कहीं बेहोश नहीं हो? वह स्त्री तो साफ मालूम पड़ती है कि बेहोश पड़ी है। लेकिन क्या उस स्त्री को पता होगा कि वह बेहोश है? अगर वह एक सपना देख रही होगी, तो हो सकता है सपने में वह घर बना रही हो, विवाह कर रही हो, प्रेम कर रही हो, गृहस्थी सजा रही हो। और उसे कभी भी पता नहीं चलेगा कि सपना है यह, क्योंकि तीन साल तक उसका सपना चलता रहेगा। तुम्हें पता चल जाता है, क्योंकि सुबह तुम जागोगे, रात का सपना टूट जाएगा। लेकिन क्या कभी तुमने सोचा कि सपने में तुम्हें सपना, सपने जैसा मालूम नहीं पड़ता? सपने में तो लगता है यही सत्य है। सुबह जाग कर पता चलता है कि सपना था। लेकिन रात जब तुम फिर सो जाओगे, तो जिसे तुमने दिन में जागरण समझा था वह भी सपना हो जाता है। सपने की तो सुबह थोड़ी-बहुत याद भी रह जाती है, दिन की तो रात में उतनी भी याद नहीं रह जाती। सब भूल जाता है, कि तुम कौन थे।

सुना है मैंने, एक चीनी सम्राट अपने बेटे के पास बैठा था, जो मरणशय्या पर था। उसका एक ही बेटा था। वही आंखों का तारा था। उस पर ही सब निर्भर था, बड़ा साम्राज्य था। सम्राट बूढ़ा था। बुढ़ापे में यह बेटा पैदा हुआ, वह भी मरणशय्या पर था। चिकित्सकों ने कहा, बच न सकेगा। बीमारी कुछ इलाज-योग्य न थी, मृत्यु निश्चित

थी। तो सम्राट जग रहा है, बैठा है। कभी भी किसी भी क्षण बेटा मर सकता है। तीन रात जगता रहा, चौथी रात सम्राट को झपकी लग गई--थका-मांदा! झपकी में उसने देखा कि वह और भी बड़ा सम्राट है। सारी पृथ्वी पर उसका राज्य है। चक्रवर्ती है। सभी उसके अंतर्गत हैं और उसके बारह जवान बेटे हैं। सुंदर, स्वस्थ, प्रतिभाशाली, एक से एक बेजोड़, एक से एक बढ़ कर। वह बड़ा प्रसन्न था, वह बड़ा आनंदित था। स्वर्ण का महल है, सभी कुछ है। दुख की कोई खबर नहीं। जरा सा भी कांटा नहीं है उसके जीवन-रास्ते पर।

तभी बेटा, जो सामने सोया था, मर गया। पत्नी छाती पीट कर रोई, चीखी। सम्राट की आंख खुली। सम्राट जोर से खिलखिला कर हंसने लगा। पत्नी समझी कि शायद विक्षिप्तता आ गई है बेटे की मौत देख कर।

उसने कहा: 'यह तुम क्या करते हो?'

सम्राट ने कहा: 'मैं बड़ी मुश्किल में पड़ गया हूं। मैं इस बेटे के लिए रोऊं या उन बारह बेटों के लिए, जिन्हें मैं अभी-अभी देखता था। और इस राज्य के लिए रोऊं जिसका मालिक मर गया, या उस राज्य के लिए, जो बड़ा विराट था? सारी पृथ्वी उस राज्य के अंतर्गत थी। इस मिट्टी के, पत्थर के महल के लिए सोचूं, या स्वर्ण के महल जिसको मैं अभी-अभी छोड़ कर आ रहा हूं। और मैं बड़े संदेह में पड़ गया हूं कि क्या सच है! इसलिए हंसता हूं। पागल नहीं हुआ हूं।' सम्राट ने कहा: 'अगर तू ठीक से समझे तो पहली दफा मेरा पागलपन टूटा है, मैं होश में आ गया हूं।'

न यह संसार सच है, न वह संसार सच है। दोनों ही सपने मालूम पड़ते हैं। एक दिन का सपना है; एक रात का सपना है।

इसलिए हिंदू कहते हैं, यह जगत माया है, स्वप्न से ज्यादा नहीं। जागती आंख का सपना है। और जब तक तुम सोए हुए हो, तुम सपने के अतिरिक्त कुछ देख भी न सकोगे। चाहे आंख खुली हो और चाहे आंख बंद हो; इससे कोई फर्क नहीं पड़ता। तुम भीतर बेहोश हो। तुम्हें इतना भी तो होश नहीं है कि मैं कौन हूं! तुम्हारे होश का क्या अर्थ हो सकता है? तुम्हें इतना भी तो होश नहीं है कि किस गहरे स्रोत से मेरा जीवन आता है। तुम भीतर कभी गए ही नहीं हो। तुम्हारा अपने से कोई परिचय नहीं। तुम कैसे कहते हो कि तुम होश में हो?

बुद्ध, महावीर, कृष्ण और क्राइस्ट होश का एक ही अर्थ करते हैं; जिसे आत्मज्ञान हुआ है।

तुम्हें रास्ते पर एक आदमी मिल जाए और तुम उससे पूछो कि तू कौन है? और वह कहे, क्षमा करें, मुझे कुछ पता नहीं। तुम उससे पूछो, तू कहां से आ रहा है और वह कहे कि माफ करें, मुझे कुछ पता नहीं! और तुम उससे पूछो कि कहां जा रहा है और वह कहे माफ करें, मुझे कुछ पता नहीं कि मैं कहां जा रहा हूं; तो क्या समझोगे तुम? यह आदमी या तो बेहोश है, या नशे में है, या पागल है। लेकिन तुम्हारी भी जीवन के रास्ते पर इससे भिन्न तो कोई दशा नहीं है।

तुमसे कोई पूछे कौन हो? तो क्या है जवाब?

कहां से आते हो?--क्या है जवाब?

कहां जाते हो?--क्या है जवाब?

क्यों हो?--कुछ भी पता नहीं है!

मैंने सुना है, एक आदमी वर्षों तक धंधा करता रहा एक साझीदार के साथ लंदन में। साझेदारी भले ढंग से चलती थी, क्योंकि दोनों सीधे-सादे आदमी थे और दोनों विवाद में भरोसा न करते थे, इसलिए कभी कोई विवाद भी नहीं होता था। एक-दूसरे से राजी रहते थे, काम ठीक चलता था। फिर उन्होंने काफी कमा लिया। फिर सोचा कि अब हमने इतना अर्जन कर लिया कि हम थोड़ा पहाड़ों में जाएं, और थोड़ी छुट्टी बिताएं। थोड़ा विश्राम का दिन आ गया।

तो दोनों पहाड़ पर गए। पहली ही रात रास्ता भटक गए। दोनों अलग-अलग हो गए। एक आदमी, जो घने जंगल में पड़ गया, बहुत डरने लगा। बहुत भयभीत होने लगा। जोर से चिल्लाकर कहने लगा जंगल में, मैं रास्ता खो गया हूं। शायद कोई सुन ले! फिर उसने चिल्ला कर कहा, कि मैं रास्ता खो गया हूं। किसी ने तो न सुना, सिर्फ एक उल्लू एक वृक्ष पर बैठा था। तो उल्लू ने जोर से हुंकार भरी--'हू।' उस आदमी ने समझा कि यह पूछ रहा है, 'कौन?' तो उसने कहा, 'मैं--मेरा नाम विल्सन।'

उल्लू ने फिर कहा: 'हू।'

तो उस आदमी ने कहा कि 'कहा नहीं, मेरा नाम विल्सन! विल्सन एंड जॉनसन कंपनी में साझेदार हूं।'

उल्लू ने फिर कहा: 'हू।'

तो उस आदमी ने कहा: 'नेवर माइंड! आइ विल फाइंड माइ ओन वे। यू आर आस्किंग टू मच।' मैं पा लूंगा अपना रास्ता। खुद ही खोज लूंगा। आप परेशान मत हों। जरूरत से ज्यादा पूछ रहे हैं। इससे ज्यादा तो मुझे ही पता नहीं है। इतना ही मालूम

है कि विल्सन मेरा नाम है, विल्सन एंड जॉनसन कंपनी में साझेदार हूं। इससे ज्यादा न कभी किसी ने पूछा है, न उत्तर देने का कोई सवाल उठा है।

आपको इससे ज्यादा मालूम है? उल्लू भी तीन बार पूछ ले, तो आपका आत्मज्ञान खत्म हो जाए! तो ज्ञानी की तो बात छोड़ें, कोई फकीर पूछे उसकी तो बात छोड़ें, उल्लू पूछ ले 'हू' तो आत्मज्ञान खो जाता है। इसको होश कहिएगा? यह कैसा होश है? कितना होश है इसमें? इसमें कुछ होश नहीं है। होश के नाम पर आप धोखे में हैं।

गुरजिएफ कहता था, तुम सोए हुए हो। तुम्हारी नींद दो तरह की है; एक नींद जब तुम आंख बंद कर लेते हो, और एक नींद जब तुम सुबह आंख खोल लेते हो। पर इससे तुम्हारी नींद नहीं टूटती। तुम्हारी नींद जारी रहती है। नींद तुम्हारी दशा है। गुरजिएफ से कोई पूछता कि मैं क्या करूं? मैं भला होना चाहता हूं। शुभ होना चाहता हूं, मैं शुद्ध होना चाहता हूं, पवित्र होना चाहता हूं। गुरजिएफ कहता, बकवास मत करो! पहले जागो। क्योंकि बिना जागे, तुम कैसे शुभ हो सकोगे? तुम्हें यही पता नहीं कि तुम कौन हो? किसको स्नान करवाओगे? किसकी शुद्धि करोगे? कौन करेगा ध्यान?

बुद्ध से किसी ने रास्ते पर टोका और पूछा कि मैं लोगों की सेवा करना चाहता हूं, कैसे करूं? बुद्ध ने उसे गौर से देखा और कहा कि मुझे बड़ी दया आती है। तुम कैसे सेवा करोगे? तुम अभी हो ही नहीं।

गुरजिएफ से मिलने ऑस्पेंस्की जब पहली दफा गया, वह बड़ा लेखक था, उसने बड़ी किताबें लिखी थीं। जैसे तथाकथित ज्ञानी होते हैं, ऐसा ज्ञानी था। शास्त्रों पर उसकी पकड़ थी, बड़ा गणितज्ञ था। बड़ा तर्कशास्त्री था। गुरजिएफ ने उसे नीचे से ऊपर तक देखा और कहा कि इसके पहले कि हम कोई बातचीत शुरू करें, यह कागज लो, बगल में कमरा है वहां चले जाओ और इस कागज पर लिख लाओ, जो-जो तुम जानते हो; क्योंकि उस संबंध में फिर हम बात न करेंगे। और वह लिख लाओ, जो-जो तुम नहीं जानते हो। बस उसी संबंध में बात हो सकती है। जब तुम जानते ही हो, तो बात व्यर्थ!

ऑस्पेंस्की थोड़ा बेचैनी में पड़ा। गुरजिएफ पढ़ लिया होगा उसकी हालत देख कर कि वह बहुत जानता है। अकड़, जानने वाले की अलग ही होती है। आया होगा तब अकड़ कर आया होगा। कागज लेकर गया दूसरे कमरे में, लिखने बैठा तो हाथ कांपने लगा। सोचने लगा, क्या जानता हूं? किताबें उसने लिखी थीं। परमात्मा की बातें की थीं, लेकिन परमात्मा को मैं जानता हूं? सोचा तो होश आया पहली दफा, कि जानता

तो नहीं हूं। तब भीतर भय भी लगा कि जिसको मैं जानता नहीं, उस संबंध में मैंने लिखा क्यों? और तब यह भी लगा कि जिस संबंध में मैं नहीं जानता, उस संबंध में लिख कर मैंने दूसरों का अहित किया। क्योंकि जब मैं ही नहीं जानता तो मेरा लिखा हुआ पढ़ कर दूसरे कहां जाएंगे? पसीना-पसीना हो गया। ठंडी सुबह थी।

घंटे भर बाद वापस आया, कोरा कागज गुरजिएफ को वापस दिया, और कहा: 'क्षमा करें, पहली दफा मुझे होश आया कि मैं जानता कुछ भी नहीं हूं।'

ऐसा तुम्हें होश कब आएगा? और जब तुम नहीं कुछ जानते हो, तभी तुम्हें कुछ समझाया जा सकता है; उसके पहले नहीं। अन्यथा तुम्हारा तर्क कहेगा, यह बात मानने की नहीं, अभी मैं जीवित हूं। और मैं तुमसे कहूं कि तुम मर गए हो। तुम जिंदा नहीं हो। सिर्फ मरने की खबर पहुंचने में तुम्हें थोड़ी देर लगेगी, समय लगेगा। मर तुम उसी दिन गए, जिस दिन तुम पैदा हुए।

बुद्ध ने कहा है, जन्म में मृत्यु छिपी है। जैसे बीज में अंकुर छिपा हो, ऐसे जन्म में मृत्यु छिपी है। गर्भ ही तो कब्र है। शुरुआत अंत है। इसलिए बुद्ध ने कहा है, जो जुड़ा है, वह बिखर जाएगा। जो बना है, वह मिट जाएगा। लेकिन क्या तुम्हें अपने भीतर ऐसी किसी चीज का पता है, जो कभी बनाया नहीं गया--अनबना है? असृष्ट, अनक्रिएटेड है! अगर उसका तुम्हें कोई पता नहीं, तो तुम्हारी जड़ें उखड़ी हुई हैं। तुम अपरूटेड हो। और जब तक तुम इस बात को न समझ लो... यह पहला होश है; फर्स्ट अवेयरनेस--कि तुम कुछ भी जानते नहीं। अगर यह तुम्हें खयाल न आए तो तुम तर्क करोगे। तुम पच्चीस सवाल उठाओगे। और तुम कोई जवाब स्वीकार न करोगे। श्रद्धा तुममें उत्पन्न न होगी।

यह सूफी यही कह रहा है कि इस वृक्ष को अगर मैं कहूं कि तू टूट गया, तो इसके मन में श्रद्धा पैदा होने वाली नहीं। यह मुझे ही कहेगा कि तुम अंधे हो। देखो मेरी हरियाली। अभी मैं जवान हूं, अभी फूल खिल रहे हैं, अभी पत्ते हरे हैं। कौन कहता है कि मैं मर गया हूं? तुम कुछ गलतफहमी में पड़ गए हो। या तुम मुझे कुछ धोखा देना चाहते हो। यह कटा हुआ वृक्ष मानने को राजी न होगा।

श्रद्धा तो तभी पैदा होती है, जब तुम्हें अपनी जानकारी का भ्रम टूट जाता है। तुम्हारी जानकारी के भ्रम से तर्क पैदा होता है। तुम्हारा जानकारी का भ्रम गया कि तर्क खो जाता है।

तब यह सुनेगा इस फकीर को गौर से। तब इसके भीतर तर्क का जाल नहीं उठेगा। तब यह फकीर की बात मान कर देखेगा अपने चारों तरफ कि सच में मेरी जड़ें टूट तो नहीं गईं? मैं काट तो नहीं दिया गया हूं? घाव मुझे दिखाई न पड़ रहा हो, क्योंकि घाव की खबर पहुंचने में भी समय लगता है।

तुम्हारे पैर में भी चोट लगती है तो उसी वक्त थोड़े ही तुम्हारी बुद्धि को पता चलता है। समय लगता है। समय चाहे थोड़ा सा ही लगता हो, लेकिन समय लगता है। और अगर तुम्हारी बुद्धि व्यस्त हो तो बहुत समय भी लग सकता है। अगर तुम खेल के मैदान पर हॉकी खेल रहे हो और तुम्हारे पैर में चोट लग गई, नाखून उखड़ गया, खून बहने लगा, तुम्हें पता नहीं चलेगा। खेल बंद होगा आधे घंटे बाद, तब अचानक तुम्हें पता चलेगा। तुम्हारा मस्तिष्क व्यस्त था। तो यह द्वार तक तुम्हारे मस्तिष्क के पहुंच गई खबर, दस्तक देती रही, लेकिन द्वार बंद थे, तुम उलझे थे। पता नहीं चलेगा।

घर में आग लगी हो, और तुम्हारे सिर में दर्द हो जाए, तुम्हें पता नहीं चलेगा। जब घर की आग बुझ जाएगी, तब तुम्हें पता चलेगा कि सिर भारी है और दर्द से भरा है। युद्ध के मैदान पर सैनिकों को बहुत बार पता नहीं लगता। ऐसी घटनाएं घटी हैं कि जो भरोसे की नहीं हैं।

अभी अमरीका में एक सैनिक जो दूसरे महायुद्ध में था, अचानक उसकी पीठ में दर्द उठा। दूसरे महायुद्ध को हुए तो बहुत वक्त हो गया। अब तो वह आदमी बूढ़ा है। दर्द उठा तो खोज-बीन की गई, उसकी पीठ में एक गोली पाई गई, जिसका उसे पता ही नहीं है। कारतूस पाया गया, जिसका उसे पता ही नहीं है कि कब लगा! बिना लगे तो कारतूस भीतर नहीं जा सकता। लेकिन वह इतना व्यस्त रहा होगा युद्ध के मैदान पर, कि कारतूस भीतर चला गया। छोटा-मोटा घाव समझा होगा, भर गया होगा, वह भूल गया बात। अब बुढ़ापे में जाकर दर्द उठा। और यह कोई एक घटना नहीं है, ऐसी बहुत सी घटनाएं हर युद्ध में घटती हैं। अनेक सैनिकों को भूल जाता है कि उनके शरीर में कारतूस पड़ा है। बाद में, वर्षों बाद किसी पीड़ा, दर्द के समय में उसका पता चलता है।

किस अवस्था में कारतूस शरीर में चला जाता होगा और पता न चलता होगा? अगर मस्तिष्क बहुत व्यस्त हो तो खबर न मिलेगी। और तुम्हारा मस्तिष्क बहुत व्यस्त है।

तुम्हारी जड़ें भी कट जाएं, तुम्हें पता नहीं चलेगा। और तुम्हारी जड़ें अदृश्य हैं। वृक्ष की जड़ें तो दृश्य हैं। तुम चलते हुए वृक्ष हो। तुम्हारी जड़ें कहीं जमीन में गपी नहीं

हैं। तुम्हारी जड़ें अदृश्य में हैं। वृक्ष की जड़ें तो स्थूल हैं, तुम्हारी जड़ें सूक्ष्म हैं। इसलिए कब टूट गईं, तुम्हें पता नहीं चलता। वर्षों लग जाते हैं। कोई तुमसे कहे तो भरोसा नहीं आता।

अगर मैं तुमसे कहूं कि तुम परमात्मा से उखड़ गए हो तो ज्यादा संभावना इसकी है कि तुम कहो कैसा परमात्मा! कौन परमात्मा! कहां है परमात्मा? बजाय इसके कि तुम अपनी स्थिति की खोज-बीन करो, तुम परमात्मा पर सवाल उठाओगे। बजाय इसके कि तुम जांच-पड़ताल करो कि हो सकता है, मैं इतना दुखी हूं, इतना पीड़ित हूं, यह इसी कारण हूं, कि मेरी जड़ें कहीं शिथिल हो गई हैं। मेरे जीवन में सिवाय संताप के कुछ भी नहीं है। कहीं आनंद नहीं है। कहीं कोई उत्सव नहीं फलता। कहीं कोई उत्साह नहीं है। तो कहीं सच ही न हो यह बात कि मैं परमात्मा से टूट गया हूं!

और परमात्मा का क्या अर्थ है? कोई व्यक्ति नहीं; यह जो समग्र का विस्तार है, यह जो विराट फैला हुआ है सब दिशाओं में; इसी का, इसी टोटैलिटी का, इसी का नाम परमात्मा है।

तुम इससे विच्छिन्न हो। तुम्हारे संबंध शिथिल हो गए हैं। थोड़ी बहुत श्वास जुड़ी है इसीलिए तुम जी रहे हो, लेकिन वह भी टूट जाएगी। तुम निन्यानबे प्रतिशत टूट गए हो। शायद एकाध जड़ पड़ी है, जिससे श्वास चलती जाती है। जरा सा धक्का, वह जड़ भी टूट जाएगी। अगर तुम तर्क न करो... और सारे धर्म कहते हैं तर्क मत करो। इसलिए बुद्धिमान आदमी को धर्म में रस नहीं मालूम पड़ता, क्योंकि बुद्धिमान आदमी तर्क करना चाहता है।

मेरे पास लोग आते हैं। एक युवक कुछ दिनों पहले आया और उसने कहा कि आप ईश्वर के पक्ष में जो भी तर्क दे सकते हों दें, और मैं भी जो ईश्वर के विपक्ष में तर्क दे सकता हूं, दूंगा। अगर आपने मुझे कनविंस किया, अगर आपने मुझे राजी कर लिया तर्क से, तो मैं आपका शिष्य हो जाऊंगा।

मैंने उस युवक को कहा कि जो व्यक्ति तर्क से परमात्मा की खोज पर जाता है, पहली तो बात, उसे कभी कनविंस नहीं किया जा सकता, राजी नहीं किया जा सकता। क्योंकि तर्क के माध्यम से परमात्मा तक कोई रास्ता ही नहीं जाता। यह तो ऐसा है, जैसा एक आदमी कहे कि मैं आंख बंद रखूंगा और तुम सिद्ध करो कि प्रकाश है। जब सिद्ध हो जाएगा, तब मैं आंख खोलूंगा। तो हम उससे कहेंगे, आंख बंद आदमी के सामने कैसे सिद्ध किया जा सकता है कि प्रकाश है?

श्रद्धा है आंख का खुलना, तर्क है आंख का बंद रहना।

और तर्क कहता है कि पहले सिद्ध करो। बात बिलकुल ठीक लगती है कि जब तक सिद्ध न हो जाए तब तक मैं कैसे स्वीकार करूंगा? लेकिन आंख खुले बिना प्रकाश कैसे सिद्ध हो सकता है? प्रकाश को सिद्ध करने का और कोई उपाय नहीं है। सिर्फ एक ही उपाय है कि आंख खुली हो। लेकिन तर्कनिष्ठ व्यक्ति कहता है, मैं आंख खोलूं क्यों, जब तक कि सिद्ध न हो कि परमात्मा है, प्रकाश है? कोई उपाय नहीं।

मैंने उस युवक को कहा, हम व्यर्थ मेहनत में न पड़ें। तू अपने रास्ते पर जा और तर्क से जी। लेकिन तू आया ही क्यों है? निश्चित ही तेरे तर्क ने तुझे कहीं कठिनाई में डाला है। उसने कहा कि नहीं, तर्क से मुझे कोई... और कोई कठिनाई नहीं। वैसे मैं दुखी हूं, अशांत हूं, तो मैं चाहता हूं कि कोई सिद्ध करे परमात्मा है, ध्यान का कोई मूल्य है; तो मैं करूंगा। मैं संन्यास भी लेने को राजी हूं, लेकिन कोई सिद्ध करे!

'तू और थोड़ा भटक, और थोड़ा दुखी हो, और थोड़ा परेशान हो। तेरी परेशानी ही तेरे तर्क को तोड़ेगी और कोई उपाय नहीं है। जब तू इतना दुखी हो जाएगा, तभी तू संदेह करेगा कि शायद मेरा तर्क ही तो मेरे दुख का कारण नहीं है? और जिस दिन तुझे ऐसा बोध हो, उस दिन वापस आना।'

आनंद, खबर है कि तुम ठीक चल रहे हो। दुख--खबर है कि तुम गलत चल रहे हो। आनंद खबर है कि तुम्हारी यात्रा ठीक दिशा में हो रही है। दुख खबर है कि तुम गलत दिशा में यात्रा कर रहे हो। आनंद इस बात की खबर है कि तुम स्रोत के निकट पहुंच रहे हो। और दुख इस बात की खबर है कि तुम स्रोत से दूर जा रहे हो। दुख इस बात की खबर है कि तुम्हारी जड़ें टूट गई हैं, टूटती जा रही हैं। आनंद इस बात की खबर है तुमने फिर से जड़ें फैला लीं, तुम पृथ्वी में पैर जमा कर खड़े हो गए हो--रस के स्रोत फिर से बहने शुरू हो गए हैं। तुम अलग नहीं हो, तुम अस्तित्व के साथ एक हो।

वृक्ष को जरा उखाड़ कर रख दो और देखो, वृक्ष में क्या घटता है! वह जो अभी हरा था, भरा था, लहलहा रहा था, हवाएं आती थीं तो मस्ती से नाचता था, आकाश में बादल आते थे तो गीत गुनगुनाता था, उसे उखाड़ कर रख दो। उसके सब गीत थोड़ी देर में खो जाएंगे। उसकी हरियाली थोड़ी देर में मुर्झा जाएगी। पत्ते लटक जाएंगे। उत्साह नहीं रह जाएगा। आकाश में बादल उठेंगे, तो भी उसके प्राणों में कोई गीत नहीं गूंजेगा। वही तुम्हारी दशा है।

वृक्ष की पृथ्वी है; तुम्हारी पृथ्वी परमात्मा है।

वह सूफी फकीर ठीक कह रहा है, लेकिन तर्क से तुम्हें समझाने का कोई उपाय नहीं। बुद्ध तुम्हें कोई तर्क नहीं देते और न क्राइस्ट तुम्हें कोई तर्क देते हैं। तर्क की जगह वे केवल अपने आपको तुम्हारे सामने मौजूद करते हैं। अगर उनकी खुशी तुम्हें पकड़ ले, अगर उनके जीवन की लहलहाहट तुम्हारे खयाल में आ जाए, अगर उनकी मस्ती तुम्हारे हृदय को छू ले, अगर उनकी समाधिस्थ दशा तुम्हें घेर ले और प्रफुल्लित कर जाए!

बुद्ध खुद तर्क है। अस्तित्व खुद तर्क है।

मैंने उस युवक को कहा: तू दुखी है, मैं दुखी नहीं हूं। और जिस दिन तुझे आनंद सीखना हो, उस दिन तू आ जाना। लेकिन तर्क का कोई सवाल नहीं है।

तर्क में पड़ते ही नासमझ हैं। समझदार की फिकर नहीं होती है कि क्या सही है, क्या गलत है! समझदार की फिकर होती कि क्या आनंद है और क्या दुख है! सही और गलत का हिसाब करके क्या करोगे? हिसाब भी कर लिया तो हाथ में क्या आएगा? हिसाब करना, आनंद का और दुख का; कितना दुख है, कितना आनंद है! और जहां आनंद की झलक पाओ, समझना कि वहां स्रोत है। सूखी नदी को देख कर तुम समझ जाते हो कि स्रोत नहीं है। भरी नदी को, बहती नदी को, जीवंत, नाचती जाती सागर की तरफ, नदी को देख कर तुम समझ जाते हो, स्रोत है--वही तर्क है। नदी और क्या कहे? उसका बहाव, उसकी लहरें, उसका यह नृत्यपूर्ण यात्रा-पथ! यह उसकी तीर्थयात्रा... यही उसका तर्क है।

अस्तित्व किसी तर्क, छोटे तर्क को नहीं मानता। और तर्क उठते ही इसलिए हैं कि हमें अस्तित्व के बड़े तर्क का कोई पता नहीं।

तो हमारी छोटी सी बुद्धि से हम बड़े हिसाब लगाते हैं। और हिसाब में हम हारते हैं। क्योंकि यह विराट इतना बड़ा है और बुद्धि इतनी छोटी है! जैसे कोई चम्मच लेकर सागर के किनारे बैठ कर और सागर को नाप रहा हो। सागर नपेगा इसकी तो संभावना नहीं है; यह आदमी मरेगा। यह यहीं ढेर हो जाएगा चम्मच हाथ में लिए। इसका जीवन व्यर्थ हो जाएगा। बुद्धि शायद चम्मच से भी छोटी है।

अमरीका में एक बहुत बड़ा वनस्पतिशास्त्री हुआ, जिसने मूंगफली के संबंध में बड़ी खोजें कीं, और मूंगफली के बड़े नये-नये रूप और प्रकार पैदा किए। वह अपने ऊपर मजाक किया करता था। और अपने ऊपर मजाक वे ही लोग कर सकते हैं, जो बड़े बुद्धिमान हैं। दूसरे का मजाक तो मूढ़ भी कर सकते हैं; मूढ़ ही करते हैं।

सिर्फ बुद्धिमान अपने पर हंस सकता है।

तो वह वनस्पतिशास्त्री कहा करता था लोगों से, कि पहले मैं सारे जगत को समझना चाहता था और मैं परमात्मा से प्रार्थना करता था, इस जगत का रहस्य मेरे लिए खोल! बहुत मैंने प्रार्थना की, लेकिन मेरी कोई प्रार्थना सुनी न गई। तब मैंने सोचा कि जगत शायद बहुत बड़ा है, मैं शायद बहुत छोटा हूं। तो मैंने एक दिन परमात्मा से कहा कि छोड़ जगत को। यह मूंगफली की मैं खेती करता हूं, इसका ही रहस्य खोल दे। तो परमात्मा की आवाज मुझे सुनाई पड़ी कि अब ठीक है। मूंगफली ठीक तेरे ही साईज की है। इसका रहस्य खोला जा सकता है। जगत का रहस्य जरा बड़ा था, तू काफी छोटा पड़ता था। और चम्मच से सागर नहीं तौले जा सकते। यह रहस्य तुझे मैं खोल दूंगा।

और वह वनस्पतिशास्त्री कहता था कि उसी ने रहस्य खोला। और इसलिए मैं मूंगफली के अनेक प्रकार, और नये-नये ढंग, और नये-नये स्वाद पैदा कर सका हूं। लेकिन जब मैंने ठीक सवाल पूछा, जो कि ठीक मेरी आकृति और मेरे रूप और मेरी सीमाओं के भीतर था, तब मुझे उत्तर मिला।

ध्यान रखना इसे। जब तक तुम अपने से बड़े सवाल पूछोगे, उत्तर नहीं मिलेंगे। जिस दिन तुम अपने योग्य सवाल पूछोगे, उसी क्षण उत्तर मिल जाएगा। और जितने उत्तर तुम्हें मिलते जाएंगे, उतना ही तुम्हारा आकार बड़ा होता जाता है। उतने ही बड़े प्रश्न पूछने में तुम समर्थ होते जाते हो। लोग जब ईश्वर के संबंध में सीधा-सीधा पूछते हैं, तभी व्यर्थ हो जाती है बात। बुद्धि बड़ी छोटी है। मगर छोटे का हमें बड़ा गर्व है। छोटे पर हम बड़े इतराए हैं।

ऐसा हुआ कि सॉक्रेटीज के पास एक आदमी मिलने आया। वह एक बड़ा धनपति था। और 'एथेंस' में उससे बड़ा कोई धनपति नहीं था। उसकी अकड़ स्वाभाविक थी। रास्ते पर भी चलता था, तो उसकी चाल अलग थी। बात करता था, लोगों की तरफ देखता था, तो उसका ढंग अलग था। हर जगह उसका अहंकार था। वह सॉक्रेटीज से मिलने आया।

सॉक्रेटीज ने उसे बिठा कर कहा कि बैठो, मैं अभी आया, भीतर गया और दुनिया का एक नक्शा ले आया और उससे पूछने लगा इस दुनिया के नक्शे पर यूनान कहां है?--छोटा सा यूनान! उस आदमी ने बताया, पर उसने कहा: यह पूछते क्यों हो? वह थोड़ा बेचैन हुआ। सॉक्रेटीज ने कहा और मुझे बताओ कि यूनान में एथेंस कहां है? बस, एक छोटा सा बिंदु था। पर उस आदमी ने कहा: यह पूछते क्यों हो? सॉक्रेटीज

ने कहा: बस एक सवाल और! इस एथेंस में तुम्हारा महल कहां है? तो तुम क्यों अब इतने अकड़े हो?

और यह पृथ्वी का नक्शा सब-कुछ नहीं है। कोई चार अरब सूर्य हैं और इन चार अरब सूर्यों की अपनी-अपनी पृथ्वियां हैं। और अब वैज्ञानिक कहते हैं कि ये चार अरब भी हम जहां तक जान पाते हैं, वहां तक! आगे विस्तार का कोई अंत नहीं है। वैज्ञानिक कहते हैं, कम से कम पचास हजार पृथ्वियों पर मनुष्य जैसा जीवन होना चाहिए, मगर यह कोई अंत नहीं है, क्योंकि अंत की हमें कोई खबर नहीं है। जितना हमारे दूरबीन सशक्त होते जाते हैं, उतनी ही बड़ी सीमा होती जाती है। सीमा का कोई अंत नहीं मालूम होता।

तुम उसमें कहां हो? लेकिन बुद्धि बड़ी अकड़ी है। छोटा सा सिर है, उस सिर में छोटी सी बुद्धि है। कोई डेढ़ किलो वजन है खोपड़ी का। उस डेढ़ किलो वजन में सारा सब-कुछ है। पर बड़ी अकड़ है; बड़े तर्क हैं।

जिन लोगों ने सत्य की खोज की है, उन्होंने कहा, जब तक तुम्हारा सिर न गिर जाए, तब तक तुम सत्य को न पा सकोगे। तुम्हारा सिर ही बाधा है। जब तक तुम सिर-सहित हो, तब तक तुम उसे न पा सकोगे। क्योंकि तुम्हारा सिर तर्क खड़े करता है। और तुम्हारे तर्क बेहूदे हैं। मगर तुम्हारा सिर कहता है कि सब ठीक हैं ये तर्क।

संन्यासी बिना सिर के जीना शुरू करता है। उसका अस्तित्व तर्कहीन है। उसका होना हार्दिक है, बौद्धिक नहीं। उसके होने में बुद्धि प्रधान नहीं है। उसके होने में बुद्धि भी एक अंग है। जैसे मांस-मज्जा है, पित्ती है, हृदय है, फेफड़े हैं, वैसे बुद्धि भी एक अंग है।

बुद्धि से कोई सत्य खोजा नहीं जाता। बुद्धि तो राडार है। उससे थोड़ी सी झलक आसपास की मिलती है, ताकि तुम सम्हलकर चल सको। बुद्धि मालिक नहीं है, सेवक है। लेकिन कभी-कभी ऐसा हो जाता है कि मालिक सेवक बन जाता है; सेवक, मालिक बन जाते हैं। तुम्हारे भीतर यही हुआ है। बुद्धि मालिक हो गई है, तुम सेवक हो गए हो। तुम पहले बुद्धि से पूछते हो, क्या सही, क्या गलत। फिर तुम चलते हो।

बुद्धिमान आदमी बुद्धि से नहीं पूछता; बुद्धि का उपयोग करता है। बुद्धिमान आदमी बुद्धि का उपयोग करता है, एक साधन की तरह। जहां जरूरत होती है, उसको आवाज देता है। जहां जरूरत नहीं होती, उसे छोड़ देता है। लेकिन जरूरत, गैर-जरूरत तुम्हारा सवाल नहीं। बुद्धि चलती ही जाती है। तुम जाग रहे हो, सो रहे हो, बैठे हो,

कोई फर्क नहीं पड़ता। बुद्धि चलती जाती है। और बुद्धि कहे जाती है यह करो, यह करो, वह करो; और तुमसे करवाए चली जाती है।

ध्यान का अर्थ है, बुद्धि के इस नियंत्रण से छुटकारा। बुद्धि की इस मालकियत से मुक्ति। ध्यान का अर्थ है, बुद्धि की गुलामी से स्वतंत्रता। ध्यान एक बगावत है, एक क्रांति है।

अगर वह वृक्ष की शाखा ध्यानपूर्ण होती तो फकीर की बात समझ लेती। लेकिन वृक्ष की शाखा तर्क खड़ा करेगी और फकीर से कहेगी, सिद्ध करो।

तुम उस शाखा की भांति मत होना। अन्यथा फकीर का कुछ भी न जाएगा, तुम्हारा सब-कुछ खो जाएगा। तुम्हारी बुद्धिमानी में ही तुम बुद्धिहीन सिद्ध होओगे।

कभी तुम ऐसे व्यक्ति के करीब आ जाओ, जो तुम्हें सचेत कर सकता हो, तो जहां तुम जूते छोड़ आते हो द्वार के बाहर, वहीं अपने सिर को भी रख आना। वहीं अपनी बुद्धि को भी रख आना। तो ही तुम बुद्धों का लाभ ले सकोगे। अन्यथा बुद्धों से वंचित हो जाना बहुत आसान है। जरा सा तर्क--और हजारों मील का फासला हो जाता है। इंच भर तर्क--और स्वर्ग और नरक में जितना फासला है, उतना फासला हो जाता है। इंच भर भी तर्क लेकर वहां मत आना। अगर बुद्धों से कुछ पाना हो तो सिर लेकर वहां जाना ही मत।

इसलिए पूरब के मुल्कों में गुरु के चरणों में सिर झुकाते हैं, वह सिर्फ प्रतीक है। वह प्रतीक इस बात का है कि हम तर्क को झुकाते हैं। अब हम सुनने को श्रद्धा से राजी हैं। अब हम विवाद न खड़ा करेंगे। अब हम संवाद को उत्सुक हैं। अब हम कुछ जानना चाहते हैं। हम कोई तार्किक निष्पत्ति नहीं चाहते। हम कोई जीवन की क्रांति चाहते हैं। वह सिर झुकाना प्रतीक है। लेकिन तुम सिर भी झुका देते हो, फिर भी तर्क से भरे रहते हो। वह प्रतीक झूठा हो गया।

जहां तुम्हारा सिर झुके, वहां तुम तर्क को रख देना, और तर्कशून्य होकर सुनना और समझना। तब अस्तित्व तुम्हें घेर लेगा। तब बुद्धत्व तुम्हें बदल देगा। तब यह सूफी फकीर की बात वह वृक्ष भी समझ सकता था।

कुछ और?

ओशो, आपने दो तरह की नींद की चर्चा की। एक तो साधारण नींद है, जिससे हम सुबह जागते हैं जब वह नींद पूरी हो जाती है। दूसरी नींद, जिसे हम आध्यात्मिक नींद कहते हैं; जिसमें हम सब सोए हैं, दिन में भी सोए हैं, उससे जागने के लिए भी क्या जरूरी है, कि वह नींद पूरी हो जाए?

निश्चित ही एक नींद है, जो सुबह पूरी हो जाती है। क्योंकि वह नींद शरीर की है। शरीर की सीमा है। शरीर थकता है। रात आप सो जाते हैं, थकान पूरी हो जाती है सुबह। शरीर बड़ा छोटा है। आत्मा की कोई सीमा नहीं है। आत्मा कोई छोटी घटना नहीं है। इसलिए आत्मा की नींद कभी भी पूरी न होगी, जब तक कि तुम चेष्टा न करोगे उसे तोड़ने की। वह अनंत हो सकती है।

दूसरी बात भी समझ लो। शरीर का जागरण भी सांझ चुक जाता है। शरीर का दीया तेल-बाती वाला है। सुबह नींद चुक जाती है, तुम जग आते हो। शाम होते-होते जागरण चुक जाता है, तुम सो जाते हो। शरीर का सब-कुछ सीमित है। दस-बारह घंटा बहुत है। दीया जल गया। तेल चुक गया, बाती नष्ट हो गई, फिर विश्राम चाहिए। न तो आत्मा की नींद का कोई अंत है और न आत्मा के जागरण का। एक बार तुम जागे, तो फिर तुम थकोगे नहीं। पर एक बार तुम जागे ही नहीं, तो तुम सोए ही रहोगे। अनंत जन्मों तक तुम सो सकते हो। क्योंकि आत्मा की कोई सीमा नहीं है। वह बिन बाती बिन तेल है। वह रोशनी तुम्हें दिखाई पड़ गई एक दफा तो सदा दिखाई पड़ती रहेगी। जब तक दिखाई नहीं पड़ी, तब तक तुम चूकते रहोगे। यह चूकना अंतहीन हो सकता है। तुम सदा से हो। तुम कोई आज तो नहीं हो गए हो। तुम कल भी थे, तुम परसों भी थे। तुम सदा से हो, लेकिन अब तक तुम चूकते गए हो। अब तक तुम सोए हो। ऐसा ही तुम आगे भी चूकते जा सकते हो।

आत्मा के साथ किसी भी चीज की कोई सीमा नहीं है, शरीर के साथ सब चीजों की सीमा है। शरीर की वासनाओं की सीमा है, शरीर की तृप्तियों की सीमा है, शरीर की शक्ति की सीमा है, शरीर की अशक्ति की सीमा है। शरीर के साथ सब क्षणभंगुर है। शरीर बड़ा छोटा दीया है। लेकिन आत्मा के साथ सब विराट है। वहां किसी चीज की कोई सीमा नहीं है। अगर तुम भटको तो तुम अनंत तक भटक सकते हो। अगर तुम जाग जाओ तो तुम अनंत के लिए जाग गए। वहां सभी कुछ विराट और अनंत है।

तुम्हारे प्रयास की जरूरत पड़ेगी। लेकिन बड़ा जटिल सवाल है कि सोया आदमी कैसे प्रयास करे जागने का? एक आदमी सोया है, जब वह सोया ही है तो वह जागने का प्रयास कैसे करे? अगर वह जागने का प्रयास करे तो उसका अर्थ है कि वह जाग ही रहा था। धर्म की मूल गुत्थी यहीं है कि सोया आदमी कैसे प्रयास करे जागने का?

इसलिए पूरब कहता है, गुरु के बिना जागना नहीं होगा। जब तुम सो रहे हो तो कोई जागने वाला ही तुम्हें जगा सकता है। इसीलिए तुम पहरेदार को रात कह कर सो जाते हो कि पांच बजे मुझे उठा देना, या तुम टेलीफोन कंपनी को खबर कर देते हो कि पांच बजे घंटी बजा देना। क्योंकि तुम जब सो रहे हो, तब कोई जागा हुआ तुम्हें उठा सकेगा। और या तुम घड़ी में अलार्म भर देते हो।

एक सदगुरु, जो जागा हुआ है, वह सोए हुए को हिला सकता है, जगा सकता है; हालांकि तुम सदगुरु को भी धोखा दे जाते हो। उससे कहते हो, बस! उठता हूं। करवट लेकर, आंख बंद करके, फिर सो जाते हो। अकेले तो तुम्हारा जागना करीब-करीब असंभव है।

इसलिए पुराने ही दिनों से जागरण की प्रक्रिया में स्कूल का बड़ा महत्व है। गुरजिएफ कहता था, बिना स्कूल के कोई भी जाग नहीं सकता। इसीलिए संप्रदाय पैदा हुए। संप्रदाय बहुमूल्य है, अगर समझपूर्वक चला जाए। संप्रदाय का अर्थ है, एक परंपरा, जिसमें दूसरे तुम्हें जगाने की कोशिश करते रहेंगे। एक जागा हुआ अनेकों को जगा सकता है। फिर वे अनेक जागे हुए दूसरों को जगाते जाएंगे।

यह एक कैसे जागता है प्रथम? कोई परिस्थिति, कभी-कभी तुम्हें बिना जगाने वाले के भी जगा दे सकती है। वह सांयोगिक है; जैसे बुद्ध को हुआ।

बुद्ध का जन्म हुआ, ज्योतिषियों ने कहा कि यह युवक होकर या तो संन्यासी हो जाएगा, और या महाप्रतापी सम्राट होगा। पिता बहुत चिंतित हुए। महाप्रतापी सम्राट हो यह तो पिता चाहे, लेकिन पिता... यह तो दुखद घटना बने अगर यह संन्यासी हो जाए। संन्यासी के चरण छूना आसान है, लेकिन तुम्हारा बेटा संन्यासी होना चाहे तो बड़ी पीड़ा होती है। दूसरे का बेटा संन्यासी हो तो तुम पैर भी छू आते हो। पिता बहुत परेशान हुए। ज्योतिषियों से कहा कि फिर क्या उपाय है कि यह संन्यासी न हो? तो उन्होंने कहा एक ही उपाय है, कि इसकी नींद में जरा भी दखल न पड़े। क्योंकि कभी-कभी दखल पड़ने से आदमी जग जाता है।

जरूरी नहीं है कि अलार्म से ही तुम जगो, क्योंकि अलार्म भी सिर्फ दखल है। आकाश में बादल गरजें और तुम्हारी नींद टूट जाए। कोई परिस्थिति इतनी प्रगाढ़ कांटे की तरह चुभे कि तुम्हारी नींद खुल जाए। कोई दुख इतना बड़ा आ जाए कि तुम्हारी नींद खुल जाए। पर ये घटनाएं सांयोगिक हैं। इनकी साधना नहीं बनाई जा सकती। क्योंकि बादल कब आएंगे, दुख कब घना होगा, कुछ कहा नहीं जा सकता। जो लोग स्वयं जागते हैं, उनके जागने का कारण हमेशा सांयोगिक, एक्सीडेंटल होता है।

तो बुद्ध के पिता को उन्होंने कहा: तुम ऐसा इंतजाम करो कि यह कोई दुर्घटना से जग न जाए, सोया रहे। फिर यह सम्राट हो जाएगा, चक्रवर्ती हो जाएगा। लेकिन अगर यह जग गया, तो मुश्किल होगा। तो पिता ने सारा इंतजाम किया; वही इंतजाम मुश्किल हो गया। पिता ने इंतजाम किया, चार महल बनाए। अलग-अलग मौसम में रहने की अलग-अलग व्यवस्था की। क्योंकि कहीं ज्यादा गर्मी में नींद न टूट जाए, कि ज्यादा सर्दी में नींद न टूट जाए, कि ज्यादा वर्षा में नींद न टूट जाए। अति न हो, सब चीजों में सम रहे, ताकि यह व्यक्ति मूर्च्छित रहे। सुंदरतम जो स्त्रियां उपलब्ध हो सकती थीं, जब बुद्ध जवान होने लगे तो उन्होंने सारे राज्य से सुंदरतम कुंवारियां इकट्ठी कर दीं।

बुद्ध के पिता ने अगर मुझसे सलाह ली होती तो मैं कहता, तुम यह सब उपद्रव, गलती कर रहे हो। इसी से जगेगा यह। जब सभी सुंदर स्त्रियां वहां उपलब्ध हो गईं तो बहुत जल्दी सौंदर्य में रस चला गया। भोग निश्चित त्याग में ले जाता है। तुम नहीं पहुंच पाते त्याग में, क्योंकि एकाध स्त्री तुम्हें मिलती है और हजारों स्त्रियां अनमिली रह जाती हैं। तो जो स्त्री तुम्हें मिल जाती है, उसमें तो रस खो जाता है, लेकिन जो तुम्हें नहीं मिलीं, उनमें रस बना रह जाता है। उसकी वजह से नींद जारी रहती है। बुद्ध को जो भी सुंदरतम स्त्रियां संभव थीं, सब मिल गईं। आगे कोई रस न रहा। अगर तुम्हें सब मिल जाए, तुम्हारा रस टूट जाएगा। बुद्ध को इतना सुख दिया कि जरा सा दुख दुर्घटना हो गया। अगर कोई आदमी दुख में ही रखा जाए, तो उसको दुख झेलने की क्षमता बढ़ जाती है। जैसे एक आदमी रेलवे स्टेशन पर ही सोता है तो रेलें गुजरती रहें, कोई नींद में बाधा नहीं पड़ती। हड़ताल हो जाए तो नींद टूटती है। क्योंकि वह जो आवाज की आदत हो गई वह संगीत है, जिसमें उन्हें नींद आती है। तो जो लोग रेलवे स्टेशन पर सोते हैं, रेल की खड़-खड़ उनको बड़ा संगीतपूर्ण वातावरण बनाती है। वह न हो तो बेचैनी होती है।

शिकागो के पास से एक ट्रेन गुजरती थी रोज रात तीन बजे। उससे पूरे शिकागो में शोरगुल मचता था। उसकी सीटी की आवाज... पुराने दिनों की बात! तो अधिकारियों ने सोचा कि यह डिस्टरबेंस है, उसका समय बदल दिया। तीन बजे रात की बजाय वह सुबह सात बजे गुजरने लगी। तो अनेक शिकायतें आईं, कि तीन बजे अनेक लोगों को शिकागो में ऐसा लगा, कि नींद टूट जाती है, कि कुछ गड़बड़ हो रही है। वह जो तीन बजे उपद्रव मचता था रोज, वह नहीं मच रहा; तो उसका अभाव खला। लोग तो हैरान हुए। अधिकारी हैरान हुए, कि हमने तो इसीलिए किया कि नींद ठीक से लगे लोगों की, लेकिन तीन बजे वर्षों की आदत हो गई थी। उससे नींद नहीं टूटती थी, वह नींद का हिस्सा हो गया था। अचानक वह खो गया। खाली जगह हो गई। अनेक लोगों की नींद टूट गई।

बुद्ध अगर दुख में रखे गए होते और बचपन से ही उन्हें सब तरह के दुख दिए गए होते, फिर उनकी नींद टूटना बहुत मुश्किल था। लेकिन सब सुख दिया। इतना सुख दिया कि कभी कोई कांटा न चुभा। बुद्ध के पिता ने बगीचे में इंतजाम किया था, कोई सूखा हुआ पत्ता भी बुद्ध को दिखाई न पड़े। क्योंकि कौन जाने सूखे पत्ते को देख कर बुद्ध सवाल उठा दें! मुरझाया फूल दिखाई न पड़े। कौन जानता है मुरझाया फूल को देख कर वह कह दे कि मैं तो नहीं मुरझा जाऊंगा? कहीं जीवन का सवाल न उठ जाए। कहीं मृत्यु दिखाई न पड़ जाए। तो रात बगीचा साफ कर दिया जाता था, ताकि जीवन ही जीवन दिखाई पड़े। इसी से मुसीबत हुई, क्योंकि कितना छिपाओगे? कितना बचाओगे? आज नहीं कल बुद्ध महल के बाहर जाएंगे। बुद्ध को महल के बाहर जाना पड़ा। और जब उन्होंने पहली दफा एक आदमी की लाश को निकलते देखा, सब नींद टूट गई। सारथी से पूछा, क्या हो गया इस आदमी को? सारथी डरा, क्योंकि खबर थी पिता की तरफ से, कि कभी मृत्यु की कोई चर्चा उठे तो कुछ कहना मत।

कहानी बड़ी मधुर है। देवताओं ने देखा कि सारथी डर रहा है, और एक क्षण आया है कि एक आदमी जग सकता है तो देवता सारथी में प्रवेश कर गए और उन्होंने सत्य कह दिया। यह तो कहानी है, लेकिन बात ठीक ही है। देवता प्रवेश किए हों या न किए हों, सारथी में देवत्व भाव आ गया होगा कि यह बात तो सच ही कहनी चाहिए। क्यों झूठ बोलना? और कब तक छिपेगा झूठ? मौत तो है! तो सारथी ने कहा कि मैं कैसे कहूं? लेकिन यह आदमी मर गया। झूठ मैं नहीं बोल सकता। बुद्ध ने तत्क्षण पूछा कि क्या मैं भी मर जाऊंगा? सारथी ने कहा कि यह और कठिन सवाल है। मैं कैसे कहूं

कि आप मर जाएंगे, लेकिन अपवाद कोई भी नहीं है। बुद्ध ने कहा, तब रथ वापस लौटा लो; अब मुझे आगे नहीं जाना है। वे जा रहे थे एक महोत्सव में भाग लेने। एक युवक महोत्सव, यूथ फेस्टिवल था। सारे राज्य के युवक इकट्ठे हुए थे, बुद्ध को उसका उदघाटन करना था। वापस लौटा लो, क्योंकि अब युवक महोत्सव में जाने का कोई अर्थ नहीं रहा। मैं मर ही गया। जब मरना ही है थोड़े दिन बाद, तो यह सब राग-रंग व्यर्थ है। उसी रात बुद्ध घर छोड़ कर भाग खड़े हुए। यह परिस्थिति के कारण हुआ।

बुद्ध के पिता ने सोचा तर्क से। ठीक ही सोचा था, लेकिन जिंदगी तर्क को नहीं मानती। जिंदगी तर्क से बड़ी बड़ी है। बुद्ध के पिता ने व्यवस्था की तर्क से सब; कि दुख न हो, असुविधा न हो, मृत्यु का दर्शन न हो, इसी वजह से एक दुर्घटना घट गई। बुद्ध के पिता के लिए दुर्घटना बनी, बुद्ध के लिए तो इससे बड़ा अहोभाग्य दूसरा न था।

तो कभी-कभी ऐसा हुआ है कि कोई संयोगवश जाग गया है और तब उसने दूसरों को जगाना शुरू कर दिया है। लेकिन सामान्यतः सौ में निन्यानबे मौकों पर तुम्हें गुरु की जरूरत है। तुम्हें कोई जगाएगा, तभी तुम जाग सकोगे। तब भी डर है कि तुम शायद न जागो! तब भी भय है कि तुम करवट ले लो और सो जाओ। क्योंकि मैं तुम्हें रोज करवट लेते और फिर-फिर सो जाते देखता हूं। इसलिए अनुभव से कहता हूं। तुम्हें किसी तरह परेशान करके थोड़ा बहुत हिलाया-डुलाया, तुम थोड़ी सी आंख खोलते हो, लेकिन आंख के भीतर नींद छाई रहती है। उस छाई हुई नींद से तुम थोड़ा सा देखते हो, फिर करवट लेकर सो जाते हो; सोचते हो कि अभी दो घड़ी और सो लें, इतनी जल्दी क्या है? अभी सुबह हुई भी नहीं। तुम हजार बहाने खोज कर फिर सो जाते हो।

गुरु भी तुम्हें जगा नहीं पाता; इसलिए बिना गुरु के तुम जगोगे इसकी संभावना ना के बराबर है।

इसलिए मैं निरंतर कहता हूं, कृष्णमूर्ति ने ठीक बात कह कर भी बहुत लोगों का अहित किया है--अनजाने में। बात तो ठीक ही है कि तुम्हें कोई दूसरा कैसे जगाएगा? अगर तुम सोना ही चाहते हो, कोई जगा नहीं सकता। तुम जब जागना चाहोगे, तभी जागोगे। गुरु भी क्या करेगा?

इसलिए कृष्णमूर्ति ठीक ही कहते हैं कि तुम जागना चाहो तो जाग सकते हो। गुरु की कोई जरूरत नहीं। लेकिन जिनसे वे कह रहे हैं, वे तो नींद के लिए सब तर्क खोज रहे हैं। जब वे सुनते हैं, गुरु की कोई जरूरत नहीं तो अलार्म घड़ी को फेंक आते हैं। वे कहते हैं, जब जगना है तो जग ही जाएंगे। अलार्म की क्या जरूरत? अलार्म से भी वे

जगते नहीं थे। पर उससे एक संभावना थी; उसे भी फेंक आते हैं। तब वे निश्चिंत होकर सोते हैं। अब कोई डर भी न रहा कि कोई जगाएगा। अब वे गुरु के पास भी नहीं जाते। अब कहीं कोई गुरु मिल भी जाए तो वे कहते हैं, गुरु की कोई जरूरत नहीं।

नानक ने, कबीर ने व्यर्थ ही नहीं कहा था कि गुरु के बिना ज्ञान नहीं होगा। उन्होंने तुम सोए हुए लोगों को देख कर कहा था। ज्ञान तो गुरु के बिना हो सकता है। क्योंकि ज्ञान तुम्हारी भीतरी संपदा है। कोई तुम्हें देने वाला नहीं। लेकिन तुम इतने जालसाज हो, तुम इतने षड्यंत्रकारी हो, अपने साथ तुम ऐसा खेल खेल रहे हो, कि तुम अपने को धोखा दे लोगे। कोई चाहिए जो तुम्हें जगाए, हिलाए, झकझोरे।

ऑस्पेंस्की ने अपनी किताब 'इन सर्च ऑफ दि मिरैकुलस', गुरजिएफ को भेंट की है। समर्पण में लिखा है; 'गुरजिएफ को, जिसने मेरी नींद तोड़ दी।'

गुरु का एक ही अर्थ है: जो तुम्हारी नींद तोड़ दे। इसलिए तुम गुरु से बचोगे, भागोगे, क्योंकि नींद बड़ी सुखद है। और नींद का टूटना हमेशा दुखद है। जो भी तुम्हारी नींद तोड़ेगा, उस पर तुम नाराज होओगे, क्योंकि वह तुम्हें बेचैनी में डाल रहा है। तुम नींद से व्यवस्थित हो गए हो। सब ठीक चल रहा था, सपना भी अच्छा था, सब ठीक था। कोई आ गया, उसने नींद झकझोर दी। अब सब अस्त-व्यस्त होगा। अब पुराना सब जाएगा और नया फिर से संयोजन करना होगा। इसलिए गुरु शुरू में तो कष्टदायी मालूम पड़ता है, दुखदायी मालूम पड़ता है।

इसलिए जो गुरु तुम्हें शुरू से सांत्वना देता हो, समझना कि वह नींद की दवा होगा; गुरु नहीं है। जो तुम्हें पुचकारता, थपकारता हो और कहता हो सब ठीक है, उससे बचना। वह गुरु नहीं है। जब तुम सो रहे होओगे, वह तुम्हारी जेब काट लेगा; और कुछ इससे ज्यादा होने वाला नहीं है।

जब भी तुम गुरु के पास जाओगे तो वह कहेगा, कुछ भी ठीक नहीं है, तुम बिलकुल गलत हो। तुम पागल हो। तुम नींद में हो। तुम अस्वस्थ हो। वह तुम्हारे अहंकार को कोई तृप्ति न देगा। वह सब तरफ से तुम्हें तोड़ेगा, मिटाएगा, जलाएगा।

गुरु तो मृत्यु जैसा है। और मृत्यु से ही गुजर कर अमृत उपलब्ध होता है।

आज इतना ही।

८

बेईमानी: संसार के मालकियत की कुंजी

ओशो, एक बदमाश था, जिसे गांव के लोगों ने पकड़ा और एक पेड़ से बांध लिया। और उससे कहा कि तुम्हें आज शाम तक हम समुद्र में डुबो देंगे। यह कह कर वे लोग अपने काम पर चले गए। इस बीच एक गड़रिया आया और उसने बदमाश से पूछा कि क्यों यहां बंधे पड़े हो? चालाक बदमाश ने कहा: 'कुछ लोगों ने मुझे इसलिए बांध दिया कि मैंने उनके रुपये लेने से इनकार कर दिया।'

हैरत में आकर गड़रिए ने पूछा: 'वे तुम्हें रुपये क्यों देना चाहते थे? और तुमने रुपये लेने से इनकार क्यों किया?'

बदमाश बोला: 'मैं धार्मिक आदमी हूं और वे लोग हैं अधार्मिक; और वे मुझे पथ-भ्रष्ट करना चाहते थे।'

गड़रिए ने कहा कि 'मैं तुम्हारी जगह यहां बैठता हूं; तुम मुक्त हुए।' दोनों ने जगह बदल ली। शाम के समय गांव के लोग आए, उन्होंने गड़रिए को बोरे में बंद किया और उसे जाकर समुद्र में डुबो दिया। दूसरे दिन प्रात:काल गांव वाले यह देख कर हैरान हुए कि वही बदमाश भेड़ों का एक झुंड लिए गांव में हंसता प्रवेश कर रहा है। उनके पूछने पर बदमाश ने बताया: 'समुद्र में बड़े दयावान जीव रहते हैं, वे उन सबको पुरस्कृत करते हैं, जो समुद्र में कूद कर डूब जाते हैं।'

फिर क्या था, गांव के लोग भागे और समुद्र में जा डूबे। और वह बदमाश गांव का अब मालिक बन बैठा।

हम आपसे यह कहानी समझना चाहते हैं।

ऐसे ही बदमाश सारे संसार के मालिक बन बैठे हैं। संसार की संपदा पानी हो तो सरलता बाधा है। संसार को जीतना हो तो ईमानदारी मार्ग नहीं; बेईमानी गणित है।

यह कहानी आदमियों की कहानी है। इस संसार में ठीक ऐसा ही हो रहा है। बुद्धिमानी का उपयोग लोग जीवन के सत्य को पाने के लिए नहीं, बुद्धिमानी का उपयोग लोग दूसरे का शोषण करने के लिए; बुद्धिमानी का उपयोग स्वयं के अनुभव को पाने के लिए नहीं, सृजनात्मक नहीं, विध्वंसात्मक करते हैं। इसलिए जैसे-जैसे बुद्धि बढ़ती जाती है, वैसे-वैसे बेईमानी बढ़ती जाती है।

विचारक हमेशा से परेशान रहे हैं कि दुनिया जितनी शिक्षित होती है उतनी बुरी क्यों हो जाती है? अशिक्षित आदमी में थोड़ी भलाई भी हो, शिक्षित आदमी में भलाई की सारी जड़ें टूट जाती हैं। और जैसे-जैसे हम शिक्षा को सुलभ बनाते हैं, वैसे-वैसे लोग साधु नहीं होते, असाधु होते चले जाते हैं।

पश्चिम के एक बहुत बड़े विचारक डी. एच. लारेंस ने एक सुझाव दिया था कि अगर दुनिया से बेईमानी, बदमाशी मिटानी हो तो कम से कम सौ वर्षों के लिए हमें सभी विद्यालय, सभी विद्यापीठ बंद कर देने चाहिए।

आदमी के पास जितनी बुद्धि बढ़ती है, उतनी बुराई करने की क्षमता बढ़ती है। होना उलटा चाहिए कि बुद्धि प्रज्ञा बने; समझ आत्मज्ञान की तरफ ले जाए; लेकिन यह होता नहीं। समझ दूसरे के विनाश की तरफ ले जाती है। शायद जिसे हम समझ कहते हैं वह समझ नहीं है, समझ का धोखा है। पूरे मनुष्य-जाति का इतिहास इस बात का गवाह है, कि जैसे ही मनुष्य ने आदिम सरलता खोई, वैसे ही जीवन में कष्ट और तकलीफें बढ़ गईं।

और यह तो उस गांव में एक बदमाश था, इसने इतना उपद्रव किया, पूरे गांव को विनष्ट कर दिया। तुम्हारे गांव में तो सभी बदमाश हैं। पूरी पृथ्वी बदमाशों से भरी है। आदिम मनुष्य का भोलापन इतनी सरलता से क्यों खो जाता है? जरा सी शिक्षा तुम्हें नष्ट क्यों कर देती है?

कुछ बातें समझनी चाहिए।

पहली बात, आदिम मनुष्य का जो भोलापन है, वह वस्तुतः भोलापन नहीं है, वह केवल अभाव है। आदिम मनुष्य बेईमानी नहीं कर सकता, क्योंकि बेईमानी करने के लिए एक तरह की कुशलता चाहिए, जो उसके पास नहीं है। इसलिए गांव में जो भोला आदमी दिखाई पड़ता है, वह वस्तुतः भोला नहीं है। उसको मौका मिले तो वह भी उतना ही शैतान सिद्ध होगा, जितना बड़े नगरों के लोग शैतान सिद्ध होते हैं। और अक्सर तो वह ज्यादा शैतान सिद्ध होता है। अगर गांव का आदमी शिक्षित हो जाए, थोड़ा कुशल हो जाए तो शहर के आदमी से ज्यादा उपद्रवी सिद्ध होता है। क्योंकि उसके उपद्रव ऐसे हैं, जैसे कोई जमीन बहुत दिन तक बंजर पड़ी रही हो, उसमें कोई फसल न ली गई हो, फिर उसमें फसल ली जाए तो वह बहुत फसल दे। क्योंकि दूसरी जमीनें तो अब शोषित हो चुकी हैं, उसकी जमीन बिलकुल खाली पड़ी है। गांव का सीधा-साधा आदमी जब भी शिक्षित हो जाता है, कुशल हो जाता है तो उसमें बदमाशी की बड़ी फसल लगती है। वह शहर के आदमियों को पराजित कर देता है। उसका भोलापन झूठा है।

तो दो तरह के भोलापन हैं: एक तो भोलापन है, जो संत का है। संत का भोलापन अनुभव से आया है। उसने जीवन में गुजर कर देखा है और पाया कि बेईमानी चाहे तत्क्षण कुछ भी देती मालूम पड़ती हो, अंततः सब-कुछ छीन लेती है। उसने अनुभव से पाया कि दूसरे को नुकसान पहुंचाना भला पहले दिखाई पड़ता हो कि दूसरे को नुकसान पहुंचा रहे हैं, लेकिन अंततः अपने ही हाथ-पैर कट जाते हैं। उसने जीवंत अनुभव से यह सीख ली कि जो गड्ढा तुम दूसरे के लिए खोदते हो, आखिर में तुम पाओगे कि वह तुम्हारी ही कब्र बन जाती है। इस अनुभव के कारण वह बेईमानी छोड़ता है। कुशल नहीं है ऐसा नहीं, बेईमानी नहीं कर सकता है ऐसा नहीं; कर सकता है, लेकिन अनुभव ने उसे बताया कि बेईमानी हितकर नहीं है। स्वयं के हित में भी नहीं है। दूसरे को तो नुकसान पहुंचाती है अभी, और स्वयं को नुकसान पहुंचाती है अंततः, इसलिए वह भोला हो गया है, वह सरल हो गया है।

यह सरलता बड़ी कीमती है, गंभीर है, गहरी है। यह सरलता बड़ी समृद्ध है, क्योंकि अनुभव का आधार है। एक गांव का ग्रामीण है, या एक छोटा बच्चा है; छोटे बच्चे गांव के ग्रामीण जैसे हैं। छोटा बच्चा भोला मालूम पड़ता है, लेकिन भोला है नहीं, तैयारी कर रहा है। अभी शरारत के बीज अंकुरित नहीं हुए हैं, जल्दी ही अंकुरित

होंगे। गांव का आदिम आदमी तैयारी कर रहा है, प्रतीक्षा कर रहा है। जब कुशल हो जाएगा, तब उसके खेत में बड़ी बुराई की फसल आएगी।

हर बच्चा देवता जैसा पैदा होता है और शैतान जैसा मरता है। बच्चों की शक्ल देखें, सभी बच्चे प्यारे मालूम होते हैं। कोई बच्चा कुरूप नहीं मालूम होता, सभी बच्चे सुंदर होते हैं। फिर यह सारे सुंदर बच्चे कहां खो जाते हैं? लोगों को देखें तो लोग कुरूप मालूम होते हैं। जब वे बच्चे थे खुद, तब बड़े सुंदर थे। यह पृथ्वी सौंदर्य से भर जानी चाहिए। इतने सुंदर बच्चे पैदा होते हैं! लेकिन जैसे ही समझ बढ़ती है, जैसे ही कुशलता आती है, वैसे ही विकृति शुरू हो जाती है।

तो दो उपाय हैं आपके भी भोले होने के। एक तो उपाय है कि समझ को आने ही मत देना। एक तो उपाय है कि शिक्षित होना ही मत। एक तो उपाय है सभ्य बनना ही मत। परिस्थिति से दूर ही रहना।

गांधी जैसे विचारक इसी उपाय की सलाह देते हैं। वे कहते हैं, दुनिया से बड़े उद्योग समाप्त करो। शिक्षालय बंद करो। ट्रेनें, हवाई-जहाजें मत चलाओ। यांत्रिकता हटाओ। आदमी को वापस जंगल की तरफ ले चलो। क्योंकि जंगल का आदमी बड़ा भोला था।

उनका तर्क बहुत गहरा नहीं है, क्योंकि जंगल का आदमी अगर सच में ही भोला था तो यह सारी बेईमानी फिर किससे पैदा हुई? कहां से आई? एक तो ऐसा आदमी है, जो इतना कमजोर है कि चोरी नहीं कर सकता, इसलिए साधु मालूम पड़ता है। एक आदमी इतना अशिक्षित है कि झूठ बोलने में झंझट है। झूठ बोलने के लिए थोड़ी बुद्धि चाहिए। और झूठ बोलने के लिये अच्छी याददाश्त चाहिए। अगर स्मृति कमजोर हो तो आप झूठ नहीं बोल सकते। क्योंकि घड़ी भर बाद आपको याद ही न रहेगा, किससे क्या कहा!

तो एक आदमी इसलिए सच बोलता है, क्योंकि झूठ बोलने के लिए जितनी कुशलता चाहिए, वह उसमें नहीं है। जो तकनीक बेईमानी के लिए चाहिए, वह उसमें नहीं है। लेकिन चाहता तो वह भी बेईमान होना है। तो वह प्रतीक्षा कर रहा है। जब सुविधा मिलेगी, तब वह भी बेईमान हो जाएगा। बीज पड़ा है जमीन में, वर्षा की प्रतीक्षा कर रहा है। जब बादल घिरेंगे और बरसेंगे तो बीज अंकुरित हो जाएगा।

तो गांधी जैसे विचारक सलाह देते हैं कि बादलों को बरसने ही मत दो। न बरसेंगे बादल, न बीज अंकुरित होगा। न रहेगा बांस, न बजेगी बांसुरी। लेकिन यह कोई बड़ी

गहरी समझ की बात नहीं है। क्योंकि बांसुरी भला न बजे, उसके स्वर तो भीतर गूंजते ही रहेंगे। बेईमानी भला बाहर न आए असमर्थता के कारण, लेकिन गहरे में बीज तो विषाक्त करता ही रहेगा। मैं इस तरह के विचारकों से राजी नहीं हूं। मैं तो कहता हूं, अनुभव से गुजर कर जो सरलता आए वही वास्तविक है। आग से गुजर कर जो सोना बचे, वही असली सोना है। इस डर से कि कहीं जल न जाए, हम आग के बाहर ही रख लें तो वह सोना असली नहीं है। और भय बता रहा है कि कचरे का डर है।

शिक्षित तो होना ही होगा। बच्चे को जवान होना ही होगा। बच्चे को बच्चे में कैसे रोका जा सकता है? आदिम आदमी सभ्य बनेगा, गांव मिटेंगे, महानगर बसेंगे। इससे बचने का कोई भी उपाय नहीं है। पीछे जाना संभव भी नहीं है। जैसे जवान बच्चा नहीं हो सकता फिर से, वैसे ही शहर के आदमी को गांव नहीं ले जाया जा सकता।

तो गांधी कितना ही कहें, कोई फर्क नहीं पड़ता। लोग सुन लेते हैं, सिर हिला देते हैं, लेकिन उनका जीवन जिस ढांचे में है, वैसा ही चलता जाता है। और गांधी कितना ही कहें, उनकी खुद की जीवन-व्यवस्था भी आधुनिक यंत्रों पर ही निर्भर होती है। ट्रेन में यात्रा करनी पड़ती है, मोटर में बैठना पड़ता है। गांधी की बात का प्रचार भी करना हो तो भी बड़े प्रेस का उपयोग करना पड़ता है, लाउडस्पीकर पर बोलना पड़ता है। इस सभ्यता के खिलाफ भी बोलना हो तो इसी सभ्यता का उपयोग करना पड़ता है। और जिसका हम उपयोग करते हैं, उसको हम नष्ट कैसे करेंगे? वह हमारे उपयोग से मजबूत होती है, बढ़ती है।

और गांधी कोई पहले व्यक्ति नहीं हैं, रूसो ने, टाल्सटाय ने, रस्किन ने, सभी ने पीछे लौटने की बात की है। गांधी पर रस्किन, थोरो और इमर्सन का बड़ा प्रभाव है। लेकिन कोई भी पीछे लौट नहीं सकता। पीछे लौटने का कोई मार्ग ही नहीं है। सब मार्ग आगे की तरफ जाते हैं; इसलिए मेरा सुझाव गांधी से बिलकुल विपरीत है।

मेरा सुझाव है, जितनी जल्दी हो सके अनुभव से गुजरो, लेकिन अनुभव से होशपूर्वक गुजरो, ताकि अनुभव तुम्हें उसकी पूर्णता में दिखाई पड़ जाए। बीज से लेकर अंत तक, प्रथम से लेकर अंत तक तुम अनुभव को देख लो। जो व्यक्ति भी अनुभव को पूरा देख लेंगे, उनके जीवन से बेईमानी मिट जाएगी।

अब हम इस कहानी को समझने की कोशिश करें। कहानी बड़ी साफ है। कुछ रहस्यपूर्ण नहीं है कहानी में। एक बदमाश की कहानी है--यह समझें कि तथाकथित बुद्धिमान की। और तथाकथित बुद्धिमान सभी बदमाश होते हैं। बदमाश होने के लिए

थोड़ा-बहुत बुद्धिमान होना जरूरी भी है। पूरे बुद्धिमान नहीं होते, लेकिन थोड़े बुद्धिमान होते हैं। और ध्यान रहे, कभी-कभी आधा ज्ञान पूरे अज्ञान से भी ज्यादा खतरनाक होता है। थोड़ा ज्ञान सदा ही खतरनाक होता है, क्योंकि थोड़ी दूर तक देखता है, पूरे को नहीं देख पाता।

गांव के लोग इस बदमाश से परेशान रहे होंगे और गांव के लोगों ने एक दिन तय किया कि इस बदमाश का अंत ही कर दो। एक वृक्ष से बांध दिया।

बदमाश होने के लिए थोड़ी बुद्धिमत्ता चाहिए, तर्क चाहिए, समझ चाहिए। दूसरे को धोखा देना आसान नहीं है, क्योंकि दूसरा भी तुम्हें धोखा देने को तैयार है। जब भी तुम दूसरे को धोखा देते हो, उसका अर्थ है कि तुमने ज्यादा बुद्धिमानी दिखाई दूसरे से।

एक गड़रिया पास से गुजरा--गांव का आदिम आदमी--उसने पूछा कि क्या हुआ? क्यों बंधे हुए हो इस वृक्ष से? इस बदमाश ने कहा कि बड़ी मुसीबत में पड़ गया हूं। गांव के लोग मुझे धन देना चाहते हैं, मैं लेना नहीं चाहता। वे नाराज हो गए।

गड़रिया निश्चित ही गांव का आदिम आदमी रहा होगा--जहां चाहते हैं रूसो, टाल्सटाय, गांधी लोगों को वापस ले जाना। लेकिन तब कोई भी बदमाश उन आदिम लोगों को शरारत से परेशान करेगा। पीछे लौटो कितने ही इतिहास में, चंगीज, तैमूर सदा मौजूद हैं। वे गांव के गड़रियों का शोषण कर रहे हैं। लेकिन शोषण वे बड़े ढंग से करते हैं, बड़ी बुद्धिमत्ता से करते हैं। इसीलिए हजारों साल तक दुनिया में कोई बगावत न हुई। लुटेरों, डाकुओं, हत्यारों को लोगों ने परमात्मा का अवतार समझा।

सम्राट, परमात्मा का प्रतिनिधि समझा जाता था पृथ्वी पर; कि वह परमात्मा की तरफ से राज्य कर रहा है। इसलिए सिंहासन के प्रति बगावत करना परमात्मा के प्रति बगावत थी। राजाओं ने अपने को तादात्म्य कर लिया था--सम्राट ने--परमात्मा के साथ, लोगों को समझा दिया था कि मैं उसका प्रतिनिधि हूं और लोग मान गए थे।

गांधी जैसे विचारक जिस दुनिया में लोगों को ले जाना चाहते हैं, उसमें फिर चंगीज और तैमूर लोगों का शोषण करेंगे। वह दुनिया कोई बहुत अच्छी दुनिया नहीं थी, उसमें बगावत हो ही नहीं सकती थी। और जिस दुनिया में बगावत न हो सके, उस दुनिया से मुर्दा और दुनिया खोजनी कठिन है।

यहां हिंदुओं ने क्या किया? हजारों साल से लाखों-करोड़ों लोगों को शूद्र बना रक्खा और उनको समझा दिया कि तुम्हारे कर्मों के कारण ही तुम शूद्र हो। और उन्होंने मान लिया। यह बदमाश बुद्धिमानी है। यह शोषण की बड़ी कुशल तरकीब है। और

उनको इस भांति समझा दिया कि बगावत का एक स्वर नहीं उठा भारत में। हजारों साल की यात्रा में शूद्रों ने एक दफे नहीं कहा कि यह क्या फिजूल की बात हमें समझाई जा रही है? यह प्रचार इतना गहरा गया... और यह तुम्हारे ही हित में है, क्योंकि अगर तुम शांति से अपनी शूद्रता को स्वीकार कर लेते हो, तो अगले जन्म में तुम ऊंचे वर्णों में पैदा हो जाओगे। ब्राह्मण ब्राह्मण घर में पैदा हुआ है, क्योंकि उसने अच्छे कर्म किए हैं। तुम शूद्र घर में पैदा हुए हो, क्योंकि तुमने बुरे कर्म किए हैं। अगर बगावत की तो और बुरे कर्म हो जाएंगे, तुम और महाशूद्र हो जाओगे, और नरक में पड़ोगे। स्वीकार कर लो।

मनु की स्मृति पढ़ने जैसी है। मनु की स्मृति से ज्यादा अन्यायपूर्ण शास्त्र खोजना कठिन है, क्योंकि कोई न्याय जैसी चीज ही नहीं है। मनुस्मृति हिंदुओं का आधार है--उनके सारे कानून, समाज-व्यवस्था का। अगर एक ब्राह्मण एक शूद्र की लड़की को भगा कर ले जाए तो कुछ भी पाप नहीं है। यह तो सौभाग्य है शूद्र की लड़की का। लेकिन अगर एक शूद्र, ब्राह्मण की लड़की को भगा कर ले जाए तो महापाप है। और हत्या से कम, इस शूद्र की हत्या से कम दंड नहीं। यह न्याय है! और इसको हजारों साल तक लोगों ने माना है।

जरूर मनाने वाले ने बड़ी कुशलता की होगी। कुशलता इतनी गहरी रही होगी, जितनी कि फिर दुनिया में पृथ्वी पर दुबारा कहीं नहीं हुई। ब्राह्मणों ने जैसी व्यवस्था निर्मित की भारत में, ऐसी व्यवस्था पृथ्वी पर कहीं कोई निर्मित नहीं कर पाया, क्योंकि ब्राह्मणों से ज्यादा बुद्धिमान आदमी खोजने कठिन हैं। बुद्धिमानी उनकी परंपरागत वसीयत थी। इसलिए ब्राह्मण शूद्रों को पढ़ने नहीं देते थे, क्योंकि तुमने पढ़ा कि बगावत आई। स्त्रियों को पढ़ने की मनाही रखी, क्योंकि स्त्रियों ने पढ़ा कि बगावत आई।

स्त्रियों को ब्राह्मणों ने समझा रखा था, पति परमात्मा है। लेकिन पत्नी परमात्मा नहीं है! यह किस भांति का प्रेम का ढंग है? कैसा ढांचा है? इसलिए पति मर जाए तो पत्नी को सती होना चाहिए, तो ही वह पतिव्रता थी। लेकिन कोई शास्त्र नहीं कहता कि पत्नी मर जाए तो पति को उसके साथ मर जाना चाहिए, तो ही वह पत्नीव्रती था। ना, इसका कोई सवाल ही नहीं।

पुरुष के लिए शास्त्र कहता है कि जैसे ही पत्नी मर जाए, जल्दी से दूसरी व्यवस्था विवाह की करे। उसमें देर न करे। लेकिन स्त्री के लिए विवाह की व्यवस्था नहीं है। इसलिए करोड़ों स्त्रियां या तो जल गईं और या विधवा रह कर उन्होंने जीवन भर कष्ट

पाया। और यह बड़े मजे की बात है, एक स्त्री विधवा रहे, पुरुष तो कोई विधुर रहे नहीं; क्योंकि कोई शास्त्र में नियम नहीं है उसके विधुर रहने का।

तो भी विधवा स्त्री सम्मानित नहीं थी, अपमानित थी। होना तो चाहिए सम्मान, क्योंकि अपने पति के मर जाने के बाद उसने अपने जीवन की सारी वासना पति के साथ समाप्त कर दी। और वह संन्यासी की तरह जी रही है। लेकिन वह सम्मानित नहीं थी। घर में अगर कोई उत्सव-पर्व हो तो विधवा को बैठने का हक नहीं था। विवाह हो तो विधवा आगे नहीं आ सकती। बड़े मजे की बात है; कि जैसे विधवा ने ही पति को मार डाला है! इसका पाप उसके ऊपर है। जब पत्नी मरे तो पाप पति पर नहीं है, लेकिन पति मरे तो पाप पत्नी पर है! अरबों स्त्रियों को यह बात समझा दी गई और उन्होंने मान लिया। लेकिन मानने में एक तरकीब रखनी जरूरी थी कि जिसका भी शोषण करना हो, उसे अनुभव से गुजरने देना खतरनाक है और शिक्षित नहीं होना चाहिए। इसलिए शूद्रों को, स्त्रियों को शिक्षा का कोई अधिकार नहीं।

तुलसी जैसे विचारशील आदमी ने कहा है कि 'शूद्र, पशु, नारी, ये सब ताड़न के अधकारी।' इनको अच्छी तरह दंड देना चाहिए। इनको जितना सताओ, उतना ही ठीक रहते हैं। 'शूद्र, ढोल, पशु, नारी...' ढोल का भी उसी के साथ--जैसे ढोल को जितना पीटो, उतना ही अच्छा बजता है; ऐसे जितना ही उनको पीटो, जितना ही उनको सताओ उतने ही ये ठीक रहते हैं। यही धारा थी। इनको शिक्षित मत करो, इनके मन में बुद्धि न आए, विचार न उठे। अन्यथा विचार आया, बगावत आई। शिक्षा आई, विद्रोह आया।

विद्रोह का अर्थ क्या है? विद्रोह का अर्थ है कि अब तुम जिसका शोषण करते हो, उसके पास भी उतनी ही बुद्धि है जितनी तुम्हारे पास। इसलिए उसे वंचित रखो।

उस बदमाश ने बड़ी बढ़िया बात कही। उसने कहा कि लोग मुझे धन देना चाहते हैं और धन मैं लेना नहीं चाहता और इसलिए मुझे बांध दिया है।

गड़रिया निश्चित आदिम रहा होगा, अनुभव से शून्य रहा होगा। बुद्धिमान नहीं था, भोला-भाला था। और भोलापन बुद्धूपन के जैसा था। क्योंकि जो भोलापन अनुभव से न आया हो, वह बुद्धूपन जैसा होता है। उसे सिम्पल नहीं कह सकते, सिम्पलटन! वह सीधा-सादा, संत नहीं है, वह सीधा-सादा बुद्धू है। क्योंकि इस जगत में कौन है, जो धन नहीं चाहता? और इस जगत में कौन है, जो आपको धन देने के लिए इतना मजबूर करे कि वृक्ष से बांधे? गड़रिया बिलकुल आदिम रहा होगा।

गांधीवादी आदिमता रही होगी। न शिक्षित, न धन का कोई पता, न लोगों के जीवन-व्यवहार की कोई प्रतीति--मान लिया उसने।

फिर भी उसे भी थोड़ा शक उठा। उसने कहा कि लोग धन देना चाहते हैं और तुम लेना नहीं चाहते; तुम लेना क्यों नहीं चाहते? क्योंकि इतना तो उसको भी समझ में आया कि अगर मुझे कोई धन दे तो मैं लेना चाहूंगा। यह आदमी क्यों नहीं लेना चाहता? बदमाश निश्चित ही बुद्धिमान था। उसने कहा, मैं एक धार्मिक आदमी हूं। बात साफ हो गई, कि धार्मिक आदमी धन नहीं लेना चाहता। लेकिन उस गड़रिए को खयाल न आया कि जब भी कोई धार्मिक आदमी धन नहीं लेना चाहता तो लोग उसे बांधते नहीं, उसके पैर पकड़ कर पूजा करते हैं।

यही तो हो रहा है। अगर लोगों से पूजा चाहिए हो, धन भर मत लेना, तो लोग पूजेंगे। क्योंकि लोग धन की आकांक्षा से भरे हैं और जब भी वे अपने से विपरीत किसी को देखते हैं तो उसकी पूजा करते हैं। जिसको भी पूजा चाहनी हो, उसे सौदा तय कर लेना पड़ेगा--या तो धन, या पूजा। और समझदार जो हैं, वे पूजा में ज्यादा धन देखते हैं।

उस गड़रिए को यह खयाल न आया कि यह गांव के लोग इसकी पूजा क्यों नहीं करते? इसे मारने के लिए वृक्ष से क्यों बांध रखा है? न, इतनी बुद्धि न थी। इतने विचार न उठे। अन्यथा एक ही अर्थ हो सकता था कि गांव के लोग और भी महा धार्मिक हैं। वे इसको धन भी देना चाहते हैं और न ले तो दंड देने को राजी हैं, मगर धन देकर रहेंगे। गड़रिए की वासना ने उसे पकड़ा।

इसे थोड़ा समझ लें।

बुद्धि भला न हो पास, लेकिन वासना तो होती है। यही खतरा है। वासना तो जन्म से मिलती है, बुद्धि शायद शिक्षा से मिल जाती हो, समाज से मिलती हो। वासना तो जन्म से मिलती है। तो बुद्धू से बुद्धू आदमी के पास भी उतनी ही वासना है, जितनी बुद्धिमान के पास। वासना में कोई अंतर नहीं है। वासना की दृष्टि से हम सब समान हैं। बुद्धिमान अपनी वासना को पूरा करने के लिए तर्क का उपयोग करता है। बुद्धू उसका उपयोग नहीं कर पाता है, इसलिए शोषित होता है।

इसलिए मार्क्स ठीक कहता है कि जब तक सभी लोग शिक्षित नहीं हो गए हैं, तब तक शोषण जारी रहेगा, क्योंकि जो शिक्षित हैं, वे अशिक्षित का शोषण करेंगे। लेकिन एक दूसरी बात मार्क्स को दिखाई नहीं पड़ती। अगर सभी शिक्षित हो जाएं तो शोषण

बंद नहीं हो जाएगा, सभी शोषण करना चाहेंगे और समाज एक अराजकता होगी, जब तक कि सभी संत न हो जाएं। और संत का अर्थ है, सिर्फ निर्बुद्धि रह जाना नहीं, बल्कि बुद्धिमत्ता का पूरा हो जाना।

वह गड़रिया लोभ से भर गया और उसने कहा: अगर ऐसा है तो मुझे बांध दो। मैं धन भी चाहता हूं और तुम धन चाहते नहीं; तो मैं तुम्हें छोड़े देता हूं।

जब भी शोषण करना हो किसी का तो उसे प्रलोभन देना जरूरी है। इसलिए जहां भी प्रलोभन हो, वहां थोड़े सावधान हो जाना। क्योंकि प्रलोभन के बिना तुम्हारा शोषण नहीं किया जा सकता। फिर प्रलोभन बहुत ढंग के हैं। पुरोहित कहते हैं कि अगर तुम दान दोगे तो स्वर्ग मिलेगा। सिर्फ दान देने को कहें तो तुम दान देने वाले नहीं हो। स्वर्ग मिलेगा उसके लिए तुम सौदा कर सकते हो; तब तुम दान दे सकते हो। लेकिन कभी तुमने सोचा, कि दान का अर्थ ही यह होता है कि उसके पीछे कोई मांग न हो।

जो स्वर्ग के लिए दान कर रहा है, वह दान तो कर ही नहीं रहा, सिर्फ सौदा कर रहा है। वहां दान नहीं है। दान का अर्थ तो देना है और मांगना नहीं। दान का अर्थ तो फल की आकांक्षा के बिना देना है। लेकिन यह पुरोहित तरकीब लगा रहा है। यह कह रहा है दान दो, स्वर्ग मिले! गंगा के तट पर लोग समझाते हैं नासमझ गांव के ग्रामीण लोगों को, कि यहां एक पैसा दो, वहां एक करोड़ मिलते हैं। एक करोड़ गुना मिलता है उस पार। यहां दो, उससे एक करोड़ गुना मिलता है।

लोभी का मन डावांडोल हो जाता है--एक करोड़ गुना! और वह है उस पार। वहां से लौट कर कोई कहता नहीं कि वहां मिलता है, या एक पैसा भी हाथ से चला जाता है। चूंकि वहां से कोई लौट कर नहीं कहता, इसलिए शोषण का बड़ा सुगम उपाय है।

जब भी किसी का शोषण करना हो तो उसे प्रलोभन देना जरूरी है। और जहां भी प्रलोभन हो, सावधान हो जाना। धर्म भी प्रलोभन दे रहा है इसलिए वह धर्म नहीं हो सकता। मंदिर, चर्च, पुजारी, पुरोहित, पोप प्रलोभन दे रहे हैं।

एक दिन मैं एक रास्ते से गुजर रहा था। एक सुशिक्षित पढ़ी-लिखी महिला ने मुझे एक छोटी सी पुस्तिका दी। देखा मैं, खयाल में भी नहीं आया कि यह ईसाइयत के प्रचार की पुस्तिका होगी, क्योंकि सामने कोई ईसाइयत का सवाल नहीं था। न ईशु का कोई चित्र था, न क्रॉस था, न कोई चर्च था। सामने एक खूबसूरत बंगला था एक बगीचे में, और ऊपर लिखा था: 'क्या आप भी ऐसा बंगला चाहते हैं?' मैं थोड़ा हैरान हुआ कि यह क्या है? उसको उलट कर देखा तो उसमें पहले बंगले का वर्णन, बगीचे

का, सुंदर आकाश का; और अंत में यह है कि इस तरह का बंगला स्वर्ग में उपलब्ध है, लेकिन केवल उन्हीं को, जो जीसस के अनुयायी हैं!

सब तरह से प्रलोभन दिए जा रहे हैं। और जहां भी प्रलोभन है वहां समझ लेना कि धर्म नहीं हो सकता। इस बदमाश ने बड़ी कुशलता का काम किया। उसने यह भी न कहा कि मुझे खोलो। गड़रिए ने खुद ही उसे खोल दिया होगा और खुद वृक्ष के पास खड़ा हो गया होगा कि मुझे बांध दो। जब तुम प्रलोभन से भरते हो तो तुम अंधे हो जाते हो। तब तुम्हें होश नहीं होता, तुम क्या कर रहे हो।

सांझ को गांव के लोग इकट्ठे हुए जो बांध गए थे बदमाश को, कि सांझ को पोटली में बंद करके सागर में फेंक देंगे। सांझ के अंधेरे में उन्होंने पोटली बांधी। बेचारे गड़रिए को तो कुछ समझ में भी नहीं आया, क्या हो रहा है! वह समुद्र में फेंक दिया गया।

सुबह भोर होते बदमाश गड़रिए की भेड़ों को लेकर गांव में प्रविष्ट हुआ, गीत गाता। गांव के लोग चकित हुए। उन्होंने कहा कि क्या हुआ? तुम कैसे वापस?

उसने कहा कि वापस का क्या पूछते हो? तुम्हारी बड़ी कृपा कि तुमने मुझे समुद्र में फेंक दिया। वहां बड़े प्रेमी और दयालु लोग हैं। उन्होंने खूब स्वागत-सत्कार किया। ये भेड़ें मुझे दे दीं और कहा कि जाओ, और आनंद करो।

जो तरकीब उस बदमाश ने उस गड़रिए के साथ की थी, अब वह उस तरकीब का पूरा उपयोग पूरे गांव के ऊपर किया। फिर देर न लगी होगी। लोग अपने आप ही जाकर समुद्र में कूद गए।

लोभ, मृत्यु बन जाता है।

और हम सबके लिए भी लोभ ही मृत्यु बन रहा है। हम सब भी लोभ के कारण ही समुद्रों में कूद रहे हैं और मर रहे हैं और मिट रहे हैं। और हमारी पूरी शिक्षण की व्यवस्था सिर्फ लोभ सिखाती है और कुछ भी नहीं। महत्वाकांक्षा सिखाती है। ज्यादा से ज्यादा कैसे तुम पा सको, इसकी कला सिखाती है।

बिना इसकी चिंता किए कि लोभ मृत्यु में ले जा सकता है, गांव के लोग समुद्र में कूद गए और मर गए। यह बदमाश पूरे गांव का मालिक हो गया। कहानी यहां पूरी हो जाती है, क्योंकि इसके आगे कहानी को ले जाना खतरनाक है। लेकिन असली हिस्सा कहानी का छोड़ दिया गया है, ताकि आप कहानी को पढ़ें और असली हिस्से को खुद खोजें।

सभी महत्वपूर्ण कहानियां आधी छोड़ दी जाती हैं, क्योंकि अगर बात पूरी कह दी जाए तो आपको खोजने को कुछ भी नहीं बचता। दूसरा हिस्सा महत्वपूर्ण है कि जब कोई भी न बचे और आप गांव के मालिक हो जाएं, उस मालकियत का क्या मूल्य है? जब सभी मर गए हों तो उस मरघट के आप मालिक हो जाएं, इसका क्या मूल्य है?

वह हिस्सा छोड़ दिया है। सूफी फकीरों ने ठीक ही किया है। उस हिस्से को छुआ नहीं। उसको कहने की जरूरत ही नहीं। कहानी पढ़ कर उसे समझने की जरूरत है। जो महत्वपूर्ण है, उसे कहा नहीं जाता। और अगर आप में थोड़ी भी बुद्धि है तो वह दिखाई पड़ जाएगा। और अगर बुद्धि न हो तो वह कहने से भी सुनाई नहीं पड़ेगा। ये कहानियां आपके भीतर विचार को पैदा करने के लिए हैं। ये कहानियां आपके भीतर एक संवेदना जगाने के लिए हैं। एक सत्य की प्रतिध्वनि उठाने के लिए हैं।

क्या अर्थ है, अगर सारा गांव मर जाए और तुम मालिक हो जाओ इसका? क्या म ूल्य है? वह आदमी बदमाश तो था, होशियार भी था, लेकिन बहुत बुद्धिमान नहीं था।

अर्जुन ने कृष्ण से यही बात गीता में पूछी है कि ये सारे लोग मर जाएंगे, फिर मैं मालिक भी हो जाऊंगा तो उसका मूल्य क्या है? ये मेरे प्रियजन हैं, सगे-संबंधी हैं, मित्र हैं, इनके साथ मैं बड़ा हुआ, इनके साथ खेला, और अगर मेरे जीवन में कोई सफलता की खुशी भी है तो इनकी मौजूदगी में ही हो सकती है। ये सब मर जाएंगे, इनकी लाशें पड़ी होंगी कुरुक्षेत्र में और मैं विजेता हो जाऊंगा। उस विजय का क्या मूल्य है? वह विजय किसके लिए है? कौन उसको देख कर प्रसन्न होगा? कौन मेरी पीठ ठोकेगा और कहेगा कि ठीक, तुम सफल हुए।

इसमें कई बातें समझ लेने जैसी जरूरी हैं।

अकेले में तुम्हारे सम्राट होने का कोई भी अर्थ नहीं है। अकेले में तुम सम्राट हो ही नहीं सकते। अकेले में सिर्फ संन्यासी हो सकते हो। सम्राट को समाज चाहिए। संन्यासी समाज को छोड़ सकता है। इसलिए सम्राट होना दूसरों पर निर्भर है, संन्यासी होना आत्मनिर्भरता है। इसलिए संन्यासियों ने कहा है कि सम्राट गुलामों के भी गुलाम हैं। बात ठीक है, क्योंकि बिना गुलामों के वह सम्राट नहीं हो सकता।

मैंने सुना है कि जुन्नैद एक गांव से गुजर रहा था--एक सूफी। उसके शिष्य उसके साथ थे। वह बीच रास्ते पर खड़ा हो गया। एक आदमी एक गाय को बांध कर गुजर रहा था, जुन्नैद ने अपने शिष्यों से कहा कि बेटो! एक सवाल। यह आदमी इस गाय को बांधे हुए है कि यह गाय इस आदमी को बांधे हुए है? जुन्नैद के शिष्यों ने कहा: आप

भी क्या फिजूल की बात पूछते हैं! यह तो साफ है कि आदमी गाय को बांधे हुए है, गाय आदमी को नहीं बांधे हुए।

तो जुन्नैद ने कहा: दूसरा सवाल। अगर यह गाय छूट कर भाग जाए तो यह आदमी उसके पीछे भागेगा, या यह आदमी गाय को छोड़ कर भाग जाए तो गाय इसके पीछे भागेगी?

तब जरा शिष्य चौंके। उन्होंने कहा: तब जरा कठिन बात है। अगर यह बीच की रस्सी टूट जाए तो यह आदमी गाय के पीछे भागेगा। यह गाय आदमी के पीछे भागने वाली नहीं। तो जुन्नैद ने कहा: तुम फिर से सोचो, गुलाम कौन किसका है? गुलाम मालिक के पीछे भागेगा। गाय धेला भर भी फिकर नहीं करेगी कि वह आदमी कहां गया? लेकिन गाय अगर भागे तो वह आदमी पीछा करेगा। गाय उस आदमी के बिना जी सकती है, वह आदमी बिना गाय के नहीं जी सकता। बंधा कौन किससे है? ऊपर से ऐसे ही दिखाई पड़ता है, आदमी गाय को बांधे खींच रहा है। जो लोग भीतर देखेंगे, उन्हें दिखाई पड़ेगा, गाय आदमी को बांधे खींच रही है।

ऊपर से देखने पर सम्राट मालिक; और गुलाम, गुलाम। भीतर से देखने पर सम्राट गुलामों के भी गुलाम। नेताओं को देखें! लगते हैं वे आगे चल रहे हैं। आप गलती में हैं। उनको अनुयायियों के सदा पीछे चलना पड़ता है। बस, वे दिखते हैं आगे चलते। नेता सदा पीछे लौट-लौट कर देखता रहता है, अनुयायी किस तरफ जा रहे हैं! जिस तरफ अनुयायी जा रहे हैं, उसको जल्दी से उसी तरफ मुड़ जाना चाहिए। रहना चाहिए आगे, लेकिन अनुयायियों का रुख देखते रहना चाहिए।

इसलिए कुशल नेता वही है, जो अनुयायी का रुख पहचानता है। अकुशल मुश्किल में पड़ जाता है। अगर नेता को यह भ्रम आ गया कि लोग मेरे पीछे चल रहे हैं, जल्दी ही वह नेता नहीं रह जाएगा। अगर अपनी मौज से उसने चलना शुरू कर दिया और रास्ते चुनने लगा तो भीड़ कहीं और चली जाएगी। नेता होने का सूत्र यही है कि भीड़ के हृदय में जो बात बन रही हो, उसको पहले ताक लेना। भीड़ जिस तरफ जाना चाहती हो, उस तरफ भीड़ के पहले मुड़ जाना। अभी भीड़ को भी पता न हो कि हम कहां जाना चाहते हैं। नेता उसी तरफ जाएगा, जहां भीड़ का अचेतन उसे ले जाना चाहता है।

नेता की कला भीड़ के अचेतन को पहचानने में है।

मुल्ला नसरुद्दीन के संबंध में बड़ी प्रसिद्ध कथा है। वह अपने गधे पर बैठा हुआ गुजर रहा है। बाजार में बहुत लोग खड़े हैं। गधा तेजी से भागा जा रहा है। लोगों ने पूछा कि नसरुद्दीन कहां जा रहे हो इतनी तेजी से?

उसने कहा: मुझसे मत पूछो, इस गधे से पूछो। क्योंकि इसका मालिक रहना हो तो इसका अनुयायी रहना पड़ता है। अगर जरा ही मैंने इसको मोड़ने-माड़ने की कोशिश की कि यह अकड़ कर खड़ा हो जाता है! उसी वक्त पता चल जाता है बीच बाजार में, कि मालिक हम नहीं हैं। और बेइज्जती होती है, फजीहत होती है। तो मैं समझ गया हूं कि बाजार से जब भी निकलो, जहां यह जाए, बस बैठे रहो। बाजार के बाहर मैं कोशिश भी करता हूं, लेकिन बाजार में कभी कोशिश नहीं करता; क्योंकि वहां यह फजीहत करवा देता है, अकड़ कर खड़ा हो जाता है, बैठ जाता है, लोटने लगता है। वहां पक्का पता चल जाता है कि कौन ताकतवर है। बहुत अनुभव से मैंने यह सीख लिया है कि जिस तरफ यह जाए वहीं अपनी मंजिल है। उसमें हम कम से कम मालिक मालूम होते हैं।

नेता अनुयायी का मालिक मालूम पड़ता है एक कुशलता के कारण--वह कहां जा रहा है! भीड़ का अचेतन कहे कि 'समाजवाद'! इसके पहले कि भीड़ के मुंह से आवाज निकले, नेता को कहना चाहिए, 'समाजवाद।' भीड़ का अचेतन जो कहे, नेता को भीड़ के अचेतन की आवाज होना चाहिए। तत्क्षण नारा दे दे। अगर वह नारा मेल न खाया अचेतन से, नेता जल्दी ही भीड़ में खो जाएगा। नेता नहीं रह सकेगा। नेता अनुयायी का अनुयायी है।

अकेले में तुम नेता नहीं हो सकते। अकेले में तुम सम्राट नहीं हो सकते। अकेले में तुम धनी नहीं हो सकते। और जो तुम अकेले में नहीं हो सकते, उसमें होने में कुछ भी सार नहीं। इस अनुभव का नाम संन्यास है। जो तुम अकेले में हो सकते हो, वही तुम्हारा है। जो तुम अकेले में नहीं हो सकते, वह दूसरों का है। तुम्हें सिर्फ खयाल है कि तुम्हारा है।

तुम जंगल में अकेले बैठे हो, कोहिनूर का ढेर लगा हुआ है, तुम उसके ऊपर बैठे हो। कोहिनूर की कितनी कीमत है जंगल में, जहां तुम अकेले हो? पत्थर से ज्यादा नहीं। कोई भी पत्थर पर बैठे रहो, या कोहिनूर पर बैठे रहो, कोई फर्क नहीं पड़ता। कोहिनूर का मूल्य समाज में है। नोटों की गड्डियों का ढेर लगा है, तुम उसी पर सो रहे हो शय्या बना कर--क्या अर्थ है अकेले में? क्योंकि नोट का मूल्य समाज की मान्यता में है।

महावीर जंगल चले जाते हैं। बुद्ध, मोहम्मद, जीसस जंगल चले जाते हैं इसलिए--इस बात की खोज करने कि जंगल में जाकर जो चीजें व्यर्थ हो जाती हैं वे व्यर्थ थी हीं; भीड़ की वजह से पता नहीं चलता था। जंगल में भी जो चीज सार्थक रहती है, वही बचाने योग्य है। फिर भीड़ में भी वे वापस लौट आते हैं, लेकिन अब उसी को बचाते हैं, जो जंगल में भी सार्थक थी। वही तुम्हारी आत्मा है।

यह बदमाश बुद्धिमान तो था, लेकिन आधा ही बुद्धिमान था। अगर यह पूरा बुद्धिमान होता तो इस तरह की नासमझी न करता। यह तो आत्मघात हो गया। जब सारा गांव ही कूद कर मर गया सागर में तो अब तुम सम्राट कैसे? सारे मकान तुम्हारे हैं, लेकिन करोगे क्या?

बड़ी मुसीबत में पड़ा होगा। इस बदमाश का थोड़ा सोचें। अगर इसकी कहानी हम आगे बढ़ाएं--बड़ी मुसीबत में पड़ा होगा। इतने सब मकानों की साफ-सफाई रखो। और कोई सार नहीं, और कोई देखने वाला नहीं। इस धन की सुरक्षा रखो और इसका कोई प्रयोजन नहीं; क्योंकि न इससे कुछ खरीद सकते, न कुछ बेच सकते। वे हट गए लोग, जिनके बीच इसका मूल्य था। क्या किया होगा इस बदमाश ने? जहां तक मैं सोच पाता हूं, यह भी कूद कर समुद्र में मर गया होगा और कोई उपाय नहीं इसके लिए बचता। लेकिन अब पूरा गांव ही मर गया तो अब यह क्या करेगा? इसलिए बदमाशी अंततः आत्मघात बन जाती है।

तुम सोचते हो, तुम दूसरे को नुकसान पहुंचा रहे हो। अंततः वह तुम्हें ही नुकसान पहुंचता है। तुम सोचते हो, तुम दूसरे के लिए जहर घोल रहे हो; अंततः वह जहर तुम्हारे ही जीवन में फैल जाता है। क्योंकि यहां कोई दूसरा है नहीं, तुम्हारा ही विस्तार है। तुम जो दूसरों के साथ करते हो, वही तुम अपने साथ कर रहे हो। फासला दिखता है। तुम अलग हो, मैं अलग हूं। लेकिन तुम्हारे गाल पर मैं चांटा मारूं, वह जिनको दिखाई पड़ता है, उनको दिखाई पड़ता है कि वह अपने हाथ से अपने ही गाल पर चांटा मार लिया, क्योंकि तुम मेरे ही फैलाव हो। अगर तुम सब मर जाओगे, तो मैं जी नहीं सकता। अगर तुम सब खो जाओगे तो मैं खो जाऊंगा; क्योंकि हम संयुक्त हैं।

इमैनुअल कांट ने एक सूत्र बनाया है, जो बड़ा कीमती है। वह सूत्र यह है... नीति का आधार, कांट ने कहा है इस सूत्र को। कांट कहता है कि जो नियम मानने से सार्वभौम न हो सके, यूनिवर्सल न हो सके, वह नियम नैतिक नहीं है। वही नियम नैतिक है, जो सार्वभौम हो सके। इसका अर्थ? इसका अर्थ है कि अगर मैं तुमसे झूठ

बोलूं तो क्या मैं कह सकता हूं कि मैं चाहता हूं, सभी लोग एक-दूसरे से झूठ बोलें? झूठ बोलने वाला भी यह चाहता है कि तुम उससे झूठ न बोलो। वह भी झूठ में मानता नहीं। झूठ बोलने वाला भी झूठ पकड़ ले तो नाराज होता है कि तुम क्यों झूठ बोले? वह भी मानता है कि सत्य बोलना नीति है। झूठ बोलना अनीति है।

चोर भी आपस में एक-दूसरे की चोरी नहीं करते। चोरी को वह नियम नहीं मानते। और अगर सारे लोग झूठ बोलते हों तो झूठ बोलना मुश्किल है। अगर सारे लोग झूठ में भरोसा करते हों तो बोलना ही मुश्किल है। क्योंकि कोई भी कुछ बोले, दूसरा जानता है कि तुम झूठ बोल रहे हो। तुम कुछ भी बोलो, दूसरा जानता है कि तुम झूठ बोल रहे हो। झूठ चलता है, क्योंकि कुछ लोग सच बोलते हैं। झूठ के पैर सच में हैं। झूठ जी नहीं सकता बिना सच के। उसका सहारा सच में है।

इसका अर्थ यह हुआ कि अगर सारे लोगों की हत्या करने को हम नियम मान लें तो यह नैतिक नहीं हो सकता। यह नियम सार्वभौम नहीं हो सकता। इसलिए कांट ने एक बहुत अदभुत बात कही, जो हिंदुओं को बिलकुल समझ में नहीं आती, लेकिन बात उसकी सही है।

कांट कहता है, ब्रह्मचर्य नैतिक नियम नहीं हो सकता, क्योंकि अगर सभी लोग ब्रह्मचारी हो जाएं तो ब्रह्मचर्य पालने वाला भी नहीं बचेगा। ब्रह्मचारी होने के लिए भी किसी का अब्रह्मचारी होना जरूरी है। तुम्हारे माता-पिता का कम से कम अब्रह्मचारी होना जरूरी था इसलिए तुम पैदा हुए हो।

तो ब्रह्मचर्य नैतिक नियम नहीं हो सकता--कांट कहता है। उसकी बात बड़ी सच है और बड़ी गहरी है। वह कहता है कि जैसे चोरी नियम नहीं हो सकता, झूठ नियम नहीं हो सकता, वैसे ही ब्रह्मचर्य नियम नहीं हो सकता, क्योंकि चोरी के लिए कुछ लोगों का अचोर होना जरूरी है। झूठ के लिए कुछ लोगों का सच बोलना जरूरी है। ब्रह्मचर्य के लिए कुछ लोगों का अब्रह्मचारी होना जरूरी है। जिस ब्रह्मचर्य के होने के लिए कुछ लोगों का अब्रह्मचारी होना जरूरी हो, जिसके आधार में अब्रह्मचर्य हो, वह कैसे नियम हो सकता है? वह नियम नहीं हो सकता। वह सार्वभौम, यूनिवर्सल नहीं हो सकता। और जो सत्य सबको स्वीकृत न हो सके, और सबके स्वीकार से भी जिसमें जीवन का पौधा बढ़ता रहे, वह सत्य सत्य ही नहीं है।

इस बदमाश ने सोचा तो होगा कि मैंने बड़ा गजब का काम कर लिया; सारा गांव डूब गया। लेकिन देर न लगी होगी इसे समझने में कि यह आत्महत्या हो गई।

क्यों? अगर यह बदमाश साधु होता तो अकेला भी जी सकता था। यह बदमाश साधु नहीं था। इसके जीने के लिए उन सबका होना जरूरी था। इसलिए बदमाश अगर उसकी बदमाशी सफल हो जाए, तो भी पाएगा कि असफल हुआ। अगर उसकी बदमाशी असफल हो तो भी पाएगा कि असफल हुआ। बदमाश कभी सफल होता ही नहीं। वह सदा असफल होता है।

समझो; अगर यह गांव के लोग तरकीब समझ जाते और उसकी पिटाई करते और कहते तू झूठ बोल रहा है तो वह असफल हुआ। गांव के लोगों ने उसको मान लिया और नदी में कूद कर, समुद्र में कूद कर मर गए तो भी वह असफल हुआ।

इससे मैं एक बहुत गहरी बात आपसे कहना चाहता हूं: साधु सदा सफल होता है--चाहे असफल हो, चाहे सफल हो। बदमाश सदा असफल होता है--चाहे सफल हो, चाहे असफल हो। साधु की कोई असफलता नहीं है; हो नहीं सकती। असाधु की कोई सफलता नहीं है; हो नहीं सकती।

मेरे पास लोग आते हैं, वे कहते हैं कैसा संसार है! यहां असाधु सफल हो रहा है, साधु असफल हो रहे हैं। लोग मुझसे आकर कहते हैं, 'मैं ईमानदार हूं और भूखों मर रहा हूं और बेईमान महलों में रह रहे हैं।'

मैं उनसे कहता हूं, 'यह हो नहीं सकता। भला बेईमान महलों में रह रहे हों, लेकिन महलों में रह नहीं सकते। महलों में घिरे होंगे, लेकिन रह नहीं सकते। क्योंकि महलों में रहने वाले लोगों को मैं जानता हूं। ना वे सो सकते हैं, ना वे ठीक से खाना खा सकते हैं, ना वे प्रेम कर सकते हैं। महल उनके लिए कारागृह हैं--अपने ही बनाए हुए। किसी और ने उन्हें कारागृह में नहीं डाला है, अपने ही कारण कारागृह में पड़े हैं।

जैसे वह सुबह गड़रिया अपने ही हाथों वृक्ष के पास खड़े होकर बंध गया था। उस गड़रिए को जब वह दिन भर बंधा रहा होगा, क्या ऐसा लगा होगा कि किसी ने मुझे बांधा है? नहीं, वह स्वेच्छा से बंधा था। क्या दिन में उसने ऐसा अनुभव किया होगा कि मैं कारागृह में पड़ा हूं? नहीं, वह तो बड़े आनंद में रहा होगा, क्योंकि सांझ धन की वर्षा हो जाने वाली है। जब वासना कहती है कि आने वाले भविष्य में काफी सुख मिलने वाला है तो तुम कारागृह में भी रहने को राजी हो। तुम अपना कारागृह खुद ही बना लेते हो।

दुनिया में दो तरह के कारागृह हैं। एक, जिन्हें दूसरे तुम्हारे लिए बनाते हैं; और एक, जो तुम खुद अपने लिए बनाते हो। वह धनपति, जो रह रहा है महलों में, न सो

सकता है, न खा सकता है, न किसी को प्रेम कर सकता है। वह बिलकुल बंद है, सड़ गया है, मर गया है। वह एक लाश है, जो किसी तरह जी रही है। जैसे-जैसे धन बढ़ता है, वैसे-वैसे नींद खो जाती है। जैसे-जैसे धन बढ़ता है, वैसे-वैसे भूख खो जाती है।

यह बड़े मजे की बात है। जब भूख होती है तो लोगों के पास भोजन नहीं होता और जब भोजन होता है तब भूख नहीं होती। और जब सोने को बिस्तर नहीं होता तो बड़ी गहरी नींद आती है। और जब तक बिस्तर का इंतजाम कर पाते हैं, तब तक नींद खो जाती है। और भूख न हो तो भोजन व्यर्थ है। और नींद न हो तो बढ़िया से बढ़िया शैया भी किस काम की है? गरीब आत्महत्या नहीं करते, अमीर आत्महत्या करते हैं।

मेरे पास लोग आते हैं; वे कहते हैं, इससे तो हमारा भारत ही अच्छा। अमरीका में इतनी आत्महत्याएं हो रही हैं। मैं उनसे कहता हूं कि इसका कुल मतलब इतना है कि तुम अभी गरीब हो; अभी आत्महत्या के करीब नहीं पहुंचे। अमरीका अमीर है, आत्म हत्या बढ़ रही है। जिस दिन पूरा मुल्क अमीर हो जाएगा, अपने आप लोग समुद्र में कूद कर मर जाएंगे। सभी नहीं मर रहे हैं, इसका मतलब अभी भी काफी गरीब वहां हैं।

गरीब को आशा रहती है, कल कुछ होगा और जीवन में सुख आएगा। अमीर की आशा टूट जाती है, सब उसके पास है और सुख आया नहीं; अब वह क्या करे? लोगों को लगता है, महलों में रहने वाले लोग सुखी हैं, क्योंकि वे महलों में नहीं हैं, वे झोपड़ों में हैं। जिस दिन महल में पहुंचेंगे उस दिन पता चलेगा, कि सुख की सारी क्षमता ही खो गई। अगर किसी को लगता है, कि मैं नैतिक हूं और दुखी हूं तो इससे एक ही बात सिद्ध होती है कि वह नैतिक नहीं है। क्योंकि नैतिक तो कभी दुखी हो नहीं सकता।

अगर किसी को लगता है, मैं धार्मिक हूं और असफल हूं तो एक बात तय है: कि वह धार्मिक नहीं है, क्योंकि धार्मिक कभी असफल नहीं हो सकता। मिले तो जीतता है, हारे तो जीतता है। धार्मिक की जीत बड़ी अदभुत है। उसे हराने का उपाय ही नहीं है। असफलता हो ही नहीं सकती। क्योंकि धार्मिक का अर्थ है, जो भी हो, उसमें वह संतुष्ट है; इसलिए उसे तुम कैसे असफल करोगे?

लाओत्सु बार-बार कहता है कि तुम मुझे हरा न सकोगे, क्योंकि मैं जीतना ही नहीं चाहता। तुम मुझे हराओगे कैसे? जो जीतना चाहता है, वह हराया जा सकता है। लाओत्सु कहता है, तुम मुझे पराजित न कर सकोगे, क्योंकि विजय की मेरी कोई आकांक्षा नहीं। लाओत्सु कहता है, जब मैं सभा में जाता हूं तो मैं सबसे अंत में बैठता हूं, जहां लोग जूते उतारते हैं, क्योंकि वहां से और नीचे उतारे जाने का कोई उपाय नहीं।

तुम मुझे वहां से न भगा सकोगे। और तुम भगा भी दो तो मेरा क्या खोएगा? क्योंकि मैं कोई राज सिंहासन पर नहीं बैठा था। मैं वहां बैठा था, जहां जूते रखे थे। लाओत्सु कहता है, मैं अंतिम खड़ा होता हूं, ताकि तुम मुझे धक्का न दे सको।

धार्मिक आदमी असंतुष्ट नहीं हो सकता, क्योंकि धर्म का सार-सूत्र यही है कि जो भी हो, वह संतुष्ट है। तुम उसे हरा नहीं सकते। हरा भी दो तो वह विजय का उत्सव मनाता हुआ चलेगा। धार्मिक आदमी का प्रतिपल विजय का पल है, क्योंकि जीतने की आकांक्षा उसने छोड़ दी। यह विरोधाभासी दिखने वाली बातें, गहरे में सोचने और समझ लेने जैसी हैं।

बुरा आदमी सदा हारता है। सफल हो जाए तो हारता है, असफल हो जाए तो हारता है।

यह बदमाश असफल होता तो हारता। यह बदमाश पूरी तरह सफल हो गया तो भी हार गया। सांझ, रात इसने भी समुद्र में कूद कर आत्महत्या कर ली होगी। जब लोग न हों तो बदमाशी किसके साथ करिएगा? इसकी सारी कुशलता बेकार हो गई।

साधुता अकेले हो सकती है। क्योंकि साधुता ऐसा दीया है, जो बिन बाती बिन तेल जलता है। असाधुता अकेले नहीं हो सकती। उसके लिए दूसरों का तेल और बाती और सहारा सब-कुछ चाहिए। असाधुता एक सामाजिक संबंध है। साधुता असंगता का नाम है। वह कोई संबंध नहीं है, वह कोई रिलेशनशिप नहीं है। वह तुम्हारे अकेले होने का मजा है।

इसलिए साधु एकांत खोजता है, असाधु भीड़ खोजता है। असाधु एकांत में भी चला जाए, तो कल्पना से भीड़ में होता है। साधु भीड़ में भी खड़ा रहे तो भी अकेला होता है। क्योंकि एक सत्य उसे दिखाई पड़ गया है कि जो भी मेरे पास मेरे अकेलेपन में है, वही मेरी संपदा है। जो दूसरे की मौजूदगी से मुझमें होता है, वही असत्य है; वही माया है। वह वास्तविक नहीं है; उसे मैं ले जा नहीं सकता।

तुम मेरे पास आते हो और मुझे प्रेम जगता है, यह प्रेम झूठा है। क्योंकि तुम चले जाते हो, यह प्रेम चला जाता है। यह प्रेम तुम लाए थे, तुम्हीं ले गए। यह प्रेम ऐसा था, जैसे मेरे दर्पण में तुम्हारा चेहरा दिखाई पड़ा। तुम हट गए, चेहरा खो गया। यह प्रेम मेरा नहीं है। अगर यह मेरा होता तो तुम आते या न आते इससे कोई भेद न पड़ता। तुम न आते तो भी यह प्रेम झरता रहता। जैसे एकांत में दीया जलता हो, उसकी रोशनी जलती हो।

कोई निकले या न निकले, अकेले रास्ते पर फूल खिलता है, उसकी सुगंध फैलती रहती है। लेकिन तुम पास आए और फूल में सुगंध आ गई; और तुम गए और फूल की सुगंध खो गई, तो यह सुगंध झूठी है। तुमने इत्र लगाया होगा। फूल धोखे में पड़ा है।

तुम मेरे पास आओ और मेरा प्रेम जगे तो वह प्रेम तुम लेकर आए और तुम ही उसे ले जाओगे। इसलिए हम प्रेमियों के निर्भर हो जाते हैं। तुम्हारी प्रेयसी नहीं होती, तुम्हारे जीवन का रस खो जाता है। वह रस तुम्हारा है ही नहीं। और बड़े मजे की बात यह है कि तुम्हारी प्रेयसी का भी तुम खो जाओ तो रस खो जाता है; उसके भीतर भी रस नहीं है। और जब दोनों के भीतर रस नहीं है, तो तुम दोनों पास आकर रस पैदा कैसे करते हो?

मैं निरंतर कहता हूं, यह ऐसे है, जैसे दो भिखारी एक-दूसरे के सामने अपना भिक्षापात्र किए खड़े हों--इस आशा में कि दूसरा कुछ देगा। आशा ही है। क्योंकि दूसरा भी भिक्षापात्र लिए खड़ा है। वह भी देने वाला नहीं है, वह भी मांगने ही आया है। दोनों धोखे में हो। और जब भी धोखा टूटता है तब तुम एक-दूसरे पर नाराज होते हो कि क्यों मेरा इतना समय खराब किया? पहले क्यों न बता दिया कि तुम भी भिक्षापात्र लिए हो?

प्रेमी अक्सर दुख में पड़ते हैं। जिस दिन भी भिक्षापात्र दिखाई पड़ते हैं उस दिन प्रेमी सोचता है, प्रेयसी ने धोखा दिया; प्रेयसी सोचती है, प्रेमी ने धोखा दिया। तब वे दूसरे प्रेमी और प्रेयसियों की तलाश में निकल जाते हैं। लेकिन बुनियादी बात फिर भी वही रहेगी। नया भिखारी थोड़ी देर धोखा देगा, क्योंकि भिक्षापात्र छिपाएगा, लेकिन कब तक छिपाएगा? वह भी तुम्हारे पास इसीलिए आया है, तुम भी उसके पास इसीलिए गए हो। तुम भी भिक्षापात्र छिपाओगे। जब आश्वस्त हो जाओगे कि अब यह भागने वाला नहीं, तब भिक्षापात्र निकालोगे; लेकिन तभी विषाद घेर लेगा।

तुम्हारा प्रेम, तुम्हारी खुशी, सब दूसरे पर निर्भर है। घर कोई मित्र मिलने नहीं आता तुम उदास हो जाते हो। मित्र आ जाते हैं, तुम बड़े उत्सव में हो जाते हो। यह उत्सव झूठा है, ऊपर-ऊपर है, रंग-रोगन किया हुआ है। यह तुम्हारे हृदय का नृत्य नहीं है। यह तुम्हारी धड़कनों से नहीं आता। यह तुम्हारे प्राणों का स्वर-संगीत नहीं है।

साधु का अर्थ है, इस सत्य को खोज लेना--जितने जल्दी हो सके। तब फिर समाज पर तुम निर्भर नहीं हो। समाज में रहो या छोड़ दो, इससे कोई फर्क नहीं पड़ता। तब तुम उसी संपदा की खोज करते हो, जो तुम्हारी है। जो किसी के भी हटने से छिनेगी नहीं। सब चले जाएंगे, सब सागर में कूद जाएंगे, तो भी तुम्हारी बांसुरी बजती रहेगी।

वह बदमाश बांसुरी बजा नहीं सकता, क्योंकि बदमाश दूसरे पर निर्भर है। जितना ज्यादा बदमाश, उतना दूसरे पर ज्यादा निर्भर। उस असाधु को आत्महत्या करनी होगी। काश, वह साधु होता तो एकांत महोत्सव हो जाता! यह कहानी सीधी साफ है।

तीन सूत्र खयाल रख लें।

एक, अगर दूसरे को धोखा देने निकले--असफल हुए तो भी असफल होओगे; अगर पूरे सफल हुए तो भी असफल होओगे।

दूसरा, बुद्धिमानी का उपयोग दूसरे को गड्ढे में गिराने के लिए मत करना। दूसरे के लिए गड्ढा मत खोदना। क्योंकि आखिर में पाओगे कि अपनी ही कब्र खुद गई।

और तीसरी बात, संपदा जो दूसरे के विनाश से मिलती हो, दूसरे की मृत्यु से आती हो, या दूसरे के जीवन से आती हो, दूसरे पर निर्भर हो, उसे संपदा मत मानना। अन्यथा जिस दिन तुम सफल होओगे, उस दिन आत्महत्या के अतिरिक्त कोई मार्ग न बचेगा। उसको खोजना जो तुम्हारा है और सदा तुम्हारा है; स्वतंत्र है; किसी पर निर्भर नहीं है, ताकि तुम मालिक हो सको।

तुम उसी दिन आत्मवान बनोगे, जिस दिन तुम्हारा दीया 'बिन बाती बिन तेल' जलेगा। न तुम तेल मांगने जाओगे, न तुम बाती मांगने जाओगे। सब खो जाए--थोड़ा सोचना--सब खो जाए, तो भी तुम्हारे होने में रत्ती भर फर्क न पड़े--बस, तुम जिन हो गए। तुम बुद्ध हो गए। वह जो बुद्ध बोधिवृक्ष के नीचे बैठे हैं, उनको हमने परमात्मा कहा है, भगवान कहा है, सिर्फ इसीलिए कि उस क्षण में उन्होंने उसको पहचान लिया जो अब सबके खो जाने से, सब नष्ट हो जाने से भी नष्ट नहीं होगा। उन्होंने समाज-मुक्त को पहचान लिया। उन्होंने दूसरे से स्वतंत्र को पहचान लिया--वह, जो दूसरे की सीमा के बाहर है, जो दूसरे से मिलता नहीं। उन्होंने 'बिन बाती बिन तेल' जलने वाले दीये की पहली झलक पा ली।

वह दीया तुम्हारे भीतर जल रहा है, लेकिन जब तक तुम्हारी आंखें दूसरों पर लगी रहेंगी, तब तक तुम उस दीये से परिचित नहीं हो सकते। तुम्हारी आंख भीतर मुड़नी चाहिए, दूसरों से मुक्त होनी चाहिए। दूसरों से मुक्त होना संन्यास है--दूसरों को छोड़ना नहीं, दूसरों से मुक्त होना। छोड़ने वाला शायद मुक्त नहीं होता, क्योंकि वह भाग जाए जंगल, तो भी दूसरे की ही सोचता रहता है। जिसको छोड़ आया है उसकी याद आती है; अक्सर ज्यादा आती है।

पत्नी को मायके भेज दो, उसकी याद ज्यादा आती है। फिर उसके दुर्गुण दिखाई नहीं पड़ते, सदगुण दिखाई पड़ने लगते हैं। इसलिए पत्नी को कभी-कभी मायके भेजना बिलकुल जरूरी है। अगर तलाक बचाना हो, तो साल में दो-तीन महीने पत्नी को मायके भेज देना बिलकुल जरूरी है। वह भी ताजी होकर आ जाएगी, तुम्हारे गुण देखने लगेगी। तुम भी ताजे होकर उसके गुण देखने लगोगे। तीन महीने बाद फिर से 'हनीमून' हो सकता है। एक दो दिन चलेगा। फिर दुर्गुण दिखाई पड़ने शुरू हो जाएंगे।

जंगल तुम भाग जाओ तो और भी याद आएगी। जंगल भागे संन्यासी मेरे पास आते हैं, तो वे कहते हैं, बड़ी मुश्किल है। सिवाय स्त्री के कुछ याद नहीं आता। स्त्री ही चक्कर काटती है। मस्तिष्क पूरा का पूरा कामुकता से भर जाता है--भरेगा; क्योंकि समाज छोड़ कर भागने का सवाल नहीं है, समाज से मुक्त होने का सवाल है।

मुक्ति बड़ी और बात है। मुक्ति तो इस अनुभव से आएगी कि तुम धीरे-धीरे उस संपदा की खोज करो अपने भीतर, जो तुम्हारी है; जो तुम लेकर पैदा हुए और जो तुम मरते वक्त साथ ले जाओगे; जो जन्म के पहले भी थी और मृत्यु के बाद भी होगी। जिसको तुमने किसी से लिया नहीं है, जो उधार नहीं है। जो तुम्हारा अपना होना है, तुम्हारी अपनी संपदा है, वही आत्मा है।

आज इतना ही।

९

जहां वासना, वहां विवाद

ओशो, एक आदमी था, जो जानवरों की भाषा समझता था। वह एक दिन किसी रास्ते से जा रहा था। वहां एक गधा और एक कुत्ता आपस में बड़े जोर-जोर से झगड़ रहे थे।

कुत्ता कह रहा था: 'बंद करो ये घास और चारागाह की बातें! कुछ खरगोश या हड्डियों के संबंध में कहो। मैं तो उकता गया हूं।'

उस आदमी से न रहा गया और वह बोला: 'सूखी घास का उपयोग भी तो किया जा सकता है; जो गोश्त जैसा ही होगा।'

वे दोनों जानवर उसकी ओर मुड़े; उसके शब्द न सुनाई पड़े इसलिए कुत्ता पूरी ताकत से भौंकने लगा, और गधे ने जोर से लात मार कर उस आदमी को बेहोश कर दिया। और फिर वे अपने झगड़े में उलझ गए।

ओशो, मजनू कलंदर की इस बेबूझ जैसी कहानी का अर्थ क्या है?

मजनू कलंदर ने जीवन के बहुत अनुभव के बाद इस कहानी को लिखा होगा। कहानी की एक-एक पर्त को उघाड़ना जरूरी है।

पहली बात: संसार हमारे लिए उतना ही है जितनी हमारी वासना है, जैसी हमारी वासना है। हम पूरे संसार को नहीं देख पाते, क्योंकि हमारी आंख पर हमारी वासना का चश्मा है। वही हमारी सीमा है।

लोग कहते हैं, संसार सीमित है और परमात्मा असीम है; लेकिन परमात्मा क्या इस सीमित संसार के बाहर है? वह यहीं छिपा है, यहीं तुम्हारे पड़ोस में बैठा है। फिर संसार सीमित कैसे होगा, जब असीम ने उसे निर्मित किया? और जब असीम उसमें छाया है, छिपा है तो संसार भी सीमित नहीं हो सकता। सीमित दिखाई पड़ता है क्योंकि हमारी वासना पूरे को नहीं देखती। हमारी वासना उतने को ही देखती है, जितने से हमारी वासना का संबंध है। गधे को संसार घास से ज्यादा नहीं। कुत्ते को संसार हड्डी और मांस में है। तुम अपनी वासना से पूछो तो तुम्हें पता चल जाएगा, तुम्हारा संसार कितना बड़ा है।

मजनू कलंदर ने इस तरह की बहुत सी कहानियां कहीं हैं। यह आदमी अनूठा था। उसने लिखा है कि एक दिन मैंने सुना कि एक बिल्ली और कुत्ते में विवाद हो रहा था। और कुत्ता कह रहा था, कि रात मैंने ऐसा अदभुत सपना देखा, जैसा कि कहानियों में भी खोजना मुश्किल है। बड़ा अनूठा सपना था। वर्षा हो रही है, लेकिन वर्षा पानी की नहीं हो रही है, हड्डियां बरस रही हैं, मांस के टुकड़े बरस रहे हैं। ऐसा गजब का सपना था।

बिल्ली ने कहा: छोड़ो बकवास! शास्त्रों से मेरा परिचय है। इतिहास की मैं जानकार हूं। यह तो हमने सुना है कि कभी-कभी वर्षा में चूहे बरसते हैं, लेकिन हड्डी और मांस कभी बरसते न सुना है, न देखा है।

बिल्ली जिस संसार को देखती है, वहां वह चूहे की तलाश कर रही है; वही उसका सपना है। बिल्ली और कुत्तों के सपने एक नहीं हो सकते, क्योंकि उनकी वासनाएं अलग हैं। और बिल्ली का संसार चूहे पर समाप्त हो जाता है; चूहा उसकी सीमा है।

तुम्हारा संसार भी तुम्हारी वासना पर समाप्त हो जाता है। इसलिए बुद्धों ने कहा है, जब तक तुम्हारी सब वासनाएं न गिर जाएं, तब तक तुम सत्य को न देख सकोगे। तब तक तुम सत्य को उतना ही देखोगे, जितना तुम्हारी वासना के लिए जरूरी है। वह अधूरा होगा। और अधूरे सत्य असत्य से भी ज्यादा खतरनाक होते हैं। अधूरे सत्य मालूम तो होते हैं सत्य हैं, लेकिन चूंकि वे अधूरे होते हैं, और अधूरों को हमारा मन पूरा मान लेता है; वहीं भ्रांति हो जाती है।

संसार परमात्मा से अलग नहीं है, संसार परमात्मा का उतना हिस्सा है, जितना तुम्हारी वासना देखती है। इसलिए कुत्ते का संसार अलग है, बिल्ली का संसार अलग है, तुम्हारा संसार अलग है। एक पुरुष का संसार अलग है, एक स्त्री का संसार अलग है,

क्योंकि उनकी दोनों की वासनाएं बड़ी भिन्न हैं। जो पुरुष को दिखाई पड़ता है, वह स्त्री को दिखाई नहीं पड़ता। जो स्त्री को दिखाई पड़ता है, वह पुरुष को दिखाई नहीं पड़ता।

एक स्त्री का गला खराब था, खांसी-सर्दी-जुकाम था और दो-तीन दिन से वह निरंतर खांस रही थी। पति रात सो भी नहीं सकता था। सुबह उसने कहा कि अब तुम चिंता न करो, आज तुम्हारे गले के लिए कुछ ले ही आऊंगा। उसने कहा कि जरूर ले आना। वही जड़ाऊ हार, जो देखा था दुकान पर।

संसार अलग है। गले के लिए दवा पति ले आएगा, यह तो खयाल ही पत्नी को नहीं आया। आया खयाल, हार का--जड़ाऊ हार जो बहुत दिन पहले देखा था। और हो सकता है उसी जड़ाऊ हार की वजह से रात भर खांसना पड़ रहा हो। और यह भी हो सकता है, जड़ाऊ हार दवा से ज्यादा उपयोगी सिद्ध हो। शायद दवा हार भी जाए खांसी मिटाने में, लेकिन जड़ाऊ हार खांसी को मिटा देगा।

हम वही देखते हैं, जो हम चाहते हैं। चाह हमारे देखने का द्वार है। चाह से देखा गया सत्य संसार है। अ-चाह से देखा गया संसार सत्य है। इसलिए जब तक चाह न गिर जाए तब तक तुम वह न देख सकोगे जो है: 'दैट व्हिच इज़'। तब तक तुम वही देखते रहोगे, जो तुम चाहते हो।

इसलिए इस दुनिया में एक संसार नहीं है, यहां जितनी वासनाएं हैं, उतने ही संसार हैं। और हर व्यक्ति अपने ही वासना के संसार में जीता है। तुम उसी से दबे, उसी से घिरे; जैसे कंबल लपेटा हो तुम्हारे चारों तरफ, वैसे तुम्हारी वासनाएं तुम्हारे चारों तरफ लपटी हैं, वही तुम्हारा संसार है।

यह कहानी कलंदर की बड़ी अर्थपूर्ण है। यह कह रही है कि गधे की अपनी दुनिया है, कुत्ते की अपनी दुनिया है। और जब भी दो दुनियाओं का मिलन होगा तो विवाद होगा। विवाद इसलिए नहीं कि एक को सत्य का पता चल गया है, विवाद इसलिए है कि दोनों की चाह भिन्न हैं, दोनों के देखने के ढंग भिन्न हैं।

दुनिया में जितने विवाद हैं, वह कोई सत्य की उपलब्धि के कारण नहीं हैं, वह चाहों की भिन्नता के कारण हैं।

दूसरी बात यह समझ लेनी जरूरी है कि जिसने सत्य पा लिया उसका विवाद समाप्त हो गया।

महावीर से कोई जाकर कहता है कि ईश्वर है? तो महावीर कहते हैं 'स्यात्।' कोई कहता है ईश्वर नहीं है, तो भी महावीर कहते हैं, 'स्यात्।' न तो महावीर 'हां' कहते

हैं, न 'ना' क्योंकि महावीर देख रहे हैं कि सत्य इतना बड़ा है कि सभी की आकांक्षाएं उसमें समा जाती हैं।

वह जो आदमी कह रहा है, ईश्वर है, यह भी आकांक्षा है। इसे हम समझें। वह जो आदमी कह रहा है कि ईश्वर नहीं है, यह भी आकांक्षा है। कुछ आकांक्षाएं हैं, जो कि ईश्वर के होने से पूरी नहीं हो सकतीं। कुछ आकांक्षाएं हैं जो ईश्वर हो तो ही पूरी हो सकती हैं। तुम्हारा ईश्वर भी तुम्हारी आकांक्षाओं का उपकरण है; तुम्हारी वासनाओं का दास है।

जब तुम प्रार्थना करते हो मंदिरों-मस्जिदों में तो तुम क्या कह रहे हो? तुम परम त्मा से कह रहे हो कि मेरी सेवा में संलग्न हो जाओ। यह मैं चाहता हूं, यह मुझे मिलना चाहिए। तुम्हारी प्रार्थनाएं तुम्हारी मांग हैं। तुम्हारी प्रार्थनाएं तुम्हारी वासनाएं हैं। और प्रार्थना वासना कैसे हो सकती है? वासना प्रार्थना कैसे बनेगी? इसलिए मंदिरों में तुम कभी नहीं जाते, तुम दुकानों में ही जाते हो। कुछ दुकानों का नाम तुमने मंदिर रख छोड़ा है, यह बात अलग। जो तुम्हें बाजार में नहीं मिल सकता, उसे तुम खरीदने मंदिर में जाते हो। जिसके लिए तुम संसार में हार गए, थक गए, उसके लिए तुम मंदिर में तलाश करने लगते हो।

मेरे पास अनेक लोग आते हैं; उनकी अनेक आकांक्षाएं हैं। उनकी आकांक्षाएं देख कर मैं हैरान होता हूं। एक आदमी आया और उसने कहा कि मेरी एक प्रार्थना मैंने की है, अगर तीन सप्ताह के भीतर पूरी हो गई तो मैं मान लूंगा कि ईश्वर है; और अगर नहीं पूरी हुई तो सब बकवास है। उसके बेटे को नौकरी मिल जाए, तीन सप्ताह के भीतर। तो उसने तय किया है कि मंदिर में एक नारियल चढ़ाएगा, प्रसाद बांटेगा। परमात्मा भी सिद्ध होगा तुम्हारी वासना के पूरे होने से! तो कुछ लोग हैं, जो परमात्मा का सहारा ले रहे हैं वासना पूरा करने के लिए और कुछ लोग हैं, सोचते हैं अगर परमात्मा है तो वासना पूरा करना बहुत मुश्किल पड़ेगा। इसलिए वे इनकार करते हैं कि परमात्मा है ही नहीं।

हिटलर जैसा व्यक्ति कैसे स्वीकार करे कि परमात्मा है? क्योंकि हिटलर जो आकांक्षा पूरी करना चाहता है, वह परमात्मा के होने से पूरी न हो सकेगी। इसलिए हिटलर को स्वीकार ही करना चाहिए कि कोई परमात्मा नहीं है, कोई आत्मा नहीं है। एक दफा यह बात साफ हो जाए कि न कोई परमात्मा है, न कोई आत्मा है, तो हिटलर फिर लाखों लोगों की हत्या आसानी से कर सकता है। अगर परमात्मा है, आत्मा है,

तो एक चींटी को भी मारना मुश्किल है। क्योंकि तब चींटी की पीड़ा भी अर्थ रखती है और आखिरी हिसाब में वह भी जुड़ जाएगा।

हिटलर मौज से काट सका लोगों को। कोई लाखों यहूदी हिटलर ने काटे। चिंता की रेखा भी न आई। रात नींद में दखल भी न पड़ी। इतनी चीखें-पुकारें जगत में कभी किसी एक आदमी ने इसके पहले पैदा नहीं की थीं। और इतना सुनियोजित हत्या का आयोजन भी किसी ने कभी नहीं किया था। बड़ी-बड़ी भट्टियां बनाईं बिजली की। जिनमें एक-एक भट्टी में दस हजार लोग एक साथ जल कर राख हो जाएं--एक सेकेंड में! ऐसा कभी भी न हुआ था। चंगीज को भी मारना पड़े तो एक-एक आदमी को मारने में काफी वक्त लगता था। हिटलर ने भट्टियां बनाईं। सीधे लोग प्रवेश कर जाएं, बटन दबाई कि राख हो गए। ये भट्टियां चौबीस घंटे काम करती थीं। चौबीस घंटे हजारों की संख्या में लोग भीतर जाते और तिरोहित हो जाते। लेकिन यह हिटलर कर सका, क्योंकि आत्मा और ईश्वर नहीं है।

नीत्शे ने हिटलर के पहले कहा था कि 'गॉड इज़ डेड;' 'ईश्वर मर चुका है।' इसको हिटलर ने अपना सूत्र बना लिया। नीत्शे उसका गुरु हो गया। इस धारणा के आधार पर सारी दुनिया को मिटाने में फिर कोई हर्ज नहीं है, क्योंकि मिट्टी ही गिरती है। कोई भीतर चेतना होती तो दुख भी अनुभव करती। कोई दुख नहीं। और पाप, अपराध का कोई भाव पैदा नहीं होता।

जो आदमी महावीर के पास आया और जिसने कहा कि ईश्वर है? महावीर ने झांक कर उसमें देखा होगा कि वह क्यों चाहता है कि ईश्वर हो। क्योंकि तुम ईश्वर को भी मुफ्त स्वीकार नहीं करोगे। कोई कारण होगा। जिस दिन तुम बिना कारण ईश्वर को स्वीकार कर लोगे, उस दिन तो 'बिन बाती बिन तेल' की ज्योति उपलब्ध हो जाएगी। लेकिन यह आदमी किसी मतलब से कह रहा है कि ईश्वर है। ईश्वर का कोई उपयोग करना चाहता है। इसकी कोई वासना बिना ईश्वर के पूरी नहीं होती। इसलिए कमजोर अक्सर ईश्वर को स्वीकार करते हैं, शक्तिशाली अक्सर अस्वीकार करते हैं। क्योंकि कमजोर को सहारा चाहिए और शक्तिशाली को ऊपर नियंत्रण नहीं चाहिए। कमजोर को सहारा चाहिए और शक्तिशाली को कोई सहारा नहीं चाहिए; बल्कि कोई बाधा डालने वाला ऊपर न हो। तो ईश्वर को शक्तिशाली अक्सर इनकार करता है।

अब यह बड़े मजे की बात है; नीत्शे ने दो तरह की नीतियां कही हैं। एक नीति है, मालिकों की और एक नीति है, गुलामों की। गुलाम हमेशा ईश्वर को स्वीकार करते

हैं, और मालिक हमेशा अस्वीकार करते हैं। अगर वे स्वीकार भी करते हैं तो सिर्फ गुलामों के लिए। भीतर वे जानते हैं कि कोई ईश्वर नहीं है। अगर वे मंदिर भी जाते हैं तो गुलामों के लिए, ताकि लोग मानते रहें कि ईश्वर है। क्योंकि लोग ईश्वर को मानते रहें तो बगावत न करेंगे। लोग ईश्वर को मानते रहें तो तंत्र को तोड़ेंगे नहीं। लोग ईश्वर को मानते रहें तो सम्राट को प्रतिनिधि मानेंगे। लोग ईश्वर को नहीं मानेंगे तो ज्यादा देर नहीं लगेगी, सम्राट भी विदा हो जाएगा।

जीवन में एक शृंखला है सिद्धांतों की। जब तक ईश्वर है, तब तक सम्राट रह सकता है। ईश्वर गया कि सम्राट ज्यादा देर नहीं टिकेगा, क्योंकि जब ईश्वर तक सिंहासन से उतर जाता है तो सम्राट की क्या हैसियत है? वह भी उतारा जाएगा। एक बार यह पता चल जाए कि जनता के हाथ में है सिंहासनों से उतारना-चढ़ाना; फिर कोई सिंहासन पर नहीं हो सकता; फिर अतंतः अराजकता होगी। लोकतंत्र तो बीच का पड़ाव है। तानाशाही...? ईश्वर सिंहासन पर है, तो सम्राट उसके प्रतिनिधि हैं। ईश्वर हटा तो प्रतिनिधि व्यर्थ हो गए। लोकतंत्र बीच का पड़ाव बन जाता है। और लोकतंत्र सभी जगह मुश्किल में है, क्योंकि यह बीच का पड़ाव है; अंत तक जाना होगा। अराजकता अंतिम पड़ाव होगी।

नीत्शे कहता है, गुलामों को तो समझाना कि ईश्वर है। इस भूल में कभी मत पड़ना उनको समझाने की, कि ईश्वर नहीं है। क्योंकि उनके लिए ईश्वर एक सुरक्षा भी है। उनके लिए ईश्वर एक आश्वासन भी है। उनके लिए ईश्वर भविष्य का भरोसा भी है। आज तो उनकी जिंदगी में कुछ भी नहीं है। कल का भरोसा भी छिन जाए तो वे बगावत कर उठेंगे।

मार्क्स ने कहा है कि दुनिया के सर्वहाराओ, इकट्ठे हो जाओ! क्योंकि तुम्हारे पास सिवाय जंजीरों के और कुछ खोने को है भी नहीं। अगर तुम सब खो भी दोगे तो सिवाय जंजीरों के कुछ भी न खोएगा। इसलिए मार्क्स ने दूसरी बात भी कही है कि ईश्वर गरीब के लिए अफीम है। क्योंकि जब तक ईश्वर है, तब तक गरीब बगावत नहीं करेगा। क्योंकि वह भरोसा करता है कि आज दुख है, कोई हर्ज नहीं, कल सुख होगा। आज ईश्वर परीक्षा ले रहा है, आज दुख दे रहा है, कल सुख देगा। अगर मैं परीक्षा में ठीक से उत्तीर्ण हो जाऊं, आज्ञाकारी की भांति उत्तीर्ण हो जाऊं, तो मेरे सुख के दिन ज्यादा दूर नहीं हैं। एक कमजोर की नीति है, जो ईश्वर को मानती है।

एक शक्तिशाली की नीति है कि अगर ईश्वर हो तो उसे बाधा पड़ती है, क्योंकि उसका अर्थ हुआ कि ऊपर कोई निर्णायक है। मैं क्या कर रहा हूं, इसका भी कोई निर्णय करने वाला होगा। कोई और बड़ी अदालत है, जहां मैं भी खड़ा होऊंगा। मैं उत्तरदायी हूं किसी के प्रति। इसलिए शक्तिशाली ईश्वर को मानना नहीं चाहता। अगर मानता है तो वह सिर्फ धोखा देता है।

महावीर क्या करें? एक आदमी पूछता है, ईश्वर है! महावीर कहते हैं, 'स्यात्' हो! एक आदमी पूछता है, 'ईश्वर' नहीं है? महावीर कहते हैं, 'स्यात्' न हो! क्योंकि महावीर की अपनी कोई वासना नहीं बची, कोई चश्मा नहीं बचा। महावीर अब उसे देख रहे हैं, जो है। और यह लोग अपनी-अपनी वासनाएं देख रहे हैं। इनसे क्या कहो?

महावीर ने सप्तभंगि न्याय को जन्म दिया। महावीर एक प्रश्न का उत्तर सात ढंग से देने लगे। तुम किसी से पूछो ईश्वर है, तो तुम चाहते हो, 'हां' या 'ना' में जवाब हो। महावीर सात उत्तर देंगे क्योंकि महावीर कहते हैं, प्रत्येक दृष्टि अधूरी है और सात तरह की दृष्टियां हो सकती हैं। आदमी सात ढंग से देख सकता है। तो महावीर ने अपने उत्तरों में सातों ढंग इकट्ठे कर दिए ताकि सातों दृष्टियां जुड़ जाएं, तो पूरे का दर्शन हो सके। दृष्टि मात्र अंश है।

वह जो गधे और कुत्ते में विवाद है, दृष्टियों का विवाद है। सभी विवाद दृष्टियों के विवाद हैं।

महावीर से तुम विवाद न कर सकोगे; क्योंकि महावीर सभी दृष्टियों को स्वीकार करते हैं। तुम उनसे जो भी कहोगे, वे कहेंगे हां, यह भी सच है। महावीर कहते हैं, यह तो कभी कहना ही मत--यही सच है; क्योंकि यहीं भूल हो जाती है। इतना ही कहना, यह भी सच है, ताकि विपरीत के सच होने की सुविधा बनी रहे।

तुम्हारी वासनाएं द्वंद्वात्मक हैं। हर वासना की विपरीत वासना तुम्हारे भीतर है। आज तुम एक वासना से देखते हो, स्त्री सुंदर मालूम पड़ती है। कल तुम इसी स्त्री को दूसरी वासना से देखोगे, यही स्त्री कुरूप हो जाएगी। आज लोभ से देखते हो, धन बड़ा बहुमूल्य मालूम पड़ता है। कल त्याग से देखोगे, धन निर्मूल्य हो जाएगा।

चीन में एक बहुत बड़ा धनपति हुआ। उसने बहुत धन इकट्ठा किया, फिर उसे व्यर्थता भी दिखाई पड़ी। जब बहुत इकट्ठा हो जाए तो व्यर्थता दिखाई पड़ती ही है। सब उसके पास था और लगा कि कुछ पाया नहीं। धन के ढेर लग गए और भीतर की गरीबी न मिटी। भिक्षापात्र भरता गया, लेकिन बड़ा होता गया। उसके भरने की कोई

सीमा ही न मालूम पड़ी। थक गया, ऊब गया। जिंदगी मौत के करीब आ गई। लोभ छूटा, त्याग का जन्म हुआ। तो उसने अपने सारे बहुमूल्य हीरे-जवाहरात, स्वर्ण की अशर्फियां, बड़ी नावों में भरवाईं और जाकर बीच सागर में उनको डुबवा दिया। बौद्ध भिक्षु उससे कहने आए कि यह तुमने क्या किया? यह तो बुद्ध ने भी नहीं किया। अगर तुम्हें व्यर्थ हो गया था धन, तो नदी में डुबाने की क्या जरूरत थी? अभी बहुत लोग हैं, जिन्हें व्यर्थ नहीं हुआ, उन्हें बांट देते।

वह आदमी हंसने लगा और उसने कहा, कि जो भूल मैंने की, वही भूल दूसरे भी करें, इसकी मैं व्यवस्था न करूंगा। एक दिन लगता था मुझे धन सार्थक है तो मैंने चारों तरफ पहरा लगाया था। लोहे की तिजोरियां बनवाई थीं। अब लगता है कि धन निरर्थक है, तो समुद्र में उंड़ेलने के सिवाय मेरे पास कोई उपाय नहीं। मैं इसे बांटूंगा नहीं, क्योंकि जो मुझे गलत हो गया, उसे मैं किसे दूं? और जो मेरे लिए व्यर्थ हो गया, उसे मैं किसी के सिर पर क्यों बोझ बनाऊं?

एक लोभ की वृत्ति है, वह भी एक दृष्टि है; फिर एक त्याग की वृत्ति है, वह भी एक दृष्टि है। यह आदमी अनूठा मालूम पड़ता है। यह लोभ से त्याग में नहीं गया, इसने दोनों दृष्टियां छोड़ दीं। नहीं तो यह मजा ले लेता धन को बांटने का, त्याग का। वाहवाही होती, लोग स्वागत-समारंभ करते और कहते, धन्य है! ऐसा महात्यागी! लेकिन जो त्याग धन बांटने से आता हो... जब धन से कुछ भी नहीं आया तो त्याग और धन्यभाग और अहोभाव धन से कैसे आ सकता है? यह आदमी अनूठा था। इसने जाकर नदी में डुबा दिया। जो व्यर्थ था, वह डुबाने योग्य था।

इस आदमी की जिंदगी में बड़ी अदभुत कथाएं हैं। वह गया। जब सब नदी में डुबा दिया तो वह गया अपने गुरु के पास। गुरु ने कहा, अब संन्यास ले लो। उसने कहा, जब संसार ही छोड़ दिया है तो अब संन्यास कैसे लें? उसने बड़ी अदभुत बात कही कि जब संसार ही छोड़ दिया, तो अब संन्यास कैसे लें? जब तक संसारी था, तब तक मन में संन्यास की बात भी उठती थी। वह उसी का विरोध है। जब संसार ही छूट गया तो अब संन्यास कैसे लूं? क्योंकि संसार के विपरीत भाव उठता था। संसार गया, उसका विपरीत भाव भी गया। वैसे तुम कहो तो जो कहो मैं करने को राजी हूं, बाकी अब लेना-देना न बचा।

उसके गुरु ने कहा कि नहीं, तुझे फिर कुछ करने की जरूरत नहीं। हम अभी भी संन्यासी हैं, उससे जाहिर होता है कि कहीं संसार छिपा है। तेरा संसार बिलकुल ही

चला गया। तेरी दृष्टि अब शून्य हो गई। एक संसारी की दृष्टि है, एक संन्यासी की दृष्टि है।

फिर इस आदमी की मौत करीब आई। इसकी पत्नी, इसका बेटा, इसकी बेटी, सभी इसके साथ इस नई दुनिया में डूब गए। इसकी मौत करीब आई तो उसने अपनी बेटी से पूछा कि जरा उठ कर देख, चांद निकल आया या नहीं? क्योंकि मैं सदा सोचता रहा कि जब चांद निकल आए, तभी शरीर को छोड़ना। लड़की द्वार पर गई और उसने कहा, हां, पिताजी! चांद निकल आया है, और बड़ा सुंदर है। इसके पहले कि आप शरीर छोड़ें, एक बार द्वार पर आकर झांक कर चांद को देख लें। पिता द्वार पर गया, लड़की जहां पिता बैठा था, जिस कुर्सी पर, उस पर बैठ गई, उसने शरीर छोड़ दिया। पिता लौट कर देखा और उसने कहा: 'मैं जानता था कि तुम मुझसे एक कदम आगे हो।'

उसकी पत्नी पड़ोस में किसी को मिलने गई थी, वहां खबर पहुंची। उसका बेटा पत्नी के साथ था। उसकी पत्नी ने कहा कि बूढ़ा तो नासमझ था ही, यह लड़की भी नासमझ निकली। लड़का जैसा खड़ा था, वहीं खड़े-खड़े उसने शरीर छोड़ दिया। यह सुनते ही उसकी मां ने उसके सिर पर एक धक्का मारा और कहा कि नासमझ! तू भी चला? और वह खिल-खिलाकर हंसी।

लोग उससे पूछते कि तुमने इनका पीछा क्यों न किया? क्योंकि पति चला गया, लड़की चली गई, लड़का चला गया। तो वह कहती कि आना और जाना कैसा! जो है, वह सदा है। इसलिए तो कहा कि नासमझ, इन खेलों को बंद करो।

न तो कभी आत्मा आती है और न कभी जाती है। न कोई जन्म है, न कोई मृत्यु है। न शरीर का पकड़ना है, न छोड़ना है। तब दृष्टि-शून्यता पैदा होगी। और जब तुम्हारी कोई दृष्टि नहीं, जब तुम्हारी कोई आंख नहीं, जब देखने की तुम्हारी कोई शैली नहीं, जब देखने वाले की कोई आकांक्षा नहीं, तब तुम्हें दिखाई पड़ता है, जो है।

और जो है, वही परमात्मा है।

गधों को परमात्मा नहीं दिखाई पड़ सकता। और जिन्हें नहीं दिखाई पड़ता है, वे किसी न किसी भांति के गधे होंगे। गधे का मतलब, कि उसकी एक दृष्टि है। वह घास की ही चर्चा किए जाता है।

तुम भी क्या चर्चा करते हो? अगर तुम्हारी चर्चा खोजी जाए तो या तो सेक्स से संबंधित होती है, या भोजन से संबंधित होती है। तुम्हारी चर्चा इन दो से अतिरिक्त कुछ

भी नहीं है। दोनों भोजन हैं, भोजन तुम्हें बचाता है, सेक्स जाति को बचाता है, समाज को बचाता है। भोजन के बिना तुम मर जाओगे, सेक्स के बिना समाज मर जाएगा। दोनों भोजन हैं, दोनों सर्वायवल हैं, बचने के उपाय हैं। तुम भोजन करते हो तो तुम बचते हो और तुम काम-भोग करते हो, इससे समाज बचता है।

तो गधा अगर चर्चा कर रहा है घास की... सभी गधे घास की चर्चा कर रहे हैं! प्रकार-प्रकार के गधे हैं। लेकिन अगर उनकी तुम चर्चा सुनो, तो चर्चा लोग क्या कर रहे हैं? या तो भोजन की, या काम वासना की! ये दो ही चर्चाएं हैं। इस चर्चा के माध्यम से देखने वाली चेतना, कैसे सत्य को देख पाएगी?

और कुत्ते उनसे विवाद करेंगे; क्योंकि उनकी वासना भिन्न है। घास में कुत्ते को जरा भी रस नहीं है। कभी-कभी कुत्ता घास में रस लेता है; जब उसे वमन करना होता है, जब उसे उल्टी करनी होती है। घास उसका भोजन नहीं है; उल्टी की औषधि है। तो जब कुत्ते के पेट में कोई तकलीफ होती है, कुछ उलटा-सीधा खा लिया होता है, तो वह जाकर घास खा जाता है। घास खाते ही से वमन हो जाता है।

इसीलिए कलंदर ने कुत्ते और गधे की बात करवाई, क्योंकि उन दोनों के भोजन विपरीत हैं। घास गधे के लिए स्वर्ग है, कुत्ते के लिए वमन का उपाय है। तो अगर कुत्ता नाराज हो जाए कि बंद करो यह बकवास! क्योंकि घास की चर्चा उसे नाशिया पैदा करती होगी। घास ही घास! गधा है कि उसी की चर्चा किए जाता है। कि इतना सुंदर घास! इतना ऊंचा घास! इतना हरा घास! आज गजब हो गया!

कुत्ते को गधे की ये बातें सुन कर गुस्सा आता होगा, चिढ़ पैदा होती होगी और वमन करने का मन होता होगा। तो वह कहता है, 'बंद करो यह बकवास! अगर बात ही करनी है तो हड्डी की, मांस की कुछ बात करो; कि कुछ रस आए, कि जीभ से कुछ स्वाद मिले, कि सपना जगे, कि भीतर कुछ आह्लाद पैदा हो'।

जहां भी विवाद है, वहां वासनाओं का विवाद है।

अनेक-अनेक लोगों को गहरे में देख कर इस नतीजे पर मैं पहुंचा हूं कि जहां भी विवाद है, वहां तुम्हारी वासनाएं भिन्न हैं। पति पत्नियों में निरंतर विवाद है। दोनों की वासनाओं की भिन्नता है। पत्नी सुरक्षा चाहती है, पति नवीनता चाहता है। पुरुष आक्रामक है, स्त्री ग्राहक है। स्त्री कमजोर है--कमजोर इस अर्थों में कि उसके व्यक्तित्व में आक्रमण की, हिंसा की क्षमता नहीं है। सहने की क्षमता पुरुष से ज्यादा है। दुख सह लेने की क्षमता पुरुष से ज्यादा है, लेकिन दूसरे को दुख देने की क्षमता पुरुष से बहुत

कम है। आक्रामक नहीं है। उसका पूरा व्यक्तित्व ग्राहक है, क्योंकि उसके पूरे व्यक्तित्व को गर्भ बनना है। और जिसको गर्भ बनना है, उसकी ग्राहकता, रिसेप्टिविटी गहरी होनी चाहिए। पुरुष आक्रामक है, क्योंकि उसे गर्भ ढोना नहीं है, किसी को गर्भ देना है।

तो पुरुष का काम-संभोग आक्रामकता है, एग्रेशन है। स्त्री का काम-संभोग एक पैसिविटी है, एक ग्राहकता है, एक समर्पण है। ये दोनों एक-दूसरे के विपरीत हैं इसलिए एक-दूसरे को आकर्षित करते हैं। लेकिन वहीं विवाद खड़ा हो जाता है, क्योंकि स्त्री चाहती है कि जो परिचित है, पुराना है, जाना-माना है उसके साथ रुके। सुरक्षा है उसमें। पुरुष चाहता है जो परिचित है, जाना-माना है, उससे छुटकारा हो, क्योंकि उसमें आक्रमण का कोई रस ही नहीं है। जब नये पर तुम आक्रमण करते हो, एक नई स्त्री को जीतने निकलते हो तब रस आता है। इसलिए पति उदास हो जाते हैं, पति होते ही उदास हो जाते हैं।

मैंने सुना है कि मुल्ला नसरुद्दीन से कोई पूछ रहा था--एक ट्रेन में वह बैठा यात्रा कर रहा है। एक आदमी उससे कुछ, पड़ोसी उससे कुछ पूछ रहा है, 'कहां रहते हो? क्या करते हो?' आखिर उस आदमी ने पूछा कि क्या शादीशुदा हो? नसरुद्दीन ने उसकी तरफ देखा और कहा: 'मैं वैसे ही दुखी हूं। तुम यह मत सोचो कि मैं कोई शादीशुदा हूं। मैं वैसे ही दुखी हूं'।

पति दुखी हो जाता है। तुम पहचान सकते हो कि पति अपनी पत्नी के साथ रास्ते पर चल रहा है कि किसी और की पत्नी के साथ--दूर से देख कर भी! अपनी पत्नी के साथ वह उदास चलता है क्योंकि पत्नी पूरे वक्त निरीक्षण कर रही है कि वह कोई नया आक्रमण तो नहीं कर रहा है! तो अपनी पत्नी के साथ वह डरा-डरा चलता है, भयभीत चलता है। पत्नी पति के साथ बड़ी प्रफुल्लित चलती है क्योंकि सुरक्षा साथ है। कोई भय नहीं है। पति डरा-डरा चलता है क्योंकि पत्नी चौबीस घंटे का नियंत्रण है और आक्रमण की, नये अभियान की, एडवेंचर की कोई सुविधा नहीं। वह देख भी नहीं सकता दूसरी स्त्री की तरफ, क्योंकि उससे उपद्रव ही खड़ा होगा।

दोनों की आकांक्षाएं भिन्न हैं, इसलिए विवाद है। दोनों के देखने का ढंग भिन्न है, इसलिए विवाद है। पत्नी स्थायित्व चाहती है, पति परिवर्तन चाहता है। यह बड़ा मजा है कि इसीलिए ही आकर्षण है; क्योंकि दोनों विपरीत हैं। समान में आकर्षण नहीं होता। ऋण विद्युत धन विद्युत को खींचती है। धन विद्युत धन विद्युत को नहीं खींचती। इसलिए दो स्त्रियों में परिचय हो सकता है, मैत्री नहीं होती। दो पुरुषों में परिचय हो

सकता है, लेकिन प्रेम नहीं होता। विपरीत चाहिए। विपरीत खींचता है। लेकिन दूसरा खतरा छिपा है कि वह विपरीत है, इसलिए उसकी सारी आकांक्षाएं विपरीत हैं, उसके देखने का ढंग विपरीत है। और तब विवाद है।

जहां-जहां विवाद है, वहां समझना कि जीवन को देखने के ढंग भिन्न हैं।

गधे और कुत्ते का विवाद है। कलंदर ठीक कह रहा है कि कुत्ता बहुत परेशान है गधे की बकवास सुन-सुन कर। और वह रोज वही चर्चा किए चला जाता है।

एक स्त्री का पति मरा। मरते वक्त उसने पति से आश्वासन लिया कि तुम मुझे वचन दो। क्योंकि दोनों ही स्प्रिचुअलिस्ट थे, दोनों ही अध्यात्मवादी थे--तो तुम मुझे वचन दो! अगर तुम पहले मर जाओगे, तो तुम पूरी कोशिश करोगे मुझसे संबंध बनाने की, या मैं पहले मर गई, तो मैं तुमसे संबंध बनाने की कोशिश करूंगी, ताकि निश्चित हो सके: आत्मा शरीर के बाद बचती है या नहीं?

पति मरा। मरने के बाद पत्नी ने बड़ी कोशिश की। बड़े मीडियम्स पर उसने पति को बुलाने की कोशिश की। आखिर एक दिन सफल हो गई। कोई दो साल बाद सफलता मिली। पति बोला माध्यम से।

पत्नी ने कहा: 'तुम वहां प्रसन्न तो हो?'

उसने कहा: 'मैं बहुत प्रसन्न हूं। इतना प्रसन्न मैं कभी भी न था।' पत्नी ने कहा कि तुम उससे भी ज्यादा प्रसन्न हो, जितने तुम मेरे साथ थे? अब पति को कोई डर तो था नहीं! पुराने जमाने की बात होती, जब वह जिंदा था तो यह कभी भूल कर नहीं कह सकता था। उसने कहा: 'उससे भी ज्यादा प्रसन्न हूं, जितना मैं तुम्हारे साथ था।'

स्वभावतः पत्नी ने कहा: 'तो फिर और स्वर्ग के संबंध में बताओ।'

पति ने कहा: 'यह किसने कहा कि मैं स्वर्ग में हूं? मैं नरक में हूं।'

पति नरक में भी ज्यादा प्रसन्न होगा बजाय पत्नी के साथ होने के!

पुरुष विवाह में उत्सुक ही नहीं है। पुरुष विवाह में फंसता है। स्त्री प्रेम में सीधी उत्सुक नहीं है। उसकी उत्सुकता विवाह में है। प्रेम चूंकि विवाह तक पहुंचाता है, इसलिए वह प्रेम में उतरती है। स्त्री की उत्सुकता स्थायित्व में है, पुरुष की उत्सुकता नवीनता में है। ये बड़ी कठिन बातें हैं। इनका हल होना मुश्किल है।

दो ही उपाय हैं: या तो स्त्री की बात मान कर पुरुष को दबाया जाए, जैसा कि अतीत सदियों में हुआ। हमने विवाह का आयोजन कर लिया, स्त्री की बात मान ली, पुरुष को दबा दिया। प्रेम शाश्वत है। और फिर बच्चों का भी सवाल है, फिर समाज

की भी व्यवस्था है। स्त्री उसमें ज्यादा सहयोगी मालूम पड़ी, क्योंकि स्थिरता लाती है। लेकिन पुरुष सब तरफ उदास हो गया। उसने हजारों तरह की वेश्याएं पैदा कर लीं। न मालूम कितनी तरह की अनीति पैदा हुई सिर्फ इसलिए कि यह पुरुष के स्वभाव के अनुकूल नहीं पड़ा।

एक तो उपाय यह था, जो कि आज असफल हो गया है। अब दूसरा उपाय पश्चिम कर रहा है कि पुरुष की मान लो, कि स्थायित्व की फिकर छोड़ दो, विवाह को जाने दो। या विवाह ज्यादा से ज्यादा एक सांयोगिक घटना है। जितनी देर चले, ठीक; जिस दिन न चले, समाप्त। जैसे विवाह कोई जीवन भर का निर्णय नहीं है, एक तात्कालिक क्षण की बात है। जब तक सुख दे ठीक, जिस दिन सुख बंद हो, समाप्त! इससे स्त्री दुखी होगी और स्त्री शोषित हो रही है, क्योंकि उसकी तृप्ति नहीं होती। और दुनिया भर के मनसशास्त्री परेशान हैं कि क्या उपाय किया जाए! क्योंकि पुरुष तभी सुखी होंगे जब उन्हें पति न बनना पड़े और स्त्रियां तभी सुखी होंगी जब वे पत्नी बन जाएं। अब इस विरोध को कैसे हल किया जाए? और एक दुखी होता है तो अंततः दूसरा भी दुखी हो जाएगा। दोनों ही सुखी हों तो ही सुखी हो सकते हैं। इसलिए अब तक कोई समाज सुखी नहीं हो पाया।

हां, पुरुष सुखी हो सकता है, अगर वह पुरुष की वासनाओं को गिरा दे। स्त्री सुखी हो सकती है, अगर वह स्त्री की वासनाओं को गिरा दे। लेकिन ऐसे लोग अक्सर विवाह नहीं करते, क्योंकि कोई जरूरत ही नहीं रह जाती। अगर बुद्ध जैसे लोग विवाह करें तो विवाह परम आनंद का होगा। लेकिन बुद्ध जैसे लोग विवाह नहीं करते। और जो विवाह करते हैं, उनके लिए विवाह नरक का आधार बन जाता है।

जब तक मनुष्य की चेतना परिवर्तित न हो और उसकी चाहों की सीमाएं न गिरें, तब तक जीवन एक विवाद और संघर्ष ही होगा। प्रेम के नाम पर भी कलह ही पैदा होती है। और जब प्रेम के नाम पर कलह होती है तो और किस चीज के नाम पर हम जीवन में आशा करें कि कलह पैदा न होगी।

इसे ठीक से समझें।

अगर आपका किसी से भी विवाद है और कलह है, तो उसका अर्थ यही हुआ कि आपकी आकांक्षाएं भिन्न हैं, उसकी आकांक्षाएं भिन्न हैं। या तो आप उसे दबा लें या वह आपको दबा ले। लेकिन जब भी तुम किसी को दबाओगे, तभी तुम भी दुखी हो

जाओगे; क्योंकि दबाना सुखद नहीं है। और कोई तुम्हारे पास चौबीस घंटे दुखी बैठा हो, तो तुम सुखी कैसे हो सकते हो?

इसलिए फ्रायड जैसे लोग तो इस स्थिति को देख कर कहते हैं कि मनुष्य आनंदित हो सके यह असंभव है। और फ्रायड सोच कर कह रहा है, अनुभव से कह रहा है। चालीस-पचास साल अनंत-अनंत प्रकारों से मनुष्य के मन की उसने खोज की है। और उसके जीवन का आखिरी निष्कर्ष यह है कि मनुष्य की बनावट ऐसी है कि वह सुखी हो ही नहीं सकता।

लेकिन हमारे निष्कर्ष भिन्न हैं। बुद्ध, महावीर, कृष्ण के निष्कर्ष भिन्न हैं। मेरा निष्कर्ष भिन्न है। मैं आपसे कहता हूं, सुखी आप हो सकते हैं। लेकिन सुखी आप तभी हो सकते हैं, जब चाह के दरवाजे गिर जाएं। चाह की सीमाएं, चाह की खिड़कियां गिरा दें और खुले आकाश में आ जाएं।

खुला आकाश अचाह का आकाश है।

इसलिए उलटी बात मालूम पड़ेगी। बुद्ध और महावीर कहते हैं कि जिसने चाह छोड़ दी, वह आनंद को उपलब्ध हुआ। फ्रायड कहता है, आदमी कभी भी आनंद को उपलब्ध नहीं होगा, क्योंकि वह यह सोच ही नहीं सकता कि आदमी चाह छोड़ सकता है। चाह तो कैसे छूटेगी? फ्रायड कहता है, चाह तो आदमी की जड़ में है। वासना तो रहेगी।

दोनों सही हैं। अगर वासना रहेगी तो फ्रायड बिलकुल सही है। और सौ में निन्यानबे आदमियों के लिए फ्रायड सही मालूम पड़ेगा, क्योंकि वासना मिटती नहीं। कभी-कभी कोई अद्वितीय आदमी पैदा होता है, जिसकी वासना मिटती है। पर वासना मिटते ही आनंद घटित होता है।

जहां विवाद नहीं, जहां कलह नहीं, जहां संघर्ष नहीं, वहीं आनंद के फूल खिलते हैं। सब जगह गधे और कुत्तों में विवाद चल रहा है। स्त्री और पुरुष में ही नहीं है, अनुयायी और नेता में, गुरु और शिष्य में, विद्यार्थी और शिक्षक में--सब तरफ विवाद चल रहा है, क्योंकि सबकी आकांक्षाएं विपरीत हैं। और जहां आकांक्षा विपरीत है, वहां तत्क्षण कलह शुरू हो जाती है। आज सारी दुनिया में अराजकता है। ऐसी कोई जगह खोजनी कठिन है, जहां निर्विवाद शांति हो। सब तरफ विपरीत लोग खड़े हैं। गधे और कुत्ते चर्चा कर रहे हैं।

इस सब में सबसे बड़ी कठिनाई न तो गधे की है और न कुत्ते की है; बड़ी कठिनाई कलंदर कहता है उस आदमी की है, जो उनकी भाषा समझता है। यह कहानी का तीसरा पहलू। एक आदमी है, जो दोनों की भाषा समझता है। सबसे बड़ी कठिनाई उसकी है। गधा अपने गधेपन में है, कुत्ता अपने कुत्तेपन में है। न कुत्ता गधेपन को पहचानता है, न गधा कुत्तेपन को पहचानता है। उनके दरवाजे बंद हैं। वे अपने ढंग से जीते हैं। और सुनिश्चित है कि मेरा ढंग ठीक है। घास की बात व्यर्थ, हड्डियों की बात ठीक है। और गधा भी सुनिश्चित है।

यह बड़ी सोचने जैसी बात है कि सिर्फ गधे ही बहुत सुनिश्चित होते हैं, सरटेन होते हैं। बुद्धिमान आदमी हेजिटेट करता है। बुद्धिमान आदमी थोड़ा सोचता-विचारता है। बुद्धिमान आदमी कुछ भी कहता है तो वह कहता है, स्यात्, परहेप्स! लेकिन गधा जब कहता है कुछ भी, तो वह कहता है, बिलकुल ऐसा है; इसमें रत्ती भर संदेह नहीं।

हिटलर जैसे लोगों को इसीलिए मैं बुद्धिमान नहीं कहता, क्योंकि वे इतनी निस्संदिग्ध घोषणा करते हैं। मगर आम आदमी निस्संदिग्ध घोषणाओं से प्रभावित होता है, क्योंकि आम आदमी के भीतर भी गधापन गहरा है। जब भी कोई आदमी जोर से टेबल पीट कर कहता है, ऐसा है--जितने जोर से कहता है, उतना ही सत्य मालूम पड़ता है। कोई आदमी धीरे से कहे तो तुम समझते हो कि कुछ गलती होगी; इसीलिए इतने धीरे बोल रहा है। कोई कान में फुसफुसाए तो तुम पक्का समझ लोगे कि झूठ बोल रहा है; नहीं तो कान में क्यों बोल रहा है? खुले जाहिर में कहो!

इसलिए जो होशियार हैं, जो झूठ को सच की तरह चलाना चाहते हैं, वे हमेशा जोरदार आवाज में कहते हैं, टेबल पीट कर कहते हैं; तुम्हें हिला कर कहते हैं। उनकी आवाज तुम्हारे हृदय के कोने-कोने को झकझोर देती है। तब झूठ भी सच जैसा मालूम होने लगता है। नहीं तो तुम्हें सच भी झूठ जैसा मालूम होगा।

महावीर बहुत अनुयायी न पा सके, क्योंकि उन्होंने कान में फुसफुसा कर कहा। और इतना सोच-विचार कर कहा कि हर चीज में स्यात् लगा दिया, क्योंकि विपरीत भी सही हो सकता है। तुमने पूछा, 'रात है?' उन्होंने कहा, 'स्यात्।' अब ऐसे आदमी का तुम अनुगमन करोगे, जिसको इसका भी पक्का पता नहीं है कि दिन है कि रात? लेकिन महावीर ने कहा कि 'स्यात्'...! क्योंकि हर रात से दिन पैदा हो जाता है। इसलिए रात बिलकुल रात नहीं हो सकती, उसमें दिन छिपा है। थोड़ी देर में दिखाई पड़ेगा, लेकिन मौजूद तो है। तुमने पूछा 'दिन?' महावीर ने कहा, 'स्यात्।' क्योंकि

जब तुम पूछ रहे हो तब दिन रात में बदल रहा है; इसलिए एकदम निश्चित नहीं कहा जा सकता कि दिन दिन है, रात रात है! क्योंकि रात दिन में बदल जाती है, और दिन रात में बदल जाता है। अंधेरी रात में सुबह छिपी है। भरी दोपहरी में अंधेरा छिपा है।

और महावीर पूरा देख रहे हैं, इसलिए महावीर की वाणी स्यात् हो जाती है; जैसे कान में कोई फुसफुसाता हो। ऐसे आदमी के पीछे तुम न चलोगे। इसलिए जैन धर्म का कोई बहुत विस्तार न हो सका। फुसफुसा कर कही गई बातें बहुत लोगों को प्रभावित नहीं कर सकतीं। हिटलर ज्यादा अनुयायी खोज लेता है, जितने महावीर नहीं खोज पाते हैं, क्योंकि हिटलर जोर से चिल्ला कर कहता है।

तुम इस बात को ठीक से समझ लेना कि जितना तुम सुनिश्चित आदमी को पाओ, जितने जल्दी हो सके उससे भागना; क्योंकि उस आदमी को कुछ पता नहीं है। वह अपनी ही चाह में निश्चित हो गया है। बस, वही उसका संसार है। उसे पूरे का पता नहीं है, अंश के साथ वह ठहर गया है, फिक्सेशन हो गया है। वह जड़ हो गया है।

मुसीबत तो उस आदमी की है, जो दोनों की भाषा समझता है। मुसीबत मेरी है; गधे की भाषा भी समझता हूं, और कुत्ते की भाषा भी समझता हूं। और कुत्ता भी सही मालूम होता है अपनी तरफ से, और गधा भी सही मालूम होता है अपनी तरफ से; और दोनों गलत हैं। इसलिए कलंदर ने बड़ा अच्छा अंत करवाया कहानी का।

कि उस आदमी ने कहा कि ठहरो! तुम व्यर्थ विवाद मत करो। वह आदमी यह कहने जा रहा होगा कि गधा भी ठीक कह रहा है उसकी तरफ से। वह भी एक पक्ष है, वह भी एक भंगि है, एक दृष्टि है। और कुत्ता भी ठीक कह रहा है अपनी तरफ से; क्योंकि वह भी एक दृष्टि है। दोनों ही ठीक कह रहे हैं, तुम विवाद बंद करो। वह आदमी बीच में आ गया होगा कि किसी तरह सुलझा दे।

लेकिन न तो कुत्ते ने उसकी आवाज सुनी, न गधे ने उसकी आवाज सुनी; बल्कि वे दोनों बड़े नाराज हुए कि यह आदमी क्यों बीच में आ रहा है? विवाद इतनी सुगमता से चल रहा था और यह उपद्रवी कहां बीच में आ रहा है? यह आदमी समझता था कुत्ते और गधे की भाषा, कुत्ते और गधे तो इसकी भाषा नहीं समझते थे। कुत्ता भोंका और झपटा और गधे ने दुलत्ती झाड़ी। और वह आदमी जमीन पर गिर पड़ा और बेहोश हो गया।

यही तो बुद्धों के साथ होता रहा है। कुत्ते भौंकते हैं, गधे दुलत्ती मारते हैं। कलंदर की दृष्टि बड़ी गहरी है। यही तो जीसस के साथ होता है, मंसूर के साथ होता है। यह कलंदर के साथ खुद हुआ है।

यह कहानी अनुभव से कही है और गधे और कुत्ते के रूपक में कही है ताकि तुम नाराज न होओ। सीधी-सीधी कही जाए तो शायद तुम कहानी पढ़ने को भी राजी न होओ। सीधी-सीधी कहे तो अभी तुम दुलत्ती झाड़ो; इसलिए थोड़ा घुमा कर कही है। गधा तो प्रतीक है गधेपन का। कुत्ता तो प्रतीक है, कुत्तेपन का।

कुत्तेपन का एक रस है: भोंकना। वैज्ञानिक भी अभी तक खोज नहीं पाए कि कुत्ते भोंकते क्यों हैं? जरूर उनके गले में कुछ न कुछ संयोजन है कि भोंकने से उन्हें राहत मिलती है। बिना भोंके उनसे नहीं रहा जाता।

जिब्रान की एक प्रसिद्ध कहानी है कि एक कुत्ता गुरु हो गया और उसने बाकी कुत्तों को समझाना शुरू कर दिया कि तुम कब तक भौंकते रहोगे? भौंकने की वजह से हमारी जाति का ह्रास हुआ है। सब शक्ति भौंकने में चली जाती है। नहीं तो हम अब तक दुनिया में राज्य कर रहे होते। रोको, नियंत्रण करो, संयम साधो। कुत्ते सुनते उसकी बात, जंचती भी, लेकिन गले में जब भौंकने का खयाल उठता और जब गले में सुरसुरी दौड़ती, तो फिर सिद्धांत काम न आते, कुत्ते भौंक लेते। गुरु समझाता रोज। गुरु को वे बड़ा महान व्यक्ति मानते, क्योंकि गुरु कभी भौंकता हुआ नहीं पाया गया, इसलिए आचरण और सिद्धांत में समानता थी।

और इसी को लोग कहते हैं कि जब तुम खोजने जाओ तो सिद्धांत और आचरण में समानता पाओ; समझना कि यही आदमी है--गुरु। इतना सस्ता नहीं है मामला। इतना आसान भी नहीं है। क्योंकि लोग सिद्धांत और आचरण में समानता बिठा सकते हैं। और ऐसा ही हुआ था। वह कुत्ता भी जो गुरु हो गया था, भौंकना चाहता था; लेकिन भौंकने लायक ताकत ही नहीं बचती थी। समझाने में ही भौंकना निकल जाता था। दिन भर सुबह से सांझ, रात, गांव भर में घूमता जगह-जगह कुत्ते भौंकते मिलते, वहीं टोकता, रुको! तो उसका गला ही थक जाता।

आखिर कुत्ते भी गुरु से परेशान हो गए और उन्होंने कहा कि बेचारा अब थका जाता है, बूढ़ा हो गया है। हम कभी इसकी मानते भी नहीं। इसकी बात ठीक भी मालूम पड़ती है, बुद्धि को, लेकिन जब गले में खुसखुसाहट उठती है और जब गले में रस आता है भौंकने का, तो फिर हमसे नहीं रहा जाता। यह हमारी प्रकृति है। और यह ऊंची बातें कर रहा है परमात्मा की। यह ठीक कह रहा है कि भौंकना बंद कर दो, तो तुम ध्यानी हो जाओ!

एक दिन, लेकिन उन्होंने कहा कि अब यह बूढ़ा हो गया है और मरने के करीब है, एक दिन तो हम इसकी मान लें। तो सारे गांव के कुत्तों ने तय किया कि आज रात चाहे कुछ भी हो जाए, कितनी ही मुसीबत हो, कितना ही हमें लोटना-पोटना पड़े--करेंगे, लेकिन भौंकेंगे नहीं। अपने मुंह पर नियंत्रण रखेंगे। संयम साधेंगे।

ऐसी ही दशा बहुत से संन्यासियों की हो जाती है। ब्रह्मचर्य साधेंगे, संयम साधेंगे, लोटेंगे-पोटेंगे, लेकिन संयम न तोड़ेंगे।

बड़ी मुसीबत हुई। कुत्ते बड़ी मुसीबत में पड़े। एक-एक कोने में पड़ गए गलियों में जाकर। बड़ी बेचैनी भीतर से आने लगी। रोज का वक्त पैदा हो गया, भौंकने का समय आ गया। कभी पुलिसवाला निकल जाता और दिल भौंकने का होता। कभी पोस्टमैन आ जाता और दिल भौंकने का होता। चारों तरफ वासना को जगाने वाले उपकरण थे, लेकिन उस दिन तय ही किया था कुत्तों ने। और हर कुत्ते ने कहा कि जब तक कोई दूसरा न भौंके, तब तक तो हम रहेंगे ही संयम साधे।

कोई नहीं भौंका। कुत्ते चुप ही रहे। लेकिन आधी रात को एक कुत्ते ने भौंकना शुरू किया, फिर संयम नहीं रुक सका। फिर उन्होंने कहा: जब टूट ही गई बात, तो हम क्यों नाहक तड़फें; पूरा गांव एकदम भयंकर... क्योंकि इकट्ठे कुत्ते कई घंटे से चुप थे। ऐसा भौंकना कभी हुआ ही नहीं था। पूरा गांव जग गया।

ऐसा ही होता है। जब धार्मिक समाज भ्रष्ट होता है तो ऐसा ही होता है। बहुत दिन तक साधा हुआ संयम जब टूटता है तो ऐसा ही होता है। यह भारत की ऐसी दशा है कि कोई दो-तीन हजार साल से बड़ा संयम, ब्रह्मचर्य साध-साध कर लोग बैठे हैं अपने-अपने कोनों में। भौंक नहीं रहे हैं। फिर उन्होंने भौंकना शुरू किया तो सारा...।

क्रिश्चियनिटी के साथ यही हुआ। पश्चिम में, दो हजार साल तक लोगों को भौंकना रुकवा दिया। अब वे एकदम से भौंक रहे हैं, तो सब नियम टूट गए हैं। साधारण नियम भी शिष्टाचार के टूट गए हैं, और जीवन एक उच्छृंखल, पाश्विक स्थिति में खड़ा हो गया है।

जैसे ही वे भौंके, चकित हुए! क्योंकि इतनी देर, बारह बजे रात तक नेता का कोई पता न चला। गुरु कहां था, पता ही न चला। अचानक जैसे ही भौंके, गुरु आ गया और उसने कहा कि देखो, इसी के कारण हमारा पतन हुआ है। कितना तुम्हें समझाया, लेकिन तुम बाज नहीं आते। कब तुम छोड़ोगे यह अज्ञान? कब तुम्हें ज्ञान होगा?

खलील जिब्रान कहता है, और राज की बात यह है कि सांझ से गुरु घूमा गांव में, लेकिन सब कुत्ते सन्नाटा साधे थे। उसे बोलने का मौका ही नहीं आया, क्योंकि चुप ही थे, कहना क्या? किससे कहो कि चुप हो जाओ? बारह बजे तक वह घबड़ा गया और बारह बजे तक न बोलने के कारण उसके गले में सरसरी दौड़ने लगी। आखिर उससे न रहा गया। और फिर वह हिस्सा भी नहीं था निर्णय का। सारे लोगों ने निर्णय किया था--सारे कुत्तों ने; वह तो निर्णय के बाहर था। उसे पता भी नहीं था कि मामला क्या है! एक गली के अंधेरे में जाकर वह जोर से भौंका--वही पहला कुत्ता था! फिर जब उसका भौंकना हो गया तो सारा गांव भौंकने लगा। जब सारा गांव भोंका, गुरु फिर आ गया समझाने कि देखो, इसी से हमारा पतन हुआ है। कब तुम रुकोगे?

तुम भी जब बोलते हो तो वह बोलना रोग है, या तुम्हारी शून्यता से, तुम्हारे मौन से निकलता है? वह तुम्हारी बीमारी है, रेचन है। कचरा तुम फेंक रहे हो अपने बाहर, हलका कर रहे हो अपने को, या तुम्हारे पास कुछ बहुमूल्य है, जो तुम देना चाहते हो? बोलो तभी, जब तुम्हारे बोलने में कुछ हीरे हों, जो तुम बांटना चाहते हो। दूसरे के सिर पर कचरा क्यों डाल रहे हो? व्यर्थ की बातें क्यों बोल रहे हो?

उस आदमी ने सुना कि कुत्ता और गधे में बड़ा विवाद है। वह दोनों की बात समझा, दोनों की दृष्टि समझा, इसीलिए मुसीबत में पड़ गया। वह दोनों को समझाने बीच में गया, लेकिन कुत्ते और गधे को उसकी बात समझ में न आई।

बुद्धों की बात कभी भी तो समझ में नहीं आई है। तुम्हारी सारी बात बुद्ध को समझ में आती है। तुम्हारी हर वासना की आवाज समझ में आती है, क्योंकि तुम जहां हो, वहां से वे भी गुजरे हैं। वे भी कभी भौंकते थे। वे भी कभी घास की बात करते थे। तुम जहां हो वहां वे थे; इसलिए तुम्हारी भाषा उन्हें समझ में आती है। तुम्हें उनकी भाषा समझ में नहीं आती क्योंकि जहां वे हैं, वहां तुम्हें अभी पहुंचना है।

लेकिन जब बुद्ध समझाते हैं तुम्हें, तो तुम्हें क्रोध आता है। क्रोध इस बात से आता है कि वे कहते हैं, तुम दोनों ठीक हो। तुम्हारा अहंकार कहता है, मैं ठीक हूं, दूसरा गलत है। और जब बुद्ध कहते हैं, तुम दोनों ठीक हो, तो दोनों ही नाराज हो जाते हो।

पहले वे आपस में लड़ रहे थे, अब वे बुद्ध से लड़ने को दोनों साथ हो जाते हैं। गधा दुलत्ती मारता है, कुत्ता भौंक कर चीखने दौड़ता है कि यह आदमी कैसे बीच में उपद्रव करने आ गया? ऐसे ही काफी कलह चल रही थी और यह एक और उपद्रव! और फिर इसकी भाषा भी समझ में नहीं आती। जीसस को सूली लगी। जीसस की

भाषा यहूदी समझ न सके। मंसूर को लोगों ने काट कर मार डाला, क्योंकि मंसूर की भाषा लोग समझ न सके।

एक तो वासना की भाषा है, जिसे हम समझते हैं; और एक करुणा की भाषा है, जिससे हमारा कोई परिचय नहीं। और यह आदमी बेचारा इन दोनों को शांत करने आया था। यह आदमी चाहता था कि इनकी कलह मिट जाए। और यह आदमी चाहता था कि यह एक-दूसरे के दृष्टिकोण को समझ लें।

दुनिया में चाहे छोटे झगड़े हो रहे हों चाहे बड़े, चाहे बड़े युद्ध हो रहे हों, और चाहे घर की छोटी कलह हो रही हो, सब विवाद दूसरे की दृष्टि को न समझने के कारण हैं।

जब तक मैं दूसरे के जूते में खड़ा न हो जाऊं और दूसरों के कपड़ों में खड़ा होकर न देखूं, जहां से दूसरा देखता है, वहां से न देखूं, तब तक कलह और युद्ध नहीं मिट सकेंगे। मैं अपनी जगह ठीक मालूम पड़ता हूं, दूसरा अपनी जगह गलत 'मुझे' मालूम पड़ता है। खुद को वह ठीक मालूम पड़ता है।

अगर रूस में और अमरीका में कोई विवाद है, चीन और भारत में कोई विवाद है, या भारत और पाकिस्तान में कोई विवाद है, सब विवाद ऐसे ही हैं; क्योंकि दूसरे की जगह खड़े होने की हमारे पास कोई कुशलता नहीं। हम इतने तरल नहीं हैं कि दूसरे की जगह खड़े हो जाएं। और वही व्यक्ति शांत हो सकेगा जो इतना तरल हो कि सबकी दृष्टियों को समझ पाए। लेकिन उसकी बड़ी कठिनाई है। ज्ञानी की बड़ी मुसीबत है, क्योंकि उसे रहना पड़ता है अज्ञानियों के बीच।

मेरे मित्र पागल हो गए। उन्हें पागलखाने भेज दिया गया। वे मुझसे कहते थे कि तीन साल मैं पागलखाने में रहा, आखिरी छह महीने मुसीबत के हुए। बाकी ढाई साल तो बड़े मजे से कट गए, क्योंकि मैं पागल था। आखिरी छह महीने मुसीबत के हो गए, क्योंकि अपने पागलपन में एक दिन उन्होंने, फिनाइल का डिब्बा रखा हुआ था, वह पूरा पी लिया। फिनाइल के पीने से उन्हें सैकड़ों दस्त लग गए और उन दस्तों के साथ न मालूम क्या हुआ, कि पागलपन चला गया। गर्मी निकल गई शरीर की। वे बिलकुल कमजोर हो गए, लेकिन बुद्धि वापस आ गई। एक शॉक ट्रीटमेंट हो गया।

जब बुद्धि वापस आ गई तो सजा तो उनको तीन साल की हुई थी पागलखाने में रहने के लिए और छह महीने पहले वे ठीक हो गए। तो उन्होंने जाकर अधिकारियों को कहना शुरू किया कि मैं बिलकुल ठीक हूं। अधिकारी हंसते और वे कहते, सभी कहते हैं! वह बहुत समझाते कि आप सुनो भी तो! तो वे कहते, किस किसकी सुनें?

सभी पागल कहते हैं, कि हम ठीक हैं। तो वे मुझे कहते थे, मैंने बहुत उपाय किए मगर मैं इतनी बात न समझा पाया कि मैं ठीक हूं! वे कोई सुनने को राजी नहीं क्योंकि सभी पागल यह कहते हैं कि ठीक हैं! जाओ, अपना काम करो। और उन छह महीने में वे कहते हैं कि मेरी जो मुसीबत और फजीहत हुई...! क्योंकि चारों तरफ पागल और मैं अकेला होश में! कोई मेरी टांग खींच रहा है, कोई मेरे सिर को मालिश कर रहा है। ढाई साल तक मुझे पता ही नहीं चला क्योंकि मैं भी यही कर रहा था।

बुद्ध की मुसीबत तुम समझ सकते हो, वे छह महीने पहले तुमसे होश में आ गए! उस आदमी को कुत्ते ने काटा और गधे ने दुलत्तियां मारीं। वह बेहोश गिर पड़ा।

सभी बुद्ध तुमसे यही व्यवहार पाए हैं। यह स्वाभाविक है। इसमें तुम्हारा कोई कसूर भी नहीं। लेकिन अगर तुम्हें खयाल आ जाए, तुम थोड़े से भी विचार से भर जाओ, यह कहानी अगर तुम्हें थोड़ी सी भी प्रेरणा दे दे सोचने की, तो शायद तुम बुद्ध को दुलत्ती मारने से बच सको। अगर तुम रुक भी जाओ दुलत्ती मारने से, तो भी बुद्ध को मौका मिले कि अपनी बात तुम तक पहुंचा दें। तुम अगर भौंकने से थोड़े शांत हो जाओ तो शायद उनकी आवाज तुम्हें सुनाई पड़ जाए। तुम्हारे चुप होने में, तुम्हारे ठहर जाने में, तुम्हारे कुछ न करने में शायद संबंध जुड़ जाए, सेतु बन जाए।

कलंदर ठीक कहता है। इस कहानी को तुम अपनी ही कहानी समझना। इसे बार-बार सोचना। तुम्हारा मन बहुत बार दुलत्ती मारने, बहुत बार भौंकने का होगा। उस वक्त अपने को रोकना और बुद्धों की वाणी को समझने की कोशिश करना। तुम थोड़ी सी कोशिश करो तो कुछ समझ में आएगा। एक सीढ़ी तुम चलोगे, फिर दूसरी सीढ़ी साफ होगी। और हजारों मील की यात्रा भी करनी हो तो एक-एक कदम से पूरी होती है। कोई हजार कदम तो एक साथ चलता नहीं। एक बार एक कदम। पर एक कदम चले कि दूसरा कदम साफ हो जाता है और तुम दूसरा कदम उठाने के योग्य हो जाते हो।

कुछ और?

ओशो, बड़े आश्चर्य की बात है कि हमारे सभी प्रश्न पुराने और बासी होते हैं, और आपके उत्तर इतने नये और ताजा होते हैं। इसका राज क्या है?

चूंकि आप प्रश्न सोचते हैं। जो भी सोच से आएगा, वह बासा हो जाएगा। क्योंकि सोचना सिर्फ पुराने का हो सकता है, नये का कोई सोचना नहीं हो सकता। नये को तुम सोचोगे कैसे? जिसे तुमने जाना ही नहीं, जिससे तुम्हारी कोई पहचान नहीं, उसका रूप तुम्हारे मन में बनेगा कैसे? तुम स्मृति से खोजते हो। तुम थोड़ा रंग-रोगन भी करो तो भी तुम्हारे प्रश्न नये नहीं हो सकते, वे पुराने ही रहेंगे, क्योंकि मन से जो भी पैदा होता है, वह पुराना होता है। मन पुराने का नाम है। मन का अर्थ है, मरा हुआ। मन का अर्थ है, बीत गया। मन का अर्थ है, अनुभव हो गया।

तो जो भी तुमने अनुभव किया है, सुना है, पढ़ा है, सोचा है, वह मन का संग्रह है। उसी में से तुम प्रश्न खोजते हो इसलिए वे पुराने और बासे होंगे।

मैं जब तुम्हें कोई उत्तर दे रहा हूं तो मन से कोई लेना-देना नहीं है। मैं तुम्हारा उत्तर सोचता नहीं, बस देता हूं। तुमने पूछा प्रश्न, मैंने दिया उत्तर। तुम्हारे पूछने में और मेरे देने में, बीच में कोई विचार नहीं है। उधर तुमने पूछा, इधर मैंने दिया। इन दोनों के बीच में रत्ती भर जगह नहीं है। तुम पूछो और मैं आंख बंद करके सोचूं, तो जो उत्तर होगा, वह बासा हो जाएगा। सोचा कि बासा हुआ। बिना सोचे जो आता है, वह ताजा है।

अनसोचे जो आता है, वह सदा नया है। क्योंकि जब तुम नहीं सोचते तभी तुम्हारे भीतर मन के जो पार है, वह बोलता है।

तो मैं भी मन का उपयोग करता हूं, लेकिन मन का उपयोग मैं सोचने के लिए नहीं करता। मन का उपयोग वह जो मन के पार है, उसके उपकरण की तरह करता हूं। तुम पार को मौका ही नहीं देते। तुम मन में ही प्रश्न खोजते हो, प्रश्न रख देते हो।

तुम्हें डर है, कहीं प्रश्न गलत न हो जाए। मुझे कोई डर नहीं है कि प्रश्न का उत्तर गलत न हो जाए। गलत हो कि सही, इसका मुझे प्रयोजन ही नहीं है। मैं कोई परीक्षा नहीं दे रहा हूं। तुम क्या सोचोगे मेरे उत्तर से, यह निष्प्रयोजन है। तुम उसे ठीक पाओगे, गलत पाओगे, राजी होओगे, ना-राजी होओगे, यह सब व्यर्थ है। अगर मैं यह सोचूं तो बासा हो जाएगा।

इसलिए पंडित के पास जाओगे, उसका उत्तर बासा होगा क्योंकि पहले वह सोचता है, जो मैं उत्तर दूं, वह शास्त्र सम्मत है या नहीं? वेद भी यही कहते हैं या नहीं? गीता में भी यही है या नहीं? क्योंकि कृष्ण के विरोध में बोलने की हिम्मत वह न कर सकेगा। अगर वह मुसलमान है तो कुरान में तजवीज करेगा कि मेल खा जाए। उसकी एक परंपरा है, उससे बाहर न जाएगा।

मेरी कोई परंपरा नहीं, मेरा कोई वेद नहीं, कोई कुरान नहीं; या सभी वेद, कुरान मेरे हैं। इसकी मुझे कोई चिंता नहीं कि मेरा उत्तर कृष्ण के विपरीत पड़ेगा कि पक्ष में पड़ेगा। इससे मुझे कोई लेना-देना नहीं कि यह विचार हिंदू के अनुकूल होगा कि मुसलमान के अनुकूल होगा।

क्या इसका परिणाम होगा अगर तुमने सोचा, तो उत्तर भी बासा हो जाएगा। जो परिणाम की सोचेगा, उसके वक्तव्य बासे हो जाएंगे। मैं तुम्हें सिर्फ दे रहा हूं। तुमने पूछा प्रश्न, मैंने दिया उत्तर। इसमें कोई सोच-विचार नहीं है। यह तुम्हारे प्रश्न का सीधा-सहज उत्तर है। सीधा--मैं दे रहा हूं; सहज--बिना सोच कर दे रहा हूं। इसलिए तुम्हारी बड़ी कठिनाई है।

अगर मैं तुम्हें बंधे और बासे उत्तर दूं, तुम्हें बड़ी सुगमता होगी। क्योंकि तुम एक तो मेरे उत्तर पहले से ही पहचान जाओगे। तुम्हें जगने की जरूरत न होगी, तुम सो सकते हो। क्योंकि तुम्हें पता ही है, उत्तर क्या होगा। तुम्हें सुगमता होगी, क्योंकि तुम्हें अनुकरण आसान होगा, क्योंकि तुम जानते हो मेरा उत्तर क्या है! अभी तुम्हें अनुकरण बड़ा मुश्किल है, असंभव है, क्योंकि कल मैं बदल जाऊंगा। परसों तुम जब तक तैयारी करके आओगे अनुकरण करने की, तब तक मैं कुछ और कहूंगा। तुम मेरा अनुकरण न कर सकोगे। और मैं चाहता भी नहीं कि तुम मेरा अनुकरण करो, क्योंकि अनुकरण किया कि तुम मरे। अनुकरण कब्र है। मैं रोज बदलता रहूंगा, ताकि तुम अनुकरण न कर पाओ और तुम सो भी न पाओ।

तुम्हें जाग कर सुनना होगा, क्योंकि उत्तर तुम्हें पता नहीं है कि मैं क्या दूंगा? मुझे भी पता नहीं है। देने के बाद तुम्हें पता चलेगा, तभी मुझे भी पता चलेगा कि यह उत्तर दिया। फिर न तो मैं संगति वेद से खोज रहा हूं और न अपने अतीत से कि कल मैंने क्या कहा था--उससे भी संगति नहीं खोज रहा हूं।

दार्शनिक हैं तो वे सोच कर चलते हैं कि कल जो कहा था, उससे भिन्न न कहा जाए; नहीं तो लोग कहेंगे, असंगत है। मैंने वह सब चिंता छोड़ दी है। तुम असंगत कहो, संगत कहो; तुम कहो, कल जो कहा था, आज का वक्तव्य उलटा है। तो मैं कहूंगा, होगा। वह कल का वक्तव्य था, यह आज का वक्तव्य है। मैं कोई संगति, कोई कंसिस्टेंसी कल से आज में नहीं बना रहा हूं। एक ही संगति है कि कल का उत्तर भी मुझ से आया था, आज का उत्तर भी मुझसे आ रहा है, बस! इससे ज्यादा कोई संगति नहीं है।

जब तक तुम उत्तर में खोजोगे, तुम्हें विरोधाभास दिखाई पड़ेंगे। जब तुम उत्तर को हटा कर मुझे खोजोगे, तब तुम्हें एक संगति की शृंखला का दर्शन होगा। इसलिए तुम्हारे प्रश्न बासे हो जाते हैं। तुम सोचते हो! सोचोगे, सब बासा हो जाता है।

मन बासापन है।

मन के पार जो है, वह सदा ताजा है, सदा युवा है। वहां सब नया है, सब निर्दोष है! स्वच्छ... वहां कभी कुछ मरता नहीं, वहां शाश्वत जीवन है।

आज इतना ही।

१०

भक्त की पहचान: शिकायत–शून्य हृदय

ओशो, एक बार मूसा ने भगवान से कहा: 'मुझे आपके किसी भक्त को देखने की इच्छा है।'

इस पर एक आवाज आई कि फलां घाटी में चले जाओ, वहां तुम्हें वह मिलेगा जो भगवान को प्यारा है, जो भगवान को प्रेम करता है और जो सत्पथ पर चलता है।

मूसा वहां गए और उन्होंने देखा कि वह आदमी तो चीथड़ों से लिपटा पड़ा है और तरह–तरह के कीड़े–मकोड़े उसके शरीर पर रेंग रहे हैं।

मूसा ने पूछा: 'क्या मैं तुम्हारे लिए कुछ कर सकता हूं?'

उस आदमी ने कहा: 'एक प्याला पानी ला दो, मैं बहुत प्यासा हूं।'

जब मूसा पानी लेकर वापस मुड़े, तब उन्होंने देखा कि वह व्यक्ति मरा पड़ा है। वे फिर गए कि उसके कफन के लिए कुछ कपड़े ले आएं, लेकिन लौटे तब शेर उसके शरीर को खा चुका था। मूसा बेहद दुखी हुए और चीख उठे, 'मिट्टी से मनुष्य बनाने वाले हे सर्वशक्तिमान! हे सर्वज्ञ! कोई स्वर्ग जाता है और कोई भयानक यातना झेलता है। कोई सुखी है और कोई दुखी है। यही पहेली है, जो कोई समझ नहीं पाता।'

ओशो, हजारों वर्ष पूर्व मूसा ने जो प्रश्न पूछा था, उसे ही हम आज फिर आपके सामने उपस्थित कर रहे हैं।

मूसा की कहानी समझने जैसी है। मूसा उन थोड़े से लोगों में एक हैं, जिन्होंने जीवन के परम रहस्य को गहराई से खोजा। और जो भी जीवन के रहस्य को खोजने चलेगा, उसके सामने यह सवाल उठने ही वाला है कि बनाने वाला एक, लेकिन कुछ कहां पहेली उलझ गई है कि कुछ दुखी हैं, कुछ सुखी हैं, कोई स्वर्ग में जीते हैं, कोई नरक में। दोनों का बनाने वाला अगर एक है, अगर पिता एक है तो संतान इतने विभिन्न जीवन अनुभवों से कैसे गुजरती है? बनाने वाले ने सुख ही क्यों न बनाया? और बनाने वाला सिर्फ स्वर्ग ही बना सकता था, नरक के बनाने की जरूरत क्या है? परमात्मा अगर सच में दयालु है तो दुख नहीं होना चाहिए, कोई पीड़ा नहीं होनी चाहिए।

सभी धर्मों के सामने यह सवाल रहा है। संसार में दुख को देख कर लगता है कि परमात्मा हो नहीं सकता। और अगर परमात्मा पर भरोसा हो, तो दुख पहेली हो जाता है कि दुख क्यों है? बहुत तरह से इस पहेली को सुलझाने की कोशिश की गई है, लेकिन पहेली सुलझती मालूम नहीं पड़ती।

पश्चिम में बहुत से प्रयोग हुए हैं, पूरब में बहुत से प्रयोग हुए हैं। बुद्धि से जितने भी सिद्धांत आविष्कृत हुए वे सभी असफल हो गए, पहेली उनसे सुलझती नहीं। लेकिन अनुभव से, ध्यान की गहराई से उत्तर आता है जिससे पहेली मिट जाती है। उसे हम थोड़ा समझ लें, फिर कहानी में प्रवेश करें।

दुख और सुख, स्वतंत्रता और परतंत्रता, स्वर्ग और नरक एक साथ ही बनाए जा सकते हैं; अकेले-अकेले नहीं। रात और दिन एक साथ ही बनाए जा सकते हैं, अकेले-अकेले नहीं। अगर अकेला प्रकाश हो और अंधकार बिलकुल न हो तो प्रकाश भी न हो सकेगा। अगर अकेला जीवन हो और मृत्यु न हो तो जीवन भी न हो सकेगा। होने का ढंग द्वंद्व है। किसी भी चीज को होना हो तो विपरीत के साथ ही हो सकती है।

विद्युतशास्त्री को पूछें, वह कहेगा अकेली ऋण विद्युत नहीं हो सकती, अकेली धन विद्युत नहीं हो सकती। दोनों साथ हो सकते हैं; क्योंकि ऋण और धन दो छोर हैं। जन्म और मरण दो छोर हैं। अकेला जन्म नहीं हो सकता। हमारी आकांक्षा चाहती है कि अकेला जन्म हो, लेकिन अकेला जन्म नहीं हो सकता। बिना मृत्यु के जन्म होगा कैसे? अगर कोई मरता ही न होगा तो कोई पैदा कैसे होगा? पुराने वृक्ष गिरेंगे, इसीलिए तो नये अंकुर फूटेंगे। पुराना आदमी विदा होगा तो नये बच्चे जीएंगे। पुराने को हटना होगा, ताकि नये के लिए जगह हो सके। अगर पुराना जमा ही रहे तो नये के जन्म का कोई उपाय न होगा। जीवन विपरीत से जीता है।

थोड़ी देर को सोचें कि अगर सिर्फ सुख हो, हमारी आकांक्षा है कि सिर्फ सुख हो; लेकिन क्या तुम उस सुख को भोग सकोगे? अगर अकेला सुख हो और दुख का कोई स्वाद न हो तो यह भी तो पता न चलेगा कि सुख है। उस आदमी को स्वास्थ्य का पता नहीं चलता जो कभी बीमार न पड़ा हो। अगर सच में ही तुम कभी बीमार नहीं पड़े तो तुम्हें स्वास्थ्य के स्वाद का अनुभव कैसे होगा? तुम कैसे जानोगे कि तुम स्वस्थ हो? तुम्हें स्वास्थ्य का कोई भी पता न चलेगा। अगर नरक न हो तो स्वर्ग नहीं हो सकता। नरक की मौजूदगी स्वर्ग के लिए जरूरी है।

परमात्मा कठोर है इस कारण दुख है ऐसा नहीं, लेकिन विपरीत के बिना होने का कोई उपाय ही नहीं है। लोग कहते हैं परमात्मा सर्वशक्तिमान है, लेकिन कुछ बातें हैं, जो परमात्मा भी नहीं कर सकता। जैसे कि अकेला सुख हो और दुख न हो, यह परमात्मा भी नहीं कर सकता है। कितनी ही कोशिश करे, यह हो नहीं सकता।

जैसे ही सुख पैदा होगा उसके साथ ही दुख पैदा हो जाएगा। इसलिए एक बहुत गहरी बात समझ लेनी चाहिए: जितना ज्यादा सुख बढ़ेगा, उतना ही ज्यादा दुख भी बढ़ेगा। इसलिए जो लोग बहुत सुखी होंगे, वे ही लोग बहुत दुखी भी होंगे। अगर अमरीका में आज बहुत दुख है तो उसका कारण? उसका कारण है कि बहुत सुख है। जहां सुख की सीमा बढ़ती है, उसी के साथ दुख की सीमा भी बढ़ती है; उनमें एक अनुपात है। इसलिए गरीब आदमी उतना दुखी कभी नहीं होता, जितना अमीर आदमी दुखी होता है।

अमीर को लगता है कि गरीब दुख में है। यह अमीर का खयाल है। यह अमीर की व्याख्या है। गरीब इतने दुख में कभी भी नहीं होता। इसलिए गरीब के चेहरे पर कभी मुस्कुराहट भी दिख जाए, कभी वह मस्त होकर नाच भी लेता है। कभी वृक्ष के नीचे सड़क पर सोए हुए उसको देखें। न, इतना दुख नहीं है गरीब को जितना अमीर को लगता है कि गरीब को दुख है।

वह लगने में अमीर अपने लिए सोच रहा है, अगर मुझे वृक्ष के नीचे सोना पड़े तो मैं, जो कि अच्छी शय्या पर भी नहीं सो पाता हूं, वृक्ष के नीचे कैसे सो पाऊंगा? जहां कि शैया में थोड़ा सा भी आड़ा-टेढ़ापन हो तो मेरी नींद टूट जाती है। तो इस कंकड़-पत्थर से भरी हुई जमीन पर मैं कैसे सो पाऊंगा? श्रेष्ठ से श्रेष्ठ भोजन भी मुझे पचता नहीं, तो यह गरीब जो सूखी रोटी खा रहा है, यह तो पत्थर जैसी है; यह मुझे कैसे पचेगी?

एक यहूदी फकीर हुआ, बालसेन। एक दिन एक धनपति उससे मिलने आया। वह उस गांव का सबसे बड़ा धनपति था, यहूदी था। और बालसेन से उसने कहा कि कुछ शिक्षा मुझे भी दो। मैं क्या करूं?

बालसेन ने उसे नीचे से ऊपर तक देखा, वह आदमी तो धनी था, लेकिन कपड़े चीथड़े पहने हुए था। उसका शरीर रूखा-सूखा मालूम पड़ता था। लगता था, भयंकर कंजूस है। तो बालसेन ने पूछा कि पहले तुम अपनी जीवनचर्या के संबंध में कुछ कहो। तुम किस भांति रहते हो? तो उसने कहा कि मैं इस भांति रहता हूं जैसे एक गरीब आदमी को रहना चाहिए। रूखी-सूखी रोटी खाता हूं। बस नमक, चटनी और रोटी से काम चलाता हूं। एक कपड़ा जब तक ज़ार-ज़ार न हो जाए तब तक पहनता हूं। खुली जमीन पर सोता हूं, एक गरीब साधु का जीवन व्यतीत करता हूं।

बालसेन एकदम नाराज हो गया और कहा: नासमझ! जब भगवान ने तुझे इतना धन दिया तो तू गरीब की तरह जीवन क्यों बिता रहा है? भगवान ने तुझे धन दिया ही इसलिए है कि तू सुख से रह, ठीक भोजन कर। खा कसम कि आज से ठीक भोजन करेगा, अच्छे कपड़े पहनेगा, सुखद शय्या पर सोएगा, महल में रहेगा।

वह धनपति भी थोड़ा हैरान हुआ। उसने कहा कि मैंने तो सुना है कि यही साधुता का व्यवहार है। पर बालसेन ने कहा कि मैं तुझसे कहता हूं कि यह कंजूसी है, साधुता नहीं है। काफी समझा-बुझा कर कसम दिलवा दी। वह आदमी जरा झिझकता तो था, क्योंकि जिंदगी भर का कंजूस था। जिसको वह साधुता कह रहा था वह साधुता थी नहीं, सिर्फ कृपणता थी। लेकिन लोग कृपणता को भी साधुता के आवरण में छिपा लेते हैं। कृपण भी अपने को कहता है कि मैं साधु हूं इसलिए ऐसा जीता हूं। पर बालसेन ने उसे समझा-बुझा कर कसम दिलवा दी।

जब वह चला गया तो बालसेन के शिष्यों ने पूछा कि यह तो हद्द हो गई। उस आदमी की जिंदगी खराब कर दी। वह साधु की तरह जी रहा था। और हमने तो सदा यही सुना है कि सादगी से जीना ही परमात्मा को पाने का मार्ग है। यही तुम हमसे कहते रहे। और इस आदमी के साथ तुम बिलकुल उलटे हो गए। क्या इसको नरक भेजना है?

बालसेन ने कहा: 'यह आदमी अगर रूखी रोटी खाएगा तो यह कभी समझ ही न पाएगा कि गरीब का दुख क्या है! यह आदमी रूखी रोटी खाएगा तो समझेगा कि गरीब तो पत्थर खाए तो भी चल जाएगा। इसे थोड़ा सुखी होने दो, ताकि यह दुख को समझ सके; ताकि जितने लोग इसके कारण गरीब हो गए हैं इस गांव में, उनकी पीड़ा भी

इसको खयाल में आए। लेकिन यह सुखी होगा तो ही उनका दुख दिखाई पड़ सकता है। अगर यह खुद ही महादुख में जी रहा है, इसको किसी का दुख नहीं दिखाई पड़ेगा। कोई गरीब इसके द्वार पर भीख मांगने नहीं जा सकता, क्योंकि यह खुद ही भिखारी की तरह जी रहा है। यह किसी की पीड़ा अनुभव नहीं कर सकता।

जब अमीर को गरीब में दुख दिखाई पड़ता है तो वह उसकी व्याख्या है। गरीब उतना दुखी नहीं है। और गरीब तो तभी दुखी होगा जब एक बार अमीर हो जाए। इसलिए जो लोग अमीरी के बाद गरीबी देखते हैं उनके दुख का हिसाब नहीं है।

विपरीत का अनुभव चाहिए। अगर सुख ही सुख हो संसार में तो तुम्हें सुख का पता ही न चलेगा। और तुम सुख से इस बुरी तरह ऊब जाओगे जितने कि तुम दुख से भी नहीं ऊबे हो। और तुम उस सुख का त्याग कर देना चाहोगे।

देखो पीछे लौट कर इतिहास में। महावीर और बुद्ध जैसे त्यागी गरीब घरों में पैदा नहीं होते; हो नहीं सकते। क्योंकि सुख से ऊब पैदा होनी चाहिए, तब त्याग होता है। बुद्ध के जीवन में इतना सुख है कि उस सुख का स्वाद मर गया। जिसने रोज सुस्वादु भोजन किए हों, तो स्वाद मर जाए। कभी-कभी उपवास जरूरी है भूख का रस लेने के लिए। अगर भूख का मौका ही न मिले और रोज उत्सव चलता रहे घर में, और मिष्ठान्न बनते रहें तो जल्दी ही स्वाद मर जाएगा। भूख ही मर जाएगी।

इसलिए यह कोई आश्चर्य की बात नहीं है कि गरीबों के धार्मिक उत्सव सदा भोजन के उत्सव होते हैं। और अमीरों के धार्मिक उत्सव सदा उपवास के होते हैं। अगर जैनों का धार्मिक पर्व उपवास का है, तो उसका अर्थ है। लेकिन एक मुसलमान, एक गरीब हिंदू--जब उसका धार्मिक दिन आता है तो ताजे और नये कपड़े पहनता है। अच्छे से अच्छा भोजन बनाता है। हलवा और पूड़ी उस दिन बनाता है। वह धार्मिक दिन है। जिसके तीन सौ चौंसठ दिन भूख से गुजरते हों, उसका धार्मिक दिन उपवास का नहीं हो सकता। होना भी नहीं चाहिए; वह अन्याय हो जाएगा। लेकिन जो तीन सौ चौंसठ दिन उत्सव मनाता हो भोजन का, उसका धार्मिक दिन उपवास का ही होना चाहिए।

हम अपने स्वाद को विपरीत से पाते हैं। इसलिए जब जैनों का पर्युषण होता है, तभी पहली दफा उन्हें भूख का अनुभव होता है। और पर्युषण के बाद पहली दफा दो चार दिन खाने में मजा आता है, और खाने के संबंध में सोचने में मजा आता है। और पर्युषण के दिनों में ही सपने देखते हैं वे खाने के, बाकी दिन नहीं देखते क्योंकि सपनों की कोई जरूरत नहीं है। बाकी दिन वे सलाह लेते हैं चिकित्सक से कि भूख मर गई है।

जिन मुल्कों में भी धन बढ़ जाता है, वहीं उपवास को मानने वाले संप्रदाय पैदा हो जाते हैं। यह जान कर हैरानी होगी कि अमरीका में आज उपवास का बड़ा प्रभाव है। गरीब मुल्कों में उपवास का प्रभाव हो भी नहीं सकता। लोग वैसे ही उपवासे हैं। लेकिन अमरीका में लोग महीनों के उपवास के लिए जाते हैं। नेचुरोपैथी के क्लिनिक हैं, चिकित्सालय हैं, जहां कुल काम इतना है कि लोगों को उपवास करवाना।

अगर सुख ही सुख हो और दुख का उपाय न हो तो तुम ऊब जाओगे सुख से। एक बड़े मजे की बात है कि दुख से आदमी कभी नहीं ऊबता, क्योंकि दुख में आशा बनी रहती है। आज दुख है, कल सुख होगा। सपना जिंदा रहता है। मन कामना करता रहता है और कल पर हम आज को टालते रहते हैं। दुखी आदमी कभी नहीं ऊबता। सुखी आदमी ऊबता है; क्योंकि उसकी कोई आशा नहीं बचती। सुख तो आज उसे मिल गया, कल के लिए अब कुछ बचा नहीं।

तुम्हें पता नहीं है कि महावीर और बुद्ध क्यों संन्यासी हुए? जैनों के चौबीस तीर्थंकर राजाओं के बेटे क्यों हैं, हिंदुओं के सब अवतार राजपुत्र क्यों हैं? बात जाहिर है, साफ है। गणित सीधा है। सुख इतना था कि वे ऊब गए। और ज्यादा पाने का कोई उपाय नहीं था। जितना हो सकता था वह था, वह पहले से मिला था।

इसलिए जिस दिन महावीर नग्न होकर रास्ते पर भिखमंगे की तरह चले, उन्हें जो आनंद मिला है, तुम भूल मत करना नग्न चलकर रास्ते पर; तुम्हें वह न मिलेगा। क्योंकि तुम गणित ही चूक रहे हो। उसके पहले राजा होना जरूरी है। वस्त्रों से जब कोई इतना ऊब गया हो कि वे बोझिल मालूम होने लगें तब कोई नग्न खड़ा हो जाए रास्ते पर तो स्वतंत्रता का अनुभव होगा--मुक्ति! उसे लगेगा कि मोक्ष मिला। जो भोजन से इतना पीड़ित हो गया हो, वह जब पहली दफा उपवास करेगा तो शरीर फिर से जीवंत होगा; फिर से भूख जगेगी। और जो महलों में रह-रह कर कारागृह में बंद हो गया हो, जब वह खुले आकाश के नीचे, वृक्ष के नीचे सोएगा तब उसे पहली दफा पता चलेगा कि जीवन का आनंद क्या है!

महावीर की बात सुन कर कई साधारणजन भी त्यागी हो जाते हैं। वे बड़ी मुश्किल में पड़ते हैं, क्योंकि जो आनंद महावीर को मिला, वह उन्हें मिलता हुआ मालूम नहीं पड़ता। तो वे सोचते हैं शायद अपनी कोई साधना में भूल है। साधना में कोई भूल नहीं, शुरुआत में ही भूल है।

महावीर उतरते हैं राज-सिंहासन से। राज-सिंहासन से ऊब गए हैं इसलिए उतरते हैं; क्योंकि उसके आगे और कोई सीढ़ी नहीं है। वे आखिरी सीढ़ी पर थे; और कोई विकास का उपाय न था। आकांक्षा को जाने की जगह न थी। नीचे उतरते हैं। सिंहासन से नीचे उतर कर जीवन में फिर से उमंग आती है। फिर से रस आता है। फिर से खोज शुरू होती है। तुम्हारे जीवन में यह नहीं हो सकता। जिसने भोगा ही नहीं है, वह त्याग कैसे करेगा? और जिसके पास है ही नहीं, वह छोड़ेगा कैसे? जो तुम्हारे पास है, वही तुम छोड़ सकते हो। जो तुम्हारे पास नहीं है, उसे तुम कैसे छोड़ोगे? उस भ्रांति में पड़ना भी मत।

इसलिए मैं निरंतर कहता हूं, जो संसार से ऊब जाते हैं, सत्य उन्हें ही उपलब्ध होता है। लेकिन तुम ऊबे नहीं हो। तुम जो ऊब गए हैं उनकी बातें सुन कर, उनका अनुकरण करने में लग जाते हो। अनुकरण से कोई कभी सत्य को उपलब्ध नहीं होता। उससे तुम धोखे में पड़ोगे। वह आत्म-प्रवंचना है।

संसार को ठीक से पा लेना, ताकि छोड़ सको। वासना को ठीक से अनुभव कर लेना, ताकि वासना-मुक्ति हो सके। धन को ठीक से भोग लेना, ताकि धन व्यर्थ हो जाए। जहां भी रस हो, वहां पूरे चले जाना, ताकि आगे जाने को कोई जगह न बचे और तुम पीछे वापस लौट सको।

अधूरे अनुभव कहीं भी नहीं ले जाते। वृक्ष जब अपने फल को पूरा पका लेता है, तो फल खुद ही टूट जाता है और गिर जाता है। कच्चे फल नहीं गिरते। अधूरा अनुभव कच्चा फल है; पूरा अनुभव पका हुआ फल है।

इसलिए पहली बात खयाल में ले लें; संसार के होने का ढंग जैसा है, इससे अन्यथा नहीं हो सकता। यहां विपरीत होगा ही--एक बात।

दूसरी बात: परमात्मा तुम्हें दुख नहीं देता, न परमात्मा तुम्हें सुख देता है। सुख और दुख दो विकल्प हैं। चुनने को तुम सदा स्वतंत्र हो। चुनाव तुम्हारे हाथ में है। परमात्मा तुम्हें नरक में धक्के नहीं देता और न स्वर्ग में तुम्हारा स्वागत करता है। स्वर्ग और नरक दोनों के द्वार खुले हैं। चुनाव तुम्हारा है। तुम जहां जाना चाहो। और यह उचित है कि द्वार खुले हैं, क्योंकि स्वतंत्रता के बिना सत्य की कोई उपलब्धि नहीं हो सकती। तुम स्वतंत्र हो दुख भोगने को। तुम्हारी स्वतंत्रता परम है। तुम स्वतंत्र हो सुख भोगने को और तुम स्वतंत्र हो मार्ग बदल लेने को। तुम्हारी स्वतंत्रता में कोई भी बाधा नहीं है।

इस बात को ठीक से समझ लेना। इसलिए अगर तुम दुख भोगते हो, तो यह तुम्हारा चुनाव है। अगर तुम सुख भोगते हो, तो यह भी तुम्हारा चुनाव है। अगर तुम

जहां हो वहां से नहीं हटते हो, तो भी तुम्हारा चुनाव है। वहां से हटते हो तो भी तुम्हारा चुनाव है। तुम्हारी चेतना पर कोई नियंत्रण नहीं है।

जैसे कि हमने चूल्हा जला दिया है, आग जल रही है और दूसरी तरफ वृक्ष में फूल खिले हैं। तुम स्वतंत्र हो; चाहे फूल तोड़ कर अपनी झोली फूलों से भर लो और चाहे आग में हाथ डाल कर अंगारों में जल जाओ। कोई तुम्हें धक्के नहीं दे रहा है। आग जल रही है, फूल खिले हैं।

परमात्मा सृष्टि को बनाता है, तुम्हें नहीं। इसे थोड़ा समझ लेना चाहिए। परमात्मा सृष्टि को बनाता है, इसका अर्थ है: परिस्थितियां बनाता है, विकल्प बनाता है। द्वार--स्वर्ग और नरक, सुख और दुख बनाता है, तुम्हें नहीं।

तुम तो परमात्मा हो। तुम तो उसके ही अंश हो। वह तुम्हें बना नहीं सकता। और अगर तुम बनाए गए हो तो तुम दो कौड़ी के हो। फिर तुम्हारा कोई मोक्ष नहीं हो सकता। अगर तुम बनाई हुई कठपुतली हो, तो जिस दिन उसका दिल बदल जाए तुम्हें मिटा दे। वह तुम्हें बनाया भी नहीं, तुम्हें मिटा भी नहीं सकता। तुम तो वही हो। तुम परमात्मा हो। और यह चारों तरफ जो खेल है, वह तुम्हारा ही बनाया हुआ है। और विकल्प तुम्हारे सामने दोनों मौजूद हैं। तुम जो चुनना चाहो, चुन सकते हो।

यह कहानी हम समझने की कोशिश करें।

मूसा ने पूछा परमात्मा से कि तेरा कोई परम भक्त, कोई अनन्य भक्त, कोई जिसकी श्रद्धा तुझमें अखंड हो; कोई जो उपलब्ध हो गया हो, जो तेरे हृदय का मालिक हो गया हो, जिसमें और तुझमें जरा भी रत्तीभर फासला न रहा हो, उसके मैं दर्शन करना चाहता हूं।

लेकिन मूसा क्यों दर्शन करना चाहते हैं उस आदमी के?

पहली तो बात यह, कि मूसा सोचते होंगे, वैसा आदमी परम आनंदित होगा। क्योंकि जो परम भक्त है, परमात्मा ने उसके ऊपर आनंद की वर्षा कर दी होगी। हमारी भक्ति भी हमारी वासना है। हम उसके द्वारा भी परमात्मा से कुछ पाना चाहते हैं। तो मूसा पूछते हैं कि मैं उसे देखना चाहता हूं, जो पहुंच चुका है तेरे हृदय के पास। अब जिसमें रत्ती भर फासला नहीं रहा।

मूसा सोचते होंगे, मिलेगा किसी सिंहासन पर। होगा कोई सम्राट। सब उसे उपलब्ध होगा। रत्ती भर भी कमी न होगी। वासना की कोई जरूरत न होगी। सभी अकांक्षाएं उठते ही पूरी हो जाती होंगी। जो परमात्मा के हृदय के निकट है उसको क्या पाने को रह जाता है? और इसीलिए शायद मूसा उसको पूछना भी चाहते हैं, देखना भी चाहते हैं।

मेरे पास लोग आते हैं, वे मुझसे कहते हैं कि आपके शिष्यों में हमें कोई ऐसा आदमी बताएं जो पहुंच गया हो; जिसने पा लिया हो। हम उसे देखना चाहते हैं। वह उनकी वासना पूछ रही है। वे उसे देख कर तय करेंगे कि रास्ते पर चलना कि नहीं! वह उस आदमी को देख कर तय करेंगे कि अगर यह आनंदित है तो फिर हम भी चलें इस रास्ते पर।

लेकिन परमात्मा सदा खेल खेलता है। परमात्मा को धोखा देना आसान नहीं। मूसा पूछते तो थे कुछ और, कुछ और चाहते कुछ और थे। पूछा तो यह था कि तेरे परम भक्त का दर्शन करना है, लेकिन भीतरी आकांक्षा यह थी कि उसको देख लूं तो फिर चलूं इस रास्ते पर, कि तू पाने योग्य भी है या नहीं? अगर तेरा परम भक्त ही सड़ रहा हो कहीं नरक में तो हम इस झंझट में क्यों पड़ें? इतनी मेहनत! इतना श्रम! संसार भी खोएं, और तुझे पाकर नरक मिले! हम परमात्मा को पाना भी नहीं चाहते। हम तो परमात्मा की सीढ़ी से स्वर्ग में जाना चाहते हैं।

आवाज आई कि मूसा! फलां घाटी में जा; वहां मेरा परम भक्त मौजूद है।

मूसा बड़ी आशाओं से भरकर गए होंगे। कैसे-कैसे विचार, कैसे-कैसे सपने नहीं उठे होंगे कि कैसा होगा यह परम भक्त! परम ज्योतिर्मय! आनंद में नाचता हुआ, स्वर्ण चारों तरफ बरसता हुआ। वह घाटी धन्य होगी, जहां यह परम भक्त है। और जब वे पहुंचे तो कितने निराश न हुए होंगे!

एक भिखमंगा था यह आदमी। साधारण भिखमंगा भी नहीं था चीथड़े-चीथड़े थे। भिखमंगों में भी भिखमंगा था। और इतना ही नहीं था, सारे शरीर पर न मालूम किस-किस तरह के कीड़े-मकोड़े रेंग रहे थे। गंदा था। अधमरी हालत में था; सड़ रहा था।

मूसा की श्रद्धा को बड़ा धक्का लगा होगा। क्योंकि श्रद्धा कहीं न कहीं वासना को छिपाए है। और मूसा के मन में चीख उठी होगी कि यह क्या हुआ? इसको ही पाने के लिए हम साधना कर रहे हैं, प्रार्थना कर रहे हैं? मंदिरों में इसी के लिए घंटे बजाए जा रहे हैं, पूजा की जा रही है, यह स्थिति पाने के लिए? अगर यह उपलब्धि है, तो संसार में जो भटक रहे हैं, वे भटक नहीं रहे, वे इससे बच रहे हैं। फिर संसार बेहतर है।

परमात्मा की पहेली को समझने में जरा कठिनाई है। क्योंकि तुम्हारी वासना जहां भी खड़ी हो जाए, वहीं परमात्मा को समझना असंभव हो जाता है। अगर मूसा बिना वासना के पूछे होते, तो किसी दूसरी घाटी में भेजे गए होते। तब उन्होंने कुछ और रूप देखा होता। लेकिन वासना से भर कर पूछा था, इसलिए यह रूप देखना पड़ा। यह रूप मूसा की वासना से पैदा हो रहा है। यह जरूरी है। ताकि मूसा की स्थिति साफ हो

जाए कि तेरी श्रद्धा सही है, या केवल तेरी श्रद्धा एक छिपा हुआ रूप है वासना का? तेरी प्रार्थना सही है? तू परमात्मा को ही भज रहा है या कुछ और भज रहा है? और परमात्मा का शोषण, उपयोग करना चाहता है?

उस रात मूसा प्रार्थना न कर पाए होंगे। उस दिन परमात्मा इतने दूर मालूम हुआ होगा, जितना कभी मालूम न हुआ था। अगर यह परम भक्त की दशा है तो परम भक्त होने की हिम्मत टूट गई होगी। उस क्षण मूसा का हृदय रेगिस्तान की तरह हो गया होगा, जहां प्रार्थना के सब वृक्ष सूख गए।

और उस आदमी ने आंख खोली और कहा कि मैं बहुत प्यासा हूं, थोड़ा पानी ले आओ।

स्वर्ग तो दूर, यह आदमी प्यासा है और पानी देने वाला भी कोई नहीं है। और यह परम भक्त है। और परमात्मा इतना भी नहीं कर रहा है कि इसके ऊपर पानी की वर्षा कर दे। यह कैसी सुरक्षा है? परमात्मा कुछ भी नहीं दे रहा और इस आदमी ने सब दे दिया!

संदेह उठा होगा, नास्तिकता घनी हो गई होगी। यह मूसा की परीक्षा का क्षण रहा होगा।

ऐसी परीक्षा के क्षण तुम्हारे जीवन में भी आएंगे। और इस परीक्षा से गुजर जाए जो, उसकी ही श्रद्धा सही है। यह श्रद्धा के लिए अग्नि जैसा है। सोना आग से गुजरे तो ही पता चलता है कि कितना सही था, कितना गलत था! कितना खरा था, कितना खोटा था!

मूसा अहोभाव से नहीं भर सके इस आदमी को देख कर। पानी लेने गए, लेकिन लौट कर आए तो देखा कि वह आदमी मरा पड़ा है। वह प्यासा ही मर गया। परमात्मा का अनन्य भक्त! पानी तो परमात्मा ने दिया ही नहीं, मूसा पानी लेने गए थे इतनी देर भी उस आदमी की श्वास न चलने दी कि वह पानी पीकर मर जाता। यह तो भयंकर नरक की अवस्था है।

यह सोच कर कि इस आदमी को ठीक से दफना दूं, तो वे लकड़ी इत्यादि का इंतजाम करने गए, लौट कर आकर देखा तो एक शेर उसे खा गया है। उसका अंतिम संस्कार भी न हो सका। यह परम भक्त की दशा?

तुम अगर रहे होते मूसा की जगह तो फिर तुमने लौट कर परमात्मा का नाम न लिया होता। फिर दुबारा तुमने उसके मंदिर की तरफ न देखा होता। तुम सदा के लिए नास्तिक हो गए होते।

अगर तुम नास्तिकों से पूछो तो सौ में से निन्यानबे नास्तिक यही कहते हैं कि परमात्मा है या नहीं इसका सबूत--संसार में दुख है या नहीं, इससे मिलेगा। अगर संसार में इतना दुख है तो परमात्मा नहीं हो सकता।

बर्ट्रेंड रसल--इस सदी के बड़े से बड़े महा नास्तिक ने यही सवाल उठाया है। बर्ट्रेंड रसल ने कहा, कि एक छोटा सा बच्चा पैदा होता है, पैदा होता है लकवा लगा हुआ। परमात्मा है, तो यह बच्चा लकवा लगा क्यों पैदा हो रहा है? यह जिंदगी भर सड़ेगा, बिस्तर पर पड़ा रहेगा। एक बच्चा पैदा होता है, पैदा नहीं हो पाता, श्वास नहीं ले पाता कि मर जाता है। यह कैसा परमात्मा है? यह बच्चे के साथ क्या खेल खेला जा रहा है? यह लीला बड़ी कठोर मालूम पड़ती है। और यह परमात्मा पिता तो नहीं हो सकता, कोई जल्लाद हो सकता है।

तो रसल कहता है, ऐसे जल्लाद परमात्मा में मानने से तो यही बेहतर है कि कोई परमात्मा नहीं। इस उलझन में पड़ना क्यों? ताकि हम जो कुछ कर सकें, दुख मिटाने के लिए करें। यह परमात्मा की वजह से हम दुख भी नहीं मिटा पाते, क्योंकि हम प्रार्थना में समय लगा देते हैं। हम पूजा में समय गंवाते हैं। और हम सोचते हैं, उसकी कृपा होगी तो सब ठीक हो जाएगा। और उसकी कृपा से अब तक कुछ भी ठीक नहीं हुआ है। सब गलत है।

तो ज्यादा उचित यही मालूम होता है बुद्धिपूर्ण आदमी को, कि अच्छा हो कि कोई परमात्मा नहीं है; यह अराजकता है। हम ही को व्यवस्था करनी है तो जितने कम दुख की व्यवस्था हम कर सकें, अच्छा। जितने ज्यादा सुख की व्यवस्था कर सकें, उतना अच्छा। मंदिर-मस्जिदों को स्कूलों और अस्पतालों में बदल दो। यह व्यर्थ का आभूषण है, जो बोझ है और यह महंगा है, क्योंकि पेट जहां भूखा है, इतने महंगे आभूषण नहीं ढोए जा सकते।

रसल कहता है कि संसार का दुख देख कर बात साफ हो जाती है कि यहां कोई हृदय नहीं हो सकता इस संसार में। इस संसार को चलाने वाला कोई हृदय नहीं हो सकता है। या तो यह संसार यांत्रिक चल रहा है, और या एक अराजकता है, लेकिन इसका कोई मालिक नहीं है। और अगर कोई मालिक है तो वह मालिक भी बुद्ध और महावीर जैसा नहीं हो सकता। वह मालिक भी हिटलर और मुसोलिनी जैसा होगा। तो अगर वैसा कोई मालिक है, तो पूजा करने की जरूरत नहीं, उसकी हत्या करने की

जरूरत है। उसको मिटा देने की जरूरत है, क्योंकि जब तक वह न मिट जाए, तब तक यह जाल, उपद्रव दुख का नहीं मिटेगा।

और रसल ने कहा है कि धर्म तब तक रहेगा, जब तक दुख है। या तो हम धर्म को मिटा दें, तो हमारे कदम दुख को मिटाने में लग जाएंगे। और या हम दुख को मिटा दें तो धर्म अपने आप मिट जाएगा। रसल कहता है जब सभी लोग सुखी होंगे तो कौन प्रार्थना करने जाएगा? उसकी बात में थोड़ी सचाई है, क्योंकि तुम सदा दुख के कारण ही प्रार्थना करने जाते हो।

तो वह कहता है अगर सभी लोग सुखी हो जाएं तो मंदिर अपने आप तिरोहित हो जाएंगे। चर्च खाली हो जाएंगे। पूजागृह में कोई जाएगा नहीं; क्योंकि लोग दुख के कारण वहां जाते हैं, इस आशा में कि शायद परमात्मा उनका दुख मिटाए। सुखी आदमी प्रार्थना नहीं करेगा।

रसल को ऐसे ही टाला नहीं जा सकता। उसकी बात में कुछ सचाईयां हैं। पहली तो सचाई यह है कि तुम्हारी प्रार्थना सदा दुख से उठती है। लेकिन ऐसी प्रार्थना को कभी बुद्ध, महावीर, कृष्ण ने प्रार्थना कहा ही नहीं है। जो प्रार्थना सुख से उठे, अहोभाव से उठे, तृप्ति से उठे, जिसमें सुगंध संतोष की हो, वही प्रार्थना है। प्रार्थना धन्यवाद है, मांग नहीं। तुम परमात्मा को धन्यवाद देते हो कि तुमने जो दिया है, वह मेरी पात्रता से बहुत ज्यादा है। वह एक अहोभाव की अभिव्यक्ति है।

एक तो मूसा देख रहे हैं उस आदमी को पड़ा हुआ--प्यासा, भूखा, सड़ रहा है, कीड़े-मकोड़े शरीर पर तैर रहे हैं। इतना कमजोर है कि उन कीड़ों को हटा भी नहीं सकता। वे उसे खाए जा रहे हैं। वह प्यासा है, आंख खोल कर पानी मांगता है।

यह तो बाहर से देखा गया। काश! मूसा इस आदमी को भीतर से भी देख लेते तो उन्हें पता चलता कि परम भक्त की क्या दशा है! मूसा चूक गए, क्योंकि भक्ति बाहर से पहचानी नहीं जा सकती। बाहर जैसे कोई महल के चारों तरफ चक्कर लगाकर आ जाए, उसे महल के अंतःपुर का कुछ भी पता न चले। ये कीड़े रेंगते थे, लेकिन इस आदमी की भीतरी दशा क्या थी, यह मूसा न जान सके। कीड़ों में उलझ गए।

एक सूफी फकीर हुआ, सरमद। उसके छाती में नासूर हो गया और कीड़े पड़ गए थे। तो मस्जिद में जब वह नमाज करने को झुकता था तो कीड़े गिर जाते थे तो उन्हें उठाकर वापस रख लेता था। लोगों ने कहा कि सरमद क्या तुम पागल हो गए हो?

तो सरमद हंसा और उसने कहा: 'सवाल है मुझ खुद को बचाऊं, कीड़ों को बचाऊं? और मैं तो उसकी, परमात्मा की प्रार्थना में लीन हूं तो बच ही जाऊंगा; इन कीड़ों को प्रार्थना का कोई भी पता नहीं है। इनका बचना ज्यादा जरूरी है। मेरे भटकने का तो कोई उपाय नहीं है, क्योंकि उसकी, परमात्मा की प्रार्थना में लीन हूं। मैं तो पहुंच ही गया। इन कीड़ों की यात्रा अभी शुरुआत है। और इनमें भी जीवन है--वैसा ही, जैसा मुझमें। और मेरे तो जीवन की अंत घड़ी करीब आ गई क्योंकि अब मैं दुबारा पैदा होने वाला नहीं हूं। अभी इनकी यात्रा लंबी है, इनको जितना साथ दे सकूं।'

फिर आखिर में तो सरमद ने प्रार्थना करनी बंद कर दी, क्योंकि झुकने से कीड़े कभी-कभी मर जाते थे गिर कर। तो उसने नमाज पढ़नी बंद कर दी। लोगों ने कहा: 'सरमद! बुढ़ापे में पागल हो गए हो?' उसने कहा: 'इन कीड़ों को बचाना ज्यादा बड़ी प्रार्थना है। नमाज शरीर का ही झुकना है, भीतर तो मैं झुकता ही रहता हूं। कीड़ों को कष्ट देना उचित नहीं। और जिसने कीड़े भेजे हैं, यही उसकी प्रार्थना है कि उसके कीड़ों को जितनी सुरक्षा दे सकूं। यह उसी का दिया हुआ जीवन है। और जब वह इन को सम्हाल रहा है तो मैं कौन बाधा देने वाला हूं?'

लेकिन मूसा चूक गए। यह आदमी सरमद जैसा रहा होगा, जिसके शरीर पर कीड़े चल रहे थे और जो कीड़ों को हटा भी नहीं रहा था। क्योंकि जिसका शरीर है, उसी के कीड़े हैं। और उसके भीतर... भीतर कोई विरोध, कोई अस्वीकृति नहीं थी। इसके कपड़े फटे-पुराने थे, भिखमंगा था, दुख में पड़ा था, लेकिन इसके भीतर सुख का एक सागर था, जो मूसा को नहीं दिखाई पड़ सका।

और जब भी कोई व्यक्ति उस परम सुख के करीब पहुंचता है तो बाहर सब तरह के दुख पैदा हो जाते हैं, क्योंकि वही परीक्षा है। इसलिए फकीरों ने कहा है कि तुम जब उसके करीब पहुंचोगे, तुम्हारी बड़ी परीक्षाएं ली जाएंगी। यह स्वाभाविक है कि परीक्षाएं ली जाएं, क्योंकि उन्हीं परीक्षाओं से गुजर कर तुम्हारा सोना निखरेगा। यह इसकी प्रार्थना का आखिरी क्षण था, जहां प्रार्थना पूरी होगी, जहां प्रार्थना में फूल आएंगे। जब सब तरह का दुख--भूख, प्यास, पानी भी नहीं, मौत करीब...

और जब उसने कहा मूसा को कि प्यास लगी है, तब भी मूसा उसके भीतर न देख पाए। तब भी वह आदमी सिर्फ शरीर के संबंध में कह रहा था कि प्यास लगी है, भीतर तो उसकी प्यास सदा के लिए बुझ गई थी।

जीसस एक गांव से गुजर रहे हैं। एक औरत पानी भर रही है, लेकिन वह गांव कुछ छोटी जाति के लोगों का गांव है और जीसस प्यासे हैं। तो उन्होंने किनारे कुएं के पाट पर खड़े होकर कहा कि मुझे पानी पिला। मैं बहुत प्यासा हूं। उस स्त्री ने कहा कि क्षमा करें, हम छोटी जाति के लोग हैं और मैं आपको कैसे पानी पिलाऊं? तो जीसस ने कहा: तू फिकर मत कर; तू मुझे पानी पिला, मैं तुझे पानी पिलाऊंगा। और तेरा पानी सदा के लिए प्यास न बुझा सकेगा, लेकिन मेरा पानी तेरी प्यास सदा के लिए बुझा देगा। यह सौदा सस्ता है। तू कर ले।

यह आदमी जो मरते समय बोला कि मुझे प्यास लगी है, तब भी उसकी आंखों में वह तृप्ति थी, जहां सब प्यास बुझ गई है।

मूसा उसे न देख पाए, क्योंकि हम वही देख पाते हैं जो हम देख सकते हैं और जो हम देखना चाहते हैं। मूसा तो इतने से ही व्यग्र और उद्विग्न हो गए--इस आदमी की दशा देख कर। परमात्मा की जो धुन उनके भीतर थोड़ी बहुत रही होगी, वह टूट गई। वह सितार बंद हो गया। यह प्रार्थना-पूजा व्यर्थ हो गई। इस आदमी को देखते ही उनकी आंखें बंद हो गईं, वे अंधे हो गए। ठीक ही किया परमात्मा ने कि जब वे लौटे तो वह आदमी मर चुका था।

परमात्मा का अनन्य भक्त आखिरी क्षणों में बाहर से सब भांति प्यासा और भीतर से सब भांति तृप्त होगा। तो ही स्वर्ग का द्वार खुलता है, तो ही मुक्ति का द्वार खुलता है। अगर बाहर की प्यास उसे खींच ले और भीतर की तृप्ति टूट जाए तो फिर संसार शुरू हो जाता। आखिरी विकल्प होगा ही अंतिम क्षण में।

जब बाहर गहन प्यास थी, तब भी वह भीतर तृप्त था। वह तृप्त ही मरा, लेकिन मूसा को लगा कि प्यासा मर गया। भागे, कि अंतिम संस्कार कर दें इस परमात्मा के भक्त का। लेकिन जिसकी फिकर परमात्मा कर रहा हो, उसका अंतिम संस्कार करने का खयाल भी अहंकार से भरा है।

रिंझाई मरने के करीब था तो उसके शिष्यों ने पूछा: हम क्या करें? मर जाने पर हम तुम्हें जलाएं? दफनाएं? तुम्हारे शरीर को बचाने की कोशिश करें? क्या करें? तुम कैसे चाहोगे?

रिंझाई ने कहा कि तुम मुझे दफनाओगे तो उसके कीड़े मुझे खाएंगे। तुम मुझे जमीन पर छोड़ दोगे तो उसके जानवर मुझे खाएंगे। जाना मुझे उसके पेट में ही है। तुम क्या करते हो, इससे कोई फर्क नहीं पड़ता। इसलिए इस चिंता में तुम मत पड़ो, मुझे मर तो

जाने दो। जमीन में दबाओगे, उसके कीड़े मुझे खाएंगे--'उसके' कीड़े! अब वे कीड़े नहीं हैं, अब वही है। जमीन के ऊपर छोड़ दोगे तो उसके पशु-पक्षी मुझे खा जाएंगे--'उसके' पशु-पक्षी। अब वे भी दुश्मन नहीं हैं, उनके भीतर भी वही आएगा।

इधर मूसा तैयारी करके आए अंतिम संस्कार की, उधर देखा कि एक शेर तो उस आदमी को खा ही चुका है।

तुम पहुंचो, उसके पहले परमात्मा सदा पहुंच जाता है। लेकिन मूसा को तकलीफ हुई होगी कि यह तो हद हो गई! यह तो भक्त के साथ दुर्व्यवहार की सीमा हो गई। अगर यह भक्तों के साथ हो रहा है तो जो भक्त नहीं हैं, उनके साथ क्या होगा! यह तो आखिरी बात हो गई कि इस आदमी को अंतिम संस्कार भी हम न दे पाए कि इसका कोई क्रियाकर्म न हो सका। शेर खा गया। यह तो बड़ी दुखद बात है।

मेरे पास लोग आते हैं, वे कहते हैं यह पारसियों का मृतकों को कुएं पर रख देना बड़ा बेहूदा है। यह बंद होना चाहिए। कभी-कभी तो नई समझ के पारसी भी यह कहते हैं कि यह बंद होना चाहिए, यह बहुत बुरा है। लेकिन क्यों यह बुरा है? बुरा इसलिए है कि हम 'उसको' नहीं देख पाते। वे जो गिद्ध आकर शरीर को खा जाएंगे, इसमें हम 'उसको' नहीं देख पाते। बड़े मजे की बात है, कि तुम्हारे भीतर वह है और गिद्धों के भीतर वह नहीं है? अगर तुम्हारे भीतर वह है तो उनके भीतर भी वह है।

और एक लिहाज से पारसियों की व्यवस्था सबसे ज्यादा संगत है। हिंदू जला देते हैं, मुसलमान जमीन में दफना देते हैं। पारसी शरीर को, मरे हुए शरीर को भोजन बना देते हैं। सबसे ज्यादा संगत, इकोलॉजिकल, प्राकृतिक उनकी ही व्यवस्था मालूम पड़ती है। क्योंकि जिंदगी भर तुमने भोजन किया। वृक्ष से तुमने फल तोड़े, पशु-पक्षियों से तुमने मांस लिया, मुर्गियों से अंडे लिए, जिंदगी भर तुमने न मालूम कितने जीवन से भोजन इकट्ठा किया! इस भोजन को जलाने का तुम्हें हक क्या है? इसको, भोजन को फिर भोजन बन जाने दो ताकि वर्तुल पूरा हो जाए। ताकि तुमने जो लिया था, वह वापस लौट जाए। जिनसे लिया था, उनमें चला जाए। ताकि वर्तुल बीच में खंडित न हो। यह जलाना तो बात गलत है। तुमने दूसरों का अन्न बनाया था, अब तुम दूसरों के लिए अन्न बन जाओ, ताकि यात्रा पूरी हो जाए। तुमने सबका तो इस तरह व्यवहार किया कि वे तुम्हारे भोजन हैं, और तुम खुद को इस भांति बचा रहे हो, जैसे तुम किसी के भोजन नहीं।

ठीक ही किया कि इसके पहले कि मूसा इंतजाम करते आदमी के अंतिम संस्कार का, परमात्मा झपटा और शेर की भांति उसे ले गया और खा गया।

जिससे हम पैदा हुए हैं, उसी में हमें लीन हो जाना है। जहां से हमने पाया है, वहीं हमें वापस लौटा देना है।

पारसियों की अंतिम संस्कार-विधि वैज्ञानिक है, प्राकृतिक है। ऐसी विधि किसी की भी इतनी वैज्ञानिक और प्राकृतिक नहीं है, चाहे हमें कितनी ही कठोर मालूम पड़े। लेकिन जब तुम फल तोड़ते हो तब तुम्हें कठोर नहीं लगता। जब तुम मुर्गी का अंडा खाते हो तब तुम्हें कठोर नहीं लगता। जब तुम मुर्गी की गरदन काट देते हो तब तुम्हें कठोर नहीं लगता, लेकिन जब गिद्ध तुम्हारी गरदन पर बैठते हैं, तब तुम्हें कठोर लगता है। तो तुम अपने को बड़ा विशिष्ट समझ रहे हो! सारे पशु जीते हैं, मरते हैं, खो जाते हैं; आदमी अंतिम संस्कार करता है। अहंकार की हद्द है। अहंकार जीते-जी भी अपने को विशेष मानता है, मर कर भी विशेष मानता है। जब तुम मर गए तब कुछ भी न बचा। खाली देह पड़ी रह गई। उस खाली देह में तुम जरा भी नहीं हो, लेकिन अब भी तुम्हारे चारों तरफ संगमरमर के चबूतरे खड़े किए जाएंगे, उन पर नाम खोदे जाएंगे। वह जो बचा ही नहीं, उसको भी सम्हालने की कोशिश की जाएगी।

अहंकार मर कर भी अपनी सुरक्षा करने की कोशिश करता है।

मूसा बहुत व्यथित हो गए। और चिल्ला कर उन्होंने कहा कि हे परमात्मा! यह क्या हो रहा है?--यह शिकायत थी--यह क्या हो रहा है, इतना दुख! और उसे, जिसे तूने कहा कि परम भक्त है?

ध्यान रहे, अगर बुद्धि से हम सोचेंगे तो सिर्फ शिकायत उठेगी, प्रार्थना नहीं। बुद्धि शिकायत करना जानती है, प्रार्थना करना नहीं। बुद्धि जो-जो गलत है, वह दिखाती है; जो-जो ठीक है, वह नहीं।

मूसा ने बुद्धि से देखा, लेकिन परमात्मा के भक्त को कोई कभी बुद्धि से देख सका है? उसे देखने के लिए श्रद्धा का हृदय चाहिए। सोच-विचार से उसे कोई कभी नहीं देख सका। उसे देखने के लिए निर्विचार चित्त चाहिए। वह तो रहा दूर, उसके भक्त को भी देखना हो तो भी ध्यानस्थ भाव चाहिए।

काश! मूसा वहां चुपचाप आंख बंद करके बैठ गया होता। तो इस कहानी का अंत दूसरा होता; लेकिन मूसा विचारक हैं। काश! वह बैठ गया होता आंख बंद करके; उसने स्वीकार किया होता, कि जब परमात्मा ने भेजा इस घाटी में, तो जरूर कोई राज

होगा। अब जल्दी न करूं। चुपचाप बैठूं इस भक्त के पास, इसके भीतर क्या घट रहा है, उसकी थोड़ी सी भी झलक लेने की कोशिश करूं।

शायद तब हालत बिलकुल और हुई होती। भक्त के भीतर की गंध इसे छू लेती, तो शायद भक्त के शरीर पर रेंगते कीड़े-मकोड़े विलीन हो गए होते--वे वहां थे भी नहीं; भक्त के लिए थे ही नहीं--तो शायद भक्त का प्यासापन समाप्त हो गया होता। वह भक्त के लिए था भी नहीं। वह जैसे भक्त से परमात्मा ही कह रहा था कि मैं प्यासा हूं और मूसा पानी लेने चला गया; वहीं भूल हो गई। मूसा को अगर दिखाई पड़ता तो मूसा कहता, यह हो ही नहीं सकता कि परमात्मा का भक्त, और प्यासा हो। बात वहीं बदल जाती। मूसा को दिखाई पड़ता कि भीतर तो तृप्ति है, कैसी प्यास? और जब जंगली जानवर खा गया होता तो भी मूसा ने धन्यवाद दिया होता।

हृदय सदा धन्यवाद देता है, बुद्धि सदा शिकायत करती है। हृदय ने कभी शिकायत जानी नहीं, बुद्धि ने कभी धन्यवाद नहीं जाना। तो जब भी तुम्हारे मन में शिकायत उठे, समझना कि तुम विचार कर रहे हो; और जब भी धन्यवाद उठे, समझना कि ध्यान कर रहे हो।

धन्यवाद का भाव गहरी से गहरी बात है भक्त की। वह भक्त प्यासा था तो भी धन्यवाद उठ रहा था। वह भक्त मर रहा था तो भी धन्यवाद उठ रहा था।

मंसूर को काटा गया। जब मंसूर को काटने की तैयारी चल रही थी तो उसके आसपास भीड़, लाखों लोग इकट्ठे हो गए थे। एक फकीर, शिवली नाम का एक फकीर भी वहां खड़ा था। मंसूर ने कहा: 'शिवली, तेरी प्रार्थना करने की चटाई तेरे पास है या नहीं?'

मंसूर को काटने की तैयारी चल रही है, तलवारों पर धार रखी जा रही है, सूली तैयार की गई है। और मंसूर की सूली ईसा से भी ज्यादा भयंकर थी, क्योंकि ईसा के तो हाथों में खीलें ठोक कर मार डाला गया, मंसूर के एक-एक अंग काटे गए, अलग-अलग। और मंसूर जिंदा था। पहले पैर काटे, फिर हाथ काटे, फिर आंखें फोड़ीं, फिर जीभ काटी, ऐसा एक-एक अंग काट कर मारा।

इधर मरने की तैयारी चल रही है और मंसूर एक फकीर को देख कर भीड़ में कहता है कि तेरी प्रार्थना की चटाई है या नहीं शिवली तेरे पास? शिवली ने कहा कि हां, मेरे पास प्रार्थना की चटाई है। उसने कहा: 'दे, क्योंकि मैं नमाज पढ़ लूं।' यहां मौत की तैयारी हो रही है, यहां मंसूर नमाज पढ़ रहा है। लेकिन हत्यारे गुस्से में आ गए, जब

उन्होंने यह देखा कि मंसूर नमाज पढ़ने की बात कर रहा है। तो उन्होंने गुस्से में उसके दोनों पैर काट डाले। जब वह बैठा था नमाज की चटाई पर मुड़ा हुआ, तो उसके दोनों पैर काट डाले। मंसूर ने कहा: 'धन्यवाद परमात्मा! क्योंकि मैं सोच ही रहा था कि वजू कैसे करूं? पानी नहीं है। खून मिल गया। और तेरी वजू इसके पहले पानी से करता रहा उसके लिए क्षमा करना। मुझे यह पता ही नहीं था, कि खून से ही असली वजू हो सकती है।' तो उसने खून अपने हाथों पर लगा लिया, जैसा कि मुसलमान हाथ धोते हैं पानी से। फिर उसकी आंखें फोड़ दी गईं। लेकिन उसकी मुस्कुराहट जिंदा थी। तुम मुस्कुराहट को तो नहीं काट सकते। तुम प्रेम को तो नहीं काट सकते।

हत्यारों को भी दया आ गई और आखिरी क्षण में उन्होंने कहा कि अब तेरा आखिरी क्षण है और हम तेरी जबान काटने जा रहे हैं, तुझे कुछ कहना तो नहीं? तो उसने कहा, जिससे मुझे कहना है उससे तो बिना जबान के भी कह सकता हूं। और तुमसे कहने को तो कुछ बचा नहीं है। तुमसे कह-कह कर तो यह हालत खड़ी हो गई कि तुम सदा उलटा समझे। लेकिन ताकि तुम भी सुन लो, उसने अपनी अंधी आंखें जो कि फूट गई थीं, जिनमें से खून बह रहा था ऊपर आकाश की तरफ उठाईं और कहा कि परमात्मा! इनको माफ कर देना, क्योंकि यह नहीं जानते, यह क्या कर रहे हैं। और मेरी तरफ से इनकी कोई भी शिकायत नहीं है। ये सिर्फ नासमझ हैं, इनको तू माफ कर देना।

हृदय ने कभी शिकायत जानी नहीं। हृदय कभी प्यासा नहीं हुआ। हृदय ने कभी कुछ मांगा नहीं। हृदय सदा परिपूर्ण है--आप्तकाम है!

लेकिन मूसा चूक गए। चूकना निश्चित था, क्योंकि परमात्मा से जो पूछता है कि तेरा परम भक्त कहां, वह बुद्धि से ही जी रहा है। अन्यथा यह पूछने की जरूरत क्या थी? यह परम भक्त को खोजने की जरूरत क्या थी? यह बुद्धि ही तलाश कर रही है। तर्क गणित बिठा रहा है: इस रास्ते पर चलने जैसा है या नहीं?

कहानी मधुर है। और तुम भी निर्णय लेने की कभी जल्दी मत करना, क्योंकि यहां सम्राट कभी-कभी भिखारियों में मिल जाते हैं। कभी-कभी परम स्वस्थ आदमी महारोग में घिरा होता है। कभी-कभी जहां तृप्ति का दीया जल रहा है, वहां चारों तरफ प्यास की लपटें उठती हैं। और आखिरी क्षण में तो परीक्षा है। और प्रार्थना जब आखिरी क्षण को पार कर जाती है, जब कि शिकायत करने को सब-कुछ था, और प्रार्थना शिकायत नहीं करती, तभी द्वार की कुंजी हाथ में आती है।

जब शिकायत करने को कुछ भी न हो, तब तुम शिकायत न करो तो इसमें कुछ गुण गौरव नहीं है। लेकिन जब शिकायत करने को सब-कुछ हो और शिकायत न उठे, तभी जानना कि कसौटी पूरी हुई। तुम खरे सोने साबित हुए। और जल्दी मत करना। और बाहर से मत देखना। अगर कहीं भी तुम्हें खबर मिले... और बहुत दफे तुम्हें खबर मिलती है, तुम भी बाहर से देख कर लौट आते हो; जैसा मूसा के साथ हुआ। अगर तुम्हें जरा सी भी खबर मिले कि कोई भक्त है, तो उसके पास बुद्धि को अलग करके बैठ जाना। इसको हमने सत्संग कहा है।

सत्संग का अर्थ है: जो पहुंच गया है या पहुंचने के करीब है, उसके पास बिना सोचे बैठ जाना। क्योंकि जब तुम सोचते हो तो तुम्हारे और उसके बीच दीवाल खड़ी हो जाती है। जब तुम नहीं सोचते तब बीच की दीवाल गिर जाती है और वह जो परम भक्त को मिला है, वह तुममें भी रिस-रिस कर बहने लगता है। उसकी धारा तुम्हारे पास आने लगती है। वह धीरे-धीरे अपने को तुममें उंड़ेल देता है। इसको हमने सत्संग कहा है।

मूसा को जरूरत थी सत्संग की। कितनी मुश्किल से तो उस घाटी में मूसा पहुंचा होगा! और वहां भी बुद्धि को लेकर पहुंच गया। वहां भी सोचने लगा, विचार करने लगा कि यह क्या हो रहा है? शिकायत करने लगा। तो घाटी में पहुंचा, फिर भी न पहुंच पाया। पूछा परमात्मा से, इशारा भी मिला, फिर भी चूक गया। तुम भी इस भांति मत चूक जाना। बहुत बार तुम भी इस भांति चूके हो। कोई क्षुद्र सी बात शिकायत बन जाती है।

गुरजिएफ के पास लोग जाते थे, तो गुरजिएफ कहता, 'कितने पैसे हैं तुम्हारे पास? निकालो।' बस, इतने में ही उपद्रव हो जाता। क्योंकि पैसे पर हमारी इतनी पकड़ है! तो गुरजिएफ कहता, 'पहले रुपये निकाल कर रख दो।' हम सोचते हैं, 'संत और कैसा रुपया?'

गुरजिएफ पहले पैसा मांगता। एक सवाल का जवाब देता तो कहता, सौ रुपये। बहुत लोग भाग जाते, क्योंकि संतों से हमने मुफ्त पाने की आदत बना ली है। लेकिन मुफ्त तुम्हें वही मिलेगा, जो मुफ्त के योग्य था। असली पाना हो तो तुम्हें चुकाना ही पड़ेगा। चाहे धन से, चाहे ध्यान से; चुकाना पड़ेगा। कुछ तुम्हें छोड़ना पड़ेगा तो ही तुम असली को पा सकोगे।

ऐसा हुआ एक बार कि एक महिला आई और गुरजिएफ ने कहा कि तेरे जितने भी हीरे-जवाहरात हैं--पहने हुई थी, काफी धनी महिला थी--ये तू सब उतार कर रख दे। उस महिला ने आने के पहले यह सुना था कि गुरजिएफ ऐसा करता है। तो बुद्धि इंतजाम कर लेती है; उसने जरा आसपास चर्चा की, गुरजिएफ के पुराने शिष्यों से पूछा।

एक महिला ने उसे कहा कि डरने की कोई जरूरत नहीं। क्योंकि जब मैं गई थी, तब भी उसने मेरी अंगूठी और गले का हार उतरवा लिया था। लेकिन दूसरे ही दिन वापस कर दिए। तू डर मत! मैंने निष्कपट भाव से दे दिया था, कि जब वे मांगते हैं तो ठीक ही मांगते होंगे। दूसरे दिन बुला कर उन्होंने मेरी पूरी पोटली वापस कर दी। और जब मैंने घर आकर पोटली खोली, तो उसमें कुछ चीजें ज्यादा थीं, जो मैंने दी नहीं थीं।

लोभ पकड़ा इस नई स्त्री को, कि यह तो बड़ी अच्छी बात है। वह गई, वह प्रतीक्षा ही करती रही कि कब गुरजिएफ कहें! और गुरजिएफ ने कहा कि अच्छा, अब तू सब दे दे। उसने जल्दी से निकाल कर रूमाल में बांध कर दे दिए। पंद्रह दिन प्रतीक्षा करती रही होगी, पोटली नहीं लौटी, नहीं लौटी, नहीं लौटी। आखिर वह उस स्त्री के पास गई। उसने कहा, मैं भी क्या कर सकती हूं?

गुरजिएफ से किसी ने पूछा कि यह आप कभी-कभी लौटा देते हैं, कभी नहीं लौटाते। तो गुरजिएफ ने कहा: 'जो देता है, उसको मैं लौटा देता हूं। जो देता ही नहीं, उसको मैं लौटाऊं कैसे? मैं लौटा तभी सकता हूं, जब कोई दे। इस स्त्री ने दिया ही नहीं था। इसकी नजर लौटाने पर लगी थी, अब यह कभी लौटने वाला नहीं।

कभी-कभी तुम पहुंच भी जाओ गुरिजएफ जैसे लोगों के पास, तो तुम चूक जाओगे। कोई छोटी सी बात तुम्हें चुका देगी। क्योंकि बुद्धि क्षुद्र को देखती है। उसका जाल बड़ा छोटा है। छोटी-छोटी मछलियां पकड़ती है। जितनी क्षुद्र मछली हो, उतनी जल्दी पकड़ती है। विराट उससे चूक जाता है। हृदय का जाल बहुत बड़ा है, उसमें सिर्फ विराट ही पकड़ में आता है।

तो जब तुम विराट को पकड़ने जाओ तो छोटा जाल लेकर मत जाना। यही मूसा से भूल हो गई। छोटा सा जाल डाला। परम भक्त को पकड़ने गए थे, छोटी-मोटी मछलियां पकड़ कर वापस लौट आए। तुम मूसा की भूल मत करना।

कुछ और?

ओशो, आपने मंसूर की कहानी कही। मंसूर के बारे में यह भी कथा है कि उनके शत्रु जब उनके हाथ-पांव काटते रहे, आंखें निकाल लीं, तब तक उनके ओंठों पर हंसी खेलती थी। लेकिन भीड़ से किसी उनके एक भक्त ने जब उन पर एक फूल फेंक दिया, तो उन्हें चोट लग गई और उनकी हंसी खो गई।

ऐसा हुआ, लाख लोगों की भीड़ थी और जब मंसूर के हाथ-पैर काटे जा रहे थे तो लोग पत्थर उन पर फेंक रहे थे। वह भीड़ उनके विरोधियों की थी।

मंसूर का कसूर क्या था? मंसूर का कसूर था कि उसने यह घोषणा कर दी कि मैं ब्रह्म हूं, अनलहक! 'अहं ब्रह्मास्मि'--यह उसने घोषणा कर दी। मुसलमान इसे बर्दाश्त न कर सके। क्योंकि मुसलमान कहते हैं कि भक्त, भक्त ही रहेगा, भगवान नहीं हो सकता।

भगवान होने की हिम्मत तो सिर्फ हिंदुओं ने की है। इसलिए हिंदुओं का धर्म जिस ऊंचाई पर पहुंचा, दुनिया का कोई धर्म नहीं पहुंचा। एक कदम कम रह जाता है। लेकिन उसका भी कारण है, क्योंकि इस्लाम ने कहा कि अगर भक्त भगवान होने का दावा करे, तो सौ में निन्यानबे मौके ये हैं कि सिर्फ अहंकार की घोषणा हो। इस अहंकार को हम नहीं चलने देंगे। भक्त को तो इतना मिट जाना है कि वह कभी भूल कर भी नहीं कह सके कि मैं भगवान हूं। और भक्त कितनी ही ऊंचाई पर पहुंचे, कितना ही निकट पहुंचे, लेकिन भगवान भगवान रहेगा, भक्त भक्त रहेगा। भगवान का प्यारा हो जाएगा, उसके हृदय का शृंगार हो जाएगा, लेकिन फासला कायम रहेगा।

इस्लाम द्वैतवादी है। इस द्वैतवाद के पीछे वजह है क्योंकि बहुत अहंकारी चित्त को मन होता है घोषणा कर देने का, कि मैं भगवान हूं। और यह घोषणा अहंकार की हो सकती है; यह तुम्हारा अनुभव न हो।

हिंदुस्तान में ऐसा हुआ है। हजारों लोग इस घोषणा को कर देते हैं कि वे ब्रह्म को उपलब्ध हो गए, वे ब्रह्म हो गए और यह सिर्फ उनके अहंकार का ही खेल होता है। वे कहीं पहुंचे नहीं होते। वहीं जीते हैं, जहां दूसरे संसारी जी रहे हैं, उसमें कोई रत्ती भर फर्क नहीं होता। कोई गहराई नहीं, कोई ऊंचाई नहीं। इस घोषणा के कारण नुकसान होता है।

तो इस्लाम ने इस पर रोक लगा दी। इस्लाम की रोक सार्थक है एक अर्थ में, क्योंकि सौ मौकों पर निन्यानबे मौके पर तो गलत लोग घोषणा करते हैं। एकाध आदमी

कभी ठीक घोषणा करता है। लेकिन इस्लाम कहता है, वह आदमी भी घोषणा से चुप रहे, क्योंकि उसकी घोषणा के कारण निन्यानबे गलत आदमियों के लिए रास्ता खुल जाता है। तो इस्लाम सख्त है इस संबंध में।

और जब मंसूर ने घोषणा की, 'अनलहक' की; कि मैं परमात्मा हूं; भक्त मिट गया, अब मैं भगवान हूं; निकटता इतनी हो गई कि अब कोई दूरी नहीं है, अद्वैत हो गया है; तो इस्लाम को मानने वाले लोग नाराज हुए। उन्होंने मंसूर को पकड़ लिया। भीड़ इकट्ठी हो गई। लोग पत्थर फेंक रहे हैं, हाथ-पैर काटे जा रहे हैं, मंसूर लहूलुहान फांसी पर लटका है। लेकिन उसके ओंठों की मुस्कुराहट कायम है। वह हंस रहा है।

और तभी एक फकीर जो भीड़ में खड़ा था, जिस फकीर का मैंने नाम लिया शिवली, जिससे उसने प्रार्थना की चटाई मांगी थी। सब तो पत्थर फेंक रहे थे, शिवली ने एक फूल फेंका। और कहते हैं, मंसूर की मुस्कुराहट खो गई और उसकी फूटी आंखों से आंसू गिरे।

शिवली तो बहुत घबड़ा गया। सामने ही खड़ा था और शिवली उसे प्रेम करता था। शिवली खुद भी एक कीमती आदमी था इसलिए उसने फूल भी फेंका था। मगर यह देख कर बड़ा हैरान हुआ कि पत्थरों की चोट से आंसू न आए, मुस्कुराहट न खोई, और यह फूल से सब मुस्कुराहट खो गई, आंसू आ गए!

शिवली के पास एक दूसरा फकीर जुन्नैद खड़ा था, उसने पूछा कि यह मेरी समझ के बाहर है मंसूर! जाने के पहले जवाब दे जाओ। पत्थर बरस रहे हैं और तुम मुस्कुरा रहे हो! शिवली ने सिर्फ एक फूल फेंका, और तुम्हें इतनी चोट लगी कि तुम्हारी मुस्कुराहट खो गई और तुम्हारी आंखों से आंसू गिरे?

मंसूर ने कहा: और बाकी लोग तो नासमझ हैं। उनके पत्थर भी क्षमा किए जा सकते हैं। लेकिन शिवली जानता है कि उसका फूल भी क्षमा नहीं हो सकता। शिवली भलीभांति जानता है, मैं कौन हूं। शिवली मुझे पहचानता है, फिर भी फूल फेंक रहा है। और कारण इसका सिर्फ यह है कि वह भीड़ में अपने को छिपाना चाहता है, ताकि कोई यह न समझे कि मेरा कोई मित्र खड़ा है या मेरा कोई जानने वाला प्रेमी खड़ा है। भीड़ में छिपाना चाहता है। भीड़ को ऐसा लगे कि यह भी फेंक रहा है। भीड़ तो पागल है।

और जब बाद में जुन्नैद ने शिवली से पूछा कि क्या सचाई है? तो उसने कहा कि मंसूर ने पकड़ लिया। मैं सिर्फ अपने को छिपाना चाहता था कि भीड़ को यह पता न चले कि मैं उसका भक्त हूं। इसलिए ऐसा न लगे कि मैं बिना कुछ फेंके खड़ा हूं, नहीं

तो लोग पहचान लेंगे। और लोगों ने पहचान लिया, तो जो गति मंसूर की हुई, वही गति मेरी होगी। इस भीड़ से बाहर निकलना मुश्किल हो जाएगा। इसलिए मैं फूल छिपा कर ले गया था कि जब भीड़ पत्थर फेंकेगी तो मैं भी कुछ फेंकता रहूंगा, ताकि लोगों को लगे कि मैं भी फेंक रहा हूं; मैं भी कोई मंसूर का साथी नहीं हूं।

मंसूर लेकिन पहचान गया। अंधा मंसूर पहचान गया। अंधे मंसूर ने देख लिया कि फूल शिवली की तरफ से आता है। अंधे मंसूर की समझ में पड़ गया कि पत्थर और फ ूल में फर्क है।

मंसूर जैसे लोग अंधे होते ही नहीं। तुम उनकी आंखें फोड़ सकते हो, उनके देखने को नहीं छीन सकते। और साधारण आदमी अंधा ही होता है। सिर्फ आंख होती है, लेकिन उससे कुछ दिखाई नहीं पड़ता।

मंसूर की मुस्कुराहट का खो जाना और आंख से आंसू का आना बड़ा कीमती है। वह यह कह रहा है कि शिवली, अभी भी भीड़ के साथ अपने को एक करने की आकांक्षा है? अभी भी भीड़ से इतना भय है? इसलिए रो रहा है कि तू इतना पहुंच कर भटक रहा है, वापस लौट रहा है।

संन्यासी अगर समाज से मुक्त न हो तो उसके संन्यास की कीमत क्या है?

मंसूर अपने लिए नहीं रो रहा है, शिवली के लिए रो रहा है। उसकी मुस्कुराहट खो गई, क्योंकि एक व्यक्ति जो पहुंच रहा था शिखर पर, वह वापस गिर गया। और उसने झांक कर देख लिया शिवली के भीतर, कि समाज के भय की वजह से, भीड़ के भय की वजह से...।

ठीक ऐसी घटना जीसस के जीवन में घटती है। जिस रात जीसस को पकड़ा गया, पकड़ने के पहले जीसस ने अपने सारे मित्रों को इकट्ठा किया और उनसे कहा कि अब तुम सुन लो, यह रात आखिरी है। रात पूरे होने के पहले मैं पकड़ लिया जाऊंगा। एक शिष्य ने खड़े होकर कहा कि यह कभी नहीं होगा, जब तक हम जिंदा हैं। जीसस ने कहा कि तू सुबह होने के पहले तीन बार इनकार कर देगा कि जीसस से मेरा कोई संबंध है। सुबह होने के पहले तीन बार, मुर्गा बांग दे उसके पहले तू तीन बार इनकार कर देगा कि तेरा जीसस से कोई संबंध है। और तू कह रहा है, यह कभी नहीं होगा? यह तेरे अहंकार की आवाज है, तेरे हृदय की नहीं। पर उस शिष्य ने कहा कि आप गलत समझ रहे हैं। आप मुझे समझ ही नहीं पाए। आप देख लेना। जान चली जाए, लेकिन तुम पकड़े न जा सकोगे। और आधी रात जीसस ने कहा कि मैं अपनी आखिरी प्रार्थना

कर लूं; और उस युवक को, जिसने कहा था कि मेरे जिंदा रहते...। जीसस ने कहा कि आखिरी रात है, मैं प्रार्थना कर लूं। तू पहरे पर खड़ा हो जा। देख, सो मत जाना। क्योंकि दुश्मन करीब हैं, और जल्दी ही मैं पकड़ा जाऊंगा।

जीसस आधी प्रार्थना करके पीछे आए, देखा, वह आदमी खर्राटे ले रहा है। जीसस ने उसे हिलाया कि तू सो गया? तू जीवन देने को तैयार है, लेकिन आधा घड़ी की नींद देने को तैयार नहीं। उस आदमी ने कहा, झपकी लग गई। कुछ होश ही न रहा; अब मैं जागूंगा। फिर थोड़ी देर बाद जीसस आए, वह आदमी फिर सोया है। जीसस की पूरी प्रार्थना होने के पहले वह आदमी तीन दफे सो चुका। और जीसस ने कहा कि तू इतना बेहोश है कि जाग भी नहीं सकता घड़ी भर, और तू जीवन को देने की बातें करता है! उसने फिर भी कहा कि आप मानो, जान लगा दूंगा। मेरी लाश पर से ही तुम्हें कोई ले जा सकता है।

और फिर भोर होने के पहले जीसस पकड़ लिए गए। दुश्मन उन्हें ले जाने लगे। वह युवक, जिसने कहा था, वह भी भीड़ में साथ हो लिया। रात अंधेरी थी, लोग मशालें जलाए थे, और जीसस को पकड़ कर कारागृह की तरफ ले जा रहे थे। मशालों की रोशनी में लोगों को लगा कि कोई अजनबी भी है। अपना आदमी नहीं है। तो किसी ने उसे टोक कर पूछा कि तू कौन है? तू यहां कैसे आया? क्या तू जीसस का साथी है? उसने कहा कि नहीं, कौन जीसस? मैं तो उन्हें पहचानता भी नहीं। मैं तो एक यात्री हूं। रास्ते से गांव की तरफ जा रहा हूं, रोशनी देखकर तुम्हारे साथ हो लिया हूं।

जीसस ने पीछे मुड़ कर कहा कि देख, अभी मुर्गे ने बांग नहीं दी। लेकिन कोई भी न समझ पाया सिवाय उसके कि क्या मतलब था कि 'देख, अभी मुर्गे ने बांग भी नहीं दी!' और निश्चित ऐसा ही हुआ कि तीन बार मुर्गे की बांग देने के पहले उस आदमी को बार-बार लोगों ने पूछा कि तू सच बता। और उसने कहा कि सच बताता हूं कि मैं एक अजनबी हूं। मैं नहीं जानता, कौन जीसस? कैसा जीसस? मन में वह यही सोच रहा था कि इस भांति छिपा कर मैं जीसस के पीछे जा रहा हूं उनकी सुरक्षा के लिए!

मन बड़ा धोखेबाज है। यह बड़ी अजीब व्याख्याएं खोजता है। यह आदमी यह नहीं समझ पा रहा है कि मुझमें साहस नहीं है। जीसस का साथी बताने का साहस नहीं है, क्योंकि उस साहस का मतलब सूली होगी।

शिवली भी बता नहीं पा रहा है कि मैं साथी हूं। पत्थर तो नहीं फेंकना चाहता, क्योंकि मंसूर से इसका प्रेम है। लेकिन बिना फेंके भी नहीं रह सकता, क्योंकि भीड़ का

डर है। इसलिए उसने फूल चुन लिए हैं। यह मन की तरकीब है। ताकि मंसूर को लगे कि फूल फेंके गए हैं और मंसूर खुश हो कि शिवली, मेरा प्रेमी फूल फेंक रहा है। और भीड़ समझे कि पत्थर फेंके जा रहे हैं। उस उपद्रव में, शोरगुल में कौन देखता है? वह दो तरफा काम कर रहा है। भीड़ को राजी रखना चाहता है और मंसूर को भी विदा देना चाहता है आखिरी क्षण में, ताकि वह इस भाव से जाएं कि कोई भी जब मेरा साथी नहीं था, तब भी शिवली मेरा साथी था।

लेकिन मंसूर को धोखा देना मुश्किल है। मन को धोखा दिया जा सकता है। जिनके पास मन नहीं, उन्हें धोखा देना असंभव है। अगर तुम धोखा भी दोगे तो वह खुद को ही दिया गया धोखा सिद्ध होगा।

मंसूर देख लिए शिवली की इस तरकीब को, इस वंचना को। उनकी फूटी आंखों से आंसू बहे। उनकी मुस्कुराहट खो गई। और उन्होंने कहा: औरों के पत्थर भी क्षम्य हैं, क्योंकि वे नहीं जानते क्या कर रहे हैं। लेकिन शिवली, तेरे फूल भी क्षमा नहीं किए जा सकते हैं। क्योंकि तू जान-बूझ कर कर रहा है। तुझसे ऐसी आशा नहीं थी। तू पतित हो रहा है।

लेकिन वे आंसू शिवली के लिए हैं। उसके दुख में कि आदमी जरा सी प्रतिष्ठा, समाज का मोह, शरीर का बचाव, इसके लिए कितना खो रहा है! किसको धोखा दे रहा है? एक मरते हुए बुद्ध को धोखा दे रहा है। जिंदा में तो हम बुद्धों को धोखा देते हैं, लेकिन मरते क्षण में तो थोड़ा होश आना चाहिए। वहां भी धोखा दे रहा है।

मंसूर की घोषणा ने उसे मुसीबत में डाला। और मंसूर भी जानता था कि मुसीबत होगी, क्योंकि इस्लाम को मानने वाले लोगों के बीच यह घोषणा करनी कि मैं परमात्मा हूं, सबसे बड़ा कुफ्र, सबसे बड़ा पाप है। मंसूर की घोषणा के पहले उसके मित्रों ने बहुत बार कहा था कि तुम ऐसी घोषणा मत करो। मंसूर ने कहा, मैं जानता हूं कि लोग इसे समझ न पाएंगे। यह भी मैं जानता हूं कि नासमझी होगी। और यह भी मैं जानता हूं कि यह खतरनाक है। लेकिन सत्य को तो बोलना ही होगा; उसके चाहे कोई भी परिणाम हों। परिणामों के कारण असत्य को तो नहीं बोला जा सकता। मैं कर भी क्या सकता हूं! मैं ब्रह्म हूं, ऐसा मैंने जाना है, ऐसा मेरा अनुभव है। इस अनुभव के विपरीत मैं कुछ भी नहीं कर सकता हूं। इसके जो भी परिणाम हों।

जब भी कोई व्यक्ति अनुभव को उपलब्ध होता है तो उससे विपरीत कुछ भी नहीं कर सकता।

यह शिवली बौद्धिक रूप से ही फकीर रहा होगा। यह इसका अनुभव न था। यह फकीरी इसके भीतर खिली नहीं थी, उधार थी। इसने फकीरों के साथ-साथ रह कर फकीरी सीख ली होगी। यह रंग किसी दूसरों के कपड़ों से लग गया था। यह धब्बे की तरह था। यह रंग भीतर से नहीं आया था। यह लाली अपनी नहीं थी, उधार थी, बासी थी। जरा सी वर्षा हुई कि धुल गई। इसलिए मंसूर रोने लगा।

मंसूर के हंसने को भी ठीक से समझना और मंसूर के रोने को भी। क्योंकि मंसूर जैसे व्यक्ति हंसते हैं तो भी उसमें बड़ा अर्थ होता है, रोते हैं तो भी बड़ा अर्थ होता है। मंसूर जैसे व्यक्ति जो भी करते हैं, उसके बड़े गहरे अभिप्राय हैं, जिनको उघाड़ने में सदियां लग जाती हैं।

आज इतना ही।

११

मृत्युः जीवन का द्वार

ओशो, किसी सौदागर के पास एक हिंदुस्तानी पक्षी था। उसे उसने पिंजरे में बंद रखा था। जब वह सौदागर दुबारा भारत जाने लगा, तब उसने पक्षी से पूछा कि तुम्हारे देश से तुम्हारे लिए क्या लाऊं?

पक्षी ने कहा: 'लाना कुछ नहीं, केवल हिंदुस्तान के किसी जंगल में जाना और वहां के आजाद परिंदों से मेरी कैद का हाल सुनाना।'

सौदागर ने वही किया। लेकिन जैसे ही वह बोला, एक जंगली पक्षी मूर्च्छित होकर जमीन पर आ गिरा। सौदागर ने सोचा कि मेरे कारण यह पक्षी मर गया।

जब वह देश लौटा तब उसके पक्षी ने अपने देश की खबर उससे पूछी। सौदागर ने कहा: खबर बुरी है। तुम्हारा एक रिश्तेदार पक्षी तुम्हारा हाल सुन कर मेरे पांव पर गिर कर मर गया। यह सुनते ही सौदागर का पक्षी मूर्च्छित हो गया और पिंजरे की पेंदी में लुढ़क कर गिर गया। सौदागर ने सोचा, कुटुंब की मृत्यु की खबर से यह भी मर गया है। और उसने उसे पिंजरे से निकाल दिया। तुरंत ही वह पक्षी जी उठा और स्वतंत्र आकाश में उड़ गया।

कृपया इस कहानी का अर्थ हमें समझाएं।

मृत्यु ही जीवन को पाने का द्वार है। और जो मरने को राजी है, वही मुक्त हो सकता है। जिसकी तैयारी है मिटने की, उसे स्वतंत्रता का आकाश मिल जाएगा। इससे कम में सौदा नहीं होगा। और इससे कम में जो सौदा करना चाहता है वह धोखे में पड़ेगा। वह धोखा अपने को ही दे रहा है।

परमात्मा को पाना हो... और परमात्मा यानी मुक्ति; परमात्मा यानी मोक्ष; परम ात्मा यानी परम स्वतंत्रता; तो तुम बचे हुए उसे न पा सकोगे। तुम खो जाओ तो ही वह मिलेगा। तुम मिट जाओ तो ही वह महामिलन घट सकता है।

यही है राज इस छोटी-सी कहानी का।

सूफियों ने इसका बड़ा प्रयोग किया है। बड़ी गहरी सूफियों की पकड़ है। और जीवन के परम रहस्य की कुंजियां उन्होंने छोटी-छोटी कहानियों में रख दी हैं। शास्त्र जहां चूक जाते हैं, वहां कहानियां नहीं चूकतीं। बड़े-बड़े सिद्धांतों के तीर लक्ष्य पर नहीं पहुंच पाते, छोटी-छोटी कहानियां हृदय में छिद जाती हैं।

इस कहानी को हम समझने की कोशिश करें।

यह कहानी मनुष्य की परतंत्रता और मनुष्य की स्वतंत्रता की कहानी है। इसके एक-एक चरण को खोलें। जैसे कोई प्याज की पर्तों को उघाड़ता है, ऐसे हम इस कहानी को उघाड़ें।

खयाल किया होगा: प्याज की पर्तों को कोई उघाड़ता ही जाए तो आखिर में शून्य हाथ आता है। एक पर्त उघड़ती, दूसरी पर्त आ जाती है; दूसरी पर्त उघड़ती, तीसरी पर्त आती है। लेकिन अगर कोई उघाड़ता ही जाए तो अंत में शून्य हाथ लगता है। वही शून्य महामुक्ति है, महामोक्ष!

इस कहानी की भी एक-एक पर्त हम उघाड़ें, ताकि इसके भीतर छिपा हुआ शून्य हमारे हाथ में लग जाए। उस शून्य को इस कहानी में आकाश कहा है। और उस शून्य में उड़ जाने की स्थिति को मुक्ति, स्वतंत्रता कहा है।

कहानी का पहला चरण: एक पक्षी बंदी है। अपने देश से बाहर, विदेश में है।

ऐसा ही मनुष्य है। हम जहां भी हैं, विदेश में हैं। यह हमारा घर नहीं। जहां हम ठहरे हैं, वह धर्मशाला हो सकती है, अतिथि-गृह हो सकता है। वहां हम मित्रों के बीच हों या शत्रुओं के बीच हों, वहां हमारा स्वागत हो रहा हो या जबर्दस्ती हम टिके हों एक बोझ की तरह, लेकिन यह घर हमारा नहीं है। हम परदेस में हैं। और इसीलिए हम बेचैन हैं। और जब तक घर न मिल जाए पुनः तब तक बेचैनी जारी रहेगी।

घर की खोज ही धर्म है।

अमरीका का एक बहुत विचारशील व्यक्ति हुआ, कुलिज। वह अमरीका का प्रेसिडेंट हो गया था। विचारशील लोग मुश्किल से ही कभी ऐसे पदों पर पहुंच पाते हैं। कभी-कभी, लेकिन दुर्घटना घट जाती है। कुलिज अपनी आदत के अनुसार रोज व्हाइट हाउस के आसपास जो कि प्रेसिडेंट का भवन है, घूमने निकलता था। एक दिन एक अजनबी उसे रास्ते पर सुबह-सुबह मिला। वह अजनबी नहीं पहचान पाया कि यह आदमी कुलिज है, जो इस समय राष्ट्रपति है। और न ही वह अजनबी पहचान पाया सुबह के धुंधलके में कि पास में जो खड़ा हुआ विशाल भवन है, यह राष्ट्रपति का निवास है; व्हाइट हाउस है।

उसने चलते-चलते पूछा कि आप कौन हैं?

तो कुलिज ने कहा: 'यह तो मुझे भी पता नहीं। इसी की तलाश में चल रहा हूं। अभी उत्तर पाया नहीं'।

अजनबी ने सोचा होगा, झक्की मालूम होता है। छुटकारा पाने के लिए उसने पूछा: 'और यहां जो सफेद मकान है, यहां जो बड़ा मकान है, यहां कौन रहता है?'

तो कुलिज हंसा और उसने कहा: 'यहां कोई रहता नहीं। बस लोग आते हैं और जाते हैं। पीपुल कम एंड गो, नोबडी लिव्स हियर।'

जहां हम हैं, वहां लोग आते हैं और जाते हैं; रहता वहां कोई भी नहीं। यह घर नहीं है, यह पड़ाव है। यह मंजिल नहीं है। यहां क्षण भर को हम विश्राम करने रुके हों तो ठीक है। और अगर हमने यही समझ लिया हो कि यह घर है तो हम भटक गए। झाड़ के नीचे कोई यात्री रुक गया हो छाया में थोड़ी देर यात्रा के कष्ट से बचने को, समझ में आता है; लेकिन छाया में रम जाए और भूल ही जाए कि किस तरफ चला था, क्या खोजने चला था, वहीं घर बना ले, तो भटक गया।

संसार एक पड़ाव है; और पड़ाव पर कभी शांति नहीं हो सकती। थोड़ी देर विश्राम हो सकता है, लेकिन आनंद नहीं हो सकता। और विश्राम का तो इतना ही अर्थ है कि फिर हम श्रम करने को तैयार हुए, फिर यात्रा के लिए पैर तैयार हैं। विश्राम का और कोई अर्थ नहीं है। विश्राम तो बीच की एक कड़ी है। वह कोई लक्ष्य नहीं है, वह कोई सिद्धि नहीं है। कोई बड़ी यात्रा चल रही है। और उस बड़ी यात्रा में हम अपने घर से भटक गए हैं। और जहां भी अपने को पाते हैं, बेघर पाते हैं।

पक्षी बंद है विदेश में, जहां उसका अपना कोई भी नहीं; वह अकेला है।

यहां तुम्हारा कौन अपना है? यहां तुम भी अकेले हो। लेकिन पक्षी इतना चालाक न था, जितने चालाक तुम हो। पक्षी सीधा-सादा था, तुम चालाक हो। जहां तुम्हारा कोई भी नहीं है, वहां भी तुमने नाते-रिश्ते बना लिए हैं। जहां घर नहीं है, धर्मशाला को तुमने घर समझ लिया है और जहां कोई तुम्हारा अपना नहीं है वहां तुमने नाते-रिश्ते बना लिए हैं। तुमने इंतजाम ऐसा कर लिया है कि जैसे तुम अपने घर में ही हो, यह कोई पड़ाव नहीं है। तुम अपनों के ही बीच हो, तुम किसी विदेश में नहीं हो।

क्या हैं हमारे नाते-रिश्ते और हमारे संबंध?

जीसस ने बड़े एक कठोर वचन का प्रयोग किया है। उस कठोर वचन के कारण जीसस की बड़ी आलोचना की गई। बर्ट्रेंड रसल ने जीसस की आलोचना में उसका बहुत प्रयोग किया है। और कोई भी ऊपर से देखेगा तो लगता है, कि रसल ठीक है, जीसस गलत हैं।

कहानी है कि जीसस एक भीड़ में घिरे एक बाजार में खड़े हैं और एक आदमी ने भीड़ के भीतर कहा कि जीसस, भीड़ के बाहर तुम्हारी मां तुमसे मिलने की प्रतीक्षा कर रही है। तो जीसस ने कहा, कौन किसकी मां है? कौन किसका पिता है? उस स्त्री को कहो, 'टेल दैट वूमन, नोबडी इज़ माइ मदर, नोबडी इज़ माइ फादर।' उस स्त्री को, उस औरत को कहो, न मेरी कोई मां है और न मेरा कोई पिता।

ये शब्द जरा कठोर मालूम पड़ते हैं। जीसस के ओंठों पर तो और भी असंगत मालूम पड़ते हैं, क्योंकि जो कहता है, प्रेम ही परमात्मा है और जिसने प्रेम को सार समझा है और जिसने सेवा को आधार बनाया धर्म का, जिसके धर्म की सारी की सारी कीमिया विनम्रता पर खड़ी है, वह आदमी यह कहता है कि इस औरत को कह दो कि कौन मेरी मां? कौन मेरा पिता? और तुमसे मैं कहता हूं, भीड़ से जीसस ने कहा कि जब तक तुम अपनी मां के खिलाफ न हो जाओगे और अपने पिता के दुश्मन न हो जाओगे तब तक तुम मेरे नहीं हो सकते।

शब्दों में जो भटक जाएं, वे रसल से राजी हो जाएंगे। रसल का तर्क सीधा-साफ है कि यह आदमी दुष्ट प्रकृति का है। जो अपनी मां को कह रहा है 'इस औरत को!' और इसकी प्रेम की बातें सब बातें हैं। इसकी विनम्रता अहंकार का ही एक रूप मालूम पड़ती है।

जो शब्दों में खो जाएगा वह ऐसा ही समझेगा, लेकिन जीसस कठोर तो नहीं हो सकते। जीसस किसी प्रयोजन से यह कह रहे हैं। जीसस का प्रयोजन यह है कि वे तुम्हें

बताना चाहते हैं कि तुम यहां अजनबी हो और तुम्हारा यहां अपना कोई भी नहीं। न तुम्हारी मां मां है, न पिता पिता है। और अगर तुम किसी स्त्री से पैदा हुए हो तो यह सिर्फ संयोग है। इसको तुम संबंध मत समझो। यह सिर्फ संयोग है। तुम किसी और स्त्री से पैदा हो सकते थे। न तुमने इस स्त्री को मां की तरह चुना, न इस स्त्री ने तुम्हें बेटे की तरह चुना। यह सिर्फ एक दुर्घटना है। न तो इस स्त्री को पता था कि तुम बेटे की तरह आ रहे हो। न तुम्हें पता है कि तुम इस स्त्री को मां बना रहे हो। अंधेरे में जैसे दो आदमी मिल जाएं और टकरा जाएं; रास्ते पर प्रकाश न हो और कोई साथी हो ले, थोड़ी देर यात्रा साथ चले। बस ऐसी यह यात्रा है। सब अंधेरे में है। सब संयोग है।

कौन तुम्हारा मित्र है? किसको तुम अपना मित्र कहते हो? क्योंकि सभी अपने स्वार्थ के लिए जी रहे हैं। जिसको तुम मित्र कहते हो, वह भी अपने स्वार्थ के लिए तुम से जुड़ा है और तुम भी अपने स्वार्थ के लिए उससे जुड़े हो। अगर मित्र वक्त पर काम न आए तो तुम मित्रता तोड़ दोगे। बुद्धिमान लोग कहते हैं मित्र तो वही, जो वक्त पर काम आए। लेकिन क्यों? वक्त पर काम आने का मतलब है कि जब मेरे स्वार्थ की जरूरत हो, तब वह सेवा करे। लेकिन दूसरा भी यही सोचता है कि जब तुम वक्त पर काम आओ, तब मित्र हो। लेकिन तुम काम में लाना चाहते हो दूसरे को; यह कैसी मित्रता है? तुम दूसरे का शोषण करना चाहते हो; यह कैसा संबंध है? सब संबंध स्वार्थ के हैं।

पिता बेटे के कंधे पर हाथ रखे है, बेटा पिता के चरणों में झुका है, सब संबंध स्वार्थ के हैं। और जहां स्वार्थ महत्वपूर्ण हो वहां संबंध कैसे? लेकिन मन चाहता है; अकेले होने में डर पाता है, इसलिए मन चाहता है कि कोई संगी-साथी हो।

संगी-साथी हमारे मन की कल्पना है, क्योंकि अकेले होने में हम भयभीत हो जाएंगे। सबसे बड़ा भय है अकेला हो जाना, कि मैं बिलकुल अकेला हूं। तो हम विवाह करते हैं, किसी स्त्री को पत्नी कहते हैं, किसी पुरुष को पति कहते हैं, किसी को मित्र बनाते हैं। थोड़ा सा एक आसपास संसार खड़ा करते हैं। उस संसार में हमें लगता है कि अपने लोग हैं, यह अपना घर है। लेकिन जो भी थोड़ा सा जागेगा वह पाएगा कि इस संसार में बेघर-बार होना नियति है। यहां घर धोखा है। हम यहां बेघर हैं।

बुद्ध अपने भिक्षुओं को अनेक नाम दिए हैं, उनमें एक नाम है 'अगृही'--जिसका कोई घर नहीं। इसका यह मतलब नहीं है कि वह किसी घर में, किसी छप्पर के नीचे न रुकेगा। वह तो बुद्ध को भी कभी वर्षा होती है तो छप्पर के नीचे रुकना पड़ता है। कभी धूप होती है तो छप्पर के नीचे सोना पड़ता है।

मतलब यह है कि जिसका यह बोध टूट गया, यह भ्रांति जिसकी मिट गई कि इस संसार में मेरा कोई घर है। पड़ाव हैं, सराएं हैं; लोग आते हैं और जाते हैं, लेकिन यहां कोई ठहरता नहीं। तुम नहीं थे तब बहुत लोग यहां थे। तुम नहीं होओगे बहुत लोग यहां रहेंगे। यह भीड़ चलती ही रहती है; यह बाजार भरा ही रहता है। तुम हटे नहीं कि कोई दूसरा तुम्हारी जगह को भर देता है। तुम गए नहीं कि कोई दूसरा तुम्हारे घर को अपना घर समझ लेता है।

एक सम्राट हुआ इब्राहिम; फिर पीछे वह फकीर हो गया। कीमती फकीर हो गया। बड़े सूफियों में उसका नाम है। रात सोया था, तो उसे लगा कि ऊपर छप्पर पर कोई चल रहा है। तो उसने चिल्ला कर पूछा कि कौन नासमझ है? कौन है चोर लुटेरा? छप्पर पर क्या कर रहे हो? पर उस आदमी ने कहा कि तुम्हारे छप्पर से मुझे कुछ लेना-देना नहीं। मेरा ऊंट खो गया है। मैं उसको खोज रहा हूं।

महल के छप्पर पर कहीं ऊंट खोते हैं! इब्राहिम ने समझा कि यह आदमी पागल है। लेकिन फिर भी उस आदमी की आवाज में कुछ बल था। और जब उसने कहा कि सो जाओ, तुम्हारे छप्पर से मुझे कुछ लेना-देना नहीं, मैं अपना ऊंट खोज रहा हूं। तो उसकी आवाज में कुछ बात ही और थी। वह आवाज भीतर तक चली गई और रात भर इब्राहिम सो न सका। और सोचता रहा, यह आदमी पागल है या इसका कोई प्रयोजन है? सुबह उसने गांव में आदमी भेजे कि उस आदमी को खोजो, जो रात छप्पर पर ऊंट खोज रहा था। उससे मैं मिलना चाहता हूं। लेकिन उसको खोजना मुश्किल था। उसका कोई नाम-पता नहीं।

लेकिन दोपहर में जब दरबार भरा था, इब्राहिम सिंहासन पर बैठा था, तब उसके पहरेदार आए और उन्होंने कहा कि एक आदमी बड़ा उपद्रव मचा रहा है। और बड़ा बलशाली आदमी है। उसकी आंखों में झांक नहीं सकते और वह जब कड़क कर कुछ कहता है तो छाती धकधका जाती है--वे हिम्मतवर पहरेदार थे--वह डरा देता है।

इब्राहिम ने पूछा: वह कहता क्या है?

पहरेदार ने कहा कि वह कहता है कि इस धर्मशाला में मुझे कुछ दिन रुकना है। और हमने उसको समझाया कि यह राजा का महल है, कोई धर्मशाला नहीं है। उसका निवास है, यह कोई सराय नहीं। सराय बाजार में है, तुम वहां जाकर रुक जाओ। तो वह कहता है, मैं उससे मिलना चाहता हूं, जो इसको अपना निवास समझता है।

इब्राहिम ने कहा: 'उसको छोड़ो मत, उसे जल्दी भीतर लाओ। यह वही आदमी होना चाहिए, जो रात छप्पर पर ऊंट खोज रहा था।' वह आदमी भीतर लाया गया, तो इब्राहिम ने कहा, 'यह क्या बदतमीजी है? तुम मेरे निवास को सराय कहते हो?'

उस आदमी ने कहा: 'बदतमीजी तुम्हारी है, क्योंकि पहले भी मैं आया था, तब एक दूसरा आदमी यही बदतमीजी कर रहा था। तुम नहीं थे तब इस सिंहासन पर; एक दूसरा आदमी यह कहता था, यह मेरा मकान है। उसके पहले भी मैं आया था, तब मैंने एक तीसरे आदमी को पाया था। और मैं तुम्हें भरोसा दिलाता हूं, मैं जब दुबारा आऊंगा, तुम यहां नहीं पाए जाओगे, कोई और दावा करेगा। मैं किसकी मानूं?'

इब्राहिम ने कहा कि वह मेरे पिता थे। और जब तुम उसके पहले आए, वे मेरे पितामह थे। वह फकीर पूछने लगा कि अब वे कहा हैं जिनका यह निवास था? यह घर तो यहां का यहां है? वे कहां हैं? इब्राहिम ने कहा: 'वे तो जा चुके।' लेकिन तब उसकी हिम्मत टूट गई। उस फकीर ने कहा: 'यहां लोग आते हैं, जाते हैं, ठहरते हैं; इसको निवास क्यों कहते हो? मैं इस सराय में कुछ दिन रुकना चाहता हूं।'

इब्राहिम बड़ी हिम्मत का आदमी रहा होगा। वह उठा और उसने कहा कि अगर यह सराय है तो तुम यहां रुको, मैं यहां से जाता हूं। बात तुम्हारी ठीक लगती है। मेरा भी घर न रहा यह, अब मैं घर की तलाश करूंगा। और जब तक घर न मिल जाए, तब तक लौटने का कोई उपाय नहीं। इब्राहिम बड़ा फकीर हो गया। सिद्ध हुआ। उसने घर अपना पा लिया एक दिन।

लेकिन वह घर यहां नहीं है, जहां तुम्हारी आंखें तलाशती हैं। वह घर वहां है, जहां तुम्हारी आंखें मुड़ती ही नहीं। यह तो परदेश है, जहां तुम देख रहे हो, सुन रहे हो; लेकिन जहां से तुम देख रहे हो, जहां से तुम सुन रहे हो, वहीं तुम्हारा स्वदेश है।

वह पक्षी परदेश में था। और जब भी कोई परदेश में होगा तो परतंत्र होगा। स्वदेश में न हो तो स्वतंत्र कैसे हो सकते हो? जब तुम स्वयं में नहीं हो तो स्वतंत्रता का क्या अर्थ हो सकता है? जब तुम विदेशियों से घिरे हो, विजातियों से घिरे हो तब तुम गुलाम रहोगे।

अपने ही घर में आदमी निश्चिंत होकर मुक्त हो सकता है। उस घर में, जहां से न तो आना होता है, न जाना होता है; जहां तुम सदा ही रहे हो, जहां तुम सदा ही रहोगे; जो शाश्वत है, जो सनातन है; जो अनादि है और अनंत है।

तुम उस पक्षी की हालत में हो। वह पक्षी तुम्हारा प्रतिनिधि है। पक्षी का मालिक जा रहा था पक्षी के देश को। उस पक्षी से पूछा उसने कि कुछ तुम्हारे सगे-संबंधियों को कोई खबर देनी हो, तुम्हारे मित्र-प्रियजनों को कोई संदेशा पहुंचाना हो, कोई चिट्ठी-पाती, तो कह दो, मैं जा रहा हूं।

यहां दूसरी बात समझ लें। मालिक ही जा सकता है। परतंत्र कहां जाए? कैसे खोजे? मालिक ही खोज सकता है। इसलिए हिंदुओं ने खोजियों को स्वामी कहा है। स्वामी का अर्थ मालिक। संन्यासी को स्वामी का नाम दिया है। जिसकी कम से कम इतनी मालकियत तो है कि वह खोज पर जाएगा।

तुम्हारी इतनी भी मालकियत नहीं कि तुम खोज पर निकलो। तुम तो पिंजरे में बंद हो। तुम तो किसी से कहोगे कि तुम जा रहे हो तो कुछ खबर ले जाना, या कुछ खबर ले आना! तुम खुद नहीं जा सकते। तुम्हारे पंख तो बंद हो गए हैं! इसलिए तुम्हें गुरुओं के पास जाना पड़ता है। किसी मालिक को खोजना पड़ता है, जो स्वदेश की खबर दे। इसलिए बिना गुरु के तुम्हारा काम न चल सकेगा।

यह पक्षी तो पिंजरे में बंद ही रह जाता, लेकिन मालिक इसका जा रहा था... मालिक जा सकता है। तो जब तक तुम किसी अर्थों में मालिक नहीं बनते, तुम भी न जा सकोगे।

इसलिए साधना का पहला सूत्र है: थोड़ी मालकियत उपलब्ध करना।

मालकियत का मतलब यह है कि तुम्हारा मन तुम्हें न चलाए। तुम मन की छाया बन कर न डोलो, वरन तुम मन के मालिक हो जाओ और मन तुम्हारे पीछे चले। जब तुम मन से कहो, शांत हो जाओ, तो मन शांत हो जाए। जब तुम मन से कहो, विचार करो तो मन विचार करे। जब तुम कहो, निर्विचार हो जाओ तो मन तत्क्षण निर्विचार हो जाए। मन तुम्हारी आज्ञा माने, तो तुम मालिक।

इसलिए ध्यान, साधना का पहला सूत्र है। क्योंकि ध्यान से धीरे-धीरे तुम्हारी म ालकियत उभरेगी; अन्यथा तुम पिंजरे में ही बंद रहोगे। मन तुम्हारा पिंजरा है। और तुम भूल ही गए हो। मन की मानते-मानते तुम बिलकुल ही भूल गए हो कि तुम मालिक हो, और तुम आदेश दे सकते हो और मन उसे मानेगा।

एक झेन फकीर लिंची बोल रहा था। एक जिद्दी आदमी, एक उपद्रवी आदमी बीच में खड़ा हो गया और उसने कहा कि तुमने लोगों को भरमा रखा है। तुमने लोगों को मालूम होता है सम्मोहित कर लिया है, हिप्नोटाइज कर लिया है। ये तुम्हारे शिष्य,

जो तुम्हें चारों तरफ से घेरे हैं, तुम जो भी कहते हो ये वही करते हैं। कोई मुझे मनवाए! तुम मुझे आज्ञा देकर देखो तब मैं समझूं कि तुम गुरु हो।

लिंची ने कहा: 'मैं जरा कम सुनता हूं, तुम इधर आओ।'

वह आदमी आगे आया। वह आकर बाएं खड़ा हो गया।

लिंची ने कहा: 'बायां कान तो मेरा बिलकुल बेकार है, तुम दाएं आओ।'

वह आदमी दाएं आया।

उसने कहा कि भूल हो गई--लिंची ने कहा: 'दायां खराब है, बायां तो बिलकुल ठीक है, तुम बाएं आओ!' वह आदमी बाएं आया। लिंची ने कहा, 'बैठो! क्योंकि खड़े-खड़े क्या बात होगी?'

वह आदमी बैठा। लिंची ने कहा: 'मैं अपना व्याख्यान शुरू करूं! यह आदमी बड़ा आज्ञाकारी है। जो भी मैं कहता हूं, यह करता है। तू तो बिलकुल अनुयायी होने के योग्य है।' लिंची ने कहा: 'तू तो परम शिष्य हो जाएगा।'

तुम मन को जब तक बाएं न बिठा सको, दाएं न हटा सको तब तक तुम मालिक नहीं हो सकते। और मन बड़ा जिद्दी है। सच तो यह है कि तुम जो भी मन से कहो, उससे उलटा मन तत्क्षण करके दिखलाता है। क्योंकि मन की मालकियत खोती है अगर तुम्हारी मान ले। तुम कहो बैठो, तो मन खड़ा हो जाता है। ताकि तुम्हें साफ हो जाए कि यह भूल दुबारा मत करना। तुम मना न पाओगे, मैं मानने वाला नहीं हूं।

यह बहुत पुरानी आदत हो गई है। जैसे किसी गुलाम को मालिक धीरे-धीरे-धीरे-धीरे भूल ही गया हो कि वह गुलाम है, और मोह से इतना भर गया हो कि गुलाम जो कहता है, मालिक मानने लगा हो; और अब गुलाम को समझाना मुश्किल हो। अनेक जन्मों में तुमने गुलाम को मालिक बन जाने दिया, लेकिन इससे कोई फर्क नहीं पड़ता। तुम एक दफा ठीक से आवाज दोगे, अगर तुमने पूरे प्राणों से आवाज दी, गुलाम वहीं के वहीं ठिठक कर खड़ा हो जाएगा। क्योंकि आखिर गुलाम गुलाम है, तुम मालिक हो। मालकियत खोई नहीं जा सकती। आदतवश तुम भूल सकते हो। लेकिन मालिक जाएगा; गुलाम कहां जाएगा? गुलाम की कोई यात्रा नहीं है।

मालिक जा रहा था स्वदेश पक्षी के। तो उस मालिक ने पूछा कि कोई खबर, कोई संदेश तो नहीं ले जाना है तेरे संबंधियों के लिए? निश्चित, संबंधी स्वदेश में ही हो सकते हैं। यहां तो संबंध नाममात्र को हैं। यहां तो संबंध झूठे हैं। जो तुम्हारा मित्र है आज, कल शत्रु हो सकता है।

पश्चिम के चाणक्य मैक्यावली ने एक किताब लिखी है: 'दि प्रिंस।' उसमें उसने राजकुमारों और सम्राटों को जो सलाहें दी हैं, उसमें एक सलाह यह भी है कि तुम अपने मित्र को वह मत कहना, जो तुम अपने शत्रु को नहीं कहना चाहते, क्योंकि जो आज मित्र है, कल शत्रु हो सकता है। और तुम अपने शत्रु के संबंध में भी वह बात मत कहना जो तुम अपने मित्र के संबंध में न कहना चाहोगे, क्योंकि जो आज शत्रु है, कल मित्र हो सकता है।

इस संसार में नाते-रिश्ते ऐसे बदल रहे हैं, जैसे हवा में कंपते हुए वृक्ष के पत्ते। कब दिशा बदल लेते हैं, हवा पर निर्भर है। खुद की कोई दिशा नहीं है। जो आज पत्नी है, कल तलाक दे सकती है, शत्रु हो सकती है। जो आज बेटा है, कल हत्या कर सकता है, हत्यारा हो सकता है। यहां कौन तुम्हारा है? परदेश में कोई किसी का हो भी नहीं सकता। यहां सभी संबंध छाया जैसे हैं। जैसे दो आदमी खड़े हों और उन दोनों की छायाएं मिल रही हों। वह कोई संबंध है? वे आदमी हटे कि छायाएं हट जाएंगी। छायाओं का कोई मिलन थोड़े ही होता है!

प्लेटो ने, यूनान के बहुत बड़े विचारक ने कहा है कि यह जगत छाया की तरह है। असली जगत कहीं और है। यह जगत प्रतिबिंब है। जैसे कोई नदी के किनारे खड़ा है, तो पानी में प्रतिबिंब बनता है, ऐसे ही इस जगत में प्रतिबिंब बन रहे हैं। वे प्रतिबिंब आपस में मिलते भी हैं, लेकिन उनका मिलना वास्तविक नहीं, क्योंकि वे छायाएं हैं। ऊपर इस जगत के विपरीत कोई और जगत भी है। उस जगत में ही मिलन होता है। इस जगत में तो नाममात्र का खेल है। यहां तो लोग खेल खेल रहे हैं। यहां तो दोस्ती एक खेल का नाम है, दुश्मनी दूसरे खेल का नाम है। और यहां बदलने में क्षण नहीं लगता। यहां सभी चीजें परिवर्तनशील हैं। हेराक्लतु ने कहा है कि एक चीज को छोड़ कर सभी चीजें बदलती हैं; वह एक चीज परिवर्तन है। वह भर नहीं बदलता बाकी सब बदल जाता है। पर उसके न बदलने का क्या मतलब है? परिवर्तन सिर्फ स्थिर मालूम होता है, बाकी सब चीजें अस्थिर हैं।

मालिक ने पूछा कि जा रहा हूं तेरे देश; कोई खबर तो नहीं ले जानी है? पक्षी निश्चित बुद्धिमान रहा होगा। उसने खबर नहीं भेजी। उसने कहा: 'बजाय खबर ले जाने के, सिर्फ मेरी दशा वहां बता देना।' बड़ा बुद्धिमान रहा होगा।

तुमसे अगर कोई कहे कि जा रहा हूं मैं तुम्हारे देश, कोई खबर ले जानी है? तुम लंबी चिट्ठी लिख कर रख दोगे। उसने बड़ी सार की बात कही। और क्या खबर है?

इतनी ही खबर है कि यहां कारागृह में बंद हूं, पिंजरे से घिरा हूं, खुला आकाश छिन गया, पंख व्यर्थ हुए जा रहे हैं। उड़ना भूलता जा रहा हूं। जिंदगी एक दुख और बोझ है। इतनी खबर वहां दे देना। चले जाना जंगल में और जहां मेरे मित्र, परिचित हैं, जहां मेरे सगे संबंधी हैं, जोर से चिल्ला कर कह देना कि ऐसी-ऐसी घटना घटी है। तुम्हारा साथी बंद है विदेश में।

पक्षी ने बड़ी होशियारी की। यह खबर उसने भेजी कि शायद कोई पक्षी जानता हो स्वतंत्र होने का राज़। शायद किसी को तरकीब पता हो। शायद कोई पहले परतंत्र रह चुका हो और देश वापस लौट गया हो। शायद कोई इस मुसीबत से गुजर चुका हो और उसके हाथ में कुंजी हो। शायद कोई गुरु मिल जाए।

गुरु का इतना ही अर्थ है, जो कभी परतंत्र था और अब स्वतंत्र है। तुम जहां हो, जो कभी वहीं खड़ा था और अब वहां नहीं है। जो छायाओं के जगत से वास्तविकता के जगत में पहुंच गया। जिसकी सराय हट गई और जिसका घर आ गया। लेकिन वही तुम्हारा गुरु हो सकता है।

यह बहुत मजे की बात है, परमात्मा सीधा तुम्हारा गुरु नहीं हो सकता, क्योंकि उसने कभी कोई परतंत्रता नहीं जानी। इसलिए स्वतंत्रता की कुंजियां तुम्हें उसके पास न मिलेंगी। परमात्मा तुम्हें मिल भी जाए और तुम उससे पूछो भी तो वह तुम्हारी स्थिति न समझ सकेगा। तुम उससे कितना ही कहो, मैं परतंत्र हूं, बड़ी मुसीबत में हूं, कोई तरकीब बताओ, परमात्मा तुम्हें कोई तरकीब न बता सकेगा।

क्योंकि परमात्मा किसी सराय में कभी ठहरा नहीं। वह घर में ही है।

इसलिए एक धारणा सभी धर्मों ने पैदा की, परमात्मा खुद जवाब नहीं दे सकता। तो परमात्मा का बेटा जीसस पैदा होता है! यह सिर्फ एक कहानी है। लेकिन जीसस के पैदा होने का अर्थ है, पहले जीसस मनुष्य बनते हैं। पहले वे परतंत्रता से गुजरते हैं, पिंजरे में कैद होते हैं, तभी स्वतंत्रता खोजी जा सकती है।

हिंदुओं की अवतार की धारणा है। परमात्मा सीधा उत्तर क्यों नहीं देता? क्या जरूरत है राम, कृष्ण की? आत्मा से सीधा सवाल क्यों नहीं आता? जैन कहते हैं, तीर्थंकर से सवाल का जवाब आएगा। बौद्ध कहते हैं, बुद्ध उत्तर देंगे।

अस्तित्व उत्तर क्यों नहीं देता? पूछो आकाश से, उत्तर क्यों नहीं देता? आकाश उत्तर नहीं दे सकता, क्योंकि आकाश कभी पिंजरे में बंद नहीं रहा। उत्तर वही दे सकता है, जो तुम्हारी मुसीबत से गुजरा हो। चाभी उसी के पास हो सकती है जो मुसीबत में

भी रहा हो और बाहर भी हो गया हो। उस कैदी से पूछो जेल के बाहर निकलने का राज जो दीवाल पर छलांग लगाकर निकल गया। जो बाहर ही हैं, उनसे जेल के बाहर निकलने का राज तुम न पता न लगा सकोगे।

इसलिए गुरजिएफ कहता था, 'उस कैदी की तलाश करो, जो किसी तरह जेल के बाहर निकल गया है। वही तुम्हारा गुरु है।' जो जेल के बाहर हैं वे तुम्हें मिल भी जाएं तो तुम्हें किसी काम के नहीं हैं। क्या बताएंगे तुम्हें? क्योंकि उन्हें पता ही नहीं कि जेल क्या है? उन्हें पता नहीं है कि कितनी ऊंची दीवालें हैं? उन्हें पता नहीं है कि कितने मजबूत पत्थरों की दीवालें हैं। उन्हें पता ही नहीं है कि कितना मजबूत पहरा है। उन्हें पता नहीं है कि कहां से निकलने का उपाय हो सकता है। जो निकल गया है कारागृह के बाहर उसे पकड़ो, वही तुम्हारा गुरु है।

तो उस पक्षी ने कहा कि तुम जंगल में जाकर चिल्ला देना कि मेरी ऐसी दशा है। और कुछ कहना नहीं है। और कुछ कहने को भी नहीं है। सोचा उसने कि अगर कोई जानता होगा राज, तो किसी न किसी तरह खबर आ जाएगी।

गया यह आदमी। जंगल में जाकर जहां उसने देखा कि उस पक्षियों के जाति-बिरादरी के लोग वृक्षों पर बैठे थे, चिल्ला कर उसने कहा कि सुनो! तुम्हारी जाति का, तुम्हारे जगत का एक पक्षी, तुम जैसा एक पक्षी कारागृह में बंद है, पिंजरे में बंद है। उसने अपने दुख की, पीड़ा की खबर भेजी है।

यह सुनते ही एक पक्षी तत्क्षण वृक्ष से नीचे गिर पड़ा, मर गया!

आदमी तो बड़ा दुखी हुआ कि यह भी मैं कैसी खबर लाया--अपशकुन! क्या इतनी पीड़ा हो गई इस सगे-संबंधी को? शायद पति रहा हो, पत्नी रहा हो, मित्र रहा हो। इतनी पीड़ा कि खबर पाकर कि अपना कोई बंद है, यह मर ही गया! धक्का लग गया।

आदमी भी बेचैन हो गया। लेकिन अब तो कुछ किया नहीं जा सकता था। घटना घट गई थी। वह वापस लौटा। उदासी से उसने जाकर पक्षी को कहा कि जब मैंने तेरी खबर दी और जब मैंने तेरे दुख की कथा कही तो बड़े दुख का समाचार है कि एक पक्षी तत्क्षण वृक्ष से नीचे गिर कर मर गया। मुझे बड़ी पीड़ा हुई। लेकिन जब यह कह रहा था तभी उसने देखा कि उसका खुद का पक्षी पिंजरे में गिर कर मर गया।

यह तो कुंजी थी, जो गुरु ने भेजी थी। और गुरु शब्दों से नहीं दे सकता, आचरण से ही दे सकता है। शब्द क्या देंगे? गुरु आचरण से दे सकता है। गुरु ने व्यवहार कर के

कुंजी दे दी। बड़ा होशियार पक्षी रहा होगा, बड़ी मजबूत कारागृह से छूटा होगा। और यही तरकीब उसने अखत्यार की होगी, जो तरकीब उसने भेजी। मर गया होगा पिंजरे में। और जब कोई मर जाता है तो मरे को तो कोई कैद नहीं करता, जिंदा को कैद किया जाता है। मरे को तो कोई कैद नहीं करता।

इसलिए लाओत्सु ने कहा है: 'मरे हुए की भांति हो जाओ, फिर तुम्हें कोई कैद न करेगा।'

इसलिए उपनिषद कहते हैं, जीते-जी मुर्दा हो जाओ, फिर तुम्हें कोई बांधेगा नहीं। क्योंकि मुर्दे को तो लोग जलाने ले जाते हैं, बांधता कौन है? बांधते तो तुम्हें इसलिए हैं कि तुम जिंदा हो।

और लाओत्सु ने यह भी कहा है कि तुम जितने ज्यादा जिंदा दिखाई पड़ोगे, उतने ज्यादा मुसीबत में पड़ोगे; क्योंकि उतने ज्यादा लोग तुम्हें बांधेंगे। तुम जितने ज्यादा सुंदर हो, उतनी झंझट में पड़ोगे, उतने ज्यादा लोग तुम्हें बांधेंगे। तुम जितने बुद्धिमान हो उतना तुमने मुसीबत को निमंत्रण दिया, क्योंकि उतने ज्यादा लोग तुम्हें बांधेंगे। तुम मुर्दा हो जाओ--न बुद्धि है, न रूप है, कुछ भी नहीं है। तुम ना-कुछ हो फिर तुम्हें कोई नहीं बांधेगा। लाओत्सु और उसका अनुयायी च्वांगत्सु ऐसी बहुत सी कहानियों में रस लेते हैं।

एक जंगल से लाओत्सु गुजर रहा है, वहां सारे वृक्ष काटे जा रहे हैं, सिर्फ एक वृक्ष नहीं काटा जा रहा है। वृक्ष बड़ा है। हजार बैलगाड़ियां उसके नीचे रुक जाएं ऐसी उसकी छाया है।

लाओत्सु ने कहा: इस वृक्ष से जाकर पूछो कि तेरा राज क्या है? जब सब कट गए, तू कैसे बचा? शिष्यों ने कहा: वृक्ष क्या जवाब देगा? लाओत्सु ने कहा: फिर भी तुम पूछो, पता लगाओ। इन मजदूरों से पूछो, जो दूसरे वृक्षों को काटे जा रहे हैं, जंगल साफ किया जा रहा है।

शिष्य गए। उन्होंने मजदूरों से पूछा। उन्होंने कहा: 'वह वृक्ष किसी काम का ही नहीं। बिलकुल ऐसा बेकाम वृक्ष दुनिया में खोजना मुश्किल है। उसके पत्ते जानवर चरते नहीं, उसकी शाखाएं ऐसी टेढ़ी-मेढ़ी हैं कि उनसे कुछ भी नहीं बनाया जा सकता। और उसकी शाखाओं को अगर जलाओ तो ऐसा भयंकर धुआं उठता है कि घर में रहना मुश्किल हो जाए, इसलिए उसको जलाया भी नहीं जा सकता। न उसका तुम ईंधन बना सकते हो, न फर्नीचर; न पत्ते वृक्ष के किसी के खाने में काम आते हैं। ऐसा बेकार वृक्ष पृथ्वी पर है ही नहीं, इसीलिए बचा है।'

लाओत्सु ने कहा: 'समझ लो, अगर तुम्हें भी बचना हो तो बिलकुल बेकार हो रहो। यह वृक्ष के पास कुंजी है; इससे सीख लो। सब जब काटे जा रहे हैं, तब यह देखो आकाश में कैसा फैल रहा है उन्मुक्त! इसे कोई भय नहीं। जो सीधे थे वे सबसे पहले काट दिए गए। जो सुंदर थे, सुडौल थे, उनका फर्नीचर बन चुका है। जो धनी थे और अकड़े थे आकाश में, अब उनको कहीं भी खोजना आसान नहीं है। तुम इस वृक्ष की भांति होते रहो, हो रहो; तभी तुम्हारा जीवन खिलेगा, फूलेगा।

लाओत्सु एक गांव से गुजरा और उस गांव में लोग पकड़े जा रहे थे, क्योंकि राज्य युद्ध में उलझा था और हर जवान, शक्तिशाली आदमी को पकड़ा जा रहा था। सिर्फ एक आदमी जो कुबड़ा था, वह भर छोड़ दिया गया था। लाओत्सु ने कहा: इस कुबड़े से पूछो, 'तेरे बचने की तरकीब क्या है?' उस कुबड़े ने कहा: 'चूंकि मैं कुबड़ा हूं, मैं किसी काम का नहीं। मेरी कमर झुकी है।' लाओत्सु ने कहा: 'सीख लो। अगर कमर सीधी रखी, काटे जाओगे बकरों की तरह युद्ध के मैदान पर। यह कुबड़ा बच गया है। यह किसी काम का नहीं है। बेकाम हो रहो।'

लेकिन बेकाम तो तभी तुम पूरी तरह हो पाओगे, जब तुम मुर्दे की भांति हो। नहीं तो थोड़ा न बहुत काम रहेगा। थोड़ा न बहुत काम बचेगा ही। कुबड़ा भी किसी न किसी काम में लगाया जा सकता है। और यह बेकार वृक्ष का भी कोई न कोई उपयोग खोजा जा सकता है। पड़ोसियों को सताने के लिए धुआं करना हो, कि मच्छर भगाने हों, कोई न कोई रास्ता खोजा जा सकता है इस वृक्ष के लिए भी। जब तक तुम हो तब तक कुछ खतरा है; लेकिन जब तुम नहीं हो तब कोई खतरा नहीं है, तब तुम खतरे के बाहर हुए।

यह पक्षी पिंजरे में रह चुका होगा और मर कर बाहर हुआ। मरने में इसने कुंजी पाई। जब तक न मरा, तब तक बंद रहा। जिंदगी छोड़ दी, पिंजरा छूट गया, यह मृतवत हो गया।

संन्यास की परिभाषा है: संसार में मृतवत हो जाना। फिर तुम्हें कोई पकड़ेगा नहीं; फिर तुम्हें कोई बांधेगा नहीं।

कौन मुर्दे को बांधता है? मुर्दे को लोग घड़ी भर घर में नहीं रखते। यहां मरा नहीं कि वहां उसको उठाने की तैयारी कर देते हैं। जल्दी लकड़ी बांधी जाने लगती है, अरथी तैयार होने लगती है। घर के लोग तो घर के लोग, पास-पड़ोस के लोग जो कभी किसी काम नहीं आए, वे जल्दी से बांस वगैरह इकट्ठा करके तैयारी करने लगते हैं, क्योंकि घर के लोग रोने-धोने में लगे हैं, जल्दी करनी है। तुम बंधे और चले!

यह पक्षी जानता था कुंजी; लेकिन इस कुंजी को कैसे पहुंचाए? क्योंकि पहुंचाने वाले के हाथ कुंजी विकृत हो सकती है। माध्यम कुंजी को नष्ट कर सकता है। शब्द माध्यम है; आचरण इमिजिएट है, सीधा है। अगर यह शब्दों से कहता, तो यह आदमी के हाथ में शब्द पड़ जाते। फिर यह शब्दों में से कितना छोड़ता, कितना बचाता, कैसी व्याख्या करता, मुश्किल था! क्या खबर पहुंचती, कहना मुश्किल है।

शास्त्रों से जो खबर गुरुओं ने पहुंचाई है, वह तुम तक पहुंची नहीं है। यह आदमी अगर सुन कर ले जाता तो शास्त्र बन जाता। यह संदेश पहुंच नहीं सकता था। इसलिए गुरुओं ने दो तरह से संदेश भेजा है। एक तो शास्त्रों से भेजा है, जो नहीं पहुंचा। वह कोशिश असफल गई। दूसरा स्वयं दिया है--आचरण से, अपने होने से, अपने होने के ढंग से; वही पहुंचा।

लेकिन वह होने का ढंग तो तभी पहुंच सकता है, जब गुरु मौजूद हो। इसलिए जब तक जीवित गुरु मिले, तब तक शास्त्र में भटकना ही मत। जब जीवित गुरु न मिल सके तभी शास्त्र में भटकना। जीवित गुरु के सामने शास्त्र दो कौड़ी का है। वह न हो तो शास्त्र का कोई उपयोग है। तब फिर टटोलना, अंधेरे में खोजना। लेकिन जिंदा अगर ले जाने को तैयार हो, तब रामायण और गीता पढ़ते मत बैठे रहना; क्योंकि तुम चूक रहे हो।

माध्यम से खबर भेजी जाए तो विकृत हो जाती है।

वह पक्षी गिर पड़ा वृक्ष से। यह आदमी अब इसमें कुछ भी बदल न सका। आचरण सीधी चोट करता है। यह आदमी अवाक रह गया। उस अवाक क्षण में इसके विचार भी चुप हो गए होंगे, जब पक्षी मर कर गिरा। एक क्षण को यह ध्यानस्थ हो गया होगा। पक्षी बड़ा ही होशियार था। उसने इस माध्यम का ठीक उपयोग किया। एक क्षण को जब पक्षी मर कर वृक्ष से गिरा होगा तो इसके विचार रुक गए होंगे, क्योंकि घटना इतनी आकस्मिक थी! पक्षी कुछ कहता तो इस आदमी के विचार चलते रहते। यह सुनता; लेकिन इसके विचार उसमें मिश्रित हो जाते। शुद्ध 'की' न पहुंच पाती, शुद्ध कुंजी न पहुंच पाती। और कुंजी अगर जरा भी इरछी-तिरछी हो जाए तो ताले नहीं खोलती। कुंजी तो ताला तभी खोल सकती है--जब बिलकुल वैसी ही पहुंचे, जैसी दी गई थी। उसमें रत्ती भर भेद नहीं चाहिए, क्योंकि ताला बड़ा सूक्ष्म है।

पक्षी गिरा। यह आदमी अवाक रह गया। इसको धक्का भी लगा कि यह मैंने कौन सी बात कही! कैसा अपशकुन अपने हाथ लिया! यह मृत्यु का जिम्मा मेरा हुआ, मैं हत्यारा बना--अकारण!

वापस लौटा, पर इसे खयाल भी न आया कि इसके माध्यम से एक कुंजी भेजी जा रही है। इसे पता भी न चला। पता चलने का कोई कारण भी नहीं था। क्योंकि न कुछ कहा गया था, न कुछ सुना गया था। शब्द कहे होते तो यह संदेश समझता। आचरण भेजा जा रहा था। यह उसे खयाल में भी नहीं आया। यह कल्पना में भी नहीं उठा। तुम्हारी कल्पना में भी नहीं उठता। अगर उसको खयाल में आ जाता तो शायद वह खुद भी मुक्त हो जाने की कुंजी पा जाता।

अक्सर ऐसा भी होता है कि सदगुरु ऐसे माध्यमों का उपयोग भी करता है, जिनको खुद भी पता नहीं चलता कि वे कुंजी ले जा रहे हैं; कि उनकी कुंजी किसी के जीवन की मुक्ति का द्वार खोल देगी। वे कुंजी के वाहक हैं, लेकिन खुद किसी द्वार को नहीं खोल पाते। ऐसा बहुत बार हुआ है।

महावीर के गणधर हैं, उनके शिष्य हैं, जिनके माध्यम से उन्होंने कुंजियां फैलाईं; लेकिन उनमें उनका खास शिष्य गौतम अंत समय तक भी अज्ञानी रहा। और वह सबसे कुशल था संदेशवाहक। महावीर जो संदेश उससे भेजते, वह शुद्ध पहुंच जाता। लेकिन अपनी कुंजी, अपने ताले को वह नहीं खोल पाया। यही इस आदमी के साथ हुआ। ऐसा बहुत बार हुआ है। रामकृष्ण ने विवेकानंद के हाथ कुंजी भेजी सारी दुनिया में। कुछ लोगों ने उस कुंजी से ताले खोले, लेकिन विवेकानंद नहीं खोल पाए अपना ताला। उन्हें पता ही नहीं चला कि क्या हो रहा है।

यह कहानी बड़ी अदभुत है। उस आदमी को स्मरण भी न आया, अनुमान भी न लगा, विचार भी न उठा कि कुछ उसके द्वारा भेजा जा रहा है। भेजने वाला इतना कुशल है। अगर कुंजी कह कर दी जाए तो उसमें फर्क पड़ जाएंगे। अगर कुंजी कहकर दी जाए कि सम्हाल कर रखना तो यह आदमी उसे खो भी सकता है। क्योंकि जब तुम किसी चीज को बहुत सम्हालते हो तो खोने का डर पैदा हो जाता है। जब तुम किसी हीरे को तिजोरी में रखते हो तो चोरी हो जाता है। इसलिए जो बहुत बुद्धिमान हैं, वे हीरे को कचरे की टोकरी में रख देते हैं; वहां से कभी चोरी नहीं जाता। कचरे की टोकरी में कौन फिकर करता है? तिजोरी...।

यह आया वापस। पक्षी प्रतीक्षा कर रहा था। इसने कहा कि बड़ी अनूठी बात हो गई। भरोसा नहीं आता, दुखद घटना घटी है। तेरा कोई प्रेमी, तेरा कोई संबंधी अपना कोई निकट का रिश्तेदार, जब मैंने जंगल में जाकर कहा कि तुम्हारा एक साथी ऐसा-ऐसा पिंजरे में बंद है, पीड़ा में है, परतंत्र है, सुनते ही इतना दुखी हो गया--यह इसकी

व्याख्या है--कि सुन कर इतना दुखी हो गया कि दुख में उसका प्राणांत हो गया। वह गिरा और मर गया।

लेकिन जब वह यह कहने में संलग्न था, तभी उसने देखा कि उसका खुद का पक्षी पिंजरे में गिर कर मर गया। पिंजरे की तलहटी में पड़ा है निष्प्राण। फिर भी वह न समझ पाया।

वाहक अक्सर नहीं समझ पाते। पंडित शास्त्रों को ढोते हैं सदियों तक और नहीं समझ पाते। पंडित एक पीढ़ी से दूसरी पीढ़ी तक संदेश पहुंचा देते हैं, और उनके ताले बंद रहते हैं। वे कारागृह में रह जाते हैं।

फिर भी नहीं समझ पाया। तब भी उसने यही समझा कि यह बात ही कुछ गड़बड़ है। यह कहना ही उचित नहीं हुआ। इसका सगा-संबंधी वहां मर गया, उसके मरने की खबर सुन कर यह मर गया। यह मुझे बात ही नहीं उठानी थी। लेकिन जब पिंजरे में पक्षी मर गया तो खोलने के सिवाय कोई उपाय न था। पिंजरा उसने खोल दिया। खोलते ही वह हैरान हुआ, पक्षी फड़फड़ाया, आकाश की तरफ उड़ गया।

यह स्वतंत्रता का राज था। पक्षी समझ गया कि क्या है उपाय। पक्षी को नहीं बांधा हुआ है, यह वह समझ गया; पक्षी के जीवन को बांधा हुआ है। यह जो पिंजरा है, यह पक्षी के जीवंतता के लिए है, पक्षी के लिए नहीं है। पक्षी अगर मर जाए तो यह पिंजरा खत्म हो जाता है। जिसने दरवाजा बंद किया, वह खुद ही खोल देगा। यही सूत्र है।

इस पिंजरे में जहां तुम हो, इस परतंत्रता में जहां तुम बंद हो, इन जंजीरों में जिनमें तुम घिरे हो, ये जंजीरें तुम्हारी जीवंतता के लिए हैं। तुम निष्प्राण हो रहो, इसी क्षण जिसने तुम्हें बांधा है, वे तुम्हारा द्वार खोल देंगे। फिर खुला आकाश तुम्हारा है। मृतवत हो रहो, अगर परम जीवन पाना है।

इसलिए जीसस कहते हैं: 'जो बचाएगा अपने जीवन को, वह खो देगा। जो खोने को राजी है, उसका जीवन बच जाएगा।'

अगर तुम बचाओगे, तुम पिंजरे में रहोगे। तुम अपने ही हाथ लुटा दो, पिंजरा बेकार हो जाता है।

मृतवत हो जाने का क्या अर्थ हो सकता है?

मृतवत हो जाने का अर्थ है, तुम्हारी कोई वासना न हो, तुम्हारी कोई चाह न हो। क्योंकि चाह जीवन का पर्याय है, वासना जीवन का पर्याय है। जब तक तुम मांगते हो, चाहते हो, तब तक तुम जीवित हो। मुर्दा में और तुममें फर्क क्या है? क्योंकि मुर्दा

कुछ मांगता नहीं; उसकी कोई चाह नहीं। मुर्दे में और तुममें फर्क क्या है? कि मुर्दा जहां है, वहीं रहता है, तुम यात्रा करते हो। तुम्हारी आकांक्षा तुम्हें भविष्य में दौड़ाती है। मुर्दा वर्तमान में है, तुम भविष्य में हो; बस यही फर्क है। श्वास चलने न चलने से किसी के जीवित और मुर्दा होने का सवाल नहीं है। जिस व्यक्ति की वासना मिट गई वह मृतवत हो गया।

इसलिए जो लोग जीवन के पक्षपाती हैं--जैसे नीत्शे; नीत्शे कहता है कि भारतीयों की बात भूल कर भी मत सुनना। बुद्ध और महावीरों से दूर रहना, क्योंकि ये खतरनाक लोग हैं। इनका खतरा यह है, वह कहता है कि अगर तुमने इनकी बात मानी तो तुम मृतवत हो जाओगे। तुम मर जाओगे। और जीवन है जीने के लिए। 'अगर तुम्हें जीना है तो मेरी सुनो।' नीत्शे कहता है, 'फैलाओ अपनी वासना को, जितनी फैला सको। बढ़ाओ अपनी आकांक्षा को, जितनी बढ़ा सको। तुम्हारी महत्वाकांक्षा क्षितिज को छू ले और उसके भी पार निकल जाए। तुम रुकना मत अपनी वासना में, तो ही तुम जी सकोगे।' वह भी ठीक कह रहा है। क्योंकि वह दूसरा पहलू है। अगर जीना है तो महत्वाकांक्षा को फैलाओ।

लेकिन जितनी बड़ी महत्वाकांक्षा होती है, उतना ही छोटा पिंजरा हो जाता है। इसलिए सम्राट जिस बुरी तरह कैद होता है, भिखारी उस बुरी तरह कैद नहीं होता। सम्राट का महल अपने ही हाथ से बनाया हुआ कारागृह है। सम्राट के महल में और कारागृह में इतना ही फर्क है कि कारागृह में हम सिपाही को खड़ा करते हैं, ताकि भीतर का आदमी बाहर न चला जाए। सम्राट के महल में सिपाही को खड़ा करते हैं ताकि बाहर का आदमी भीतर न चला जाए। बाकी सिपाही खड़ा है और कारागृह बराबर है। फर्क इतना ही है कि यह खुद का बनाया कारागृह है; इसलिए सम्राट को समझ में नहीं आता है कि मैं गुलाम हूं। कारागृह जब दूसरे बनाते हैं, तब तुम्हें समझ में आता है तुम गुलाम हो। जब तुम खुद ही बनाते हो तो मेहनत भी करते हो, गुलाम भी हो जाते हो। पिंजरे तुम खुद ही ढालते हो। तुम्हारी महत्वाकांक्षाएं तुम्हारे पिंजरे बन जाती हैं।

नीत्शे भी ठीक कहता है, वह दूसरा पहलू है। वह बात तो ठीक ही कह रहा है। बुद्ध के विपरीत नहीं है बात, अगर समझो तो ठीक वही है। नीत्शे कह रहा है: 'अगर तुम जीवन को चाहते हो तो बढ़ाओ आकांक्षा को, महत्वाकांक्षा को। और तनाव से घबड़ाओ मत, तनाव तो जीवन का हिस्सा है। अशांति से बेचैन मत होओ, क्योंकि अशांति के बिना तो तुम मर जाओगे। जीवन अशांति है। शांति की कामना मत करो,

क्योंकि शांति तो केवल मरे हुए को मिल सकती है। जब तक जी रहे हो तब तक कैसे तुम शांत होओगे?'

और नीत्शे कहता है: 'जितनी बड़ी तुम्हारी महत्वाकांक्षा, उतनी जीवन की ऊर्जा तुम्हारे भीतर बहेगी। तुम मृत्यु को मानो ही मत। तुम शाश्वत जीवन को चाहो--फॉर एवर...फॉर एवर। जो सदा चलता रहे, ऐसे जीवन की आकांक्षा करो। मृत्यु को मानो ही मत। और अपने जीवन के लिए अगर तुम्हें दूसरों को मिटाना पड़े तो भय मत करो, मिटाओ। क्योंकि जीवन सदा दूसरे के जीवन पर जीता है।'

नीत्शे की बात मान कर हिटलर पैदा हुआ; वह नीत्शे का शिष्य। तो उसने लाखों लोग काट डाले। दूसरे को मिटाओ, क्योंकि यही तुम्हारे जीवन का ढंग है। बड़ी मछली छोटी मछली को खा जाती है। बड़ा वृक्ष छोटे वृक्ष को सुखा देता है। जमीन से सारा पानी खींच लेता है, छोटा वृक्ष सूख जाता है। बड़े होओ, छोटे को सुखाओ; और डरो मत। दुर्बल को मिटाओ ताकि तुम सफल हो सको।

यह एक दृष्टि है, जिसको चाहे हम बौद्धिक रूप से स्वीकार करें न करें, हम सब व्यवहार करते हैं। यही हमारा आचरण है। बुद्ध और महावीर, या सूफी फकीर कहते हैं कि यह तुम्हारा आचरण ही तुम्हारा कारागृह है। तुम दुखी ही रहोगे। तुम्हारी वासनाएं तुम्हारे चारों तरफ जंजीरें बन जाएंगी। तुम जितना चाहोगे, उतने ही बंधोगे।

एक और भी जीवन है अचाह का; लेकिन उस जीवन की कला मरना सीखना है। इसलिए सब धर्म मृत्यु की कला है। कैसे तुम मिटो! लेकिन ध्यान रहे, मिट कर भी तुम मिटोगे नहीं; तुम्हारा जो व्यर्थ है, वही मिटेगा। तुम उसी दीये को बुझा सकते हो जो तेल बाती वाला है। जो दीया बिन बाती बिन तेल जल रहा है, उसे तुम बुझा भी न सकोगे। तुम उसी को मिटा सकोगे, जो तुम नहीं हो। जो तुम हो, उसे तो मिटाया ही नहीं जा सकता। इसलिए जब धर्म कहता है: मरो तो वही मरेगा, जो मरणधर्मा है। वह मरा ही हुआ है। लेकिन जो तुम्हारे भीतर शाश्वत जीवन है, वह तो मरेगा नहीं।

पक्षी भी सिर्फ मरने का बहाना कर रहा था। उसके भीतर असली तो मरा नहीं था; नहीं तो उड़ता कौन? पक्षी भी मरकर बहाना कर रहा था, अभिनय कर रहा था। सिर्फ मृतवत पड़ा था, मृत था तो नहीं। यह तो टेक्नीक था। यह तो विधि थी। लेकिन विधि कारागृह के मालिक को धोखा दे गई। विधि ने काम किया। उसने दरवाजा खोल दिया। जीवन की धारा तो भीतर बह रही थी। वह तो कभी मिटती नहीं। वह तो अकारण है। वह तो सदा है। उसका कोई अंत और प्रारंभ नहीं। वह धारा उड़ गई आकाश में।

तुम भी जब मरने का बहाना करोगे, तब तुम्हारे भीतर जो मरा हुआ है वही... तुम्हारे भीतर जो जीवन की धारा है, वह नहीं मरती। इसलिए संन्यास मृतवत होने की कला है। 'मृतवत'--ध्यान रखना, तुम मर नहीं जाते हो, मृतवत हो जाते हो। तुम्हारे भीतर जो जग रहा है, जी रहा है, वह तो जीता है; और भी प्रगाढ़ता से जीता है, क्योंकि तुम्हारे शरीर का धुआं उस पर नहीं होता। ज्योति निर्धूम जलती है। और जैसे ही एक बार लोगों ने समझा कि तुम मृतवत हो, तुम कारागृह के बाहर हो। खुला आकाश तुम्हारा है।

यह सूफियों की कुंजी है। यह समस्त सूफियों की कुंजी है--वह सूफी कहीं भी पैदा हुए हों।

महावीर संन्यस्त होना चाहते थे। मां ने कहा: 'बात मत उठाना मेरे सामने जब तक मैं जिंदा हूं, तब तक यह बात मत उठाना। मुझे बड़ा दुख होगा। मैं मर जाऊंगी।' महावीर चुप हो गए। फिर मां चल बसी। पिता भी चल बसे। मरघट से लौटते वक्त महावीर ने अपने बड़े भाई को कहा कि अब आज्ञा दे दो, कि अब मैं संन्यासी हो जाऊं। यह मां और पिता के लिए रुका था कि उनको दुख न हो। भाई ने कहा कि तू भी हद्द पागल है! अभी हम घर भी नहीं लौटे, मां को दफना कर आ रहे हैं, मुझ पर इतना बड़ा दुख टूटा और तू संन्यास लेना चाहता है? यह बात मत उठाना।

महावीर चुप हो रहे। फिर उन्होंने यह बात न उठाई। दो साल बीत गए। लेकिन घर के लोगों को धीरे-धीरे भूल ही गया कि महावीर घर में हैं। वे मृतवत हो रहे। उठते, चलते, बैठते, लेकिन न किसी का विरोध, न किसी के मार्ग में आते, न कोई सलाह देते; जैसे थे ही नहीं। जैसे हवा का एक झोंका हो गए--आया, गया! किसी को पता भी न चलता। घर के लोगों को कई दिन बीत जाते और खयाल न आता कि महावीर क्या कर रहे हैं और क्या हैं, कहां हैं?

आखिर घर के लोग इकट्ठे हुए और उन्होंने कहा हम इस आदमी को व्यर्थ ही रोके हैं, यह तो जा चुका। पिंजरा हम बेकार ही बंद करे हैं, यह तो मर चुका। तो घर के लोग इकट्ठे हुए; और बड़े भाई ने प्रार्थना की, कि तुम जाओ, क्योंकि हम तुम्हें रोक न सके। तुम्हारा इस भांति होना न होना बराबर है। हम क्यों पाप के भागीदार बनें? तुम हो ही नहीं इस घर में। यह महल तुम्हें भूल ही गया। तुम कब आते हो छाया की तरह, तुम कब जाते हो, कुछ पता नहीं चलता।

झेन फकीर कहते हैं, संन्यासी ऐसा हो जाता है जैसे वृक्ष की छाया। छाया--वृक्ष डोलता है तो छाया भी डोलती है, लेकिन छाया के डोलने से जमीन पर पड़ी धूल में कोई विघ्न-बाधा नहीं पड़ती। छाया डोलती है, लेकिन धूल हिलती भी नहीं। धूल को पता भी नहीं चलता, कोई ऊपर बुहारी मार रहा है। लेकिन छाया की कोई बुहारी है? महावीर छाया की भांति हो गए--मृतवत।

सूफी कहानी ठीक ही कहती है। घर के लोग इकट्ठे हुए और उन्होंने कहा: तुम जाओ भी। उन्होंने पिंजरा खोल दिया कि जो मृतवत हो चुका है उसे हम अब क्या रोकेंगे? अब रोकने को कुछ बचा नहीं। जिसकी वासना जा चुकी उसे हम कैसे रोकेंगे? उसके लिए घर ही जंगल हो गया। उसके लिए महल एकांत हो गया। वहां कोई न रहा।

तुम भीड़ में हो, क्योंकि तुम्हारी वासना है। तुम्हारी चाह ही तुम्हारी भीड़ है। तुम घर में बंधे हो क्योंकि तुम्हारी महत्वाकांक्षा है। महत्वाकांक्षा ही तुम्हारा घर है। जिस दिन तुम मृतवत हो--इसको सूत्र समझो। इस भांति जीओ जैसे तुम हो ही नहीं। फिर देखो, क्या घटता है। धीरे-धीरे लोग तुम्हें भूल जाएंगे।

तुम्हें डर लगता है कि लोग भूल न जाएं इसलिए तुम हर हालत कोशिश करते हो कि उनको पता चलता रहे कि तुम हो। घर तुम जाते हो तो जोर से कदम रखते हो, सामान गिराते हो, आवाज करते हो ताकि पता चलता रहे कि तुम हो। बेटा कहता है, 'जरा मैं बाहर खेल आऊं?' कोई हर्ज नहीं है कि वह बाहर खेल आए। तुमसे नहीं पूछता, पूछने की भी कोई जरूरत नहीं; लेकिन तुम कहते हो--'नहीं'। 'नहीं' से पता चलता है कि तुम हो। हां कहोगे, तो किसको पता चलेगा?

संन्यासी अपने को हटा लेता है दूसरों के मार्ग से। वह शोरगुल नहीं करता। वह किसी को बाधा नहीं देता। वह छाया की भांति हो जाता है। डोलता जरूर है, लेकिन धूल हिलती नहीं। ऐसा--नहीं जैसा हो जाने का नाम संन्यास है। और वही कुंजी है संसार के बाहर जाने की। तुम संन्यस्त हुए कि जिनने तुम्हें कारागृह में बांधा है, वे द्वार खोल देंगे। अगर वे द्वार अभी भी बंद किए हैं तो उसका मतलब इतना है कि तुम अभी संन्यस्त नहीं हुए। तुम मरकर गिरे नहीं। तुम अभी भी बैठे, जागे, जीवन से भरे, इच्छा से भरे बैठे हो।

और आखिरी बात समझ लेना; अगर तुम्हारे मन में मुक्त होने की इच्छा भी रह गई तो भी यह पिंजरा खुलेगा नहीं। अगर वह पक्षी सोचता--जैसा कि तुम सोचोगे, तुम्हारा मन सोचेगा--अगर वह पक्षी सोचता कि यह मेरा मालिक इतनी करुणा से भर

गया है उस पक्षी के मरने से, कि शायद अब मुझे मुक्त कर दे! और वह आंखें टकटकी लगाए इस मालिक की तरफ देखता, क्या तुम आशा करते हो, यह मालिक उसका पिंजरा खोलता? यह पिंजरा खुलने वाला नहीं था। यह चाहे कितनी ही करुणा से भर गए हों, यह सब करुणा ऊपर-ऊपर है। करुणा इतनी नहीं है कि पिंजरा खोल देता। यह तो उसने सोचा भी नहीं था कि पिंजरा जाकर खोलना है। यह तो खयाल भी नहीं आया था। अगर इतनी भी वासना इसमें बचती तो यह कुंजी चूक जाता। मोक्ष की आकांक्षा भी मोक्ष में बाधा बन जाती है। न, यह तो समझ ही गया सार।

सूफियों की एक दूसरी कहानी है, बिलकुल ठीक इसके समानांतर।

एक सूफी फकीर नदी में स्नान कर रहा है। एक बड़े दार्शनिक ने जाकर उससे नदी के किनारे खड़े होकर पूछा, 'मैं कई दिनों से तुम्हारी तलाश कर रहा हूं। क्योंकि लोग कहते हैं, तुम्हें मुक्ति का राज मिल गया। मैं पूछने आया हूं, और आज तुम्हें मैंने मौके पर पकड़ लिया है, नदी में स्नान करते। तुम मिलते ही नहीं। तुम कहां जाते हो, कहां ठहरते हो, तुम्हारा कोई पता-ठिकाना नहीं। जहां खोजने जाता हूं वहां पता चलता है, तुम कहीं और चले गए। वहां जाता हूं, पता चलता है, तुम कहीं और चले गए। आज ठीक वक्त पर पकड़ लिया है।'

नदी के किनारे ही खड़े उसने पूछा कि मुक्ति का राज क्या है?

उसका यह कहना था, कि फकीर एकदम जैसे मर गया और नदी की धारा उसे बहाकर ले गई।

उस दार्शनिक ने कहा: यह भी बड़ी भूल हो गई। क्या मैंने ऐसी बुरी बात पूछी, कि इस आदमी के प्राण ही निकल गए? और यह फिर हाथ से निकल गया। और अब इसे कहां पाऊंगा? यह तो मर ही गया। वह वापस लौट आया, जीवन-मरण के संबंध में बड़े विचार करता हुआ; बड़े सिद्धांत, शास्त्रों के उद्धरण भीतर दोहराता हुआ। समझाता हुआ कि आत्मा तो अमर है; दुख की कोई बात नहीं। और यह फकीर तो ज्ञानी था।

लेकिन कुंजी चूक गई। जब उसने कभी वर्षों बाद किसी दूसरे फकीर से पूछा कि मेरी कुछ समझ में नहीं आया कि वह आदमी इतना बड़ा ज्ञानी था, कम से कम उत्तर देकर तो मरता! इतना तो कर ही सकता था कि दो शब्द कह देता। लेकिन मैंने प्रश्न किया, उसने उत्तर भी न दिया और नदी की धारा उसे ले गई। हुआ क्या एकदम से? भला-चंगा था, ऐसा मेरा प्रश्न सुनते ही क्या हुआ?

उस फकीर ने कहा: 'नासमझ! वह बोला और तू सुन न पाया। उसने कहा और तू समझ न पाया। उसने सारी बात कह दी। यह तरकीब है, नदी की धार में मर जाओ और बह जाओ।

जब तक तुम जिंदा हो, तुम धार से लड़ते हो। प्रतिरोध करते हो, संघर्ष करते हो। क्योंकि संघर्ष में अहंकार निर्मित होता है। जीत-हार जहां, वहां अहंकार को मजा है। जब तुम मर जाते हो, नदी की धार बहा ले जाती है।

उस आदमी ने दो बातें कह दीं कि तुम मृतवत हो जाओ, और जीवन की धार को बहने दो; तुम बाधा मत दो। तुम पहुंच जाओगे उस महासागर में, जिसकी तलाश है।

'मरना' और 'बह जाना'--दो सूत्र हैं।

इस कहानी को सोचना मत; बस सुनना और गिर कर मर जाना। पिंजरे में बैठ कर सोच कर दार्शनिक मत बनना, नहीं तो चूक जाओगे। इसे सोचना मत। यह कुंजी है; घुमाना, ताला खुल जाएगा।

भोजन करते वक्त ऐसे भोजन करना, जैसे तुम नहीं हो। चलते वक्त ऐसे चलना, जैसे तुम नहीं हो। बोलते वक्त ऐसे बोलना कि बोलते न बोलते बराबर है। सिंहासन मिल जाए तो ऐसे बैठ जाना, जैसे कि मजबूरी है, बैठ गए। सिंहासन खो जाए तो ऐसे उतर आना, जैसे अपनी कुर्सी से नीचे उतर आते हो, काम में लग जाते हो। 'नहीं हो'--नहींवत! उठना, बैठना, सब करना, लेकिन ऐसे हो जाना, जैसे शून्य हो। जल्दी ही पिंजरे का द्वार तुम खुला पाओगे।

तुम्हारी भीतरी शून्यता ही खुला द्वार है। और तब जहां भी तुम हो, वहीं आकाश है; वहीं मुक्ति है।

आज इतना ही।

१२

पृथ्वी में जड़ें, आकाश में पंख

ओशो, जीवन का गंतव्य क्या है, इस संबंध में प्राचीन हिंदू मनीषी चार चीजें बताते हैं: धर्म, अर्थ, काम और मोक्ष। और आप कहते हैं, मैं तुम्हें एक साथ जीवन में जड़ें देना चाहता हूं और जीवन के महाआकाश में उड़ने के पंख भी। कृपा कर बताएं कि दोनों बातों में मेल क्या है और फर्क क्या है? साथ ही यह भी बताने का कष्ट करें कि प्रज्ञा और तर्क; अमृत और प्रकाश; आनंद और प्रेम; तथा मोक्ष और निर्वाण एक ही लक्ष्य के अलग-अलग नाम हैं, अथवा उनमें भेद भी हैं?

जो भी जानते हैं, उनके लिए इस संसार में और उस संसार में कोई भेद नहीं। जो नहीं जानते हैं, उनके लिए भी उस संसार में और इस संसार में कोई भेद नहीं; लेकिन दोनों के कारण अलग हैं। अज्ञानी को दिखाई पड़ता है यही संसार सब-कुछ है; इसलिए दूसरे संसार का कोई सवाल नहीं। यह भोग, ये इच्छाएं, ये तृष्णाएं, ये आकांक्षाएं, बस यही जीवन है।

एपिकुरस, बृहस्पति और चार्वाक परंपरा के लोग कहते हैं, चाहे घी उधार भी क्यों न लेना पड़े, लेकिन दिल भर कर घी पी लेना। चाहे भोग के लिए झूठ ही क्यों न बोलना पड़े, लेकिन भोग भोग लेना, क्योंकि गया हुआ जीवन वापस नहीं लौटता।

उधार लेकर भोगा या अपने श्रम से भोगा, कोई अंतर नहीं है; क्योंकि मरने के बाद न लेनदार बचता है, न देनदार बचता है; सभी मिट जाते हैं। न कोई नीति है, न कोई अनीति। बृहस्पति और एपिकुरस जैसे विचारक अज्ञानी इस संसार को ही सब कहते हैं; उसके समर्थन में हैं। वे संसारवादी हैं।

इससे बड़ी झंझट पैदा होती है, बड़ा उलझाव खड़ा होता है, क्योंकि परम ज्ञानियों ने कहा है कि वह संसार और यह संसार एक ही है। परम ज्ञानियों को भी कोई भेद नहीं दिखाई पड़ता क्योंकि परम ज्ञानियों को वह संसार जैसे ही दिखाई पड़ता है, यह संसार खो जाता है।

अज्ञान में भी एक बचता है--यह संसार।

और ज्ञान में भी एक बचता है--वह संसार।

लेकिन तुम्हारे लिए दो हैं, क्योंकि न तुम अज्ञानी हो, और न तुम ज्ञानी। और यह बड़ी दुविधा की दशा है। तुम मध्य में हो। त्रिशंकु की तरह चित्त है तुम्हारा। तुम हो तो अज्ञानी, लेकिन समझते खुद को ज्ञानी हो। इसलिए दो संसार हैं। और इन दो संसारों से तुम्हारी सारी तकलीफ पैदा होती है, क्योंकि कहां जाएं? यह संसार खींचता है, इसके विपरीत वह संसार खींचता है। और इसमें प्रवेश करें तो मन में अपराध लगता है कि दूसरे को भटक रहे हैं, चूक रहे हैं। उस तरफ जाएं तो यह संसार खोता हुआ मालूम पड़ता है। तुम्हारी अवस्था धोबी के गधे की तरह है, जो न घर का न घाट का। घाट भी खींचता है, घर भी खींचता है; दोनों विपरीत मालूम पड़ते हैं।

अगर तुम सच में ही अज्ञानी हो, जैसे कि पशु-पक्षी हैं, तो वह संसार नहीं है। पशु-पक्षियों में कोई चिंता नहीं है। चिंता मानवी ईजाद है। वृक्षों में कोई चिंता नहीं है, क्योंकि चिंता तो तब पैदा होती है जब विपरीत लक्ष्य मन में जगह बना ले। जब तुम दो तरफ खिंचे जाने लगो, तब तनाव पैदा होता है। जब तुम एक ही तरफ जा रहे होते हो, तब कोई तनाव पैदा नहीं होता। तनाव का अर्थ ही है कि तुम्हारे दो विपरीत गंतव्य हैं।

इसलिए जितना तनाव हो, उतना ही समझना कि तुम दो दिशाओं में एक साथ यात्रा कर रहे हो। दो नावों पर सवार हो, जो दो अलग तरफ जा रही हैं। एक इस किनारे की तरफ, एक उस किनारे की तरफ। तुम्हारी तकलीफ गहन है। और तुम एक नाव में सवार भी नहीं हो पाते क्योंकि तुम पशुओं की भांति अज्ञानी भी नहीं और तुम बुद्धों की भांति ज्ञानी भी नहीं।

अज्ञान भी अद्वैतवादी है और ज्ञान भी अद्वैतवादी है।

इसलिए समस्त पदार्थवादी कहते हैं, बस पदार्थ की ही सत्ता है, परमात्मा की नहीं। संसार ही सत्य है और सब असत्य। शरीर ही सब-कुछ है, आत्मा कुछ भी नहीं! अद्वैतवादी हैं--एपिकुरस, दीदरो, मार्क्स, एंजिल्स, लेनिन, स्टैलिन, माओ--सब अद्वैतवादी हैं; एक को ही मानते हैं।

और परम ज्ञानी भी कहता है कि ब्रह्म ही है, माया का कोई अस्तित्व नहीं। वही सत्य है, यह सब झूठ है। तुम आत्मा हो, शरीर आभास है। तो महावीर, बुद्ध, शंकर, रमण--वे सब भी अद्वैतवादी हैं।

तुम द्वैतवादी हो; यह तुम्हारा तनाव है। तुम्हारी मुसीबत यह है कि एक तरफ से पशु तुम्हें खींच रहा है और एक तरफ से बुद्ध तुम्हें खींच रहे हैं। तुम्हारी आंखें बुद्ध पर लगी हैं और तुम्हारे पैर पशुओं से जुड़े हैं। तुम सीढ़ी के मध्य में लटके हो। तुम्हारे पैर नीचे की तरफ जाना चाहते हैं, तुम्हारी आंखें ऊपर की तरफ जाना चाहती हैं। तुम्हारा जीवन बड़ा कष्ट का होगा।

यूनान में ऐसा हुआ कि एक बहुत बड़ा ज्योतिषी एक रात तारों का अध्ययन करता हुआ, आकाश को देखता हुआ चल रहा था कि एक कुएं में गिर पड़ा। आंख आकाश पर लगी थी, कुएं का पता ही न चला। चिल्लाया, घबड़ा गया। रास्ता वीरान था। सिर्फ दूर किसी एक झोपड़े में एक बूढ़ी औरत थी; कोई किसान की मां। आवाज सुन कर आई। उसने झांक कर नीचे देखा तो उस ज्योतिषी ने कहा: 'मां, मुझे निकाल। मैं एक महा ज्योतिषी हूं। शायद तुमने मेरा नाम सुना हो। एथेंस में कौन है, जो मुझे न जानता हो? दूर-दिगंत तक मेरी ख्याति है।' अपना नाम उसने बताया और उसने कहा कि बड़े-बड़े सम्राट अपनी जन्मकुंडली दिखाने मेरे पास आते हैं। हजारों रुपया मेरी फी है। तू मुझे बाहर निकाल ले, तेरी जन्मकुंडली मैं मुफ्त ही देख दूंगा। तेरा भविष्य मैं ऐसे ही बता दूंगा।

उस बूढ़ी स्त्री ने कहा: 'जिसको सामने का कुआं नहीं दिखाई पड़ता, उसको दूर के आकाश के तारे क्या समझ में आते होंगे। तू अपनी जन्मकुंडली और अपने ज्ञान को अपने पास रख। और जिसे यह भी नहीं दिखाई पड़ता कि वह कुएं में गिरने जा रहा है, वह दूर का भविष्य कैसे देख पाएगा?--दूसरे का, वह भी! तुझे बाहर निकाल देती हूं, लेकिन मुझे तेरे ज्योतिष से कुछ लेना-देना नहीं है!'

हम सभी कुओं में गिर पड़ते हैं, क्योंकि पैर कहीं जा रहे हैं, आंखें कहीं देख रही हैं। हम जगह-जगह टकराते हैं। हमारी पूरी जिंदगी एक संघर्ष के अतिरिक्त और कुछ

भी मालूम नहीं पड़ती। चले नहीं कि टकराए; उठे नहीं कि गिरे; कदम उठाया नहीं कि भटके।

और कहीं भी जाएं, कष्ट मालूम पड़ता है। अगर संसार में जाएं तो पीछे ग्लानि लगती है कि चूक रहे हैं। इतनी देर में तो परमात्मा मिल जाता, मंदिर में जाकर प्रार्थना कर ली होती, ध्यान कर लिया होता। इस संसार में क्या रखा है? ज्ञानियों के शब्द याद आते हैं, जब तुम संसार में जाते हो।

जब तुम संभोग में उतरते हो, तब तुम्हें समाधि पकड़ती है; तब तुम्हें खयाल आता है कि कहां जीवन को खो रहा हूं! शक्ति नष्ट कर रहा हूं। परम अवसर मिला है, उससे राम मिल जाता; उसको काम में गंवा रहा हूं। राम तुम्हें याद आता है काम के क्षण में। उसकी वजह से काम भी सुखद नहीं रह जाता। पशुओं की कामवासना बड़ी सुखद और निर्दोष है। आदमी की कामवासना भी एक चिंता का भार है। वह भी दूसरी दृष्टि में धुआं ही धुआं है।

और जब तुम राम को भजने जाते हो मंदिर में, जब तुम आंख बंद करके पालथी लगाते हो, जब तुम बैठते हो सिद्धासन में--बस तुम बैठ भी नहीं पाए कि काम पकड़ लेता है। मन में दोहराते हो राम-राम-राम; वह ऊपर ही ऊपर चलता है, भीतर गहरे में काम ही काम दुहरता है। इधर राम की याद करते हो, कोई सुंदर स्त्री याद आती है, कोई सुंदर पुरुष याद आता है, सपने खड़े होते हैं। जब भी दुकान पर बैठते हो, तब दान की इच्छा आती है। जब भी दान देने जाते हो, तब तुम्हें दुकान का खयाल आता है। तुम कहीं भी पूरे नहीं जा पाते, क्योंकि तुम आधे-आधे बंटे हो।

लोग मेरे पास आते हैं, वे कहते हैं, जब भी हम ध्यान करने बैठते हैं तो दूसरी बातें याद आती हैं। किस तरह इनको रोकें? तो मैं उनसे कहता हूं, जब तुम दूसरी बातें करते हो तब ध्यान याद आता है कि नहीं? वे कहते हैं, याद आता है। मैं उनसे पूछता हूं, उसको रोकना है कि नहीं? वे कहते हैं, आप भी कैसी बातें कर रहे हैं! वह तो अच्छा लक्षण है।

जब तुम खाना खा रहे हो तब ध्यान याद आए, यह अच्छा लक्षण है? और जब तुम ध्यान कर रहे हो तब खाना याद आए, यह बुरा लक्षण है? यह कैसा गणित हुआ? और इस गणित को मानने वाला कभी भी उस अवस्था में नहीं पहुंचेगा, जब ध्यान करे और भोजन की याद न आए। जब तुम भोजन कर रहे हो, तब ध्यान की भी याद नहीं आनी चाहिए; तभी यह घटना घटेगी कि जब तुम ध्यान करोगे, तब भोजन तुम्हें नहीं

सताएगा। जब तुम संभोग में हो तब समाधि का आकर्षण शून्य हो जाना चाहिए; तभी वह घड़ी आएगी जब समाधि में तुम प्रवेश करोगे, संभोग तुम्हें नहीं खींचेगा। अन्यथा तुम सदा ही बंटे-बंटे रहोगे।

द्वैतवादी कभी भी अखंड नहीं हो सकता। इसलिए अखंड जिन्होंने होना चाहा उन्होंने अद्वैत की बात कही। क्योंकि जब तक दो हैं, तब तक तुम दोनों को पाना चाहोगे। जब एक बचेगा, तभी तुम्हारी आकांक्षा दो की समाप्त होगी और यात्रा सुगम होगी। तब तुम्हारे जीवन से चिंता और भार विदा हो जाएगा।

मैं जो कहता हूं कि तुम्हें इस पृथ्वी में मैं जड़ें देना चाहता हूं और उस आकाश में तुम्हें पंख देना चाहता हूं, उसका कारण है। उसका कारण यह नहीं है कि पृथ्वी और आकाश अलग-अलग हैं। बताओ कहां पृथ्वी समाप्त होती है, और कहां आकाश शुरू होता है? खोदो गड्ढा पृथ्वी में; तुम जहां तक खोदोगे, वहीं तक पाओगे आकाश है। उतरो गहरे कुएं में, हटाओ मिट्टी को; जितना तुम हटाओगे, पाओगे, वहीं आकाश है। कहां शुरू होता है आकाश?

पृथ्वी भी श्वास लेती है। पृथ्वी भी पोरस है; उसके अंग-अंग में आकाश समाया है। वैज्ञानिक से पूछो, वह कहता है कि अगर हम पृथ्वी से सारे आकाश को बाहर निकाल दें तो पृथ्वी एक नारंगी की तरह छोटी रह जाएगी--सिर्फ एक नारंगी की तरह। इतना आकाश है, इतनी सी पृथ्वी है। मैटर तो इतना सा है, बाकी तो खाली शून्य है।

और अगर तुम्हारे भीतर से आकाश बाहर निकाल दिया जाए, तुम्हें पता है तुम्हारी क्या गति होगी? जब पृथ्वी नारंगी के बराबर रह जाए, आकाश अलग कर लेने पर--और यह भी ठीक नहीं है क्योंकि आकाश अलग किया नहीं जा सकता, फिर भी बचेगा; हमारे साधन चुक जाएंगे। अगर और साधन हों तो पृथ्वी और छोटी हो जाएगी; और साधन हों... अगर हमारे पास पूरे साधन हों तो पृथ्वी खो जाएगी, आकाश ही रह जाएगा।

जब तुम मां के पेट में एक छोटे से अणु थे तो तुम्हें पता है, क्या बात थी? उसमें और अब में तुममें क्या फर्क पड़ा था? थोड़ा ज्यादा आकाश तुममें प्रवेश कर गया है। तब तुम कंडेंस्ड थे।

वैज्ञानिक कहते हैं, इस सदी के पूरे होते-होते हम चीजों को आकाश से खाली करने की कला में कुशल हो जाएंगे। तो वे कहते हैं, इक्कीसवीं सदी में ऐसी घटना घट सकती है कि एक आदमी एक ट्रेन से उतरे और चिल्लाए कि दस-बारह कुलियों की

जरूरत है। और उसके पास-पड़ोस के यात्री उससे कहें कि सामान तो तुम्हारा दिखाई नहीं पड़ता। सिर्फ एक सिगरेट की डिब्बी रखे हुए है, उस पर एक माचिस रखी है। किसके लिए दस-बारह कुली बुला रहे हो?

वह कहता है, थोड़ा रुको। वे दस-बारह कुली आते हैं और सिगरेट के डिब्बे को नहीं उठा पाते, क्योंकि उसमें एक कार 'कंडेंस्ड' है। उसका, आकाश कार का बाहर निकाल लिया गया है। तो वह माचिस की डब्बी में, सिगरेट की डब्बी में समा जाती है। इतनी बड़ी कार को अमरीका से भारत लाना फिजूल है, बहुत जगह घेरती है, वहां कार को कंडेंस्ड कर लेंगे। जैसे कंडेंस्ड मिल्क है, ऐसी कार कंडेंस्ड है। फिर उसको यहां लाकर फैक्टरी में फुला लेंगे। आकाश उसमें वापस डाल देंगे तब वह फिर बड़ी हो जाएगी। तो बड़े-बड़े हवाई जहाज, रेल के इंजन माचिस के डिब्बी में आ सकेंगे।

जब पूरी पृथ्वी का आकाश खिंच कर नारंगी के बराबर हो जाता है, तुम्हारे भीतर का आकाश खिंच जाएगा, तुम क्या बचोगे? खाली आंख से देखे न जा सकोगे। मां के पेट में तुम्हारा जो अणु था, उसको देखने के लिए यंत्र चाहिए, खुर्दबीन चाहिए। खाली आंख से तुम देखे नहीं जा सकते थे।

कहां पृथ्वी शुरू होती है, कहां आकाश समाप्त होता है? रोज नई पृथ्वियां बन रही हैं, कोरे आकाश से निकलती हैं। और रोज पृथ्वियां खो जाती हैं, कोरे आकाश में लीन हो जाती हैं।

हिंदू इसको कहते हैं कि जब प्रलय होता है तो सब आकाश हो जाता है। प्रलय का अर्थ है: सिर्फ आकाश रह जाता है, शून्य रह जाता है; सब पदार्थ खो जाते हैं। और जब पुनः सृष्टि होती है तो फिर पदार्थ प्रकट होता है। शून्य से आता है संसार, शून्य में ही जाता है।

विज्ञान की जितनी खोज आगे बढ़ती है उतना ही पता चलता है कि हिंदुओं की धारणाएं सच मालूम होती हैं, बाकी और धारणाएं बचकानी मालूम पड़ती हैं, क्योंकि हिंदू कहते हैं जगत शून्य से आया; ना-कुछ से आया और फिर ना-कुछ में चला जाएगा। इसका मतलब यह हुआ कि ना-कुछ, सब-कुछ का ही छिपा हुआ रूप है। इसलिए जब मैं कहता हूं शून्य, तो तुम यह मत समझ लेना कि ना-कुछ।

शून्य का अर्थ: छिपा हुआ पूर्ण; अप्रकट पूर्ण। पूर्ण का अर्थ: प्रकट हो गया शून्य।

जब मैं तुमसे नहीं बोल रहा था, आकर बैठा था इस कुर्सी पर क्षण भर को, तब शून्य था। फिर मैं बोला। कहां से आया यह शब्द? शून्य से बनी यह ध्वनि, शब्द;

फैला, तुम तक पहुंचा। शब्द पदार्थ है इसलिए शब्द को रिकॉर्ड किया जा सकता है। उसकी चोट है। इसलिए शब्द सुना जा सकता है, क्योंकि तुम्हारे कान पर धक्का मारता है। शून्य सुना नहीं जा सकता, क्योंकि शून्य अपदार्थ है। जन्म के पहले तुम क्या थे? मरने के बाद तुम कहां होओगे? जन्म के पहले तुम अप्रकट थे। छिपा है छोटे से बीज में पूरा वृक्ष।

एक वैज्ञानिक वनस्पतिशास्त्री प्रयोग कर रहा था। सभी का यही खयाल है कि जब वृक्ष बड़ा होता है तो वृक्ष में जो पदार्थ आ रहा है, वह पदार्थ मिट्टी, खाद, पानी, रोशनी, इनसे आ रहा है। बड़ी अनूठी खोज है वनस्पतिशास्त्रियों की। वे कहते हैं, यह बात सब गलत सिद्ध हुई। एक वनस्पतिशास्त्री ने वर्षों तक प्रयोग किया एक पौधे पर। जब उसने पौधे के बीज को गमले में डाला तो गमले का वजन लिया। रत्ती-रत्ती वजन का हिसाब रखा। कोई भी खाद डाला तो वजन लिया। वृक्ष बड़ा हो गया तब वजन लिया तो बड़ा हैरान हुआ; क्योंकि जितना वजन उसने डाला था, उससे यह वजन तो कई गुना ज्यादा था।

तो उसने वृक्ष के पौधे को बिलकुल अलग कर लिया, निकाल लिया। रत्ती भर मिट्टी उसके साथ न जाने दी। और जब उसने तौला तो वह चकित हुआ। वह वजन उतना ही था, जितना होना चाहिए। जितनी मिट्टी, खाद डाली थी, जितना वजन था शुरू में बीज डालने के पहले, यह वजन गमले का उतना का उतना था। मिट्टी इसमें से रत्ती भर बाहर नहीं गई। खाद गया नहीं कहीं; और यह वृक्ष इतना बड़ा है, जो कि गमले से तीन-चार गुना ज्यादा वजनी है। यह कहां से वृक्ष आया? इस वृक्ष में जो पदार्थ पैदा हुआ, वह आकाश से आया।

सिर्फ हिंदुओं ने स्वीकार किया है पंच-तत्वों में आकाश को; कि तुम्हारे शरीर में चार तत्व तो हैं ही--जल है, पृथ्वी है, पानी है, अग्नि है; एक चौथा, चार के पार एक पांचवां भी पदार्थ है: आकाश।

चार्वाक चार को मानते हैं। वे कहते हैं, पंच पदार्थ से आदमी नहीं बना, क्योंकि आकाश न तो दिखाई पड़ता है, न तौला जा सकता है, न नापा जा सकता है; आकाश तो बातचीत है। यह आकाश तो ईश्वर जैसा कोरा सिद्धांत है। आदमी चार से बना है--अग्नि, जल, मिट्टी, वायु; इनसे बना है। आकाश नहीं है। आकाश दिखाई नहीं पड़ता।

लेकिन वनस्पतिशास्त्री कहते हैं, ये पूरे इतने-इतने बड़े वृक्ष आकाश से आ रहे हैं। तुम भी जो बड़े हो रहे हो, मां के पेट में जो अणु विकसित हो रहा है, फिर तुम्हारा

जन्म हो रहा है, फिर तुम बढ़ रहे हो। कुछ भी तुम्हारा वजन न था, बीज की तरह थे तुम मां के पेट में; और अब तुम सौ किलो के हो सकते हो। तुममें जो वजन आया है, यह तुम्हारे भोजन से आया है? बड़ी कठिन बात है; यह आकाश से आया है।

अब तक इस संबंध में वैसी खोज नहीं हो सकी, जैसी पौधे के संबंध में हुई है; लेकिन अमरीका का एक वैज्ञानिक कहता है कि यह भी आकाश से आया है, क्योंकि आदमी भी पौधे से भिन्न नहीं हो सकता; यह भी शून्य से आया है। उस वैज्ञानिक का कहना है, इसलिए हम कभी न कभी वह तरकीब खोज लेंगे कि आदमी बिना भोजन के जी सके। वह कहता है, भोजन की जीने के लिए जरूरत नहीं है, भोजन सिर्फ एक पुरानी आदत है। इसलिए कुछ लोग बिना भोजन के ही जीए हैं। महावीर की कथा में अर्थ मालूम पड़ता है कि बारह साल में उन्होंने केवल तीन सौ पैंसठ दिन भोजन लिया, ग्यारह साल भूखे रहे।

यूरोप में बवेरिया में थेरेसा न्यूमन नाम की एक स्त्री इसी सदी में चालीस साल तक बिना भोजन के रही। दुबली-पतली औरत नहीं थी, वह वैसी ही रही वजनी, जैसी वजनी थी। काफी हृष्ट-पुष्ट स्त्री थी। और भी एक चमत्कार उसके साथ घट रहा था, जिसको कि ईसाई स्टिगमेटा कहते हैं। स्टिगमेटा एक ईसाई घटना है; कीमती है। भक्त जब जीसस के साथ इतना एक हो जाता है कि उसके सब फासले टूट जाते हैं, तो शुक्रवार के दिन जब जीसस को सूली लगी तब उस भक्त के हाथों में, जहां जीसस को खीले चुभाए गए थे, हृदय में जहां खीला चुभाया गया था, पैरों में... सब तरफ छेद हो जाते हैं शुक्रवार के दिन; जैसे कि निश्चित खीले चुभा कर छेद किए गए हों! और उनसे सतत खून की धार बहने लगती है।

यह थेरेसा न्यूमन को चालीस साल तक निरंतर हुआ। न तो वह भोजन करती। चालीस साल तक निरंतर शुक्रवार को उसके हाथों-पैरों और हृदय से खून की धारा बहने लगती, घाव पैदा हो जाते। चौबीस घंटे के भीतर घाव भर जाते। खून बंद हो जाता। और उसके वजन में कभी फर्क न पड़ा।

पश्चिम के चिकित्सा-शास्त्रियों के लिए न्यूमन एक चमत्कार हो गई। बड़े अध्ययन किए गए उसके। उसकी सारी पेट की अस्थियां सिकुड़ कर कांटे जैसी हो गई थीं क्योंकि उनसे कोई भी भोजन नहीं गुजर रहा था। उसका पेट बिलकुल सिकुड़ गया था। उसका उपयोग ही चालीस साल से नहीं हुआ था। लेकिन शरीर उसका कायम रहा। शरीर का वजन कायम रहा। और हर शुक्रवार को यह जो खून का रक्तपात हो रहा है, इससे भी

उसके शरीर के वजन में कोई फर्क न पड़ा। उसके हजारों कपड़े इकट्ठे किए गए हैं, जिन पर खून के धब्बे हैं; क्योंकि हर शुक्रवार को...।

क्या घटना घट रही थी?

हिंदू कहते हैं, तुम्हारा मौलिक आधार आकाश है। वैज्ञानिक जो खोज करते हैं, वे कहते हैं, फिर इस भोजन की क्या जरूरत है? अगर आदमी बिना भोजन के जी सकता है, अगर एक जी सकता है तो सब जी सकते हैं। अपवाद यहां कोई भी नहीं है। वह जो एक है, उससे नियम सिद्ध होता है। एक अनूठी बात उनके खयाल में आई है और वह यह कि भोजन से केवल तुम्हारे भीतर...।

जैसे कि पानी से बिजली पैदा की जाती है, तो पानी से बिजली पैदा करने के लिए डाइनेमो लगाने पड़ते हैं। पानी उन पर गिरता है। डाइनेमो का चक्कर घूमता है, उससे बिजली पैदा होती है। बिजली घूमते हुए चक्र से पैदा नहीं होती, बिजली तो पानी से पैदा होती है, लेकिन अगर चक्र न घूमे तो नहीं पैदा होती। बिजली तो पानी में छिपी है, लेकिन उस चके की जरूरत है ताकि पानी गतिमान हो जाए।

कुछ वैज्ञानिकों का कहना है कि भोजन केवल तुम्हारे भीतर छिपे हुए जीवन-तत्व को गतिमान करता है। उससे कुछ तुम्हें मिलता नहीं। जैसे पानी गिरता है चके पर, न तो चके से बिजली निकलती है, न चका पानी को कुछ देता; लेकिन चका सिर्फ पानी की चोट से घूमता है। उस घूमने के कारण पानी में छिपी बिजली प्रकट होती है। तुम्हारे भीतर रोज गिरता हुआ भोजन तुम्हारे आकाश को कंपाता है, आकाश को गतिमान करता है। भोजन तो मल बन कर निकल जाता है, लेकिन तुम्हारा आकाश गतिमान हो जाता है; उससे जीवन पैदा होता है।

इस सिद्धांत के सत्य होने की करीब-करीब संभावना है, क्योंकि यही संतों का अनुभव भी है। किसी दिन यह आसान होगा कि पृथ्वी पर आदमी बिना भोजन के रह सके। और अब अगर बिना भोजन का न रहा तो रह भी न सकेगा, क्योंकि आदमी ज्यादा होते जाते हैं, और भोजन कम पड़ता जाता है।

आकाश तुम्हारा भोजन है। आकाश शून्य है, लेकिन तुम्हारे भीतर जाकर अभिव्यक्त होता है, पदार्थ बनता है, प्रकट होता है। सृष्टि और प्रलय अंत में ही नहीं घटते, तुम्हारे जन्म के साथ सृष्टि शुरू होती है, तुम्हारी मृत्यु के साथ तुम्हारा प्रलय हो जाता है। कम से कम तुम शून्य और पूर्ण के बीच बहुत बार घूम चुके हो।

कहां शुरू होती है पृथ्वी? कहां शुरू होता है पदार्थ? कहां अंत होता है आकाश का? नहीं, वे दोनों मिले-जुले हैं। यह ऐसे ही है, जैसे एक पत्थर की चट्टान पानी में तैर रही हो; अलग दिखती है, क्योंकि पानी अलग, चट्टान अलग। पानी से ऊपर उठी दिखती है; लेकिन कहां पत्थर की बरफ की चट्टान अलग होती है पानी से? कहीं भी अलग नहीं होती। प्रतिपल बरफ पिघल रहा है और नदी बन रहा है। और यह भी हो सकता है, प्रतिपल नदी जम रही है और बरफ बन रही है। वे दोनों एक ही अस्तित्व के दो छोर हैं। एक ठोस हो गया, एक तरल।

बस, ऐसी ही पृथ्वी और आकाश है। पृथ्वी ठोस हो गई, आकाश तरल है। पृथ्वी व्यक्त हो गई, आकाश अनभिव्यक्त! पृथ्वियां पिघल रही हैं, क्योंकि पुरानी हो जाती हैं, जरा जीर्ण हो जाती हैं। उनको शून्य में वापस जाना पड़ता है। जैसे तुम्हें मृत्यु में वापस जाना पड़ता है फिर ताजा होने को, फिर बच्चे की तरह पैदा होने को, ऐसे पृथ्वियों को आकाश में जाना पड़ता है। फिर नई पृथ्वियां पैदा हो रही हैं।

तो जब मैं तुमसे कहता हूं, इस पृथ्वी में तुम्हें जड़ें और उस आकाश में तुम्हें पंख देना चाहता हूं, तो तुम यह मत सोचना कि मैं पृथ्वी और आकाश को अलग-अलग कर रहा हूं। सिर्फ तुम्हारे कारण द्वैत की भाषा का उपयोग कर रहा हूं, क्योंकि तुम वही भाषा समझ सकते हो। अद्वैत की भाषा बेबूझ हो जाती है, पागलपन मालूम पड़ने लगती है, उलटबांसी हो जाती है; फिर समझ में नहीं आती।

और तुम्हें समझाने के लिए प्रयास कर रहा हूं। कुछ ऐसी बात कहूं, जो तुम्हारी समझ में ही न आए तो तुम्हारे मन के द्वार बंद ही हो जाते हैं। इसलिए तुम्हारी भाषा बोल रहा हूं। और तुम्हारी भाषा में उसको डालने की कोशिश कर रहा हूं, जो तुम्हारी भाषा में ढालना करीब-करीब असंभव है। सभी संत असंभव चेष्टा कर रहे हैं। वे कहना चाहते हैं, जो नहीं कहा जा सकता। उससे कहना चाहते हैं, जो सुनने की स्थिति में नहीं है। तुम द्वैत में जीते हो, तुम दो को समझते हो। तुमने एक में कोई जीवन जाना नहीं है। लेकिन वही असली जीवन है।

तो जब मैं कहता हूं 'इस' पृथ्वी और 'उस' आकाश में, तो मैं दो की बात नहीं कर रहा हूं, तुम्हारी वजह से दो शब्दों का उपयोग कर रहा हूं। मेरे लिए तो वह आकाश यही पृथ्वी है, और यही पृथ्वी वह आकाश है।

लेकिन स्मरण रखना, अज्ञान में भी अद्वैत होता है और ज्ञान में भी। मैं पशुओं वाला अद्वैत तुम्हारे लिए नहीं चाहता। उन्हें एक दिखाई पड़ता है, क्योंकि वे अंधे हैं।

अंधेरे में सब चीजें एक हो जाती हैं, क्योंकि दिखाई नहीं पड़ता। देखने के लिए आंखें चाहिए और एक देखने के लिए बड़ी गहरी आंखें चाहिए, जो कि सभी भेदों और सीमाओं के पार देख सके।

तो एकता दो तरह की है; एक तो अंधेरे की एकता है। घर में बिजली बुझ गई, एकता सिद्ध हो गई। अंधेरा एक है। अब न टेबल कुर्सी से अलग है, न आदमी औरत से अलग है। अब कुछ अलग नहीं, सब इकट्ठा हो गया। अंधेरे में सब एक हो जाता है, क्योंकि दिखाई नहीं पड़ता। आंख भेद पैदा करती है, क्योंकि दिखाई पड़ता है, तो सीमाएं दिखाई पड़ती हैं।

तो एक तो अंधे की एकता है; वह प्रकृतिवादी नास्तिक की एकता है। वह अज्ञानी की एकता है। और एक उस ज्ञानी की एकता है, जो इतना गहरा देखता है, जिसकी आंखें एक्सरे की तरह देखती हैं कि तुम उसके लिए ट्रांसपेरेंट हो जाते हो, पारदर्शी हो जाते हो। वह तुम्हें ही नहीं देखता, तुम्हारे आर-पार देखता है। और तब सीमाएं फिर खो जाती हैं और असीम प्रकट हो जाता है।

तो मैं उस अद्वैत की बात कर रहा हूं, जो गहरी आंख से उपलब्ध होता है। उस अद्वैत की नहीं, जो अंधी आंख का अद्वैत है। इसलिए बहुत से लोग मेरे शब्दों को सुन कर बहुत बार भ्रांति में पड़ जाते हैं। कोई सोचता है, शायद मैं नास्तिक हूं। कोई सोचता है, शायद मैं परमात्मा को नहीं मानता। आस्तिक आता है तो वह मेरे पास दिक्कत में पड़ता है, क्योंकि उसको लगता है, इस संसार का विरोध मुझे करना चाहिए, तभी तो उस संसार का पक्ष होगा। वह दो की भाषा में सोचता है। वह सोचता है कि मैं नास्तिक हूं। नास्तिक मेरे पास आता है तो वह कहता है, उस संसार की बात ही क्यों करनी? यह संसार काफी है। दोनों मेरे पास से असंतुष्ट लौटते हैं। दोनों मेरे पास से नाराज लौटते हैं। नास्तिक सोचता है कि मैं छिपा हुआ आस्तिक हूं; आस्तिक सोचता है, मैं छिपा हुआ नास्तिक हूं। मैं दोनों नहीं हूं। क्योंकि हां कहो तो तुमने अस्तित्व को तोड़ दिया। ना कहो तो तुमने अस्तित्व को तोड़ दिया। जहां हां और ना समानार्थी हो जाते हैं, वहां धर्म का जन्म है। जहां हां और ना एक हो जाते हैं, वहां धर्म का जन्म है।

मेरी अड़चन तुम्हें समझ में आ सकती है। इस संसार के मैं विरोध में नहीं हूं, क्योंकि मैं जानता हूं, इसी में वह दूसरा संसार छिपा है। मैं तुम्हारे शरीर के विरोध में नहीं हूं, क्योंकि मैं जानता हूं, इसी में वह अशरीरी वास कर रहा है। मैं तुम्हारे भोग के विरोध में नहीं हूं, क्योंकि तुम इसी में अगर गहरे गए, होशपूर्वक गए तो तुम्हें पतंजलि का

सारा योग वहां लिखा हुआ मिल जाएगा। मैं संभोग के विपरीत नहीं बोलता, क्योंकि मैं जानता हूं, उसी में अगर तुम अपने को पूर्ण रूप से छोड़ सके और होश तुमने कायम रखा, बेहोश न हुए तो तुम्हें समाधि का पहला स्वाद उपलब्ध हो जाएगा।

समाधि की पहली सीढ़ी वहीं रखी जाएगी, जहां तुम हो। तुम जहां नहीं हो, वहां समाधि की सीढ़ी रखी रहे, उससे तुम कैसे यात्रा करोगे? कैसे चढ़ोगे? उसका क्या अर्थ है? तुम जहां हो, वहीं हमें परमात्मा की पहली सीढ़ी रखनी पड़ेगी, ताकि तुम वहां से यात्रा करो। तुम्हारे संसार में ही कहीं मंदिर को बनाना पड़ेगा, और तुम्हारे घर में ही सीढ़ी टिकानी पड़ेगी। निश्चित दूसरा छोर आकाश में चला जाएगा। लेकिन पहला छोर तुम्हारे पास होना चाहिए। अगर पहला छोर भी तुमसे दूर है तो यात्रा कैसे शुरू होगी?

इस पृथ्वी से मेरा अर्थ है: तुम जहां हो। उस आकाश से मेरा अर्थ है: तुम्हें जहां होना चाहिए। इस पृथ्वी से मेरा अर्थ है: तुम जो आज दिखाई पड़ते हो। उस आकाश से मेरा अर्थ है: वह, जो तुम अपनी परम गरिमा में जब पहुंचोगे तो प्रकट होगा। इस पृथ्वी से अर्थ है: तुम्हारे बीज जैसे व्यक्तित्व का; उस आकाश से अर्थ है: तुम्हारे वृक्ष जैसे प्रकट हो गए परमात्मा का।

नीत्शे ने कहा है कि आदमी एक सीढ़ी है जो दो अनंतताओं के बीच टिकी है। तो ठीक कहा है कि आदमी एक पुल है, जो दो अनंतताओं के बीच में फैला हुआ है। उस पुल को बनाने की चेष्टा है। तुम एक किनारे खड़े हो, इस किनारे खड़े हो। और तुम्हारे धर्मगुरु कहते हैं, धर्म उस किनारे है। तुम क्या करो? उस किनारे तुम हो नहीं, इसलिए धर्म को तुम जीओगे कैसे?

इसलिए लोग धर्म को टालते हैं, जब तक मौत न आ जाए। वे कहते हैं, बुढ़ापे में देखेंगे। जब वह किनारा पास आने लगेगा, तब सोचेंगे; अभी तो बहुत दूर है। धर्म को लोग सोचते हैं बिना मरे उपलब्ध ही न होगा। और जो जीवन में उपलब्ध न हो सके, वह तुम्हें मर कर कैसे उपलब्ध होगा? जो तुम्हें आज न मिल सके वह तुम्हें कल कैसे मिलेगा? क्योंकि कल के बीज आज बोए जा रहे हैं। और कल जो फसल तुम काटोगे, उसकी तैयारी आज करनी है। और आज अगर तुम बैठे रहे तो कल कोई फसल कटने वाली नहीं। तुम इसी किनारे पर रहोगे।

तो एक तो तथाकथित धर्मगुरु हैं, वे कहते हैं, धर्म है उस किनारे पर। वे दिखाई तो पड़ते हैं कि धार्मिक हैं, लेकिन वे अधर्म के जन्मदाता हो जाते हैं। क्योंकि तुम उस किनारे पर नहीं हो। किनारा इतना दूर है कि दिखाई भी नहीं पड़ता। तब तुम क्या करो?

और दूसरे तथाकथित नास्तिक हैं, पदार्थवादी हैं, भौतिकवादी हैं, वे कहते हैं, यही किनारा है। जो दिखाई पड़ता है, वही सच है। और जब पुरोहित कहता है कि वह किनारा धर्म है, वहां परमात्मा है; और नास्तिक कहते हैं कि यह किनारा तो दिखाई पड़ता है, यहां तुम हो, इसे भोग लो; जो हाथ में है उसे छोड़ो मत--उसके लिए जो आशा और सपने में है। पता नहीं मिले या न मिले! फिर उस किनारे से कोई कभी लौट कर खबर भी नहीं देता कि वह किनारा है। कहीं ऐसी भ्रांति न करना कि यह किनारा भी छोड़ दो और वह किनारा भी न हो। तो तुम दोनों तरफ से गए!

तो तुम्हारे पुरोहित और तुम्हारे नास्तिक दोनों सांठ-गांठ में मालूम पड़ते हैं। दोनों की कान्स्प्रेसी है। तुम्हारा पुरोहित तुम्हें बताता है कि वह किनारा बहुत दूर है, अदृश्य है; वहां पहुंचना आसान नहीं। कभी कोई विरला पहुंच पाता है। और जीते-जी तो वहां पहुंचता कोई नहीं।

मोहम्मद के जीवन में उल्लेख है कि वे जीते-जी घोड़े पर सवार स्वर्ग में प्रवेश कर गए। यह कोई ऐतिहासिक घटना नहीं है। तुम अपने घोड़ों को कहां ले जाओगे उस स्वर्ग में? और घोड़े पर बैठे हुए कैसे पहुंच जाओगे? लेकिन यह प्रतीक बड़ा मीठा है और अर्थपूर्ण है। यह यह बता रहा है कि वह दूसरा किनारा इससे जुड़ा है। इस किनारे के घोड़े उस किनारे तक पहुंच जाते हैं। इस किनारे से छूटने वाली नाव उस किनारे तक जाती है। और मोहम्मद सशरीर प्रवेश कर जाते हैं, इसका मतलब है कि यही पृथ्वी स्वर्ग में प्रवेश करती है; कटे हुए नहीं हैं, जुड़े हैं। यह पृथ्वी और वह आकाश एक हैं। यह बात है, मोहम्मद के स्वर्ग में घोड़े पर बैठे प्रवेश कर जाने की।

वही मैं तुमसे कह रहा हूं। तुम्हारी इस पृथ्वी को और उस आकाश को जोड़ देना है। तुम्हारी जड़ें इस पृथ्वी में होनी चाहिए, जहां तुम हो। विरोध दिखता है, लेकिन विरोध नहीं है। तुम्हारी जड़ें जितनी गहरी इस पृथ्वी में जाएंगी, उतनी ही तुम्हारी शाखाएं उस आकाश में ऊपर उठने लगेंगी।

तुम जितने भीतर गहरे उतरोगे उतने ही बाहर फैलते जाओगे। अगर तुम पाताल छू लोगे अपनी जड़ों से, तो तुम अपने फूलों से आकाश छू लोगे; और दोनों जुड़े हैं। वृक्ष से पूछो कि तेरा फूल और तेरी जड़ें दो हैं? तो वृक्ष कहेगा कि मेरा फूल मेरी जड़ों के कारण है। जड़ें मेरे फूल का ही दूसरा हिस्सा हैं। कितनी ही कुरूप और एढ़ी-टेढ़ी मालूम पड़ती हों, फूल का सारा सौंदर्य उन्हीं से आया है, रस उन्हीं ने खींचा है।

तुम फूल को देख कर खुश लौट आते हो। जड़ों को तुमने कभी धन्यवाद नहीं दिया। तुम्हारी नासमझी का कोई अंत नहीं है। ये फूल कभी होते न। ये सतरंगे फूल खिलते हैं आकाश में, क्योंकि जड़ें निरंतर पाताल में काम कर रही हैं। और इनमें जो सौंदर्य दिखाई पड़ता है, वह उनकी कुरूपता पर निर्भर है। क्योंकि जड़ें सुंदर नहीं हो सकतीं। उनको आड़ा-तिरछा होना पड़ेगा। उनको रास्ते बनाने पड़ेंगे, पत्थरों को तोड़ना पड़ेगा। जमीन को पकड़ना पड़ेगा। उनका इरछा-तिरछापन जमीन को पकड़ने के काम आता है। उनको अंधेरे में छिपा रहना पड़ेगा, क्योंकि अगर वे प्रकट हो जाएं तो वृक्ष मर जाएगा। उनको जमीन में छिपा रहना पड़ेगा। वे सामने नहीं आ सकतीं।

अगर तुम फूलों से पूछो तो वे निरंतर धन्यवाद दे रहे हैं जड़ों को। अगर तुम जड़ों से पूछो तो वे निरंतर फूलों को धन्यवाद दे रही हैं। जड़ें जीयी ही इसलिए हैं कि फूल खिल जाएं। उनका सौभाग्य खिला है। उनके जीवन भर का श्रम खिला है। उनके जीवन की गरिमा प्रकट हुई है। सार्थक हो गईं वे।

जिस दिन फूल खिलते हैं, उस दिन जड़ों के आनंद का ठिकाना नहीं, क्योंकि सारा श्रम सार्थक हुआ है। हो सकता है पचास साल श्रम किया हो, तब फूल आए हैं। अंधेरे में, पत्थरों में, जमीन में, जल की तलाश की है, तब फूल आए हैं। सब तरह का संघर्ष किया है, तब फूल आए हैं। तो फूल उनकी चरम सार्थकता है, उनकी सिद्धि है। और फूल जड़ों के बिना जी नहीं सकते; वे एक-दूसरे से जुड़े हैं।

वह आकाश और यह पृथ्वी जुड़ी है।

तो मैं तुमसे कहता हूं, इसमें तुम अपनी जड़ें फैलाओ। और डरो मत। अगर तुम भयभीत हुए जड़ें फैलाने में, तो तुम्हारी शाखाएं सिकुड़ जाएंगी। अगर तुम बहुत ज्यादा डर गए और तुमने जड़ें फैलाईं ही नहीं, कि यहां तो अंधेरा ही है, यह तो पृथ्वी है, यह तो पदार्थ है, यह तो भोग है, यह तो संसार है। अगर तुम भयभीत हो गए, तो तुम सिकुड़ जाओगे। तुम्हारी जड़ें सिकुड़ीं, तुम्हारा आकाश छोटा हो गया। अब तुम फैल न सकोगे।

तुम जाओ, अपने तथाकथित तपस्वियों को देखो। वहां तुम ऐसे ही व्यक्ति पाओगे जिनकी जड़ें सिकुड़ गई हैं और जिनका आकाश भी छोटा हो गया है। और वे चौबीस घंटे डरे हुए हैं कि जड़ें फैल न जाएं, क्योंकि यह संसार है। इस भय में इस बुरी तरह लगे हैं, फैलने का मौका ही नहीं मिलता।

मनोवैज्ञानिक कहते हैं कि केवल वे ही लोग इस जगत में सृजनात्मक और क्रिएटिव होते हैं--बड़े वैज्ञानिक, बड़े कवि, बड़े चित्रकार, बड़े विचारक; वे ही लोग इस जगत में नये को खोजते हैं; दुस्साहस करते हैं, नये का निर्माण करते हैं, जो लोग इस जगत के भीतर गहरे होते हैं।

उसमें मैं यह भी जोड़ देना चाहता हूं--मनोवैज्ञानिक इसे नहीं जोड़ते, क्योंकि यह उनकी समझ के बाहर है--कि बड़े बुद्ध, बड़े महावीर, बड़े कृष्ण, बड़े क्राइस्ट जो कि चेतना के स्रष्टा हैं, जिनकी पेंटिंग किसी बाहर के कैनवास पर नहीं है और जिनका गीत शब्दों में नहीं गाया गया है, और जिन्होंने मूर्ति निर्मित नहीं की बल्कि खुद को ही निर्मित किया है; जो मूर्तिकार हैं स्वयं के, जिन्होंने स्वयं को सृजन किया है, जो खुद एक गीत बन गए हैं, जिनकी पूरी चेतना एक सुंदर प्रतिमा बन गई है, ये भी तभी पैदा होते हैं, जब जड़ें पृथ्वी में गहरी होती हैं।

इस पृथ्वी पर किसी वृक्ष के होने का उपाय नहीं है, जो जड़ों से डर जाए। तुम्हारे तथाकथित साधु-संन्यासी जड़ों से भयभीत हैं। उनके भय के कारण वे सृजनात्मक नहीं हो पाते। भय ही उनकी शक्ति को पी जाता है। लड़-लड़ कर ही वे मर जाते हैं और कहीं पहुंच नहीं पाते हैं।

तुम्हें मैं निर्भय करना चाहता हूं। यह पृथ्वी परमात्मा के विपरीत नहीं है; अन्यथा यह पैदा नहीं हो सकती थी। यह जीवन उसीसे बहा है; अन्यथा यह आता कहां से? और यह जीवन वापस उसी में जा रहा है; अन्यथा जाने की कोई जगह नहीं है। इसलिए तुम द्वंद्व खड़ा मत करना; तुम फैलना। तुम संसार में ही जड़ें डालना, तुम आकाश में भी पंख फैलाना। तुम दोनों का विरोध तोड़ देना। तुम दोनों के बीच सेतु बन जाना। तुम एक सीढ़ी बनना, जो जमीन पर टिकी है--मजबूत जमीन पर; और जो उस खुले आकाश में मुक्त है, जहां टिकने की कोई जगह नहीं है। ध्यान रखना, आकाश में सीढ़ी को कहां टिकाओगे? टिकानी हो तो पृथ्वी पर ही टिकानी होगी। दूसरी तरफ तो अछोर आकाश है; वहां टिकाने की भी जगह नहीं है। वहां तो तुम बढ़ते जाओगे। धीरे-धीरे सीढ़ी भी खो जाएगी, तुम भी खो जाओगे।

जड़ बहुत मजबूत है, पार्थिव है। पत्ते उतने मजबूत नहीं हैं। जरा सी धूप, और कुम्हला जाते हैं। जरा सा ज्यादा पानी, और सड़ने लगते हैं। उतने मजबूत नहीं हैं। फूल और भी सूक्ष्म हैं, और भी नाजुक हैं। पत्ता टिक जाए, उतनी धूप में भी नहीं टिक पाते। पत्ता टिक जाए, उतने भी पानी में नहीं टिक पाते। बड़ा नाजुक जोड़ है।

लेकिन फूल के बाद फिर सुगंध है, उसको तुम पकड़ भी नहीं पाते कि वह कहां है--आई, गई! सुगंध का रूप भी पता नहीं चलता; अरूप है। इसलिए मंदिरों में हमने धूप जलाई, दीप बाले। वह धूप सुगंध के लिए है ताकि तुम समझो कि परमात्मा सुगंध की तरह है। वह इस पृथ्वी की आखिरी... आखिरी निचोड़, नाजुकता है। वह आखिरी सूक्ष्मता है, जहां सब पदार्थ खो जाता है, बस, गंध रह जाती है। वह गंध आई और गई! और पता भी नहीं चलता। पहचानने में भी नहीं आती। थोड़ी देर में विराट आकाश में खो जाती है। खोता तो कुछ भी नहीं है। वह गंध कहीं तो रहती ही होगी। अरूप हो जाती है। अरूप के प्रतीक की तरह हमने धूप मंदिरों में जलाई है, मुसलमानों ने लोबान जलाया है--वह अरूप। फूल में भी रूप है, फूल का भी निचोड़ है।

इसलिए इस्लाम ने इत्र को बड़ा महत्व दिया है। मुसलमान अपने उत्सव के दिन इत्र लगा कर निकलता है। उसको शायद पता भी न हो क्यों इत्र लगा कर निकल रहा है! वह सार-संचय है। जड़ बड़ी स्थूल है; इत्र बिलकुल सार-संचित है, आखिरी निचोड़ है।

जड़ से और इत्र तक तुम्हारी यात्रा है। पर ध्यान रखना, इत्र खो जाएगा अगर जड़ें न हों। और अगर अकेली जड़ें हों तो उनका क्या अर्थ है? नास्तिक जोर देता है अकेली जड़ों पर; तथाकथित आस्तिक जोर देता है सिर्फ इत्र पर।

मेरा जोर दोनों पर है, क्योंकि मुझे वह दोनों दो नहीं मालूम पड़ते। वह एक का ही फैलाव है। जड़ों के बिना इत्र नहीं, इत्र के बिना जड़ें निरर्थक हैं। उनके जीवन में कोई अर्थ नहीं, उनके होने का कोई सार ही नहीं। जड़ें फैलाओ, ताकि कभी तुम इत्र बन सको।

और बाजार से खरीदे गए इत्रों से काम न चलेगा। मंदिरों में जलाई गई धूप काफी नहीं है। तुम्हें धूप बनना पड़ेगा, तुम्हें सुगंध बनना पड़ेगा। जिस दिन तुम्हारे जीवन की सुगंध फैलेगी, उस दिन दूसरी सीढ़ी का छोर पास आने लगा; उसमें तुम खो जाओगे, उसमें तुम लीन हो जाओगे।

धूप को जलते देखा है? धुआं उठता है, थोड़ा सा दिखाई पड़ता है, फिर खो जाता है। ऐसे ही तुम भी पदार्थ से परमात्मा की तरफ खोते रहोगे।

विरोध खड़ा मत करना। जिसने द्वंद्व खड़ा किया, वह चूक गया। जो निर्द्वंद्व जीया, वह पहुंच गया।

हिंदुओं को यह पता था, इसलिए हिंदुओं ने अपनी जीवन-व्यवस्था चार पुरुषार्थों में बांटी: धर्म, अर्थ, मोक्ष, काम। उसे हमें थोड़ा समझ लेना चाहिए। काम स्थूलतम है, मोक्ष सूक्ष्मतम है। काम है जड़, मोक्ष है सुगंध। काम है जड़, मोक्ष है अंतिम सूक्ष्मतम सुगंध। इसलिए काम दिखाई पड़ता है और राम दिखाई नहीं पड़ता। इसलिए संभोग समझ में आ जाता है, समाधि समझ में नहीं आती। लेकिन जड़ संभोग है, समाधि फूल है।

हिंदू कहते हैं, तुम काम को भी साधना, क्योंकि वह परमात्मा की पहली सीढ़ी है। हिंदू कहते हैं, तुम काम में भी उतरना उसका ही अनुग्रह मान कर। उसने जो भी दिया है वह सार्थक है, उसे तुम उपयोग करना। उसे राह की बाधा मत समझना, सीढ़ी बना लेना। एक पत्थर पड़ा है, तुम लौट भी जा सकते हो कि रास्ते पर पत्थर पड़ा है, आगे कैसे बढ़ें? जो समझदार है, वह पत्थर पर चढ़ कर देखेगा कि पत्थर पर चढ़ कर नया रास्ता शुरू होता है, जो पहले से ऊंचा है, जिसका तल बदल गया।

काम से कुछ लोग लौट जाते हैं। वहीं टकराते हैं, लौट जाते हैं; रास्ता बंद हो जाता है। जो काम के आगे खोज करेंगे, वे एक दिन मोक्ष तक पहुंच जाते हैं। काम है जड़--प्रथम: यह संसार, यह पृथ्वी। इसलिए काम बड़ा पार्थिव है; एकदम पार्थिव है, शारीरिक है।

फिर बचते हैं दो--अर्थ और धर्म। जड़ों को बचाना हो, अकेली जड़ें नहीं बच सकतीं। पानी चाहिए, खाद चाहिए, सूरज की गर्मी चाहिए, सुरक्षा चाहिए। अर्थ: इकोनॉमिक्स। जीवन की इकोनॉमिक्स है। भोजन चाहिए, वस्त्र चाहिए, मकान चाहिए तो ही काम जी सकता है, नहीं तो काम की जड़ें सूख जाएंगी। धन के बिना काम नहीं जी सकता। इसलिए धन का इतना महत्वपूर्ण रस लोगों के मन में है।

लोग चिल्लाते हैं, क्यों धन के पीछे पागल हो? कोई धन के पीछे पागल नहीं है। लेकिन धन के बिना काम की जड़ें सूख जाएंगी। लेकिन कभी-कभी ऐसा पागलपन सवार होता है कि तुम लक्ष्य भूल ही जाते हो और साधन में उलझ जाते हो। धन की तलाश इसीलिए चलती है कि किसी दिन मैं काम को निश्चिंतता से भोग सकूं। लेकिन फिर तुम धन इकट्ठे करने में ऑब्सेस्ड हो जाते हो। तुम भूल ही जाते हो कि किसलिए धन इकट्ठा कर रहे हो! तुम एक दिन धन भी इकट्ठा कर लोगे तब तुम परेशान होओगे कि धन इकट्ठा करने में तो जीवन ही समाप्त हो गया।

भोजन, वस्त्र, श्रृंगार, सौंदर्य, स्वास्थ्य सब जड़ों को सम्हालते हैं। इसलिए आप चाहें तो सस्ता छुटकारा पा सकते हैं काम से, अगर भोजन न करें। इसलिए अनेक लोग

उपवास में लग जाते हैं। उनका उपवास फिजूल है, वे जड़ों को काट रहे हैं। उपवास का कुल इतना प्रयोजन है कि न होगा भोजन, न जड़ों को पानी मिलेगा। जड़ें सूख जाएंगी। लेकिन जिस दिन जड़ें सूख जाएंगी, उस दिन मोक्ष के फूल कहां खिलेंगे? जड़ें तो सूख जा सकती हैं। भोजन मत करो, कामवासना खो जाती है तीन सप्ताह के भीतर। तीन सप्ताह भोजन न किया कि जड़ें सूख गईं। कोई रस न मालूम पड़ेगा।

पश्चिम में बहुत प्रयोग किए गए हैं। एक विद्यार्थियों के दल पर मनोवैज्ञानिक प्रयोग कर रहे थे; उन्हें भूखा रखा। युवक थे सब, स्वस्थ थे, लड़कियों में रस था, फिल्म देखते थे, नग्न तस्वीरों में आनंद लेते थे। एक सप्ताह के बाद रस खोने लगा। रेडियो पर कितना ही कामुक संगीत चल रहा हो, वे बंद कर देते। उससे सिर्फ कानों में उपद्रव मालूम पड़ता। कितनी ही चमकदार पत्रिकाएं नग्न स्त्रियों के चित्र लिए पड़ी हों, 'प्लेबॉय' पड़ा हो, उसको उलट कर भी न देखते कि भीतर क्या है। इक्कीस दिन पूरे होते-होते सब रस खत्म हो गया। नग्न स्त्री उनके पास से गुजर जाए तो आंखें न उठाएं। सुंदरतम स्त्री को, मिस यूनिवर्स को खड़ा कर दो, तो भी वे अपनी आंखें बंद किए सुस्त बैठे हैं।

क्या हुआ? यह कोई ऋषि-मुनि हो गए, सिर्फ इक्कीस दिन भूखे रहने से? तुम्हारे बहुत ऋषि-मुनि इसी दशा में हैं। फिर उनको भोजन देना शुरू किया। जैसे-जैसे शरीर में भोजन गया, वैसे-वैसे कामवासना में रस वापस लौटा। दो दिन के भोजन के बाद फिर रेडियो में रस है, प्लेबॉय उलटने लगे, लड़कियों की बातचीत शुरू हो गई, मजाक चल पड़ा, कहानियां एक-दूसरे को बताने लगे। सात दिन के भोजन के बाद वे वापस स्वस्थ हैं। जड़ों में फिर पानी आ गया।

इन लड़कों को ऋषि-मुनि रखा जा सकता है। इनको थोड़ा-थोड़ा भोजन दिया जाए जीवन भर, लेकिन इतना न दिया जाए जिससे कि जड़ों में कभी भी अंकुर आ सकें; बस, किसी तरह जी लें; जीवन में इतनी ऊर्जा न हो कि बाहर बहने लगे, तो ये तुम्हें ब्रह्मचारी मालूम पड़ेंगे। लेकिन यह ब्रह्मचर्य झूठा है। यह ब्रह्मचर्य भूख के कारण है। यह ब्रह्मचर्य कोई उपलब्धि नहीं है, अभाव है।

हिंदू कहते हैं, अर्थ को भी साधना; नहीं तो जड़ें सूख जाएंगी। और जड़ें सूख गईं तो फूल कभी न आएंगे। और फूल लाने हैं।

तो अर्थ साधन है काम का।

जैसे अर्थ साधन है काम का, ऐसे धर्म साधन है मोक्ष का। अर्थ से सम्हालना वृक्ष को, लेकिन वृक्ष की सार्थकता तो उसके फूल आने में है। इसलिए अर्थ काफी नहीं है, धर्म का सहारा भी चाहिए। इसलिए अर्थ को भी सम्हालना है। दुकान को सम्हालना और मंदिर को भूल मत जाना। दुकान का इस भांति उपयोग करना कि वह मंदिर की तरफ उन्मुख होने लगे। धन का सिर्फ इतना ही उपयोग मत करना कि जड़ें सम्हलें। धन का ऐसा उपयोग करना कि वह दान बनने लगे, ताकि फूल भी सम्हलें। अगर धन सिर्फ भोग हो तो पानी जड़ों की तरफ तो बह रहा है, लेकिन फूलों की तरफ भी बहना चाहिए।

पानी की यात्रा दोहरी होनी चाहिए--नीचे की तरफ, ऊपर की तरफ। और ऊपर की तरफ की यात्रा कठिन है, क्योंकि वह ग्रेविटेशन के विपरीत है। इसलिए जड़ों में पानी पहुंचाना बहुत आसान है। तुम्हें अंदाज नहीं कि फूल, वृक्ष कितना चमत्कार कर रहे हैं! सारे वैज्ञानिक सिद्धांतों को तोड़ कर पानी ऊपर की तरफ जा रहा है। जाना चाहिए हर चीज नीचे की तरफ। नदियां यह चमत्कार नहीं कर सकतीं कि नीचे की तरफ बह रही हैं, लेकिन वृक्षों ने एक चमत्कार किया है, कि नदियां ऊपर की तरफ बह रही हैं। बड़ी गहरी कीमिया है वृक्ष की, वह कैसे पानी को ऊपर की तरफ चढ़ा रहा है! क्योंकि ऊपर की तरफ नहीं चढ़ेगा पानी, ऊर्ध्वगामी नहीं होगी जीवन-चेतना, तो फूल कैसे खिलेंगे? क्योंकि फूल तो ऊपर खिलने हैं।

क्या तरकीब है वृक्ष की? कैसे वह पानी को ऊपर चढ़ा रहा है? सांझ को जब सूरज ढल जाए तब तुम वृक्ष के पास बैठ कर देखना तो तुम पाओगे कि वृक्ष के पत्ते-पत्ते से भाप उठ रही है। दिन भर की गरमी को वृक्ष पी गया है, ताप को पी गया है। और उस ताप के माध्यम से हर वृक्ष का पत्ता भाप बना रहा है। वह भाप आकाश में उड़ रही है, यह उसका दान है। इसने पानी लिया ही नहीं, वह दे रहा है। ये तुम्हारे जो बादल आकाश में उठ रहे हैं, यह वृक्षों का दान है। उसने पानी चूसा ही नहीं है, त्यागा है। और जैसे ही वृक्ष का पत्ता पानी का त्याग करता है, भाप बन जाता है, वैसे ही वृक्ष का पत्ता सूखा हो जाता है। सूखते ही उसके नीचे जो पानी है शाखा में, वह सूखे होने के कारण सूखे की तरफ बहता है। तुम कोई सूखी चीज पानी में रखो, तत्क्षण पानी उसमें भर जाएगा।

जिसने दिया है, उसे मिलेगा।

जिसने छोड़ा है, वह पाएगा।

'तेन त्यक्तेन भुंजीथाः--जिन्होंने त्याग किया, उन्होंने भोगा।'

इस पत्ते ने छोड़ दिया है, इसने पकड़ा नहीं। यह कंजूस होता तो मरता। कंजूस धन पर रुक जाता है। जड़ें उसकी काफी होती हैं। जड़ों को संभालने का इंतजाम काफी होता है, लेकिन ऊर्ध्वगमन नहीं होता। इसलिए धन दान बने। तुम्हारे जीवन के कृत्य सेवा बनें। तुम कुछ पकड़ो ही मत, छोड़ो भी; ताकि हाथ खाली हों। यह वृक्ष का पत्ता खाली होते ही नीचे का पानी दौड़ता है। इस तरकीब से पानी ऊपर चढ़ रहा है। शाखा का पानी पत्ते में चला जाता है तो शाखा सूख जाती है; तो शाखा नीचे से जड़ से खींचना शुरू कर देती है। जहां खाली जगह होती है, पानी उसको भरने जाता है।

इस अस्तित्व में खाली जगह पसंद नहीं है। तुम खाली होना, परमात्मा तुम्हें भरेगा। तुमने अपने को पकड़ा, कि परमात्मा की तरफ से भरना बंद हो जाएगा। किसी वृक्ष को राजी कर लो कंजूस होने के लिए, वह मर जाएगा। तरकीब है, तुम ऐसा करो कि पत्तों को पेंट कर दो ताकि उनसे पानी ऊपर न उड़ सके। दो-चार दिन में तुम पाओगे, वृक्ष मर गया।

देना पड़ेगा। लेने का राज देने में छिपा है।

इसलिए धर्म। धर्म का नीचे से अर्थ है: दान, त्याग, छोड़ने की क्षमता, सेवा। और वह सूत्र है, वह साधन है। जल्दी ही वृक्ष पर फूल आएंगे, क्योंकि पानी ऊपर की तरफ बहने लगा। और जब पानी ऊपर की तरफ बहता है तो आखिरी फल लगने शुरू होते हैं। फूल लगेंगे, फल लगेंगे। वृक्ष गरिमा को उपलब्ध हुआ। सार्थकता मिली; अंत आ गया, सिद्धि हुई।

हिंदू कहते हैं, काम है जड़; अर्थ है व्यवस्था; धर्म है साधन आखिरी साध्य का; और मोक्ष है फूल। इसलिए हिंदुओं ने कहा कि तुम बीच से मत भाग जाना। हिंदुओं ने चार जीवन के पुरुषार्थ कहे। ये चारों तुम पूरे करना। यह तुम्हारे पुरुष होने का अर्थ इनमें छिपा है। और बीच से मत भागना, क्योंकि बीच से तुम भागे कि तुम अधूरे वृक्ष रह जाओगे। इसलिए हिंदुओं ने बीच से संन्यास की आज्ञा नहीं दी। उन्होंने कहा, पहले पच्चीस वर्ष ब्रह्मचर्य।

यह बड़े मजे की बात है। इसको कभी कोई सोचता नहीं। तथाकथित हिंदू पंडित इस पर विचार ही नहीं करते कि यह क्या अर्थ हुआ? पच्चीस वर्ष ब्रह्मचर्य। ब्रह्मचर्य ब्रह्मचर्य के लिए नहीं, ऊर्जा संग्रह! ताकि तुम कामवासना में परिपूर्ण तृप्त हो सको। जो ब्रह्मचर्य से रहा है प्राथमिक चरण में, वही संभोग की गहराई पा सकेगा। जिसने ऊर्जा कच्ची लुटा दी है, वह संभोग की गहराई नहीं पा सकेगा।

हिंदू अनूठे हैं। उनकी पकड़ गहरी होनी स्वाभाविक भी है। इस जमीन पर वह सबसे पुरानी जाति है। उन्होंने बड़े अनुभव लिए हैं। उन अनुभवों के आधार पर उन्होंने काफी खोज की है और कुछ सूत्र निकाल लिए हैं।

पच्चीस वर्ष... अगर सौ साल हम आदमी की जिंदगी मान लें, तो पच्चीस वर्ष पहला चरण है। वह जो पहला पुरुषार्थ है काम, उसके मुकाबले जीवन का पहला आश्रम ब्रह्मचर्य है। इसलिए चार पुरुषार्थ, और चार आश्रम हैं, और चार वर्ण हैं। हिंदुओं का गणित साफ है।

पहला काम--जड़ों का जगत है। वहां ब्रह्मचर्य को संभालना। वहां चित्त में कोई कामवासना न उठे, ताकि तुम एक लबालब ऊर्जा हो जाओ। तुम एक आपूर ऊर्जा हो जाओ। तुम बहो तो बहने में कुछ रस हो। और नहीं तो तुम ऐसे टपकोगे, जैसा गर्मी के दिनों में नल का पानी टपकता है--बूंद-बूंद। उससे कोई सरिता नहीं बनेगी, जो सागर तक जाने वाली है।

आज की दुनिया में करीब-करीब ऐसा होता है। क्योंकि जिसने ब्रह्मचर्य नहीं देखा वह संभोग का रस भी नहीं देख पाता; खिन्न ही रह जाता है; बूंद-बूंद टपकता है। प्रवाह चाहिए अनुभव के लिए--अतिरेक चाहिए। इस जगत में सभी अनुभव अतिरेक से होते हैं। इतनी प्राण-ऊर्जा चाहिए कि तुम एक छलांग ले सको, और एक-दूसरे जगत में प्रवेश कर सको।

तो पच्चीस वर्ष तक काम के मुकाबले हिंदू कहते हैं ब्रह्मचर्य।

पच्चीस वर्ष अर्थ के मुकाबले हिंदू कहते हैं गृहस्थ। तब तुम धन की फिकर करना। चलाना दुकान, लड़ना राजनीति में। जूझना, डरना मत। कमाना, भय मत खाना।

तीसरे पच्चीस वर्ष हिंदू कहते हैं, वानप्रस्थ--धर्म के सामने। तब तुम धर्म की साधना में लग जाना। धन तुमने पा लिया, काम तुमने जान लिया, अब तुम्हारे ऊपर के वृक्ष की यात्रा शुरू होती है। जीवन का वर्तुल पचास वर्ष पर मुड़ता है। क्योंकि अगर सौ वर्ष जीवन की आखरी सीमा मान लें तो पचास वर्ष--आधा जगत पूरा हुआ। दो पुरुषार्थ पूरे हुए, दो बचे। अब एक नई यात्रा शुरू हुई। तुम वानप्रस्थ हो जाना। तुम संन्यस्त का भाव ले लेना।

और अंतिम पच्चीस वर्ष मोक्ष के, संन्यास के।

अर्थ के साथ गृहस्थी। काम के साथ ब्रह्मचर्य। धर्म के साथ वानप्रस्थ। मोक्ष के साथ संन्यास। अंतिम फूल संन्यास के।

और इन चारों के साथ उन्होंने चार वर्ण की व्यवस्था दी, कि जो पहले पर रुक जाए, वह शूद्र। इसे तुम समझ लो मेरी व्याख्या को। जो काम पर रुक जाए, वह शूद्र। इसलिए हिंदू कहते हैं, पैदा तो सभी शुद्र होते हैं, क्योंकि काम से ही पैदा होते हैं। जो दूसरे पर रुक जाए, वह वणिक, वैश्य--बस धन पर ही रुक जाए; दुकान ही सब-कुछ हो जाए। जो तीसरे पर रुक जाए, वह क्षत्रिय। धन क्षत्रिय का रस नहीं है, यश...! और वानप्रस्थ को जितना यश मिलता है, उतना किसी को भी नहीं। लड़ाका है; जिंदगी में लड़ भी लिया, लड़ाई के पार भी उठ गया, क्योंकि पा लिया यश। लेकिन यश की आकांक्षा बनी रहती है, अहंकार बना रहता है। वानप्रस्थ को भी अहंकार बना रहता है। क्षत्रिय अहंकार की प्रतिमा है; इसलिए वह वानप्रस्थ तक जा सकता है, क्योंकि संन्यास में तो अहंकार छोड़ देना पड़ेगा।

तो वानप्रस्थ पर जो रुक जाए, वह क्षत्रिय। और जो मोक्ष को उपलब्ध हो जाए, वह ब्राह्मण।

ऐसे चार पुरुषार्थ, चार आश्रम और चार वर्ण। हिंदुओं का गणित है और कीमती गणित है। और अगर कोई समझ ले तो किसी और गणित की जरूरत नहीं।

आज इतना ही।

१३

प्रयास नहीं, प्रसाद

ओशो, यह सुन कर कि अब आप चुने हुए साधकों के बीच ही बोलते हैं और उन पर ही काम करते हैं, हमारे बीच तरह-तरह की प्रतिक्रियाएं हुई हैं। एक संन्यासी मित्र ने कहा: 'इससे एक ओर, जहां मेरे अहंकार को रस मिला कि मैं चुना गया, वहां दूसरी ओर यह डर भी लगा कि अब शायद ओशो के प्रवचनों में रोज सम्मिलित होना ऐच्छिक न रह कर अनिवार्य हो जाए।'
एक दूसरे संन्यासी मित्र ने कहा: 'ओशो तो परम करुणावान हैं, फिर करुणा बांटने में यह भेद क्यों कि कुछ चुने हुए लोग ही उनकी अमृतवाणी का प्रसाद पाएं?'
और वही बात सुन कर, मुझे मेरी अयोग्यता और पिछड़ापन याद हो आया। और डर होने लगा कि कहीं इसी कारण ओशो मुझे अपने ढंग से निकाल न दें।
ओशो, कृपापूर्वक हमारे संशय और भय को दूर करने की कृपा करें।

जीवन के सत्य सभी को दिए नहीं जा सकते। क्योंकि जिन्हें प्यास ही नहीं है उनके लिए पानी का कोई अर्थ नहीं। वे सरोवर के किनारे भी खड़े हों तो भी सरोवर उन्हें दिखाई न पड़ेगा। भूखे को भोजन दिखाई पड़ता है, प्यासे को जल। और अगर भीतर इतनी गहरी प्यास न जगी हो कि परमात्मा दिखाई पड़ सके तो दिखाने का कोई उपाय भी नहीं है।

करुणा की कमी के कारण नहीं, तुम्हारी प्यास होगी तो ही तुम पात्र हो सकोगे। और तुम्हारा पात्र तैयार हो तो ही उसमें कुछ डाला जा सकता है। तुम पात्र उलटा किए बैठे हो, तो कुछ भी डालना व्यर्थ है। वह श्रम निरर्थक चला जाता है।

पहली बात तो यह समझ लें कि जितनी गहरी प्यास होगी उतने ही बड़े सत्य के अधिकारी हो जाएंगे। और जरूरी नहीं है कि प्यास हो तो आपको गुरु को खोजना पड़े; प्यास होगी तो गुरु आपको खोज लेगा। जीवन के गहनतम रहस्यों में से एक यह है कि जब भी शिष्य तैयार है तब गुरु प्रकट हो जाता है।

खोजना तो इसलिए पड़ता है कि हम तैयार नहीं हैं। जब हम तैयार होते हैं तो गुरु ऐसे ही प्रकट हो जाता है, जैसे गड्ढा तैयार हो, और वर्षा का जल बरसे और गड्ढे में भर जाए। वर्षा तो पहाड़ों पर भी होती है, लेकिन वे खाली के खाली रह जाते हैं। गड्ढे झील बन जाते हैं। कोई वर्षा की करुणा में कमी नहीं है, लेकिन पहाड़ रिक्त रह जाएगा, क्योंकि पहाड़ पहले से ही भरा हुआ है। गड्ढा भर जाएगा, क्योंकि गड्ढा खाली है।

भरने के लिए खाली होना जरूरी है।

होने के लिए मिटना जरूरी है।

इसलिए मैं कहता हूं कि थोड़े से लोगों पर काम करूंगा। इसका यह अर्थ नहीं है कि बाकी के प्रति करुणा कि कोई कमी है। वस्तुतः गौर से देखेंगे तो यह करुणा के कारण ही ऐसा करना पड़ रहा है। क्योंकि जो जल उन पात्रों पर फेंका जा रहा है, जो उल्टे पड़े हैं, वह व्यर्थ जा रहा है। वह जल उनके काम आ सकता है, जो सीधे हैं। जो पानी उनको दिया जा रहा है, जिनकी कोई प्यास नहीं है, वह उनके काम आ सकता है, जो प्यासे हैं। उस तक ही पहुंचना चाहिए जिसको जरूरत है।

और कई बार ऐसा होता है कि तुम्हें भूख न हो और भोजन मिल जाए तो भूख के पैदा होने की संभावना तक मर जाती है। तुम्हें प्यास न हो और कोई पानी पिला दे तो जो प्यास कल पैदा हो सकती थी, शायद वह भी पैदा न हो पाए। उचित यही है, करुणापूर्ण यही है कि जो प्यासा नहीं, उसे पानी न दिया जाए। शायद पानी की कमी उसके भीतर प्यास को जगाए। और प्यास जगे तो पानी सार्थक हो जाता है।

अब तक बोल रहा था सारे लोगों के बीच। वह जरूरी था, ताकि उन्हें कुएं की खबर हो जाए और जब उन्हें प्यास लगे तो वे कुएं तक आ सकें। अब उसका कोई प्रयोजन नहीं है। पर इससे भयभीत होने का कोई भी कारण नहीं है। और न इससे किसी

चिंता में पड़ने की कोई जरूरत है। चिंता अगर पैदा ही करनी है तो एक ही, कि अपनी प्यास को परखना है और अपनी पात्रता को गहरा करना है।

लोग प्रश्न पूछते हैं और वे सोचते हैं कि प्रश्न पूछ लिया इसलिए उत्तर पाने के अधिकारी हो गए। प्रश्न किसी को उतर का अधिकारी नहीं बनाता। प्रश्न सिर्फ कुतूहल भी हो सकता है। अगर गहरा हो तो जिज्ञासा बनता है। अगर और गहरा हो तो मुमुक्षा का जन्म होता है।

तो पहले तो उनके लिए बोल रहा था, जो कुतूहल से भरे थे।

फिर उनमें से मैंने उन लोगों को चुना, जिनकी जिज्ञासा थी।

और अब जिज्ञासा से उनको चुन रहा हूं, जिनकी मुमुक्षा है।

अब जो मोक्ष के लिए ही खोज में हैं, उससे कम पर जो राजी न होंगे, उनकी तरफ ही मेरा श्रम होगा। उससे कम पर जो राजी होने को तैयार हैं, उनके लिए संसार बड़ा है। वे कहीं और खोज लेते हैं; कहीं और खोज लेंगे। हजारों लोग अभी कुतूहल के लिए बोल रहे हैं, उनको सुन लेंगे। सैकड़ों लोग जिज्ञासा के लिए बोल रहे हैं, उनको समझ लेंगे। उन सबसे पार होकर जिनकी मुमुक्षा जग गई हो, अब मेरा श्रम उनके लिए होगा।

और ध्यान रहे, बहुत स्थानों पर गड्ढे खोदने से कुआं नहीं बनता, एक ही जगह गहरा खोदने से कुआं बनता है। अभी तक बहुत जगह गड्ढे खोद रहा था। अब थोड़े से लोगों पर गहराई में कुएं खोदूंगा। तभी तुम्हारा मोक्ष प्रकट हो सकेगा।

और अंतिम परिणामों में अगर थोड़े से लोगों के जीवन में मोक्ष का फूल खिल जाए, तो उनके पीछे जो जिज्ञासु खड़े हैं, उनकी जिज्ञासा मुमुक्षा में बदलनी शुरू हो जाती है। और जब जिज्ञासुओं की जिज्ञासा मुमुक्षा बनती है। तो कुतूहल वाले लोगों का कुतूहल जिज्ञासा बनता है। तुम एक पंक्ति में खड़े हो। और जब तुम पाते हो कि तुम्हारे आगे खड़ा हुआ व्यक्ति कहीं पहुंच गया तो तुम्हारे जीवन में गति आ जाती है।

कुछ लोगों का मोक्ष जरूरी है।

इस पृथ्वी पर धर्म के खो जाने का एक महत्वपूर्ण कारण यह है कि तुम उस व्यक्ति को नहीं खोज पाते, जिसको मोक्ष उपलब्ध हुआ हो। तो तुम्हें प्यास कैसे जगे? तुम उनके बीच ही घूमते हो जो अतृप्त हैं। तुम्हें तृप्ति का कोई स्वाद नहीं मिलता। कहीं तृप्ति की कोई गंध नहीं मिलती। कहीं कोई ऐसा व्यक्ति नहीं मिलता जिसका संगीत तुम्हें पकड़ ले और किसी अलौकिक की खबर दे। जिसका होना तुम्हारे लिए, नये का द्वार बन जाए। जिसके पास पहुंच कर तुम्हें लगे कि जब तक मैं ऐसा न हो जाऊं, तब तक

मेरा होना व्यर्थ है। कुछ लोगों के जीवन में मोक्ष का फूल खिले तो अनेक लोगों को खयाल आएगा कि फूल खिल सकता है।

तो लंबे अर्थों में यही करुणापूर्ण है कि थोड़े लोगों पर मैं मेहनत करूं तो उनके वृक्ष खिल जाएं। उनके कारण बहुत लोगों को परिणाम होगा। उनके कारण बहुत लोग मोक्ष की तलाश में प्यासे और गहरी खोज में लगेंगे।

इससे निश्चित ही तुम्हारे अहंकार को बल मिल सकता है। तुम्हें लग सकता है कि तुम चुने हुए थोड़े लोग हो। अगर ऐसा लगा, इस लगने के कारण ही तुम बाहर हो गए। तो तुम भौतिक रूप से मंदिर के भीतर बैठे रहो, लेकिन तुम मंदिर आए नहीं। क्योंकि मंदिर में तो प्रवेश उसी का है, जो अपने अहंकार को बाहर रख आया है।

ऐसी बात सुन कर तुम्हें अहंकार नहीं, अनुग्रह जगना चाहिए। तुम्हें परमात्मा के प्रति अनुग्रह का भाव पैदा होना चाहिए। तुम्हें लगना चाहिए कि मैं पात्र नहीं भी था, फिर भी पात्र की तरह स्वीकार किया गया हूं। इससे तुम्हारी पात्रता बढ़ेगी। अगर तुम्हें लगा कि मैं पात्र हूं, इसलिए चुना गया हूं, तुमने अपनी पात्रता खो दी।

और यह पात्रता कुछ ऐसी नहीं है कि तुम्हारी कोई स्थायी संपदा है। क्षण में तुम पाते हो, क्षण में खो देते हो। यह बड़ी तरल है अभी; ठोस नहीं हो गई है। एक क्षण में अहंकार का भाव--और तुम भटक जाते हो। जैसे ही लगा कि 'मैं कुछ हूं,' तुम अपात्र हो गए। जैसे ही लगा कि 'मैं ना-कुछ हूं', पात्रता उपलब्ध हो गई। तुम्हारे मिटने में ही तुम्हारा गुण है। तुम्हारे होने में ही तुम्हारी बाधा है। तो मन... मन तो सदा अहंकार की तलाश में रहता है। कहीं से भी कोई उपाय मिल जाए तो मन अहंकार को निर्मित करने की चेष्टा करता है। और अहंकार का अर्थ है, उलटा पात्र। तुम उलटे रखे हो फिर। फिर मैं बरसता रहूं तो भी तुम्हारे पात्र में एक बूंद न पहुंचेगी। जब अहंकार नहीं है तब तुम सीधे रखे पात्र हो। तब मूसलाधार वर्षा भी न हो, रिमझिम होती रहे तो भी तुम आज नहीं कल भर जाओगे।

अनुग्रह को पकड़ना। और जब भी तुम्हें अहंकार पकड़े तो कुछ खोजना दूसरा तत्व। जैसे 'मैं चुना गया हूं', ऐसा भाव तुम्हें पकड़े, तो दो रास्ते तुम्हारे लिए खुल जाते हैं: एक तो यह कि मैं विशिष्ट हूं, इसलिए चुना गया हूं। तब तुम भटक गए। तुम पहुंचते-पहुंचते चूक गए। तुम मुड़ गए उस जगह से, जहां से कि मार्ग शुरू होता था। दूसरा उपाय है कि तुम समझो कि मैं--अनुग्रह के प्रसाद से--पात्र नहीं हूं और चुन लिया गया हूं, तो तुम ठीक रास्ते पर जा रहे हो।

सूफी फकीर जुन्नैद अपनी प्रार्थनाओं में रोज कहता था कि मैं चकित हूं कि मेरी कोई भी पात्रता नहीं, फिर भी मैं जी रहा हूं। जीने के लिए मैंने कुछ भी अर्जित नहीं किया और जीवन का यह परम धन्यभाग मुझे मिला। और मैं चकित हूं, क्योंकि कोई भी कारण नहीं है कि इतनी शांति मुझ पर क्यों बरसे। जहां लोग इतनी अशांति से जल रहे हैं, वहां क्यों मेरे ऊपर यह शांति बरसती है? उसकी प्रार्थना में एक अजीब बात थी। वह कहता था परमात्मा! मैं यह मान नहीं सकता कि तुम न्याययुक्त हो। मैं यह मान नहीं सकता कि तू न्याययुक्त है। तू जरूर मेरी तरफ पक्षपात कर रहा है। मुझ अपात्र पर इतना बरस रहा है।

पर यही उसकी पात्रता थी।

खुद को अपात्र समझना अध्यात्म के मार्ग पर पात्रता है। और जिस दिन तुम अपने को समझोगे योग्य, उसी दिन तुम भटक गए। और मन सदा तुम्हें भटकाएगा। पहुंचते-पहुंचते सीढ़ियां हाथ से छूट जाएंगी।

झेन फकीर बोकूजू की मृत्यु करीब आई तो उसने अपने आश्रम में खबर की। वहां कोई पांच सौ संन्यासी थे--जापान के चुने हुए लोग, नवनीत जैसे, श्रेष्ठतम! एक से एक बड़े पात्र--ज्ञानी, विचारशील, ध्यानी। उसने घोषणा की कि अब वक्त आया, मैं विदा हो जाऊंगा; तो मुझे अपना उत्तराधिकारी चुनना है। तो जो व्यक्ति भी सोचता हो कि मेरा उत्तराधिकारी होने के योग्य है, वह चार छोटी सी पंक्तियों में मेरे द्वार पर रात एक सूत्र लिख जाए, जिसमें सारे धर्म का सार आ जाता हो।

जो पात्र थे, वे चुप ही रहे, क्योंकि पात्र योग्यता की घोषणा नहीं करता। जो पात्र थे, उन्होंने गुरु की झोपड़ी की तरफ जाना बंद ही कर दिया। वह बात ही खत्म हो गई। ऐसे भी घूमने उस तरफ न जाते कि कहीं खयाल न आ जाए लिखने का। लेकिन जो अपात्र थे, वे रात-रात भर तैयारियां करने लगे। चार पंक्तियों में सारे धर्म का सार डाल देना है। एक चौपाई लिख देनी है। काम कोई बड़ा कठिन नहीं है। क्योंकि चौपाइयां पहले से ही लिखी पड़ी हैं, जिनमें धर्म का सारा सार आ जाता है। और इतनी सी बात के लिए इतने बड़े आश्रम का, जिसकी ख्याति दूर-दिगंत तक थी, उत्तराधिकारी हो जाना! संपत्ति विराट थी। पांच सौ भिक्षु शिष्य थे और लाखों श्रावक शिष्य थे। बड़े से बड़ा आश्रम था बोकूजू का।

अनेक ने अपनी रातें चौपाई बनाने में खर्च कीं। और फिर आखिर जो सबसे बड़ा पंडित था, जो शास्त्र का सबसे बड़ा ज्ञाता था, उसने जाकर एक रात चौपाई लिखी।

चौपाई में जरूर शास्त्र का सार आ जाता था, धर्म का आता हो या न आता हो। और धर्म और शास्त्र बड़ी अलग बातें हैं। शास्त्र में जो भी लिखा है उसको निचोड़ दिया था उसने। उसने चार छोटी सी पंक्तियां लिखीं कि:

'आदमी का मन दर्पण की भांति है। इस दर्पण पर कर्मों की धूल जम जाती है। धूल को पोंछ दें, फिर स्वच्छ ब्रह्म उपलब्ध है।'

समस्त शास्त्रों का सार आ गया। यही सारे शास्त्र कह रहे हैं--चाहे पतंजलि, चाहे बुद्ध, चाहे महावीर कि मन तुम्हारा गंदा हो गया है कर्मों के कारण। कर्म की लंबी शृंखला है। जैसे कोई यात्री किसी धूल-धवांस भरे रास्ते से वर्षों तक यात्रा करता रहा हो। स्नान का मौका न मिला, सुविधा न मिली जल की, कोई सरोवर न आया, तो धूल ही धूल से भर जाए।

फिर एक सरोवर में छलांग लगाई, सारी धूल धुल जाए और यात्री स्वच्छ और ताजा हो जाए, क्योंकि भीतर की स्वच्छता कभी नष्ट तो नहीं होती। धूल बाहर ही जम सकती है, भीतर तो जा नहीं सकती। भीतर का ब्रह्म तो सदा निखालिस है। बस, ऊपर के कपड़ों पर गंदगी आ सकती है। वह कभी गंदा नहीं हो सकता, जो तुम हो। वह दीया जो बिन बाती बिन तेल जलता है, उस पर कभी कोई धुआं नहीं उठता; क्योंकि धुआं तो तेल के कारण उठता हैं। बाती गीली होती है इसलिए उठता है। लेकिन जहां बाती नहीं, तेल नहीं, वहां धुआं कैसे उठेगा? वहां अग्नि शुद्ध जलती है। तो भीतर तो कुछ कभी पहुंचता नहीं; बस ऊपर ही सब जम जाता है।

तो सार की बात तो कह दी थी कि मन एक दर्पण की भांति है। यही तो सभी ने कहा है।

'कर्म का मल जम जाता है'--यही सभी शास्त्रों का सार है। धो लो इसे--आचरण, योग, चरित्र, धर्म, नीति धोने के उपाय हैं। और फिर तुम शुद्ध ब्रह्म हो, जो कि तुम सदा थे। जो तुमने कभी खोया नहीं था, वह तुम्हें फिर मिल जाएगा। तुम्हारी परम शुद्धता पुनः प्रकट हो जाएगी। आविष्कार है यह, कोई नये की उपलब्धि नहीं। धूल भर झाड़ देनी है।

सुबह गुरु उठा, देखा दीवाल पर लिखा सूत्र और कहा, किस मूढ़ ने यह उपाय किया है? उसे पकड़ो! भाग न जाए।

डर के कारण... डर तो था ही उस महापंडित को। पंडित भय के तो कभी बाहर नहीं हो सकता, क्योंकि कितना ही वह समझ ले, भीतर तो जानता है कि मैं अभी

समझा नहीं। कितने ही शास्त्र कंठस्थ हो जाएं, लेकिन कंठ से नीचे तो शास्त्र कभी गया नहीं; जा भी नहीं सकता। हृदय तो रिक्त ही रह जाता है। और कंठ में फांसी लग जाती है पांडित्य से। कंठ अवरुद्ध हो जाता है।

जानता तो था ही कि यह सब शास्त्र में ही लिखा है, जो मैंने पढ़ा है। और जो मैंने सार निकाला है, वह कोई अनुभव का सार नहीं है। वह मेरी बुद्धि की ही बातचीत है। और गुरु को धोखा देना असंभव है, इसलिए दस्तखत उसने नहीं किए थे। इतनी उसने होशियारी की थी कि अगर ठीक पाया गुरु ने, तो घोषणा कर दूंगा मैंने लिखा है। अगर ठीक न पाया गुरु ने तो इनकार कर जाऊंगा। फिर भी डर था कि इससे भी बचना आसान नहीं है। गुरु फौरन पहचान लेगा किसने लिखा है! इसलिए रात लिख कर वह भाग गया था आश्रम के बाहर। अपने मित्रों को जता गया था कि अगर गुरु स्वीकार कर ले तो मुझे खबर कर देना, मैं बाहर छिपा हूं।

गुरु ने देखा और उसने कहा: यह किस मूढ़ ने लिखा है? उसे पकड़ो! भाग न जाए। उसकी मुझे पिटाई करनी ही पड़ेगी। बड़ा सन्नाटा आश्रम में छा गया। अनेक लोगों ने चौपाइयां तैयार कर रखी थीं, उन्होंने हिम्मत ही छोड़ दी। क्योंकि महापंडित हार गया, तो हमारी चौपाइयां अब क्या काम आएंगी? सारे आश्रम में एक ही चर्चा थी कि गुरु चाहता क्या है? क्या असंभव चाहता है? यह सार तो लिख दिया है।

और कई को तो शक होने लगा कि यह गुरु भी अगर लिखे तो इससे बेहतर लिख नहीं सकता। लिखेगा क्या और? बचता क्या है?

चार पंक्तियों में सब आ गया। मनुष्य की स्थिति आ गई, स्थिति का कारण आ गया, कारण को मिटाने का उपाय आ गया, मिट जाने के बाद परम अवस्था का वर्णन आ गया; और क्या?

बुद्ध ने चार ही तो बातें कही हैं, कि दुख है, दुख का कारण है, दुख को मिटाने का उपाय है और दुख को मिटने की स्थिति है...मिट गए दुख की स्थिति है। ये चार बातें पूरी आ गईं। दुख है, क्योंकि मन पर धूल जम गई है। धूल जम गई है, क्योंकि तुमने कर्म किए हैं, लंबी यात्रा की है। तुम कर्त्ता रहे हो, अहंकार रहे हो। तुमने सोचा है कि मैं कर्त्ता हूं, इसलिए धूल जम गई है। धूल को पोंछ दो ध्यान से, प्रार्थना से, शुद्ध आचरण से, यम से, नियम से। शुद्धता उपलब्ध हो जाती है। वही निर्वाण है।

लोग चर्चा करने लगे छिपे यहां-वहां, कि यह व्यवहार ठीक नहीं हुआ। यह चर्चा करते हुए आश्रम के भिक्षु जहां भोजन करते थे, वहां से गुजरते थे। तो जो आश्रम का

चावल कूटता था आदमी, वह भी एक भिक्षु ही था। बारह वर्ष पहले आश्रम में आया था। बारह वर्ष पहले जाकर उसने इस गुरु बोकूजू के चरणों में सिर रखा था और कहा था कि मुझे अंगीकार कर लें। मैं भी सत्य की खोज में आया हूं।

तो गुरु ने कहा था, 'तू सत्य के संबंध में जानना चाहता है कि सत्य जानना चाहता है?' क्योंकि ये दो खोजें अलग-अलग हैं। सत्य के संबंध में जानना हो, आसान बात है; थोड़ा सा बुद्धि का उपाय और खेल है। शास्त्र का अध्ययन कर, सूत्र कंठस्थ कर, पंडित हो जा। लेकिन ध्यान रख, यह ऐसे ही है, जैसे कोई हीरे के संबंध में जानता हो और हीरा कभी देखने न मिला हो। किसी ने पानी के संबंध में बहुत कुछ सुना हो, लेकिन कंठ के नीचे एक बूंद न उतरी हो। तो तू चाहता क्या है? 'सत्य को जानना, या सत्य के संबंध में जानना?'

तो उस आदमी ने कहा था कि जब आ ही गया खोजने तो अब सत्य के संबंध में क्या जानना! सत्य को ही जानना है। रास्ता कितना ही लंबा हो, कितने ही जन्म लग जाएं, मैं तैयार हूं। तो गुरु ने कहा, फिर ऐसा कर, यह आश्रम का चौका है, पांच सौ भिक्षुओं का भोजन बनता है, तू चावल कूटने का काम संभाल ले। और अब दुबारा देख, यहां मत आना। जब जरूरत होगी, मैं आ जाऊंगा।

बारह साल बीत गए; न तो वह आदमी गुरु के पास आया, न गुरु उसके पास गया। वह आदमी सोचने जैसा है। बस वह चावल ही कूटता रहा। वह सुबह उठता और चावल कूटने में लग जाता। सांझ थक जाता, सो जाता। सुबह फिर चावल कूटने में लग जाता। आश्रम में उसकी कोई गणना ही न थी। भिक्षु उसके पास से गुजरते थे तो कोई उसकी तरफ देखता भी न था। कोई नमस्कार भी नहीं करता था। लोग उसे भूल ही गए थे। चावल कूटने वाला था, उससे कुछ लेना-देना नहीं था। धीरे-धीरे कोई उससे बोलता भी नहीं था; क्योंकि सब प्रतिष्ठित थे, वह चावल कूटने वाला था। जब कोई बोलता ही नहीं था तो धीरे-धीरे वह मौन हो गया। और लोगों में ऐसा खयाल हो गया कि वह चुप ही हो गया है, कुछ बोलता भी नहीं--उपेक्षित था।

कुछ दिन तक पुराने विचार मन में चलते रहे। जिस घर से आया था, जिस बाजार से आया था, जिनको पीछे छोड़ आया था, उनकी स्मृतियां भटकती रहीं; लेकिन कितने दिन? एक ही काम था--सुबह से चावल कूटना, रात सो जाना, सुबह फिर चावल कूटना। यह चावल कूटना ध्यान हो गया। यह काम ही ध्यान हो गया। बस एक ही, गुरु ने एक ही बात कही थी कि चावल कूट; तो उसने अपना सारा जीवन चावल

कूटने में लगा दिया। मन को, पूरा वहीं संलग्न कर दिया। जैसे बस यही प्रार्थना, यही पूजा, यही साधना, यही योग। और अब कुछ बचा भी नहीं, क्योंकि गुरु ने कहा, दुबारा तू आना मत। जरूरत होगी तब मैं आ जाऊंगा। इसलिए भविष्य की कोई चिंता भी न रही, अपने हाथ में कुछ बचा ही नहीं। समर्पण पूरा हो गया। धीरे-धीरे लोग इसे भूल ही गए।

उस दिन जब आश्रम में चर्चा चलती थी और लोग इसके पास से गुजर रहे थे भिक्षु; और वे कह रहे थे कि हमें तो शक है कि यह गुरु थोड़ी ज्यादती कर रहा है। यह खुद भी लिखना चाहे तो इससे बेहतर सूत्र लिख नहीं सकता। आपस में सूत्र का विश्लेषण कर रहे थे। यह चावल कूट रहा था। इसने सूत्र को सुना और यह जोर से हंसा।

यह पहली घटना थी बारह साल में। चौंक कर भिक्षुओं ने इसकी तरफ देखा और कहा कि तुम हंसे। बात क्या है?

उसने कहा कि गुरु ने ठीक ही मुझसे कहा था, 'सत्य के संबंध में जानना कि सत्य को जानना? जिसने भी यह सूत्र लिखा है, सत्य के संबंध में जानता है, सत्य का इसे कोई पता नहीं।'

लोग तो मजाक उड़ाने लगे कि तू चावल कूटते-कूटते सिद्ध हो गया! तो हम व्यर्थ ही सिर फोड़ रहे हैं। इतना शीर्षासन कर रहे हैं, इतने आसन लगा रहे हैं, और सुबह से शाम तक परेशान हैं। जिंदगी तपश्चर्या बना डाली और तू चावल कूटते-कूटते सिद्ध हो गया? तू भी सोचता है कि यह सत्य के संबंध में है, सत्य नहीं? तो तेरा क्या कहना है?

उसने कहा: 'यह जरा मुश्किल बात है। बारह साल में मैं थोड़ा बहुत लिखना भी जानता था, वह भूल गया। थोड़ी बुद्धि काम करती थी वह भी अब काम नहीं करती। देखते हैं, चावल कूटते-कूटते निर्बुद्धि हो गया। लेकिन अगर कोई लिखने को तैयार हो तो मैं बोल दूंगा, तुम दीवाल पर जाकर लिख दो।'

उन्होंने कहा: 'चल साथ।'

उसने कहा: 'उतने दूर मैं जाने वाला नहीं। यह सूत्र लिख दो जाकर कि मन कोई दर्पण नहीं है जिस पर धूल जम जाए। और जब धूल जमी ही नहीं तो साफ क्या खाक करोगे? जिसने यह जान लिया, उसने सब जान लिया।'

किसी ने जाकर दीवाल पर लिख दिया।

गुरु बाहर निकला और उसने कहा: पकड़ो उस चावल कूटने वाले को; क्योंकि सिवाय उसके कोई दूसरा यह वचन नहीं बोल सकता। गुरु भागा गया। वह आदमी चावल कूट रहा था और गुरु ने कहा कि वक्त आ गया कि मैं तेरे पास आऊं। तूने पा

लिया। क्योंकि जो भी जान लेता है, वहां कैसा मन? कैसा दर्पण? कैसी धूल? वैसा व्यक्ति यह भी जान लेता है कि वह सब सपना था, जो टूट गया।

जो सुबह जागता है, क्या वह यह कहता है, सपना झूठ है या सच? कि सपने में हत्या की तो उसकी धूल लगी है? कि सपने में पाप किया तो उसे पोंछना पड़ेगा, साफ करना पड़ेगा? जागते ही पता चलता है कि सपना खो गया, दर्पण खो गया, धूल खो गई, सब खो गया, अकेला मैं बचा। तूने ठीक पहचान लिया। तू यह सम्हाल, यह कुंजी। तू मेरा उत्तराधिकारी हुआ।'

उसने कहा: 'लेकिन मैं एक ही तरकीब जानता हूं--चावल कूटना। वही सिखाऊंगा, लेकिन इतने चावल का क्या करोगे? पांच सौ जो लोग हैं, मैं तो चावल कूट-कूट कर पहुंच गया। तुम्हारी बड़ी कृपा...। तुमने मुझे ज्ञान न दिया, तुमने मुझे मंत्र न दिया, तुमने मुझे शास्त्र न दिया, तुम्हारी अनुकंपा! मैं तो चावल कूट-कूट कर... लेकिन पांच सौ को मैं चावल कुटवाऊं? इतने चावल का क्या होगा?

गुरु ने कहा: 'वह तेरी झंझट वह तू जान!'

इस व्यक्ति के माध्यम से अनेक लोग निर्वाण तक पहुंचे। और उसकी कुल प्रक्रिया इतनी थी कि अगर बगीचे में गड्ढा खोद रहे हो, तो वह कहता, सिर्फ गड्ढा खोदो। तुम मत रहो और गड्ढा खोदना ही बचे। तुम मिट जाओ, गड्ढा खोदने की क्रिया बचे। अगर तुम लकड़ी काट रहे हो, तो लकड़ी कटे, तुम न रहो। तुम रास्ते पर चल रहे हो, तो चलना तो घटे, लेकिन चलने वाला न हो। तुम कुएं से पानी भर रहे हो, तो पानी तो भरा जाए, भरने वाला न पाया जाए कुएं पर।

अनूठे शिष्य उसके सिद्धत्व को उपलब्ध हुए। उसके सिद्धों से जब लोग पूछते तो बड़े हैरान होते। कोई कहता पानी भर-भर के मैं ध्यान को उपलब्ध हुआ। पहले जब पानी भरना शुरू किया तो भरने वाला था, फिर भरने वाले को भरने की क्रिया में लीन किया। फिर पानी तो भरता रहा, हम न रहे; बस सतोरी, सिद्धि घट गई, समाधि हो गई।

कोई कहता लकड़ी काटते-काटते; कोई कहता गड्ढा खोदते-खोदते; कोई कहता गायों को चराते-चराते। बोकूजू के इस शिष्य के माध्यम से जो लोग सिद्धि को उपलब्ध हुए, उनकी संख्या बड़ी है। और जीवन की सहजता से वे सिद्धत्व को पहुंचे।

एक तो जानना है सत्य के संबंध में; वह जिज्ञासा है। और एक सत्य को जानना है; वह मुमुक्षा है। और सत्य को जिसे जानना है, उसे मिटना होगा। वह चाहे चावल कूटने में मिटे, चाहे ओंकार की ध्वनि में मिट जाए, चाहे दुकान पर बैठे-बैठे मिट जाए।

कबीर बुनते रहे कपड़े, जुलाहे के जुलाहे रहे; और वहीं सिद्ध हो गए। और जब बाद में लोगों ने कबीर से कहा कि अब तो छोड़ो। अब तो तुम परम स्थिति को पहुंच गए, अब क्यों कपड़ा बुने जा रहे हो? तो कबीर ने कहा, 'जिसको बुन-बुन कर पहुंचा, उसको अब क्या छोड़ना? इसी से पहुंचा हूं, यही साधन है।' बस, कपड़े को बुन-बुन कर, धागे डाल-डाल कर कबीर मिट गए।

गोरा कुम्हार हुआ; वह मिट्टी रोंद-रोंद कर, घड़े बना-बना कर उपलब्ध हो गया। रैदास चमार जूते बनाना जारी ही रखा।

एक हसीद फकीर बालसेन के पास आकर एक चमार ने पूछा कि मैं बड़ी मुश्किल में हूं। कब करूं प्रार्थना? क्योंकि मैं हूं गरीब, बारह मेरे बच्चे हैं, पत्नी है, बूढ़ा पिता है, विधवा बहिन है। इन सबका पालन-पोषण मेरे ऊपर है और जूता बनाने के सिवाय मैं कुछ जानता नहीं। सुबह से काम में लग जाना पड़ता है। अगर वहां सुबह काम में न लगूं तो ग्राहक दूसरी दुकानों पर चले जाते हैं और वह है प्रार्थना का समय। तो प्रार्थना कब करूं? सांझ को रात देर तक मुझे काम करना पड़ता है, तभी भरण-पोषण हो पाता है।'

बालसेन ने कहा: 'जब तू जूता ही बनाता है तो प्रार्थना की जरूरत क्या है? बस जूता ही बना। वही तेरी प्रार्थना। और जो ग्राहक आए, वही तेरा परमात्मा।' और कहते हैं चमार जूते बना-बना कर और ग्राहक में परमात्मा को देखते-देखते मिट गया; उपलब्ध हो गया।

तुम मिटोगे तो पाओगे। कैसे तुम मिटते हो, यह गौण है। तुम रहे तो तुम चूक जाओगे; कैसे तुम बचते हो, यह गौण है। कोई धन ज्यादा है इसलिए सोचता है, मैं कुछ हूं। कोई बड़े पद पर है इसलिए सोचता है, मैं कुछ हूं।

तुम सोच सकते हो कि तुम थोड़े से चुने हुए लोगों में हो, तुम कुछ हो--तुम चूके। तुम्हारी पात्रता किसी भी क्षण अपात्रता हो सकती है। तुम अपनी पात्रता को अपात्रता में मत बदलने देना। सूत्र एक है कि तुम अनुग्रह मानना।

इसीलिए सभी संतों ने कहा है, परमात्मा प्रयास से नहीं मिलता; प्रसाद से मिलता है। इसे समझ लो। परमात्मा कभी भी प्रयास से नहीं मिलता; क्योंकि प्रयास में तो अहंकार बचा ही रहता है--मैं कर रहा हूं! जब तक मैं कर रहा हूं कुछ, तब तक वह नहीं मिलता। तब तक मैं मौजूद हूं। इसलिए प्रयास से पहुंचने वाला चांद पर पहुंच जाए, एवरेस्ट पर खड़ा हो जाए, लेकिन प्रयास से चलने वाला स्वयं तक नहीं पहुंच पाता।

अहंकार और स्वयं में विरोध है। तुम जितना ही समझते हो तुम हो, उतना ही तुम अपने स्व को ढांक रहे हो। जितना ही तुम्हारा अहंकार खोएगा उतना ही तुम्हारा स्व उघड़ेगा। और तुम्हारे उघड़ेपन का नाम ही परमात्मा है। जब तुम्हारा पूरा स्वभाव उघड़ गया, नग्न, अपनी निर्दोषता में प्रकट हो गया, जब तुम खुलोगे पूरे, तुम्हारी पंखुड़ियां खिलेंगी और तुम फूल बनोगे।

तो तुम यह सोच सकते हो कि तुम कुछ हो। बुद्ध के निकटतम शिष्य वंचित रहे आखिरी क्षण तक। आनंद जो उनके निकटतम चालीस वर्ष तक था, आखिरी दिन तक वंचित रहा। और रोने लगा और उसने उनसे कहा कि अब तुम छोड़ रहे हो! मेरा क्या होगा? और चालीस साल मैं तुम्हारे साथ रहा, कुछ पाया नहीं। बुद्ध ने कहा: 'मैं क्या करूं? तेरी अकड़, कि तू बुद्ध के साथ है, बाधा बन गई। तेरी जिद, कि तू साथ ही रहेगा, बाधा बन गई। तेरा खयाल, कि तू बुद्ध का चचेरा भाई है, और न केवल चचेरा भाई है, बड़ा चचेरा भाई है।'

क्योंकि जब आनंद पहली दफा दीक्षा लेने आया तो उसने कहा, सुनो, दीक्षा के बाद मैं तो शिष्य हो जाऊंगा, अभी दीक्षा के पहले मैं तुम्हारा बड़ा भाई हूं। तुम्हें मैं दो-तीन बातें कहता हूं, वह बड़े भाई की आज्ञा समझना। एक, कि दीक्षा लेने के बाद तुम जहां भी जाओगे, मैं तुम्हारे साथ रहूंगा। तुम यह न कह सकोगे कि आनंद कहीं और जाओ। मैं कहीं और विहार न करूंगा। यह बड़े भाई की हैसियत से तुमसे कह रहा हूं। दीक्षा के बाद तो फिर मैं कुछ न कह सकूंगा। यह वचन तुम मुझे दे दो। तुम जहां सोओगे, वहीं मैं सोऊंगा उसी कमरे में। मैं क्षण भर तुम्हें छोड़ूंगा नहीं और तुम यह न कह सकोगे कि एकांत चाहिए। और तीसरी बात: आधी रात भी किसी को मिलाऊंगा तो मिलना पड़ेगा। तुम यह न कह सकोगे कि अभी यह कोई मिलने का वक्त है? और चौथी बात कि कोई भी प्रश्न पूछूं, तुम टाल न सकोगे; जवाब देना पड़ेगा। यह बड़े भाई की हैसियत से मांगता हूं।

फिर आनंद दीक्षित हो गया और ये चार बातें बुद्ध ने सदा पूरी कीं। वक्त-बेवक्त किसी को मिलाया, मिले, संगत-असंगत सवाल पूछा, जवाब दिया। चालीस साल तक आनंद को छाया की तरह साथ रखा। लेकिन वह अकड़ कि मैं बड़ा भाई हूं बुद्ध का, भीतर बनी रही। रस्सी जल भी गई, तो भी अकड़ बनी रही। तो बुद्ध ने कहा, जब तक मैं मर ही न जाऊं आनंद, तू मुक्त न हो सकेगा, क्योंकि तुझे मैं अलग कर

नहीं सकता; तेरी अकड़ जाती नहीं, अब एक ही उपाय है कि मैं खो जाऊं, ताकि तू अकेला रह जाए।

बुद्ध जिस दिन मरे उसके दूसरे दिन आनंद बुद्धत्व को उपलब्ध हो गया। सब सहारा खो गया तो अहंकार के खड़े होने की जगह न रही। तुम बुद्ध को भी अहंकार का सिंहासन बना सकते हो।

अनुग्रह का खयाल रखना। प्रयास से कभी सत्य मिलता नहीं, क्योंकि प्रयास में तो तुम बच ही जाते हो। इसलिए संत कहते हैं प्रसाद से; उसकी कृपा से। यह बड़ी मीठी बात है।

तुम्हारे करने से क्या होगा? तुम्हारा करना कितना छोटा है! तुम करोगे भी क्या? माला फेरोगे, क्या कर रहे हो तुम? नाम रटोगे? राम-राम, राम-राम करोगे, क्या कर रहे हो? तोते कर लेते हैं। तुम करोगे क्या? यह न खाओगे, वह न पीओगे; इसका कितना मूल्य है? यह कपड़ा न पहनोगे, वह कपड़ा पहनोगे; इसका कितना अर्थ है? तुम्हारे करने की सार्थकता कितनी? गहराई कितनी? तुम करोगे क्या? अहंकार का करना जाएगा कहां? छिछला अहंकार! उसके कर्म भी छिछले होंगे। कोई सागर की लहर सागर की गहराई में तो जा नहीं सकती। ऊपर ही रहेगी। कितनी ही उछल-कूद करे, कितना ही शोर-शराबा मचाए, नाचे, चिल्लाए, लेकिन गहराई में नहीं जा सकती। लहर सतह पर ही रहेगी। अहंकार सतह पर है; वह भीतर नहीं जा सकता। वह गहराई में नहीं ले जा सकता। तुम कुछ भी करो, तुम्हारा किया हुआ ऊपर ही ऊपर रहेगा।

इसलिए दो उपाय हैं। और दो उपाय सिर्फ दो तरह की भाषा के कारण हैं। एक तो यह है कि तुम कुछ न करो, तुम निष्क्रिय हो जाओ; तुम अकर्म में लीन हो जाओ। बुद्धों ने कहा, तुम कुछ भी मत करो। तुम करना ही छोड़ दो, ताकि लहर मिट जाए। जब लहर मिट जाती है तो गहरे में प्रवेश हो जाता है। क्योंकि सागर के भीतर जाने के लिए लहर का रूप बाधा है। लहर मिटी कि फिर सागर के भीतर जा सकती है। भीतर कोई लहर नहीं है, भीतर परम शांति है। जब तक लहर शांत न हो जाए, भीतर न जा सके। तो बुद्ध कहते हैं, तुम चुप हो जाओ। और तुम करो ही मत कुछ। तुम अकर्म में लीन हो जाओ। यह एक ढंग है।

एक ढंग यह है कि परमात्मा करने वाला है, करना तुम उस पर छोड़ दो। तुम सिर्फ उसके उपकरण हो जाओ। यह दूसरा ढंग है। यह कृष्ण का मार्ग है। कृष्ण अर्जुन को कहते हैं, 'तू उपकरण हो जा, निमित्त मात्र। वह कर रहा है, तू नहीं कर रहा है। वह

करवा रहा है। स्वर उसके हैं, तू भला बांस की पोंगरी है, बांसुरी है। वह बजा रहा है। जैसे उसे बजाना हो, बज! बाधा मत डाल। तू बीच में खड़ा मत हो कि मैं यह स्वर तो बजाऊंगा और यह स्वर न बजाऊंगा। यह गीत तो मुझे पसंद है, यह गीत मुझे पसंद नहीं। यह तू बीच में खड़ा मत हो। तू बांस की पोंगरी हो जा। उसके स्वरों को निकलने दे, तू न बाधा डाल, न अड़चन खड़ी कर। न तू अपनी तरफ से निर्णय ले। निर्णय उसका, कर्म उसका। न तू कर्त्ता है, न तू निर्णायक है। तू सिर्फ निमित्त है। तू सिर्फ उपकरण है, साधन है।'

यह एक मार्ग है। यह भक्त का मार्ग है। एक मार्ग है कि तू निष्क्रिय हो जा, तू कुछ भी मत कर। तू है ही नहीं--शून्यवत! यह ज्ञानी का मार्ग है।

दो ही मार्ग हैं। और दोनों का मतलब एक है। चाहे परमात्मा कर्त्ता हो, या तुम निष्क्रिय हो जाओ; यह दो छोरों से एक ही चीज की तरफ जाना है। परमात्मा कर्त्ता है तो अहंकार समाप्त हुआ। तुम निष्क्रिय हुए तो अहंकार समाप्त हुआ। और जहां अहंकार नहीं, वहीं सब प्रकट हो जाता है।

कुछ और?

ओशो, क्या हम पूछ सकते हैं कि भगवान बुद्ध तो परम ज्ञानी थे और आनंद अज्ञानी--चाहे उनका बड़ा भाई ही क्यों न हो। फिर उन्होंने--एक ज्ञानी ने अज्ञानी की ऐसी शर्तें क्यों मानीं, जो उसके कल्याण में नहीं थीं?

ज्ञानी अज्ञानी की शर्तें न माने तो अज्ञानी भटक जाए। यही उसके कल्याण में था। मुक्त तो हो सका--बुद्ध के मरने के बाद सही; लेकिन अगर बुद्ध इनकार कर दें तो आनंद सदा के लिए भटक जाएगा। उसकी अकड़, उसके बड़े भाई का अहंकार दीक्षित न होने देगा। तो बुद्ध ने ये चार बेहूदी बातें मान लीं। जिनका कोई अर्थ बुद्ध को नहीं था। लेकिन यही उपाय था।

ज्ञानी बहुत बार झुकता है, ताकि तुम्हें उठा सके। स्वाभाविक है, जब तुम रास्ते पर गिर पड़ो तो जो खड़ा है, वही झुकेगा। तुम कैसे झुकोगे उठने के लिए? जो खड़ा है, वह झुकता है ताकि गिरे को उठा ले।

बुद्ध झुके। चालीस साल लगे, लेकिन चालीस साल कुछ भी नहीं हैं। इस अनंत यात्रा में चालीस साल क्षण भर से ज्यादा नहीं हैं। आनंद मुक्त हो सका। लेकिन बुद्ध इनकार कर देते और कहते ये पागलपन की बातें हैं, तो आनंद लौट ही गया होता। वह दीक्षित होने को राजी नहीं होता।

जो चालीस साल बुद्ध के पास रह कर अहंकार न छोड़ पाया, बुद्ध ने अगर उसकी शर्तें न मानी होतीं तो तुम सोचते हो वह दीक्षित हुआ होता? चालीस साल बुद्ध के सतत सान्निध्य में रह कर जिसका अहंकार न मिटा, वह बुद्ध के इनकार करने से उसका अहंकार मिटता? असंभव! वह दीक्षित तो होता ही नहीं, शायद बुद्ध के विपरीत हो जाता। वह खुद तो ज्ञान को उपलब्ध होता नहीं, शायद बुद्ध के विरोध में प्रचार करता और अनेकों को ज्ञान के मार्ग पर जाने से रोकता।

बुद्ध की करुणा है कि वे झुके। और जो जानता है, वही झुक सकता है। जो नहीं जानता वह कैसे झुकेगा? जो जानता है वह झुकता है; ताकि धीरे-धीरे तुम्हें राजी करे, ताकि तुम भी झुकना सीख सको। ज्ञानी ही तुम्हारी शर्तें मानेगा, क्योंकि तुम तो उसकी शर्तें समझ भी नहीं सकते; मानना तो बहुत दूर!

बुद्ध घर वापस लौटे बारह वर्ष के बाद। तो बुद्ध ने आनंद से कहा, महल मुझे जाना होगा। यशोधरा बारह वर्ष से प्रतीक्षा करती है। मैं उसका पति न रहा, लेकिन वह अभी भी मेरी पत्नी है। यह ज्ञानी और अज्ञानी की समझ है। मैं उसका पति न रहा। अब तो मैं कुछ भी नहीं हूं। न किसी का पति हूं, न किसी का पिता हूं, न किसी का बेटा हूं, लेकिन वह अब भी मेरी पत्नी है। उसका भाव अभी भी वही है। और वह नाराज बैठी है। बारह साल का क्रोध इकट्ठा है। और उसका क्रोध स्वाभाविक है, क्योंकि एक रात अचानक मैं घर छोड़ कर भाग गया उससे बिना कहे। वह माननीय है, राजघर की है, राजपुत्री है, बड़ी अहंकारी है। और उसको भारी आघात लगा है। उसने किसी से एक शब्द भी नहीं कहा, वह कोई छोटे घर की अकुलीन महिला नहीं है।

बुद्ध के जाने के बाद यशोधरा ने बुद्ध के खिलाफ एक शब्द नहीं कहा। बारह वर्ष चुप रही। इस बात को उठाया ही नहीं। बुद्ध के पिता भी चकित, बुद्ध के परिवार के और लोग भी चकित। साधारण घर की स्त्री होती, छाती पीटती, रोती, चिल्लाती, हलकी भी हो जाती। असाधारण थी। यह बात किसी और से कहने की तो थी ही नहीं। यह बुद्ध और उसके बीच का मामला था। मान! क्षत्रियै की लड़की, बड़े राजघर की पुत्री! आंसू कोई देखे, यह तो बात समझ में नहीं आती थी। मुस्कुराती रही। बच्चे को बड़ा

किया। राहुल बारह वर्ष का हो गया। बेटे को भी कभी उसने कुछ नहीं कहा पिता के संबंध में। वह चुप ही रही, जैसे बात ही समाप्त। लेकिन भीतर तो आग जलती रही। बाहर निकल जाती तो हलकी हो जाती। भीतर तो बड़ा क्रोध इकट्ठा होता गया। और किसी पर निकाल भी नहीं सकती। यही आदमी जब मिलेगा तभी बात हो सकती है। दूसरे से तो अब कोई बात करने में कोई अर्थ भी नहीं है। दूसरे से कोई संबंध भी नहीं है।

तो बुद्ध ने कहा: 'वह प्रतीक्षा कर रही है, बारह साल का क्रोध है; मुझे जाना होगा।' सारा गांव बुद्ध को लेने आया था। पिता आए थे, परिवार के लोग आए थे, बुद्ध ने देखा, लेकिन पत्नी वहां नहीं थी। बुद्ध ने कहा, 'वह आएगी भी नहीं, क्योंकि मैं ही उसे छोड़ कर भागा हूं, जाना मुझे ही चाहिए।'

यह ज्ञानी झुकता है। अज्ञानी को उठाना हो तो ज्ञानी को झुकना पड़ता है। महल के भीतर जाकर बुद्ध ने आनंद से कहा कि तेरी चार शर्तें जो मैंने स्वीकार की हैं, अगर तू आज्ञा दे तो आज तू घड़ी भर मुझे अकेला छोड़ दे। क्योंकि मैं यशोधरा को जानता हूं। तेरे सामने उसकी आंख से आंसू न गिरेगा। तेरे सामने वह एक अभद्र शब्द मुझसे न बोलेगी। तेरे सामने वह शिष्टाचार कायम रखेगी। और यह जरा ज्यादती होगी मेरी तरफ से। तेरी मौजूदगी उसे हलका न होने देगी। बारह साल उसने प्रतीक्षा की है। तू कृपा कर। अगर तू कर सके तो तू थोड़ा पीछे रुक जा, ताकि वह अकेले में पाकर अपने सारे क्रोध को निकाल दे।

यह एक ही मौका है, जब बुद्ध ने आनंद से आज्ञा मांगी--पुरानी जो प्रतिज्ञा थी, जो शब्द मानने थे उसके विपरीत। और आनंद ने भी यही सवाल उठाया कि परम ज्ञान को उपलब्ध होकर, बुद्धत्व को उपलब्ध होकर कौन पत्नी है? कौन पति? बुद्ध ने कहा: 'वह मैं जानता हूं, लेकिन यशोधरा नहीं जानती। यह मैं जानता हूं, लेकिन यशोधरा नहीं जानती। और वह भी एक दिन जान सके, इसके लिए मुझे दो-चार कदम उसकी तरफ चलने पड़ेंगे।'

बुद्ध गए। यशोधरा पागल हो उठी। चीखी, चिल्लाई, रोई, नाराज हुई, शिकायतें कीं। थोड़ी देर में उसे खयाल आया, लेकिन बुद्ध चुप खड़े हैं। उन्होंने एक भी बात का जवाब नहीं दिया। उसकी आंखें तो करीब-करीब अंधी थीं क्रोध से, कुछ दिखाई न पड़ता था। आंसू जो बारह साल से रुके थे, वर्षा की तरह बह रहे थे। उसने आंखें पोंछीं और गौर से बुद्ध को देखा। और कहा कि बोलते क्यों नहीं? तुम्हारी जबान खो गई? तुम मुझसे पूछे होते, मैं तुम्हें आज्ञा देती। क्या तुम्हें इतना भरोसा नहीं था? मैं क्षत्रिय

की पुत्री हूं। तुमने कहा होता, मुझे सब छोड़ना है, मुझे अकेले जाना है, तो मैं मार्ग में बाधा नहीं बनती। या तुम कहते कि तुझे भी छोड़ कर जाना है, तो मैंने वह भी किया होता। लेकिन यह थोड़ा ज्यादा था कि तुम चुपचाप चोर की तरह रात भाग गए। यह कैसा भरोसे का उल्लंघन? मैंने एक श्रद्धा रखी थी प्रेम पर, वह तुमने तोड़ी।

बुद्ध उसकी बातें सुनते रहे। लेकिन उन्हें मौन देख कर उसने कहा: 'तुम चुप क्यों हो? तुम्हारी जबान खो गई?'

बुद्ध ने कहा कि 'नहीं; तू अपना सब निकाल ले। तेरा रेचन हो जाए ताकि तू देख सके, कि जो आदमी बारह साल पहले इस घर को छोड़ कर गया था, वही वापस नहीं लौटा है। तू किसी और से बातें कर रही है। जो भाग गया था, वह मैं नहीं हूं; क्योंकि वह आदमी तो खत्म हो गया, खो गया, मिट गया। अब यह कोई और आया है। तू उसको गौर से तभी देख पाएगी, तेरी आंख तभी खुलेगी, जब तेरा सारा भाव क्रोध का निकल जाए। तू निकाल ले, तू उसे रोक मत। तू शिष्टाचार को बाधा मत बनने दे। तुझे जो कहना हो तू कह ले ताकि तू हलकी हो जाए। और मैं आया इसीलिए हूं कि इन बारह सालों में जो मैंने खोया, उसको तू पहचान ले; और जो मैंने पाया उसको तू देख ले। और उस आदमी की तरफ से मैं क्या जवाब दूं, जो तुझे छोड़ कर भाग गया था, वह तो मर चुका और उस आदमी को अब तू कहीं भी न पा सकेगी। वह सपना टूट चुका। इसलिए अब कोई तुझे उत्तर देने वाला नहीं है। मैं तुझे उत्तर दे सकता हूं, लेकिन वह उस आदमी का उत्तर नहीं है, क्योंकि वह धारा विछिन्न हो गई। यह अलग ही हूं मैं।'

यशोधरा ने गौर से देखा, निश्चित यह ज्योतिर्मय पुरुष बिलकुल अन्य था। जिसे उसने जाना था, वासना से पीड़ित सिद्धार्थ को, यह वह नहीं था। जिसकी आंखों में वासना थी, जिसके शरीर में संसार का सब-कुछ था, यह वह नहीं है। यह देह और है। यह काया और है। इन आंखों से कोई और बरस रहा है। और बुद्ध अपनी पत्नी से मिलने नहीं आए हैं; न अब बुद्ध पति हैं, न कोई पत्नी है। कोई सोया है उसे जगाने आए हैं।

पत्नी झुकी उनके चरणों में और संन्यस्त हुई; और उसने कहा कि मुझे भी मिटने का रास्ता दो। क्योंकि हो-हो कर मैंने दुख ही पाया है; और लगता है, तुम्हें सुख का सूत्र मिल गया है। उसने अपने बेटे को भी आगे किया और कहा कि यह तुम्हारा बेटा है। बारह वर्ष पहले तुम इसे छोड़ कर चले गए थे। इसके लिए कोई संपदा, पिता की धरोहर, परंपरा, वंशगत संपत्ति?

बुद्ध आनंद को पीछे छोड़ आए थे। उन्होंने आनंद को बुलाया और कहा, मेरा भिक्षापात्र! वह भिक्षापात्र राहुल को दिया और कहा: तू भी दीक्षित हुआ, क्योंकि यही मेरी संपदा है। बुद्धों के पास और कुछ देने को नहीं। न तो मैं तेरा पिता हूं, न तू मेरा बेटा है। यह नाता कभी था, वह सपना मेरा टूट गया, तेरा नहीं टूटा; लेकिन जिनका नहीं टूटा, उनको मैं सहारा दूंगा कि उनका सपना भी टूट जाए।

बारह साल का यह बेटा दीक्षित होकर भिक्षु हो गया, पत्नी भिक्षुणी हो गई। यशोधरा निश्चित हिम्मत की महिला रही होगी। फिर हम उसके नाम की कोई खबर नहीं पाते। फिर क्या हुआ? बुद्ध की पत्नी थी। जो भूल आनंद ने की, वह भूल उसने नहीं की। बुद्ध की पत्नी थी, छा सकती थी पूरे संघ पर। घोषणा कर सकती थी अपनी महत्ता की; लेकिन फिर हमें कुछ पता नहीं चलता कि उसका क्या हुआ? यह आखिरी है उसके संबंध में कहानी। इसके बाद बौद्ध शास्त्र बिलकुल चुप हैं, फिर यशोधरा का क्या हुआ? राहुल का क्या हुआ? क्योंकि वह बुद्ध का बेटा था। मरने के बाद कह सकता था कि अब यह मैं अधिकारी हूं इस सारे विराट संगठन का। उसका कोई पता नहीं चलता। जो भूल आनंद ने की बड़े भाई होने की, वह भूल यशोधरा ने नहीं की, वह भूल राहुल ने नहीं की। उन्होंने इसे अनुग्रह समझा कि बुद्ध आए। न आते तो कोई बस न था। बुद्ध ने यह स्मरण रखा। सपने के साथियों को भी जगाने आए। यह अनुकंपा थी।

ज्ञानी झुकता है, ताकि तुम्हें झुका सके। ज्ञानी तुम्हारी शर्तों को राजी हो जाता है, ताकि तुम्हें अपनी शर्तों के लिए राजी कर सके। और निश्चित ही ज्ञानी को ही शुरुआत करनी पड़ती है, क्योंकि तुम तो शुरुआत कैसे करोगे? तुम्हारे तो द्वार बंद हैं। ज्ञानी को ही पहले तुम्हारा द्वार खटखटाना पड़ता है। और तुम जहां खड़े हो, वहां से तुम्हारी मांग आती है। उसमें तुम्हारा कोई कसूर भी नहीं है। ज्ञानी जानता है कि तुम्हारी मांगें व्यर्थ हैं।

जैसे छोटे बच्चों की मांगें, तुम जानते हो व्यर्थ हैं। खिलौने मांगते हैं। लेकिन अगर बच्चों को कुछ सिखाना हो तो, खिलौनों से ही सिखाना शुरू करना पड़ता है। हम उन्हें खिलौने दे देते हैं, और खिलौनों के माध्यम से शिक्षा में प्रवेश कराते हैं। मांटेसरी की सारी शिक्षा ज्ञानी और अज्ञानी के बीच भी घटती है। छोटे बच्चों को स्कूल में खिलौनों के प्रलोभन में बुला लिया जाता है। वह तो प्रलोभन है। जल्दी ही उन खिलौनों के पीछे से शिक्षा का सारा जगत प्रकट होगा। खिलौने खो जाएंगे।

जो मांटेसरी ने बच्चों के लिए किया है, वही बुद्धों ने अज्ञानियों के लिए किया है। पहले तो खिलौने ही उनको बांटने होते हैं। खिलौनों के पीछे उनका राग बन जाता है,

रस बन जाता है। उस रस से वे खिंचे चले आते हैं। और उन्हें पता नहीं कि इसी रस में उनका अहंकार घुल जाएगा, मिल जाएगा। अनंत में उनकी बूंद खो जाएगी, सागर बचेगा।

इसलिए बुद्ध ने शर्तें स्वीकार कर लीं, जानते हुए कि यही रास्ता है आनंद के लिए। लेकिन आनंद को कठिनाई हुई, वह अपने कारण। फिर भी चालीस साल कोई लंबा समय नहीं है। चालीस जन्म भी छोटे हैं। सत्य जब भी मिल जाए, तभी जल्दी है। निर्वाण की झलक जब भी आ जाए तभी शीघ्र है।

मेरे पास लोग आते हैं, वे पूछते हैं, कब समाधि की झलक मिलेगी? मैं उनसे कहता हूं, जल्दी ही। जो ज्यादा हिसाबी-किताबी हैं वे पूछते हैं, जल्दी ही का म तलब? कुछ साल, कुछ महीना, कुछ सप्ताह, कुछ दिन?

मैं उनसे कहता हूं, 'जब भी मिल जाए तभी जल्दी है। जन्मों-जन्मों के बाद भी मिले तो भी जल्दी है, क्योंकि यह अनंत है व्यापार। इसमें समय का कुछ भी तो मूल्य नहीं है। तुम्हारे सत्तर साल का क्या मूल्य है? तुम्हारे सत्तर जीवन का भी कोई मूल्य नहीं है। इस अनंत फैलाव में तुम एक बूंद भी तो नहीं हो। तो जब भी घटना घट जाए तभी जल्दी है। जब भी तुम जग जाओ तभी सबेरा है।

और ज्ञानी को ही पहले चरणों में झुकना होगा। तुम्हारी शर्तें उसे माननी होंगी। तुम्हारा अहंकार शर्तों के साथ आता है। तुम बेशर्त हो भी नहीं सकते। तुम छोटी-छोटी बात में शर्त रखे हुए हो। अगर तुम गुरु के चरण भी छूते हो तो भी तुम्हारी आंखें उठ कर देखती हैं कि गुरु ने तुम्हारी अंदरूनी शर्तों को स्वीकार किया या नहीं? चाहे तुम उन शर्तों को बोले भी नहीं। गुरु ने तुम्हें गौर से देखा या नहीं? तुम्हें विशिष्टता दी या नहीं? तुम्हारी उपेक्षा तो नहीं हुई?

अहंकार उपेक्षा से सदा डरा हुआ है, क्योंकि उपेक्षा में उसकी मृत्यु हो जाती है। अहंकार सदा चाहता है ध्यान; कोई ध्यान दे। इसलिए जब तुम्हें लोग ज्यादा ध्यान देते लगते हैं तब तुम्हें बड़ा मजा आता है। तुम कुछ भी करने को राजी हो--लोग ध्यान दें।

स्पेन में एक आदमी ने दस वर्ष पहले इकट्ठी सात हत्याएं कीं। गया समुद्र के तट पर और समुद्र के तट पर विश्राम करते लोगों को--जिनसे कोई परिचय भी नहीं, जिनको उसने इसके पहले कभी देखा भी नहीं, कुछ को तो उसने कभी नहीं देखा, क्योंकि उनकी पीठ थी--उसने गोली मार दी। सात लोगों की हत्या करके वह पकड़ा गया। अदालत में जब उससे पूछा गया कि तुमने क्या किया? तो उसने कहा कि मैं अखबार

में बड़े-बड़े अक्षरों में छपा हुआ अपना नाम और प्रथम पृष्ठ पर अपनी तस्वीर देखना चाहता था। और मुझे कोई रास्ता नहीं सूझा। मरना बेहतर है, लेकिन बिना अखबार में छपे मरने से क्या सार? मैंने हत्याएं की हैं और मैं फांसी के लिए राजी हूं। लेकिन मैं प्रसन्न हूं। सारी दुनिया की नजर मेरी तरफ है। जगह-जगह मेरी चर्चा है। मैं ऐसे ही नहीं चला गया, चर्चित होकर गया हूं।

राजनेता की क्या खुशी है? धनपति का क्या रस है? सम्राटों का क्या मजा है? विशिष्टता का! सबका ध्यान उनकी तरफ लगा है। सब आंखें उनकी तरफ मुड़ी हुई हैं।

क्या मिलता होगा, जब आंखें तुम्हारी तरफ मुड़ती हैं? जब तुम रास्ते से चलते हो, कोई तुम्हारी तरफ देखता नहीं, जैसे तुम हो ही नहीं, क्या खोता है? तुम्हारा अहंकार दूसरों के ध्यान का भोजन करता है। जितने ज्यादा लोग तुम्हारी तरफ देखते हैं, जितनी आंखें तुम्हारी तरफ बहती हैं, उतना तुम्हारा अहंकार मजबूत होता है। जितना कोई तुम्हारी तरफ नहीं देखता, उतना तुम्हारा अहंकार मरने लगता है; उसकी श्वासें घुटने लगती हैं। अगर कोई भी तुम्हारी तरफ न देखे और रास्ते से तुम ऐसे गुजर जाओ जैसे तुम थे ही नहीं, कितने दिन तुम जिंदा रह सकोगे अहंकार को लेकर?

गुरजिएफ एक प्रयोग कर रहा था। अपने तीस शिष्यों को लेकर टिफलीस के एक जंगल में गया। एक बंगले में उसने तीस शिष्यों को बंद किया और कहा कि यह साधना है तुम्हारी कि प्रत्येक यही समझे कि यहां अकेला है, उनतीस नहीं हैं। इसी तरह व्यवहार करो, कि यहां कोई और नहीं, तुम अकेले हो। न तो बोलना, न दूसरे की तरफ देखना, न कोई इशारा करना। चलते वक्त अगर दूसरे के पैर पर पैर भी पड़ जाए तो क्षमा मत मांगना; क्योंकि यहां कोई है ही नहीं। इशारे से भी क्षमा मत मांगना। आंख की मुद्रा से भी मत बताना कि दूसरा है। और तीन महीने में सब हो जाएगा, जिसकी तुम तलाश अनेक जन्मों से कर रहे हो।

लगेगा, तीन महीना सस्ता सौदा है। लेकिन तीन दिन मुश्किल हो गए। और गुरजिएफ ने कहा कि मैं तीसरे दिन के बाद जांच शुरू कर दूंगा। तीन दिन का मौका है तुम्हें व्यवस्थित हो जाने का कि तुम अकेले हो, दूसरा नहीं है। दूसरे की पूर्ण उपेक्षा। लेकिन दूसरे की पूर्ण उपेक्षा में दिक्कत भी नहीं है। तुम तो दूसरे की उपेक्षा करते ही हो। दिक्कत यह है कि तब दूसरा भी तुम्हारी उपेक्षा कर रहा है। उन्तीस लोग तुम्हारी उपेक्षा कर रहे हैं और तुम उन्तीस की।

लोगों ने सोचा था सरल है; उपेक्षा ही तो करनी है, उपेक्षा तो हम करते ही हैं। मालिक नौकर की उपेक्षा कर रहा है, तो पति पत्नी की उपेक्षा कर रहा है, मां बच्चों की उपेक्षा कर रही है। एक-दूसरे की उपेक्षा कर रहे हैं। एक चारों तरफ दीवाल बना लेते हैं उपेक्षा की, क्योंकि जितनी तुम दूसरे की उपेक्षा करते हो, उतना ही उसका अहंकार छोटा और तुम्हारा बड़ा होता है।

अहंकार चाहता है, सब मुझे ध्यान दें और मैं सबकी उपेक्षा कर सकूं। तो सब ने सोचा था कि सरल है। उपेक्षा ही तो करनी है कि दूसरा नहीं है। यही तो हम जिंदगी भर किए हैं। लेकिन जल्दी ही एक घड़ी दो घड़ी में उनको पता चला कि मामला कठिन है, क्योंकि हम ही उपेक्षा नहीं कर रहे हैं, वे उन्तीस भी हमारी उपेक्षा कर रहे हैं। और हमारी उपेक्षा तो एक की है, उन्तीस की उपेक्षा के मुकाबले तो हम मिट जाएंगे।

तीन दिन होते-होते सत्ताइस लोग भाग गए। परीक्षा के पहले ही भाग गए। तीन बचे; और वे तीन टिके तीन महीना। उनमें से एक आदमी ऑस्पेंस्की था। उसने बाद में कहा कि उन तीन महीनों में जो घटा, उससे और श्रेष्ठ कुछ घट सकता है, इसकी हम आशा भी नहीं कर सकते।

क्या घटा उन तीन महीनों में? अहंकार मरता गया। रोज-रोज उसकी श्वास कमजोर होती चली गई। मृत्युशय्या पर पड़ गया। तीन महीने पूरे होते-होते तुम नहीं बचे, क्योंकि तुम्हारे लिए दूसरे की मौजूदगी जरूरी है। वह तुम्हें उकसाता रहे। जैसे आग, अगर कोई भी उसको उकसाए ना, तो धीरे-धीरे राख में दब जाती है। अंगारा धीरे-धीरे बुझ जाता है। तुम्हारे अहंकार को प्रतिपल कोई उकसावा चाहिए। कोई सहारा देता रहे, राख झाड़ता रहे, अंगारे को जगाता रहे। नया ईंधन डालता रहे। तीन महीने में सब बुझ गया।

तीन महीने बाद गुरजिएफ जब उस मकान में गया तो वहां सन्नाटा था, जैसे कोई भी न हो। तीन आदमी वहां थे, लेकिन वहां जैसे कोई भी न हो, ऐसा शून्य था। क्योंकि तुम्हारे विचार की तरंगें चारों तरफ कोलाहल पैदा करती हैं। तुम चाहे न भी बोलो, तुम्हारा अहंकार उपद्रव पैदा करता रहता है। चाहे तुम कहो भी न! अगर तुम अहंकारी आदमी के पास खड़े हो, वह कुछ भी न कहे तो भी तुम पाओगे कि तुम्हें वह तकलीफ दे रहा है।

तुम अहंकारी हो, तुम किसी के पास खड़े हो; कुछ भी नहीं कहते, लेकिन खड़े होकर तुम तकलीफ देना शुरू कर देते हो। तुम सताना शुरू कर देते हो। यह बड़ा सूक्ष्म

है। तुम्हारी तरंगें उसको दबोचने लगती हैं। अहंकारी आदमी के पास ज्यादा देर बैठने पर तुम थके-मांदे लौटोगे, क्योंकि वह दोहरे काम कर रहा है, तुम्हारी गर्दन दबा रहा है और तुम्हारे ध्यान को खींचकर शोषण कर रहा है।

तीन महीने में यह तीन आदमी मिट गए। इन्हें पहली झलक मिली ना-कुछ होने की।

जब तुम ना-कुछ होते हो, तब सब-कुछ की झलक मिलती है। जब तुम शून्य होते हो तब सर्व प्रकट होता है। जहां तुम नहीं हो, वहां पूर्ण विराजमान हो जाता है।

खाली करो सिंहासन। क्योंकि उस सिंहासन पर दो नहीं बैठ सकते; या तो तुम या परमात्मा। उतरो सिंहासन से नीचे; और तुम अचानक पाओगे, परमात्मा वहां विराजमान है। मिटना ही राज है पाने का। अनुग्रह, प्रसाद; प्रयास नहीं।

इसलिए झेन फकीर कहते हैं, एफर्टलेसनेस, प्रयत्नशून्यता द्वार है। तुमने कोशिश की और तुमने खोया। तुमने पाने की चेष्टा की और तुम भटके। तुम चले और रास्ता भटका। तुम चलो ही मत। तुम हो ही नहीं।

अगर एक भाव को तुम जगा सको कि 'मैं नहीं हूं।' चौबीस घंटे प्रयोग करके देखो। चलो, जैसे कोई चलने वाला नहीं। भोजन करो, जैसे कोई भोजन करने वाला नहीं। रास्ते पर देखो, जैसे कोई देखने वाला नहीं। खाली आंखें, खाली हृदय, खाली मन!

चौबीस घंटे--और तुम पाओगे, तुम्हारे जीवन में ऐसी शांति आने लगी, जिससे तुम अपरिचित हो। और ऐसे रस की धारा बहने लगी, जिसे तुमने कभी नहीं चखा था। और तुम्हारे भीतर कोई नया प्रकाश फूटने लगा। बिन बाती बिन तेल कोई दीया तुम्हारे भीतर जल रहा है।

पर तुम मिटो, तो ही तुम उसे पहचान सकते हो।

आज इतना ही।

१४

जो जगाए, वही गुरु

ओशो, गुरु-पूर्णिमा के इस पवित्र अवसर पर हमारे शत-शत नमन स्वीकार करें।

ओशो, एक सदगुरु ने अपने शिष्य को आवाज दी: 'होशिन!'
गुरु का नाम था, कोकुशी।
गुरु की आवाज पर शिष्य ने कहा: 'जी।'
कोकुशी ने दुबारा पुकारा: 'होशिन!'
और शिष्य ने फिर कहा: 'जी।'
लेकिन गुरु ने तीसरी बार भी आवाज दी: 'होशिन!'
और होशिन फिर बोला: 'जी।'
कोकुशी ने तब होशिन से कहा: 'इस भांति बार-बार पुकारने के लिए मुझे तुमसे क्षमा मांगनी चाहिए, लेकिन वस्तुतः तो तुम्हीं मुझसे क्षमा मांगो तो ठीक है।'
ओशो, इस कथा का मर्म बताने की कृपा करें।

नींद बहुत गहरी है। शायद नींद कहना भी ठीक नहीं, बेहोशी है। कितना ही पुकारो, नींद के परदे के पार आवाज नहीं पहुंचती। चीखो और चिल्लाओ भी, द्वार

खटखटाओ, सपने काफी मजबूत हैं। थोड़े हिलते हैं, फिर वापस अपने स्थान पर जम जाते हैं।

गुरु का एक ही अर्थ है: तुम्हारी नींद को तोड़ दे। तुम्हें जगा दे, तुम्हारे सपने बिखर जाएं, तुम होश से भर जाओ।

निश्चित ही काम कठिन है। और न केवल कठिन है, बल्कि शिष्य को निरंतर लगेगा कि गुरु विघ्न डालता है।

जब तुम्हें कोई साधारण नींद से भी उठाता है तब भी तुम्हें लगता है, उठाने वाला मित्र नहीं, शत्रु है। नींद प्यारी है। और यह भी हो सकता है कि तुम एक सुखद सपना देख रहे हो और चाहते थे कि सपना जारी रहे। उठने का मन नहीं होता। मन सदा सोने का ही होता है।

मन आलस्य का सूत्र है। इसलिए जो भी तुम्हें झकझोरता है, जगाता है, बुरा मालूम पड़ता है। जो तुम्हें सांत्वना देता है, गीत गाता है, सुलाता है, वह तुम्हें भला मालूम पड़ता है। सांत्वना की तुम तलाश कर रहे हो, सत्य की नहीं। और इसलिए तुम्हारी सांत्वना की तलाश के कारण ही दुनिया में सौ गुरुओं में निन्यानबे गुरु झूठे ही होते हैं। क्योंकि तुम जब कुछ मांगते हो, तो कोई न कोई उसकी पूर्ति करने वाला पैदा हो जाता है। असदगुरु जीता है, क्योंकि शिष्य कुछ गलत मांग रहे हैं; खोजने वाले कुछ गलत खोज रहे हैं।

अर्थशास्त्र का छोटा सा नियम है: 'मांग से पूर्ति पैदा होगी, डिमांड क्रिएट्स द सप्लाय।'

अगर हजारों, लाखों, करोड़ों लोगों की मांग सांत्वना की है तो कोई न कोई तुम्हें सांत्वना देने को राजी हो जाएगा। तुम्हारी सांत्वना का शोषण करने को कोई न कोई राजी हो जाएगा। कोई न कोई तुम्हें गीत गाएगा, तुम्हें सुलाएगा। कोई न कोई लोरी गाने वाला तुम्हें मिल ही जाएगा, जिससे तुम्हारी नींद और गहरी हो, सपना और मजबूत हो जाए। जिस गुरु के पास जाकर तुम्हें नींद गहरी होती मालूम हो, वहां से भागना; वहां एक क्षण रुकना मत। जो तुम्हें झकझोरता न हो, जो तुम्हें मिटाने को तैयार न बैठा हो, जो तुम्हें काट ही न डाले, उससे तुम बचना।

जीसस का एक वचन है कि लोग कहते हैं कि मैं शांति लाया हूं, लेकिन मैं तुमसे कहता हूं, मैं तलवार लेकर आया हूं।

इस वचन के कारण बड़ी ईसाइयों को कठिनाई रही है। क्योंकि एक ओर जीसस कहते हैं कि जो तुम्हारे एक गाल पर चांटा मारे, तुम दूसरा भी उसके सामने कर देना। जो तुम्हारा कोट छीन ले, तुम कमीज भी उसे दे देना। और जो तुम्हें मजबूर करे एक मील तक अपना वजन ढोने के लिए, तुम दो मील तक उसके साथ चले जाना।

ऐसा शांतिप्रिय व्यक्ति जो कलह पैदा करना ही न चाहे, जो सब सहने को राजी हो, वह कहता है, मैं शांति लेकर नहीं, तलवार लेकर आया हूं। यह तलवार किस तरह की है? यह तलवार गुरु की तलवार है। इस तलवार का उस तलवार से कोई भी संबंध नहीं, जो तुमने सैनिक की कमर पर बंधी देखी है। यह तलवार कोई प्रकट में दिखाई पड़ने वाली तलवार नहीं। यह तुम्हें मारेगी भी और तुम्हारे खून की एक बूंद भी न गिरेगी। यह तुम्हें काट भी डालेगी और तुम मरोगे नहीं। यह तुम्हें जलाएगी, लेकिन तुम्हारा कचरा ही जलेगा, तुम्हारा सोना निखर कर बाहर आ जाएगा।

हर गुरु के हाथ में तलवार है। और जो गुरु तुम्हें जगाना चाहेगा, वह तुम्हें शत्रु जैसा मालूम होगा।

फिर तुम्हारी नींद आज की नहीं, बहुत पुरानी है। फिर तुम्हारी नींद सिर्फ नींद नहीं है, उस नींद में तुम्हारा लोभ, तुम्हारा मोह, तुम्हारा राग, सभी कुछ जुड़ा है। तुम्हारी आशाएं, आकांक्षाएं सब उस नींद में संयुक्त हैं। तुम्हारा भविष्य, तुम्हारे स्वर्ग, तुम्हारे मोक्ष, सभी उस नींद में अपनी जड़ों को जमाए बैठे हैं। और जब नींद टूटती है तो सभी टूट जाता है।

तुम ध्यान रखना, तुम्हारी नींद टूटेगी तो तुम्हारा संसार ही छूट जाएगा ऐसा नहीं। जिसे तुमने कल तक परमात्मा जाना था वह भी छूट जाएगा। नींद में जाने गए परमात्मा की कितनी सचाई हो सकती है? तुम्हारी दुकान तो छूटेगी ही, तुम्हारे मंदिर भी न बचेंगे। क्योंकि नींद में ही दुकान बनाई थी, नींद में ही मंदिर तय किए थे। जब नींद की दुकान गलत थी तो नींद के मंदिर कैसे सही होंगे? तुम्हारी व्यर्थ की बकवास ही न छूटेगी, तुम्हारे शास्त्र भी दो कौड़ी के हो जाएंगे। क्योंकि नींद में ही तुमने उन शास्त्रों को पढ़ा था, नींद में ही तुमने उन्हें कंठस्थ किया था, नींद में ही तुमने उनकी व्याख्या की थी। और तुम्हारे दुकान पर रखे खाते-बही अगर गलत थे तो तुम्हारी गीता, तुम्हारी कुरान, तुम्हारी बाइबिल भी सही नहीं हो सकती।

नींद अगर गलत है तो नींद का सारा फैलाव गलत है।

इसलिए गुरु तुम्हारी जब नींद छीनेगा तो तुम्हारा संसार ही नहीं छीनता, तुम्हारा मोक्ष भी छीन लेगा। वह तुमसे तुम्हारा धन ही नहीं छीनता, तुमसे तुम्हारा धर्म भी छीन लेगा।

कृष्ण ने अर्जुन को गीता में कहा है: 'सर्वधर्मान् परित्यज्य--तू सब धर्मों को छोड़ कर मेरी शरण आ जा।'

तुम हिंदू हो, गुरु के पास जाते ही तुम हिंदू न रह जाओगे। और अगर तुम हिंदू रह गए तो समझना गुरु झूठा है। तुम मुसलमान हो, गुरु के पास जाते ही तुम मुसलमान न रह जाओगे। अगर फिर भी तुम्हें मुसलमानियत प्यारी रही तो समझना, तुम गलत जगह पहुंच गए। तुम जैन हो, बौद्ध हो, या कोई भी हो, गुरु तुमसे कहेगा, 'सर्वधर्मान् परित्यज्य!' सब धर्म छोड़ कर तू मेरे पास आ जा!

धर्म तो अंधे की लकड़ी है। उससे वह टटोलता है। शास्त्र तो नासमझ के शब्द हैं। जो नहीं जानता, वह सिद्धांतों से तृप्त होता है। गुरु के पास पहुंच कर तुम्हारे शास्त्र, तुम्हारे धर्म, तुम्हारी मस्जिद, मंदिर, तुम खुद, तुम्हारा सब छिन जाएगा।

इसलिए गुरु के पास जाना बड़े से बड़ा साहस है।

और गुरु के पास पहुंच कर टिक जाना सिर्फ थोड़े से लोगों की हिम्मत का काम है।

लोग आते हैं और जाते हैं। आते हैं और भागते हैं। जैसे ही नींद पर चोट होती है, वैसे ही बेचैनी शुरू हो जाती है। जब तक तुम उन्हें फुसलाओ, थपथपाओ, लोरी सुनाओ, जब तक उनकी नींद को तुम गहरा करो, तब तक वे प्रसन्न हैं। जैसे ही तुम उन्हें हिलाओ, वैसे ही बेचैनी शुरू हो जाती है।

तुमने अकारण ही जीसस को सूली नहीं दी। और तुमने सुकरात को व्यर्थ ही जहर नहीं पिलाया। जीसस को सूली देनी पड़ती है, क्योंकि यह आदमी तुम्हें सोने नहीं देता। तुम थके-मांदे हो, तुम नींद में उतरना चाहते हो। तुम इतने बेचैन और परेशान हो, तुम चाहते हो थोड़ी देर शांति मिल जाए, खो जाऊं, बेहोशी आ जाए। अगर ठीक से समझो तो संसार की सारी खोज बेहोशी की खोज है। कोई शराब से खोजता है, कोई संगीत से खोजता है, कोई संभोग से खोजता है और कुछ नासमझ ध्यान से भी उसी को खोजते हैं--किसी तरह तुम भूल जाओ कि तुम हो।

गुरु तुम्हें जगाएगा और याद दिलाएगा कि तुम हो। गुरु तुम्हारे नशे को तोड़ेगा, तुमसे शराब छीन लेगा। तुमसे सारी मादकता छीन लेगा। तुम्हारा भजन, तुम्हारा कीर्तन, तुम्हारा नाम-स्मरण, तुम्हारे मंत्र, सब छीन लेगा ताकि तुम्हारे पास सोने का

कोई भी उपाय न रह जाए। तुम्हें जागना ही पड़े। तुम्हें पूरी तरह जागना होगा, ताकि तुम जान सको, तुम कौन हो।

उस प्रतीति से ही पुरानी नींद की दुनिया का अंत, और एक नये जगत का प्रारंभ होता है। उस नये जगत का नाम मोक्ष है। नींद में देखा गया कोई सपना नहीं, नींद जब टूट जाती है तब जिसकी प्रतीति होती है, उसी का नाम परमात्मा है। नींद में की गई प्रार्थना नहीं, जब नींद नहीं रह जाती तब तुम्हारी जो भावदशा होती है, उसका नाम ही प्रार्थना है।

यह छोटी सी झेन कथा बड़ी सांकेतिक है। निश्चित ही शिष्य को लगा होगा कि यह गुरु क्या कर रहा है?

पुकारा एक बार--'होशिन!'

एक बार क्षम्य है बात। सोचा होगा होशिन ने, कुछ काम है; लेकिन ध्यान रहे, कोई भी गुरु तुम्हें किसी काम से नहीं पुकार रहा है। अगर काम दे भी रहा हो तो वह सिर्फ बहाना है ताकि तुम्हें पुकार सके।

पहली तो बात यह समझ लेना कि गुरु तुम्हें पुकार रहा है बिना काम के, अकारण। संसार में जितनी पुकारें हैं, वे सब सकारण हैं। पत्नी तुम्हें बुला रही है, उसमें कारण है। पति बुला रहा है, उसमें कारण है। बेटा बुला रहा है, उसमें कारण है। एक छोटा सा निर्दोष बच्चा भी बुला रहा है तो उसमें कारण है। उसकी निर्दोषता भी अकारण नहीं है। वह भी भूखा है, तो मां को चिल्ला रहा है, आवाज दे रहा है। उसमें प्रयोजन है, उसमें स्वार्थ है।

मैंने सुना है, एक आदमी सांझ घर लौटा। उसकी पत्नी ज़ार-ज़ार रो रही है, आंख से आंसू गिर रहे हैं, वह आदमी बैठ कर चुपचाप अखबार पढ़ने लगा। उसकी पत्नी ने कहा, कम से कम यह तो पूछो कि मैं क्यों रो रही हूं? उसने कहा, यही पूछ-पूछ कर मेरा दिवाला निकल गया है। रो रही है तो मतलब साफ है। कोई न कोई झंझट है, कोई न कोई मांग है। यही पूछ-पूछ कर मेरा दिवाला निकला जा रहा है कि क्यों रो रही है? अब मैंने यह पूछना ही बंद कर दिया।

हम रो भी रहे हैं, हंस भी रहे हैं, आवाज भी दे रहे हैं तो सकारण है; उसमें कोई प्रयोजन है। अकारण तुम तो रास्ते पर किसी से नमस्कार भी नहीं करते। अकारण तो तुम मुस्कुराते भी नहीं हो, आवाज देने का श्रम तुम क्यों उठाओगे?

इस संसार में गूंजती आवाजों से गुरु की आवाज मूलतः पृथक है। उसका गुणधर्म अलग है। पहला गुणधर्म, कि वह किसी काम से नहीं बुला रहा है। वह तुम्हें बेकाम बुला रहा है। वह तुम्हें जगाने के लिए बुला रहा है, किसी काम से नहीं बुला रहा।

'होशिन!' गुरु ने कहा।

सोचा होगा शिष्य ने, कोई काम है। उसने कहा: 'जी।'

प्रतीक्षा की होगी। और गुरु चुप हो गया, काम कुछ बताया न गया। होशिन बेबूझ हो गया होगा। फिर झपकी लग गई होगी।

थोड़ी देर में गुरु ने फिर बुलाया: 'होशिन!'

उसने फिर नींद से चौंक कर उत्तर दिया: 'जी।'

सोचा होगा, शायद गुरु काम भूल गया था, अब शायद कोई काम होगा! लेकिन गुरु फिर चुप हो गया। फिर झपकी लग गई होगी। तीसरी बार गुरु ने फिर आवाज दी: 'होशिन!' उसने फिर कहा: 'जी।'

हैरान हुआ होगा मन में। यह गुरु पागल तो नहीं हो गया? बुलाता है, लेकिन बुलाने पर कभी पूर्णविराम तो होता नहीं; बुलाने के आगे बात चलती है। इसका बुलाने पर पूर्णविराम हो जाता है। 'होशिन!'--जैसे बात खत्म हो गई। जैसे बुलाने के लिए ही बुला रहा हो। जैसे बुलाने से कोई और यात्रा न निकलती हो।

गुरु का बुलाना किसी वासना की पुकार नहीं है, कोई मांग नहीं है। गुरु का बुलाना अपने आप में पूरा है। वह तुम्हें कहीं और ले जाना नहीं चाहता। कुछ पाने में नहीं लगाना चाहता। कोई और खोज पर नहीं ले जाना चाहता। उसके बुलाने में ही बात पूरी हो गई। उसका बुलाना अगर तुम समझ सको तो ध्यान बन जाए। उसकी पुकार तुम्हारे भीतर तंद्रा को तोड़ दे। 'होशिन!'--उस एक क्षण में होशिन के विचार भी बंद हो जाते होंगे। तभी तो कह पाता है, 'जी।'

उस एक क्षण में सजग हो जाता होगा। उस एक क्षण में उसकी रीढ़ सीधी हो जाती होगी। एक क्षण को विचार की तंद्रा खो जाती होगी, धुआं हट जाता होगा, बादल विलीन हो जाते होंगे। एक क्षण को भीतर का नीला आकाश झांकता होगा। उसी नीले आकाश से तो 'जी' निकलता है।

अगर होशिन खोया ही रहे तो पता ही नहीं चलेगा गुरु ने कब बुलाया! पता ही नहीं चलेगा कोई बुला रहा है, या नहीं बुला रहा है। होशिन अगर खोया ही रहे, अपनी

तंद्रा में डूबा ही रहे, तो यह आवाज तीर की तरह भीतर प्रवेश न करेगी। लेकिन होशिन चकित जरूर होगा, चिंतित भी होगा। गुरु बुलाता है और चुप हो जाता है।

गुरु अकसर... अक्सर पागल मालूम होगा, तुम पागलों की दुनिया में--यह उसकी नियति है। वह पागल मालूम होगा। पागलों के बीच में जो होशपूर्ण है, वह पागल मालूम होगा ही।

होशिन भी सोच रहा होगा, गुरु को क्या हो गया है? आवाज देता है और चुप हो जाता है; यह कैसी आवाज?

हम समझ पाते हैं किसी भी चीज को, अगर उसमें शृंखला हो। हम उस रास्ते को समझ पाते हैं, जो कहीं पहुंचता हो, कोई मंजिल हो। लेकिन रास्ता हो और कहीं न जाता हो तो हम बड़ी विडंबना में पड़ जाते हैं। होशिन विडंबना में पड़ गया होगा। इसलिए गुरु ने उसकी भीतरी विडंबना को देख कर कहा कि 'होशिन, मुझे तुझसे क्षमा मांगनी चाहिए।'

बहुत बार गुरु तुमसे कहेगा कि होशिन, मुझे तुमसे क्षमा मांगनी चाहिए, क्योंकि मैं तुम्हारी नींद तोड़ रहा हूं। और अकारण तोड़ रहा हूं; कोई काम भी नहीं है। कोई वासना, कोई इच्छा का संबंध भी नहीं। मैं तुमसे कुछ चाहता भी नहीं। मेरी कोई मांग भी नहीं है। तुम्हारा किसी भांति का कोई शोषण नहीं करना है, फिर भी तुम्हें पुकार रहा हूं; फिर भी तुम्हें बुला रहा हूं। मुझे तुमसे क्षमा मांगनी चाहिए।

होशिन के चेहरे पर प्रसन्नता आई होगी कि बात तो ठीक ही है। बेकार बुला रहे हो।

हम समझ लेते हैं, जब कोई काम हो। जहां भी निष्काम कुछ हो, हमारी समझ के बाहर हो जाता है। हम तो परमात्मा का भी विचार करते हैं तो सोचते हैं, उसने जगत को किसी काम से बनाया होगा; उसका कोई प्रयोजन होगा।

लोग मेरे पास आते हैं, वे कहते हैं, परमात्मा ने यह सृष्टि किस प्रयोजन से बनाई? इसका क्या अर्थ है? क्या अभिप्राय है? जरूर कोई छिपा हुआ अभिप्राय होना चाहिए।

हम अपनी ही प्रतिमा में परमात्मा को सोचते हैं। हम बिना काम एक कदम न उठाएंगे। हम बिना काम आंख भी न हिलाएंगे। तो इतना बड़ा विराट आयोजन! जरूर पीछे कुछ धंधा होगा। कोई प्रयोजन होगा।

और जिस व्यक्ति ने भी परमात्मा के संबंध में प्रयोजन पूछा, थोड़े दिन में पाएगा प्रयोजन तो रह गया, परमात्मा खो गया। ऐसा व्यक्ति आज नहीं कल नास्तिक हो

जाएगा, जो प्रयोजन पूछेगा। क्योंकि प्रयोजन यहां है नहीं। और तुम ऐसे परमात्मा को मान न सकोगे, जो निष्प्रयोजन हो।

हिंदुओं ने बड़ी हिम्मत की है। वैसी हिम्मत पृथ्वी पर कहीं भी नहीं पाई गई। उन्होंने यह कहा कि यह लीला है। यह कोई परमात्मा का काम नहीं है। इसमें कुछ है नहीं, इसमें कुछ पाने को नहीं है; यह जगत कहीं जा नहीं रहा है। यह जगत हो रहा है, लेकिन कहीं जा नहीं रहा है। यह रास्ता कहीं पहुंचता नहीं--है।

एक भिखारी एक रास्ते के किनारे बैठा है और एक राह भटक गए यात्री ने उससे पूछा कि क्या तुम बता सकोगे, यह रास्ता कहां जा रहा है? उस भिखारी ने कहा: मैं कई साल से यहां रह रहा हूं; रास्ते को मैंने कहीं जाते नहीं देखा। हां, लोग इस पर आते-जाते हैं। परमात्मा कहीं भी नहीं जा रहा है, तुम आते-जाते हो। रास्ता अपनी ही जगह है; उस भिखारी ने कहा, जहां तक मेरी समझ है।

परमात्मा अपनी ही जगह है; कहीं आ नहीं रहा, कहीं जा नहीं रहा। लेकिन तुम उस पर काफी यात्रा करते हो--कभी इस दिशा में, कभी उस दिशा में, कभी धन की तरफ, कभी त्याग की तरफ; कभी भोग के लिए, कभी योग के लिए; लेकिन रुकते तुम नहीं। चाहे भोग हो तो भी तुम दौड़ते हो; चाहे योग हो तो भी तुम दौड़ते हो। तुम्हारा श्रम जारी रहता है।

और तुम परमात्मा को उसी दिन समझ पाओगे, जिस दिन तुम भी इस रास्ते की भांति हो जाओ, जो कहीं भी आता नहीं, जाता नहीं, जो सिर्फ है। जिस दिन तुम्हारी वासना गिरेगी, जिस दिन न योग तुम्हें बुलाएगा, न भोग; न जिस दिन संसार तुम्हें खींचेगा, न मोक्ष; जिस दिन तुम जाने की बात ही छोड़ दोगे, जिस दिन तुम पूर्णविराम हो जाओगे, तुम जहां हो वहीं पूर्णविराम हो जाएगा।

गुरु ने पुकारा, 'होशिन' और पूर्णविराम हो गया। यह पुकार निष्प्रयोजन है। यह पुकार लीला है। यह पुकार एक खेल है। होशिन के भीतर जगी चिंता को देख कर गुरु ने कहा, मुझे तुझसे क्षमा मांगनी चाहिए। अकारण ही तुझे जगाता हूं, सोने नहीं देता। कारण भी हो तो क्षम्य है, व्यर्थ ही तुझे हिलाता हूं। न उठ कर दुकान खोलनी है, न बाजार जाना है, न नौकरी पर जाना है, फिर भी तुझे उठाता हूं। तुझे सोने नहीं देता। मुझे तुझसे क्षमा मांग लेनी चाहिए।

होशिन के मन में चिंता कम हुई होगी। लगा होगा, गुरु ठीक ही कह रहा है, क्षमा तो मांगनी ही चाहिए। बैठने भी नहीं देता शांति से। अकारण 'होशिन, होशिन,

होशिन', लगाए हुए है। सोचने भी नहीं देता शांति से; भीतर भी विघ्न खड़ा कर देता है।

लेकिन तत्क्षण गुरु ने कहा, लेकिन वस्तुतः तो तुझे ही मुझसे क्षमा मांगनी चाहिए। तीन बार बुलाना पड़ा, क्योंकि एक बार बुलाने से काम न चला। तूने 'जी' कहा जरूर, लेकिन करवट ली और तू फिर सो गया; दुबारा इसलिए बुलाना पड़ा। वस्तुतः तो तुझे ही क्षमा मांगनी चाहिए, क्योंकि तेरी नींद के लिए तू ही जिम्मेवार है। तेरे आलस्य के लिए तू ही आधार है। तीसरी बार बुलाना पड़ा, फिर भी तू करवट लेता है और सो जाता है।

तीन हजार बार भी बुलाना पड़े तो गुरु थकता नहीं। जिस दिन तुम जागोगे, उस दिन तुम क्षमा मांगोगे। तुम कहोगे कि एक ही आवाज में जो बात हो जानी चाहिए थी, उसके लिए अकारण तीन हजार बार तुम्हें दोहराना पड़ा।

बुद्ध के पास कोई आता, कुछ पूछता, बुद्ध कोई उत्तर देते तो हमेशा तीन बार दोहराते। कोई पूछता, निर्वाण है? तो बुद्ध कहते--'है'। फिर जैसे भूल गए हों कि अभी कहा है, है, फिर से कहते--'है'। फिर जैसे भूल गए हों कि अभी कहा, फिर से कहते--'है'।

जिन लोगों ने बौद्ध शास्त्रों का संकलन किया उनको बड़ी कठिनाई मालूम पड़ी। कि अब इस तरह लिखेंगे तो शास्त्र तीन गुने हो जाते हैं। व्यर्थ ही शास्त्र बड़ा हो जाता है और पढ़ने वाले को असुविधा होती है। जो काम एक ही 'है' से हो सकता है, बुद्ध तीन दफे 'है' कहते हैं।

तो बौद्ध शास्त्रकारों ने चिह्न बना लिए हैं: 'है'--और चिह्न बना दिया--'तीन बार'। तीन का चिह्न बना दिया है। 'है--तीन बार'; ताकि तीन बार लिखना न पड़े। शास्त्रकार ज्यादा बुद्धिमान मालूम पड़ते हैं।

लेकिन बुद्ध से किसी ने पूछा कि मैं पूछता हूं एक बार, तुम कहते हो तीन बार; बात क्या है? बुद्ध ने कहा, तीन बार में भी कोई सुन ले तो अनूठा है, अद्वितीय है। तीन बार में भी कौन सुनता है? तुम वहां मौजूद ही नहीं हो सुनने को। तुमने प्रश्न पूछा कि तुम सो गए। तुम प्रश्न भी शायद नींद में पूछते हो।

जैसे छोटा बच्चा भूखा हो और नींद में रोता हो, आवाज करता हो; दूध पिला दिया और सो जाता हो। न उसे पता चलता है भूख का, और न पता चलता है उसे दूध का। दोनों ही कृत्य नींद में हो जाते हैं। जैसे शराबी रास्ते पर चलता है; डगमगाता है,

फिर भी चल लेता है। ऐसा ही तुम्हारा जीवन है; ऐसा ही तुम्हारा चलना है; ऐसा ही तुम्हारा होश है--डगमगाता हुआ।

बुद्ध कहते हैं, कि तीन बार में भी कोई सुन ले तो उसने जल्दी सुन लिया।

इस सदगुरु ने कहा: 'होशिन, ऊपर से देखने पर तो मुझे तुझसे क्षमा मांगनी चाहिए; लेकिन भीतर से देखने पर तू ही मुझसे क्षमा मांग।'

कहानी पूरी हो जाती है। बहुत-सी बातें हैं। झेन छोटी-छोटी कहानियों में कहता है। शायद कहानियां छोटी इसीलिए हैं कि उतनी देर शायद तुम होश से सुन पाओ। ज्यादा देर तो तुम होश से सुन भी न पाओगे।

मैंने सुना है, एक आदमी से उसका डॉक्टर पूछ रहा था कि रविवार को तो छुट्टी रहती है, रविवार की सुबह तुम कितनी देर तक सोते हो? उस आदमी ने कहा: इट डिपेंड्स। यह निर्भर करता है कि चर्च में प्रवचन कितनी देर चला! उतनी देर सोता हूं।

मंदिर जगाने को है, लेकिन वहां भी लोग सो रहे हैं! चर्च जगाने को है, लेकिन वहां भी लोग नींद ले रहे हैं! हम इतने कुशल हैं कि हम जागरण की दवाइयों का उपयोग भी निद्रा की दवाइयों की तरह कर लेते हैं। हम अपनी नींद में सभी कुछ समाहित कर लेते हैं--चर्च हो, मंदिर हो, मस्जिद हो, हम सबको अपनी नींद में डुबा लेते हैं। हमारी नींद बड़ी विकराल है, विराट है। और कोई अगर हम पर सतत ही चोट न करता रहे तो शायद हम जाग भी न सकेंगे।

इसलिए सभी पुराने अनुभवियों ने कहा है, गुरु के बिना ज्ञान न होगा। गुरु के साथ हो जाए तो भी अनूठी घटना है। गुरु के बिना तो होगा नहीं। गुरु का इतना ही मतलब है कि कोई तुम्हारे द्वार पर चोट किए ही चला जाए। यह चोट विनम्र ही होगी। यह चोट कोई आक्रमक नहीं हो सकती। यह चोट पानी की तरह होगी। जैसे पानी चट्टान पर गिरता है। 'होशिन'--यह गुरु की आवाज कोई बहुत कठोर नहीं हो सकती। गुरु कठोर हो नहीं सकता। यह 'होशिन' की आवाज पानी की तरह पत्थर पर गिरेगी। लेकिन गुरु इसे दोहराता रहेगा। यह धीमी और मधुर आवाज पत्थर को भी काट डालेगी।

लाओत्सु ने कहा है, गुरु पानी की तरह है, तुम पत्थर की तरह हो। लेकिन ध्यान रखना, आखिर में तुम ही हारोगे। तुम्हारी मजबूती बहुत ज्यादा काम न आएगी। पानी गिरता रहेगा। मृदु है उसकी चोट; उस चोट में कोई हथौड़े की चोट नहीं है, लेकिन आज नहीं कल चट्टान टूटती जाएगी, रेत हो जाएगी। आज नहीं कल तुम पाओगे कि चट्टान समाप्त हो गई, पानी अब भी बह रहा है।

गुरु की चोट तो मधुर है, लेकिन गहरी है। और मधुर उस अर्थ में है--इस अर्थ में नहीं कि मीठी है और तुम्हारी नींद को सहयोगी होगी--मधुर इस कारण है कि उसकी करुणा से निकली है।

वासना की सब चोट कठोर होती है, क्योंकि वासना से जो भी आवाज निकलती है, उस आवाज को तुमसे प्रयोजन नहीं होता। चाहे प्रेमी अपनी प्रेयसी को कहता हो, चाहे मां अपने बेटे को कहती हो, पति अपनी पत्नी को कहता हो, लेकिन उस आवाज में, उस पुकार में दूसरा साधन है, मैं स्वयं साध्य हूं। वासना में मैं दूसरे का उपयोग कर रहा हूं। वह उपकरण है। अंत तो मैं ही हूं, लक्ष्य तो मैं ही हूं। मेरा ही सुख केंद्र है। दूसरे का तो मैं उपयोग कर रहा हूं।

इसलिए मित्र बेचैन होते हैं, प्रेमी परेशान होते हैं। मित्रों और प्रेमियों में हमेशा कलह बनी रहती है। उस कलह का आधार है, क्योंकि एक-दूसरे का जब भी हम उपयोग करते हैं तो दूसरे का अपमान होता है। उसे लगता है, मैं एक वस्तु हो गया, व्यक्ति न रहा। मेरा उपयोग किया जा रहा है, लेकिन मेरा कोई मूल्य नहीं है। मेरी कोई आत्यंतिक मूल्यवत्ता नहीं है। मैं वस्तुओं की भांति हूं।

वासना जब भी बुलाती है, तो कठोर होगी; क्योंकि शोषण कठोर ही हो सकता है।

गुरु की आवाज मृदु है। वह कहता है, 'होशिन'। यह जापानी शब्द होशिन बड़ा सोच कर चुना होगा। यह शब्द भी बड़ा मीठा है। यह आवाज भीतर जाएगी, लेकिन चोट पानी की बूंद की तरह है। पर यह सतत सातत्य बना रहे तो ही तुम्हें तोड़ पाएगी। तो गुरु बुलाए चला जाता है।

और गुरु के इस बुलाने को, तुम्हारे इस उत्तर को, कि 'जी'; इन दोनों के मेल को सत्संग कहा है। तुम अगर सुनो ही ना, तब सत्संग घटित नहीं होगा। वहां गुरु तो है, तुम नहीं हो। तुम अगर पूरी तरह सुन लो तो वहां कोई शिष्य न बचा। तुम थोड़ा सा सुनते हो, थोड़ा सा नहीं भी सुनते हो। तुम्हारी नींद में थोड़ी खलल पड़ती है। तुम थोड़ी आंख-पलक खोलते हो, लेकिन भारी है आंख; फिर झपकी लग जाती है। तुम 'जी' का उत्तर तो देते हो। तुम इतनी तो खबर देते हो कि मैं हूं और सुन रहा हूं--सत्संग है।

यह कहानी सत्संग की कहानी है। गुरु बुला रहा है, शिष्य सुन रहा है। शिष्य समझ नहीं पा रहा है, गुरु क्या कह रहा है। लेकिन इतनी श्रद्धा है कि बुलाता है तो 'जी' कहता है। कम से कम नाराज नहीं हो रहा है।

तुम होते तो शायद नाराज भी हो जाते; यह क्या बकवास लगा रखी है! अगर कुछ कहना है तो कहो; अन्यथा 'होशिन, होशिन, होशिन', बार-बार क्या कह रहे हो? कुछ कहना हो तो कह दो अन्यथा चुप रहो। तुम्हारे मन में यही आवाज उठी होती। तो फिर श्रद्धा नहीं है।

एक बात समझ लेना; इस होशिन के मन में भी संदेह तो है। इसीलिए गुरु ने कहा कि मुझे तुमसे क्षमा मांगनी चाहिए। उसके संदेह को देख कर ही कहा है। श्रद्धा पूरी तो नहीं है, क्योंकि जब श्रद्धा पूरी हो तो पुकारने की कोई जरूरत नहीं रह जाती। श्रद्धा पूरी नहीं है, संदेह है; लेकिन संदेह भी पूरा नहीं है, नहीं तो यह सो जाएगा--आधा-आधा है।

तर्तूलियन एक बड़ा ईसाई फकीर हुआ। उसने ईश्वर की रोज की प्रार्थना में एक वाक्य जोड़ रखा था और वह कहता था, श्रद्धा मेरी तुझमें है, लेकिन मेरी अश्रद्धा की तरफ भी तू खयाल रखना। भरोसा मैं तुझमें रखता हूं, लेकिन भीतर मेरे संदेह भी है, उसकी चिंता तू करना।

यह ईमानदार शिष्य की आवाज है। क्योंकि तुम संदेह को छिपा लो, इससे वह मिटेगा नहीं। तुम कितना ही कहो, मेरा समर्पण पूरा है; और अगर रत्ती भर भी संदेह है, तो वह समर्पण पूरा तो नहीं है और पूरा कभी हो भी न सकेगा, क्योंकि तुम इस भ्रांति में जीओगे कि वह पूरा है। तुम जैसे हो, वहां तुम पूरे हो ही नहीं सकते। वहां संदेह तो रहेगा ही। इतना ही कर सकते हो कि संदेह को नीचे कर दो, श्रद्धा को ऊपर कर दो; पर संदेह भीतर छिपा रहेगा और कीड़े की तरह तुम्हारी श्रद्धा को काटता रहेगा। और श्रद्धा आज ऊपर है, कब तक ऊपर रहेगी? किसी भी क्षण संदेह ऊपर आ सकता है।

अक्सर ऐसा हो जाता है कि अगर दो व्यक्ति कुश्ती लड़ रहे हों, तो जो व्यक्ति ऊपर बैठा है, उसको ऊपर बैठने में श्रम करना पड़ता है, क्योंकि ताकत लगाए रखनी पड़ती है कि नीचे का आदमी निकल कर ऊपर न आ जाए। नीचे का आदमी आराम कर सकता है; उसे कोई ताकत लगाने की जरूरत नहीं। नीचे होने के लिए ताकत लगाने की कोई जरूरत भी नहीं है, वह आराम कर सकता है। ऊपर का आदमी श्रम में लगा है। अगर घंटे भर ऊपर का आदमी ऊपर बैठा रहे और नीचे का नीचे पड़ा रहे, ऊपर का अपनी मेहनत के कारण ही थक कर नीचे गिरेगा। उसकी थकान में नीचे का आदमी ऊपर आ जाएगा।

जब तुम श्रद्धा को संदेह के ऊपर बिठा देते हो, श्रद्धा थक रही है और संदेह विश्राम कर रहा है। ज्यादा देर नहीं लगेगी, संदेह ऊपर आ जाएगा, श्रद्धा नीचे चली जाएगी। लेकिन अगर तर्तूलियन जैसा भाव हो, कि तुम अपनी श्रद्धा की ही घोषणा न करते हो, अपने परमात्मा को यह भी कह देते हो कि संदेह भी मेरे पास है, इसको मैं दबा नहीं रहा हूं, इसे छिपा नहीं रहा हूं, इसे झुठला नहीं रहा हूं, यह है। और जैसा भी नग्न मैं हूं, कुरूप या सुंदर; श्रद्धालु या संदेहग्रस्त; तुम्हारे सामने हूं। श्रद्धा की फिकर मैं करूंगा, संदेह की फिकर तुम कर लेना।

होशिन के मन में भी संदेह तो है, लेकिन श्रद्धापूर्वक वह उत्तर देता है 'जी'। उसने एक भी बार नहीं कहा, कि क्यों पुकार रहे हो? क्यों बुलाते हो? क्या काम है?

एक फकीर के संबंध में मैंने सुना है, एक दूसरे फकीर से मिलने गया था। वहां देखा कि शिष्यों में बड़ी श्रद्धा है गुरु के प्रति, बड़ा भाव है। उसने कहा कि मेरी तो बड़ी मुसीबत है; ऐसा भाव मैं अपने शिष्यों में पैदा नहीं कर पाता। क्या करूं? तो उस फकीर ने कहा कि आज मैं तुम्हारे घर आऊंगा भोजन करने। वहीं हम बात कर लेंगे।

सांझ वह फकीर इस दूसरे फकीर के घर पहुंचा। पैर कीचड़ से भरे हैं; वर्षा के दिन होंगे, रास्ते पर कीचड़ है, कपड़े भीगे हैं। तो दूसरे फकीर ने अपनी पत्नी को कहा: 'सुनती है, थोड़ा पानी ले आ। मेरे मित्र आए हैं, उनके पैर धोने हैं।' पत्नी ने भीतर से आवाज दी: 'कुआं कोई बहुत दूर नहीं है। ले जाओ अपने मित्र को कुएं पर और वहीं पैर धुला दो। और स्नान भी करा देना। सुबह पानी भरते वक्त कहां थे?'

दोनों फकीर गए, कुएं से साफ होकर वापस लौटे। गृहपति फकीर ने कहा भोजन के बाद, 'अब कहो।'

उसने कहा: 'कल तुम मेरे घर भोजन करना। वर्षा के दिन हैं, कीचड़ तो है ही।'

यह दूसरा फकीर पहले फकीर के घर भोजन करने गया। द्वार पर फकीर ने अपनी पत्नी से कहा कि 'घी का जो मटका है, वह ले आ।' वह घी के मटके को लेकर बाहर आ गई। और इस फकीर ने कहा: 'मेरे मित्र आए हैं; और कभी आए हैं, पानी से क्या पैर धोना? घी से इनके पैर धो दे।' उस पत्नी ने पूरा मटका घी का उनके पैर पर उंड़ेल कर पैर धो दिए।

भोजन के बाद गृहपति फकीर ने कहा: 'कुछ पूछना है कि बात पूरी हो गई?'

दूसरे फकीर ने कहा: 'बात पूरी ही हो गई। कुछ कहना नहीं है।'

जहां प्रेम है, वहां श्रद्धा छाया की भांति चली आती है। और जहां प्रेम है, वहां स्वीकार का भाव है। और जहां प्रेम है, वहां निष्प्रश्न पुकारो 'होशिन', और 'जी' का उत्तर आता है।

ऐसा नहीं है कि इस पत्नी के मन में भी विचार न उठे होंगे; विचार तो उठे ही होंगे। मन का काम विचार उठाना है। इसने भी सोचा होगा, घी फिजूल खराब कर रहे हो। पानी से काम चल सकता था। मुसीबत के दिन हैं, घी महंगा है और मुश्किल से घी इकट्ठा होता है। ये सब विचार उठे होंगे, लेकिन इन सारे विचारों के बावजूद भी प्रेम प्रथम हो गया और उसने सोचा कि अगर पति कह रहे हैं तो कुछ अर्थ होगा। मैं चुप रहूं। जल्दी न करूं।

होशिन के मन में विचार तो उठ रहे हैं, लेकिन वह कह नहीं रहा है। जान रहा है कि गुरु जब बुला रहे हैं तो कुछ न कुछ राज होगा। मुझे पता हो न पता हो। तीन बार बुला रहे हैं तो जरूर कुछ--कुछ गहरी बात होगी, कोई कुंजी होगी। आज नहीं कल कुंजी खुल जाएगी। लेकिन भीतर विचार हैं, संदेह है।

मन सदा संदेह करता रहता है। यह स्वाभाविक है। इसलिए एक बात खयाल रखना, संदेह भीतर हो तो उसे छिपाना मत; उसे जानना। संदेह भीतर हो, उसे सक्रिय मत होने देना; उसे तुम्हारी श्रद्धा पर हावी मत होने देना, लेकिन उसे श्रद्धा से दबाना भी मत, हटाना भी मत। संदेह तुम्हारे भीतर हो तो छिपाए बिना प्रतीक्षा करना। जल्दी ही घड़ी आएगी जब संदेह की गांठ खुल जाएगी। लेकिन चलना तुम श्रद्धा के पीछे।

शिष्य का अर्थ पूर्ण श्रद्धावान नहीं हो सकता; पूर्ण श्रद्धावान जो हो गया, वह तो गुरु हो जाएगा। शिष्य का अर्थ, आधी श्रद्धा, आधा संदेह होगा।

अब इस आधी श्रद्धा के तुम दो उपयोग कर सकते हो। एक तो यह कि संदेह की छाती पर बैठ जाओ। तब तुम्हारी श्रद्धा भी पंगु हो जाएगी। क्योंकि जिसे तुम दबाते हो उससे तुम बंध जाते हो। तब तुम्हारी श्रद्धा संदेह से लड़ने में लग जाएगी और तुम्हारी शक्ति व्यर्थ होगी। जैसे तुम्हारा बायां और दायां हाथ लड़ रहे हों और तुम्हारी शक्ति व्यर्थ ही व्यय हो रही हो। तुम श्रद्धा और संदेह को लड़ाना मत; जो कि सहज स्वाभाविकतः घटता है। तुम श्रद्धा से चलना।

तुम श्रद्धा को गतिमान करना और संदेह के लिए छिपाए बिना प्रतीक्षा करना समय की, जब कुंजी तुम्हें उपलब्ध हो जाएगी। तुम संदेह पर ध्यान मत देना, उपेक्षा करना। ध्यान तुम श्रद्धा पर देना, क्योंकि जहां ध्यान जाता है, वहीं भोजन जाता है। तुम जिस

चीज पर ध्यान देते हो, तुम्हारी जीवन ऊर्जा उसी को परिपुष्ट करती है। तुम सिर्फ संदेह के प्रति उपेक्षा रखना, लड़ना मत। कोई भीतर युद्ध खड़ा मत करना। दबाना मत, कोई दमन मत करना; सिर्फ ध्यान को तुम श्रद्धा की तरफ प्रेरित रखना। तुम श्रद्धा को सींचना ध्यान से और संदेह की उपेक्षा करना और प्रतीक्षा करना।

'होशिन!' होशिन ने सुना होगा, संदेह भी उठा होगा, लेकिन ध्यान उसने श्रद्धा पर रखा। उसने कहा, 'जी!'

यह 'जी' बड़ी गहरी श्रद्धा से उठ रहा है। इसके पास ही संदेह खड़ा है, लेकिन इस 'जी' के क्षण में जैसे संदेह मिट गया हो; जैसे एक क्षण को पूरा हृदय 'जी' हो गया।

शुरू में घटना ऐसे ही घटेगी। और गुरु बहुत मौके देगा कि तुम संदेह पर ध्यान दो। क्योंकि बिना मौके के तुम्हारा श्रद्धा के प्रति ध्यान का प्रवाह सुनिश्चित न होगा। गुरु बहुत बार तुम्हें डगमगाएगा। गुरु बहुत बार बेबूझ हो जाएगा। ऐसा व्यवहार करेगा, जो तुम्हारी अपेक्षा न थी। क्योंकि अपेक्षा तो मन का हिस्सा है। और मन को तोड़ना है, तो तुम्हारी अपेक्षा को भी तोड़ना होगा। तुम जो चाहते थे गुरु से, वह वैसा ही अगर व्यवहार करे तुम्हारी चाह के अनुसार, तो तुम गुरु के निर्माता हुए जा रहे हो।

इसलिए जो गुरु तुम्हारी अपेक्षाओं के अनुसार चले, समझ लेना कि उससे तुम्हारे जीवन में कोई क्रांति नहीं होने वाली। इसीलिए तो तुम्हारे तथाकथित गुरुओं की भीड़ है, लेकिन जीवन में कहीं धर्म की कोई किरण नहीं। कितने संन्यासी हैं! कितने फकीर हैं! कितने साधु-मुनि हैं! लेकिन वे सब तुम्हारी अपेक्षाएं पूरी कर रहे हैं। यह हालत ऐसी है, जैसे डॉक्टर मरीजों की अपेक्षाएं पूरी कर रहा हो! तुम जैसा चाहते हो वैसा वे व्यवहार कर रहे हैं। रत्ती भर फर्क करते हैं कि तुम उपद्रव शुरू कर देते हो।

अगर जैन मुनि को रात में चलना मना है, तो सारे जैन श्रावक आंख लगाए बैठे हैं कि वे उसको रात में चलते हुए देख लें। अगर जैन मुनि को ठंडा पानी पीना मना है और अगर वह ठंडा पानी पीता हुआ पकड़ लिया जाए, तो श्रावक जैसे न्यायाधीश है! पीछे चलने वाला जैसे न्यायाधीश है! वह आंख लगाए बैठा है। वह फौरन शोरगुल मचा देगा कि यह मुनि भ्रष्ट हो गया।

जिस दिन अज्ञानी तय करता है कि ज्ञानी कैसा व्यवहार करे; जिस दिन अज्ञानी मर्यादा बनाता है कि ज्ञानी कैसा चले, कैसा उठे, कैसा बैठे, उस दिन शिष्य के पीछे गुरु को चलना पड़ता है। इस गुरु की क्या कीमत होगी? क्या मूल्य होगा? यह चिकित्सक

मरीज की सलाह मान कर चल रहा है। तुम्हारी अपेक्षा तो टूटेगी, जब तुम सदगुरु के पास पहुंचोगे।

यह होशिन के गुरु के संबंध में एक घटना है। इस आश्रम में काफी भिक्षु थे। नियम तो यही है बौद्ध भिक्षुओं का कि सूरज ढलने के पहले एक बार वे भोजन कर लें। लेकिन इस गुरु के संबंध में एक बड़ी अनूठी बात थी, कि वह सदा सूरज ढल जाने के बाद ही भोजन करता था। और नियम तो यह है कि बौद्ध भिक्षु सदा सामूहिक रूप से भोजन करें, ताकि सब एक-दूसरे को देख सकें कि कौन क्या खा-पी रहा है? भोजन छिपा कर न किया जाए, एकांत में न किया जाए। लेकिन इस होशिन के गुरु की एक नियमित आदत थी कि रात अपने झोपड़े के सब दरवाजे बंद करके ही वह भोजन करता था, और रात करता था।

यह खबर सम्राट तक पहुंच गई। सम्राट भी भक्त था और उसने कहा कि यह अनाचार हो रहा है।

हम अंधों की आंखें क्षुद्र चीजों को ही देख पाती हैं। इस गुरु की ज्योति दिखाई नहीं पड़ती। इस गुरु की महिमा दिखाई नहीं पड़ती। इस गुरु में जो बुद्धत्व जन्मा है वह दिखाई नहीं पड़ता। रात भोजन कर रहा है, यह हमें तत्काल दिखाई पड़ता है। और कमरा बंद क्यों करता है?

सम्राट को भी संदेह हुआ। सम्राट भी शिष्य था। उसने कहा, इसका तो पता लगाना होगा। यह तो भ्रष्टाचार हो रहा है। और रात जरूर छिपकर खा रहा है तो कुछ मिष्ठान्न... या पता नहीं, जो कि भिक्षु के लिए वर्जित है; अन्यथा छिपने की क्या जरूरत है? द्वार बंद करने का सवाल ही क्या है? भिक्षु के भिक्षापात्र को छिपाने का कोई प्रयोजन नहीं है।

हम छिपाते तभी हैं, जब हम कुछ गलत करते हैं। स्वभावतः हम सबके जीवन का नियम यही है। हम गुप्त उसी को रखते हैं, जो गलत है। प्रकट हम उसको करते हैं जो ठीक है। ठीक के लिए छिपाना नहीं पड़ रहा है, गलत के लिए छिपाना पड़ रहा है। लेकिन गुरुओं के व्यवहार का हमें कुछ भी पता नहीं। यह हमारा व्यवहार है, अज्ञानी का व्यवहार है कि गलत को छिपाओ, ठीक को प्रकट करो। ना भी हो ठीक प्रकट करने को, तो भी ऐसा प्रकट करो कि ठीक तुम्हारे पास है; और गलत को दबाओ और छिपाओ। किसी को पता न चलने दो, गुप्त रखो। तो हम सबकी जिंदगी में बड़े अध्याय

गुप्त हैं। हमारी जीवन की किताब कोई खुली किताब नहीं हो सकती। पर हम सोचते हैं कि गुरु की किताब तो खुली किताब होगी।

सम्राट ने कहा, पता लगाना पड़ेगा। रात सम्राट और उसका वजीर इस गुरु के झोपड़े के पीछे छिप गए नग्न तलवारें लेकर; क्योंकि यह सवाल धर्म को बचाने का है।

कभी-कभी अज्ञानी भी धर्म को बचाने की कोशिश में लग जाते हैं। उनको जरा हमेशा ही खतरा रहता है कि धर्म खतरे में है। जिनके पास धर्म बिलकुल नहीं है, उन्हें धर्म को बचाने की बड़ी चिंता होती है। और इन मूढ़ों ने धर्म को बुरी तरह नष्ट किया है।

वह छिप गया तलवारें लिए कि आज कुछ भी फैसला कर लेना है। सांझ हुई, गुरु आया। अपने वस्त्र में, चीवर में छिपा कर भोजन लाया। द्वार बंद किए। जहां यह छिपे थे, इन्होंने दीवाल में एक छेद करवा रखा था, ताकि वहां से देख सकें, द्वार बंद किए। बड़े हैरान हुए कि गुरु भी अदभुत है। वह उनकी तरफ पीठ करके बैठ गया, जहां छेद था और उसने बिलकुल छिपा कर अपने पात्र से भोजन करना शुरू कर दिया। इन्होंने कहा, यह तो बर्दाश्त के बाहर है। यह आदमी तो बहुत ही चालाक है। इनको यह खयाल में न आया, यह हमारी चालाकी को अपनी निर्दोषता के कारण पकड़ पा रहा है, किसी बड़ी चालाकी के कारण नहीं।

छलांग लगा कर खिड़की को तोड़ कर दोनों अंदर पहुंच गए। गुरु ने अपना चीवर फिर से पात्र पर डाल दिया। सम्राट ने कहा कि हम बिना देखे न लौटेंगे कि तुम क्या खा रहे हो? गुरु ने कहा कि नहीं, आपके देखने योग्य नहीं है। तब तो सम्राट और संदिग्ध हो गया। उसने कहा, हाथ अलग करो। अब हम शिष्य की मर्यादा भी न मानेंगे। गुरु ने कहा, जैसी तुम्हारी मर्जी! लेकिन सम्राट की आंखें ऐसी साधरण चीजों पर पड़ें यह योग्य नहीं।

उसने चीवर हटा लिया; भिक्षापात्र में न तो कोई मिष्ठान्न थे, न कोई बहुमूल्य स्वादिष्ट पदार्थ थे, भिक्षापात्र में सब्जियों की जो डंडियां और गलत सड़े-गले पत्ते, जो कि आश्रम फेंक देता था, वे ही उबाले हुए थे।

सम्राट मुश्किल में पड़ गया। रात तो सर्द थी, लेकिन माथे पर पसीना आ गया। उसने कहा, इसको छिपा कर खाने की क्या जरूरत है?

गुरु ने कहा, क्या तुम सोचते हो गलत को ही छिपाया जाता है? सही को भी छिपाना पड़ता है। तुम गलत को छिपाते हो, हम सही को छिपाते हैं; यह हममें और तुममें फर्क है। तुम गलत को गुप्त रखते हो, हम सही को गुप्त रखते हैं। तुम सही को

प्रकट करते हो, क्योंकि सही के प्रकट करने से अहंकार भरता है और गलत को प्रकट करने से अहंकार टूटता है। हम गलत को प्रकट करते हैं और सही को छिपाते हैं। हम तुमसे उलटे हैं। हम शीर्षासन कर रहे हैं।

'यह घास-पात खाने के लिए छिपाने की क्या जरूरत थी?'

वह गुरु हंसने लगा और उसने कहा कि मैं जानता था, आज नहीं कल तुम आओगे, क्योंकि तुम सबकी नजरें क्षुद्र पर हैं। विराट घटा है, वह तुम्हें दिखाई नहीं पड़ता। लेकिन बस, यह मेरी आखिरी सांझ है। इस आश्रम को मैं छोड़ रहा हूं। अब तुम सम्हालो और जो मर्यादा बनाते हैं, वे सम्हालें। तुम्हारी अपेक्षाएं मैं पूरी नहीं कर सकता। और जब तक मैं तुम्हारी अपेक्षाएं पूरी करूंगा, मैं तुम्हें कैसे बदलूंगा?

सिर्फ वही गुरु तुम्हें बदल सकता है, जो तुम्हारी अपेक्षाओं के अनुकूल नहीं चलता। जो तुम्हारे पीछे चलता है, वह तुम्हें नहीं बदल सकता। और बड़ा कठिन है उस आदमी के पीछे चलना, जो तुम्हारे पीछे न चलता हो; अति दूभर है। रास्ता अत्यंत कंटकाकीर्ण है फिर। शिष्य के मन में संदेह हो--संदेह होगा। इतनी श्रद्धा भर काफी है कि वह बिना अपेक्षा किए गुरु के पीछे चल पाए।

गुरु के व्यवहार से गुरु को मत नापना; क्योंकि हो सकता है, व्यवहार तो सिर्फ तुम्हारे लिए आयोजित किया गया हो।

सूफी फकीर जुन्नैद के संबंध में खबर आई--उसके शिष्य के पास, वह भी सम्राट था--कि तुम किसके पीछे लगे हो? यह आदमी शराब पीता है और गलत स्त्रियों के साथ भी यह आदमी देखा गया है। सम्राट ने कहा, अगर ऐसा होगा तो इसकी गर्दन मैं अपने हाथ से अलग कर दूंगा। जिसके पैरों पर मैंने सिर रखा, अगर वह ऐसा गलत है तो मैं पीछे नहीं रहूंगा। यह तलवार मेरी इसकी गर्दन अलग कर देगी। लेकिन तुमने जब खबर दी है तो तुम्हें सिद्ध भी करना होगा। उसने कहा, इसमें कोई कठिनाई ही नहीं है; आप कल मेरे साथ चलें।

सम्राट को लेकर वह गया। एक झील के किनारे दोनों छिप कर खड़े हो गए। झील के उस पार जुन्नैद बैठा है, सुराही रखी है शराब की, प्याले ढाले जा रहे हैं और एक औरत बुर्का ओढ़े प्याले भर रही है। सम्राट की तलवार बाहर आ गई। उसने उस आदमी से कहा, तुम जाओ। अब कुछ और सिद्ध करने की जरूरत नहीं। अब मैं निपट लेता हूं। वह दस कदम आगे बढ़ा, लेकिन तब उसके मन में थोड़ा भय आने लगा, जुन्नैद को

कैसे काट सकेगा? फिर सोचा, यह काम मैं अपने हाथ से क्यों करूं? यह तो सैनिक भी कर सकते हैं। मैं यह हत्या अपने सिर क्यों लूं?

उसने घोड़ा लौटा लिया। जैसे ही घोड़ा लौटाया, जुन्नैद की आवाज सुनी कि जब इतने दूर आ गए हो तो अब लौटो मत; और थोड़े पास आ जाओ। जब जानना ही चाहते हो तो बिलकुल पास आ जाओ। जरा भी फासला न रहे; तभी जान पाओगे। जुन्नैद की आवाज सुन कर सम्राट लौट भी न सका। पास आना पड़ा।

जुन्नैद ने सुराही उसके हाथ में दे दी। उसमें सिवाय पानी के और कुछ भी न था। और उसने स्त्री का बुर्का उलट दिया, वह जुन्नैद की मां थी!

सम्राट ने कहा: तो फिर यह क्या नाटक रचा है?

जुन्नैद ने कहा: शिष्यों के लिए। यह रोज चल रहा है नाटक। इस नाटक की वजह से न मालूम कितने भाग गए; जो भाग गए, अच्छा हुआ, क्योंकि वे भागते ही। वे किसी कारण की तलाश में थे। कोई बहाना खोज रहे थे।

आचरण को देख कर गुरु के जो तय करेगा, उसने दूर से तय कर लिया; क्योंकि आचरण तो बाहर है। उसने घोड़ा पूरे करीब नहीं लाया, जल्दी लौट गया। अंतस से जो तय करेगा, वही करीब आया।

और अंतस के करीब वे ही आ पाएंगे, जो अपने संदेह पर ध्यान देना बंद करेंगे। संदेह पूरे वक्त आवाज दे रहा है कि सुनो मेरी! जो श्रद्धा को सुने और संदेह को न सुने, आज नहीं कल श्रद्धा उन्हें उस जगह ले आएगी, जहां संदेह के सारे बीज नष्ट हो जाएंगे! वहां परम श्रद्धा पूरी होगी, वहां पूर्णता को उपलब्ध होगी।

जीवन का एक नियम है कि अगर तुम प्रतीक्षा कर सको तो सभी चीजें पूरी हो जाती हैं। जीवन का ढंग चीजों को पूरा करने का है; अगर तुम प्रतीक्षा कर सको। कच्चे फल मत तोड़ो, थोड़ी प्रतीक्षा करो; वे पकेंगे, गिरेंगे। तुम्हें तोड़ना भी न पड़ेगा, वृक्ष पर चढ़ना भी न पड़ेगा। जीवन का नियम है चीजों को पूर्ण करना। यहां सब चीजें पूरी होती हैं, सिर्फ प्रतीक्षा चाहिए।

लेकिन तुमने अगर जल्दी की तो तुम कच्चा फल तोड़ ले सकते हो। तब तुम्हें वृक्ष पर भी चढ़ना पड़ेगा, हाथ-पैर भी तोड़ ले सकते हो गिर कर, और कच्चा फल हाथ लगेगा। और एक दफा वृक्ष से टूट गया तो उसके पकने के उपाय समाप्त हो गए। अगर उसको घर में रख कर तुमने पकाया तो वह पकना नहीं है, वह केवल सड़ना है,

क्योंकि पकने के लिए जीवंत ऊर्जा चाहिए। वह फिर ऐसा है, जैसे किसी ने धूप में बाल सफेद कर लिए हों। वह अनुभव प्रौढ़ता में नहीं, जीवन की प्रक्रिया से गुजर कर नहीं।

तो तुम घर में छिपा कर भी फल को पका सकते हो, लेकिन वह सिर्फ सड़ा हुआ फल है। पकने के लिए तो जीवंत ऊर्जा चाहिए थी वृक्ष की, उससे तुमने उसे तोड़ लिया। हर चीज पकती है। यहां बिना पका कुछ भी नहीं रह जाता। हर चीज पूर्णता पर पहुंचती है। जल्दी भर नहीं करना! और हमारा मन बड़ी जल्दी करता है।

श्रद्धा पर ध्यान देना, संदेह से लड़ना मत। गुरु के पास होने का यही ढंग है। गुरु पुकारे तो कहना, 'जी'। इसका यह अर्थ नहीं है कि तुम्हारे संदेह मिट गए; संदेह रहेंगे, लेकिन उनको तुम सुनना मत। उनके बावजूद तुम्हारी पुकार आनी चाहिए। वे मौजूद हैं, उन्हें तुम जानना; छिपाना भी मत, क्योंकि जो है, वह है। और तुम चाहे छिपा भी लो, गुरु से तुम कैसे छिपा पाओगे?

इसमें होशिन जो कुछ भी बोला कहानी में; गुरु ही बोल रहा है। होशिन ने तो सिर्फ तीन बार 'जी' कहा। फिर गुरु ने खुद ही कहा कि मुझे तुझसे क्षमा मांगनी चाहिए। उसके संदेहों को देख कर कहा। फिर उसकी श्रद्धा को देख कर कहा, लेकिन वस्तुतः तो तुझे ही मुझसे क्षमा मांगनी चाहिए।

ये दो वक्तव्य बड़े कीमती हैं। एक वक्तव्य होशिन के संदेहों के लिए है कि तेरे भीतर संदेह है, मुझे पता है। वे संदेह तुझसे कह रहे हैं, इस आदमी को तुझसे क्षमा मांगनी चाहिए। यह तेरी नींद में बाधा डाल रहा है। बैठने भी नहीं देता, रुकने भी नहीं देता; और व्यर्थ पुकार रहा है। इसकी पुकार पागलपन की है। उसके संदेहों को देख कर कहा है कि मुझे तुझसे क्षमा मांगनी चाहिए।

शायद होशिन उसी क्षण में थोड़ा सा संदेहों की तरफ ध्यान दे रहा हो। यह सुनते ही चौंक गया होगा, संदेह से ध्यान हटा लिया होगा, श्रद्धा पर लग गया होगा। तत्क्षण गुरु ने कहा, लेकिन वस्तुतः तो तू ही मुझसे क्षमा मांग। मुझे तीन बार बुलाना पड़ा और तू नहीं जागा, इसलिए तू मुझसे क्षमा मांग। मुझे दुबारा भी बुलाना पड़ता है, इसलिए तू मुझसे क्षमा मांग। और मैं तुझे बुला रहा हूं बिना किसी कारण के, इसलिए तू मेरा अनुगृहीत हो।

वासना पुकारती है, कोई कारण है, करुणा पुकारती है, कोई कारण नहीं है; इसलिए अनुगृहीत कौन होगा?

इस छोटी सी कथा में तुम्हारा पूरा हृदय है, उसके दो खंड हैं। जैसा मैंने कहा कि जीवन में हर चीज पूरी होती है, सिर्फ प्रतीक्षा चाहिए। और ध्यान तुम्हारी जीवन ऊर्जा है। तुम जिस तरफ ध्यान देते हो, उसी तरफ जीवन खिलना शुरू हो जाता है।

अभी वैज्ञानिक इस नतीजे पर पहुंचे हैं कि अगर तुम पौधों को भी ध्यान दो तो वे जल्दी बड़े होते हैं। अगर तुम पौधों को पूरा ध्यान दो तो समय के पहले उन में फूल आ जाते हैं, फल लग जाते हैं। जिन पौधों पर तुम ध्यान मत दो, उपेक्षा करो, पानी बराबर दो, खाद बराबर दो, सिर्फ ध्यान मत दो, वे बढ़ते नहीं हैं। बढ़ते भी हैं तो भी पंगु रह जाते हैं। फूल उनमें देर से आते हैं। उनका पूरा फैलाव नहीं हो पाता।

मां जिस बेटे को ध्यान देती है, वह जल्दी बढ़ता है, स्वस्थ होता है। जिस बेटे की उपेक्षा करती है, दूध बराबर देती है, लेकिन उपेक्षा करती है...।

एक तो शरीर का भोजन है, जो दूध है; और एक आत्मा का भोजन है, जो ध्यान है। जिसको हम प्रेम करते हैं, उसकी तरफ हम ध्यान देते हैं। हमारी आंखें उसकी तरफ लगी रहती हैं। चाहे हम किसी भी काम में उलझे हों, हमारी सुरति उसकी तरफ बहती रहती है। चाहे हम हजारों मील दूर हों, तो भी हमें प्रेमी की याद बनी रहती है। हमारा ध्यान उसी की तरफ लगा रहता है।

श्रद्धा को प्रेम करो; वही तुम्हारा गुरु के प्रति प्रेम बनेगा। तुम्हारे भीतर की श्रद्धा से तुम जुड़े नहीं, कि तुम बाहर के गुरु से जुड़ जाओगे। लेकिन अगर तुम्हारी भीतर की श्रद्धा से ही संबंध नहीं है तो तुम गुरु के पास कितने ही भटको, तुम्हारे फासले में कोई अंतर न आएगा; वह कम न होगा।

जीवन के भीतर कुछ राज है कि हर चीज पूरा होना चाहती है।

वैज्ञानिक कहते हैं आदमी तो दूर, जानवर तक पूर्णता की तलाश करते हैं। एक चिम्पांजी को... तुम जाओ किसी अजायब घर में और एक चिम्पांजी के सामने एक वर्तुल खींच दो अधूरा; पूरा न बनाओ वर्तुल, थोड़ा सा हिस्सा छोड़ दो, आधा वर्तुल बना दो और चाक छोड़ दो; चिम्पांजी फौरन उसे पूरा कर देगा। उसको भी बेचैनी होती है कि अधूरा है।

तुम्हारे मन में भी बेचैनी बनी रहती है कि हर चीज पूरी होनी चाहिए। जब तक तुम पूरी नहीं कर लेते तब तक एक बेचैनी रहती है। लेकिन कुछ चीजें हैं जिन्हें तुम पूरी कर सकते हो। और कुछ चीजें है जिन्हें तुम पूरी नहीं कर सकते; जिनके लिए तुम्हें प्रतीक्षा करनी होगी।

यही फर्क विज्ञान और धर्म का है। विज्ञान उन चीजों की तलाश है, जिन्हें 'तुम' पूरा कर सकते हो। वर्तुल अधूरा है, चाक पास में पड़ी है, तुम इतना हिस्सा और जोड़ दे सकते हो। एक मशीन में एक पुर्जा कम है, तुम तैयार करके बिठा सकते हो। विज्ञान चीजों को पूरा कर रहा है। चीजें पूरी की जा सकती हैं, क्योंकि तुमसे बाहर हैं।

धर्म तुम्हें पूरा करता है। लेकिन वहां तुम कुछ भी नहीं कर सकते, क्योंकि वहां तुमको ही पूरा होना है, तुम कुछ करोगे कैसे? वहां तुम ही मूर्तिकार हो, तुम ही मूर्ति हो। वहां कोई बनाने वाला और बनाई जाने वाली चीजें अलग नहीं हैं। वहां तुम पूरा कैसे करोगे? वहां तुम्हें प्रतीक्षा करनी होगी।

इसलिए विज्ञान तो श्रम है और धर्म प्रतीक्षा है। विज्ञान जल्दबाज है, धर्म धैर्य है। वहां तुम्हें कुछ करना नहीं; वहां तो जीवन-ऊर्जा वृक्ष में आ रही है। तुम सिर्फ प्रतीक्षा करो। तुम सिर्फ ठीक मुड़ कर प्रतीक्षा करो। तुम ठीक दिशा में देखो और प्रतीक्षा करो; तुम पहुंच जाओगे। श्रद्धा पर तुम्हारी आंखें हों, संदेह पर तुम्हारी पीठ हो। कोई शत्रुता नहीं, कोई दुश्मनी नहीं, कोई संघर्ष नहीं; सिर्फ पीठ, सिर्फ उपेक्षा! और सारा प्रेम श्रद्धा पर हो। और तुम प्रतीक्षा करो।

जल्दी ही तुम पाओगे, तुम्हारे संदेह की ऊर्जा भी श्रद्धा बनने लगी। जल्दी ही तुम पाओगे, संदेह का वृक्ष सूख गया। और जो जल संदेह के वृक्ष में जा रहा था, वह जल अब श्रद्धा के वृक्ष में बहने लगा।

जिस दिन तुम्हारे भीतर श्रद्धा पूरी होगी, उसी दिन गुरु कहेगा, होशिन! शायद तुम्हें 'जी' भी न कहना पड़े। तुम जाग जाओगे। एक पुकार तुम्हें खड़ा कर देगी। उस एक पुकार के लिए सारी तैयारी है।

यह गुरु-पूर्णिमा का दिन पूर्णिमा की वजह से चुना गया है। वह पूरे का प्रतीक है। चांद चलता है, बड़ी छोटी सीमा से शुरू करता है और पूरा हो जाता है। चांद को कुछ करना नहीं पड़ता है पूरे होने में, सिर्फ प्रतीक्षा ही करनी होती है। पूर्णिमा आती है, और चांद अपना पूरा प्रकाश लुटा देता है।

और एक बात ध्यान रखनी जरूरी है कि चांद जब पूरा नहीं होता, तब भी हमें दिखाई पड़ता है कि पूरा नहीं है। ऐसे तो पूरा ही होता है। पूरा होना तो स्वभाव है। दिखाई पड़ने में बाधा पड़ती है। चांद छोटा दिखाई पड़ता है, पहली तिथि को, दूसरी तिथि को, तीसरी तिथि को; उसका कारण यह नहीं कि चांद अधूरा है, चांद तो पूरा ही है, लेकिन उतने ही हिस्से पर सूरज की रोशनी पड़ रही है, जितना हमें दिखाई पड़ता

है। चांद पूरा है, सिर्फ रोशनी कुछ कम हिस्से पर पड़ रही है। पूर्णिमा के दिन पूरे चांद पर रोशनी पड़ेगी। पूरा चांद दिखाई पड़ेगा। अमावस के दिन पूरा चांद खो जाएगा। चांद तो अपनी जगह है; कुछ खोता नहीं, कुछ आता नहीं। रोशनी नहीं पड़ेगी।

तुम्हारा ध्यान तुम्हारी रोशनी है। तुम्हारा ध्यान तुम्हारा जीवन है। तुम पूरे हो। तुम्हारा ध्यान तुम पर नहीं है। और जितना तुम्हारा तुम पर ध्यान पड़ेगा, उतना ही चांद प्रकट होने लगेगा। दूज का चांद बनोगे तुम, छोटी सी रेखा दिखाई पड़ेगी। कभी दिखाई पड़ेगी, कभी खो जाएगी। अगर तुम प्रतीक्षा करते रहे और ध्यान की ऊर्जा को फेंकते गए श्रद्धा पर, फोकसिंग जारी रहा, ध्यान की तुम वर्षा करते रहे, आज नहीं कल चांद पूर्णता की तरफ पहुंचेगा और एक दिन पूर्ण हो जाएगा।

पूर्णिमा का दिन पूरे चांद की वजह से चुना गया है। और सभी पूरे होने के रास्ते पर हैं। देर-अबेर सभी पूरे हो जाएंगे। जल्दबाजी मत करना, क्योंकि जल्दबाजी में अक्सर तुम गड़बड़ कर लोगे।

कौन करेगा जल्दबाजी? तुम्हारा मन ही करेगा। तुम्हें खयाल है, जब कभी तुम जल्दी में होते हो, तब ज्यादा देर लग जाती है। ट्रेन पकड़नी है, और तुम जल्दी में हो तो नीचे की बटन ऊपर लग जाती है, टाई उलटी-सीधी बंध जाती है, जूता गलत पैर में चला जाता है। फिर बदलो। और इस बदलाहट की वजह से और जल्दी हो जाती है। जल्दी में तुम ट्रेन चूक ही जा सकते हो। धीरज से कभी कोई नहीं चूकता, जल्दी से लोग चूक जाते हैं। क्योंकि जितनी जल्दी होती है उतना तनाव बढ़ जाता है। जितना धैर्य होता है, उतना तनाव शांत होता है।

मैंने सुना है, एक जंगल में एक नई रेलवे लाइन बन रही थी। आदिवासियों का इलाका था। रेलमंत्री, जब रेल की लाइन बन गई और चलने का वक्त करीब आ गया, उदघाटन का दिन आने लगा तो देखने गया था। जंगली आदिवासी इकट्ठे हुए थे, बड़े प्रसन्न थे, बड़े कुतूहल से भरे थे कि क्या मामला है? उस मंत्री ने उन्हें कहा कि सुनो, तुम्हें शहर जाने में कितना समय लगता है? लकड़ी बेचने जाते हो, फल बेचने जाते हो, सब्जी बेचने जाते हो। तो उन्होंने कहा, तीन दिन लगते हैं आने-जाने में। उन्होंने कहा, अब तुम खुश हो जाओ। यह ट्रेन बन गई है और आज इसका उदघाटन होने को है। अब तुम सुबह जाओगे और सांझ घर वापस आ जाओगे।

यह सुन कर आदिवासी कुछ चिंतित मालूम पड़े। उसने पूछा कि इसमें खुश होने की बात है, तुम उदास क्यों हो गए? उन्होंने कहा, बाकी दो दिन का हम क्या करेंगे?

पुरानी दुनिया शांत थी। बड़े धीरज से चल रही थी। रफ्तार नहीं थी, तनाव नहीं था, जल्दबाजी नहीं थी कहीं पहुंचने की, लौटने की भी कोई जल्दी न थी। जैसे समय काफी था, पर्याप्त था। सब समय में हो जाएगा। जितनी रफ्तार बढ़ती है, जितनी स्पीड बढ़ती है, उतना तुम्हारा तनाव बढ़ता है। क्योंकि रफ्तार के साथ तुम जल्दबाज होते चले जाते हो। एक-एक मिनट की फिकर है कि खो न जाए!

और तुम कभी नहीं पूछते कि बचा कर तुम क्या करोगे! उन लोगों ने ठीक ही पूछा कि वह दो दिन का हम क्या करेंगे? अभी तो तीन दिन हमें लगते हैं। दो दिन बच जाएंगे उनका क्या होगा? वे उदास हो गए। तुम कभी नहीं पूछते कि जल्दबाजी करके क्या करोगे?

जल्दबाजी तुम किसी कारण से कर भी नहीं रहे हो, वह तुम्हारी बेचैनी के कारण हो रही है। तुम जल्दबाजी इसलिए नहीं कर रहे हो कि कहीं तुम्हें पहुंचना है। पहुंचने का पक्का हो जाए तो तुम्हारे मन में भी सवाल उठेगा कि पहुंच कर क्या करेंगे? तुम जल्दबाजी इसलिए कर रहे हो कि तुम बेचैन हो। और बेचैनी जल्दबाजी में भूल जाती है, व्यस्त हो जाती है। तो जितना बेचैन आदमी है, उतना जल्दबाजी में है। जितना जल्दबाजी में है, उतना बेचैन है। एक विसियस सर्कल, एक दुष्चक्र पैदा हो जाता है। उसमें तुम पागल ही होकर समाप्त होओगे।

धैर्य रखना। अधैर्य पागलपन की फसल का बोना है। और चांद अपने से पूरा हो जाता है, तुम्हें कुछ करना नहीं है। नदी अपने से सागर पहुंच जाती है, तुम्हें कुछ करना नहीं है। कोई नदी को धक्का दे-दे कर सागर तक नहीं पहुंचाना है। और न चांद पर मेहनत कर-कर के उसकी पूर्णिमा बनानी है। और जब यह प्रकृति पूरी की पूरी अपने आप चल रही है तो तुम अकेले कुछ अपवाद हो? तुम भी परमात्मा तक पहुंच जाओगे; वह तुम्हारी पूर्णिमा है। लेकिन जल्दी मत करना, धैर्य रखना। जितना होगा गहरा धैर्य, उतने जल्दी परिणाम आ जाते हैं। अगर धैर्य परिपूर्ण हो, इसी क्षण तुम पूर्णिमा के चांद हो जाओगे। क्योंकि चांद तुम सदा हो। जब धैर्य पूरा होता है तो ध्यान पूरा हो जाता है। इस बात को ठीक से समझ लें।

जब बेचैनी होती है, ध्यान बंट जाता है; पच्चीस चीजों में बंट जाता है। एक हाथ से बटन लगा रहे हो और दूसरे हाथ से जूता पहन रहे हो, तीसरे हाथ से कोट सम्हाल रहे हो, चौथे हाथ से... तुम कहोगे इतने हाथ नहीं हैं। लेकिन तुम हिंदुओं के देवताओं

को देखो! हजार हाथ के उनको इसीलिए बनाया है। हाथ चाहे हजार न हों, लेकिन तुम काम ऐसा ही कर रहे हो, जैसे हजार हाथ हों।

मैं एक कार्टून देख रहा था। एक स्त्री बनियान बुन रही है; बनियान बुनती जा रही है, अखबार पढ़ती जा रही है। रेडियो जारी कर रखा है, रेडियो सुनती जा रही है, पैर से बच्चे के झूले को हिला रही है--हजार हाथ हैं। तुम जितनी जल्दी में हो और जितना ज्यादा कर लेने को उत्सुक हो, उतने तुम बंट जाते हो। यह स्त्री न तो रेडियो सुन रही है, न बनियान बुन रही है, न अखबार पढ़ रही है, न बच्चे को प्रेम दे रही है। मगर यह सोच रही है कि बहुत काम कर रही है। कुछ भी नहीं हो रहा है। बच्चे की उपेक्षा हो रही है। यह पैर और ढंग का है। यह पैर काम की तरह हिला रहा है। इस पैर से कोई प्रेम की धारा नहीं बह रही है। इस पैर से कोई ध्यान नहीं जा रहा है बच्चे की तरफ। एक कर्तव्य है, जो पूरा किया जा रहा है। एक यंत्रवत काम हो रहा है। यह स्त्री ऑटोमैटा है, इसके पास हृदय नहीं है। इसके पास हजार हाथ हैं।

देवताओं को क्षमा किया जा सकता है, उनके पास हजार हाथ रहे हैं। तुम हजार हाथ पैदा मत करना। तुम हजार व्यस्तताएं पैदा मत करना। तुम हजार तनाव पैदा मत करना। तुम धीरज से बहना। तुम धीरे-धीरे बहना। चांद प्रकट होगा। पूर्णिमा अपने से आ जाती है।

एक ही बात खयाल रखने की है कि श्रद्धा पर तुम्हारा ध्यान हो। श्रद्धा पर तुम्हारे पूरे ध्यान की ऊर्जा बरसती रहे। वह वर्षा श्रद्धा पर होती रहे तुम गुरु से जुड़ जाओगे।

गुरु से जुड़ने का उपाय है, भीतर की श्रद्धा से जुड़ जाना।

और जिस दिन तुम गुरु से जुड़ जाओगे, जिस दिन संदेह के रहते हुए भी गुरु और तुम्हारे बीच एक सेतु बंध जाएगा, उसी दिन तुम्हारे जीवन में क्रांति शुरू हो जाएगी। क्योंकि गुरु के साथ जुड़ जाने का अर्थ है, कैटेलिटिक एजेंट के साथ जुड़ जाना। गुरु कुछ करता नहीं है, किए हुए का मूल्य भी नहीं होता। गुरु की मौजूदगी कुछ करती है।

वैज्ञानिक एक तत्व को स्वीकार करते हैं, वह कैटेलिटिक एजेंट है। कैटेलिटिक एजेंट का अर्थ है कि जब दो तत्व मिलते हैं, तो सिर्फ इसकी मौजूदगी तीसरे की चाहिए, यह कुछ करता नहीं। इससे उन दो तत्वों में कुछ जाता नहीं। उन दो तत्वों को हम तोड़ें तो हम दो को ही पाएंगे, इस तीसरे को हम बिलकुल न पाएंगे। लेकिन अगर यह मौजूद न हो तो वे दो तत्व मिलते नहीं।

यह बड़ी रहस्यपूर्ण घटना है। लेकिन वैज्ञानिकों ने इसे स्वीकार कर लिया, क्योंकि कोई और उपाय नहीं है।

ऑक्सीजन और हाइड्रोजन को मिलाना हो तो बिजली की चमक चाहिए; इसलिए आकाश में वर्षा में बिजली चमकती है। वह बिजली न चमके तो वर्षा न हो। बिजली की मौजूदगी चाहिए। बिजली की मौजूदगी में तत्क्षण ऑक्सीजन और हाइड्रोजन मिल जाते हैं और पानी बन जाता है। लेकिन अगर पानी को तुम तोड़ो तो हाइड्रोजन और ऑक्सीजन मिलते हैं, बिजली नहीं मिलती। उसकी सिर्फ मौजूदगी थी। उस मौजूदगी में घटना घट गई।

अगर भौतिक जगत में कैटेलिटिक एजेंट होते हैं, तो आध्यात्मिक जगत में भी होते हैं। गुरु कैटेलिटिक एजेंट हैं। वह कुछ करेगा नहीं; तुम उससे जुड़ गए, उसकी मौजूदगी मिल गई, घटना तुम्हारे भीतर ही घटनी है। तुम्हारे भीतर के दो विभिन्न हिस्से उसकी मौजूदगी में मिल जाएंगे और एक हो जाएंगे। गुरु की आंखों के नीचे तुम एक हो जाओगे। और गुरु कुछ करेगा नहीं। इस तुम्हारी एकता में गुरु का कोई भी स्पर्श न पाया जाएगा। इस तुम्हारी आत्म-क्रांति में गुरु का कुछ भी दान नहीं मिलेगा--बस, उसकी मौजूदगी।

इसलिए हमने गुरु के पास रहने को सत्संग कहा है। बस, उसके पास होना काफी है--उसकी उपस्थिति में। वह मौजूद है; और उसकी मौजूदगी में तुम बढ़ रहे हो और बड़े हो रहे हो और तुम्हारा चांद प्रकट हो रहा है।

जब गुरु तुम्हें बुलाए 'होशिन'।

तो तुम भूल जाना संदेह को और तुम्हारी श्रद्धा को कहने देना, 'जी'।

और गुरु बार-बार बुलाए तो भी तुम बार-बार उत्तर देने को राजी होना। बार-बार सावधान होने को राजी होना। गुरु के पानी की जैसी चोट तुम्हारी चट्टान को आज नहीं कल तोड़ देगी। तुम बहोगे। तुम सागर तक पहुंचोगे।

आज इतना ही।

१५

आखिरी भोजन हो गया?

ओशो, एक नया-नया शिष्य, गुरु जोशू के पास आकर बोला: 'मैं हाल ही धर्मसंघ में सम्मिलित हुआ हूं और ध्यान का पहला सूत्र सीखना चाहता हूं। क्या आप मुझे वह सिखाने की कृपा करेंगे?'
जोशू ने पूछा: 'क्या तुमने शाम का भोजन कर लिया?'
शिष्य ने कहा: 'जी, मैंने कर लिया।'
गुरु ने तब कहा: 'अब जाकर अपनी थाली धो लो।'
ओशो, कृपा कर इस लघुवार्ता का अभिप्राय बताएं।

छोटी सी दिखने वाली कथा जीवन का, साधना का सारा सार-संक्षिप्त लिए हुए है। वह सार-संक्षिप्त इतना ही है, कि यदि वासनाएं पूरी हो गई हों, यदि भोजन पूरा हो गया हो, तो अब थाली को धो डालो। अगर मन की दौड़ पूरी हो गई हो, तो अब मन को धो लो। अगर संसार में चलने की आकांक्षा भर गई हो, तो अब थाली को धो लो। इतना ही ध्यान का सार भी है।

पहले हम ध्यान का अर्थ समझें और फिर वापस कथा के अर्थ पर लौट आएं। ध्यान का अर्थ है: मन काम कर रहा है चौबीस घंटे, सतत। चाहे तुम जागो, चाहे तुम सोओ, चाहे तुम उठो, चाहे बैठो; चाहे श्रम करो, चाहे विश्राम; लेकिन मन निरंतर काम में लगा है। मन की थकान धूल की तरह इकट्ठी होती है। और मन की प्रत्येक क्रिया तुम्हारी चेतना को धुएं से भर जाती है। क्योंकि मन की क्रिया में भी ईंधन जलता है।

रास्ते से कार गुजरती है, तो धुआं चाहे दिखाई न पड़े, लेकिन हवा में छूट जाता है, वायु को दूषित कर जाता है। दीया जलता है तो धुआं चारों तरफ छूटता है, वायु को दूषित कर जाता है।

तुम्हारा मन का दीया जल रहा है। उसमें ईंधन काम आ रहा है। क्योंकि मन वह दीया नहीं है, जो 'बिन बाती और बिन तेल' जलता है। तुम भोजन कर रहे हो, पानी पी रहे हो, उस सबसे ईंधन निर्मित हो रहा है। तेल और बाती बन रही है। और तेल और बाती से तुम्हारे मन का दीया जल रहा है। जितना ही तुम मन के दीये को जलाते हो, उतना ही भीतर धुआं, धूल इकट्ठी होती है।

फिर मन प्रतिक्षण स्मृति को इकट्ठी कर रहा है। तुम जो भी करते हो, वह करते ही नहीं हो, उसे तुम याद भी कर लेते हो। तुम जो नहीं करते हो, देखते हो, वह भी स्मृति बनता है।

वैज्ञानिक कहते हैं कि एक क्षण में कोई एक करोड़ सूचनाएं तुम्हारे मन पर अंकित हो रही हैं। तुम तो डर ही जाओगे। एक करोड़ सूचनाएं एक क्षण में कैसे अंकित हो रही हैं? तुम्हें तो उनका पता भी नहीं चलता। तुम्हारा मन तो थोड़ी सी बातों को ही चेतन रूप से संकलित करता है, बाकी अचेतन रूप से संकलित करता है।

मैं बोल रहा हूं, तुम मुझे सुन रहे हो। तुम्हारा चेतन मन मेरी तरफ लगा है। एक पक्षी वृक्ष पर गीत गाता है, रास्ते से कार गुजरती है, कोई पड़ोस में बच्चा रोता है, कुत्ते भौंकते हैं, उस तरफ तुम्हारा कोई ध्यान नहीं है; लेकिन तुम्हारा मन उनको भी अंकित कर रहा है। एक करोड़ सूचनाएं प्रतिक्षण तुम अंकित कर रहे हो। एक जीवन में तुम कितनी धूल इकट्ठी न कर लोगे!

यह सारी की सारी धूल ही तुम्हारा रोग है। इस धूल को झाड़ देना, पोंछ देना ही ध्यान है।

ठीक कहा जोशू ने। पूछा था शिष्य ने, नये-नये शिष्य ने कि 'नया-नया संघ में सम्मिलित हुआ हूं, दीक्षित हुआ हूं, पहला कदम ध्यान का उठाना है; क्या करूं? क्या है ध्यान? मुझ अज्ञानी को बता दें।'

जोशू ने देखा होगा इस शिष्य की तरफ और कहा कि 'भोजन कर चुके हो सांझ का?'

उस शिष्य ने कहा: 'कर चुका हूं।'

तो जोशू ने कहा: 'जाओ और बर्तन मांज डालो, बर्तन धो लो।'

ऊपर से देखने पर कथा बेबूझ लगती है। शिष्य पूछता है ध्यान की बात और जोशू कहता है बर्तन धो डालो।

जोशू के एक दूसरे शिष्य की कथा है। बहुत दिनों तक जोशू के पास रहा। लेकिन ध्यान का राज हाथ में न आया। बहुत दिन तक जोशू का सत्संग किया, लेकिन सत्संग हुआ नहीं। भीतर कोई किरण न फूटी, कोई दीया न जला। भीतर कोई नई सुगंध न आई। पुराना था, पुराना ही रहा। तो एक दिन जोशू को उसने पूछा कि 'अब तो बहुत वर्ष बीत गए और अब तक कुछ हुआ नहीं, अब मैं क्या करूं?'

तो जोशू ने कहा कि 'तू एक काम कर। मैं जानता हूं एक सदगुरु को, वह फलां-फलां गांव, फलां-फलां धर्मशाला का मालिक है। तू वहां चला जा। और अब तू उसी से सीख। शायद तू उससे सीख जाए।'

शिष्य बड़ी उत्सुकता से, बड़ी आतुरता से भागा; पहुंचा दूसरे गांव। लेकिन वहां जाकर बड़ा उदास हुआ, क्योंकि वह मालिक कोई सदगुरु नहीं था। वह तो एक छोटी सी सराय को चलाने वाला गरीब आदमी था। एक धर्मशाला को चलाता था; सस्ती धर्मशाला थी राह के किनारे। उससे कुछ सीखने की संभावना भी न थी। जोशू ने मजाक किया, या जोशू ने पिंड छुड़ाना चाहा? लेकिन रात देर हो गई थी, और रात तो रुक ही जाना था।

तो उसने सराय के मालिक को पूछा कि 'मैं रात रुक जाऊं? वैसे मुझे जोशू ने भेजा है। लेकिन कहीं कोई भूल हो गई। जोशू ने तो कहा था कि आप एक गुरु हैं और जो उसके पास नहीं सीख पाया, आपके पास सीख लूंगा।'

उस सराय के मालिक ने कहा: 'मुझे कुछ पता नहीं। कैसे गुरु, कैसे शिष्य? और मेरे पास सिखाने को कुछ भी नहीं है। लेकिन अब तुम आ गए हो, तो रात रुक जाओ। विश्राम कर लो, सुबह चले जाना।'

पर जोशू ने कहा था कि वह जो गुरु है, उस धर्मशाला का जो मालिक है, वह कुछ बोलेगा नहीं, तू उसके आचरण को देखना; वह आचरण से ही बोलता है। तू उस पर नजर रखना; उसके इशारे समझना। तो इस शिष्य ने सोचा, कि 'अब आ ही गया हूं तो जरा देखता ही रहूं, क्या कर रहा है यह आदमी! चौबीस घंटे रुक ही लूं।'

तो वह देखता रहा। कुछ देखने जैसा भी न था, कुछ समझने की बात भी न थी। कभी वह बुहारी लगा रहा है, कमरे साफ कर रहा है, कभी वस्त्र धो रहा है, कभी बर्तन

साफ कर रहा है। कभी मेहमानों की सेवा कर रहा है। बस इसी तरह के काम थे, जिनमें सीखने जैसा कुछ भी न था। फिर रात हो गई, वह धर्मशाला का मालिक सो गया।

सुबह जोशू का शिष्य उठा भोर में और उसने कहा: 'मैं जाऊं? क्योंकि यहां सीखने को कुछ भी नहीं। एक ही बात और पूछनी है। क्योंकि बाकी तो सब मैंने देख लिया। रात सो जाने के बाद तुमने क्या किया, वह मुझे पता नहीं है। शायद गुरु कहे कि तुमने चौबीस घंटे क्यों न निरीक्षण किया?'

उसने कहा: 'रात सो जाने के बाद? रात सोते समय धर्मशाला के सब बर्तन मैंने धोकर रख दिए थे। फिर रात निश्चिंत सोया, क्योंकि बर्तन धुले थे। फिर सुबह उठा, थोड़ी धूल जम गई थी। बिना कारण भी बर्तन रात भर रखे रहें, तो थोड़ी धूल जम जाती है। कुछ करना ही जरूरी नहीं है, निष्क्रिया तक में धूल जम जाती है। सोचना जरूरी नहीं है, खाली बैठे-बैठे भी धूल जम जाती है। समय बीतता है तो धूल जमती है। समय भी धूल है। तो उसने कहा कि सुबह थोड़ी धूल जम गई थी, फिर से उन्हें धो डाला। अब सब ठीक है।'

इस शिष्य ने अपने सिर पर हाथ मार लिया कि मैं भी किस नासमझ के पीछे पड़ा हूं! यह सिर्फ धर्मशाला का मालिक है। सिर्फ बर्तन जमाना, धोना, साफ करना, इतनी ही इसकी समझ है। वह वापस लौट आया।

जोशू से उसने कहा। जोशू ने कहा: 'तू चूक गया। इतना ही तो राज है।'

दिन में तो धूल जमती ही है, रात तुम सपना देखते हो उसमें भी धूल जम जाती है। मन उसमें भी विकृत हो जाता है। मन उसमें भी अशांत और बेचैन हो जाता है। सुबह उठ कर फिर साफ कर लो। जितना बन सके बर्तन साफ करते रहो। लेकिन बर्तन तुम साफ तभी कर पाओगे, जब सांझ का भोजन कर लिया हो।

आखिर जोशू यह भी तो कह सकता था, 'सुबह का भोजन कर लिया?' लेकिन उसने कहा, सांझ का भोजन। सांझ का भोजन मतलब, अंतिम भोजन। सांझ का भोजन मतलब, जब सूर्यास्त हो रहा है, सब ढल रहा है। सांझ के भोजन का अर्थ है, आखिरी वासना को भी चख लिया, स्वाद ले लिया? अगर ले लिया है स्वाद, तो अब क्या देर कर रहे हो? बर्तन धो डालो। और अगर अभी आखिरी भोजन नहीं हुआ, तो अभी ध्यान की बात ही मत पूछो।

जिनकी वासनाएं अभी अधूरी हैं, जिन्होंने संसार को अभी जाना नहीं, वे ध्यान की बात ही न पूछें। संसार को बिना जाने कोई संसार से मुक्त न कभी हुआ है, न हो सकेगा।

और जिनकी अभी शरीर की दौड़ ही कायम है, जो उससे थक नहीं गए हैं, ऊब नहीं गए हैं, जिन्होंने पहचान नहीं लिया है कि शरीर व्यर्थ है, उसकी दौड़ व्यर्थ है, वे ध्यान के संबंध में न पूछें तो अच्छा। कोई सदगुरु उन्हें उत्तर नहीं देगा। वे ऐसे ही हैं, जैसे छोटे बच्चे कामवासना के संबंध में कुछ पूछें। कौन उन्हें उत्तर देगा? उत्तर का कोई अर्थ नहीं है।

जब तक संसार व्यर्थ न हो जाए, तब तक धर्म सार्थक नहीं होता। और जब संसार व्यर्थ हो जाए ऐसी 'तुम्हारी' प्रतीति हो--मेरे कहने से नहीं; कबीर और बुद्ध और क्राइस्ट समझाएं इससे नहीं; वे तो चिल्ला रहे हैं कि संसार व्यर्थ है। तुम काफी भोजन कर चुके, रुको। थाली को धो डालो। अब और मत दौड़ो, काफी दौड़ चुके, ठहरो। लेकिन उनके कहने से तुम न रुकोगे; और अगर रुके तो भी भूल हो जाएगी। क्योंकि भला तुम रुक जाओ, लेकिन तुम्हारा मन न रुकेगा। तुम बुद्ध की मान कर संसार से मुड़ भी आओ, लेकिन तुम लौट-लौट कर संसार की तरफ देखते रहोगे।

इसलिए जोशू ने पूछा: 'सांझ का भोजन पूरा हो गया? आखिरी वासना भी तृप्त कर ली या नहीं?'

अब यह बड़े मजे की बात है; कि वासना तृप्त करने से तृप्त तो होती नहीं। भोजन करने से कभी किसी की भूख मिटी? भोजन करने से सिर्फ नई भूख शुरू होती है। पानी पीने से सिर्फ नई प्यास का प्रारंभ होता है। थोड़ी देर के लिए भुलावा होता है। तो पानी पीने से प्यास बुझती नहीं; बुझ जाए, तो फिर पानी की दुबारा जरूरत न हो। पानी पीने से प्यास छिपती है, दबती है। भोजन से भूख मरती नहीं, सिर्फ थोड़ी देर के लिए भूख भूल जाती है, विस्मरण हो जाती है। कामभोग से कामवासना नष्ट नहीं होती, सिर्फ थोड़ी देर के लिए तुम थक जाते हो, फिर जाग आएगी।

इसलिए भूख के बाद सभी को उपवास सार्थक मालूम होता है। संभोग के बाद सभी को संभोग की व्यर्थता मालूम होती है। लेकिन घंटे, दो घंटे, चार घंटे--भूख फिर लौटेगी। चौबीस घंटे, अड़तालीस घंटे--कामवासना फिर जगेगी। और जब वासना जगेगी तब सब वही सार्थक मालूम होने लगेगा, जो व्यर्थ मालूम हुआ था।

जोशू कह रहा है: 'आखिरी भोजन कर लिया? यदि आखिरी भोजन कर लिया है तो जाओ और बर्तन साफ कर डालो।'

मन के बर्तन में ही हमारी वासनाओं का भोजन चला है। और एक दिन नहीं, जन्मों-जन्मों से चला है। मन का बर्तन बिलकुल गंदा हो गया है। अगर हो गई है बात पूरी तो जाओ, और मन का बर्तन साफ कर लो; इतना ही ध्यान है।

और शिष्य निश्चित ही समझ गया होगा। क्योंकि उसने फिर कोई सवाल न उठाया। उसे बात दिखाई पड़ गई होगी।

क्या है बात? बात इतनी है कि अगर वासना व्यर्थ हो गई तो ध्यान करने की जरूरत भी कहां है? अगर तुमने जान ही लिया दौड़ना व्यर्थ है, तो रुकने के लिए कुछ श्रम करना पड़ेगा? तुम्हें पहचान आ गई कि हाथ में कंकड़-पत्थर हैं, हीरे नहीं, तो क्या छोड़ने के लिए तुम्हें कोई बड़ा प्रयास करना पड़ेगा? छोड़ने का प्रयास तो तभी करना पड़ता है, जब कंकड़-पत्थर हीरे मालूम पड़ते हैं। हाथ खाली हो जाएंगे, तुम छोड़ ही दोगे। मिट्टी पर कौन मुट्ठी बांधता है? और जैसे ही तुम छोड़ दोगे, वैसे ही ध्यान फलित हो जाएगा।

तो ध्यान क्या है?

ध्यान है, वासना का अभाव। ध्यान है, आकांक्षा का अभाव। ध्यान है, दौड़ से मुक्ति।

ध्यान का अर्थ हुआ, अब मैं कुछ भी नहीं चाहता हूं। मैं जैसा हूं, तृप्त हूं। मैं जो भी हूं, राजी हूं। जहां हूं, वहीं मेरी मंजिल है। वहां से कहीं और मुझे नहीं जाना।

वासना का स्वरूप है कि जहां मैं हूं, वहां से कहीं और मुझे जाना है। कहीं भी मैं होऊं, वहां से मुझे कहीं और जाना है। मंजिल कहीं और है। जहां भी मैं हूं, वहीं अतृप्त हूं। वासना कभी भी तृप्त नहीं है, दुष्पूर है। तुम स्वर्ग में रहो तो भी वासना कहेगी, आगे क्या? इससे क्या होगा? स्वर्ग भी मिल गया तो क्या होगा? तुम मोक्ष भी चले जाओ तो भी तुम्हारी वासना तुम्हें संसार में वापस ले आएगी। तुम्हारी वासना संसार है।

बड़ी प्रसिद्ध कथा है कि बालसेन मरा--एक यहूदी फकीर और वह स्वर्ग पहुंचा। और वहां उसने देखा कि बड़े-बड़े पुराने यहूदी फकीर बैठ कर शास्त्रों का अध्ययन कर रहे हैं; तालमुद का अध्ययन कर रहे हैं। झुके हैं अपनी-अपनी किताबों पर, पाठ कर रहे हैं। यह थोड़ा हैरान हुआ बालसेन। इसने कहा, 'स्वर्ग में रह कर शास्त्रों की क्या जरूरत है अब? अब यहां भी अगर शास्त्रों का पाठ ही चल रहा है तो फिर मंजिल कहां है?'

जो देवदूत उसे स्वर्ग का राज्य घुमा रहा था, उसने कहा कि सुनो, संत स्वर्ग में नहीं होते, स्वर्ग संतों में होता है। स्वर्ग कोई जगह नहीं है, जहां संत प्रवेश करते हैं। स्वर्ग एक भावदशा है, जो संत के भीतर होती है।

तुम थोड़े ही स्वर्ग में प्रवेश करोगे! स्वर्ग तुममें प्रवेश करेगा। तुम द्वार दो ताकि स्वर्ग प्रवेश कर सके। लेकिन तुम्हारा द्वार वासनाओं से बंद है। तो तुम अगर स्वर्ग में

भी पहुंच गए तो कोई फर्क नहीं पड़ता; तुम तालमुद ही पढ़ोगे। तुम वही किताब पढ़ते रहोगे, जो और आगे ले जाने का उपाय है।

तुम अगर स्वर्ग में भी पहुंच गए, जिसके ऊपर कुछ भी नहीं, तो भी अपनी सीढ़ी साथ ले जाओगे, कहीं लगा कर और ऊपर चढ़ने के लिए। तुम बिना सीढ़ी के हो ही नहीं सकते। तुम सीढ़ी को ढोओगे ही; चाहे सीढ़ी कितनी ही वजनी हो। तुम नाव को सिर पर लेकर चलोगे ही; चाहे तुम उस किनारे पर क्यों न पहुंच जाओ। क्योंकि तुम्हारे लिए कोई दूसरा किनारा नहीं हो सकता; तुम्हारे लिए हर किनारा छोड़ने वाली जगह है। और हर पहुंचने वाली जगह कहीं दूर है, जहां तुम्हें नाव से जाना होगा।

ध्यान का अर्थ है, तुम उस किनारे पर हो, जहां से आगे नहीं जाना। तुम दूसरे किनारे पर हो। तुम सदा ही वहां हो, जहां होना तृप्ति है। तुम प्रतिक्षण जहां भी पहुंचते हो, तुम्हारा स्वर्ग तुम्हारे साथ चलता है।

ठीक कहा जोशू ने, कि अगर तेरा आखिरी भोजन हो गया, तो अब तू बर्तन साफ कर ले।

यही मैं तुमसे पूछता हूं कि क्या तुम्हारा आखिरी भोजन हो गया? और भोजन तुम बहुत जन्मों से कर रहे हो। भूख तुम्हारी मिटी नहीं। छोटा सा गणित है, जो तुम अब तक हल न कर पाए कि भोजन से भूख मिटेगी भी नहीं। मिटती होती तो कब की मिट गई होती। छोड़ो पिछले जन्मों को, इस जन्म में भी काफी भोजन कर चुके, भूख मिटती नहीं। लगता ऐसा है कि भोजन भी भूख को ही मिल जाता है, भूख बढ़ती है। कितना तुम पानी पीए हो और कितने सरोवर तुमने खोजे, प्यास कहीं गई नहीं। तुम्हारा कंठ प्यासा का प्यासा रह जाता है। शायद पानी तुम्हें और नई तलफ जगाता है। पानी सिर्फ आभास देता है तृप्ति का; तृप्ति नहीं लाता।

कब तक तुम इसको ही जारी रखोगे? कब तुम देख सकोगे कि भूख से भोजन का कोई संबंध नहीं। प्यास से पानी का कोई संबंध नहीं। प्यास पानी से नहीं मिटेगी।

जिस दिन तुम जानोगे कि प्यास पानी से मिटती ही नहीं, उस दिन तुम कुछ और खोजोगे, जिससे प्यास मिटती है। यह जरा कठिन है। हम सोचते हैं पानी से प्यास मिटती है, तृप्ति आती है। जो जानते हैं, वे कहते हैं, तृप्ति से प्यास मिटती है, और पानी आता है। अब यह जरा... जो जानते हैं वे कहते हैं, तृप्ति से प्यास मिटती है, और पानी आता है। सरोवर प्रकट हो जाता है। लेकिन तृप्ति से प्यास मिटती है। तृप्ति से भूख मिटती है। तृप्ति से काम मिटता है। तुम जहां तृप्त हुए, वहीं वासना शांत हो जाती है।

क्या तुम आखिरी भोजन कर चुके?

यही सवाल है, जो हर नये साधक को अपने से पूछना है। और अगर अभी आखिरी भोजन नहीं हुआ तो बेहतर है, संतों के पास मत जाओ। पहले आखिरी भोजन कर लो। उनके पास जाकर समय अपना और उनका खराब मत करो। क्योंकि उनके पास तुम कुछ भी न पा सकोगे। तुम गलत जगह पहुंच गए। वह जगह तुम्हारे लिए नहीं है। तुम्हें अभी संसार में थोड़ा और चलना है। तुम्हें अभी थोड़ी और खोज करनी है। तुम्हें अभी थोड़ा और भटकना है। अभी तुम थके नहीं, अभी तुम्हारे पैरों में ताकत है; और तुम अभी और चलने के लिए उत्सुक हो। अभी तुम थोड़े और दौड़ो।

मैं भी तुमसे यही कहता हूं कि संसार का तुम ठीक से भोग कर लो। तुममें से अधिक की कठिनाई यही है, कि तुम संसार का भोग किए नहीं और अध्यात्म की वासना तुम्हें पकड़ गई है। अध्यात्म कोई वासना नहीं है। संसार से तुम भरे नहीं और मोक्ष की भी आकांक्षा तुम्हें पकड़ गई है। तुम बड़ी दुविधा में हो। तो ऊपर से तुम कुछ कहते हो और भीतर तुम्हारे कुछ चलता है। ऊपर से तुम मोक्ष की चर्चा करते हो, भीतर संसार चलता है। तुम दोहरी यात्रा पर चल रहे हो।

मैंने सुना है, कि एक साधारण सैनिक अपनी बहादुरी, युद्ध के मैदान पर अपनी कुशलता से बड़ा सम्मानित हुआ; और उसे कर्नल का पद दे दिया गया। वह उसके योग्य भी था। एक दिन वह अपने 'कमांडर इन चीफ' के साथ रास्ते से गुजर रहा है। अब वह कर्नल हो गया है। जो भी सैनिक रास्ते पर मिलते हैं, तत्क्षण खड़े होकर सलाम ठोकते हैं। कर्नल भी सलाम करता है। लेकिन कमांडर थोड़ा हैरान हुआ, कि यह जो कल तक सैनिक था, अब कर्नल हो गया है--कमांडर हैरान हुआ! तो वह धीरे से कहता है 'दि सेम टू यू।' ऐसा जब दस-पांच बार उसने सुना तो वह थोड़ा चकित हुआ। उसने पूछा कि यह तुम्हारी क्या विचित्र सी आदत है? जब भी कोई नमस्कार करता है, और पैर ठोकता है तब तुम धीरे से क्या फुसफुसा कर कहते हो कि 'दि सेम टू यू': 'वही तुम्हें भी?'

उसने कहा: 'मैं पहले सैनिक रह चुका हूं। ये सब भीतर से तुम्हें गाली दे रहे हैं। मैं भी देता रहा हूं। यह नमस्कार ऊपर-ऊपर है। इसलिए मैं इनको भलीभांति जानता हूं कि ये भीतर क्या कह रहे हैं। इसलिए मैं कहता हूं, 'दि सेम टू यू'! कुछ भी कह रहे हों भीतर--'वही तुम्हें भी'।

ऊपर तुम नमस्कार करते हो मंदिरों में, और भीतर? ऊपर तुम संतों का सत्संग करते हो और भीतर? ऊपर तुम ब्रह्मचर्य के सूत्र पढ़ते हो और भीतर? ऊपर तुम निर्वासन और ध्यान, समाधि, विपस्सना की चर्चा करते हो और भीतर? भीतर संसार चलता है।

और जो तुम भीतर हो, वही तुम्हारी वास्तविक यात्रा है। जो तुम ऊपर हो, वह यात्रा काम की नहीं।

इसलिए पूछता है जोशू, आखिरी भोजन कर लिया? वह यह पूछ रहा है कि भीतर का उपद्रव समाप्त हुआ? थक गए उससे या अभी भी रस कायम है? भूख बाकी है या हट गई?

उस युवक ने कहा, कि 'जी हां। आखिरी भोजन कर चुका हूं। तभी तो आया हूं आपके पास; नहीं तो आने का कोई सवाल न था। यहां आया इसलिए हूं, ध्यान की पूछता इसलिए हूं, कि आखिरी भोजन हो चुका। अब कोई और भोजन करने को नहीं बचा है।' तो जोशू ने कहा, 'मामला सीधा-साफ है, बड़ा सरल है।'

और मैं भी तुमसे कहता हूं इतना ही सरल मामला है, जैसा जोशू ने कहा कि जा और बर्तन साफ कर लो। और कुछ और करना नहीं है। निन्यानबे प्रतिशत तो ध्यान घट ही गया, अगर आखिरी भोजन हो गया। एक प्रतिशत बचा है। वह पुराने जो भोजन की प्रक्रिया चली है जन्मों-जन्मों तक, वह जो मन पर कचरा इकट्ठा हो गया है, उसको साफ कर डालो।

निन्यानबे प्रतिशत ध्यान घटता है वासना की व्यर्थता के बोध से; कि भोजन से भूख न मिटे, पानी से प्यास न मिटे! संभोग से भोग की आकांक्षा नहीं जाती, बढ़ती है। जैसे कोई घी डालता हो आग में, और भभकती है। ऐसी प्रतीति में निन्यानबे प्रतिशत तो ध्यान पूरा हो गया। जो एक प्रतिशत बचा है, वह बहुत छोटा सा काम है। वह बर्तन धो लेने जैसा है। वह मन में जो कचरा इकट्ठा है अतीत का, उसे पोंछ डालना है; वह एक स्नान है।

ध्यान के दो चरण हुए। एक चरण, कि जीवन जैसा तुम जी रहे हो, वह तुम्हें व्यर्थ मालूम पड़ जाए। 'तुम्हें' व्यर्थ मालूम पड़े। यह 'तुम्हारी' प्रतीति हो। इस पर बहुत जोर देने का है। यह प्रामाणिक तुम्हारा अनुभव हो। इसमें उधारी नहीं चलेगी। इसमें बुद्ध की गवाही नहीं चलेगी। इसमें कितने ही बुद्ध खड़े होकर कहें कि हां, हम कहते हैं, मान लो। न, वह काम नहीं आएगा। तुम्हारे भीतर का ईश्वर उठे और कहे।

तुम्हारा मन जल्दी से मानने को राजी भी हो जाता है, क्योंकि तुम परेशान तो काफी हो रहो हो; लेकिन पूरे नहीं हुए हो। तुम काफी कुनकुने तो हो, लेकिन इतने गर्म नहीं हुए हो कि भाप बन जाओ। तो तुम्हें भी लगता है कि तकलीफ तो है संसार में, दुख तो है, और इसको छोड़ना है।

बस, यहीं खेल की कुंजी है। तुम्हें लगता है दुख तो है, लेकिन दूसरी बात भी तुम्हें लगती है कि यहां सुख भी है। और नीत्शे ने कहा है... और वह तुम्हारा अनुभव है। अब यह बड़ी जटिलता है। बुद्ध जो कहते हैं, वह तुम्हारा अनुभव नहीं है, लेकिन बुद्ध से तुम राजी होते हो। और नीत्शे जो कहता है, वह तुम्हरा अनुभव है, लेकिन उससे तुम राजी नहीं होते।

नीत्शे ने कहा है, 'माना कि दुख हैं, लेकिन सुखों के मुकाबले कुछ भी नहीं। और माना कि दुख काफी है, लेकिन सुख उससे गहरा है।' और नीत्शे ने कहा है, 'मैं उन मूढ़ों में से नहीं हूं, जो कांटे के कारण गुलाब के फूल को फेंकते हैं। हम कांटे से बचने की कोशिश करेंगे और फूल को भोगेंगे।' तो नीत्शे को तो बुद्ध मूढ़ हैं। तुम्हें भी मूढ़ हैं। तुम्हारी इतनी हिम्मत नहीं कि तुम सच-सच कह सको; नीत्शे हिम्मतवर है। और नीत्शे दोहरा आदमी नहीं है। बात इकहरी है। वह कह रहा है, आखिरी भोजन हुआ नहीं और कभी हम आखिरी भोजन करेंगे नहीं। माना कि तकलीफ है, भोजन चबाने की तकलीफ है, दांत को भी पीड़ा होती है, पचाना भी पड़ता है; लेकिन उसमें स्वाद है। और वह स्वाद इतनी तकलीफ झेलने जैसा है।

एक अमीर मर रहा था, और उसने अपने बेटे को बुला कर कहा कि देख, मैं तेरे लिए अपने पूरे जीवन के अनुभव से कहता हूं कि धन में कोई सुख नहीं है। गरीब भी दुखी है, अमीर भी दुखी है। इसलिए जो भूल मैंने की उस भूल में तू मत पड़ना। उस बेटे ने कहा कि देखें, आपकी भूल का मुझे पता नहीं, आपके अनुभव का मुझे पता नहीं। अगर आप मुझे चुनने का मौका दें, तो मैं अमीर का दुख चुनना पसंद करूंगा बजाय गरीब के दुख के। माना कि दोनों में दुख है, लेकिन मैं अमीर का दुख चुनना पसंद करूंगा।

तुम जानते हो कि जीवन में दुख है। और तुम यह भी जानते हो कि वासना पीड़ा में ले जाती है, लेकिन यह आधा ही जानना है। भीतर आधा स्वर यह भी है कि सुख भी है। इसलिए तुम्हारी चेष्टा संसार से मुक्त होने की नहीं है। तुम्हारी चेष्टा संसार के दुख से मुक्त होने की है। सुख बच जाए, दुख कट जाए। इसीलिए तुमने स्वर्ग की ईजाद की

है। स्वर्ग कहीं है नहीं, स्वर्ग तुम्हारी कामना है। और इसीलिए तुमने नरक की ईजाद की है। नरक कहीं है नहीं; वह वह जगह है, जहां तुम दूसरों को भेजना चाहते हो--शत्रुओं को। स्वर्ग वह जगह है, जहां तुम जाना चाहते हो।

स्वर्ग और नरक दोनों मिले हुए हैं पृथ्वी में; संयुक्त हैं। तुमने उनको काट-काट कर अलग कर लिया है दिमाग में। तुम अपने लिए स्वर्ग चाहते हो। सब कांटे तुमने गुलाब के अलग कर दिए, सिर्फ फूल ही फूल बचाए। और सब कांटे तुमने इकट्ठे कर दिए उनके लिए, जो तुम्हारे दुश्मन हैं, तुमसे राजी नहीं हैं; और जिन्हें तुम कांटों में डालना चाहोगे। लेकिन ध्यान रहे, जिंदगी में फूल और कांटे साथ-साथ हैं। तुम उन्हें अलग-अलग न कर पाओगे।

इसलिए ज्ञानी स्वर्ग और नरक की बात नहीं करते; ज्ञानी संसार और मोक्ष की बात करते हैं। अज्ञानी संसार, स्वर्ग और नरक की बात करते हैं। ज्ञानी संसार और मोक्ष की बात करते हैं। ज्ञानी कहते हैं, स्वर्ग-नरक का कोई सवाल नहीं है, संसार या संसार से मुक्ति। और जब तुम संसार से मुक्त होते हो, तो तुम यह मत सोचना कि संसार के दुख वहां न होंगे, और संसार के सब सुख वहां होंगे। न वहां संसार के सुख होंगे, न वहां दुख होंगे। वहां सुख-दुख दोनों खो जाएंगे। वहां सुख-दुख की दोनों स्थितियां समाप्त हो जाएंगी। न वहां फूल होंगे, न वहां कांटे होंगे। और इसीलिए बुद्ध या महावीर उस परम दशा को शांति या आनंद की दशा कहते हैं, जहां सुख-दुख दोनों का अभाव है।

क्या तुम्हारा दुख का भोजन पूरा हो गया? क्या तुमने दुख का पूरा स्वाद ले लिया? क्या तुम्हारा मुंह दुख की तिक्तता से भर गया? क्या तुम्हारे ओंठ जीवन की कडुवाहटता को अनुभव कर लिए? क्या तुम्हारे हृदय में जीवन के कांटे काफी चुभ गए और उनकी पीड़ा पूरी हो गई? तो फिर जाओ और बर्तन साफ कर लो। फिर ज्यादा काम नहीं बचता है।

ध्यान सरल है, अगर पहला काम पूरा हो गया। और ध्यान असंभव है अगर पहला काम पूरा नहीं हुआ। और तुम ध्यान में इसीलिए असफल होते हो, क्योंकि वह निन्यानबे प्रतिशत काम तो अधूरा पड़ा है और एक प्रतिशत तुम करना शुरू करते हो। जो तुम्हें पहले करना था, वह तो तुमने पीछे के लिए छोड़ रखा है। और जो तुम्हें पीछे करना था, वह तुम पहले कर रहे हो। तुम बर्तन साफ करने में लगे हो और इसका तुम्हें खयाल ही नहीं कि अभी आखिरी भोजन नहीं हुआ। तुम साफ भी करोगे, क्या फायदा है? तुम फिर भोजन करोगे। तुम बर्तन साफ ही इसीलिए करते हो ताकि फिर भोजन कर

सको। लोग ध्यान भी करने इसीलिए आते हैं, ताकि जिंदगी में महत्वाकांक्षा की दौड़ है, वहां वे शांति से महत्वाकांक्षा की दौड़ पूरी कर सकें।

एक मेरे मित्र हैं। वे मुझे आकर अक्सर कहते हैं--राजनीति में हैं--वे कहते हैं ध्यान थोड़ा मुझे मिल जाए, तो मैं विरोधियों को पछाड़ दूं। चित्त अशांत रहता है इसलिए न तो मैं ठीक से सो पाता हूं, न मेरा स्वास्थ्य ठीक रह पाता है, इसलिए विरोधियों को मैं पछाड़ नहीं पाता। और वे मुझसे पूछते हैं, बड़ी हैरानी की बात है कि विरोधी किस तरह चल रहे हैं? न उनके सिर में दर्द होता है, न रात उनकी नींद खोती है। राजनीति का चक्कर आप जानते हैं, चौबीस घंटे चक्कर में हैं। उसे रत्ती भर विश्राम नहीं है। लेकिन इन मित्र को तकलीफ यह है कि ये इतना नहीं झेल पाते। ये डावांडोल हालत है इनकी। यह ध्यान भी इसलिए चाहते हैं, ताकि संसार में ठीक से गति हो सके। ये ध्यान को भी संसार की नाव बनाना चाहते हैं।

ऐसे तो चोर भी ध्यान चाहेगा। क्योंकि चोरी करने में अगर आप ध्यानस्थ हो सकें तो पकड़े जाने की संभावना कम है। अगर चोरी करते वक्त आप इतने थिर भाव से कर सकें कि जैसे अपना ही घर है, तो आपका हाथ नहीं डगमगाएगा। चाबी जल्दी लगेगी, ताला आसानी से खोला जा सकेगा।

हत्यारा अगर ध्यानी हो सके, तो जितनी कुशलता से हत्या कर सकेगा उतनी कुशलता से आप न कर सकेंगे। आपका हाथ चूकेगा, भय लगेगा, हृदय धड़केगा, रक्तचाप बढ़ेगा, आप मुसीबत में पड़ेंगे। हत्यारा भी चाहता है कि कोई तरकीब हो शांत होने की। चोर भी चाहता है, राजनीतिज्ञ भी चाहता है, धनपति भी चाहता है कि कोई शांत होने की तरकीब हो, ताकि संसार में विजय मिल सके।

ध्यान रखो, ध्यान को संसार में नाव बनाने का कोई उपाय नहीं है। तुम तो हद्द पागलपन की बात कर रहे हो। तुम तो जोशू से पूछना चाहते हो कि ध्यान भी बर्तन बन जाए। जिसमें हम वासनाओं का भोजन कर सकें। तुम जोशू से पूछना चाहते हो कि ठीक है, तुम कह रहे हो तो हम बर्तन साफ कर लेंगे, लेकिन हम साफ इसलिए करना चाहते हैं ताकि और ढंग से भोजन कर सकें।

अमरीका में, जहां पहली दफा वैश्यों ने संस्कृति निर्मित की है, जहां व्यापारी के हाथ में, वणिक के हाथ में सारी सत्ता आ गई है, वहां अगर आपको ध्यान का भी प्रचार करना हो तो यही समझाना पड़ता है कि ध्यान से एफिशियंसी बढ़ेगी, काम करने की कुशलता बढ़ेगी। ध्यान से धन के द्वार खुलेंगे। ध्यान अगर तुमने किया तो

तुम महत्वाकांक्षा के जगत में आसानी से सफल हो जाओगे, संसार में विजय मिलेगी। ध्यान तुम्हारे लिए शक्ति है।

स्वाभाविक है; वणिक सभ्यता में ऐसा हो। वहां अगर ध्यान को भी चलाना हो तो भी धन के सहारे ही चलाया जा सकता है। और धन मिलता हो तो ही कोई दौड़ने को राजी हो सकता है। अगर तुम लोगों को कहो कि यह परमात्मा की खदान है, इसको तुम खोदो; और पास में तुम कहो कि यह सोने की खदान है। तुम्हें परमात्मा की खदान खोदता हुआ कोई भी नहीं मिलेगा। लोग सोने की खदान पहले खोदेंगे। और लोग कहेंगे कि सोने की खदान पहले खोद लेनी जरूरी है। परमात्मा प्रतीक्षा करता रहेगा; जल्दी क्या है? अगर परमात्मा और सोना सामने रखा हो तो तुम भी सोना ही चुनोगे।

अपने मन को बहुत गहरे में पूछना, तुम्हारा चुनाव क्या होगा? और अगर तुम सोना ही चुनना चाहो तो तुमने अभी आखिरी भोजन नहीं किया। अभी बर्तन तुम साफ कर भी कैसे सकोगे? क्योंकि तुम साफ कर भी न पाओगे, नई वासनाएं तुम्हारे बर्तन को फिर गंदा कर जाएंगी।

तुम मन को शांत करना चाहते हो? महत्वाकांक्षी व्यक्ति अगर मन को शांत करेगा, कैसे सफल होगा? क्योंकि हर महत्वाकांक्षा मन को गंदा कर जाती है। जब भी तुम भरते हो आकांक्षा से कि कुछ पा लूं, कहीं पहुंच जाऊं, कुछ हो जाऊं, तभी तुम फिर गंदे हो गए। महत्वाकांक्षी चित्त मन को शांत नहीं कर सकता। महत्वाकांक्षा शून्य चित्त ही मन को शांत कर सकता है।

ठीक कहा जोशू ने। तुम भी अपने से पूछना, क्या आखिरी भोजन हो चुका? तो फिर देर क्यों कर रहे हो? जाओ, और बर्तन साफ कर लो।

बर्तन साफ होते ही तुम स्वयं मोक्ष हो। वह निर्मलता, जो तुम्हारा स्वभाव है, प्रकट हो जाएगी। वह दीया जो 'बिन बाती बिन तेल' जलता है, जिससे कोई धुआं नहीं उठता--धूम्रहीन! जिसमें किसी ईंधन का उपयोग नहीं होता है, इसलिए कोई कचरा पैदा नहीं होता; जो तुम्हारे भीतर के आकाश को दूषित नहीं करता, वह दीया तुम्हें उपलब्ध हो जाएगा। वह जल ही रहा है, लेकिन उस पर तुम्हारा ध्यान नहीं है।

दौड़ने वाले आदमी का ध्यान सदा कहीं और है--स्वयं को छोड़ कर। वह सब देखता है, अपने भर को नहीं देखता। उसे फुरसत भी नहीं है अपने को देखने की। उसकी आंखें सब तरफ भटकती हैं। एक जगह को वह छोड़ देता है--खुद को। तुम्हारी आंख तुम्हारी खोज पर जब ही निकलेगी जब और कहीं खोजने को कुछ भी न बचेगा।

जब तुम कह सकोगे कि ठीक है, देख लिया। ये सब रास्ते चल लिए, कहीं पहुंचे नहीं। ये सब स्वाद ले लिए; इनसे भूख बढ़ती है, घटती नहीं। ये सब जल पी लिए; इनसे प्यास जलती है, समाप्त नहीं होती। ये सब आकांक्षाएं पूरी करके देख लीं, कुछ भी पूरा नहीं होता। सब अधूरा का अधूरा रह जाता है।

जिस दिन तुम्हें ऐसा लग जाए, आखिरी भोजन हो गया।

आखिरी भोजन के बाद ध्यान बड़ी सरल घटना है। शायद कुछ करना भी न पड़े। बर्तन का गंदा होना बंद हो गया। पुराने बर्तन को साफ कर लेना कितनी कठिनाई की बात है? जरा सी भी कठिनाई नहीं है।

जोशू की कथा को भीतर सोचना और एक बात खयाल रखना: पके बिना तुम वृक्ष से न गिर सकोगे। और कच्चे तुम गिरने की कोशिश मत करना। कच्चा गिर कर कोई भी कहीं पहुंचता नहीं, सिर्फ सड़ता है। इससे मेरी बात बड़ी कठिन मालूम पड़ती है कि साधारणतया तुम किसी और के पास जाओ तो वह कहेगा, 'धन्यभाग, कि तुम संसार छोड़ कर और प्रार्थना पूजा में उत्सुक हो रहे हो।'

मैं तुमसे नहीं कहूंगा, धन्यभाग! क्योंकि मैं जानता हूं कि यह तुम्हारा दुर्भाग्य भी हो सकता है। दुर्भाग्य तब होगा, जब तुम्हारा मन तो अभी दुकान से भरा नहीं था और तुम मंदिर आ गए। यह मंदिर झूठा होगा। और दुकान तुम्हें खींचती रहेगी। और मंदिर में तुम प्रार्थना करोगे, लेकिन सिर तुम्हारा दुकान में झुका रहेगा। यहां परमात्मा के चरण तुम पकड़े रहोगे, लेकिन तुम्हारे हाथ परमात्मा के चरणों तक नहीं पहुंचेंगे। यह सब झूठा-झूठा होगा। और झूठ से कहीं कोई यात्रा होती है स्वर्ग की, या मोक्ष की या आनंद की? झूठ से तुम कहीं भी न जाओगे।

झूठे मत होना; प्रामाणिक होना। और मैं कहता हूं, कोई चिंता नहीं, तुम दुकान पर ही प्रामाणिक हो जाना। तुम कह देना कि अभी कैसा परमात्मा? कैसा मोक्ष? अभी मैंने संसार भी नहीं जाना। यह तुम्हारी ईमानदारी होगी। इस आदमी को मैं धार्मिक कहता हूं। क्योंकि यह कम से कम सच्चा है। और जो सच्चा है, वह ज्यादा देर तक नहीं भटक सकता। जो झूठा है, उसकी बड़ी कठिनाई है; वह खुद को तक धोखा दे लेता है। वह खुद से भी झूठ बोल लेता है। वह खुद को भी समझा लेता है। वह खुद के साथ भी वंचना करता है।

मैंने सुना है, एक पुलिस का आदमी रात एक रास्ते से निकल रहा था। और उसने एक दुकान के भीतर बड़ा शोरगुल सुना। जैसे दो आदमी भारी विवाद कर रहे हैं और

हालत ऐसी है कि सिर फुटव्वल हो जाएगी। उसने दरवाजा खटखटाया। दुकान के मालिक ने दरवाजा खोला। पुलिस के आदमी ने अंदर झांक कर देखा, वहां कोई और दूसरा नहीं है। उसने कहा कि अभी मैं सुन रहा था कि यहां आवाज दो की थी और विवाद काफी था। और गर्मी इतनी थी कि मुझे लगा कि कुछ खतरा होने वाला है। दूसरा आदमी कहां है?

वह दुकानदार हंसा, और उसने कहा कि जाने भी दीजिए कोई दूसरा है नहीं; मैं अपने से ही बातें कर रहा था। उस पुलिसवाले ने कहा: 'हद हो गई! लेकिन आवाज बिलकुल अलग-अलग मालूम पड़ रही थी।' उस आदमी ने कहा: 'यह बात ठीक है, क्योंकि मेरे भीतर कई आवाजें हैं।' और उसने कहा: 'यह भी ठीक है, लेकिन विवाद भी चल रहा था, और एक-दूसरे का खंडन हो रहा था।' उसने कहा वह भी ठीक है। जब भी मैं अपने से बात करता हूं तो विवाद शुरू हो जाता है। पुलिसवाले ने कहा, लेकिन खुद से तुम विवाद कैसे करते हो? तो उसने कहा कि मुझे झूठी बातें बिलकुल नापसंद हैं। और मैं ऐसा झूठा हूं कि खुद से भी झूठ ही बोलता हूं; फिर विवाद शुरू हो जाता है। फिर मैं इतना गुस्से में आ जाता हूं कि गर्दन दबा दूंगा, अगर झूठ बोले।

तुम अगर अपने को पकड़ोगे तो कई मौके पाओगे जब तुम खुद से झूठ बोल रहे हो। और दूसरे से झूठ बोलना क्षमा किया जा सकता है, खुद से झूठ बोलकर तुम कहां जाओगे? जब तुम मंदिर में हाथ जोड़े खड़े हो, तब पूछना कि ये हाथ सच में जुड़े हैं, या तुम अपने से झूठ बोल रहे हो? बेहतर है तुम दुकान पर ही रुकना; दुकान का अनुभव पूरा हो जाने दो। दुकान इतनी निस्सार है कि तुम कितनी देर रुकोगे? लेकिन अगर तुम बीच-बीच मंदिर जाते रहे तो खतरा है। तुम बहुत ज्यादा रुक जाओगे। क्योंकि बीच में मंदिर आने से फिर दुकान में रस जग जाता है।

मैंने सुना है कि एक आदमी अपने मित्र को कह रहा था कि पिछले तीन महीने परम आनंद के थे। तुम्हारी भाभी ने ऐसा सुख दिया कि जैसे फिर हनीमून वापस लौट आया; फिर सुहागरात आ गई। उस मित्र ने कहा ऐसा! तुम्हारे विवाह हुए तो कोई बीस साल हो गए। उसने कहा कि हां, बीस साल बाद फिर से जैसे सुहागरात वापस आई। ये तीन महीने ऐसे आनंद के थे, रस ही रस बह गया। मित्र ने पूछा, फिर तुम आज उदास क्यों मालूम पड़ रहे हो? उसने कहा कि आज पत्नी मायके से तीन महीने के बाद वापस लौट रही है।

जब पत्नी मायके होती है, तब सब रस वापस लौट आता है। जब तुम मंदिर में जाते हो, तब दुकान मायके में है। सब रस वापस लौट आता है। जब तुम प्रार्थना करते हो तब धन मायके में है। तब सब रस वापस लौट आता है। जब तुम ध्यान करते हो, तब सारा संसार तुमने मायके भेज दिया। फिर सुहागरात वापस आ जाती है।

दूरी होते से ही रस पैदा हो जाता है। हो सकता है तुम बड़े होशियार हो; तुम मंदिर इसलिए जाते हो ताकि दुकान का रस बिलकुल मर न जाए। हो सकता है तुम बड़े चालाक हो; तुम इसीलिए गीता पढ़ लेते हो, कुरान पढ़ लेते हो, बाइबिल सुन लेते हो, संतों के पास बैठ आते हो ताकि जिंदगी का, संसार का रस कायम रहे। संतों की बात सुन कर जब फिर तुम धन की आवाज सुनते हो, खनक सुनते हो तो खनक में जो माधुर्य और सौंदर्य मालूम पड़ता है, कान फिर से जीवित हो जाते हैं।

उपवास करके भोजन किया है? बस वैसा ही! उपवास करके भोजन में रस लौट आता है। स्वाद पुनरुज्जीवित हो जाता है।

तुम्हारा धर्म तुम्हारा धोखा है। तुम्हारा सत्संग तुम्हारी प्रवंचना है। तुम संतों के पास जा कैसे सकते हो, जब तक कि आखिरी भोजन न हो गया हो? और जिस दिन आखिरी भोजन हो जाएगा उस दिन तुम जहां हो, वहां संत प्रकट होने लगेंगे। वहां कोई तुम्हारे द्वार-दरवाजे को खटखटाते आने लगेगा।

इस युवक को जाने की जरूरत न थी जोशू के पास; जोशू गया होता। आखिरी भोजन भर हो जाए!

हर वासना को जल्दी आखिरी करो। और जितनी त्वरा में भोग सको, उतनी जल्दी आखिरी हो जाए। और बीच-बीच में स्वाद मत बदलो। पत्नी को मायके मत भेजो, नहीं तो छुटकारा कभी भी न होगा। रस फिर-फिर लौट आएगा। फिर तुम एक वर्तुल में घूमते रहोगे।

भोगो संसार को। डर कुछ भी नहीं है। क्योंकि संसार इतना असार है कि भोग कर भी तुम भटक तो नहीं सकते। भोग कर कोई कभी भटका नहीं। अधूरा भोगी भटकता है। तुम भोगो संसार को। धन इतना व्यर्थ है कि तुम कब तक ढोओगे उसका वजन? साफ हो जाएगा। सोने में कुछ सार तो नहीं है, लेकिन सोना पास में न हो तो बहुत सार है। पास हो तभी निस्सार है। तुम संसार को पा ही लो, जितना पा सकते हो। तुम उसको चख लो भरपूर। आकंठ तुम भर जाओ। वह इतना व्यर्थ है कि डर का कोई कारण नहीं है। उसकी व्यर्थता जब उसकी संपूर्णता में प्रकट होगी...!

गुरजिएफ ने कहा है कि जब मैं बच्चा था तो काकेशस में मिलने वाले एक फल से मुझे बड़ा लगाव था। वह लगाव इतना ज्यादा था, कि उस फल को मैं अक्सर ज्यादा खा लेता और पेट में दर्द हो जाता और तकलीफ होती, बुखार आ जाता। जंगली फल! और बच्चे उसको खाना पसंद करते।

तो गुरजिएफ ने कहा है कि मेरे दादा ने एक दिन एक टोकरी भर फल लाए और कहा कि तू मेरे सामने बैठ और खा। गुरजिएफ बड़ा प्रसन्न हुआ। उसने फल खाना शुरू किया, लेकिन दादा डंडा लिए बैठा था। जब वह हटने लगा खाकर, उसने कहा 'बैठ, आज यह टोकरी पूरी करनी है।' गुरजिएफ ने कहा, 'क्या मेरी जान लेनी है? अब मैं अब और नहीं खा सकता। मैं जितना खा सकता था वह तो पहले ही खा चुका हूं।' उसके दादा ने कहा, 'नहीं, अभी तू और खा सकता है। तू कोशिश कर।' थोड़ी उसने और कोशिश की। उसने कहा, कि 'अब तो मुश्किल है, अब तो वमन हो जाएगा।' उसके दादा ने कहा कि 'वमन हो जाए, लेकिन अब रुकना नहीं है। यह टोकरी पूरी करनी है।'

गुरजिएफ ने लिखा है, तब तक खिलाया मेरे दादा ने--वह डंडा लिए बैठा रहा--जब तक कि मैं नारकीय अनुभव न करने लगा। और चिल्लाने लगा, रोने लगा, भागने लगा, लेकिन वह राजी नहीं था। वह कहता था और! जब तक कि वमन नहीं हो गया, और मैं बेहोश होकर न गिर गया। लेकिन बस, वह आखिरी दिन था।

गुरजिएफ ने लिखा है, उस दिन के बाद वह फल मैंने चखा नहीं। उस बात को बीते कोई पचास साल हो गए, तब उसने यह घटना दोहराई; फिर मैंने वह चखा नहीं। उस झाड़ के नीचे से भी निकलता हूं तो उस फल को देखकर मेरे रोंगटे कंपने लगते हैं, भयभीत हो जाता हूं।

यही मैं तुमसे कहता हूं; तुम संसार की टोकरी सामने रख कर चख ही लो। तुम आखिरी भोजन कर ही लो। तुम वहां तक मत रुको, जहां तक कि वमन न हो जाए। जब तुम्हारी वासनाओं का वमन हो जाता है, ध्यान निन्यानबे प्रतिशत पूरा हुआ। फिर काम बड़ा छोटा बचता है। वह उतना ही काम है, जैसा सांझ गृहिणी जब भोजन चुक जाता है तो बर्तन को धोकर रख देती है।

और कुछ?

ओशो, भगवान बुद्ध तो दुख से नहीं भागे थे, सुख से भागे थे। पूरा भोजन ही नहीं, आखिरी भोजन करके निकले थे। लेकिन उनको भी ध्यान खोजने में वर्षों क्यों लगे?

बुद्ध निश्चित ही सुख से भागे, इसीलिए वर्षों में काम पूरा हो गया, जन्म न लगे। तुम सोचते हो वर्षों लगे? तुम्हें लगता है कि बहुत ज्यादा समय लगा? छह साल कोई वक्त है? जहां तुम्हारे हजारों जन्म हुए हों, वहां छह साल कोई समय है? तुम्हें लगता है कि छह साल! इतने छह साल ज्यादा क्यों लगते हैं?

एक बच्चा स्कूल में पढ़ने जाता है, तुम कभी नहीं कहते कि सात साल में मैट्रिक होगा, सिर्फ मैट्रिक होगा? फिर छह साल में ग्रेजुएशन की डिग्री मिलेगी, सिर्फ ग्रेजुएट होगा? फिर तीन साल, दो साल लगेंगे तो डॉक्टरेट की डिग्री मिलेगी। आधी जिंदगी सर्टिफिकेट इकट्ठा करने में लग जाती है, लेकिन कोई कभी नहीं कहता कि इतना ज्यादा समय? बुद्धत्व छह साल में मिलता हो तो भी हमें लगता है, ज्यादा समय लग गया!

क्या कारण है? असल में युनिवर्सिटी से हमारी महत्वाकांक्षा जुड़ी है। उससे कुछ धन, पद, प्रतिष्ठा, मिलने वाली है। इसलिए कितना भी समय लगे, थोड़ा लगता है। और बुद्धत्व में हमको कुछ दिखाई तो पड़ता नहीं; क्या मिल गया? किसी एंप्लॉयमेंट दफ्तर के 'क्यू' में बुद्ध खड़े हो जाते तो ऑफिसर कह देता कि सर्टिफिकेट कहां है? कोई बोधिवृक्ष के नीचे बैठने से कोई नौकरी मिलती है? कि बुद्ध अगर बेचने जाते अपने बुद्धत्व को तो कितने पैसे मिल सकते थे? क्या मिलता? कौन खरीदता? किसको मतलब है? लोग मुफ्त भी बुद्धत्व लेने को तैयार नहीं हैं।

कोई तुम्हारे घर अचानक आ जाए, और कहे कि बुद्धत्व तुम्हें देता हूं। तुम कहोगे, ठहर भाई! सोच लेने दे। पत्नी से बात कर लेने दे। बच्चे भी हैं। यह उपद्रव इतनी जल्दी नहीं। और फिर सार क्या है?

हमें लगता है कि छह साल काफी लंबे हैं! लंबे क्यों लगते हैं? लंबे लगने का कारण छह साल की लंबाई नहीं है। छह साल के बाद जो मिलता है, उसमें हमें कुछ सार नहीं दिखाई पड़ता। निस्सार बुद्धत्व मिलता है और छह साल भटक कर! छह साल में तो दुकान जम जाती है। छह साल में तो दिल्ली पहुंच जाते। छह साल में तो क्या से क्या नहीं हो जाता! और कुल बुद्धत्व मिला!

तो पहली तो बात यह है कि हम समय का माप करते हैं आकांक्षा से। और फल क्या मिल रहा है, उससे हम सोचते हैं। मैं तुमसे कहता हूं कि अगर साठ जन्मों में भी बुद्धत्व मिलता तो भी जल्दी मिला है। क्योंकि जो मिलता है वह अकूत है। छह साल से क्या उसकी गणना? जल्दी मिला। छह साल कोई वक्त है? कोई भी वक्त नहीं। पलक झपके निकल गए छह साल।

लेकिन फिर भी पूछने जैसा है कि जब सुख से बुद्ध जाग गए, और उन्हें लगा कि सब जीवन असार है, तब तो बर्तन धोना ही बचा था; तो जल्दी हो जाना चाहिए।

जल्दी ही हो गया है। लेकिन बर्तन धोने में... थोड़ा सोचना पड़ेगा, क्योंकि कितने-कितने जन्मों का भोजन उन बर्तनों से लगा है! बुद्ध को यह जो सफाई करनी पड़ी है, यह सफाई बहुत पुरानी है, धूल-धूसरित व्यक्तित्व की है। दर्पण एकदम गंदा हो गया है। और धूल इतने दिनों की जमी है कि बिलकुल पत्थर जैसी हो गई है। पुरानी आदतों का जाल है। तुम जाग भी जाओ तो भी आदतें पीछा करती हैं। तुम संसार से हट भी जाओ, तो भी इतना आसान नहीं है, क्योंकि संसार बाहर ही तो नहीं था, भीतर भी था।

फिर बुद्ध की तलाश उस व्यक्ति की, जो पहुंचने की कला बता दे; जो बर्तन को साफ करने की कला बता दे। क्योंकि अगर बर्तन साफ करने की कला न आती हो तो यह भी हो सकता है कि साफ करने में तुम और गंदा कर लो। क्योंकि नाजुक है बात! मन से नाजुक बर्तन खोजना कठिन है। तुम अपनी घड़ी को भी अगर बिगड़ जाए तो खोल कर नहीं बैठ जाते हो सुधारने। कुछ नासमझ बैठ जाते हैं, फिर वह कभी नहीं सुधरती। घड़ी बिगड़ जाए तो भी तुम जाते हो जानकार के पास। क्योंकि घड़ी भी बड़ा महीन जाल है।

लेकिन घड़ी में क्या जाल है? कुछ भी जाल नहीं है। अगर मनुष्य के मन को तुम समझो तो इससे बड़ा जटिल कोई यंत्र जगत में अब तक नहीं है। और संभावना भी नहीं है कि हम कभी इससे जटिल यंत्र पैदा कर सकेंगे।

इस छोटी सी खोपड़ी के भीतर, जिसका वजन मुश्किल से कोई डेढ़ किलो है, कोई सात करोड़ तंतु हैं। और प्रत्येक तंतु अरबों सूचनाओं को संगृहीत कर सकता है। वैज्ञानिक कहते हैं कि जितने पुस्तकालय हैं पृथ्वी पर, एक व्यक्ति स्मरण कर सकता है--चुकता! तुम न कर पाओ यह दूसरी बात है, लेकिन क्षमता है। मस्तिष्क बड़ा बारीक और बड़ा जटिल है। सारे जगत का ज्ञान उसमें इकट्ठा हो सकता है। ज्ञान ही

इकट्ठा नहीं होता है, सारे जगत की धूल भी इकट्ठी हो सकती है। जिसको तुम ज्ञान कहते हो, अक्सर धूल ही होती है।

सफाई समय लेगी। लेकिन छह साल कोई बड़ा समय नहीं है।

फिर बुद्ध एक-एक द्वार पर गए, जहां-जहां उन्हें आशा थी कि कोई सफाई करवाने वाला मिल जाए। बुद्ध ने होशियारी का काम किया। बुद्ध घड़ी को खोल कर नहीं बैठ गए। नहीं तो शायद छह साल भी काफी न होते। बुद्ध ने विशेषज्ञ को खोजा कि कोई जो खोल चुका हो, जान चुका हो, जिससे सीधा रास्ता मिल जाए। क्योंकि कभी-कभी छोटी सी ही भूल-चूक होती है, सुधारने में और बिगड़ जाती है।

मैंने सुना है, कि एक बहुत बड़ी फैक्ट्री में एक कंप्यूटर लगाया गया। बड़ा कीमती कंप्यूटर था। कुछ बिगड़ गया। सारी फैक्ट्री बंद हो गई। दस हजार लोग काम करते थे, उनकी जगह कंप्यूटर अकेला ही काम करता था। सारी फैक्ट्री ठप्प हो गई। एक विशेषज्ञ को बुलाया गया। उसने जरा सा एक स्क्रू कसा, सब काम शुरू हो गया। मालिक प्रसन्न हुआ, उसने उसकी फीस पूछी। तो उसने कहा: 'पांच हजार डालर।'

'पांच हजार डालर?' एक सेकेंड भी नहीं लगा उसे स्क्रू को कसने में। तो उस मालिक ने पूछा कि यह जरा ज्यादा है। सिर्फ जरा सा स्क्रू कसने के पांच हजार डालर?

उसने कहा कि 'नहीं, स्क्रू का तो एक डालर कसने का। लेकिन कैसे कसना, उसके चार हजार नौ सौ निन्यानबे डालर। स्क्रू कसने का तो एक ही डालर लेता हूं। लेकिन कैसे कसना, कहां कसना, कौन सा स्क्रू ढीला है, उसके लिए मैंने जिंदगी लगा दी; उसके दाम ले रहा हूं। और स्क्रू कसवाना हो तो किसी और से अगली दफा कसवा लेना।'

तो बुद्ध तलाश में गए किसी विशेषज्ञ की, किसी गुरु की, जो चल चुका रास्ते पर, जो पहुंच चुका मंजिल पर। जिससे व्यर्थ का भटकाव बचेगा, यहां-वहां के रास्तों पर जाने से बचाव हो जाएगा। क्योंकि बड़ी भूल-भुलैया है। अनेक गुरुओं के पास गए। गुरु थे और काफी दूर तक जानते थे। लेकिन ऐसा कोई गुरु न मिला, जो बुद्धत्व दे सके। क्योंकि बुद्धत्व की आकांक्षा बड़ी अनूठी थी।

यहां फर्क समझ लें। बुद्ध तो सुख से ऊब कर आए थे; जिन गुरुओं के पास गए, वे दुख से ऊब कर आए थे, इसलिए बड़ी मुसीबत थी। जिन गुरुओं के पास गए उन्होंने भी ध्यान साधा था, लेकिन उन्होंने ध्यान एकाग्रता का साधा था, जिससे और शक्ति मिलती है। मंत्र-तंत्र साधा था, योग साधा था। बड़े शक्तिशाली हो गए थे। बीमार आदमी को छू दें तो स्वस्थ हो जाए। जिंदा आदमी को छू दें तो मुर्झा जाए। ताकत थी

उनके पास, शक्ति थी। लेकिन बुद्ध कोई बीमारी ठीक करवाने न आए थे। अंधी आंखें नहीं थीं उनकी, जिनको छूने से आंखें मिल जाएं। वह भीतर की आंख चाहते थे।

सब गुरुओं को उन्होंने थका डाला। बड़ी मीठी कथा है कि हर गुरु ने आखिर में उनसे कहा कि अब तू जा। क्योंकि जो हम जानते थे वह हमने बता दिया, लेकिन उससे तेरी तृप्ति नहीं। बुद्ध कहते, मैं शांति की तलाश में आया हूं, शक्ति की तलाश में नहीं। मुझे बीमारी ठीक नहीं करनी, मुझे चमत्कार नहीं करने, हाथ से ताबीज नहीं निकालने, यह मुझे करना नहीं। मुझे तो वह जानना है, जो परम सत्य है; जो आत्यंतिक सत्य है। वह मुझे जानना है। वह है या नहीं! मुझे तो मेरी परम सत्ता का उदघाटन करना है। मुझे दूसरों को प्रभावित नहीं करना है। मैं मान लेता हूं कि तुम आंख से इशारा करते हो, पक्षी आकाश से नीचे गिर जाता है--जैसे तीर लग गया! ऐसी तुम्हारी एकाग्रता है। सिर्फ आंख के तीर से आकाश में उड़ता पक्षी नीचे गिर जाता है। तुम्हारा निशाना कभी नहीं चूकता, लेकिन मुझे कोई पक्षी गिराना नहीं! इसे करूंगा क्या? माना कि तुम पानी पर चल जाते हो, लेकिन वह काम तो नाव से ही हो जाता है। उसकी मुझे चिंता नहीं है।

बहुत गुरुओं के पास बुद्ध गए। सभी गुरुओं ने देखा कि इसकी आकांक्षा ही कुछ और है, इसकी खोज कुछ और है। यह शक्ति नहीं खोज रहा, यह परम शांति खोज रहा है। उन्होंने कहा, उसका तो हमें भी पता नहीं। हम योग जानते हैं, मंत्र जानते हैं, तंत्र जानते हैं। तुम जो भी सीखना चाहो सीख लो, लेकिन यह निर्वाण, यह मोक्ष, इसका हमें भी पता नहीं है।

ये छह साल बुद्ध अनेक-अनेक मार्गों पर गए, अनेक विधियां कीं, अनेक साधन किए, और सभी साधन व्यर्थ पाए। और सभी विधियां व्यर्थ पाईं।

यह समझ लेना जरूरी है। मोक्ष की कोई विधि नहीं हो सकती। क्योंकि जो विधि से पाया जाए, वह विधि से बड़ा नहीं हो सकता। मोक्ष का कोई मार्ग नहीं हो सकता, क्योंकि जो मार्ग से पहुंचा जाए, वह अंत नहीं हो सकता। उसके आगे भी मार्ग हो सकते हैं। मोक्ष की कोई तरकीब नहीं हो सकती, क्योंकि जो तरकीब से मिल जाए, उसकी क्या कीमत है? वह तुमसे छोटा होगा। तुम्हारी तरकीब से मिल गया।

बुद्ध उसको खोज रहे थे, जो खोजने से मिलता ही नहीं है। वह तभी मिलता है जब खोज खो जाती है। संसार व्यर्थ हो गया, आधी खोज पूरी हो गई। लेकिन बुद्ध के मन में एक नई खोज पैदा हो गई--मोक्ष को खोजने की; यह भी उपद्रव है। इससे छह साल लगे। संसार नहीं खोजना, साफ हो गया। लेकिन मोक्ष खोजना है--खोज जारी

है। जो पहले संसार खोज रहा था, अब मोक्ष खोज रहा है। लेकिन खोज जारी है। दौड़ने वाला जिंदा है। महत्वाकांक्षी भीतर मौजूद है। छह साल थक गए।

एक खोज पहले खत्म हो गई थी संसार की, दूसरी खोज भी खत्म हो गई मोक्ष की। खोज ही खत्म हो गई।

जिस सांझ बुद्ध को मुक्ति का अनुभव हुआ, उस दिन वह कुछ भी नहीं खोज रहे थे। उस दिन वृक्ष के नीचे वे शांत बैठे थे। जब तक खोज है, तुम शांत होओगे कैसे? क्योंकि खोज अशांत करती है। अभी तक नहीं मिला, कब मिलेगा? मिलेगा कि नहीं मिलेगा? कहीं मैं भटक तो नहीं जाऊंगा? खोज विचार पैदा करती है, अशांति पैदा करती है।

उस दिन बुद्ध को... जैसा छह साल पहले महल छोड़ा था उन्होंने, ऐसा ही मंदिर भी छोड़ दिया। दुकान पहले छूट गई थी, यह मंदिर भी उसी दुकान का हिस्सा था, यह भी छूट गया। एक पहलू पहले समाप्त हुआ, दूसरा भी समाप्त हुआ। पूरा सिक्का बुद्ध के हाथ से गिर गया। उस रात वे सोए। कोई खोज न थी, कहीं जाना न था, कुछ पाना न था। न कोई मोक्ष, न कोई परमात्मा, न कोई शांति, न कोई आनंद। कुछ भी नहीं पाना था। बस! उस वृक्ष के नीचे वे सिर्फ थे। उसी दिन घटना घट गई।

भोजन तो हो चुका था, उस रात बर्तन साफ हो गए।

बर्तन उसी दिन साफ होते हैं, जब तुम्हारी सब खोज मिट जाती है। बर्तन उसी दिन साफ होते हैं, जिस दिन तुम्हारी सब आकांक्षा गिर जाती है।

और जब मैं कहता हूं सब, तो मेरा अर्थ है सब!

अगर तुम ध्यान की भी आकांक्षा कर रहे हो तो बर्तन साफ न होंगे। ध्यान भी भोजन है। वह भी बर्तन को गंदा करेगा।

संसार में दो तरह के महत्वाकांक्षी हैं: एक संसारी और एक धार्मिक; दोनों म हत्वाकांक्षी हैं। दोनों पदातुर हैं, दोनों कुछ पाना चाहते हैं।

एक तीसरे तरह का व्यक्ति कभी-कभी घटता है, वह अनूठी घटना है; जो कुछ भी नहीं पाना चाहता।

और जब तुम कुछ भी नहीं पाना चाहते, तब तुम सब-कुछ हो जाते हो। उसी क्षण बर्तन साफ हो गए। निर्मलता उपलब्ध हो गई। वह दीया जलने लगा, जो बिन बाती बिन तेल जलता है।

आज इतना ही।

१६

साधु, असाधु और संत

ओशो, एक धनाढ्य बुढ़िया बीस वर्षों से एक साधु को आश्रय दिए थी। उसके लिए एक झोपड़ा बनवा दिया था और भोजन देती थी। एक दिन उसने साधु की जांच लेने की सोची। इसके लिए एक वेश्या की मदद ली। उससे उसने कहा: 'जाओ और साधु का आलिंगन करो।' और फिर पूछो: 'अब क्या हो?'

वेश्या साधु के पास गई, उस पर प्रेम प्रकट किया और फिर पूछा कि अब क्या होना चाहिए?

साधु ने उत्तर दिया: 'जाड़े में ठंडी चट्टान पर जैसे पुराना वृक्ष लगा हो; कहीं कोई गरमी नहीं।'

वेश्या ने लौट कर सारी बात बुढ़िया को बताई। बुढ़िया बहुत नाराज हुई और उसने जाकर झट साधु का झोपड़ा जला डाला।

ओशो, इस बुढ़िया के व्यवहार को आप क्या कहेंगे?

धर्म को देखने के दो ढंग हैं। एक ढंग तो है, धर्म को संसार के विरोध में, शत्रुता में देखने का; जैसे धर्म संसार से उलटा है। जो हम यहां करते हैं उससे विपरीत करेंगे तो धर्म होगा। अगर भोजन में रस है, तो उपवास में धर्म होगा। अगर शरीर के सौंदर्य में रस है, तो शरीर की विकृति और कुरूपता में धर्म होगा। अगर धन को इकट्ठा करने में मन लगता है तो धन के त्याग में धर्म होगा। संसार की तरफ पीठ कर लेने में धर्म होगा।

यह एक दृष्टि है। यह दृष्टि बड़ी साधारण है। इस दृष्टि का कोई गहरा अनुभव नहीं है। यह मन का साधारण गणित है। मन का नियम है एक अति से दूसरी अति पर चले जाना। जब तुम देखते हो कि धन से सुख न मिला, तो तत्क्षण मन में खयाल उठता है, धन छोड़ने से मिलेगा। विवाह किया और सुख न मिला, तो तत्क्षण मन कहता है, तलाक करने से सुख मिलेगा।

तुम्हारा मन कहता है, सुख तो मिलेगा ही। तुमने जैसा अभी किया उससे उलटा करो। लेकिन सुख मिलेगा, इस संबंध में मन को संदेह पैदा नहीं होता। सिर्फ अपनी दिशा बदल लो। पूरब जाते थे, नहीं मिला तो पश्चिम जाओ; पर सुख मिलेगा। दिशा बदल लेने की जरूरत है। अभी दुकान पर बैठते थे, अब मंदिर और मस्जिद में बैठो। अभी तक अश्लील पोरनोग्राफी का साहित्य पढ़ते थे, अब शास्त्र पढ़ो, धर्मग्रंथ पढ़ो, लेकिन पढ़ने से मिलेगा। दिशा भर बदल लेनी है। उलटा कर लेना है। यह मन का स्वाभाविक नियम है।

तुम बच्चे को प्रेम करते हो, समझाते हो, नहीं मानता; तत्क्षण डंडा उठा लेते हो। प्रेम से नहीं माना तो कठोरता से मानेगा। पुरस्कार से नहीं माना तो दंड से मानेगा। पहले तुम स्वर्ग का प्रलोभन देते हो, नहीं कोई राजी होता तो फिर नरक का भय बताते हो। मन तत्क्षण विपरीत में खोजता है।

मन के लिए दो ही हैं: या तो यह, या इससे उलटा; तीसरे का कोई उपाय नहीं है। और अगर इससे नहीं मिला तो आधी संभावना समाप्त हो गई; आधी बची है, उसमें खोज लो। यह धर्म मन से ऊपर नहीं जाता। यह मन के द्वंद्व के भीतर है।

और धर्म तभी शुरू होता है, जब तुम मन के पार जाओ। जब तुम दो के बीच न चुनो, दोनों को छोड़ दो। जब धन तो छूटे ही, निर्धनता का मोह भी छूट जाए। जब स्त्री तो छूटे ही, पुरुष तो छूटे ही, लेकिन विपरीत न पकड़ ले। कुएं से बचे और खाई में गिर गए, ऐसा जब न हो। बड़ा कठिन है। मन के लिए द्वंद्व में बदल लेना बहुत आसान है, निर्द्वंद्व हो जाना कठिन है।

धर्म का जो गहनतम रूप है, वह निर्द्वंद्वता है। यह कथा उसी की तरफ इशारा है।

साधु पहले तरह के धर्म को मानता होगा। अक्सर साधु पहले तरह का धर्म मानते हैं। इसलिए साधु ही रह जाते हैं, संत नहीं हो पाते। बुढ़िया दूसरे तरह के धर्म की तलाश में थी; संतत्व की तलाश में थी, इस भेद को ठीक से समझ लो।

संसार में दो तरह के लोग हैं; असाधु हैं और साधु हैं। लेकिन दोनों संसार में हैं। संत संसार के पार है। इसलिए संत को समझना बड़ा कठिन है। साधु को समझना

बिलकुल आसान है, क्योंकि गणित तुम्हारा ही है वह। तुम भोग समझते हो, त्याग भी समझ लोगे। वह कुछ दूर की बात नहीं, तुम्हारे करीब है। तुम लोभ समझते हो, तुम दान भी समझ लोगे। क्योंकि दान की भाषा, लोभ की भाषा के विपरीत हो; लेकिन दूर नहीं है, बहुत करीब है। तुम अहंकार समझते हो, विनम्रता भी समझ लोगे; क्योंकि विनम्रता अहंकार का ही सूक्ष्मतम रूप है।

जब कोई आदमी विनम्रता से तुम्हें मिलता है, तुम कितने प्रसन्न होते हो! तुम कहते हो, यह आदमी कितना विनम्र है! तुम समझ लेते हो। लेकिन तुम समझ कैसे पाते हो विनम्रता को? जब दूसरा आदमी विनम्र होता है, तब तुम्हारे अहंकार की तृप्ति होती है। कोई झुक कर तुम्हारे चरण छूता है, तुम कहते हो कितना विनम्र! लेकिन उसकी विनम्रता का क्या अर्थ है? उसकी विनम्रता तुम्हारे अहंकार को भर रही है। तुम्हारा अहंकार विनम्रता को ठीक से समझ पाता है। तुम किसी से मांगने जाते हो दो पैसे, वह तुम्हें चार पैसे दे देता है। तुम्हारा लोभ उसके दान को भलीभांति समझ पाता है। लोभ को दान के समझने में जरा भी कठिनाई नहीं है। भाषा एक ही है।

एक आदमी स्त्रियों के पीछे भाग रहा है और दीवाना है। फिर एक आदमी छोड़ देता है स्त्रियों को, उनकी तरफ पीठ करके जंगल की तरफ भागता है। तुम बिलकुल समझ पाते हो। यह भाषा कामवासना की ही है। यह ब्रह्मचर्य कोई कामवासना के बाहर नहीं है, उसके भीतर है। लेकिन तुम कृष्ण के ब्रह्मचर्य को न समझ पाओगे। क्योंकि वह तुम्हारी कामवासना के बिलकुल बाहर है; विपरीत नहीं, बाहर। इस बात को ठीक से समझ लो।

विपरीत तो द्वंद्व के भीतर ही होता है। मोक्ष संसार के विपरीत नहीं है, संसार के पार है। संतत्व असाधु के विपरीत नहीं है, साधु-असाधु दोनों के पार है। अगर असाधु सीधा खड़ा है, तो साधु शीर्षासन कर रहा है। आदमियों में कोई भी फर्क नहीं है, वे दोनों एक जैसे हैं। तुम किसी साधु के पास जाओ, तुम हजार स्वर्ण-मुद्राएं उसके चरणों में रखो और वह फेंक दे और कहे, 'हटाओ, इस कचरे को यहां क्यों लाए?' तुम बिलकुल समझ जाओगे कि यह है साधु। लेकिन अगर वह कुछ भी न कहे, तुम हजार स्वर्ण-मुद्राएं उसके चरणों में रखो, वह चुपचाप बैठा रहे, तब तुम्हें संदेह पैदा होगा। समझ मुश्किल में पड़ी।

ऐसा हुआ, कबीर का बेटा था, कमाल। और कबीर अगर साधु हैं तो कमाल संत है। बेटा बाप से एक कदम आगे था। और कबीर को तो लोग समझ पाते थे, कमाल को नहीं समझ पाते थे। काशी के नरेश ने कबीर से पूछा कि कई लोग कमाल को भी

पूजते हैं, उसके पास भी जाते हैं। लेकिन मुझे कमाल समझ में नहीं आता। नरेश को भिखारी समझ में आ सकता है। कबीर समझ में आते थे। सब छोड़े हैं।

नरेश ने कहा: 'इस कमाल को तो तुम अलग ही कर दो यहां से। यह एक उपद्रव है। यह लोभी मालूम पड़ता है।'

कबीर ने पूछा: 'कैसे तुमने पता लगाया?'

तो नरेश ने कहा: 'एक दिन मैं गया एक बहुमूल्य हीरा लेकर। और मैंने कमाल को कहा कि यह बहुमूल्य हीरा भेंट लाया हूं। तुम्हारे पास भी हीरे लाया हूं, तुम कहते हो, पत्थर है। हृदय मेरा गदगद हो जाता है। व्यर्थ है, मैं समझता हूं!'

कमाल ने कहा: 'ले ही आए हो तो अब बोझ को कहां वापस ले जाओगे? रख जाओ।' यह बात जरा कठिन हो गई। तो मैंने पूछा कि 'कहां रख दूं?' तो कमाल ने कहा कि 'अब पूछते हो, कहां रख दूं? समझे नहीं; लेकिन ठीक है--' झोपड़े में जहां कमाल बैठा था, सनोरियों का झोपड़ा था--'छप्पर में खोंस दो।'

तो सम्राट ने कहा: 'मैं छप्पर में खोंस आया हूं। लेकिन मैं जानता हूं कि मैं बाहर नहीं निकला होऊंगा कि हीरा निकाल लिया गया होगा। अब तक तो बिक भी चुका होगा।' कबीर ने कहा, 'तुम एक बार और जाकर पता तो लगाओ कि हीरे का क्या हुआ?'

सम्राट गया और उसने कमाल से पूछा कि कोई छह महिने हुए एक हीरा मैं लाया था, बड़ा बहुमूल्य था। तुमने कहा, 'छोड़ जाओ', मैं झोपड़े में खोंस गया था। वह हीरा कहां है?'

कमाल हंसने लगा और उसने कहा: 'उस दिन भी मैंने कहा था वह हीरा नहीं है, पत्थर है। और इसलिए तो कहा था कि छोड़ जाओ, क्योंकि अब ले ही आए हो, इतनी नासमझी की यहां तक ढोने की, अब वापस कहां वजन को ले जाओगे? फिर तुम झोपड़े में खोंस गए थे। अब मुझे पता नहीं। अगर किसी ने निकाल न लिया हो तो वहीं होगा। और किसी ने निकाल लिया हो तो हम कोई उसकी रक्षा करने यहां नहीं बैठे हैं!' संदेह पक्का हो गया कि हीरा निकाल लिया गया है। लेकिन फिर भी चलते-चलते सम्राट ने आंख उठा कर देखा, हैरान हुआ। हीरा वहीं था। वह निकाला नहीं गया था। तुम संन्यासी के पास रुपये लेकर जाओ और वह कहे कचरा है, हटाओ, तुम्हें समझ में आता है। लेकिन अगर सच में ही कचरा है, तो हटाने की इतनी जल्दी भी क्या? कमाल का संतत्व तुम्हारी पकड़ में न आएगा। क्योंकि कमाल कहता है, पत्थर है, अब कहां ले जाओगे? कमाल कहे कि पत्थर है, हटाओ तो समझ में आता है। लेकिन जो आदमी कहता है, पत्थर है, हटाओ यहां से, वह विपरीत बातें कह रहा है।

अगर पत्थर है तो इतनी हटाने की जल्दी क्या है? पत्थर तो बहुत पड़े थे कमाल के झोपड़े के पास; और कभी नहीं चिल्लाया कि हटाओ। हीरे को देख कर चिल्लाता है, हटाओ। तो वह कहता भला हो कि पत्थर है, लेकिन उसको भी दिखाई पड़ता है, हीरा है। उसे भी डर लगता है, उसे भी भीतर लोभ पकड़ता है। पर उसे न कोई डर है, न कोई लोभ है; तो वह कहता है, 'अब ले ही आए, एक भूल की, अब और दूसरी भूल क्या करनी? छोड़ जाओ।'

पर जो संत तुमसे कहेगा, छोड़ जाओ यह हीरा, वह तुम्हारी समझ के बाहर हो गया। वह धर्म के भीतर होगा, तुम्हारी बुद्धि के बाहर हो गया। और धर्म होता ही तब है, जब बुद्धि के कोई बाहर हो जाता है।

इस बूढ़ी स्त्री ने वर्षों तक इस बौद्ध भिक्षु की सेवा की। उसे भोजन दिया, रुग्ण हुआ तो सेवा, परिचर्या की। उसके लिए झोपड़ा बनाया। उसकी प्रार्थना, पूजा, ध्यान का सुविधापूर्ण इंतजाम किया। फिर यह मरने के करीब थी। यह बुढ़िया बड़ी अनूठी रही होगी। यह मरने के करीब थी, तब उसने एक वेश्या को बुलाया और कहा कि जीवन भर जिसकी मैंने सेवा की है, मैं जान लेना चाहती हूं, वह कहीं पहुंचा भी या नहीं? या मेरी सेवा व्यर्थ ही रेगिस्तान में खो रही थी और जिसे मैं पूज रही थी, वहां कोई पूज्य नहीं था? वह यह जानना चाहती है कि यह साधु ही है या संत है?

बड़ा बारीक फासला है साधु और संत का। बारीक है और बहुत बड़ा भी है। और पहचान बड़ी मुश्किल है। कैसे जानोगे कि इस आदमी की कामवासना खो गई, इसलिए ब्रह्मचर्य है! या इस आदमी ने कामवासना को दबा लिया है, इसलिए ब्रह्मचर्य है? ऊपर से तो ब्रह्मचर्य दिखाई पड़ेगा। और जिसने दबाया है, उसका ज्यादा दिखाई पड़ेगा। क्योंकि जिसे हम दबाते हैं, उसके विपरीत को हम उभार कर दिखाते हैं। हमें खुद ही डर होता है कि अगर विपरीत दिखाई न पड़ा, तो कहीं जो छिपा है वह दिखाई न पड़ जाए! और जिसने ब्रह्मचर्य को कामवासना दबा कर नहीं पाया; जिसकी कामवासना तिरोहित हो गई, इसलिए पाया, उसके ब्रह्मचर्य में प्रदर्शन नहीं होगा। वह दिखाने की कोई चिंता नहीं होगी। क्योंकि जो है ही नहीं, जिसे छिपाना नहीं है, उसके विपरीत को दिखाना क्या है? बड़ा कठिन है।

तो अक्सर तो दमित ब्रह्मचारी तुम्हें दिखाई पड़ जाएगा, तुम पहचान जाओगे। लेकिन जिसकी वासना शमित हो गई, शांत हो गई, वह तुम्हारी पहचान में न आएगा।

प्रदर्शनकारी दिखाई पड़ जाता है। जिसका कोई प्रदर्शन नहीं है, कोई एक्जिबिशन नहीं है, वह दिखाई नहीं पड़ेगा।

यह बूढ़ी स्त्री की दुविधा यही थी, जो तुम सबकी दुविधा है; कि संत और साधु को कैसे पहचानें? असाधु से साधु को अलग करना बिलकुल साफ है, आसान है। दोनों उलटे खड़े हैं। संत को साधु से अलग करना बहुत मुश्किल है, क्योंकि दोनों करीब-करीब एक जैसे हैं। लेकिन फर्क उतना ही है, जैसा कागज के फूल में और असली फूल में हो। लेकिन कागज के फूल पर भी इत्र डाला जा सकता है। और अगर तुमने गुलाब का इत्र डाला है कागज के फूल पर, तो असली गुलाब से इतनी सुगंध न आएगी, जितनी कागज के फूल से आएगी। कागज के फूल को सुगंध जरा ज्यादा ही देनी पड़ेगी, तभी धोखा हो सकता है। और गुलाब का फूल तो उत्सुक भी नहीं है प्रचार करने में। जितनी आएगी, आएगी और हवा आती होगी तो ले आएगी; न आएगी तो न आएगी। गुलाब किसी प्रचार में आतुर भी नहीं है।

यह बूढ़ी स्त्री मरते वक्त जान लेना चाहती है कि इसकी पूजा व्यर्थ तो नहीं गई? इसकी सेवा व्यर्थ तो नहीं गई? इसने इतने दिन तक जिसकी चिंता की, जिसके चरण दबाए, वह साधु था या संत?

यह ध्यान रखना, वह यह नहीं जानना चाहती है कि वह असाधु था कि साधु? वह तो जाहिर है कि वह साधु है। असाधु नहीं है, नहीं तो बीस साल में जाहिर हो गया होता। साधु है यह तो पक्का है। एक और बात जाननी है, और एक बारीक फासला--कैसे इसको जाने?

एक वेश्या को बुला लिया उसने। वेश्या को इसलिए बुलाया कि जो तुम्हारे भीतर दमित है, जब तक वह ऊपर न आ जाए तब तक पहचान न हो सकेगी। और वेश्या कुशल है तुम्हारे दमित को बाहर लाने में।

तुम हैरान होओगे, मनोवैज्ञानिक कहते हैं कि बहुत से पुरुष पत्नियों के पास नपुंसक हो जाते हैं। वेश्या के पास जाकर फिर पाते हैं, उनका पुंसत्व वापस आ गया। खुद की पत्नी उन्हें नहीं जगा पाती, वेश्या जगा देती है। वेश्या कुशल है। वह कलाकार है। उसने कामवासना में विशेषता अर्जित की है। कामवासना उसके लिए सिर्फ एक नैसर्गिक घटना नहीं है, एक कलात्मक क्रिया है।

जापान में वेश्याओं के एक वर्ग ने--गैशा--बड़ी कुशलता प्राप्त की है वासना के संबंध में। और जो लोग एक बार गैशा स्त्री को प्रेम कर लेते हैं, फिर कोई स्त्री

उनको जगाने में समर्थ नहीं रह जाती। क्योंकि उसने इतनी खूबियां खोजी हैं शरीर के भीतर, कि कहीं भी दबा हुआ कुछ भी पड़ा हो, वह उसे जगाने में कुशल है। साधारण पत्नी उसे नहीं जगा सकती। फिर तुम जिसके पास निरंतर रहते हो, धीरे-धीरे उसका आकर्षण क्षीण होता जाता है। नये का आकर्षण है, अजनबी का आकर्षण है, अज्ञात का आकर्षण है। उससे तुम परिचित होना चाहते हो।

उसने नगर की श्रेष्ठतम वेश्या को बुलाया, और कहा कि तू जा, आलिंगन करना इस साधु का। और जांचना, वासना जगती है या नहीं! और आलिंगन के बाद पूछना कि अब क्या? क्या इरादा है? वह वेश्या गई। आधी रात साधु ध्यान में लीन था। द्वार तो खुले ही थे, क्योंकि साधु के पास बचाने को कुछ भी न था, जिसे चोर ले जाएं। दरवाजा उसने खोला। साधु ने आंख खोली। भय की एक लहर उसमें दौड़ गई। आधी रात वेश्या द्वार पर खड़ी! और यह तो निश्चित ही है कि इस वेश्या को साधु ने बहुत बार नगर में देखा होगा।

साधु की दृष्टि और वेश्या पर न जाए यह असंभव है। वे एक ही धंधे के दो छोर हैं। वे एक ही प्रक्रिया के दो हिस्से हैं। एक ही रेखा की दो अतियां हैं। तो विपरीत को तो तुम तत्काल देख लेते हो; उससे बचना मुश्किल है। वेश्या निकले और उसकी नजर साधु पर न जाए, यह असंभव है। साधु निकले, और उसकी नजर वेश्या पर न जाए, यह असंभव है। बीच के लोग छोड़े जा सकते हैं। लेकिन विपरीत तो प्रगाढ़ होकर दिखाई पड़ते हैं। जैसे दीवाल पर किसी ने काली रेखा खींच दी, सफेद दीवाल पर। रेखा उभर कर दिखाई पड़ती है। बहुत बार इस वेश्या को देखा होगा। बहुत बार इस वेश्या के लिए कामना भी उठी होगी। क्योंकि जिसे हम छोड़ते हैं, उसके प्रति हमारा रस बढ़ता जाता है, घटता नहीं।

छोड़ने से अगर रस घटता होता तो सारी दुनिया कभी की बुद्धत्व को उपलब्ध हो गई होती। छोड़ना तो बिलकुल आसान है। कोई भी चीज छोड़ कर देखो, और तुम पाओगे कि रस बढ़ गया है। जिस चीज में रस बढ़ाना हो, उसे छोड़ना चाहिए। अगर भोजन में रस खो गया हो, उपवास करना चाहिए। रस वापस लौट आएगा। प्राकृतिक चिकित्सालयों में उपवास करवाए जाते हैं। और वहां जो लोग जाते हैं, अक्सर वे ही लोग जाते हैं, जिनके शरीर में ज्यादा चर्बी इकट्ठी हो गई है। जिन्होंने ज्यादा खा लिया है--ओवरफेड। इसलिए गरीब मुल्क में तो कोई प्राकृतिक चिकित्सालय चल नहीं सकते, अमीर मुल्कों में चलते हैं। और उरली कांचन जैसे चिकित्सालय अगर चलते हैं, तो बंबई के कारण चलते हैं। जहां लोग ज्यादा खा लिए हैं, उनके आसपास उपवास का इंतजाम करना पड़ता है।

लेकिन बड़े मजे की बात है, प्राकृतिक चिकित्सालयों का यह अनुभव है कि वहां जो लोग भी जाकर वजन कम कर लेते हैं, दो-तीन महीने में वजन कम कर पाते हैं। लौट कर तीन सप्ताह में वजन पहले से भी ज्यादा हो जाता है। क्योंकि उपवास से भूख में रस आ जाता है, जिसका खयाल नहीं है। उपवास किया तीन महिने तक, तो भूख पहली दफा प्रज्वलित होकर जलेगी; जठराग्नि पूरी शुद्ध हो जाएगी। तब उसके बाद ज्यादा भोजन। तब एक दुष्ट चक्र पैदा होता है। ज्यादा भोजन किया, फिर चर्बी बढ़ती है; फिर घटाओ, फिर ज्यादा भूख लगती है।

इसीलिए गरीब को जितना भोजन में रस आता है, अमीर को नहीं आता। क्योंकि गरीब भूखा है। भूख में रस है। धन में जो मजा गरीब को आता है, अमीर को नहीं आता; आ नहीं सकता। क्योंकि जो तुम्हारे पास है, उसमें रस खो जाएगा। जो तुम्हारे पास नहीं है, उसमें रस पैदा होता है।

अभी पश्चिम में नई शोध चलती है नये युवक और युवतियों के बीच। तो एक नया तत्व प्रकट हो रहा है, वह यह कि नये युवक युवतियों को एक-दूसरे में रस कम होता जा रहा है। यह उनको बहुत देर से पता चला। यह पूरब को बहुत पहले से पता है। इसलिए हम पति-पत्नी तक को दिन में, एकांत में नहीं मिलने देते थे। रस कायम रहता था। वर्षों बीत जाते थे, पति ठीक से देख भी नहीं पाता था कि पत्नी का चेहरा है कैसा? क्योंकि रात अंधेरे में मिल लेते थे, वह चेहरा अजनबी ही बना रहता था।

और यह तो असंभव है--अगर तुम मुर्दों को उठा सको, उनसे पूछो कि तुमने अपनी पत्नी को नग्न कभी देखा था? यह असंभव है। पत्नी भी दूर बनी रहती थी।

वेश्याएं अपनी शिष्याओं को सिखाती हैं कि तुम सब करना, लेकिन जिन पुरुषों को मोहित करना हो, उनके लिए पूरी प्रकट मत हो जाना। छिपे को उघाड़ने का मन होता है। इसलिए वेश्या कभी पूरी नग्न न होगी, अर्धनग्न होगी। तुम्हारी कल्पना को कुछ बचना चाहिए पूरा करने को। आधी नग्न वेश्या के जो हिस्से दबे रहते हैं, ढंके रहते हैं, उनको तुम कल्पना में पूरे करते हो। और यथार्थ इतना सुंदर कभी भी नहीं है, जितनी कल्पना। सपनों का क्या मुकाबला यह जगत करेगा! इसलिए वेश्या ऐसे कपड़े पहनती है, जो व्यर्थ को तो उघाड़ती है, और जिसको तुम उघाड़ना चाहते हो, उसको ढांकती है। और वेश्या कभी पूरी प्रकट नहीं होगी; क्योंकि पूरी जिस दिन प्रकट हो जाएगी, उसी दिन व्यवसाय व्यर्थ हो जाएगा। वह तुम्हें आकर्षित करेगी, लेकिन पास न आने देगी।

पूरब इस तथ्य को समझ गया था। समझना ही चाहिए, नहीं तो वात्स्यायन के जैसे कीमती शास्त्र पूरब ने न लिखे होते। वात्स्यायन ने कहा है कि पुरुष--पति को--पत्नी कितने ही निकट आने दे, लेकिन पूरा निकट न आने दे। क्योंकि जिस दिन वह पूरा निकट आ जाएगा, उसी दिन पत्नी व्यर्थ हो जाएगी।

पश्चिम के युवक और युवतियों का रस कामवासना में कम होता जा रहा है; हो ही जाएगा। क्योंकि इतना उपलब्ध है कामवासना--भरपेट; शायद ज्यादा। व्यर्थ होती जा रही है स्त्री। व्यर्थ होता जा रहा है पुरुष। इस जगत का सबसे गहरा आकर्षण पश्चिम में कम होता जा रहा है। अब उनको समझ में आता है कि पूरब के लोग होशियार रहे।

वेश्या को देखा तो होगा इस साधु ने बहुत बार। बहुत बार इसका मन डावांडोल भी हुआ होगा। क्योंकि मन का स्वभाव डावांडोल होना है। और जिस चीज का हम निषेध करते हैं, उसमें आकर्षण पैदा होता है। दरवाजे पर लिख कर टांग दें, 'यहां झांकना मना है।' फिर वहां से ऐसा कोई पुरुष नहीं निकल सकता, जो बिना झांके निकल जाए। जिस दरवाजे पर आपको लिखा मिल जाए कि 'झांकना मना है', आप मुश्किल में पड़े। अगर आप निकल भी गए लाज-संकोच में, तो लौट कर आना पड़ेगा। अगर हिम्मत न जुटा सके, सुविधा न मिली लौट कर आने की, तो रात सपने में आप पहुंचेंगे। लेकिन उस दरवाजे में झांकना तो पड़ेगा ही। वैसे ही जहां-जहां हम द्वार बंद करते हैं, वहां-वहां हमारा आकर्षण सघन होता है।

इस साधु ने बहुत बार वेश्या को देखा होगा। शायद गृहस्थ बिना वेश्या को देखे निकल जाए; स्त्री उपलब्ध है। लेकिन साधु बिना वेश्या को देखे कैसे निकल सकता है? भरा पेट आदमी रास्ते से बिना देखे निकल जाए कि मिठाई की दुकानें सजी हैं; भूखा आदमी कैसे बिना देखे निकल सकता है? भूखे आदमी को सिर्फ मिठाई की दुकानें ही दिखाई पड़ती हैं पूरे बाजार में। बाकी सब चीजें खो जाती हैं। हर चीज में भोजन दिखाई पड़ता है।

हेनरिक हेन ने लिखा है कि एक दफे मैं जंगल में भटक गया। तीन दिन तक रास्ता न मिला। फिर पूर्णिमा का चांद निकला, तो मैं हैरान हुआ कि मुझे चांद न दिखाई पड़ा, एक रोटी दिखाई पड़ी आकाश में तैरती हुई। तीन दिन का भूखा आदमी! चांद भी रोटी हो जाता है। उसने लिखा है, 'मैंने बहुत कविताएं लिखी थीं, बहुत कविताएं पढ़ी थीं। कहीं मैंने यह प्रतीक नहीं देखा कि चांद तैरती हुई रोटी! कभी उसमें चेहरा दिखाई

पड़ता है प्रेयसी का, कभी प्रेमी का, वह समझ में आता है; लेकिन रोटी!' पर भूखा पेट प्रोजेक्ट करता है। हम बाहर वही देखते हैं जिसे हम भीतर छिपाते हैं।

इस साधु ने निश्चित इस वेश्या को देखा होगा, भलीभांति यह जानता होगा। बहुत बार सपने में भी इस वेश्या को देखा होगा। साधुओं के सपने असाधुओं के जीवन के समतुल होते हैं। असाधु अक्सर सपने देखता है साधु होने के। साधु अक्सर सपने देखता है असाधु होने के। अगर साधुओं के सपने खोल कर रख दिए जाएं, तो तुम बहुत घबड़ा जाओगे। क्योंकि हम सपना वही देखते हैं, जिसे हम जीवन में पूरा नहीं कर पाते। वह अधूरे की पूर्ति है। दिन उपवास किया, रात राजमहल में भोजन का निमंत्रण मिलेगा ही--स्वप्न है। दिन जिससे आंखें चुराईं, रात आंखें उसे देखेंगी ही।

जो हम नहीं कर पाते, वह मन सपने में पूरा कर देता है। सपना सब्स्टीट्यूट है; वह परिपूरक है। इसलिए गरीब सपने देखते हैं कि सम्राट हो गए। और अक्सर सम्राट भी सपने देखते हैं कि भिक्षु हो गए हैं, और जंगल में चले जा रहे हैं; और वृक्षों के नीचे एकांत में विश्राम कर रहे हैं। महल की झंझट नहीं, सिपाही, सैनिक नहीं, वजीर, चिंताएं नहीं, कुछ भी नहीं। एक भिक्षु की तरह स्वतंत्र।

अगर बुद्ध और महावीर संन्यासी हो जाते हैं, तो यह सम्राटों के सपने को पूरा करने के लिए। वह जो सपना है उसको उन्होंने पूरा किया। और अगर बुद्ध और महावीर को मानने के लिए, सैकड़ों सम्राट उनके चरण छूने को आते हैं, तो इसीलिए कि वह जो सपना वे अपने मन में देखते हैं, वह इनमें सार्थक हो गया है। बुद्ध और महावीर के अनुयायियों में अधिकतम राजे-महाराजे हैं। लगता है उनको, कि चाहते तो हम भी यही हैं; हम नहीं कर पाते, कमजोर हैं; मजबूरियां हैं, मुश्किलें हैं। तुमने करके दिखा दिया। तुमने सपने को पूरा कर दिया।

गरीब, अमीरी के सपने देखता है। रात हम वही हो जाते हैं, जो हम दिन में नहीं होते। साधु अक्सर पाप के सपने देखते हैं, व्यभिचार के।

मेरे पास साधु आते हैं तो वे कहते हैं, और तो सब ठीक है; दिन भर तो किसी तरह मन से छुटकारा मिल जाता है, लेकिन रात! रात हम विवश हो जाते हैं। इसलिए साधु नींद लेने में डरने लगता है। संत की नींद तो परम गहरी हो जाएगी--स्वप्न-शून्य। साधु नींद लेने से डरने लगता है। क्योंकि सब असाधुता प्रकट होनी शुरू हो जाती है।

गांधी परम साधु पुरुष हैं। उन्होंने लिखा है कि सत्तर साल की उम्र तक भी रात मुझे कामवासना के सपने आते हैं। वे ईमानदार आदमी हैं, परम साधु हैं। दूसरे साधु इतने

ईमानदार भी नहीं कि यह कहें। और गांधी कहते हैं कि दिन भर तो मुझे कुछ खयाल में नहीं आता, लेकिन रात सपने मुझे कामवासना के आते हैं। संत के सपने खो जाएंगे। और साधु के सपने असाधुता के हो जाएंगे।

इसने सपने में भी इस वेश्या को देखा होगा। और यह वेश्या जितनी सुंदर नहीं है, उतनी इसे दिखाई पड़ती रही होगी। आज अचानक द्वार पर इसे खड़ा देख कर साधु बहुत चौंक गया होगा। झकझोर उठा होगा। एकांत, रात अंधेरी, कोई आसपास नहीं, दूर गांव से यह झोपड़ा! एक दफा तो सोचा होगा कि सपना तो नहीं देख रहा हूं? आंखें मीड़ कर फिर से देखा होगा। वेश्या सामने खड़ी थी। इसकी सारी वासना जग आई होगी, एक झंझावात में पड़ गया होगा। जो-जो दबाया था, वह प्रकट हो गया होगा। रोएं-राएं में भर गया होगा। इसका पूरा शरीर कामातुर हो गया होगा। यह भयभीत हो उठा।

कहानी के बहुत रूप हैं। कहानी के अनेक रूप प्रचलित हैं, इस कहानी के। एक रूप कहता है, कि वह घबड़ा गया। रात तो सर्द थी, लेकन माथे पर उसके पसीने की बूंदें आ गईं। अभी वेश्या द्वार पर ही खड़ी थी। और उसने चिल्ला कर कहा कि 'यहां कैसे? इतनी रात आने की क्या जरूरत?' उसकी वाणी में भय था। जब हम दबाते हैं कुछ, तो हम एक तूफान के ऊपर बैठे हैं। जैसे कोई ज्वालामुखी के ऊपर आसन लगाए हो! चाहे सिद्धासन ही लगाए हो, तो भी कोई फर्क नहीं पड़ता, ज्वालामुखी नीचे है।

और कामवासना से बड़ा ज्वालामुखी खोजना कठिन है। सब आग बुझ जाती है, कामवासना की आग बड़ी मुश्किल से बुझती है। करीब-करीब असंभव घटना है। और जब कामवासना की आग बुझती है, तभी ही वह शांति उपलब्ध होती है, जो मोक्ष की है। नहीं तो आग में आदमी जलता ही रहता है। कामवासना एक ज्वर है। ठंडी रात, पसीने की बूंदें उसके सिर पर आ गईं। वह भयभीत हो गया। कंठ अवरुद्ध हो गया होगा, बोलते नहीं बना होगा।

घबड़ा कर उसने कहा: 'यहां इतनी रात, आधी रात आने की जरूरत? बाहर निकलो। हटो।'

वेश्या करीब आने लगी। और जैसे-जैसे वह करीब आई होगी, भीतर उसके अचेतन मन से दबी हुई वासना भी करीब आई होगी। क्योंकि भय वेश्या का थोड़े ही है, भय तो सदा अपना है। बुद्ध तो वेश्या के घर में भी सो सकते हैं, उसी निश्चिंतता से, जैसे वे बोधिवृक्ष के नीचे सोते हैं। तुम बोधिवृक्ष के नीचे भी बिना वेश्या के नहीं सो

सकते हो। सोओगे अकेले, रात में पाओगे, दो हो गए। बोधिवृक्ष के नीचे भी सपना स्त्री का होगा।

वेश्या करीब आ गई, न केवल करीब आ गई, उसने उस भिक्षु को आलिंगन में भर लिया। सम्हाल लिया होगा उसने अपने को। वर्षों की साधुता थी, वर्षों का दमन था। इस भय को भी दबा लिया होगा, सचेत हो गया। आकस्मिक घटना घटी थी तो कंप गया था। आकस्मिक के कारण कंप गया था। जिसका पता नहीं था, वह घट गया था। एक दुर्घटना थी, लेकिन इतनी देर में सम्हाल लिया होगा। अपने को संतुलित कर लिया होगा।

और वेश्या ने पूछ: 'अब क्या?'

तो वह जो ज्वर उठा था, वह जो झंझावात आया था, वह जो वासना कंपा गई थी, अब वह संतुलित था, नियंत्रित था। फिर साधुता असाधुता को दबा देती है। उसने कहा: 'तेरा मुझे आलिंगन करना वैसे ही है, जैसे कोई रात की सर्द चट्टान को कोई वृक्ष आलिंगन करो। जरा भी गर्मी चट्टान में पैदा नहीं होती।'

वासना ऊष्णता है; न केवल मानसिक अर्थों में, भौतिक अर्थों में भी, शारीरिक अर्थों में भी। जब तुम कामवासना से भरते हो तो तुम्हारा शरीर ज्वरग्रस्त हो जाता है। तुम्हारे रोएं-रोएं में बुखार आ जाता है। तुम्हारे पूरे शरीर से पसीना छूट जाता है। रक्तचाप बढ़ता है, हृदय की धड़कन बढ़ती है।

पहले तो चिकित्सक कहते थे कि जिसका हृदय कमजोर हो, उसे काम-संभोग से बचना चाहिए। क्योंकि काम-संभोग हृदय की धड़कन को बढ़ाता है। उसमें कभी हृदय के टूटने का भी डर है। लेकिन अब तक कभी भी काम-संभोग करते हुए किसी का हृदय बंद होकर प्राणांत नहीं हुआ। कोई हार्टफेल अब तक नहीं हुआ।

तो चिकित्सक चिंता में पड़े कि इसमें कहीं कोई भूल होनी चाहिए। तो अब एक नया सिद्धांत विकसित हुआ है, जो यह कहता है कि हृदय के रोगी के लिए काम-संभोग अच्छा है। क्योंकि उससे हृदय का अभ्यास होता रहता है, व्यायाम होता रहता है। जैसे चलने से शरीर का व्यायाम होता है, ऐसा काम-संभोग से हृदय का व्यायाम होता है। और उस व्यायाम से कम से कम जितनी तीव्रता काम-संभोग में आती है, उतनी तीव्रता तक तो तुम्हारा हृदय बंद नहीं होगा। उतना अभ्यास है। तो पश्चिम में नया आधुनिक चिकित्साशास्त्र तो हृदय के रोगी को काम-संभोग की आज्ञा देता है।

लेकिन दोनों में एक बात स्वीकार है कि हृदय की धड़कन बढ़ती है, रक्तचाप बढ़ता है, पसीना आता है, शरीर ज्वरग्रस्त हो जाता है।

इसको भी ज्वर प्रतीत हुआ। अन्यथा इस चट्टान और वृक्ष के प्रतीक के खयाल में आने की जरूरत क्या थी? कुछ और खयाल न आया? यह लीपना-पोतना चाहता है। जो घट गई है घटना, वेश्या ने देख लिया है। वेश्या की आंखों से वासना को छुपाना मुश्किल है। क्योंकि जीवन भर उसका अनुभव और कला वही है। तुम वेश्या से आंखें नहीं चुरा सकते। उसकी समझ गहरी हो जाती है। वह तुम्हारे रत्ती-रत्ती भेद को जानती है। वह तुम्हारे इशारे-इशारे में कंपती हुई वासना को पहचान लेती है। वह कलाकार है। उसने शरीर के संबंध में बहुत कुछ सीखा है। उससे छिपाना तो मुश्किल है, लेकिन अब यह लीपा-पोती कर रहा है। अब यह व्याख्या करने की कोशिश कर रहा है।

यह उससे कह रहा है, 'जैसे ठंडी चट्टान को कोई रात में वृक्ष आलिंगन कर ले, तो जरा भी ऊष्णता पैदा नहीं होती, ठंडी चट्टान ठंडी ही बनी रहती है। ऐसा ही मैं ठंडी चट्टान जैसा हूं। तेरे कारण कोई ऊष्णता पैदा नहीं हो गई।'

लेकिन इससे ही राज खुल गया। क्योंकि हम उसी को समझाने की कोशिश करते हैं, जहां हम पकड़े गए होते हैं। यह व्याख्या ही तो सारा गड़बड़ कर दी।

वेश्या ने जाकर बुढ़िया को कह दिया कि इतनी बात कही है, कि जैसे ठंडी चट्टान को कोई वृक्ष छुए और ऊष्णता पैदा नहीं होती।

बुढ़िया गई और उसने झोपड़े में आग लगा दी। यह आदमी साधु तो था, लेकिन संत नहीं था। और जिसके चरणों में इसने इतने दिन बिताए, इतने दिन गुजारे, वह कोई सदगुरु होने की योग्यता नहीं थी। वह खुद ही अभी संघर्ष में था, मार्ग में था, पहुंचा नहीं था। और जो खुद न पहुंचा हो, वह किसी को कैसे पहुंचा सकता है? केवल वही पहुंचा सकता है, जो खुद पहुंच गया हो।

जो खुद ही रास्ते पर चल रहा हो, वह तुम्हें भी चला सकता है, लेकिन पहुंचा नहीं सकता। जो अभी रास्ते पर ही है, उसे भी पक्का नहीं होता कि रास्ता पहुंचाएगा भी, या नहीं पहुंचाएगा? मंजिल मिलेगी या नहीं मिलेगी? वह भी अनुयायी चाहता है, क्योंकि अनुयायियों से हिम्मत बढ़ती है। आसपास अनुयायियों को देख कर उसे लगता है, जैसे मैं पहुंच गया। रास्ते पर चलने वाले आदमी को भी अनुयायी मिल जाएं। और अनुयायी इसलिए किसी का साथ खोज लेते हैं कि कोई भी कम से कम जा रहा है, तो शायद हम भी पहुंच जाएं।

हमारी हालत ऐसी है, मैंने सुना है, एक जंगल में एक शिकारी भटक गया। तीन दिन मुसीबतों का मारा, न रास्ता मिलता, न कोई दिशा सूझती! कोई पदचिह्न भी नहीं दिखाई पड़ता, जिसको पकड़ कर यात्रा कर ले। भूखा, प्यास, परेशान, करीब-करीब इस हालत में कि गिर पड़े, मर जाए! अचानक उसने देखा, तीसरे दिन, सांझ को सूरज ढल रहा है और एक जंगल के घने हिस्से से दूसरा शिकारी चला आ रहा है। खुशी से भर गया। नाच उठा। जाकर उसे गले लगा लिया और कहा कि 'मेरे भाई! तीन दिन से मैं भटका हुआ हूं, तुम मिल गए बड़ा अच्छा हुआ।' उस दूसरे शिकारी ने कहा, 'इतने खुश होने की कोई जरूरत नहीं। मैं सात दिन से भटका हुआ हूं।'

दूसरे का साथ मिल जाए तो भी खुशी हो जाती है। शायद रास्ता बन जाएगा। एक से नहीं मिला, दो से मिल जाएगा। शिष्य साथ खोजने के लिए गुरुओं के पीछे हो जाते हैं। गुरुओं की हिम्मत बढ़ जाती है। जितने शिष्य पीछे होते हैं, लगता है हम जरूर कहीं पहुंच गए होंगे; तभी तो इतने लोग पीछे हैं। लेकिन जो खुद नहीं पहुंचा है, वह पहुंचा नहीं सकता।

इस बूढ़ी स्त्री को बात साफ हो गई।

और हम व्याख्या उसी बात की देते हैं, जिससे हम डरते हैं। पति सांझ घर लौटता है, तैयार व्याख्या करके लौटता है। तुम उसकी व्याख्या पूछ लो, उससे ही पता चल जाएगा कि वह क्या गड़बड़ करके घर आ रहा है। शराब पीकर आ रहा है, तो वह व्याख्या करके आएगा कि आज जरा पार्टी थी। और जरूरी था काम-धंधे के लिए, इसलिए पीकर आ रहा हूं। उसकी व्याख्या पूछ लो। उससे पता चला जाएगा, वह क्या करके आ रहा है।

मैंने सुना है कि एक शराबी रात घर की तरफ चला, कई तरह के विचार तय करके। शराबी सदा घर की तरफ विचार तय करके चलते हैं। पत्नी पता नहीं क्या पूछे! सब तैयारी रखनी पड़ती है। भटक गया रास्ता और एक अजायबघर में पहुंच गया। किसी तरह ढूंढ-ढांढ कर दरवाजा खोज रहा था अपना। अपना दरवाजा तो वहां मिलने का कोई सवाल न था। एक हिप्पोपोटेमस के सींकचे के पास खड़ा हो गया। गौर से देखा, बहुत घबड़ा गया। और कहा कि 'देख, ऐसा चेहरा मत बना। मैं पूरी-पूरी हर चीज का उत्तर तैयार करके आया हूं। इतना विकराल रूप मत दिखा।' 'आइ हैव गॉट एक्सप्लेनेशंस फॉर एवरीथिंग।'

एक्सप्लेनेशन ही तो खबर देता है कि समस्या कहां है! तुम क्या व्याख्या देते हो, तुम कैसे सुलझाना चाहते हो मामले को, उससे ही तो मामले का पता चलता है।

यह साधु घबड़ा गया है। ऊष्णता जो शरीर में आ गई, माथे पर जो पसीने की बूंद दिख गई, शरीर जो कंप गया भय से, वासना की ऊष्णता जो दौड़ गई देह में, यह इस वेश्या से छिपाना मुश्किल है। शायद वह ऊष्णता छिप भी जाती, लेकिन यह व्याख्या उस बूढ़ी से छिपाना मुश्किल है। शायद यह वेश्या धोखे में भी पड़ जाती, लेकिन इसने जो वचन कहा, कि 'जैसे चट्टान को कोई छू ले रात अंधेरे में वृक्ष, और चट्टान वैसी ही बनी रहती है--ठंडी की ठंडी; ऊष्णता पैदा नहीं होती; ऐसा ही मैं हूं।' फिर बूढ़ी ने एक क्षण देर न की, उसने जाकर झोपड़े में आग लगा दी।

और बूढ़ी का आखिरी वक्तव्य है कि 'मैंने व्यर्थ ही जीवन भर इस आदमी की सेवा की। यह खुद अभी कहीं पहुंचा नहीं था। यह तो रास्ते पर था। अच्छा आदमी था, सज्जन था, साधु था, लेकिन संत नहीं था।'

कहानी के बहुत रूपों में एक रूप यह कहता है कि उस बूढ़ी ने उस वेश्या को कहा कि कुछ भी हो, अभी संतत्व नहीं फला। नहीं तो कम से कम थोड़ी करुणा तो दिखा ही सकता था। वासना न दिखाता, लेकिन थोड़ी करुणा तो दिखा ही सकता था। और चट्टान चाहे ऊष्ण न हो, लेकिन बुद्ध का हृदय तो ऊष्ण होगा। वह वासना की ऊष्णता नहीं है। अब यह जरा और सूक्ष्म बात है, समझ लेने जैसी है।

एक और ऊष्णता भी है, जो करुणा की है। वासना से भी तुम ऊष्ण होते हो, लेकिन वह ऊष्ण ज्वर जैसा है, रोग जैसा है। करुणा से भी एक ऊष्णता तुममें दौड़ जाती है, लेकिन वह ऊष्मा स्वागत की है। अंग्रेजी में शब्द है, 'वार्म वेलकम'--ऊष्ण स्वागत। जब तुम आतुर भाव से किसी को निकट लेते हो। एक मां भी अपने बेटे को निकट लेती है। एक मित्र भी अपने मित्र को निकट लेता है। एक गुरु भी अपने शिष्य को अपनी बांहों में भर ले सकता है। लेकिन उस ऊष्णता में कोई वासना नहीं है। वह ऊष्णता सिर्फ हृदय की है, वह करुणापूर्ण है; वह कोई उद्विग्नता नहीं है। वह केवल खुले द्वार का स्वागत है। वह कहती है कि हृदय खुला है, आओ।

उस बूढ़ी स्त्री का यह वचन है, उसने वेश्या को कहा कि वासना दिखाने की कोई जरूरत न थी, लेकिन थोड़ी करुणा तो दिखा ही सकता था।

ध्यान रहे, जिसने कामवासना को दबाया है, उसका ब्रह्मचर्य करुणापूर्ण नहीं होगा। जिसने कामवासना को दबाया है, उसकी कामवासना तो दबेगी ही, प्रेम भी दब

जाएगा। क्योंकि वह सदा प्रेम से भी भयभीत रहेगा, क्योंकि जहां भी प्रेम दिखाया, उसे डर लगेगा कि कहीं कामवासना के झरने फिर से न फूट पड़ें। और जिसका ब्रह्मचर्य कामवासना के पार जाकर उपलब्ध होता है, उसके ब्रह्मचर्य में प्रेम की अपार सरिता होगी। उसमें ऊष्णता होगी करुणा की। वह प्रेमी होगा। यह भेद बारीक है।

अगर वस्तुतः कोई व्यक्ति कामवासना के पार जाए तो उसकी समस्त जीवन ऊर्जा प्रेम बन जाएगी। वही लक्षण है। उसका सारा जीवन करुणा बन जाएगा। वह प्रेम से रिक्त नहीं हो जाएगा, प्रेम से पहली दफा पूरी तरह भर जाएगा। और जिस व्यक्ति ने कामवासना को दबाया, डरा, भयभीत हुआ, वह प्रेम से डर जाएगा। वह तुम्हारा हाथ भी छूने से भय खाएगा। क्योंकि हर वक्त उसे डर है कि वह ज्वाला भीतर जल रही है। और जरा सा भी मौका मिला कि वह ज्वाला भभक सकती है। उस ज्वाला के डर के कारण वह प्रेम से भी वंचित कर लेगा अपने को। वह साधारण करुणा से भी दूर रहेगा। वह ऐसी परिस्थितियों से भाग जाएगा, जहां प्रेम के पैदा होने का कोई भी उपाय हो।

लेकिन जो ब्रह्मचर्य प्रेम से भी शून्य हो जाए, उस ब्रह्मचर्य को पाने का अर्थ ही खो गया। यह तो ऐसा हुआ, जैसे बच्चे को धोया टब में, गंदे पानी के साथ बच्चे को भी फेंक दिया। प्रेम तो बचना ही चाहिए था, वही तो आत्यंतिकता है; वही तो परमात्मा है। संत के जीवन में प्रेम होगा। साधु के जीवन में प्रेम नहीं होगा। और यही भेद रेखा होगी उनके ब्रह्मचर्य की।

उसने ठीक ही किया कि झोपड़ा जला दिया। यह तो सिर्फ प्रतीक है। यह सिर्फ इस बात का सूचक है, उस बूढ़ी ने खबर दे दी उस संन्यासी को, कि तू अभी रास्ते पर है, गुरु होने के योग्य न था, अभी तू खुद ही भयभीत होता है। अभी तू खुद ही डरता है। अभी तू खुद ही व्याख्याएं देता है। तू खुद अपने को बचाने की कोशिश में लगा है। अभी तू भी असुरक्षित अनुभव करता है। अन्यथा व्याख्या की क्या जरूरत थी? कौन तुझसे पूछ रहा था, तू किस से डरा था? अपने से ही डरा हुआ आदमी अपने चारों तरफ जाल खड़ा करता है। झोपड़े में आग नहीं लगाई है, उसके जाल में आग लगाई है; उसके चारों तरफ--ताकि उसे दिखाई पड़ जाए, उसे अपनी भ्रांति खयाल में आ जाए।

जीवन में ये दो मार्ग हैं। एक तो दमन का मार्ग है और एक मुक्ति का। अगर तुम दमन के मार्ग से चले तो तुम वासना से जो पीड़ा मिलती है, वह तुम्हें नहीं मिलेगी। वासना से जो उलझन होती है, वह तुम्हें नहीं होगी, लेकिन प्रेम से जो मुक्ति मिलती है वह भी तुम्हें नहीं मिलेगी। और प्रेम से जो आनंद उपलब्ध होता है, वह भी तुम्हें

नहीं मिलेगा। एक स्थिति है, अगर तुम वासना से अपने को बचाओ, तो जो दुख तुम्हें मिलते हैं वे तुम्हें नहीं मिलेंगे।

मैंने सुना है, एक युवक ने अपने बाप को पत्र लिखा। युनिवर्सिटी में पढ़ता है, आखिरी साल है। उसने बाप को पत्र लिखा कि 'अब मैंने तय कर लिया है विवाह का। लड़की भी मैंने चुन ली है। बस आपके आशीर्वाद की प्रतीक्षा है। आपका आशीर्वाद मिला कि मैं विवाह कर लूंगा।'

बाप ने बेटे को उत्तर लिखा, और लिखा कि 'खुश हूं, आनंदित हूं। इसी घड़ी की प्रतीक्षा थी हम दोनों को कि कब तुम विवाह कर लोगे, कब तुम्हें जीवन का साथी मिल जाएगा! यह सोच कर कि तुम विवाह करने जा रहे हो, मुझे अपने उन दिनों की याद आती है, जब मैं तुम्हारी मां के प्रेम में पड़ा था। वह सामने ही मेरे टेबल पर बैठी है। सब स्मरण हो आया। यह इतने बीस वर्षों का सुख, यह आनंद जो तुम्हारी मां ने मुझे दिया; परमात्मा करे, ऐसा ही सुख तुम्हारे जीवन में भी तुम्हें मिले। हमारे आशीर्वाद।' और नीचे पुनश्च करके लिखा था, 'सावधान! भूल कर विवाह मत करना। तेरी मां जरा बाहर गई है, तो मैं असली बात लिखे दे रहा हूं।'

लेकिन अगर कोई विवाह न करे तो निश्चित विवाह के दुख से तो बच जाता है, लेकिन कोई सुख उपलब्ध नहीं होता। यह तकलीफ है। विवाह के दुख से बच जाता है, क्योंकि विवाह के दुख हैं; संबंध की अड़चनें हैं। दूसरे के साथ रहने की उलझन है, समस्याएं हैं, कलह है, संघर्ष है। जहां दो हैं, वहां थोड़ी सी आवाज होगी, बर्तन बजेंगे। कष्ट उसके हैं। इस भय से कोई विवाह करने से बच जाए तो अकेले रहने का कोई सुख नहीं है। तुम चाहो तो एक तरह अपने को सिकोड़ ले सकते हो। दुख तुम्हें बिलकुल न रहेंगे, लेकिन सुख भी कोई न रह जाएगा।

जिसको तुम साधु कहते हो, वह इसी तरह का भागा हुआ भगोड़ा है। जहां-जहां दुख मिलता था, वहां-वहां से उसने अपने को सिकोड़ लिया। तो दुख तो नहीं मिलता, वह तुमसे कम दुखी है, यह बात सच है; लेकिन किसी आनंद को उपलब्ध नहीं हुआ। क्योंकि सिकुड़ने से कोई आनंद को उपलब्ध नहीं होता, फैलने से कोई आनंद को उपलब्ध होता है। उसने सुरक्षा तो पूरी कर ली, लेकन सुरक्षा कब्र बन गई। वह उसी में सड़ जाएगा।

संत बड़े और तरह का अनुभव है। संतत्व का अर्थ है: तुम दुख से अपने को नहीं बचा रहे हो, तुम आनंद की तरफ अपने को फैला रहे हो। तुम कामवासना से मुक्त

होने की कोशिश ही नहीं कर रहे हो, तुम प्रेम की तरफ विकसित होने की कोशिश... तुम्हारी यात्रा विधायक है। तुम चिंता में नहीं हो कि कामवासना रहे या जाए, तुम चिंता में हो कि मैं प्रेमपूर्ण कैसे बन जाऊं। तुम एक घर को नहीं छोड़ रहे हो बल्कि पूरी पृथ्वी, पूरा संसार, पूरा अस्तित्व, तुम्हारा घर कैसे बन जाए इसकी कोशिश कर रहे हो। यह यात्रा बिलकुल दूसरी है। यह आदमी भी अकेला हो जाएगा, लेकिन उसके अकेलेपन में एक गरिमा होगी। क्योंकि इसका अकेलापन एक आनंद से भरा होगा। इसको भी कोई दुख न होंगे, लेकिन दुख न होना कोई गुणधर्म थोड़े ही है! पीड़ा इसको भी नहीं होगी। मरे हुए आदमी को कोई बीमारी नहीं लगती। इसलिए तुम मर जाओ तो तुम्हें कभी कोई बीमारी का डर नहीं रहेगा। न डॉक्टर की फीस चुकानी पड़ेगी, न दवा लेनी पड़ेगी। लेकिन यह कोई स्वास्थ्य हुआ?

साधु ऐसा ही मरा हुआ आदमी है, जो गृहस्थी के दुख देख कर डर गया, भयभीत हो गया। सब तरफ से उसने द्वार बंद कर लिए। जहां-जहां से दुख आते हैं, द्वार बंद कर लिए। कब्र बन गया घर। लेकिन आनंद इससे फलित नहीं होगा। तुम्हारे साधु तुमसे कम दुखी हैं यह सच है, क्योंकि दुख की परिस्थितियों के बाहर हैं। न इनकम टैक्स भरना है, न चोरी करनी है, न किसी को धोखा देना है। ना, ये सब चिंताएं नहीं हैं। लेकिन यह सिर्फ परिस्थिति से हट जाना है। न पत्नी है, न बच्चे हैं, न रोज की मुसीबतें हैं।

मैंने सुना है, एक आदमी फोन कर रहा है अपनी पत्नी को। कह रहा है कि आज एक मित्र को भोजन पर ला रहा हूं। उसकी पत्नी फोन पर ही चीखने-चिल्लाने लगी। और उसने कहा कि तुम्हारी अक्ल खो गई है? आंखें फूट गई हैं? नौकरानी छोड़ कर चली गई है, रसोइया बीमार पड़ा है। बच्चे के दांत निकल रहे हैं। मैं खुद तीन दिन से बुखार में हूं। अनाज घर में नहीं है। दुकानदार ने आगे देने से मना किया है, जब तक हम पिछले पैसे न चुका दें। तुम्हारा दिमाग तो ठीक है? उस आदमी ने कहा कि इसीलिए तो उसको घर ला रहा हूं। यह मित्र शादी करना चाहता है। इसको दिखाने ही तो घर ला रहा हूं कि देख ले, कैसा सुख का साम्राज्य छाया हुआ है!

पर इस वजह से अगर कोई दुख से बच जाए, तो क्या आनंदित हो जाएगा?

दुख के भय से तुम सिकुड़ोगे, फैल नहीं सकते। आनंद की यात्रा अलग है। उसे ही मैं धर्म की यात्रा कहता हूं। वह एक विधायक यात्रा है, नकारात्मक नहीं। तुम कुछ छोड़ते नहीं, तुम विराट को पाते हो। तुम किसी से भागते नहीं, तुम विराट को आलिंगन

करते हो। उसमें क्षुद्र अपने आप खो जाता है। तुम घर से हटते नहीं, तुम सारे अस्तित्व को अपना घर बनाते हो।

संत महाभोगी है।

तुम भोगी हो, तुम्हारा साधु भोग के विपरीत--अभोगी है, संत महाभोगी है। क्योंकि संत आनंद में थिर होता है। और जहां आनंद है, वहां प्रेम है; करुणा है। वह उसकी छाया की तरह है।

उस स्त्री ने ठीक ही कहा कि जला दो इस आदमी का झोपड़ा अब। यह फिजूल की मेहनत थी, इतने दिन तक जो की। इसे खुद कुछ नहीं मिला। अभी भी भयभीत है, अभी भी व्याख्याएं दे रहा है।

तुम भी सोचना, क्योंकि ये दोनों रास्ते हैं। और गलत पर जाने का तुम्हारा मन सदा साथ देगा। सदा तुम्हारा मन गलत को चुनने में साथ देगा। क्योंकि मन तुम्हारे भीतर गलत की प्रक्रिया है। वह गलत का स्रोत है।

एक मित्र, एक मित्र को विदा कर रहा है। दोनों काफी पी गए हैं। मित्र को विदा कर रहा है। दोनों हाथ-पैर कंप रहे हैं। एक-दूसरे को गले भी लगाते हैं, तो ठीक से लगा नहीं पाते। एक-दूसरे को चूमते हैं, तो कहीं का चुंबन कहीं पड़ जाता है। दोनों काफी पी गए हैं। फिर उसने कहा कि देख भाई! एक बात अनुभव से कहता हूं। यहां से तू जाएगा, सौ कदम के बाद दो रास्ते दिखाई पड़ेंगे। बाएं तरफ मत मुड़ना; वह रास्ता है ही नहीं। दाएं तरफ ही मुड़ना। वह रास्ता एक ही है, लेकिन मैं जब भी ज्यादा पी जाता हूं, तो दो दिखाई पड़ते हैं। और बाएं तरफ के रास्ते पर भूल कर मत जाना; वह है ही नहीं।

तुम्हारा मन तुम्हारे भीतर गलत की बेहोशी की प्रक्रिया है, शराब है। वह हमेशा बाएं तरफ का रास्ता दिखाएगा। और वह सुगम मालूम पड़ेगा। क्योंकि मन को उसमें जाने में कोई भी अड़चन नहीं है। जब तुम पत्नी से ऊब जाओगे, तब तुम्हें साधुओं की बातें एकदम ठीक मालूम पड़ेंगी। जब घर में कोई मर जाएगा तब तुम धर्मशास्त्र एकदम से पढ़ने लगोगे। जब दिवाला निकल जाएगा, तब तुम्हें साधु बनने की बड़ी प्रेरणा होगी। जब भी तुम हारोगे, तत्क्षण तुम हरि नाम जपने लगोगे--'हारे को हरिनाम।' भजन-कीर्तन करने लगोगे।

इससे बचना। यह तुम्हारा मन ही समझा रहा है। जो तुम्हें दुकान में लगाए था, वही तुम्हें मंदिर में ले जा रहा है। जो तुम्हें धन का हिसाब करवाता था, वही राम-नाम जपवा रहा है। वहां हार गए तो वह कहता है, चलो यहां कोशिश कर लो। लेकिन ठीक

रास्ता बाएं तरफ नहीं है, मन की तरफ नहीं है। ठीक रास्ता, मन की सुनना बंद कर देना है। तुम मन से पूछना ही मत; मन तो द्वंद्व में बताएगा। और बड़ी अजीब हालत है मन की। अगर तुम जहां हो वहां से तुम्हें बताएगा, विपरीत चले जाओ। अगर तुम विपरीत चले गए, वहां से तुम्हें बताएगा, तुमने वह जगह बेकार छोड़ दी।

एक आदमी हवाई जहाज का पायलट है। हवाई जहाज पर अपने एक मित्र को घुमाने ले गया। कैलिफोर्निया की सुंदर घाटी के ऊपर वे उड़ रहे हैं। नीचे एक झील आती है। और वह पायलट अपने मित्र से कहता है, 'बड़ी अजीब बात है। जब मैं छोटा बच्चा था, तो इस झील पर मैं मछलियां पकड़ता था। और जब मैं कांटा डाल कर बैठा रहता, मछलियां पकड़ता, ऊपर हवाई जहाज उड़ते तो मेरा मन कहता था, कब वह सौभाग्य मिलेगा, जब मैं पायलट हो जाऊंगा! अब मैं पायलट हो गया। अब मैं इस झील पर से जब भी निकलता हूं, मैं सोचता हूं कब रिटायर्ड होऊंगा कि फिर मछलियां मारूं?'

मन ऐसा है! अब वह कहता है, बस एक ही सुख मालूम पड़ता है कि कब छुटकारा मिले इस सबसे, और बैठूं झील पर, मछलियां मारूं! कोई चिंता नहीं मछलियां मारने में। और पहले मैं मछलियां मारता ही था, लेकिन तब पायलट होना चाहता था।

तुम्हारा मन, जब तुम दुकान में हो तो मंदिर में जाएगा। जब तुम मंदिर में हो तब दुकान ले जाएगा। तुम्हारा मन तुम्हें सदा विपरीत में बुलाता रहेगा। जब तुम जागोगे और दोनों को छोड़ दोगे, तब संतत्व का जन्म है।

अगर यह व्यक्ति संत रहा होता तो इसका व्यवहार बिलकुल भिन्न होता। कुछ कहना मुश्किल है, कैसा व्यवहार होता।

यह और एक खास बात समझ लेनी जरूरी है। साधु का व्यवहार तय है। कैसा होगा, प्रिडिक्टेबल है। असाधु से उलटा होगा। तुम थोड़ी देर सोचो, कि तुम रहे होते इस साधु की कोठरी में, और यह सुंदर वेश्या आई होती; तुमने क्या किया होता? तुम सोचते कि अब एक दिन के लिए यह साधुता-वाधुता छोड़ देने में कुछ हर्ज नहीं है। और एक दिन की बात है, फिर कमा लेंगे, अपनी ही कमाई है। गंवाना क्या है? और ऐसा अवसर हाथ लगा, इसे जाने देना ठीक नहीं। खुद वेश्या खोजती आ गई है। और जब भगवान ऐसा अनुग्रह करे, तो इनकार भक्त को... भक्त को कभी इनकार नहीं करना, स्वीकार करना। तुम अपना व्यवहार भलीभांति सोच सकते हो। उससे विपरीत इस आदमी का व्यवहार है। यह साधु है; यह प्रिडिक्टेबल है।

साधु के संबंध में घोषणा की जा सकती है, वह क्या करेगा; लेकिन संत के संबंध में कोई घोषणा नहीं की जा सकती। संत के संबंध में कोई भविष्य-वाणी संभव नहीं है। क्योंकि संत किसी भी बंधी हुई विचार-सरणी से नहीं चलता। संत की चेतना पर निर्भर है कि वह क्या करेगा?

बौद्ध कथा है: एक बौद्ध भिक्षु रास्ते से गुजर रहा है। सुंदर है।

और भिक्षु अक्सर सुंदर हो जाते हैं। संन्यासी अक्सर सुंदर हो जाते हैं। क्योंकि संसार इतना कुरूप है, उसमें जी-जी कर चेहरा भी कुरूप हो जाता है। उसमें लगे-लगे चेहरे पर भी वे सब घाव बन जाते हैं, जो चारों तरफ हैं। और बुरा करते-करते बुराई की रेखा भी आंखों में खिंच जाती है। संन्यासी सुंदर हो जाते हैं। इसलिए संन्यासी बड़े आकर्षक हो जाते हैं। और स्त्रियां जितनी संन्यासियों के प्रति मोहित होती हैं, किसी के प्रति मोहित नहीं होतीं।

एक वेश्या ने उसे रास्ते से गुजरते देखा। और उन दिनों वेश्या बड़ी बहुमूल्य बात थी। इस मुल्क में उन दिनों बिहार में, बुद्ध के दिनों में जो नगर में सबसे सुंदर युवती होती, वही वेश्या हो सकती थी। एक समाजवादी धारणा थी वह। वह धारणा यह थी कि इतनी सुंदर स्त्री एक व्यक्ति की नहीं होनी चाहिए। इसलिए इसको पत्नी नहीं बनने देंगे। इतनी सुंदर स्त्री सबकी ही हो सकती है। इसलिए वह नगर-वधू कही जाती थी। और नगर-वधू का सौभाग्य श्रेष्ठतम स्त्रियों को मिलता था। और यह गौरव का पद था, क्योंकि पत्नी होना तो बहुत आसान है, लेकिन नगर-वधू होना बड़ा कठिन है।

यह नगर-वधू थी, और उसने अपने महल से नीचे झांक कर देखा, और यह शानदार भिक्षु अपनी मस्ती में चला जा रहा है। वह मोहित हो गई। वह भागी। उसने जाकर भिक्षु का चीवर पकड़ लिया। और कहा कि 'रुको। सम्राट मेरे महल पर दस्तक देते हैं, लेकिन सभी को मैं मिल नहीं पाती; क्योंकि समय की सीमा है। यह पहला मौका है, मैं किसी के द्वार पर दस्तक दे रही हूं। तुम आज रात मेरे पास रुक जाओ।'

भिक्षु संत ही रहा होगा। उसकी आंखों में आंसू आ गए।

उस वेश्या ने पूछा कि 'आंख में आंसू?'

उसने कहा: 'इसीलिए कि तुम जो मांगती हो, वह मांगने जैसा भी नहीं है। तुम्हारे अज्ञान को, तुम्हारे अंधेरे को देख कर पीड़ा होती है। आज तो तुम युवा हो, सुंदर हो। अगर मैं न भी रुका आज रात तुम्हारे घर, तो कुछ बहुत अड़चन न होगी। बहुत युवक प्यासे हैं तुम्हारे पास रुकने को। लेकिन जब कोई तुम्हारे द्वार पर न आए, तब मैं आऊंगा।'

यह संत का व्यवहार है। मना नहीं किया उसने कि मैं नहीं आता हूं। उसने कहा, मैं आऊंगा, लेकिन अभी तो बहुत बाजार पड़ा है। अभी बहुत लोग आने को उत्सुक हैं। अभी मेरी कोई जरूरत भी नहीं है। मेरी कोई--कोई उपयोगिता भी नहीं। मैं न भी आया तो तुम भूल जाओगी। और मैं आया भी तो भी दो दिन बाद भूल जाऊंगा। पानी पर खिंची लकीर है, मिट जाएगी। लेकिन जिस दिन कोई न होगा... ज्यादा देर न लगेगी, यह भीड़ छंट जाएगी। यह भीड़ सदा नहीं रहती। आज तुम सुंदर हो, कल तुम सुंदर न रहोगी। आज लोग तुम्हें चाहते हैं, कल तुमसे बचेंगे। आज सुंदर हो, सिर पर उठाया है। कल कुरूप हो जाओगी, गांव के बाहर फेंक देंगे। और जिस दिन कोई न होगा, उस दिन मैं आऊंगा। मुझे भी तुमसे प्रेम है, लेकिन प्रेम प्रतीक्षा कर सकता है।

उस वेश्या की समझ में कुछ न आया। क्योंकि वासना तो बिलकुल अंधी है, वह कुछ भी नहीं समझ पाती। करुणा के पास आंखें हैं, वासना के पास कोई आंखें नहीं हैं। लोग कहते हैं, प्रेम अंधा है। वह जो प्रेम वासना से भरा है, निश्चित ही अंधा है। लेकिन एक और प्रेम भी है, जो अंधा नहीं है। वस्तुतः उसी प्रेम के पास आंखें हैं, जो आंखों वाला है।

इस भिक्षु ने प्रेम से इनकार न किया। इसने यह न कहा कि 'यह क्या पागलपन की बात है? हट, स्त्री! यह क्या शैतान का निमंत्रण है! मेरे चीवर को छूकर भ्रष्ट किया। दूर हो! यह क्या पाप की बात!' इसके माथे पर पसीना न आया, आंख में आंसू आए। इसे किसी वासना से कोई ज्वर पैदा न हुआ। इसने कुछ व्याख्या भी न दी। इसने कोई व्याख्या मांगी भी नहीं। इसने इतना ही कहा कि 'जब जरूरत होगी, मैं जरूर आ जाऊंगा।'

बीस वर्ष बाद, अंधेरी रात है अमावस की। और एक स्त्री पड़ी है गांव के बाहर और तड़फ रही है। क्योंकि गांव ने उसे बाहर फेंक दिया। वह कोढ़ ग्रस्त हो गई। यह वही वेश्या है, जिसके द्वार पर सम्राट दस्तक देते थे। अब दस्तक देने का तो कोई सवाल नहीं है। अब उसके शरीर से बदबू आती है। उसके पास भी कोई बैठने को राजी नहीं। उस अंधेरी रात में सिर्फ एक भिक्षु उसके सिर के पास बैठा हुआ है। वह करीब-करीब बेहोश पड़ी है। बीच-बीच में उसे थोड़ा सा होश आता है, तो भिक्षु कहता है, 'सुन, मैं आ गया! अब भीड़ जा चुकी है। अब कोई तेरा चाहने वाला न रहा। लेकिन मैं तुझे अब भी चाहता हूं। और मैं कुछ तुझे देना चाहता हूं, कोई सूत्र, जो जीवन को वस्तुतः सुंदर करता है। और कोई सूत्र, जो जीवन को निश्चित ही तृप्ति से भर देता है। उस दिन तूने मांगा था, लेकिन उस दिन तू ले न पाती। और जो तू मांगती थी, वह देने योग्य नहीं है। प्रेम उसे नहीं दे सकता है।'

बौद्ध कहते हैं इस कथा के संबंध में, कि वह भिक्षुणी, वह जो स्त्री थी, वह उस रात दीक्षित हुई। भिक्षुणी की तरह मरी। और परम तृप्त मरी। और बौद्ध कहते हैं कि वह बुद्धत्व को उपलब्ध हुई। इसने उसे ध्यान दिया। प्रेम ध्यान ही दे सकता है। क्योंकि उससे बड़ा देने योग्य कुछ भी नहीं है।

लेकिन प्रिडिक्टेबल नहीं है संत का व्यवहार। कुछ ऐसा नहीं है कि दूसरे संत के पास वेश्या गई होती, तो उसकी आंख से आंसू निकले होते। कुछ कहना मुश्किल है, उस परिस्थिति में क्या होता। क्योंकि संत जीता है सहज, क्षण-क्षण। क्या उत्तर आता है, कहना मुश्किल है।

एक और दूसरी बौद्ध कथा है।

एक वेश्या ने भिक्षु को रोका, निमंत्रण दिया कि मेरे घर रुक जाओ वर्षाकाल में। उस भिक्षु ने कहा: 'रुकने में मुझे जरा अड़चन नहीं है।' अलग फिर भविष्यवाणी मुश्किल है। उसने कहा: 'रुकने में मुझे जरा अड़चन नहीं है, लेकिन जिससे दीक्षा ली है, वह गुरु से जरा पूछ आऊं। ऐसे वह मना भी नहीं करेंगे, उसका पक्का भरोसा है। लेकिन औपचारवश! सिर्फ औपचारिक है। क्योंकि मैं गुरु का शिष्य हूं। बुद्ध गांव के बाहर ही हैं, अभी पूछ कर आ जाता हूं।'

वेश्या भी थोड़ी चिंतित हुई होगी। कैसा भिक्षु! इतनी जल्दी राजी हुआ?

वह भिक्षु गया। उसने बुद्ध से कहा कि 'सुनिए, एक आमंत्रण मिला है एक वेश्या का, वर्षाकाल उसके घर रहने के लिए। जो आज्ञा आपकी हो, वैसा करूं।' बुद्ध ने कहा: 'तू जा सकता है। निमंत्रण को ठुकराना उचित नहीं।'

सनसनी फैल गई भिक्षुओं में। दस हजार भिक्षु थे, ईर्ष्या से भर गए। लगा कि सौभाग्यशाली है। एक तो वेश्या ने निमंत्रण दिया वर्षाकाल का। और हद्द हो गई बुद्ध की भी कि उसे स्वीकार भी कर लिया और आज्ञा भी दे दी। एक भिक्षु ने खड़े होकर कहा कि 'रुकें! इससे गलत नियम प्रचलित हो जाएगा। भिक्षुओं को वेश्याएं निमंत्रित करने लगें, और भिक्षु उनके घर रहने लगें, भ्रष्टाचार फैलेगा। यह नहीं होना चाहिए।'

बुद्ध ने कहा: 'अगर तुझे निमंत्रण मिले, और तू ठहरे तो भ्रष्टाचार फैलेगा। तू ठहरने को कितना आतुर मालूम होता है! कह तू उलटी बात रहा है। अगर तुझे निमंत्रण मिले और तू पूछने आए... पहली तो बात तू पूछने आएगा नहीं, क्योंकि तू डरेगा। यह पूछने आया ही इसीलिए है कि कोई भय नहीं है। तू आएगा नहीं पूछने। अगर तू पूछने भी आएगा, तो मैं तुझे हां न भरूंगा। और तू भयभीत मत हो। मुझे पता है यह आदमी अगर

वेश्या के घर में ठहरेगा, तो तीन महीने में यह वेश्या के पीछे नहीं जाएगा, वेश्या इसके पीछे आएगी। मुझे इस पर भरोसा है। यह बड़ा कीमती है।'

वह भिक्षु चला भी गया। वह तीन महीने वेश्या के घर रहा। बड़ी-बड़ी कहानियां चलीं, बड़ी खबरें आईं, अफवाहें आईं कि भ्रष्ट हो गया। वह तो बरबाद हो गया, बैठ कर संगीत सुनता है। पता नहीं खाने-पीने का भी नियम रखा है कि नहीं! वह भिक्षु भीतर तो जा नहीं सकते थे, लेकिन आसपास चक्कर जरूर लगाते रहते थे। और कई तरह की खबरें लाते थे। लेकिन बुद्ध सुनते रहे और उन्होंने कोई वक्तव्य न दिया।

तीन महीने बाद जब भिक्षु आया, तो वह वेश्या उसके पीछे आई। और उस वेश्या ने कहा कि मेरे धन्यभाग कि आपने इस भिक्षु को मेरे घर रुकने की आज्ञा दी। मैंने सब तरह की कोशिश की इसे भ्रष्ट करने की, क्योंकि वह मेरा अहंकार था।

जब वेश्या तुम्हें भ्रष्ट कर पाती है, तब जीत जाती है।

वह मेरा अहंकार था कि यह भिक्षु भ्रष्ट हो जाए। लेकिन इसके सामने मैं हार गई। मेरा सौंदर्य व्यर्थ, मेरा शरीर व्यर्थ, मेरा संगीत व्यर्थ, मेरा नृत्य, इसे कुछ भी न लुभा पाया और तीन महीने में, मैं इसके लोभ में पड़ गई। और मेरे मन में यह सवाल उठने लगा, क्या है इसके पास? कौन सी संपदा है, जिसके कारण मैं इसे कचरा मालूम पड़ती हूं? अब मैं भी उसी की खोज करना चाहती हूं। जब तक वह संपदा मुझे न मिल जाए, तब तक मैं सब-कुछ करने को राजी हूं, सब छोड़ने को राजी हूं। अब जीने में कोई अर्थ नहीं, जब तक मैं इस अवस्था को न पा लूं, जिसमें यह भिक्षु है।

कहना मुश्किल है, संत का व्यवहार क्या होगा। साधु का व्यवहार निश्चित है।

उस बुढ़िया ने पाया कि यह साधु तो है, संत नहीं। झोपड़े में आग लगा दी। उसने अपनी सेवा वापस ले ली। वह सदगुरु नहीं हो सकता था। वह खुद ही अभी यात्रा का पथिक है, अभी यात्री है। अभी मार्ग पूरा होना है। और न केवल पूरा होना है, अभी मार्ग बाएं की तरफ चल रहा है, उसे दाएं की तरफ चलना है। न केवल वह यात्री है, बल्कि गलत यात्रा में संलग्न है।

असाधु के विपरीत साधु मत बनना। साधना में ही अगर उत्सुक हो जाए चित्त, साधना का ही अगर निमंत्रण मिल जाए, तो साधु-असाधु दोनों के पार एक तीसरी यात्रा है संत की, उस तरफ जाना--द्वंद्व के पार, अतियों के पार, विपरीत से मुक्ति।

आज इतना ही।

१७

अहंकार की उलझी पूंछ

ओशो, एक दिन गोसो ने अपने शिष्यों से कहा: 'एक भैंस उस आंगन से बाहर निकल गई है, जिसमें कि वह कैद थी। उसने आंगन की दीवार तोड़ डाली है। उसका पूरा शरीर ही दीवार से बाहर निकल गया--सींग, सिर, धड़, पैर, सब; लेकिन पूंछ बाहर नहीं निकल पा रही है। और पूंछ कहीं उलझी हुई भी नहीं है। और पूंछ को किसी ने पकड़ भी नहीं रखा है। मैं पूछता हूं, फिर भी पूंछ बाहर क्यों नहीं निकल पा रही है?'

शिष्य सोचने लगे और गोसो हंसने लगा। फिर उसने कहा: 'जिसने सोचा, उसकी पूंछ भी उलझी।'

शिष्य और भी विचार में खो गए।

फिर गोसो ने कहा: 'जिसकी समझ में न आए, वह पीछे लौट कर अपनी पूंछ देखे।'

ओशो, कृपया इस कहानी का अर्थ समझाएं।

जो है, उससे मुक्त हो जाना बहुत आसान है। जो नहीं है, उससे मुक्त होना बहुत कठिन है। जो दिखाई पड़ता हो, उसे तोड़ देने में कितनी ही कठिनाई हो, असंभव नहीं; लेकिन जो दिखाई ही न पड़ता हो, उसे हम तोड़ना भी चाहें तो कैसे तोड़ें!

विरोधाभासी दिखने वाली यह बात जीवन के आंतरिक सत्यों के संबंध में बहुत सही है। मनुष्य सभी चीजों से मुक्त हो पाता है, अहंकार से नहीं। और अहंकार बिलकुल नहीं है। उसका अस्तित्व ही नहीं है। उसे तुम खोजने जाओगे तो पाओगे भी नहीं। जिससे तुम बंधे हो, खोजने पर मिलेगा भी नहीं कि वह कहां है। शायद इसलिए बंधन बहुत गहरा है। तोड़ने का उपाय नहीं। दिखता तो तोड़ देते। तोड़ने का उपाय नहीं; होता तो तोड़ देते। जो नहीं है, उससे हम इस बुरी तरह बंधते हैं! लेकिन जो नहीं है, उससे भी बंधन हो जाता है। कुछ कारण समझ लेने चाहिए।

बोधिधर्म चीन गया चौदह सौ वर्ष पहले। चीन के सम्राट ने कहा: 'मैं बहुत अशांत हूं।' बोधिधर्म ने कहा: 'कल सुबह आ जाओ। और ध्यान रहे, अपनी अशांति को साथ ले आना। क्योंकि तुम अगर उसे घर भूल आए, तो मैं तुम्हारा इलाज भी कैसे करूंगा?

सम्राट लौटा तो जरूर, लेकिन सोचता लौटा कि सुबह जाए या नहीं। क्योंकि यह आदमी थोड़ा पागल मालूम पड़ता है। अशांति कोई चीज तो नहीं है कि तुम घर रख आओगे। अशांति कोई चीज तो नहीं है; लाने-ले जाने का सवाल क्या है? रात बहुत सोचा, जाऊं न जाऊं, लेकिन यह आदमी आकर्षक भी लगा, इसकी आंखों में कोई बल भी था, इसके होने के ढंग में कोई गहराई भी थी। और जिस भांति उसने कहा था कि ले आना अशांति अपने साथ, अन्यथा मैं शांत किसे करूंगा? उसमें इतनी सचाई और प्रामाणिकता थी कि सम्राट ने सोचा, जाने में हर्ज नहीं है। प्रयोग कर लेने जैसा है। यह अवसर खोना उचित नहीं।

सुबह-सुबह सम्राट पहुंचा। अभी सूरज भी उगा नहीं था, और बोधिधर्म अपने मंदिर के बाहर बैठा हुआ था सीढ़ियों के पास। देखते ही सम्राट को कहा: 'बैठ जाओ। और कहां है अशांति? कहां है तुम्हारा मन? निकालो, ताकि मैं उसे शांत कर दूं।'

सम्राट ने कहा: 'व्यंग्य करते हैं, या आप विक्षिप्त हैं? अशांति कोई चीज तो नहीं है, जिसे मैं दिखा सकूं।'

बोधिधर्म ने कहा: 'जिसे तुम देख सकते हो, उसे मैं क्यों न देख सकूंगा? और अशांति अगर कोई वस्तु ही नहीं है, तो जो तुम्हें इतना परेशान किए है वह होगी तो जरूर; छिपी हो, कोई आवरण पड़ा हो, लेकिन जिससे तुम इतने उद्विग्न हो, जो तुम्हें रात सोने नहीं देती, पेट में गया भोजन पचने नहीं देती, जिसके कारण सारे साम्राज्य का सुख तुम भोग नहीं पाते वह अशांति होगी तो जरूर। और काफी मजबूत होगी।'

सम्राट ने कहा: 'वह मैं जानता हूं, कि है और मजबूत है। लेकिन कोई बाहर की चीज तो नहीं है; भीतर की है।

तो बोधिधर्म ने कहा: तुम आंख बंद करो और भीतर खोजो; और जब तुम पकड़ लो तो मुझे बताना। मैं इधर बाहर तैयार बैठा हूं। तुमने उधर पकड़ा, इधर मैंने हल किया। तुम्हें शांत करके ही भेजूंगा।

सम्राट ने आंखें बंद कीं और खोजने लगा कि अशांति कहां है। मन के एक-एक कोने-कांतर में झांका। एक-एक मन की पर्त उठा कर देखी। सब वस्त्र हटाए। जैसे-जैसे खोजता गया, बड़ा हैरान हुआ; अशांति तो मिलती नहीं, उलटे मन शांत होता जाता है।

जो व्यक्ति भी अपने भीतर अशांति की खोज पर निकल जाएगा, वह शांत हो जाएगा। अशांति है इसलिए, कि तुमने कभी गौर से देखा नहीं। तुम्हारे न देखने में ही उसका अस्तित्व है। वह अपने आप में कुछ भी नहीं है।

जैसे-जैसे पर्तें उलटने लगा, वैसे-वैसे पाया कि कोई गहरा, शांत आकाश खुलता जाता है। कोई मंदिर के द्वार खुल रहे हैं, जहां सब शांत है। उसके बाहर के चेहरे पर भी झलक आने लगी। वह धुन जो भीतर बजने लगी थी, बाहर भी फैलने लगी। घड़ी बीती, दो घड़ी बीती, सूरज ऊग आया। उस ऊगते सूरज की किरणें सम्राट के चेहरे पर पड़ रही हैं। वह शांत बैठा है; जैसे पत्थर की मूर्ति हो, बुद्ध की मूर्ति हो। आखिर बोधिधर्म ने उसे हिलाया और कहा कि बहुत हो गया। अब मुझे दूसरे काम भी करने हैं। आंख खोलो, अगर पकड़ लिया हो तो बोलो, अन्यथा कल सुबह फिर आ जाना।

सम्राट ने आंख खोली, और झुक कर चरण छुए और कहा: 'धन्य हैं! आपने मुझे शांत ही कर दिया। खोजता हूं तो अशांति पाता नहीं; नहीं खोजता हूं तो अशांति है। देखता हूं तो दिखाई नहीं पड़ती, खो जाती है। नहीं देखता, पीठ करता हूं तो बड़ी वजनी है। बड़ी भयंकर है।'

उस अशांति से तुम परेशान हो, जो है नहीं। उन बीमारियों से तुम पीड़ित हो, जिनका कोई अस्तित्व नहीं है। पर जो नहीं है, बुरी तरह पकड़ लेता है। और उससे छूटते भी नहीं बनता। प्रकट कुछ होता तो छूटने का उपाय कर लेते; अप्रकट है। इतना सूक्ष्म है, ना के बराबर है। शून्य जैसा है।

कारागृह की जो दीवालें दिखाई पड़ती हैं वे कितनी ही ऊंची हों, सीढ़ी खोजी जा सकती है। कारागृह की जो दीवालें दिखाई पड़ती हैं, कितनी ही मजबूत चट्टानों की बनी

हों, तोड़ी जा सकती हैं। लेकिन तुम उस कारागृह में बंद हो, जो दिखाई नहीं पड़ता। सीढ़ी तुम लगाओगे कहां? दीवालें अदृश्य हैं; तुम तोड़ोगे कैसे? और कारागृह तुम्हारा ऐसा है कि तुमसे बाहर नहीं, तुम्हारे भीतर है। और कारागृह ऐसा है कि तुम उसमें बंद नहीं हो, तुम उसे अपने साथ ढोते हो। तुम उसे अपने साथ ही लेकर चलते हो। और कारागृह ऐसा है कि सब निकल जाएगा, लेकिन पूंछ तुम्हारी फंसी रह जाएगी।

हिंदी में 'पूछ' शब्द बड़ा अदभुत है। और अगर शब्द के साथ थोड़ा खेल करना हो तो बड़े रहस्य का है। लोग कहते हैं, गए, किसी ने पूछा नहीं। कोई पूछताछ न की किसी ने। बड़े दुखी होते हैं। पूछ हो तो सुखी होते हैं। पूछ न हो तो दुखी होते हैं। पूछ अहंकार है। किसी के घर गए, मेहमान हुए, किसी ने पूछा नहीं, दुखी लौटे। कहीं काफी पूछ हुई, बड़े सुखी लौटे। कोई देखे, सम्मानित करे, आदर करे, स्वीकार करे कि तुम हो, कुछ विशिष्ट हो।

पूछ विशिष्टता है। विशिष्टता में हरेक बंद है।

और जिस दिन तुम साधारण हो जाओगे, उस दिन तुम मुक्त होओ। उस दिन पूछ बंद न रह जाएगी। और हर आदमी सोचता है कि मैं विशिष्ट हूं, कुछ खास हूं। तुम ऐसा आदमी न खोज सकोगे, जो अपने को खास न समझता हो। और अगर ऐसा आदमी मिल जाए तो उसके चरण मत छोड़ना, क्योंकि वह आदमी भगवान है। यह खयाल कि मैं असाधारण हूं, बड़ा साधारण है; सभी को है। तुमको ही नहीं, वृक्षों को, कीड़े-मकोड़ों को, सभी को है कि मैं असाधारण हूं। छोटा सा पतिंगा और मक्खी भी इसी खयाल से भरी है।

पुरानी लुकमान की एक कथा है। लुकमान पुराने ज्ञानियों में एक हुआ; कोई जीसस से तीन हजार साल पहले। मोहम्मद ने लुकमान का कुरान में बड़े आदर से उल्लेख किया है। एक पूरा अध्याय लुकमान के लिए समर्पित किया है। दुनिया की ऐसी कोई भाषा नहीं है, जहां लुकमान का शब्द गहरे में प्रवेश न कर गया हो। जिनको लुकमान का कोई पता भी नहीं है, वे भी उसका उपयोग करते हैं। लोग नाराज हो जाते हैं तो कहते हैं, 'बड़े लुकमान बने बैठे हैं।' उन्हें पता भी नहीं कि वे क्या कह रहे हैं। कहावत है कि लुकमान को क्या समझाना! और लुकमान से ज्यादा कोई समझदार भी नहीं है। लुकमान से किसी ने पूछा कि तुझे इतनी समझदारी कैसे मिली? लुकमान ने कहा: 'जब मैं नासमझ हो गया।' लुकमान से किसी ने पूछा: 'तू इतना समादृत क्यों है?' लुकमान ने कहा: 'जब मैंने आदर की आकांक्षा छोड़ दी।'

लुकमान की एक छोटी कहानी है। और लुकमान ने कहानियों में ही अपना संदेश दिया है। ईसप की प्रसिद्ध कहानियां आधे से ज्यादा लुकमान की ही कहानियां हैं, जिन्हें ईसप ने फिर से प्रस्तुत किया है। लुकमान कहता है, एक मक्खी एक हाथी के ऊपर बैठ गई। हाथी को पता न चला मक्खी कब बैठी। मक्खी बहुत भिनभिनाई, आवाज की, और कहा, 'भाई!' मक्खी का मन होता है हाथी को भाई कहने का। कहा, 'भाई! तुझे कोई तकलीफ हो तो बता देना। वजन मालूम पड़े तो खबर कर देना, मैं हट जाऊंगी।' लेकिन हाथी को कुछ सुनाई न पड़ा। फिर हाथी एक पुल पर से गुजरता था बड़ी पहाड़ी नदी थी, भयंकर गड्ढ था, मक्खी ने कहा कि 'देख, दो हैं, कहीं पुल टूट न जाए! अगर ऐसा कुछ डर लगे तो मुझे बता देना। मेरे पास पंख हैं, मैं उड़ जाऊंगी।' हाथी के कान में थोड़ी सी कुछ भिनभिनाहट पड़ी, पर उसने कुछ ध्यान न दिया। फिर मक्खी के विदा होने का वक्त आ गया। उसने कहा, 'यात्रा बड़ी सुखद हुई। तीर्थयात्रा थी, साथी-संगी रहे, मित्रता बनी, अब मैं जाती हूं। कोई काम हो, तो मुझे कहना।'

तब मक्खी की आवाज थोड़ी हाथी को सुनाई पड़ी। उसने कहा, 'तू कौन है कुछ पता नहीं। कब तू आई, कब तू मेरे शरीर पर बैठी, कब तू उड़ गई, इसका कोई हिसाब नहीं है। लेकिन मक्खी तब तक जा चुकी थी।

लुकमान कहता है, 'हमारा होना भी ऐसा ही है। इस बड़ी पृथ्वी पर हमारे होने न होने से कोई फर्क नहीं पड़ता। इस बड़े अस्तित्व में हाथी और मक्खी के अनुपात से भी हमारा अनुपात छोटा है। क्या भेद पड़ता है? लेकिन हम बड़ा शोरगुल मचाते हैं। हम बड़ा शोरगुल मचाते हैं! वह शोरगुल किसलिए है? वह मक्खी क्या चाहती थी? वह चाहती थी हाथी स्वीकार करे, तू भी है; तेरा भी अस्तित्व है। पूछ चाहती थी।

हमारा अहंकार अकेले तो नहीं जी सकता। दूसरे उसे मानें, तो ही जी सकता है। इसलिए हम सब उपाय करते हैं कि किसी भांति दूसरे उसे मानें, ध्यान दें, हमारी तरफ देखें; उपेक्षा न हो। हम वस्त्र पहनते हैं तो दूसरों के लिए, स्नान करते हैं तो दूसरों के लिए, सजाते-संवारते हैं तो दूसरों के लिए। धन इकट्ठा करते, मकान बनाते, तो दूसरों के लिए। दूसरे देखें और स्वीकार करें कि तुम कुछ विशिष्ट हो। तुम कोई साधारण नहीं। तुम कोई मिट्टी से बने पुतले नहीं हो। तुम कोई मिट्टी से आए और मिट्टी में नहीं चले जाओगे, तुम विशिष्ट हो। तुम्हारी गरिमा अनूठी है। तुम अद्वितीय हो। अहंकार सदा इस तलाश में है--वे आंखें मिल जाएं, जो मेरी छाया को वजन दे दें।

अब हम गोसो की कहानी समझें।

गोसो थोड़े से बुद्धत्व को प्राप्त लोगों में एक है। गोसो ने अपने शिष्यों का कहा कि सुनो! एक आंगन में एक भैंस बंद है; निकलने की कोशिश करती है।

सभी कोशिश करते हैं। जहां भी बंधन हो, वहां से हम निकलने की कोशिश करते हैं। क्योंकि जहां भी बंधन हो, वहीं अहंकार को चोट लगती है। परतंत्रता इतनी सालती है, इतनी चुभती है; क्यों? क्योंकि परतंत्रता का अर्थ है कि अब तुम अपने तईं होने में समर्थ नहीं हो। तुम चाहो तो चल नहीं सकते, चाहो तो बैठ नहीं सकते। तुम्हारे अहंकार को फैलने का उपाय नहीं है। इसलिए अहंकार स्वतंत्रता मांगता है।

अब इसे तुम समझना। अहंकार की स्वतंत्रता, आत्मा की स्वतंत्रता नहीं हो सकती। और अहंकार कितनी ही स्वतंत्रता चाहे, पूरी स्वतंत्रता नहीं चाह सकता। यह अहंकार का पैराडॉक्स है। यह अस्मिता का विरोधाभास है।

यह थोड़ा सूक्ष्म है। इसे थोड़ा समझने की कोशिश करो।

अहंकार चाहता है मैं परतंत्र न रहूं, लेकिन अहंकार दूसरों के बिना रह भी नहीं सकता, बच भी नहीं सकता। तुम चाहते हो कि अकेला रहूं, लेकिन तुम दूसरों के बिना जी भी नहीं सकते। अहंकार की स्थिति वैसी है, जैसे कुछ लोग कहते हैं, पत्नियों के साथ रहें तो मुश्किल; साथ नहीं रह सकते। बिना रहना चाहें तो मुश्किल; पत्नी के बिना भी नहीं रह सकते। रहना ही असंभव है। साथ जाते हैं तो साथ की कठिनाइयां हैं; अलग जाते हैं तो मजा ही चला जाता है। अहंकार कुछ ऐसा चाहता है कि दूसरे तो हों, लेकिन परतंत्र न बनाएं। दूसरों का मैं शोषण तो करूं, मैं तो दूसरों को परतंत्र बनाऊं, मैं स्वतंत्र बना रहूं।

गोसो ने कहा कि भैंस बंद है आंगन में। दरवाजा खुला है, कोई जंजीरें भी नहीं पड़ी हैं। भैंस मुक्त होने के लिए बाहर निकलती है। सींग निकल गए, सिर निकल गया, धड़ निकल गया, सब निकल गया, लेकिन पूंछ नहीं निकलती। और पूंछ को न तो कोई पकड़े है और न पूंछ बांधी गई है।

अब दरवाजा बड़ा होगा। जिसमें से भैंस निकल गई उसमें से पूंछ क्यों नहीं निकलती? भैंस खुद ही खड़ी हो गई होगी। पूंछ को तो कोई निकालना नहीं चाहता। आंगन में बंद थी, तब तक उसने सोचा होगा स्वतंत्रता चाहिए, मुक्ति चाहिए। और जब आंगन से पूरी निकल गई तभी उसको पता चला कि अगर पूंछ भी बाहर निकल गई, तो स्वतंत्रता का भी क्या करोगे?

संन्यासी भाग जाता है हिमालय, पूंछ यहीं छूट जाती है संसार में। वहां बैठ कर हिमालय की शिला पर भी वह सोचता है तुम्हारे बाबत, कि कब आओगे, कब दर्शन करोगे, कब चरणों में फूल चढ़ाओगे। वहां दूर हिमालय पर बैठ कर भी राह देखता है कि कोई आए, कोई कहे कि आप जैसा एकांगी, आप जैसा एकांत में वास करने वाला कोई दूसरा नहीं देखा। संसार को खबर मिले कि मैं हिमालय आ गया हूं। संसार भलीभांति जान ले कि मैंने त्याग कर दिया है। लेकिन संसार जान ले!

तो त्यागी भी अखबार में खबर देखना चाहता है; यह बड़े मजे की बात है। भैंस बाहर निकल जाती है, पूंछ भीतर रह जाती है। जिस संसार का ही त्याग कर दिया, उसका अखबार न छूटा? सब छोड़ दिया, लेकिन संसार पूछे तुम्हारे बाबत, जाने तुम्हारे बाबत, तुम हो; यह न छूटा। हिमालय आकर बैठ गए हो, लेकिन मन को प्रसन्नता तभी होगी, जब सारी दुनिया के कोने-कोने में लोग जान लें कि तुमने जगत छोड़ दिया, तुम एकांतवास कर रहे हो। दूसरों को पता चले कि तुम एकांत में हो, तो ही तुम्हें एकांत में भी मजा आएगा।

भैंस बाहर निकल जाती है, पूंछ भीतर रह जाती है। कोई पकड़े नहीं है। कौन पकड़े है तुम्हें? जब तुम हिमालय तक चले गए, किसी ने न रोका। कोई बांधे नहीं है; कौन बांधे है? सब अपनी-अपनी पूंछ की फिकर में हैं, तुम्हारी पूंछ को कौन बांधेगा? अपनी ही पूंछ इतनी भारी है, अपनी ही पूंछ ढोना इतना कष्टपूर्ण है, तुम्हारी चिंता किसे है? तुम्हें किसकी चिंता है? सब अपनी ही चिंता कर रहे हैं, लेकिन पूंछ भीतर रह गई है।

और गोसो ने पूछा कि बोलो, क्या अड़चन है? पूरी भैंस बाहर हो गई है, न कोई बांधे, न कोई पकड़े, दरवाजा खुला है, पूंछ भीतर क्यों रह गई है? कहीं अटकी भी नहीं है।

शिष्य सोचने लगे। गोसो हंसा और उसने कहा: 'अगर सोचा, तुम्हारी पूंछ भी भीतर रह जाएगी।'

जो नहीं सोचता, उसकी पूंछ तत्क्षण खो जाती है, क्योंकि बिना सोचे अहंकार को बचने की कोई जगह नहीं है।

तुम सोचते हो इसलिए अहंकार निर्मित होता है। इसलिए जितना तुम सोचोगे उतना ज्यादा अहंकार निर्मित होगा। इसलिए तुम्हारे तथाकथित विचारक सर्वाधिक अहंकारी होंगे। जिनको तुम इंटेलिजेंसिया कहते हो, जिनको तुम कहते हो बुद्धिशाली,

बौद्धिक लोग, ये सबसे ज्यादा अहंकारी होंगे। दो पंडितों को साथ बिठाना आसान नहीं। दो कुत्ते भी थोड़ी देर शांत बैठ जाएं, न भौंकें एक-दूसरे पर, दो पंडित नहीं बैठ सकते। स्वर्ग में सबको जगह मिलती होगी, पंडितों को नहीं मिलती होगी। नहीं तो वहां चैन ही न मिलेगा। वहां इतनी बकवास होगी, वहां इतना विवाद होगा--अकारण, बेबात का! इतना शोरगुल और कलह मचेगा कि नरक से बदतर हालत हो जाएगी।

पंडित का अहंकार भयंकर हो जाता है। जितना बुद्धि विचार करती है, उतना ही लगता है, तुम महान हो। निर्विचार में तो तुम बच नहीं सकते। विचार में ही बचते हो। विचार सहारा है; इसलिए अज्ञानी बहुत अहंकारी नहीं हो सकता। पंडितों ने वचन लिखे हैं, जिनमें उन्होंने कहा है, 'धन पूजा जाता हो, सम्राट की पूजा होती हो एक देश में, लेकिन ज्ञानी सर्वत्र पूजा जाता है।' ये खुद ही ज्ञानी लिख रहे हैं! इनका ज्ञान बहुत गहरा नहीं हो सकता। पूंछ भीतर उलझी रह गई, भैंस बाहर निकल गई है।

और अगर ये ज्ञान की तलाश भी कर रहे हैं तो सिर्फ इसीलिए, ताकि सर्वत्र पूजा हो; ताकि सभी पूजें। लेकिन दूसरे की आंखों में पूजा देखने से मिलता क्या होगा? दूसरे की आंखों में पूजा देख कर कौन सी शक्ति इकट्ठी होती है? कौन सी ऊर्जा इकट्ठी होती है?--तुम खास हो जाते हो। तुम विशिष्ट हो जाते हो। लगता है, तुम कुछ हो। तुम्हें अपने पर भरोसा आ जाता है कि मैं कुछ हूं। अन्यथा इतने लोग मुझे क्यों देखते? इतने लोग, इतनी आतुरता से देखते हैं, सबकी आंखें मेरी तरफ लगी हैं, तो मैं कोई साधारण नहीं हो सकता। मैं कोई असाधारण हीरा हूं।

जिनको हम बुद्धिमान कहते हैं, वे बड़े निर्बुद्धि हैं, अगर उनकी पूंछ की तरफ देखो। इसलिए दुनिया में जितने उपद्रव होते हैं, वे इन तथाकथित इंटेलिजेंसिया के कारण होते हैं।

दुनिया में अब तक समाज केवल दो स्थानों पर ऐसी जगह पहुंचा है, जहां इस तरकीब को समाज के निर्माताओं ने समझ लिया था। एक तो भारत में, और एक अब रूस में। भारत में कोई पांच हजार सालों में क्रांति नहीं हुई। क्योंकि उपद्रवी को हमने ब्राह्मण का ऊंचा से ऊंचा पद दे दिया। और उससे कुछ ऊपर जगह न थी। वह जो बुद्धिशाली था, वह पूज्य था। ब्राह्मण की अकड़ देखते हैं! रास्ते पर चलता है, भिखारी हो, उसकी नाक देखते हो? उसकी नाक से उसकी पूंछ उगी हुई है। उसके पास एक पैसा न हो, एक धेला न हो, लेकिन उसकी चाल देखते हो? क्या कोई सम्राट उस अकड़ से चलेगा! और जब वह तुम्हारी तरफ देखता है, जैसे तुम कोई तुच्छ कीड़े हो।

वह अकड़ ब्राह्मण की धीरे-धीरे खो गई है। इसलिए अब भारत ज्यादा दिन क्रांति से नहीं बच सकता। उपद्रव खड़े हो रहे हैं।

रूस ने फिर उस प्रयोग को किया। रूस पिछले पचास सालों में सबसे ज्यादा दमित समाज है। लेकिन वहां कोई क्रांति नहीं होती, क्योंकि वहां ब्राह्मण आदृत हैं। जो बुद्धिशाली इंटेलिजेंसिया है, वह रूस में जितना आदृत है, पृथ्वी में कहीं आदृत नहीं है। और दुनिया भर के बुद्धिवादी अमरीका के खिलाफ हैं। क्योंकि अमरीका में बुद्धिवादी का कोई आदर नहीं, दो कौड़ी का आदर नहीं है। अमरीका में आप कितने बड़े बुद्धिशाली हैं, कोई फिकर नहीं करता। आप का बैंक-बैलेंस कितना है, यह सवाल है। अमरीका वैश्य का समाज है, वणिक का। वहां कीमत धन की है, कुशलता की है, विचार की नहीं है।

रूस ने बुद्धिवादी को ऊपर बिठा दिया है। प्रोफेसर, एकेडेमिशयन, लेखक, कवि इतने आदृत हैं, फिर से ब्राह्मणों का पुराना युग रूस में लौट आया। रूस में क्रांति न हो सकेगी तब तक, जब तक ब्राह्मण पद-च्युत न हो। जैसे ही ब्राह्मण पद-च्युत हुआ, उपद्रव शुरू कर देता है, क्योंकि उसकी पूंछ होनी ही चाहिए।

इसलिए आज सारी दुनिया में जहां-जहां उपद्रव के अड्डे हैं, वे युनिवर्सिटीज हैं; वहां ब्राह्मण पैदा होते हैं। विश्वविद्यालय अड्डे हैं उपद्रव के। सबसे ज्यादा आग वहां है। वहां बिलकुल सूखी बारूद है। चिंगारी की जरूरत है। आने वाले पचास साल दुनिया में जो भी मुसीबत, उपद्रव अड़चन, बेचैनी होगी वह सभी विश्वविद्यालय से आएगी। वहां सभी प्रोफेसर असंतुष्ट हैं। वहां होने वाले भविष्य के प्रोफेसर, जो अभी विद्यार्थी हैं, वे असंतुष्ट हैं। जितनी बुद्धि बढ़ती है, उतना असंतोष बढ़ता है। क्योंकि जितनी बुद्धि बढ़ती है, कितना ही अहंकार को कोई सम्मान दे, तृप्ति नहीं होती है; मांग बढ़ती चली जाती है। बुद्धि की मांग का कोई अंत नहीं है। बड़े से बड़ा सिंहासन भी जल्दी ही छोटा लगने लगता है। विश्वविद्यालय राजनीति के भयंकर अड्डे हैं। वहां चपरासी से लेकर कुलपति तक सब गहरी राजनीति में संलग्न हैं। सबको और ऊपर पहुंचना है। यह ऊपर पहुंचने की दौड़ बुद्धिशाली में होगी ही।

गोसो ने कहा: 'देखो! अगर तुमने सोचा, तुम्हारी भी पूंछ उलझ जाएगी।'

सोचने वाला आदमी निर-अहंकारी कैसे होगा? निर-अहंकारी आदमी तभी हो सकता है, जब अहंकार की ईंटें खिसका ली जाएं। यह मकान खड़ा है। इस मकान की ईंटें तुम्हें दिखाई नहीं पड़तीं क्योंकि सब पलस्तर के भीतर छिपी हैं। तुम्हारे अहंकार

की भी ईंटें नहीं दिखाई पड़तीं, क्योंकि सब पलस्तर के भीतर छिपी हैं। लेकिन मकान की एक-एक ईंट निकालते जाओ, क्या तुम सोचते हो, जब सब ईंटें निकल जाएंगी तो पीछे मकान बचेगा? जिस दिन सब ईंटें निकल जाएंगी, मकान खो जाएगा। विचार अहंकार के भवन की ईंटें हैं। जितने तुम विचार रखते जाते हो, उतना महल बड़ा होता जाता है।

गोसो ठीक कह रहा है, 'सोचे कि भटके।'

इसलिए धर्म विचार के विपरीत है। धर्म कोई दर्शनशास्त्र नहीं है। धर्म कोई विचार की कला नहीं है। धर्म तो निर्विचार की अनुभूति है।

जिस क्षण निर्विचार होता है, महल खो जाता है। तुम होते हो, लेकिन अहंकार नहीं होता। खुले आकाश के नीचे खड़े हो जाते हो। सब कारागृह खो गए। और अचानक पीछे लौट कर तुम देखोगे, तो वहां पूंछ नहीं है। क्योंकि जो निर्विचार की अवस्था में है, वह वृक्ष जैसा हो गया, पक्षी जैसा हो गया, पानी के झरने जैसा हो गया, हवा में कंपती धूप जैसा हो गया, आकाश में उड़ते बादल जैसा हो गया। वहां कहां अहंकार?

मैंने सुना है, लुकमान की एक कहानी है कि एक दिन विवाद हो रहा था और लुकमान बैठा सुन रहा था। लुकमान गरीब गुलाम था और एक सम्राट ने उसे खरीदा था। खरीदने की घटना भी समझने जैसी है। बाजार में लुकमान बिक रहा था। दो और गुलाम उसके साथ बेचे जा रहे थे। उसमें एक सबसे सुंदर गुलाम था। लुकमान बहुत कुरूप था। खरीदने वाले की नजर पहले तो उस पर गई, जो सुंदर था, स्वस्थ था। तो उसने पूछा कि तुम क्या कर सकते हो? तो उस आदमी ने कहा, 'एनीथिंग'। कोई भी चीज कर सकता हूं। अहंकारी आदमी रहा होगा--'कुछ भी कर सकता हूं।' तब उसने दूसरे आदमी की तरफ देखा और उससे पूछा कि तुम क्या कर सकते हो? उसने कहा, 'एवरीथिंग'। सभी कुछ कर सकता हूं।

इन उत्तरों को सुन कर उसे लगा कि इस तीसरे से भी पूछ लेना चाहिए कि तू क्या कर सकता है। हालांकि इसे खरीदने का कोई सवाल न था। लुकमान कुरूप था। उस आदमी ने पूछा कि और तू क्या कर सकता है? लुकमान ने कहा, 'नथिंग'। मैं कुछ भी नहीं कर सकता। सम्राट ने कहा, अजीब उत्तर हैं तुम्हारे। एक कहता है 'एनीथिंग', दूसरा कहता है 'एवरीथिंग', तीसरा कहता है 'नथिंग'। तू कुछ तो कर ही सकता होगा कि बिलकुल कुछ नहीं कर सकता? उसने कहा, 'अब बचा ही नहीं।' एक कहता है

एवरीथिंग, एक कहता है एनीथिंग; कुछ बचा नहीं करने को। सिर्फ 'नहीं कुछ' बचा है, वही मैं कर सकता हूं।

ध्यान 'नहीं-कुछ' की कला है।

जब तक तुम कुछ कर सकते हो, अहंकार निर्मित होगा, पूंछ बनेगी। तुम जितने कुशल होते जाओगे कुछ करने में, उतने ही तुम अहंकारी होते जाओगे। महल बड़ा होने लगेगा। लुकमान ने ठीक कहा कि 'नहीं-कुछ'। सम्राट को उत्तर तो जंचा। और लुकमान ने कहा, खरीद ही लो, इतना क्या विचार कर रहे हो? इनको तो कोई भी खरीद लेगा, मुझे तो सिर्फ सम्राट ही खरीद सकता है। इनको कोई भी खरीद लेगा, गरीब मजदूर भी खरीद लेगा; कुछ न कुछ कर सकते हैं। ये अपने हाथ फंसे हैं। ये बिकेंगे किसी नासमझ के हाथ। मुझे तो सिर्फ सम्राट ही खरीद सकता है, जो समझता हो। इससे निश्चित ही सम्राट के अहंकार को चोट लगी। पूंछ बड़ी हो गई। जब किसी ने कहा कि मुझे तो सिर्फ सम्राट ही खरीद सकता है; उसने तत्काल खरीद लिया। और काफी पैसे चुकाए।

लुकमान सम्राट के घर गया। गुलाम की तरह वह सम्राट के घर रहा। तो उसने एक संस्मरण लिखा है कि एक दिन वह साफ कर रहा था कमरे को। महल के बाहर, सम्राट की ध्वजा हवाओं में फहरा रही थी। और महल के भीतर सीढ़ियों पर बिछा हुआ कालीन विश्राम कर रहा था। तो लुकमान ने कहा: मैंने दोनों की चर्चा सुनी। वह पताका कह रही थी कि मैं सदा मुसीबत में हूं। हवा के झोंके में, धूप, वर्षा, तूफान, आंधी! युद्ध के मैदान पर पहला घोड़ा लेकर मुझे चलता है। गोलियां जहां चल रही हों, तोपें फोड़ी जा रही हों, वहां सबसे आगे मैं होती हूं। मेरा जीवन सदा संकट में है। एक तू है, कालीन से उसने कहा, तू सदा यहीं विश्राम करता है छाया में; न धूप, न हवाएं, न आंधियां, न युद्ध के मैदानों पर जाना। तू सदा विश्राम में है। तेरी तरकीब, तेरा राज क्या है?

तो कालीन ने उस पताका को कहा, 'ना-कुछ' हो जाना मेरी तरकीब, मेरा राज है। मैं पैरों की धूल हूं। तूने सिर पर होने का खयाल ले रखा है। तू पताका है। तेरी अकड़ बड़ी है। गोलियां चलेंगी ही तेरे आसपास। आंधी उठेगी ही तेरे आसपास। नहीं तो तेरी अकड़ को सिद्ध करने का उपाय क्या होगा? तू तनाव में रहेगी ही। मैं ना-कुछ हूं, पैरों की धूल हूं। जो ना-कुछ है, वह विश्राम को उपलब्ध हो जाएगा।

लुकमान झाड़ रहा था, सफाई कर रहा था; हंसने लगा। सम्राट ने उससे पूछा कि तू क्यों हंसता है? उसने कहा कि यह कालीन, ठीक उसी जगह पहुंच गई, जहां मैं। जो

मैंने तुमसे कहा था--'नथिंग', कि मैं कुछ भी नहीं कर सकता; यह कालीन भी उसी राज को पा गई है। सम्राट! अगर कुछ सीखना हो, इस कालीन से सीखना, पताका से बचना।

लेकिन कैसे पताका से बचा जाए! अहंकार की पताका तो आगे-आगे चल रही है। तुम जाते हो, उसके पहले तुम्हारा अहंकार चलता है। उस अहंकार की पताका का, तुम शायद अहंकार की पताका के डंडे मात्र हो। पताका ही असली चीज है।

गोसो ने कहा: 'सोचा कि तुम्हारी पूंछ भी उलझ जाएगी।' यह सुन कर वे और चिंतित हो गए, क्योंकि अब तक तो कहानी थी, अब यह बात जिंदगी की हो गई। यह किसी और भैंस के संबंध में चर्चा न थी, गोसो उन्हीं के बाबत बात कर रहा था। वे और बेचैन हो गए। वे और सोचने लगे।

कुछ चीजें हैं, जिनके बाहर तुम प्रयास से नहीं जा सकते। और जितना तुम प्रयास करोगे, उतने तुम उलझ जाओगे। जैसे रात नींद न आती हो, क्या करोगे? तुम जो भी करोगे उससे नींद में बाधा पड़ेगी। मंत्र पढ़ोगे, राम-नाम जपोगे, क्या करोगे? उठ कर कमरे में चक्कर लगाओगे, भेड़ों की गिनती करोगे, एक से सौ तक जाओगे, सौ से उलटे निन्यानबे, अट्ठानबे, एक तक वापस लौटोगे? क्या करोगे? तुम जो भी करोगे, नींद में बाधा पड़ेगी। क्योंकि नींद न करने की अवस्था है। और जब भी तुम कुछ करते हो, तब तनाव पैदा होता है। काम विश्राम नहीं बन सकता।

लेकिन तुम किसी के भी पास जाओ, अगर तुम्हें नींद न आती हो तो तुम्हें मुफ्त सलाह देने वाले मिल जाएंगे कि क्या करो। और उनकी वजह से तुम्हें फिर नींद कभी भी न आएगी; उनसे तुम बचना। नींद के लिए कुछ भी नहीं किया जा सकता। तुम जो भी करोगे, वही उलटा होगा। नींद तो तब आती है, जब तुम कुछ भी नहीं कर रहे होते। तो कुछ चीजें हैं जिनके संबंध में कुछ किया कि तुम उलझे।

ध्यान नींद जैसा है। निर्विचारणा नींद जैसी है। इसलिए हिंदुओं ने अपने शास्त्रों में कहा है कि समाधि और सुषुप्ति का एक ही स्वभाव है। गहरी सुषुप्ति, गहरी नींद समाधि जैसी है। फर्क जरा सा है; वह फर्क है कि नींद में तुम होश में नहीं होते, समाधि में तुम होश में होते हो; लेकिन गुणधर्म एक ही है। परम साधु वही है जो उतने विश्राम में है, जितने तुम गहरी नींद में होते हो, लेकिन होश में है। बस, इतना ही फर्क है। जागा हुआ सोया है, तुम सोए हुए जागते हो। तुमसे बिलकुल भिन्न है। कुछ चीजें हैं कि तुमने उपाय किया कि तुम मुश्किल में पड़े। लेकिन इसे समझो।

गोसो ने कहा कि सोचा कि तुम्हारी पूंछ उलझ जाएगी। इससे उन्होंने सोचना बंद न किया, वे और भी सोच में पड़ गए। वे जितने सोच में पड़े, गोसो ने कहा, कि देखो! अगर ज्यादा सोचा तो पीछे लौट कर देखो, तुम्हारी पूंछ बढ़ती जा रही है, बड़ी होती जा रही है।

विचार, विचार के बाहर नहीं ले जा सकता। अहंकार, अहंकार के बाहर नहीं ले जा सकता।

अगर तुम अहंकार से भरे हो, तो सारी दुनिया तुम्हें सिखाएगी कि विनम्र हो जाओ, विनम्र होने से लोग तुम्हें पूजा देंगे। मंदिरों में, मस्जिदों में, चर्चों में समझाया जा रहा है, विनम्र हो जाओ, क्योंकि जो विनम्र है, उसी को लोग सम्मान देंगे। यह बड़े मजे की बात है। सम्मान की आकांक्षा विनम्र होने के लिए आकर्षण बनाई जा रही है। यह विनम्रता झूठी होगी। यह विनम्रता अहंकार का ही आभूषण होगा।

मंदिरों में समझाया जा रहा है, त्याग करो, लोभ मत करो; क्योंकि जो छोड़ेगा, परलोक में पाएगा। यह बड़े मजे की बात है! लेकिन पाने के लिए ही छोड़ा जा रहा है। छोड़ेगा कौन? यहां जो ज्यादा चालाक है, वह छोड़ेगा। जो परलोक तक में इंतजाम कर लेना चाहता है पहले से, वह छोड़ेगा। दान दो, ताकि परमात्मा तुम्हें हजारों गुना वापस लौटाए। इतना सस्ता धंधा तो यहां भी नहीं होता। यह सौदा तो बिलकुल बड़े मजे का है। एक पैसा तुम दो, और करोड़ पैसे लौटते हैं। यह तो जुआ मालूम होता है।

लॉटरी कोई यहीं नहीं चल रही, स्वर्ग में भी चल रही है। और यहां की लॉटरी तो जरूरी नहीं कि तुम्हें मिले। चूक भी जाओ। वहां की लॉटरी कभी नहीं चूकती। तुमने एक पैसा दिया, करोड़ तय हुए। शास्त्रों में कहा है, 'एक करोड़ गुना भगवान देता है; तुम दो!'

तुम्हें सिखाया जा रहा है दान, लेकिन उसके आधार में लोभ है। यह दान झूठा होगा। इसलिए यह मुल्क पांच हजार साल से दान की बात कर रहा है, लेकिन इससे ज्यादा लोभी आदमी संसार में कहीं भी खोजना कठिन है।

इस पृथ्वी पर जितना भयंकर लोभ भारत में है, उतना कहीं भी नहीं। और दान की यहां चर्चा चल रही है, और दान भी हो रहा है। मंदिर भी बन रहे हैं, मस्जिदें भी बन रही हैं, धर्मशालाएं भी खड़ी हो रही हैं। दान भी चल रहा है और लोभ का कोई हिसाब नहीं है।

क्या हुआ होगा? कहीं कुछ गणित की भूल हो गई है। हमारा दान भी लोभ पर ही खड़ा है। हमारा परलोक भी इसी संसार पर खड़ा है। छोड़ो, वहां पाना हो तो। यह किस भांति का छोड़ना हुआ! छोड़ने का मतलब ही यह होता है कि अब पाने की कोई आकांक्षा न रही। अब कुछ पाना नहीं है, इसलिए छोड़ते हैं। छोड़ना पूरा हो गया, पूर्णविराम आ गया। इसके आगे कोई पाने की दौड़ नहीं है। यह कोई इनवेस्टमेंट नहीं है। यह कोई नया धंधा नहीं है जिसमें पैसा लगा रहे हैं। यह सिर्फ छोड़ना है। इससे छुटकारा हुआ।

त्याग--जहां पूर्णविराम है, और आगे की मांग नहीं करता, वहीं त्याग है। विनम्रता--जहां पूर्णविराम है, और सम्मान की आकांक्षा नहीं करती, वहीं विनम्रता है।

अहंकार अहंकार को छोड़ नहीं सकता। अहंकार को छोड़ना हो तो हमें अहंकार को फुसलाना पड़ता है, परसुएड करना पड़ता है। हम उससे कहते हैं देखो, तुम विनम्र रहोगे तो सभी तुम्हें समादर देंगे और तुमने अगर अहंकारीपन दिखाया, कोई तुम्हें आदर न देगा, जूते पड़ेंगे। अगर फूल की मालाएं चाहिए, तो बिलकुल गरदन झुका कर चलो। मगर भीतर आकांक्षा फूल की माला के लिए है।

विचार से विचार के बाहर तुम न जा सकोगे। क्या करोगे? अगर तुम यह भी सोचने लगे, कैसे निर्विचार हो जाऊं? अनेक लोग कर रहे हैं यह काम। सुनते हैं गुरुओं को, ज्ञानियों को, संत पुरुषों को, तो खयाल आता है निर्विचार का। पर यह भी तुम्हारे भीतर तो एक विचार है, यह एक वासना है--कैसे निर्विचार हो जाएं? अब बैठे हैं आंख बंद करके और सोच रहे हैं, कैसे निर्विचार हो जाऊं? क्या तरकीब है निर्विचार होने की? यह सब विचार चल रहा है। यह निर्विचार भी तुम्हारे लिए एक विचार है। विचार से कभी कोई निर्विचार को उपलब्ध न होगा।

गोसो ने देखा कि वे और भी विचार में पड़े गए हैं। वह हंसा और उसने कहा: 'पीछे लौट कर देखो। तुम्हारी पूंछ बड़ी होती जा रही है।'

अगर तुम वहां रहे होते तो तुमने भी पीछे लौट कर देखा होता। चाहे संकोचवश तुम वहां रुक भी गए होते, तो गोसो के मंदिर से बाहर निकल कर एकांत गली में तुमने पीछे लौट कर देखा होता कि पूंछ बढ़ गई या नहीं! पर यह पूंछ कोई दिखाई पड़ने वाली चीज नहीं, जिसे तुम पीछे लौट कर देख लो। यह शरीर का हिस्सा नहीं है। लेकिन फिर भी गोसो ठीक कह रहा है। गोसो जैसे लोग गलत नहीं कहते।

'पीछे लौट कर देखो', इसका मतलब पीठ की तरफ से मत देखने का सवाल है। 'पीछे लौट कर देखो' का मतलब है, आंख बंद करो और पीछे लौट कर भीतर देखो। वहां पूंछ बढ़ रही है। जितना तुम विचार कर रहे हो, जितना धुआं पैदा हो रहा है, उतना तुम अहंकारी होते जा रहे हो। वह बढ़ती जा रही है। पीछे लौटने का अर्थ है, प्रतिक्रमण--जिसको महावीर ने प्रतिक्रमण कहा।

चित्त की दो अवस्थाएं हैं। एक है आक्रमण, जब तुम दूसरे पर जाते हो; और चित्त की दूसरी दशा है, प्रतिक्रमण; जब तुम चेतना को अपने पर लौटाते हो। गोसो ने कहा, पीछे लौट कर देखो, उसका मतलब वही है जो कबीर ने कहा है, 'आंख बंद करो, और आंखों को उलटी हो जाने दो।' पीछे लौट कर देखने का मतलब है कि तुम्हारे भीतर जो चल रहा है, उसके प्रति सजग हो जाओ। सोचोगे, और सोच बढ़ेगा। एक-एक विचार से हजार विचार पैदा होते हैं। सोचने से कभी कोई निर्विचार पर पहुंचा है? सोचने से और विचार...और विचार...पागलपन आखिर में आ सकता है। विक्षिप्त हो सकते हो, विमुक्त नहीं। विचार की ईंटों से बनती है अस्मिता। वही तुम्हारी पूंछ है।

भैंस कोई और नहीं, तुम्हीं हो। आंगन कहीं और नहीं, तुम्हारा ही मन है। पूरे तुम बाहर निकल गए हो, सिर्फ पूंछ उलझी है। बड़ी बेबूझ लगती है बात। उलटबांसी लगती है कि जब पूरी भैंस ही निकल गई, तो अब पूंछ के उलझने का क्या सवाल? लेकिन हमेशा यही होता है, भैंस निकल जाती है, पूंछ उलझ जाती है। तुम बाहर हो जाओगे। तुम्हारी मुक्ति में कोई बाधा नहीं, लेकिन तुम्हारा अहंकार उलझा रहेगा।

थोड़ा सोचो, तुम प्रार्थना करने मंदिर में जाते हो। प्रार्थना का अर्थ ही है, परमात्मा के सामने समर्पित हो जाना। लेकिन वहां भी तुम दबी आंखों से देखते रहते हो, कोई देख रहा है या नहीं! परमात्मा से तुम्हें मतलब नहीं होता, गांव के लोग देख रहे हैं कि नहीं, कि वह कितना बड़ा धार्मिक आदमी है! अकेले में कोई मंदिर प्रार्थना करने नहीं जाता। भीड़ में लोग जाते हैं। भीड़ देख ले कि तुम धार्मिक हो; उससे रिस्पेक्टेबिलिटी मिलती है। उससे आदर मिलता है, सम्मान मिलता है। तुम झुकते जरूर हो परमात्मा के सामने, लेकिन तुम खयाल अपनी पूंछ का ही रखते हो--कोई देख रहा है या नहीं!

और अगर लोग बहुत गौर से देख रहे हैं, तुम प्रार्थना में बड़े तल्लीन हो जाते हो। वह तल्लीनता बड़ी झूठी है। अगर वहां कोई भी न देख रहा हो, तो तुम झटपट अपनी नमाज, अपनी प्रार्थना पूरी करके अपने घर लौट जाते हो। परमात्मा से तो कुछ लेना-देना नहीं है, यह जो भीड़ चारों तरफ है...।

सोचो, जिस दिन तुम प्रार्थना कर रहे हो उस दिन टी. वी. के लोग कैमरा लेकर आ गए हों, उस दिन कैसी तल्लीनता आएगी! अखबार वाले खड़े हों, फोटोग्राफर खड़े हों, फ्लेश के बल्ब चमक रहे हों, फोटो उतारी जा रही हो, कैमरा तुम्हारे चारों तरफ घूम रहा हो; उस दिन जैसा तुम्हारा ध्यान लगेगा, वैसा कभी नहीं लगा था। क्योंकि उस दिन पूंछ काफी बड़ी हो रही है। इस पूंछ के लिए तुम कुछ भी कर सकते हो। तुम परमात्मा को चूक सकते हो, इस पूंछ को नहीं चूक सकते।

जीसस ने कहा है: 'तेरा बायां हाथ दे तो तेरे दाएं हाथ को पता न चले; अन्यथा दान व्यर्थ हो गया।' तुम देना और भाग खड़े होना। धन्यवाद के लिए मत रुकना; अन्यथा दान भी व्यर्थ हो गया। लेकिन हम देते ही धन्यवाद के लिए हैं। और हम किसी को दें और वह धन्यवाद न दे, तो हम खड़े रहते हैं कि कब, कब तक दोगे! और अगर वह बिलकुल बात ही न करे धन्यवाद की, तो हम बड़े दुखी और पीड़ित और परेशान लौटते हैं। व्यर्थ गया देना! और जीसस कहते हैं: 'तुम भाग खड़े होना देकर, ताकि वह धन्यवाद न दे पाए। बायां हाथ दे, दाएं को पता न चले।'

सूफी फकीर कहते हैं: 'रात अंधेरे में प्रार्थना करना; तुम्हारी पत्नी को भी पता न चले कि तुम प्रार्थना कर रहे हो। उसको भी पता चल गया तो बात गड़बड़ हो गई। इसलिए नहीं कि उसके पता चलने से गड़बड़ हो जाएगी; तुम इतने चालाक हो कि तुम समझोगे कि आकस्मिक रूप से उसको पता चल गया; और तुम पूरा इंतजाम कर लोगे पता चलने का। हम इतने कुशल हैं खुद को धोखा देने में, हम तरकीबों से देते हैं धोखा, कि खुद भी नहीं पहचान पाते कि हम धोखा दे रहे हैं। तुम याद करो, कभी तुमने कोई ऐसा कृत्य किया है, जिसमें पूंछ का ध्यान न रहा हो?

भिखारी भी भलीभांति जानते हैं, तुम अकेले रास्ते पर होते हो तो छेड़ते नहीं, क्योंकि अकेले में तुम कहते हो कि हट! कोई देखने वाला नहीं है, डर क्या है? तुम चार आदमियों के साथ चले जा रहे हो, बस भिखारी फंसा लेगा। पैर-हाथ पकड़ लेगा, रोने-चिल्लाने लगेगा। अब तुम्हें देना पड़ेगा। भीतर तुम गालियां दे रहे हो कि अकेले में मिलता तो तुझे बताता! लेकिन अब चार आदमियों के सामने उसने पकड़ लिया है। इन चार के सामने प्रतिष्ठा का सवाल है कि नहीं तो ये क्या सोचेंगे कि दो पैसा देने में इतनी कंजूसी! तुम एकदम उदार हो जाते हो। वह उदारता झूठी है। तुम दो की जगह चार पैसा देते हो। वह तुम इन चारों की आंखों के लिए दे रहे हो। इन चारों की आखों में तुम्हारी पूंछ हो रही है। तुम्हारा अहंकार बड़ा हो रहा है। भिखारी तक जानता है कि

तुम्हें कब ठीक मौके पर पकड़े। क्योंकि भीख का भी मनोविज्ञान है। और हर वक्त तुम भीख नहीं देते। हर वक्त तुम दे भी नहीं सकते। उसे भी तुमसे निकालना पड़ता है। और तुम देना बिलकुल नहीं चाहते, लेकिन फिर भी तुम देते हो।

एक गांव की मुझे खबर है, उस गांव में मैं बहुत दिन तक रहा। उस गांव में जब भी लोग दान लेने जाते थे तो गांव का जो धनपति था, पहले उसके घर जाते थे। कहते हैं कि उसने कभी दान नहीं दिया। लेकिन वह लिखवा देता था दस हजार, पंद्रह हजार, बीस हजार। और यह बात तो स्वीकृत थी कि वह देगा एक पैसा भी नहीं, लेकिन लिस्ट पर लिखवा देता था। जब वह बीस हजार दे देता तो छोटी-मोटी पूंछ वाले लोग भी फंस जाते। जब उसने बीस हजार दिए--कंजूस ने, महाकंजूस ने, तो अब अगर ना दें कुछ तो उससे भी बदतर हालत गांव में हो जाए। तो वह भी लिखवा देते थे। अगर तुम भी अपने गांवों में दान लेने वालों से पूछोगे तो वह जानते हैं कि पहले किनके नाम लिखवा लेना! चाहे वे दें या न दें, यह बड़ा सवाल नहीं है। और उनकी वजह से मिलता है। दूसरों के अहंकार को चोट लगनी शुरू हो जाती है। एक धनपति दे देता है तो दूसरे धनपति को लगता है, मैं कोई छोटा हूं! मैं कोई पीछे रह जाऊंगा!

तुम्हारे तीर्थ, तुम्हारे मंदिर भी भिखारी के मनोविज्ञान से ही जीते हैं। मंदिरों में दान होता, वह एकांत में नहीं होता है। सब लोग इकट्ठे हो जाते हैं, फिर दान बोला जाता है। जैन मंदिरों में पर्युषण के बाद दान का दिन हो जाता है। उस दिन दान बोला जाता है। कोई कहता है दस हजार, वह नीलाम जैसा है--पूंछ बिक रही है। और अब जब एक कह देता है, दस हजार, तो दूसरे को भी अकड़ आ जाती है; चाहे हैसियत न भी हो तो वह कह देता है, पंद्रह हजार। फिर अकड़ बढ़ती जाती है। फिर सवाल प्रतिष्ठा का हो जाता है कि कौन प्रथम लेता है; कौन पहले आता है। वह दौड़ महत्वाकांक्षा की हो जाती है।

मंदिर भी महत्वाकांक्षा पर जीते हैं; दुकान भी उसी पर जीती है। कहीं कोई भेद नहीं है। गणित एक ही है। उसके ढंग कितने ही ऊपर से अलग दिखाई पड़ते हों, भीतर की प्रक्रिया एक है--अहंकार। मंदिर बनवाने में दौड़ लग जाती है, पत्थर लगवाने की दौड़ लग जाती है। कौन कितना बड़ा पत्थर लगवाता है, कौन कितना दान देता है। तुम्हारा सारा जीवन अहंकार से ही चल रहा है।

इस अहंकार से चलने वाले जीवन का नाम संसार है। तुम उसमें बंद हो, किसी ने तुम्हें बंद किया नहीं है। दरवाजे खुले हैं। तुम भी उसके बाहर होना चाहते हो, क्योंकि

परतंत्रता में दुख है। लेकिन तुम बाहर हो नहीं सकते, क्योंकि अहंकार दूसरों पर निर्भर है। बिलकुल बाहर हो जाओगे तो अहंकार भी मिटेगा। यह दुविधा है।

भैंस बीच में खड़ी है। पूरी तो निकल गई, पूंछ को उसने खुद ही छोड़ रखा है। काश! गोसो के शिष्यों में से एक को भी ज्ञान हुआ होता तो वह कह देता कि भैंस बाहर नहीं जा रही है, इसमें कोई बाधा नहीं है। यह भैंस का अपना निर्णय है। क्योंकि गोसो साफ कर रहा है। पहेली सीधी है, कि कोई भैंस की पूंछ पकड़े नहीं है। पूंछ कहीं उलझी नहीं है, कोई अटकाव नहीं है। और पूरी भैंस निकल गई है, दरवाजा काफी बड़ा है। पूंछ के रुकने का कोई भी कारण नहीं है--अकारण।

मगर गोसो के शिष्य सोच-विचार में पड़ गए। सीधी सी बात उन्हें दिखाई न पड़ी। विचार का एक अंधापन, जो सत्यों को नहीं देखने देता। बात सीधी है कि भैंस अपनी मरजी से खड़ी है। शायद भैंस सोच रही हो कि वापस लौट आएं, कि परतंत्रता सुखद थी। या भैंस दोनों आनंद एक साथ लेना चाहती है, स्वतंत्रता का भी और अहंकार का भी; और अहंकार तो परतंत्रता में ही मिल सकता है।

तुम जिनसे प्रतिष्ठा चाहते हो, तुम उनके गुलाम हो ही जाओगे। जिनसे तुम आदर चाहते हो, वे तुम्हारे मालिक हो जाएंगे। क्योंकि आदर देंगे तो मुफ्त तो नहीं देंगे। उनकी भी शर्तें होंगी। वे तुम्हें चलाएंगे, उठाएंगे, बताएंगे। साधुओं को देखो, उनके पीछे जमाते हैं उनके शिष्यों की, और सब शिष्य साधुओं को चला रहे हैं। कैसे उठो, कैसे बैठो, क्या करो, क्या न करो। और नजर रखे हुए हैं कि जरा भूल-चूक हुई तो प्रतिष्ठा वापस। पद गया, साधुता खो गई।

तुम जिससे प्रतिष्ठा मांगोगे, तुम उसके गुलाम हो जाओगे। अगर मुक्त होना हो तो प्रतिष्ठा मांगना ही मत। अगर मुक्त होना हो तो सम्मान की आकांक्षा मत रखना। तब भैंस बाहर निकल सकती है। पूंछ को भीतर रखने की कोई भी जरूरत नहीं। सभी साधु पूरे बाहर नहीं निकल पाते, पूंछ भीतर रह जाती है।

गोसो के शिष्य सोच में लग गए, क्योंकि यह सत्य उन्हें समझ में नहीं आया। यह सत्य तभी समझ में आ सकता है, जब इसे तुमने अपने जीवन में समझा हो और पहचाना हो। सोचने लगे।

यह कोई पहेली थोड़ी थी, जो सोचने से हल होगी! यह एक तथ्य था, जो ध्यान से दिखाई पड़ेगा। पहेलियां सोच-विचार से हल हो सकती हैं। तथ्य सोच-विचार से हल

नहीं होते। तथ्यों के लिए तो खुली, खाली, साफ आंख चाहिए। वह तो सामने मौजूद हैं, सिर्फ उनको देखना है। आंख खोलनी है और देखनी है।

अब इसमें क्या कठिनाई थी? यह कहानी तो बड़ी सरल है, कि भैंस अपनी मरजी से खड़ी है, ठिठक गई। शायद डरती है और बाहर जाना खतरे के बाहर नहीं है। भीतर ही रहना उचित है। इतना तो भीतर रहना उचित ही है कि पूंछ बनी रहे। सब छोड़ दो, लेकिन इतना संसार में बने रहना कि लोग तुम्हारा खयाल रखें, स्मरण रखें; पूंछ बनी रहे। जंगल में भी भागो तो पूंछ को यहीं छोड़ जाना। संन्यास ले लो, स्थानक में रहने लगो, पूंछ को यहीं छोड़ जाना। साधु बैठा स्थानक में भी सोचता है, खबर लेता है, गपशप का पता लगाता है। कौन उसके संबंध में क्या कह रहा है? गांव में क्या हवा चल रही है?

एक जैन मुनि को मैं एक दफा मिलने गया। कमरे में कुछ भी न था। मैं बड़ा हैरान हुआ, सिर्फ अखबारों की एक थप्पी लगी थी उनकी चटाई के पास। पूरी थप्पी अखबारों की! मैंने उनसे पूछा, 'कमरे में कुछ भी नहीं। आप सब छोड़ चुके, ये अखबार किसलिए इकट्ठे रखे हैं? उनको बेचते हैं रद्दी? संसार छोड़ चुके, संसार की खबरों का इतना क्या हिसाब रखते हैं कि वहां कहां क्या हो रहा है। जिसको हम छोड़ ही आए, वहां क्या हो रहा है इससे क्या फर्क पड़ता है? नहीं, छोड़ नहीं आए हैं। पूंछ हम वहां रखते हैं। इन अखबारों से सेतु बना रहता है। राजनीतिज्ञ अखबार पढ़ता है, समझ में आता है। वह पूरा का पूरा... उसकी पूरी भैंस भीतर है। वह खबर रखता है, कहां क्या हो रहा है। जरा सा मौसम में फर्क हो तो पता रखना चाहिए, क्योंकि उसकी जिंदगी वहां निर्भर है। लेकिन साधु भी वही फिकर रखता है कि वहां क्या हो रहा है। पूंछ उसने भी भीतर छोड़ी है। भैंस बीच दरवाजे पर खड़ी है।

और ध्यान रहे, इस तरफ हो जाओ या उस तरफ; क्योंकि बीच में बड़ा संकट हैं। बीच में टंगे रहना बड़ा कष्टपूर्ण है। संसारी होना अच्छा है, संन्यासी होना अच्छा है, यह बीच में खड़ी भैंस बड़ी बुरी अवस्था है। क्योंकि इसमें त्रिशंकु की स्थिति हो जाती है। बड़ा तनाव पैदा होता है। तुम चाहते तो वही थे, जो संसारी को मिल रहा है; और तुम वह भी चाहते हो, जो संन्यासी को मिलना चाहिए। संन्यासी जैसी स्वतंत्रता और संसारी जैसा पद, प्रतिष्ठा, अहंकार का रस; तुम दोनों चाहते हो। तुम दो नावों पर सवार हो।

यह भैंस बड़ी होशियार रही होगी। ठीक तुम्हारे साधुओं जैसी कुशल, गणित में पक्की। इसने देखा कि दोनों सम्हाल लो। न यह संसार जाए, न वह संसार जाए। तो आधी भैंस उस संसार में खड़ी है; स्वतंत्रता के खुले आकाश में, पूंछ को भीतर छोड़ दिया है। कम से कम उतनी जगह बनाए रखो, कभी भी लौटना हो तो रास्ता न खो जाए। और ध्यान रखना, पूंछ तुम्हारी बाहर गई कि दरवाजा बंद हो जाता है। सोच कर बाहर निकालना। उतना दरवाजा खुला रखना, बीच में खड़े रहना। कभी मन बदल जाए और भीतर आना पड़े! और मन प्रतिपल बदल रहा है।

और मन की एक आखिरी बात खयाल ले लो कि मन हमेशा विरोधों को चाहता है। तुम उस तरह का प्रेम चाहते हो, जो केवल प्रार्थना करने वाले को मिलता है; और तुम उस तरह की वासना भी चाहते हो, जो केवल कामी को मिलती है। और ये दोनों एक को कभी नहीं मिलती। तुम वह प्रेम चाहते हो जो परमात्मा का है; और तुम वह वासना तृप्त करना चाहते हो, जो पशुओं की है। और ये दोनों एक साथ नहीं हो सकते। इसमें तुम दोनों को बिगाड़ लोगे। तुम न यहां के रहोगे, न वहां के।

यह भैंस ऐसी ही दशा में खड़ी है। न तो मुक्त आकाश में जा सकती है, क्योंकि पूंछ को पीछे छोड़ रखा है। और न पीछे लौट सकती है, क्योंकि मुक्त आकाश बुलाता है, स्वतंत्रता पुकारती है।

मेरे पास लोग आते हैं; उनकी, अधिकतम लोगों की सौ में से निन्यानबे कठिनाई, यह भैंस की दशा है। वह मुझसे कहते हैं, 'यह भी सम्हल जाए, वह भी सम्हल जाए।' वे कहते हैं, 'घर है, गृहस्थी है, दुकान है, बाजार है, इसको भी सम्हाल लें, और परमात्मा भी मिल जाए।' चाहते हैं यह धन भी पकड़ में रहे, धर्म भी पकड़ में आ जाए। वे थोड़ा बहुत धन छोड़ने को भी राजी हैं, अगर धर्म कहीं बिकता हो।

यह जो त्रिशंकु की दशा है, यह बड़े संताप से भर देगी। यह भैंस शांत नहीं हो सकती; यह आज नहीं कल पागल हो जाएगी। क्योंकि दो नावों पर कोई कैसे चढ़ सकता है? और दोनों नावें विपरीत दिशा में जा रही हैं। पूंछ थोड़ी देर एक जगत में और भैंस थोड़ी देर दूसरे जगत में हो जाएगी। और दोनों के बीच जो खिंचाव पैदा होगा वही तुम्हारा संताप और चिंता है। तुम्हारी एंग्जाइटी क्या है? चिंता क्या है?

गोसो बड़ी मीठी कहानी कहा। इस कहानी में उसने तुम्हें पूरी तरह पकड़ लिया। और सोचो मत; नहीं तो चूक जाओगे, समझ न पाओगे। इस कहानी को सीधा देखो। इसमें बुद्धि लगाने की कोई जरूरत ही नहीं है। इतनी सरल है कि बुद्धि लगाई, कि

जटिल कर लोगे। यह तो सीधा तथ्य है, एक फैक्ट है। इसे सीधा देखो; अपनी जिंदगी में कहां तुम खड़े हो। क्या तुम भी बीच में नहीं खड़े हो? और क्या पूंछ की आकांक्षा तुम्हारे मन में भी जोर नहीं मार रही है?

मेरे पास लोग आते हैं; अगर मैं उन पर जरा कम ध्यान दूं, वे नाराज लौट जाते हैं, पीड़ा होती है। अगर थोड़ा ज्यादा ध्यान दूं तो मुश्किल! वे बीमार लौटते हैं। उनको लगता है, जैसे मुझे उनकी कोई जरूरत है। कुछ भी करो, उनको शांत लौटाना बहुत मुश्किल है। क्योंकि बीच में खड़ा हुआ आदमी, दो नावों पर सवार, शांत कैसे हो सकता है। यहां आते हैं शांति के लिए, तो भी अहंकार की आकांक्षा बनी रहती है। वह पीछे भाव बना रहता है। उन्हें पता भी न हो--यही तो मजा है--उन्हें खयाल भी न हो। उनसे पूछो तो वे चौंक जाएं।

इस भैंस को क्या पता है कि बीच में खुद खड़ी हो गई है? यह भी रेशनालाइज कर रही होगी। और भैंसें बड़ा रेशनालाइजेशन जानती हैं। यह भी सोच रही होगी कि मैं बीच में खड़ी नहीं हूं, किसी ने पूंछ पकड़ ली है। मैं बीच में खड़ी नहीं हूं, आगे रास्ता ही नहीं है। मैं बीच में खड़ी नहीं हूं। दरवाजे से मैं तो निकल आई, लेकिन पूंछ उलझ गई है। जब तक पूंछ सुलझ न जाए, मैं बाहर कैसे निकलूं? यह भी अपने को समझा रही होगी। यह अचेतन है घटना। चेतन रूप से पूर्ण मुक्ति चाहती है भैंस; अचेतन रूप से अहंकार भी चाहती है।

तुम्हारा अहंकार तुम्हारा अचेतन तथ्य है, अनकांशस है। तुम्हें खयाल में भी नहीं है कि तुम हर वक्त उसे चाह रहे हो। रास्ते से भी तुम गुजरते हो, अगर रास्ते पर कोई नहीं है तो तुम्हारा चेहरा और होता है। फिर अचानक रास्ते पर कोई आ जाता है, तत्क्षण तुम्हारा चेहरा बदल जाता है। तुम सम्हल जाते हो, टाई ठीक कर लेते हो। अगर आइना हो तो तुम आइना देख लो। तुम स्त्रियों जैसे नासमझ नहीं, नहीं तो एक बैग हाथ में रख लो, जल्दी से आइना निकाल कर ठीक-ठाक कर लो। आखिर यह दूसरे की मौजूदगी... तुम क्या सम्हालरहे हो? पूंछ सम्हाल रहे हो। यह आइना जो है, इसमें तुम पूंछ देख रहे हो। चेहरा देखने के लिए आइने की क्या जरूरत है? दूसरे के आने से तुम्हें इतना बेचैन होने की क्या जरूरत है? तुम जैसे अकेले थे, वैसे ही रह सकते थे। नहीं, तुम जैसे अकेले थे वैसे नहीं रह सकते। क्योंकि सवाल दूसरे का है।

मैंने सुना है, एक पति अपनी पत्नी से कह रहा था कि अब सीमा के बाहर बात हो गई है। रोज तुझसे कह रहा हूं; पैंट के बटन टूट गए हैं, कभी कोट के बटन टूट गए

हैं, कभी कमीज के; अगर बटन तक नहीं लगा सकती तो स्त्रियां और क्या कर सकती हैं? तो उसकी स्त्री ने कहा कि और अगर स्त्रियां न हों, तो तुम पुरुषों की क्या गति हो जाए? तुम बटन तक अपनी नहीं सम्हाल सकते? उस पुरुष ने कहा कि अगर स्त्रियां न हों तो हम बटन लगाएं ही किसलिए? बटन उन्हीं के लिए लगाए हुए हैं।

कपड़े हम दूसरों के लिए पहने हुए हैं। बटन हम दूसरों के लिए लगाए हुए हैं। चेहरे हम दूसरों के लिए ओढ़े हुए हैं। पुरुष स्त्रियों के लिए सजा है। स्त्रियां पुरुषों के लिए सजी हैं। सब दूसरे के लिए। लेकिन दूसरे से क्या रस है? दूसरे से क्या मिल रहा है?

जब एक सुंदर स्त्री राह पर चलते, गुजरते लौट कर तुम्हें देख लेती है तब तुम्हारी पूंछ एकदम बड़ी हो जाती है। तब तुम अकड़ कर आते हो, गीत गुनगुनाने लगते हो। कदमों में गति आ जाती है, जोश आ जाता है, शक्ति आ जाती है। अभी भी स्त्रियां तुम्हारी तरफ देखती हैं!

मैंने सुना है, एक कैशियर, एक महिला एक बैंक में काम करती थी। उसने एक दिन उदास होकर अपने मालिक को कहा कि मुझे कुछ महीने दो महीने की छुट्टी चाहिए। ऐसा लगता है कि उम्र का असर होने लगा और शरीर कुछ कमजोर मालूम पड़ता है। स्वास्थ्य के लिए मैं थोड़ी दिन के लिए पहाड़ पर चली जाऊंगी। उसके मालिक ने कहा, तुम पूरी स्वस्थ सब तरह ठीक हो। क्या जरूरत है? तुम्हें कैसे पता चला? डॉक्टर को दिखाया? उसने कहा कि नहीं, लोगों को मैं चिल्लर वापस लौटाती हूं, उन्होंने कुछ दिनों से गिनना शुरू कर दिया है। जब स्त्री सुंदर न रह जाए तो लोग चिल्लर गिनने लगते हैं। स्त्री सुंदर हो, जल्दी से खीसे में डालते हैं, क्योंकि फिर यह जरा अशोभन हो जाए!

अहंकार पूरे समय प्रत्येक गतिविधि में मौजूद है। सब भांति छिपा खड़ा है, पर अचेतन है। और अगर तुमने सोचा-विचारा तो वह छिप जाएगा, क्योंकि सोचने-विचारने के सामने अचेतन के द्वार नहीं खुलते, बंद हो जाते हैं।

इसलिए फ्रायड ने अचेतन के आविष्कार की जो विधि निकाली है, वह फ्री-एसोसिएशन है। वह मुक्त विचारों की अभिव्यक्ति है। तो फ्रायड की एक कुशलता थी कि वह कभी मरीज के सामने नहीं बैठता था। मरीज को लेटा देता कोच पर। वह भी बैठा नहीं रखता, लेटा देता। और कोच के पीछे एक पर्दा होता और परदे के पीछे वह बैठता। जब फ्रायड के शिष्य उससे पूछते कि आप मरीज को लेटने पर क्यों जोर देते हो? तो वह कहता कि बैठने में अकड़ ज्यादा होती है।

यह बात सच है, खड़े होने में और भी अकड़ ज्यादा होती है। लेटने में अकड़ सबसे कम होती है, क्योंकि लेटना कोई बड़ी भारी बात नहीं; बच्चे भी कर लेते हैं। और जब आदमी लेटता है तो पशुओं के जगत में वापस लौट जाता है। खड़े होकर वह पशुओं से अलग है। बैठ कर पशुओं से अलग है। लेट कर तो पशुओं के साथ एक है। इसलिए बैठे-बैठे सोना बड़ा मुश्किल, खड़े-खड़े सोना तो बहुत ही मुश्किल, शीर्षासन करते हुए सोना तो असंभव है। लेकिन लेट कर आदमी सो जाता है, क्योंकि रिलैक्स होता है। प्रकृति में गिर जाता है।

तो फ्रायड कहता है, लेट कर आदमी का अचेतन सक्रिय हो जाता है, चेतन कम हो जाता है। इसलिए लेट कर तुम अगर बहुत विचार करना चाहो, तो न कर पाओगे। विचार करने के लिए बैठना जरूरी है। और, अगर और ही बहुत विचार करना हो तो ठीक योगी की तरह रीढ़ को बिलकुल सीधा करके बैठना जरूरी है। रीढ़ के सीधे होने से ध्यान का संबंध कम, तीव्र विचार का संबंध ज्यादा है; एकाग्रता का संबंध ज्यादा है। और अगर तुम्हें कोई और ही बहुत तकलीफ की बात हो जो विचार करनी हो तो अक्सर तुमने देखा होगा कि फिर तुम उठ कर चलने लगोगे। कुछ अगर सूझ ही न रहा हो तो खड़े होकर तुम विचार करोगे, लेटे कि आदमी शिथिल हो जाता है। तो फ्रायड कहता है, अचेतन को उघाड़ना है, इसलिए लेटाता हूं।

उसके शिष्य कहते हैं, 'फिर आप सामने क्यों नहीं बैठते?' तो वह कहता है, 'अगर सामने रहो तो वह दूसरा आदमी अहंकार से भरा रहता है। जब तक कोई मौजूद है, तब तक वह रिलैक्स नहीं होगा, शिथिल नहीं होगा। इसलिए परदे के पीछे बैठता हूं, ताकि वह समझे कि अकेला है; चेहरे उतार कर रख दे। दूसरा नहीं है, कोई डर नहीं है।'

और फिर उसकी प्रक्रिया थी, जो भी उसके भीतर आए, वह बिना सोचे-विचारे उसको कहता जाए। व्यर्थ के विचार होंगे, असंगत विचार होंगे, कोई तर्क न बिठाए, कुछ सोचे ना, बस कहता जाए। ताकि उसका अचेतन प्रकट हो। और अचेतन में ही सारी बीमारियां हैं।

जब तुम सोचोगे, अचेतन के दरवाजे बंद हो जाते हैं। जब तुम नहीं सोचोगे, तब अचेतन के द्वार खुलते हैं। इसलिए रात नींद में अचेतन के द्वार खुल जाते हैं। तुम्हारे स्वप्न अचेतन से निकले हुए विचार हैं। इसलिए तुम्हारे सपने जितने सच्चे हैं, तुम्हारा जागरण उतना सच्चा नहीं। और तुम्हें अपने संबंध में कुछ पता लगाना हो, तो मनोवैज्ञानिक कहते हैं अपने सपने के संबंध में पता लगाना है। क्योंकि जागते में तो

तुम धोखा दे सकते हो, सपने में तुम धोखा नहीं दे सकते। जागते में तुम बिलकुल एक पत्नीव्रता हो, एक पतिव्रता हो; सोते में यह सब खो जाता है। सोते में सारे जगत की स्त्रियां तुम्हारी। सोते में तुम फिकर नहीं करते कि यह स्त्री पड़ोसी की है कि अपनी है। सच तो यह है कि अपनी पत्नी का सपना शायद ही किसी पति को आता हो। कभी आया है? आया तो समझना कि दिमाग में कुछ गड़बड़ी है। अपनी पत्नी का सपना किसको आता है? दूसरी पत्नियों के सपने आते हैं। क्योंकि जो-जो तुमने दबाया है, वह अचेतन से प्रकट होता है। जिस-जिस को तुमने छिपाया है, अचेतन द्वार खोल देता है। और सपने तब तक कायम रहेंगे, जब तक तुम्हारा अचेतन पूरा खाली न हो जाए।

इसलिए सिर्फ ध्यानी निस्वप्न सोता है। जो ध्यान को उपलब्ध नहीं हुआ, उसकी रात तो स्वप्नों से भरी रहेगी। उसकी नींद तो बीमार है, रुग्ण है, ज्वरग्रस्त है। उसकी नींद तो एक कोलाहल है। उसकी नींद एक सन्नाटा नहीं। उसकी नींद एक शांति नहीं है, एक उपद्रव है, अराजकता है। उसकी नींद में भी बाजार भरा है, दुकान चल रही है, वासनाएं दौड़ रही हैं। नींद एक तरह की रोज की विक्षिप्तता है तुम्हारी। इसलिए अक्सर लोग रात के बाद सुबह और थके हुए उठते हैं। रात भर के सपने थका देते हैं। दिन भर में किसी तरह ठीक हो पाते हैं, फिर रात आ जाती है। फिर सपने थका देते हैं। रात तुम्हें शांत करती, स्वस्थ करती। उलटी हालत है।

सोचना मत। अन्यथा द्वार अचेतन का तत्क्षण बंद हो जाएगा। जैसे ही तुमने सोचा कि तनाव पैदा हुआ। तनाव पैदा हुआ कि तुम बंद हो गए। मन बहुत छुईमुई है। तुमने पौधा देखा होगा, जिसका नाम छुइमुई है। छुओ, उसके पत्ते बंद हो जाते हैं। ऐसा ही मन छुइमुई है। विचारो, और उसके पत्ते बंद हुए। मत विचारो, सिर्फ देखो। बैठ जाओ छुइमुई के पौधे के पास, सिर्फ देखो। थोड़ी देर में उसके बंद पत्ते फिर खुल आते हैं। सिर्फ देखो।

देखना ध्यान है। और उस देखने में तुम पाओगे, अचेतन खुल रहा है।

उस अचेतन में तुम पाओगे कि तुम खड़े हो, तुम्हीं भैंस हो। सोचना नहीं है, यह तुम्हारे जीवन का तथ्य है। और तुमने अपनी मरजी से पूंछ भीतर छोड़ी है। अब अगर तुम चाहते हो कि पूंछ भीतर रहे और तुम बाहर रहो, तो यह तुम्हारा निर्णय। अब शोरगुल मत मचाओ और दुखी मत होओ। तुम अपने ही विचार का अनुसरण कर रहे हो। स्वीकार कर लो। तब धर्म-वर्म की खोज मत करो, फिर मोक्ष परमात्मा मत पूछो, फिर अपने को धोखा मत दो।

या तुम तय करो कि यह पूंछ अपने ही हाथ से छोड़ी। जब पूरा ही मैं निकल गया, तो फिर पूरा ही क्यों न निकल जाऊं--पूंछ ही सहित? तो फिर बाहर निकल जाओ। कोई तुम्हें रोकने वाला नहीं।

तुम्हारी स्वतंत्रता में तुम्हारे अतिरिक्त और कोई बाधा नहीं है। तुम्हारे अतिरिक्त तुम्हारा कोई शत्रु नहीं है।

गोसो बड़ी मीठी बात और बड़ी मीठी कहानी से कह दिया है। इसे सोचना मत। बैठ जाना और इसे देखना। और जिस दिन तुम्हें भैंस की जगह तुम खुद दिखाई पड़ो, उसी दिन कुंजी तुम्हारे हाथ लग जाएगी। जब तक तुम भैंस की तरह किसी और को देखते रहो, तब तक समझना कि अभी कुंजी हाथ नहीं आई।

आज इतना ही।

१८

वासना-रहितता और विशुद्ध इंद्रियां

ओशो, संत उत्झूगेन ने एक दिन अपने शिष्यों से कहा: 'तुममें से प्रत्येक के पास एक जोड़ा कान है, लेकिन उनसे तुमने क्या कभी कुछ सुना? प्रत्येक के पास मुंह है, लेकिन उससे तुमने क्या कभी कुछ कहा? और प्रत्येक के पास आंखें हैं, उनसे क्या कभी कुछ देखा?' 'नहीं-नहीं। तुमने न कभी सुना है, न कभी कहा है, न कभी देखा है, न कभी सूंघा है। लेकिन ऐसी हालत में ये रंग, रूप, स्वर और सुगंध आते कहां से हैं?'

यह झेन सदगुरु जीसस के वचन को दोहरा रहा है। जीसस बोलते थे, तो पहली बात अपने शिष्यों को कहते थे; 'अगर कान हों तो सुनो; आंखें हों तो देखो; समझ हो तो समझ लो।' या कभी कहते कि 'जिनके पास आंखें हों, वे देख लें। और जिनके पास कान हों, वे सुन लें।'

जो भी सुनने वाले थे, सभी के पास कान थे। जो भी सामने बैठे थे, सभी के पास आंखें थीं। जीसस का क्या प्रयोजन होगा?

तुम भी मेरे सामने बैठे हो। कान हैं तुम्हारे पास, आंखें हैं तुम्हारे पास, लेकिन तुम जो देखते हो, वह वही नहीं है जो है। और तुम जो सुनते हो, वह वही नहीं है, जो कहा गया। तुम्हारी वासना तुम्हारी दृष्टि में मिश्रित हो जाती है। तुम्हारे विचार तुम्हारे श्रवण के साथ घुल-मिल जाते हैं। तुम सभी कुछ अशुद्ध कर लेते हो।

बहुत प्रसिद्ध फकीर हुआ यहूदी, बालसेन। बालसेन के शिष्य जो भी बालसेन बोलता था, लिखते थे। बालसेन अक्सर उनसे कहता कि लिख लो, जो मैंने कहा ही नहीं। और यह भी लिख लेना, तुम वही लिख रहे हो, जो मैंने कहा नहीं है।

बालसेन को समझा भी तो नहीं जा सकता। क्योंकि समझ शब्दों से नहीं आती, तुम्हारे अनुभव से आती है। तुम वही तो सुनोगे जो तुम सुन सकते हो।

एक दिन ऐसा हुआ कि बालसेन बोलता ही गया। सुनने वाले थक गए। और थोड़ी ही देर में सुनने वालों के हाथ से सब सूत्र खो गए। यह समझ में ही न आया कि वह क्या बोलता है? कहां बोल रहा है? क्यों बोल रहा है? फिर धीरे-धीरे लोगों के काम का समय हो गया। मंदिर खाली होने लगा। लोगों की दुकानें खुलने का वक्त आ गया। ऑफिस, दफ्तर लोग भागे। आखिर में बालसेन अकेला रह गया। जब आखिरी आदमी जा रहा था तो उसने कहा कि, 'रुक! क्या मेरी जान लेगा?' उस आदमी ने कहा, कि 'मैं क्यों आपकी जान लूंगा? मैं तो जा रहा हूं। सब लोग जा चुके हैं।'

बालसेन ने कहा कि 'मेरी हालत तुमने वैसी कर दी, जैसे कोई आदमी सीढ़ी पर चढ़े। तुम्हें जहां तक दिखाई पड़ा, तुम सीढ़ी को सम्हाले रखे। लेकिन यह सीढ़ी वहां है, जो ज्ञात से अज्ञात तक जाती है। और जैसे ही मैं तुम्हारी आंखों के पार हुआ, तुम सीढ़ी छोड़ कर जाने लगे। मेरी जान लोगे? मैं तो चढ़ गया अज्ञात पर और तुम सब भागे जा रहे हो। सीढ़ी सम्हालने वाला तक कोई नहीं। तो तू जब तक रुका था, तो मैंने सोचा कम से कम एक तो मौजूद है, जो सीढ़ी को सम्हाले रखेगा। तब तक मैं कुछ न बोला। कम से कम मुझे नीचे तो उतर आने दे!'

बुद्ध जहां से बोलते हैं वह सीढ़ी का वह हिस्सा है, जो अज्ञात से टिका है। तुम जहां खड़े हो वह सीढ़ी का वह हिस्सा है, जो ज्ञात की पृथ्वी से टिका है। तुम्हारे बीच संवाद तो होना असंभव है। बुद्ध जो कहेंगे, तुम वह न समझ पाओगे। तुम जो समझोगे, वह बुद्ध ने कभी कहा नहीं।

इसलिए महावीर या बुद्ध के पास जब भी कोई आता तो वे कहते हैं, इसके पहले कि मैं बोलूं, तू सुनने की कला सीख ले। मेरे बोलने से कुछ सार नहीं है। क्योंकि मैं जो भी कहूंगा वह गलत समझा जाएगा। और गलत समझा गया ज्ञान अज्ञान से भी ज्यादा खतरनाक है। अज्ञानी तो विनम्र होता है, भयभीत होता है, डरता है; सोचता है कि मुझे कुछ पता नहीं है, लेकिन अर्धज्ञानी अहंकार से भर जाता है। और उसे लगता

है, मुझे पता है। और एक दफे जिसे खयाल हो गया मुझे पता है और पता नहीं है, उसका भटकना सुनिश्चित है।

इस बात को हम ठीक से समझ लें। 'सम्यक श्रवण' का, 'राइट लिसनिंग' का क्या अर्थ होगा? सम्यक श्रवण का अर्थ होगा, जब कोई बोलता हो, तब तुम सिर्फ सुनो। तब तुम सोचो मत। क्योंकि तुमने सोचा कि एक धुआं खड़ा हो गया। तुमने सोचा, कि तुम्हारे विचार मिश्रित होने लगे। तुमने सोचा कि तुम्हारा मन खिचड़ी की भांति हो गया। तुमने सोचा, कि तुम सुनोगे कैसे?

मन एक साथ एक ही काम कर सकता है। मन की क्षमता दो काम एक साथ करने की नहीं है। और जब कभी तुम दो काम भी करते हो, तब भी तुम समझ लेना; एक क्षण मन एक काम करता है फिर तुम दूसरा काम करते हो। फिर एक काम करता है। लेकिन एक क्षण में मन एक ही काम करता है। तुम बदल सकते हो। तुम मुझे सुनो एक क्षण में फिर एक क्षण सोचो; फिर मुझे सुनो, फिर सोचो। ऐसा तुम कर सकते हो, लेकिन जितनी देर तुम सोचोगे, उतनी देर तुम मुझे चूक जाओगे। इसका यह अर्थ नहीं है कि आवाज तुम्हारे कानों में न पड़ेगी, आवाज तो पड़ेगी; कान झंकृत होंगे, शब्द सुने जाएंगे, लेकिन समझे न जा सकेंगे।

तुम्हारे घर में आग लग गई हो, रास्ते पर कोई गीत गा रहा हो, क्या तुम वह गीत सुन सकोगे? गीत सुनाई तो पड़ेगा, लेकिन तुम न सुन सकोगे। तुम वहां मौजूद नहीं। तुम्हारे घर में आग लगी है, तुम चिंता से भरे हो; तुम्हारे मन में लपटें उठ रही हैं। भविष्य, अतीत सब सामने खड़ा हो गया है; अब क्या होगा? तुम भयातुर हो, तुम पत्ते की तरह कंप रहे हो तूफान में; तुम गीत सुन सकोगे? गीत कान पर पड़ेगा, आवाज तो टकराएगी, ध्वनि तो सुनी जाएगी, लेकिन अगर बाद में कोई तुमसे पूछेगा कि 'कौन सा गीत गाया गया था?' तुम कहोगे, 'कैसा गीत! किसने गाया?'

घर में आग लग गई है, और तुम भागे जा रहे हो, रास्ते पर लोग नमस्कार करेंगे, क्या तुम उनकी नमस्कार सुन सकोगे? यह भी हो सकता है कि तुम जवाब भी दो, फिर भी तुमने सुना नहीं। यह भी हो सकता है कि हाथ यंत्रवत उठें और नमस्कार का उत्तर दे दें। आदत के कारण एक ऑटोमैटिक, यंत्रवत तुम व्यवहार कर लो, लेकिन नमस्कार न तो तुमने सुनी, न तुमने जवाब दिया। तुम सोए हुए थे। तुम वहां थे ही नहीं।

सम्यक श्रवण का अर्थ होगा, जब बोला जाए तो तुम चुप रहो। तुम्हारे भीतर की जो अंतर्वाता है, वह मौन हो जाए। तुम्हारे भीतर कोई तरंगें न चलती हों। तब तुम्हारा

सुनना शुद्ध होगा। तभी बुद्ध कहेंगे, झेन फकीर कहेंगे कि तुमने सुना, तुमने कानों का उपयोग किया। तुम जब देखते हो तब तुम देखते ही नहीं हो, तुम जो देखते हो, उसके ऊपर प्रक्षेप भी करते हो; प्रोजेक्ट भी करते हो।

रास्ते से एक सुंदर स्त्री गुजरती है; तुमने देखा, तुम कहते हो सुंदर है। लेकिन सौंदर्य तो तुम्हारी वासना में होगा कहीं। शरीर न तो सुंदर होते हैं और न कुरूप। जब वासना मन में भरी होती है, तो आंखों से वासना जाती है, शरीर पर पड़ती है, शरीर सुंदर हो जाता है। कुरूप से कुरूप स्त्री भी किसी क्षणों में सुंदर हो सकती है, अगर मन वासना से भरा हो।

मैंने सुना है कि एक सेनापति युद्ध के मैदान पर, अपने सैनिकों के साथ एक प्रयोग कर रहा था। और वह प्रयोग यह था कि वह उन्हें अत्यंत कुरूप स्त्रियों के नग्न चित्र देखने को देता था। लोग हाथ में उठाते और पटक देते। चित्र कुरूप ही नहीं थे, वीभत्स भी थे; देख कर मन ग्लानि से भर जाए। उसके एक मित्र ने पूछा: 'यह तुम क्या कर रहे हो?'

उसने कहा कि 'यह चित्र कुछ दिन देखने के बाद जब युद्ध के मैदान पर सैनिक घर से लौटता है, तो पटक देता है, देखता नहीं। लेकिन महीने-पंद्रह दिन में इन चित्रों में भी सौंदर्य दिखाई पड़ने लगता है। और जब मैं देखता हूं कि इन चित्रों में भी देखने में रस आने लगा तब मैं समझता हूं, अब इस सैनिक को छुट्टी देने का वक्त आ गया, इसको घर भेजना चाहिए। अब स्त्री का अभाव इतना ज्यादा हो गया कि अब यह कुरूप और वीभत्स स्त्री भी सुंदर मालूम पड़ने लगी।'

चित्र वही है। आंख अब वासना को फेंक रही है। तुम सोचते हो कि स्त्री सुंदर है, इसलिए तुम्हें प्रेम हो जाता है, तो तुम गलती में हो। तो तुम्हें जीवन का कुछ भी पता नहीं है। प्रेम के कारण स्त्री सुंदर दिखाई पड़ती है, प्रेम के कारण सुंदर नहीं होती। जब प्रेम खो जाएगा, तो यही सुंदर स्त्री साधारण हो जाएगी।

मैंने सुना है, एक आदमी अपने घर लौटा। और उसने पाया कि उसका निकटतम मित्र उसकी पत्नी का चुंबन ले रहा है। मित्र घबड़ा गया। उस आदमी ने कहा, घबड़ाओ मत। मैं सिर्फ एक ही प्रश्न पूछना चाहता हूं। मुझे चुंबन लेना पड़ता है, क्योंकि यह मेरी पत्नी है। लेकिन तुम क्यों ले रहे हो? तुम पर कौन सा कर्तव्य आ पड़ा है?

आदमी की वासना जैसे ही चुकती है, सौंदर्य खो जाता है।

दो शराबी एक शराबघर में बैठ कर बात कर रहे थे। आधी रात हो गई और एक शराबी दूसरे से कहता है, 'इतनी रात तक बाहर रुकते हो, पत्नी नाराज नहीं होती?' तो उस दूसरे आदमी ने कहा कि 'पत्नी? मैं विवाहित नहीं हूं।' तो उस पहले आदमी ने कहा: 'तुम और चकित करते हो। अगर विवाहित ही नहीं तो, इतनी रात तक यहां रुकने की जरूरत क्या है?'

लोग पत्नियों से बचने के लिए ही तो आधी-आधी रात तक शराबघरों में बैठे हैं! उस शराबी ने कहा: तुम मुझे हैरान करते हो। अगर विवाहित ही नहीं हो तो इतनी रात तक यहां किसलिए रुके हो?

जिससे हम परिचित हो जाते हैं, उसी से आकर्षण खो जाता है। इसलिए वासना को जो भी मिल जाता है, वही व्यर्थ हो जाता है। जो दूर है, वह सुंदर लगता है। जो पास है, वह कुरूप हो जाता है। जो हाथ में है, वह असार मालूम पड़ता है। जो हाथ के बाहर है, बहुत पार है, जिसको हम पा भी नहीं सकते जो हमारी पहुंच से बहुत दूर है उसका सौंदर्य सदा बना रहता है।

आंखें सिर्फ अगर देखें, और जो देखें उसमें कुछ डालें ना, तो आंखों ने देखा। लेकिन तुम कैसे देखोगे? तुम्हारी आंखें डालने का काम ही कर रही हैं। तुम्हारी आंखें धागे भी फेंक रही हैं वासनाओं के। तो तुम जो भी देखते हो, उस पर तुम्हारी वासना भी तुम फेंक रहे हो। आंख इकहरा मार्ग नहीं है, डबल-वे ट्रैफिक है। उसमें तुम्हारी आंख से भी कुछ जा रहा है। आंख में भी कुछ आ रहा है। ये दोनों मिश्रित हो रहे हैं। इन मिश्रित आंखों से जो देखा जाएगा, वह सत्य नहीं हो सकता।

इसलिए ज्ञानियों ने कहा है, जब तुम्हारी आंखें शून्य हों और जब तुम्हारी आंखें कुछ भी जोड़ेंगी नहीं, तब सत्य तुम्हारे लिए प्रकट हो जाएगा। शून्य आंखें लेकर जाना, दर्पण की तरह आंखें लेकर जाना; तभी तुम जान सकोगे, जो है उसे।

यह झेन फकीर ठीक कह रहा है। यह अपने शिष्यों को कह रहा है, कि 'तुम्हारे पास कान हैं, तुम्हारे पास आंखें हैं, लेकिन मैं तुमसे पूछता हूं, तुमने कभी देखा? तुमने कभी सुना? तुम्हारे पास नाक है, तुमने कभी सुगंध ली?'

तुम्हारे पास इंद्रियां तो हैं, लेकिन जब तक इंद्रियों के पीछे वासना छिपी है, तब तक तुम्हारी इंद्रियां विकृत हैं।

बुद्धपुरुष की इंद्रियां शुद्ध हो जाती हैं। यह सुन कर तुम्हें थोड़ी हैरानी होगी।

क्योंकि तुम तो सोचते रहे हो, सुनते रहे हो कि बुद्धपुरुष की इंद्रियां रह ही नहीं जातीं। मैं तुमसे कहता हूं, बुद्धपुरुष के पास ही इंद्रियां होती हैं, तुम्हारे पास तो इंद्रियां विकृत हैं। बुद्धपुरुष की इंद्रियां शुद्ध होती हैं। उसकी आंख देखती है; सिर्फ देखती है। कुछ जोड़ती नहीं, अपनी तरफ से कुछ डालती नहीं।

तुम बड़ा अजीब खेल खेल रहे हो। तुम्हारी ही आंखें सौंदर्य को डाल देती हैं किसी की देह में, और फिर तुम उसके पीछे लग जाते हो। क्योंकि इतने सुंदर व्यक्ति को बिना पाए तुम कैसे रह सकते हो? तुम्हारा ही लोभ धन पर उतर जाता है, और धन की महिमा हो जाती है और फिर तुम धन के पीछे पागल हो जाते हो। तुम ही डालते हो और तुम ही फिर पागल हो जाते हो। तुम ही एक खेल रचते हो अपने चारों तरफ, और फिर उसमें दीवाने हो उठते हो।

बुद्धपुरुष देखते हैं, सुनते हैं, स्वाद लेते हैं। उनकी गंध का क्या कहना! वे गंध का पूरा रस उपलब्ध करते हैं। लेकिन चूंकि भीतर कोई वासना नहीं है, चित्त निर्वासना से भरा है, चित्त वासना-मुक्त हो गया है; इसलिए उनकी आंखें, उनके कान शुद्ध द्वार होते हैं। बुद्धपुरुष उनसे बाहर नहीं जाते, संसार उनसे भीतर आता है। उनकी आंखों से रोशनी भीतर उतरती है। लेकिन कोई वासना उनकी आत्मा को बाहर नहीं ले जाती।

बुद्धपुरुष अपने में थिर रहते हैं। इंद्रियां शुद्धतम काम करती हैं। उनकी संवेदना परिपूर्ण हो जाती है। इसलिए अगर कोई पक्षी गीत गाएगा, तो जैसा गीत बुद्धपुरुष सुनते हैं, तुम नहीं सुन पाओगे। तुम्हारे पास कान नहीं हैं। और जब वर्षा में वृक्ष हरे हो उठते हैं, तो बुद्धों ने जैसी हरियाली देखी है, तुम न देख पाओगे। तुम्हारे पास आंखें नहीं हैं। क्षुद्र से क्षुद्र में बुद्ध को विराट दिखाई पड़ेगा। आंखें तुम्हारे पास हों तो तुम्हें भी दिखाई पड़ेगा।

तुम पूछते हो, परमात्मा कहां हैं? अच्छा हो कि तुम पूछो कि मेरे पास आखें कहां हैं? तुम पूछते हो, कैसे सुनें कि वह अमृत वाणी सुनाई पड़े, ओंकार की ध्वनि गूंजे? पूछो कि तुम्हारे पास कान नहीं हैं। कान कैसे पाओ? क्योंकि ओंकार चारों तरफ गूंज रहा है। जिसके पास कान शुद्ध हैं, उसे ओंकार के सिवाय कुछ और सुनाई पड़ता ही नहीं। जिसके पास आंखें शुद्ध हैं, पदार्थ खो जाता है, परमात्मा प्रकट हो जाता है। यह शुद्ध आंखों का दर्शन है। जो सूंघ सकता है, उसे परमात्मा की गंध के सिवाय दूसरी गंध सूंघने में नहीं आती।

अब हम ऐसा कह सकते हैं, अशुद्ध आंखों से जब हम देखते हैं, तो पदार्थ दिखाई पड़ता है। परमात्मा शुद्ध आंखों की प्रतीति है। अशुद्ध कानों से सुनते हैं, शब्द सुनाई पड़ते हैं। शुद्ध कानों से सुनते हैं, सत्य सुनाई पड़ता है।

इंद्रियां तुम्हारी शत्रु नहीं हैं। लेकिन शुद्ध इंद्रियां चाहिए। तुम एक ऐसी दूरबीन लिए बैठे हो, जो विकृत है। उससे तुम जो भी देखते हो, वह विकृत हो जाता है।

इंद्रियों का शुद्धिकरण योग है।

और जितनी ही तुम्हारी इंद्रियां शुद्ध होती जाती हैं, उतना ही तुम्हारा प्रत्यक्ष निर्मल होता जाता है।

ऐसा हुआ, मगीध नाम का एक यहूदी फकीर जंगल में भटक गया--कहानी है। कहानी बड़ी मीठी है। शैतान ने उसे भटका दिया। क्योंकि मगीध से शैतान बड़ा परेशान था। यह उसकी सुनता ही नहीं था। और हजार उपाय करता था, सब असफल हो जाते थे। तो मगीध और उसके एक शिष्य जो जंगल से गुजर रहे थे, उनको शैतान ने रास्ता भटका दिया। जंगल में भटक रहे हैं, रास्ता मिलता नहीं है। और बड़ा हैरान हुआ म गीध, कि उसकी स्मृति खोती जा रही है। वह जो भी जानता था, वह भूलता जा रहा है।

उसने अपने शिष्य को कहा कि 'यह तो बड़ी मुश्किल मालूम होती है। यह शैतान का हाथ मालूम होता है। मैं जो भी जानता था, वह भूल रहा है। सब शास्त्र खो गए, सब प्रक्रियाएं खो गईं, मेरी शक्ति छिनती जा रही है। तू कुछ कर! तूने मुझे इतना सुना है, कुछ तो तुझे याद होगा! उसमें से कुछ बोल। कोई प्रार्थना, जो मैं रोज करता था।'

उस शिष्य ने कहा: 'अगर मेरे पास कान होते, तो मैं तुम्हारी प्रार्थना भी सुनता। मैंने सुनी हैं प्रार्थनाएं, लेकिन वे मैंने मेरी तरह से सुनी हैं। वे ठीक नहीं हो सकतीं। और जब तुम्हारी ठीक प्रार्थनाएं भटक गईं, तो मेरी गैर-ठीक प्रार्थनाएं क्या काम आएंगी? मैं भी भूलता जा रहा हूं, मैं भी घबड़ा गया हूं।'

मगीध ने कह: 'तुझे कुछ तो याद होगा मेरे सुने हुए में से'। उसने कहा: 'अब तुम जोर ही देते हो तो सिर्फ अल्फाबेट--ए बी सी डी: अलीफ, बे--वही मुझे याद है। अ ब स द, बस वही मुझे याद है। और तो सब मुझे भूल गया है।'

तो मगीध ने कहा: 'कोई हर्जा नहीं। देर मत कर! इसके पहले कि वह भी भूल जाए, तू जोर से अलीफ, बे का पाठ शुरू कर। वर्णमाला का पाठ शुरू कर।'

शिष्य ने आज्ञा मानी। उसने ए बी सी डी का पाठ जोर से शुरू किया। मगीध उसके पीछे पाठ को दोहराने लगा। मगीध दोहराने में ऐसा तल्लीन हो गया, समाधिस्थ हो गया।

शैतान छोड़ कर भाग खड़ा हुआ। क्योंकि ऐसे तन्मय चित्त के पास शैतान नहीं टिक सकता। परमात्मा के फूलों की वर्षा होने लगी। सब ज्ञान वापस लौट आया। मगीध के शिष्य ने पूछा: 'यह तो चमत्कार कर दिया! सिर्फ वर्णमाला के पाठ से!'

मगीध ने कहा: 'सभी शास्त्रों में जो है, वह वर्णमाला से ज्यादा नहीं। वर्णमाला में सभी कुछ आ जाता है, कुछ बचता नहीं। और फिर मैंने जब पूरी वर्णमाला दोहरा दी, तो मैंने परमात्मा से कहा कि अब तू ठीक से जमा ले। प्रार्थना तो मेरी तुझे पता ही है। यह वर्णमाला यह रही, तू जमा ले। और उसने जमा दिया। और प्रार्थना पूरी हो गई।'

अगर भाव हो तो वर्णमाला वेद हो जाती है। अगर भाव न हो तो वेद भी वर्णमाला से ज्यादा नहीं है। अगर निर्विचार चित्त हो तो मंत्रों की जरूरत नहीं। निर्विचार चित्त में अ ब स का पाठ भी कर लिया जाए, तो मंत्र हो जाते हैं। और विचार से भरे चित्त में तुम कितने ही मंत्र दोहराओगे, सब व्यर्थ हो जाते हैं। तुम कितना ही ओंकार का पाठ करो, ओम-ओम दोहराओ, यह सब ऊपर-ऊपर है, भीतर तुम्हारी वासनाएं दौड़ रही हैं। और तुम्हारी वासनाएं तुम्हारे ओम को विकृत कर रही हैं। उनका धुआं घना है। वहां ओम की ज्योति जल नहीं सकती।

इस गुरु ने ठीक कहा अपने शिष्यों को कि तुम्हारे पास कान तो दिखाई पड़ते हैं, लेकिन हैं नहीं। तुम्हारे पास आंखें तो दिखाई पड़ती हैं, लेकिन हैं नहीं।

और फिर उसने एक बहुत अजीब सवाल पूछा और उसने कहा कि अगर तुम्हारे पास न कान है, न आंख है, न नाक है, तो मैं तुमसे पूछता हूं यह गंध, यह रूप, यह रंग, कहां से पैदा हो रहा है?

कहानी यहीं पूरी हो जाती है। बड़ा गहरा सवाल उसने उठाया। यह संसार जो तुम्हें दिखाई पड़ रहा है, अगर तुम्हारे पास देखने के यंत्र ही नहीं हैं तो यह संसार कहां से पैदा हो रहा है? तुम भी देख तो रहे हो कि वृक्ष हरा है। तुम भी देख तो रहे हो कि फूल में गंध है और रंग है। अगर तुम्हारी आंखें और कान और तुम्हारी इंद्रियां सब बंद पड़ी हैं, विकृत पड़ी हैं, तो यह इतना बड़ा संसार कैसे पैदा हो रहा है?

ज्ञानी कहते हैं कि यह संसार तुम्हारी वासना से पैदा हो रहा है। इसलिए शंकर इसे माया कहते हैं। माया का अर्थ है, स्वप्नवत है; तुमने पैदा किया है। तुम वह नहीं देख रहे हो, जो है। तुम वही देख रहे हो, जो तुम चाहते हो। यह तुम्हारी चाह का फैलाव है। जिस दिन तुम्हारी चाह समाप्त हो जाएगी, उस दिन तुम उसे देखोगे, जो है। और जो है, वह बड़ा अलग है।

यहां वृक्ष नहीं हैं, यहां परमात्मा ही फूलों में खिल रहा है। यहां आकाश में बादल नहीं भटक रहे हैं, यहां परमात्मा ही आकाश में भटक रहा है। यहां कंकड़-पत्थर नहीं पड़े हैं, यहां परमात्मा की प्रतिमाएं ही हैं--लेकिन जिस दिन तुम चाह का फैलाव न करोगे, तुम्हारा प्रोजेक्शन न होगा।

फिल्मगृह में तुमने प्रोजेक्टर देखा है; प्रोजेक्टर पीछे लगा होता है। उसकी तरफ तो तुम देखते भी नहीं, परदे पर आंख लगी होती है। और परदे पर कुछ भी नहीं होता, धूप-छाया का खेल होता है। असली चीज तो प्रोजेक्टर है। वह पीछे से चित्र फेंक रहा है। परदे पर चित्र बन रहे हैं। परदा खाली है, लेकिन चित्रों से ढंक जाता है।

तुम्हारा मन तो पर्दे से ज्यादा नहीं है। और तुम्हारी वासना प्रक्षेपण कर रही है। तुम्हारी वासना तुम्हें जो दिखाना चाहती है, वह तुम्हें दिखाई पड़ रहा है। इसलिए अगर तुम बहुत वासना से भर जाओ कृष्ण की, तो कृष्ण भी तुम्हें दिखाई पड़ने लगेंगे। लेकिन तुम यह मत सोचना कि कृष्ण तुम्हें मिल गए। ये कृष्ण भी उसी माया का हिस्सा हैं। तुमने इतना चाहा कि वे दिखाई पड़ने लगे। तुम्हारी चाह ने उन्हें पैदा कर लिया।

जीसस के भक्त को जीसस दिखाई पड़ जाते हैं, कृष्ण कभी दिखाई नहीं पड़ते। कृष्ण के भक्त को कृष्ण दिखाई पड़ते हैं; राम दिखाई नहीं पड़ते। बुद्ध के भक्त को बुद्ध दिखाई पड़ते हैं; कृष्ण, जीसस का कोई पता नहीं चलता। क्या हो रहा है?

यह अनुभूति, अनुभूति नहीं है। यह प्रक्षेपण है। कृष्ण का भक्त अपनी सारी चाह को एकाग्र करके कृष्ण की मांग कर रहा है। अगर तुम मांगे ही चले जाओ--भूखे, प्यासे, दिन और रात; न सोओ, न चैन लो, तुम अपने सारे मन में एक ही गूंज से भर जाओ: 'कृष्ण--कृष्ण--कृष्ण'... आज नहीं कल, कितनी देर लगेगी? तुमने इतना बड़ा संसार पैदा कर लिया, तुम छोटे से कृष्ण को भी पैदा कर लोगे। तुम उनसे बातें करोगे, खेलोगे; और ऐसा नहीं कि तुम ही बोलोगे, तुम्हारे कृष्ण तुम्हें उत्तर भी देंगे। लेकिन तुम ही! वह मोनोलॉग है। तुम एकालाप कर रहे हो। कोई वहां कृष्ण बोलने वाला नहीं, तुम दोनों तरफ से जवाब दे रहे हो।

मन की क्षमता अदभुत है। मन माया को निर्मित कर लेता है। इस बात को खयाल से समझ लो।

जब तक तुम्हारी चाह है, तब तक तुम सत्य को नहीं जान सकोगे। तब तक तुम जो भी जानोगे, वह माया है। इसलिए परमात्मा की चाह नहीं की जा सकती। और जो परमात्मा को चाहता है, वह भटक जाता है। परमात्मा को तो तब जाना जाता है, जब

तुम्हारी कोई चाह नहीं बचती। इसलिए बुद्ध जैसे ज्ञानियों ने इनकार ही कर दिया। कह दिया कि कोई परमात्मा नहीं है, कोई कृष्ण नहीं है, कोई राम नहीं है, बचो इन से। तुम एक ही काम करो सिर्फ, कि तुम अपनी चाह को काट डालो। फिर जो है, वह प्रकट हो जाएगा। तुम उसे नाम मत दो, अन्यथा तुम्हारी कल्पना उस नाम को पकड़ लेगी और तुम खेल में लग जाओगे।

रात तुम सपना देखते हो, तब सपने में सब सपना सच ही मालूम पड़ता है। कभी सपने में खयाल आता है कि यह सपना है? अगर कृष्ण के भक्त को और राम के भक्त को एक ही कमरे में बंद कर दो, तो रात कृष्ण का भक्त बांसुरी को बजते हुए सुनेगा, राम का भक्त बिलकुल नहीं सुनेगा। राम का भक्त देखेगा धनुर्धारी राम खड़े हैं। रातभर पहरा दे रहे हैं। कृष्ण के भक्त को इनका पता ही नहीं चलेगा। और पता चल जाए तो इनको निकाल बाहर करेगा कि यहां कमरे में तुम क्या कर रहे हो?

मन की गहनतम क्षमता है--प्रोजेक्शन; माया का फैलाव। तुम जो चाहते हो, वह दिखाई पड़ने लगेगा। तुम बड़े शक्तिशाली हो।

यह झेन गुरु पूछता है कि फिर कहां से हो रहा है रूप, रंग पैदा? यह आकृतियां कहां से निर्मित हो रही हैं, जब तुम न देखते, न तुम सुनते?

ये तुम्हारी वासना से फैल रही हैं। क्या ऐसे क्षण की कोई संभावना है, जब तुम निर्वासना से देख सको, सुन सको? उस दिन तुम्हें परम गंध का अनुभव होगा।

भक्तों ने, ज्ञानियों ने बहुत उल्लेख किए हैं; कि जब ज्ञान की आंख खुलती है, या हृदय के द्वार खुलते हैं, या जब वासना गिर जाती है, और चित्त निर्मल और निर्विकार हो जाता है तो ऐसी ध्वनि सुनाई पड़ने लगती है, जो अनाहत है।

एक तो ध्वनि है, जो आहत है। कोई ताली बजाए, तो आवाज सुनाई पड़ती है। दो चीजें टकराएं तो आवाज पैदा होती है। टकराने से जो ध्वनि पैदा होती है वह आहत है। मैं बोल रहा हूं यह भी आहत है, क्योंकि यंत्र टकरा रहा है। बोलने का यंत्र आवाज कर रहा है।

ज्ञानी कहते हैं, जब सब वासना खो जाती है तो अनाहत वाणी सुनाई पड़ती है। वह वाणी सुनाई पड़ती है, जो किसी टकराहट से पैदा नहीं हो रही। वही वाणी ओंकार है। वह सब तरफ गूंज रही है, लेकिन तुम उसे देख न पाओगे। तुम तो उस ओंकार में भी अपना हिसाब बना रहे हो।

कभी तुम ट्रेन में सफर करते हो, गाड़ी के चाक छक-छक, झक-झक करते हुए चलते हैं। तुम जो भी गीत सुनना चाहो, उसमें सुन सकते हो। यह हो सकता है कि राम का भक्त वहां बैठा हुआ हो, वह उस छक-छक में 'राम-राम-राम-राम' सुनने लगे। और उसके बगल में बैठा हुआ मुसलमान, 'अल्लाह हू-अल्लाह हू' सुनने लगे। तुम कोशिश करना। तुम दोनों सुनने की कोशिश करना; जैसे ही तुम कोशिश करोगे उसी ध्वनि में अल्लाह हू बैठ जाएगा, उसी ध्वनि में राम बैठ जाएगा। तुम वही सुन लोगे, जो तुम सुनना चाहते हो। मनोवैज्ञानिक इसे गेस्टाल्ट कहते हैं।

आकाश में तुम देखते हो, तुम्हें गणेशजी दिखाई पड़ सकते हैं, बदलियों में; अगर तुम गणेश के भक्त हो। तुम आकार चुन लोगे। दूसरा जो गणेश का भक्त नहीं है, उसे समझ में ही नहीं आएगा कि कैसे गणेशजी? कहां के गणेशजी? उसे कुछ और दिखाई पड़ेगा। अगर कोई कामातुर व्यक्ति है तो उसे कुछ कामवासना के चित्र आकाश में दिखाई पड़ जाएंगे।

यह तो निराकार है। आकार तुम इसमें बनाते हो। और आकार तुम्हारी वासना से बनता है। और जब तक तुम्हारी वासना ही शून्य न हो जाए, तब तक निराकार प्रकट न होगा। तब तुम्हें न राम दिखाई पड़ेंगे, न कृष्ण; तब तुम्हें वह दिखाई पड़ेगा, जो है। उसी को हमने ब्रह्म कहा है। इसलिए ब्रह्म की कोई आकृति नहीं है। राम की आकृति है, कृष्ण की आकृति है, ब्रह्म की कोई आकृति नहीं, वह निराकार है। उसकी कोई प्रतिमा नहीं बनती, कोई बनाई नहीं जा सकती। वह तो उसी दिन प्रकट होगा, जब सब प्रतिमाएं गिर जाएंगी। तुम सभी प्रतिमाओं को छोड़ दोगे, तब अप्रतिम, तब निराकार प्रकट होगा।

दो उपाय हैं इस जगत में जीने के; एक उपाय तो है वासनाओं को फैलाना, वह संसारी का उपाय है। और एक है वासनाओं की निर्जरा करनी है, वह संन्यासी का उपाय है। संन्यासी उसको देखने की कोशिश में लगा है, जो है। वह अपनी तरफ से कुछ जोड़ना नहीं चाहता। और संसारी वही देखने में लगा है, जो वह चाहता है। वह वही नहीं देखना चाहता, जो है।

तुम्हारे घर बच्चा पैदा हो, तो संसारी देखता है कि परम जीवन का जन्म हुआ। और संन्यासी देखेगा, तो उसे दिखाई पड़ेगा, यह मौत पैदा हुई। क्योंकि जो पैदा हुआ है, वह मरेगा। तुम हंसोगे, नाचोगे; संन्यासी रोएगा कि एक मौत और घटी, एक लाश और निर्मित हुई। एक रूप बना, अब बिखरेगा।

तुम्हें यश मिलेगा--अगर तुम संसारी हो, तो तुम सोच भी नहीं सकते कि यश कभी खोएगा। अगर तुम संन्यासी हो, तो तुम देखोगे कि यह यश लहर का चढ़ाव है; जल्दी ही उतार भी आ जाएगा। इस जगत में जो चीजें भी चढ़ती हैं, वे उतरती हैं। और जिसने सिंहासन खोजा, वह आज नहीं कल जमीन पर गिरेगा। जिसने यश चाहा, प्रतिष्ठा मांगी, उसे अपमान मिलेगा। जिसने स्तुति की खोज की, वह गालियों की तलाश कर रहा है।

तुम जो मांग रहे हो, उससे विपरीत जल्दी ही घटेगा। क्योंकि वासनाएं सभी द्वंद्वग्रस्त हैं; अपने विपरीत को अपने साथ ले आती हैं। तुमने चाहा कि इस मित्र से कभी बिछोह न हो, बस उसी दिन बिछोह के बीज बो दिए। और तुमने कहा, यह प्रेमी सदा मेरे पास रहे, उसी दिन तलाक की शुरुआत हो गई।

मुल्ला नसरुद्दीन से कोई पूछ रहा था, कि 'तुम जीवन के बड़े अनुभवी हो। तलाक रोज बढ़ते जाते हैं, क्या तुम उसका कोई कारण बता सकते हो?' नसरुद्दीन ने कहा: 'मैं सोचूंगा।' महीने भर बाद उस आदमी ने फिर पूछा, और नसरुद्दीन ने कहा: 'मैंने बहुत सोचा और मूल कारण खोज लिया।' उस आदमी ने कहा: 'बताओ, क्योंकि इस मूल कारण से दुनिया का लाभ होगा।' नसरुद्दीन ने कहा: 'मूल कारण, विवाह। न होगा विवाह, न होगा तलाक।'

विवाह हुआ कि तलाक होगा। कुछ लोग तलाक के बाद भी साथ रहते हैं, यह बात दूसरी है। कुछ लोग ज्यादा ईमानदार हैं तलाक के बाद अलग हो जाते हैं; यह बात दूसरी है। लेकिन जहां हुआ विवाह, वहां तलाक होगा। जहां हुआ प्रेम, वहां घृणा होगी। वासना का स्वभाव विपरीत से संयुक्त है। जो तुमने पाया, उसे तुम खोओगे। पाने में ही खोना घट गया है। थोड़ी देर लगेगी। थोड़ा समय लगेगा।

संन्यासी उसको देखता है, जो है।

संसारी उसको देखता है जो वह चाहता है, जो हो।

संसारी अपनी वासना से देखता है, इसलिए एक जगत निर्मित कर लेता है, जो काल्पनिक है। कौन है पत्नी? कौन है पति? कौन है पिता? कौन है मां? कौन है अपना और कौन है पराया? क्या है, जिसे तुम कह सकते हो, मेरा है? क्या है जिसे तुम जन्म के साथ लाए थे? क्या है, जिसे तुम मौत के बाद साथ ले जाओगे?

लेकिन मध्य में एक बड़ा साम्राज्य तुम निर्मित करते हो। कहते हो, मेरा है। उसके लिए दुखी होते हो, सुखी होते हो, पीड़ित-परेशान होते हो। बड़ा उपद्रव पैदा होता

है। बिना यह पूछे कि जब मैं कुछ लाया नहीं और जब मैं कुछ ले जा न सकूंगा तो इस थोड़ी सी देर में, जहां सराय में विश्राम किया है, वहां अपने का फैलाव क्यों करूं?

जैसे किसी स्टेशन के विश्रामगृह में तुम बैठे हो, और शोरगुल मचाने लगो कि यह फर्निचर मेरा है; कि तू क्यों इस कुर्सी पर बैठा है? यह मेरी है। लेकिन तुम यह मचाते नहीं शोरगुल, क्योंकि तुम जानते हो घड़ी भर बाद तुम्हारी ट्रेन आ जाएगी; तुम पकड़ोगे ट्रेन और विदा हो जाओगे। यह विश्रामालय है, यह तुम्हारा कोई घर नहीं।

लेकिन सात मिनट रुके, कि सात घंटे, कि सत्तर वर्ष, इससे क्या फर्क पड़ता है? समय क्या असत्य को सत्य कर देगा? समय की लंबाई क्या विश्रामालय को घर बना देगी? सिर्फ समय की लंबाई से इतना हो सकता है, तुम्हारी बुद्धि दोनों छोर को मिला नहीं पाती कि तुम आए और गए। इसलिए मेरे और तेरे का बड़ा उपद्रव खड़ा होता है।

यह झेन गुरु कह रहा है कि तुम्हारे पास आंखें तो हैं, लेकिन तुमने देखा नहीं। क्योंकि देखना हो, तो आंखों को निर्धूम होना चाहिए। आंखों में फिर वासना नहीं होनी चाहिए। जब तक तुम्हारी आंख में वासना का बादल तैर रहा है, तब तक तुम जो भी देखोगे, वह गलत होगा--आंख निर्मल चाहिए, कोरी चाहिए, खाली चाहिए, ताकि आंख प्रतिबिंब बनाए; ताकि आंख दर्पण हो और जो है, वही दिखाई पड़े। कान निर्मल होने चाहिए, ताकि वही सुनाई पड़े, जो है। काश! तुम वही देख सको, जो है--तुम मुक्त हो जाओगे।

जो मैं कह रहा हूं, अगर तुम वही सुन सको, तुम मुक्त हो सकते हो। अन्यथा जो मैं कह रहा हूं, तुम उससे भी बंध जाओगे। शास्त्र मुक्त नहीं करते, बांध लेते हैं। गुरु स्वतंत्रता नहीं बनता और एक नई परतंत्रता बन जाता है। तुम उसके पैर भी पकड़ कर जंजीरें खड़ी कर लेते हो। तुमने कुछ गलत सुना; अन्यथा तुम बुद्धों को भी पिघला कर जंजीरें कैसे बनाते?

सभी मंदिर कारागृह हो गए हैं। सभी चर्च गुलामियां हैं। सभी धर्म तुम्हारे ऊपर बोझ बन जाते हैं। और आश्चर्य की बात यह है कि इन सभी को जन्म देने वालों ने तुम्हारी मुक्ति का पैगाम दिया था। वे पैगंबर थे, तुम्हें स्वतंत्र करने के लिए आतुर थे। वे चाहते थे कि तुम मुक्त आकाश में उड़ जाओ, तुम्हारे पंख खुलें, और तुम्हारे पिंजरे टूट जाएं।

लेकिन तुम बड़े होशियार हो। तुमने उनसे भी पिंजरे निर्मित कर लिए। तुमने उनसे भी सींकचे ढाल लिए। तुमने उनसे भी कारागृह बना लिया। तुम्हारी कुशलता का

अंत नहीं! तुम उनकी प्रतिमाएं अपने कारागृह में ले आए, बजाय कि तुम उनके साथ खुले आकाश में गए होते। तुम उन्हें भी अपने कारागृह के भीतर ले आए। तुमने अपने कारागृह की दीवारों को उनके चित्रों से सजा लिया है। अब यह कारागृह और भी छोड़ने जैसा मालूम नहीं पड़ता। यह बड़ा प्यारा है।

तुम कुछ ऐसे हो, तुम्हारी वासना का गणित कुछ ऐसा है कि तुम जंजीरों को आभूषण समझ लेते हो। तुम हीरे-मोती लगा लेते हो उन पर, फिर छोड़ना भी मुश्किल हो जाता है। तो तुम्हें जो भी मुक्त करने आता है, तुम उससे ही बंध जाते हो। हिंदू, मुसलमान, ईसाई बंधनों के नाम हैं। मुक्ति का भी क्या कोई नाम हो सकता है? कारागृहों के नाम हो सकते हैं, मुक्त आकाश का क्या नाम होगा? कारागृहों की सीमाएं हो सकती हैं, मुक्त आकाश की क्या सीमा होगी? तुम धर्म को भी गुलामी में बदल लेते हो, क्योंकि तुम जो सुनते हो, वह वही नहीं है, जो कहा गया है।

बुद्ध के जीवन में उल्लेख है कि एक रात वे बोले। उनके शिष्य मौद्गलायन ने उनसे पूछा, कि 'क्या भगवान, हम वही सुन पाते हैं, जो तुम बोलते हो? क्योंकि मुझे कभी-कभी शक होता है। जब मैं दूसरों से बात करता हूं तो पता चलता है, उन्होंने कुछ और सुना, मैंने कुछ और सुना। और बड़ा विवाद होता है। तुम्हारे जीते-जी विवाद होता है। लोग इसी में विवादग्रस्त हो जाते हैं कि बुद्ध का क्या अर्थ था! और अभी तुम मौजूद हो।'

बुद्ध ने कहा: 'यह स्वाभाविक है। बोलने वाला एक, सुनने वाले बहुत हैं। इसलिए बोली तो एक बात जाती है, लेकिन सुनी उतनी ही जाती हैं, जितने सुनने वाले हैं। क्योंकि तुम मन से सुनते हो, आत्मा से नहीं। और मन का स्वभाव है, व्याख्या करना। वह तत्क्षण व्याख्या करता है।'

बुद्ध ने कहा: 'कल रात ही की घटना तुमसे कहूं। जब मैंने रात के अंतिम प्रवचन के बाद कहा कि भिक्षुओ, मित्रो! अब उठो; अब रात्रि का अंतिम कार्य करो।'

सांकेतिक शब्द था बुद्ध का। बोलने के बाद वे कहते कि अब रात्रि की अंतिम प्रक्रिया में लीन हो जाओ। तो भिक्षु ध्यान करते और फिर सोने में चले जाते। ध्यान अंतिम प्रक्रिया थी।

बुद्ध ने कहा: 'कल एक चोर भी आया हुआ था, कल एक वेश्या भी आई हुई थी। और जब मैंने कहा कि मित्रो! अब रात्रि के अंतिम काम में संलग्न हो जाओ, तो तुम्हें खयाल आया ध्यान का। चोर ने सोचा कि काफी रात हो गई, चांद ऊपर चढ़ गया,

अब मैं जाऊं, काम-धंधे का वक्त हुआ। वेश्या ने सोचा, बहुत देर हो गई, पता नहीं, ग्राहक अब मिलेंगे भी या नहीं मिलेंगे? मैंने एक ही बात कही थी। वेश्या ने अपना अर्थ लिया, चोर ने अपना, भिक्षुओं ने अपना। फिर भिक्षुओं ने भी अलग-अलग अर्थ ही लिए होंगे।'

जब तक तुम्हारा मन है, तब तक तुम अलग ही अर्थ लोगे। मन अलग करने की प्रक्रिया है। कुछ भी कहा जाए, तुम उसकी व्याख्या करोगे। व्याख्या कौन करेगा? तुम करोगे।

व्याख्या का क्या अर्थ है? व्याख्या का अर्थ है, तुम्हारा अतीत, तुम्हारी स्मृति, तुम्हारा ज्ञान, तुम्हारा अनुभव व्याख्या करेगा। तुम अपने अतीत के माध्यम से, जो मैं तुमसे कह रहा हूं, उसको समझोगे। तत्क्षण वह कुछ और हो गया, क्योंकि तुमने वही नहीं समझा, जो मैंने कहा। तुमने वह समझा, जो तुम्हारे अतीत की क्षमता थी। तुमने जो मैंने कहा, उसे अपने मन के बर्तन में ढाल लिया। उसका आकार बदल गया, उसका रूप बदल गया, उसकी गंध बदल गई। और अब तुम यही सोचोगे कि यही मैंने तुमसे कहा था।

गीता की हजार व्याख्याएं हैं। कृष्ण का तो एक ही अर्थ हो सकता है। या फिर कृष्ण पागल रहे होंगे, तो हजार अर्थ हो सकते हैं। क्योंकि जिसकी वाणी का हजार अर्थ होगा, उसका अर्थ हुआ कि उसमें कोई अर्थ ही नहीं है। कृष्ण की वाणी का तो एक ही अर्थ रहा होगा। जब अर्जुन से कहा था, तो बात का एक ही अर्थ रहा होगा। लेकिन अर्जुन के सुनते-सुनते ही दो अर्थ हो गए होंगे--एक कृष्ण का, एक अर्जुन का। फिर व्याख्याएं हैं। फिर संजय ने पूरी की पूरी घटना अंधे धृतराष्ट्र को कही--तीसरा अर्थ हो गया होगा। फिर धृतराष्ट्र ने सुनी, चौथा अर्थ हो गया।

और धृतराष्ट्र के बाद तो कितने व्याख्याकार हो चुके हैं। उन सबने अपना अर्थ कर लिया। फिर तुम पढ़ते हो, तब तुम्हारा अपना अर्थ होता है। अगर कृष्ण आ जाएं, तो बहुत हैरान होंगे। यह उन्होंने कहा कब था? यह अर्थ तो उनका है ही नहीं। यह हो भी नहीं सकता। लेकिन इससे अन्यथा भी होने का उपाय नहीं है, क्योंकि कृष्ण का अर्थ तुम तभी समझ सकोगे, जब तुम कृष्ण की चेतना की स्थिति में हो। उसके पहले कोई उपाय भी नहीं है। क्योंकि अर्थ तो तुम्हारे अनुभव की सीढ़ी से समझे जाते हैं।

तुम सीढ़ी के नीचे खड़े हो और मैं सीढ़ी के ऊपर से बोल रहा हूं, तो यह जो सीढ़ी का फासला है, यह कौन तय करेगा? या तो तुम चढ़ो और मेरे पास आओ; तो

जो मैं कह रहा हूं, वह तुम सुन सको। या मैं उतरूं और तुम्हारे पास आऊं, ताकि तुम जो समझ सकते हो, वह समझ सको। चढ़ना कठिन है। और मुझे उतरने को राजी नहीं किया जा सकता। लेकिन तुम अर्थ को नीचे उतार ले सकते हो, वह सुगम है। मैं ऊपर से बोलता रहूंगा, तुम नीचे से समझते रहोगे। तुम वहीं खड़े-खड़े व्याख्या करते रहोगे। वह व्याख्या मैंने जो कहा, उसे वहां ले आएगी, जहां तुम खड़े हो। वह व्याख्या गलत होगी। सभी व्याख्याएं गलत हैं।

जब यह मैं कहता हूं, तो तुम हैरान होओगे, क्योंकि तुम सोचते हो, कि कोई एकाध व्याख्या सही होगी। नहीं, कोई व्याख्या सही नहीं हो सकती। व्याख्या की जरूरत ही बताती है कि तुमने बदल दिया। जो है, वह है। उसकी व्याख्या की कोई भी जरूरत नहीं। तुम बोले कि गया!

रात तुम मेरे पास बैठे हो, चांद पूर्णिमा का आकाश में निकला है। मैंने कहा कि 'देखो, चांद सुंदर है' कि गड़बड़ हो गई बात। व्याख्या हो गई। मैं बीच में आ गया-- इतनी व्याख्या भी! अब तुम चांद को न देख पाओगे, क्योंकि मेरे शब्द बीच में खड़े हो गए। मैंने कहा, 'सुंदर है'। इन शब्दों को सुनते ही तुम्हारे भीतर शब्दों का जाल उठेगा। या तो तुम कहोगे, कैसा सुंदर? या तुम कहोगे, हां, सुंदर है। या तो तुम राजी होओगे, या विरोध करोगे। या तुम कहोगे, इतना कुछ सौंदर्य नहीं कि कहने लायक है। लेकिन अब तुम कुछ प्रतिक्रिया करोगे। वह प्रतिक्रिया मेरे वक्तव्य पर होगी। चांद दूर हो गया। अब तुम चांद को न देख पाओगे।

सभी व्याख्याएं गलत हैं। ज्ञानियों ने व्याख्या नहीं की है, इशारे किए हैं।

झेन फकीर कहते हैं, 'हम अंगुलि उठा कर बताते हैं। हम कहते नहीं कि चांद है। हम कहते नहीं कि सुंदर है, हम सिर्फ इशारा करते हैं।'

लेकिन तुम कुछ झेन फकीरों से कम होशियार हो? तुम चांद को देखते नहीं, तुम अंगुलि को पकड़ लेते हो। तुम कहते हो, कितनी प्यारी अंगुलि! कितनी सुंदर अंगुलि! शास्त्रों की पकड़ अंगुलि को पकड़ने से पैदा होती है। शब्द पकड़ लिए जाते हैं। फिर तुम उनकी व्याख्या करते हो, फिर तुम अपना जाल निर्मित कर लेते हो।

नहीं, तुम सुन नहीं सकते, क्योंकि सुनने के लिए शून्य कान चाहिए। और तुमने शून्य कान जैसी कोई चीज देखी ही नहीं। तुम भरे कान जानते हो, जो पहले ही शोरगुल से भरे हैं।

एक बाजार से दो फकीर निकल रहे हैं। सांझ अजान का समय हो गया, और दूर मस्जिद से अजान की आवाज आई। बाजार में बड़ा शोरगुल है। बाजार है! चीजें ली जा रही हैं, बेची जा रही हैं, नीलाम हो रहा है। शेयर मार्केट हो, कौन जाने! बड़ा शोरगुल मचा हुआ है। वहां अजान सुनाई भी नहीं पड़ सकती। लेकिन एक फकीर ने सुन ली। उसने कहा कि 'भागें हम, वक्त हो गया नमाज का।'

दूसरे फकीर ने कहा: 'हद कर दी तुमने! कैसे सुन ली इस शोरगुल में? यहां किसी ने नहीं सुनी। यह भीड़ पूरे अपने काम में लगी है। लोग बेच रहे हैं, खरीद रहे हैं, दाम तय कर रहे हैं। यहां कौन सुनेगा अजान बाजार में, और मस्जिद बहुत दूर है।'

उस फकीर ने कहा: 'जो भी तुम सुनना चाहो, वह तुम सुन लेते हो। रात मां सोती है, तूफान आ जाए, आंधी हो, बादल गरजें, बिजली कड़के, पानी गिरे, सुनाई नहीं पड़ता। बच्चा थोड़ी सी आवाज कर दे, रोए, करवट बदले, सुनाई पड़ जाता है।

उस फकीर ने कहा: 'यह तो ठीक है, लेकिन कोई प्रत्यक्ष प्रमाण?' तो उस पहले फकीर ने रुपये का एक सिक्का खीसे से निकाला और जोर से सड़क पर गिरा दिया। खन्न की आवाज... चारों तरफ से लोग दौड़ पड़े। बाजार का शोरगुल, वह रुपये की आवाज सुनाई पड़ गई। फकीर ने कहा, 'देखते हो? ये सब यहां रुपये की तलाश में आए हैं। यह बाजार का शोरगुल ही काफी नहीं है। रुपये की आवाज फौरन सुनाई पड़ गई।'

जो हम सुनना चाहते हैं, सुन लेते हैं। जिसकी चाह है, वह पकड़ में आ जाता है। चुनाव चलता है पूरे समय। तुम मुझे सुनोगे, तुम वही चुन लोगे जिसकी खोज में तुम आए थे। तुम वह न सुन पाओगे, जो मैंने कहा। तुम्हें मस्जिद की अजान शायद सुनाई न पड़े, रुपये की खन्न की आवाज सुनाई पड़ जाएगी।

चाह तुम्हारा द्वार है और चाह से तुम भरे हो। और एक चाह नहीं है, अनंत चाहें भीतर भरी हैं। इन भरी हुई चाहों के बीच भीतर से कैसे तुम देखोगे? कैसे तुम सूंघोगे? कठिन है। असंभव है।

क्या उपाय है?

अगर तुम ठीक से समझ पाओ, तो ध्यान इंद्रियों को रिक्त और खाली करने का माध्यम है, प्रयोग है। आंखें खाली हो जाएं, तुम कुछ देखना न चाहो, सिर्फ देखो; जस्ट लुक। तुम कोई तलाश नहीं कर रहे हो, तुम सिर्फ देख रहे हो। जैसे पहले दिन बच्चा पैदा होता है और देखता है, उसमें उसकी कोई चाह नहीं होती; तलाश नहीं होती; क्योंकि वह कुछ जानता ही नहीं है। जो भी दिखाई पड़ता है, देखता है। बच्चे का जो

दर्शन है, वह शुद्ध प्रत्यक्षीकरण है। मनोवैज्ञानिक कहते हैं, संत की आंख फिर वैसी ही हो जाती है; हो जानी चाहिए। नहीं तो वह संत की आंख नहीं।

बच्चा भी देखता होगा। अगर कमरे में एक लाल रोशनी का बल्ब टंगा है तो बच्चा उसे देखता होगा, लेकिन उसके मन में व्याख्या पैदा नहीं होती। वह यह भी नहीं सोच सकता कि यह लाल है, क्योंकि अभी लाल को भी पता चलने में देर है। वह यह भी नहीं सोच सकता कि यह प्रकाश है, क्योंकि उसे अंधेरे का भी कोई पता नहीं; प्रकाश का भी उसे कोई पता नहीं। वह अभी यह भी नहीं कह सकता कि सुंदर है, असुंदर है, क्योंकि अभी कोई धारणाएं निर्मित नहीं हुईं। अभी मन धारणा-शून्य है। अभी वह सिर्फ देखता है--शुद्ध प्रत्यक्षीकरण, प्योर परसेप्शन! अभी कुछ बोलता नहीं। अभी भीतर कुछ उठता नहीं, बस देखता है। आंखें सिर्फ देखती हैं। अभी सिर्फ आंखें पीती हैं, अपनी तरफ से कुछ भी नहीं जोड़तीं।

कान पर आवाज होगी, तो सुनाई पड़ेगी। रविशंकर सितार बजाता हो तो भी बच्चा सुनेगा और बाहर कुत्ते भौंकते हों तो भी सुनेगा। लेकिन न तो कुत्तों का भौंकना कुरूप मालूम पड़ेगा, और न रविशंकर का सितार सुंदर मालूम पड़ेगा। अभी कान शुद्ध हैं, अभी व्याख्या नहीं है। अभी विभाजन नहीं हुआ। अभी दो नहीं हुए, अभी अद्वैत है। अभी कुत्ते की आवाज भी बच्चा उतनी ही गौर से सुनेगा और यह नहीं कहेगा कि 'बंद करो यह बकवास! यह कुत्ते क्यों भौंक रहे हैं? इससे मेरी शांति में खलल पड़ता है।' अभी बच्चे को शांति-अशांति का कोई भी पता नहीं है। अभी तो कुत्ता भौंकता है तो बच्चे के कान खड़े हो जाते हैं। सितार बजती है तो बच्चे के कान खड़े हो जाते हैं। अभी बच्चे का चुनाव नहीं; बच्चा च्वाईस-लेस है। अभी विकल्प-रहित है।

और जो विकल्प-रहित है, वह निर्विकल्प है।

अभी विकल्प खड़े होने में देर है। थोड़े दिन में बच्चा सीखेगा क्या ठीक, क्या गलत। हम उसे सिखाएंगे। हम उसकी आंखों का थोड़ा सा हिस्सा खुला रहने देंगे, बाकी आंखें बंद कर देंगे। हम उसे अंधा बनाएंगे। हम उसके कानों में थोड़े से छिद्र जाने के लिए छोड़ेंगे, बाकी बंद कर देंगे। सब-कुछ भीतर नहीं जाना चाहिए। हम सब इंद्रियों पर नियंत्रण लगा देंगे। अब धीरे-धीरे वह वही देखेगा, जो हम चाहेंगे, देखे। वही सुनेगा, जो हम चाहेंगे सुने। समाज उसकी गर्दन को दबाएगा और सब भांति नियंत्रण देगा। उसके प्रत्यक्षीकरण अशुद्ध हो जाएंगे। फिर उसकी वासनाएं जग रही हैं, शरीर

स्वस्थ हो रहा है। कामवासना उठेगी, इंद्रियां काम करना शुरू करेंगी। भीतर की मांग बढ़ेगी, सब कुरूप हो जाएगा। संसार निर्मित होगा।

जीसस से कोई पूछता है कि कौन तुम्हारे स्वर्ग के राज्य में प्रवेश पा सकेंगे? तो जीसस ने एक छोटे बच्चे को कंधे पर उठा लिया, और कहा कि जो इसकी भांति हैं।

क्या मतलब है? क्या छोटे बच्चे मर जाएं, तो स्वर्ग के राज्य में प्रवेश कर जाएंगे? नहीं, क्योंकि छोटे बच्चे अभी विकृत नहीं हुए। लेकिन विकृत होने की क्षमता उनमें दबी पड़ी है। उन्होंने अभी चोरी नहीं की, लेकिन चोरी कर सकते हैं; करेंगे। अभी द्वैत निर्मित नहीं हुआ, लेकिन बीज पड़ा है, अंकुरित होगा।

तो छोटे बच्चों जैसा, जीसस ने कहा है--छोटे बच्चे नहीं। 'छोटे बच्चों जैसा', इसका अर्थ हुआ कि जो पुनः छोटे बच्चों जैसा हो गया। जो गुजरा संसार से, जिसने देखी वासनाएं, जिसने देखे बाजार, जिसने चुनाव किया, दुख भोगा, पीड़ा पाई, संताप झेला, चिंता की, जिसने सब गंवाया, सब खोया। जिसने अपनी आत्मा को बिलकुल विस्मरण कर दिया बाजार की चीजों में। जिसने चीजें खरीदीं और अपने को बेचा, जिसने अपने बदले में चीजें खरीदीं। इन सबसे गुजरकर जो वापस लौट आया; फिर छोटे बच्चे की भांति हो गया। फिर आंखें निर्मल हो गईं। अब आंखें यह नहीं कहतीं, क्या सुंदर और क्या कुरूप! आंखें सिर्फ देखती हैं, व्याख्या नहीं करतीं। अब कान सुनते हैं। अब यह नहीं कहते कि यह सुनने योग्य और यह न सुनने योग्य।

कभी थोड़ा प्रयोग करो। कभी कुत्ते भौंक रहे हों, तो जल्दी निर्णय मत करो कि क्यों शोरगुल मच रहा है? क्यों बाधा डाली जा रही है? सिर्फ सुनो, व्याख्या मत करो। तुम हैरान हो जाओगे, कुत्तों के भौंकने में भी एक संगीत है। होगा ही, क्योंकि उनसे भी परमात्मा ही भौंकता है। वह भी परमात्मा का एक ढंग है। उस भांति भी उसने होना चाहा है। उसकी भी कोई जरूरत है। तो वीणा के तारों में ही संगीत नहीं है, बादल के गर्जन में भी है, कुत्ते के भौंकने में भी है।

लेकिन तुम जब शांत होकर सुनोगे, तो तुम सभी जगह पाओगे ओंकार गूंज रहा है। जल्दी ही कुत्ते खो जाएंगे और ब्रह्म प्रकट होगा। लेकिन तुम जोड़ो भर मत।

तुम पैसिव हो जाओ, निष्क्रिय हो जाओ--यह सूत्र है, इस पूरी कथा का।

तुम्हारी इंद्रियां सक्रिय हैं, तो तुम संसार निर्मित करोगे। तुम्हारी इंद्रियां क्रिएटिव हैं। तुम कुछ निर्माण कर रहे हो। ध्यानी की इंद्रियां निष्क्रिय हो जाती हैं; सिर्फ द्वार होती हैं--पैसेज। उनसे कुछ निर्मित नहीं होता, सिर्फ खबर दी जाती है। खबर लाने वाला कुछ जोड़ता नहीं है।

तुम्हारी इंद्रियां तब डाकिए की तरह हो जाती हैं। वह चिट्ठी में कुछ जोड़ता नहीं बीच में, खोल कर चिट्ठी में कुछ लिखता नहीं; कुछ काटता-पीटता नहीं। चिट्ठी को वैसा का वैसा ले आता है, जैसी दी गई। उसका काम संदेश को पहुंचा देना है; उसका काम संदेश को बनाना नहीं है। तुम्हारी इंद्रियां तब डाकिए की तरह होंगी। जो भी दिया गया हो, वह उसे भीतर पहुंचा देंगी।

और जिस दिन इंद्रियां सिर्फ पहुंचाती हैं--पैसिविटी, सिर्फ निष्क्रिय हो जाती हैं; उसी दिन तुम ध्यानी हो गए। उसी दिन तुम अचानक पाते हो, सारा जगत ब्रह्म से भरा है।

इंद्रियों ने नहीं भटकाया है तुम्हें। तुम्हारी वासना इंद्रियों के द्वारा जा रही है, उससे तुम भटक रहे हो। इंद्रियों की शत्रुता मत करना। इंद्रियां तो बड़ी प्यारी हैं। आंख का क्या कसूर है? आंख को मत फोड़ लेना। आंख की वजह से कुछ भी भूल नहीं हो रही है। आंख को बंद करके मत बैठ जाना। सुंदर स्त्री गुजरे, तो आंख बंद मत कर लेना। आंख का कोई कसूर नहीं है। और तुमने अगर आंख बंद की, तो तुम और मुश्किल में पड़ोगे। क्योंकि सुंदर स्त्री से छुटकारा अगर इतना आसान होता तो सभी अंधे उससे कभी का छुटकारा पा गए होते। फिर तो अंधे मुक्त हो गए होते। फिर तो अंधों को बुद्धत्व पाने में कोई कठिनाई न होती। लेकिन आंख बंद हो, तो भी वासना उठती है। और आंख बंद हो, तो भी सुंदर स्त्री पैदा होती है। क्योंकि सुंदर स्त्री के बाहर होने की कोई जरूरत नहीं; तुम उसे भीतर ही पैदा कर लेते हो। तुम सपना देखने लगते हो।

और ध्यान रहे, भीतर की सुंदर स्त्री ज्यादा सुंदर होती है, जितनी बाहर की। क्योंकि बाहर की स्त्री थोड़ी तो बाधा डालती है तुम्हारे सौंदर्य के निर्माण करने में। भीतर कोई बाधा डालने वाला नहीं है। भीतर ऑब्जेक्टिव कुछ भी नहीं है, सिर्फ सपना है। तुम जैसा चाहो वैसा निर्मित कर लो।

आंख फोड़ कर कोई मुक्त नहीं होता।

इंद्रियों को काट कर कोई इंद्रियों का विजेता नहीं होता, जितेंद्रिय नहीं होता। लेकिन इंद्रियां अगर शुद्ध हो जाएं, तो जितेंद्रियता फलित होती है।

यह झेन सदगुरु ठीक कह रहा है कि अभी तुमने एक संसार निर्मित किया है अपनी वासना से। इस वासना को हटा लो। यह संसार पूरा तिरोहित हो जाएगा; जैसे किसी ने पर्दा हटा दिया। यह संसार खो जाएगा, और एक दूसरे ही संसार का उदय होगा।

तब तुम कुछ और ही देख पाओगे, और जो तुम देखोगे वही सत्य है। जब भीतर चाह न रही तो जो भी देखा जाता है, वही दर्शन है। जब भीतर चाह न रही तो जो सुना

जाता है, वही श्रवण है। जब भीतर चाह न रही तो जो सूंघा जाता है वही गंध है। तब वह शुद्ध है। तब उसका रूप सत्य का है।

कुछ और

ओशो, एक डर यह और खड़ा होता है कि यदि हम मन के हस्तक्षेप को हटा दें, तो एक ही दृश्य पर, एक ही शब्द पर, एक ही सुगंध पर सारा जीवन खत्म हो जाए!

हो जाने दें। कोई हर्ज नहीं है। क्योंकि जिसे तुम जीवन कहते हो वह तो खत्म होगा ही। उसे बचाने का कोई उपाय नहीं। उसे जो बचाता है, वह व्यर्थ ही मुश्किल में पड़ता है। वह बच नहीं सकता। वह तो जा रहा है।

और अगर चित्त का हस्तक्षेप अलग हो जाए और तुम्हारा जीवन एक में ही लीन हो जाए, यही तो खोज है। अगर गंध में ही तुम डूब जाओ तो गंध तुम्हारा परमात्मा है। तब तुमने गंध से ही उसे जान लिया। तब गंध की इंद्रिय में ही तुम्हारी सारी इंद्रियां लीन हो जाएंगी। तुम गंध का ही द्वार हो जाओगे। तब रोएं-रोएं से तुम सूंघोगे। तब सब तरफ से परमात्मा तुम्हारे लिए गंध बन जाएगा।

इसी कारण अलग-अलग धर्मों में अलग-अलग इंद्रियां महत्वपूर्ण हो गईं।

इस्लाम गंध को बड़ा मूल्य देता है। निश्चित ही मोहम्मद ने परमात्मा को गंध की तरह जाना। मन का हस्तक्षेप अलग हुआ और मोहम्मद नाक हो गए; आंख, कान नहीं। जैसे मोहम्मद का पूरा शरीर, पूरी देह, पूरी काया नाक हो गई। और उन्होंने जिस परमात्मा को पहचाना, वह गंध-रूप था।

इसलिए इस्लाम में इत्र की बड़ी कीमत हो गई, और संगीत का बड़ा विरोध हो गया। मस्जिद के सामने संगीत नहीं बजा सकते। मस्जिद के भीतर संगीत नहीं चल सकता। संगीत का विरोध हो गया, क्योंकि नाक और कान बड़े गहरे में जुड़े हैं। और अगर तुम संगीत सुनते रहो तो धीरे-धीरे तुम्हारी गंध क्षीण हो जाती है। संगीत पर जिसकी बहुत गहरी पकड़ होती है, उसकी नाक धीरे-धीरे गंध लेना बंद कर देती है।

संगीतज्ञ अक्सर, कोई शब्द नहीं है हमारे पास, गंध-अंध हो जाते हैं। क्योंकि आंख वाले को हम कहते हैं, नहीं हैं आंख तो अंधा; कान वाले का कान नहीं है, तो कहते हैं बहरा। और जिसके पास गंध नहीं, उसके लिए हमारे पास कोई शब्द नहीं है,

क्योंकि किसी ने इसकी फिकर ही नहीं की कि उसके भी अंधे होते हैं। जो आदमी कान का बहुत उपयोग करेगा, उसकी नाक की पूरी ऊर्जा कान से बहने लगती है।

इंद्रियां आपस में जुड़ी हैं। इसलिए अंधे अक्सर संगीतज्ञ हो जाते हैं। क्योंकि आंख बंद हो जाती है तो आंख की ऊर्जा कान को मिलने लगती है। इसलिए अंधे जैसा श्रोता खोजना मुश्किल है। क्योंकि अंधा बहुत गहराई से सुनता है। क्योंकि उसके पास कान ही आंख है। आप आते हो, चलते हो, तो अंधा आपके पैर की आवाज भी पहचानता है, क्योंकि वही उसकी पहचान है। आप बोलते हो तो आपकी ध्वनि पहचानता है। वही उसकी पहचान है। अंधे की जो स्मृति है, वह कान से निर्मित होती है, आंख से निर्मित नहीं होती। हमारी स्मृति नब्बे प्रतिशत आंख से निर्मित होती है। अंधे की नब्बे प्रतिशत कान से निर्मित होती है।

तो कान कहीं नाक के स्रोत को पी न जाए, इसलिए इस्लाम ने संगीत को बंद ही कर दिया। यह खतरनाक है--अर्थपूर्ण, फिर भी खतरनाक। क्योंकि अनेक लोगों ने संगीत से परमात्मा को जाना है। और जितने लोगों ने संगीत से जाना है, उतने लोगों ने गंध से कभी नहीं जाना, क्योंकि गंध की क्षमता आदमी की बहुत कमजोर है। पशुओं से बहुत कमजोर है। कुत्ता ज्यादा सूंघता है तुमसे। घोड़ा ज्यादा सूंघता है। शेर, सिंह मीलों तक सूंघता है। तुम क्या सूंघोगे!

आदमी की सूंघने की क्षमता बहुत कम है; श्रवण की क्षमता ज्यादा गहरी है। इसलिए मोहम्मद के अनुभव पर जो आधार निर्मित हुआ, वह था तो ठीक; लेकिन अगर वह सांप्रदायिक मतांधता हो जाए, तो खतरनाक। इसलिए सूफियों का एक वर्ग इस्लाम में पैदा हुआ, जिसने संगीत को वापस लौटा लिया। इसलिए सूफियों को इस्लाम बड़ी बुरी नजर से देखता है। आम मुसलमान बड़ी बुरी नजर से देखता है। और तुम चकित होओगे, सूफियों ने जैसा संगीत विकसित किया है, कम ही लोगों ने विकसित किया है। संगीत से भी परमात्मा तक लोग पहुंचे हैं। मंत्र, ओम् की ध्वनि, राम का पाठ भीतर संगीत पैदा करने की कलाएं हैं।

आंख से तो बहुत लोग सत्य तक पहुंचे हैं। इसलिए हिंदुस्तान में तो हम सत्य की खोज को दर्शन कहते हैं। हमारे पास 'फिलॉसफी' जैसा कोई शब्द नहीं है। हमारे पास शब्द है--'दर्शन।' दर्शन का अर्थ तो विज़न है; उसका अर्थ फिलॉसफी नहीं। आंख से देख-देख कर इतने लोग पहुंचे हैं; लेकिन पहले व्यक्ति के जीवन में जो घटना घटती है, वह दूसरों के लिए अंधापन हो जाती है।

मोहम्मद की गंध बड़ी तेज रही होगी। और उन्होंने परमात्मा को गंध की तरह जाना। और आप भी परमात्मा को गंध की तरह जान सकते हैं। कोई भी एक इंद्रिय उसका द्वार बन सकती है। और अक्सर ऐसा होगा, कि जब भी उसका द्वार खुलेगा, एक ही इंद्रिय सारी इंद्रियों को पी जाएगी। वह घटना इतनी बड़ी है कि उसमें किनारे टूट जाएंगे। पांच नदियां अलग-अलग नहीं बहेंगी, एक ही हो जाएंगी। और एक नदी सबको आत्मसात कर लेगी, संगम हो जाएगा।

पर उससे भय क्या है?

मन सदा भयभीत है। और मन हर चीज से भयभीत है। तुम कुछ भी करो; मन पहला काम करता है, भय को खड़ा करता है। मन का भय क्यों है इतना गहरा? क्योंकि जहां भी कोई जीवंत अनुभव घटा, वहां मन की मौत हुई। मन मौत से डरता है। अगर तुम्हारी गंध परमात्मा बन जाए, मन गया! फिर तुम वापस मन में न लौट सकोगे। तो मन भयभीत होता है। वह कहता है, लौट आओ इस तरफ। मत जाओ, यहां खतरा है। यहां मेरे मर जाने का डर है।

रामकृष्ण घंटों तक बेहोश हो जाते थे। किसी ने इसकी ठीक से खोज नहीं की कि बात क्या थी? बुद्ध कभी बेहोश नहीं हुए रामकृष्ण जैसे। रामकृष्ण बेहोश हो जाते। रामकृष्ण के परमात्मा का अनुभव आंख का तो नहीं है। क्योंकि आंख खुली रहे, होश चाहिए। रामकृष्ण का अनुभव मोहम्मद का भी नहीं है। गंध का भी नहीं है। रामकृष्ण का अनुभव सूफियों के संगीत का भी नहीं है, मीरा के संगीत का भी नहीं है। कृष्ण की बांसुरी का भी नहीं है।

यह मैं तुमसे पहली बार कहता हूं कि रामकृष्ण बेहोश हो जाते थे, क्योंकि उनका अनुभव परमात्मा का, स्वाद का है। यह बात कभी कही नहीं गई है। इसलिए इसके लिए प्रमाण तुम कहीं भी नहीं खोज सकोगे। परमात्मा को चखा रामकृष्ण ने। वह स्वाद का अनुभव है। और स्वाद एकदम बेहोशी में ले जाएगा, क्योंकि स्वाद इतनी भीतरी इंद्रिय है! सभी इंद्रियां बाहर हैं स्वाद के मुकाबले--कान भी बाहर, नाक भी, आंख भी; स्वाद बहुत गहरे में है।

और इसका कारण है। क्योंकि रामकृष्ण भोजन के बड़े प्रेमी थे, इसीलिए। चर्चा चलती ब्रह्मज्ञान की, बीच-बीच में उठकर चौके में शारदा को पूछ आते थे, 'क्या बन रहा है?' शारदा तक को संकोच लगता था, कि 'लोग क्या कहेंगे? तुम ब्रह्मचर्चा छोड़ कर बीच में चौके में आते हो?' थाली लेकर शारदा आती तो रामकृष्ण बैठे नहीं रह जाते थे, एकदम खड़े हो जाते थे, थाली में झांकते, क्या है?

स्वाद से ब्रह्म को जाना था। भोजन उनके लिए ब्रह्म था। उपनिषदों ने जहां कहा है, अन्न ब्रह्म है। वह किसी ने स्वाद से जान कर कहा होगा, नहीं तो अन्न को कोई ब्रह्म कहेगा? सुन कर हमको भी थोड़ा बेहूदा लगता है। अन्न ब्रह्म! भोजन ब्रह्म! लेकिन किसी ने स्वाद से जाना होगा।

और बड़े मजे की बात है कि रामकृष्ण इतने दीवाने थे भोजन के, और उनको जब बीमारी हुई तो कंठ का कैंसर हुआ। फिर यह आखिरी परीक्षा थी स्वाद की। होनी ही चाहिए। रामकृष्ण को ही हो सकती है। रामकृष्ण का कंठ अवरुद्ध हो गया। फिर आखिरी दिनों में वे भोजन नहीं कर पाते थे। कैंसर हो गया था।

विवेकानंद ने एक दिन रामकृष्ण को कहा कि 'परमहंस देव! आप एक शब्द तो कह दें परमात्मा को, जिससे आप इतने निकट से जुड़े हैं; कि हटाओ इस कंठ-अवरोध को। और कितना प्यारा था भोजन आपको! स्वाद में आप कितना रस लेते थे! और हम पीड़ित होते हैं कि आप भोजन कर नहीं पाते। पानी तक भीतर ले जाना मुश्किल है।'

तो रामकृष्ण कहते, 'एक दिन मैंने उससे कहा तो उसने कहा, इस कंठ से बहुत भोजन कर लिया, अब दूसरे कंठों से कर। अब मैं तुम्हारे कंठों से भोजन का रस ले रहा हूं। उसकी बड़ी कृपा है, उसने यह कंठ अवरुद्ध कर दिया। अब सभी कंठ मेरे हैं। अब जहां भी कोई स्वाद ले रहा है, मैं ही स्वाद ले रहा हूं। अब मैं तुमसे भोजन करूंगा।'

निश्चित ही रामकृष्ण ने परमात्मा को स्वाद की भांति जाना, और फिर सारी इंद्रियां उसी में डूब गईं। कभी छह घंटे, कभी आठ घंटे, कभी छह दिन रामकृष्ण बेहोश पड़े रह जाते। वे स्वाद में लीन! बुद्ध ने परमात्मा को आंख से जाना होगा। आंख के लिए होश चाहिए, स्वाद के लिए लीनता चाहिए।

लेकिन रामकृष्ण ने कभी यह किसी को कहा नहीं। बड़े खतरे हैं कहने में। तुमसे अगर कोई कह दे कि स्वाद ब्रह्म है, उसे तुम पहले से ही स्वीकार कर रहे हो। स्वाद के लिए तो जी ही रहे हो। अगर यह बात पता चल जाए कि स्वाद ब्रह्म है, तुम भटक जा सकते हो। क्योंकि मनुष्य की गहरी से गहरी पकड़ भोजन पर है। कामवासना से भी ज्यादा गहरी पकड़ भोजन पर है। इसलिए ब्रह्मचारी होना आसान है, उपवासी होना कठिन है। अगर तुम तीन सप्ताह उपवास करो, तो कामवासना तो अपने आप खो जाती है, लेकिन भूख नहीं खोती। ब्रह्मचर्य से कोई मरता नहीं, लेकिन तीन महीने स्वस्थ से स्वस्थ आदमी भोजन न करे तो मर जाएगा। भोजन ज्यादा गहरे में जरूरी है।

कामवासना तो शायद भोजन का अतिरेक है। भोजन जब खूब मिलता है और तुम हृष्ट-पुष्ट हो, और ऊर्जा बहती है, तब कामवासना उठती है। तो कामवासना एक खेल है, क्रीड़ा है। लेकिन भोजन जीवन की जरूरत है, आवश्यकता है। वह अनिवार्य है; वह नीचे की बुनियाद है।

भोजन नहीं, तो तुम मिट जाओगे। कैसी कामवासना? कामवासना नहीं, तो तुम नहीं मिटोगे। तुमसे बच्चे पैदा न होंगे, समाज मिट जाएगा। इसलिए जो परम स्वार्थी हैं, वे भोजन तो जारी रखेंगे; ब्रह्मचर्य साध सकते हैं। क्योंकि ब्रह्मचर्य से उनका कुछ नहीं मिटता। दूसरे नहीं पैदा होंगे, दूसरे मिटेंगे। तुम्हारे पिता ने ब्रह्मचर्य साधा होता, तो तुम्हें कोई नुकसान था। तुम नहीं हो पाते। तुम ब्रह्मचर्य साधोगे तो कोई नहीं हो पाएगा, जिसका तुम्हें पता ही नहीं है। इससे क्या फर्क पड़ता है? लेकिन अगर तुम उपवास साधोगे तो तुम मिटोगे। इसलिए उपवास ब्रह्मचर्य से ज्यादा गहरी साधना है। और जो उपवास साधे, उसे ब्रह्मचर्य तो आसानी से सध जाता है।

भूख की पकड़ गहरी है, क्योंकि वही तुम्हारे शरीर का जीवन है। इसलिए रामकृष्ण चुप रहे। स्वाद की बात उन्होंने किसी को कही नहीं। नहीं तो चारों तरफ अनुयायियों का, भोजन-भट्टों का एक संप्रदाय पैदा हो जाता। जैसा मुसलमान इत्र लगा रहा है, ऐसा रामकृष्ण के भक्त दिल खोल कर भोजन करते।

सत्य के बोलने में भी बहुत बार खतरे हैं। असत्य के बोलने में ही खतरे हैं ऐसा नहीं, सत्य के बोलने में और भी खतरे हैं, क्योंकि सत्य में कुंजियां छिपी हैं शक्ति की।

तो कुछ लोगों ने स्वाद से भी जाना है।

कुछ लोगों ने संभोग से भी जाना है। इसलिए तंत्र का पूरा विज्ञान निर्मित हुआ है। कोई भी इंद्रिय परिपूर्ण हो सकती है। सारी इंद्रियां उसमें बह जाएंगी। अगर तुम्हारे संभोग के क्षण में तुम्हारी सारी इंद्रियां लीन हो जाएं तो तुम वहीं से परमात्मा को जान लोगे।

बड़ी अनूठी कहानी है। शास्त्रों में, पुराणों में उल्लेख है, लेकिन साधारणतया हिंदू उसका उल्लेख करते ही नहीं। क्योंकि बड़ी विचित्र भी मालूम पड़ती है, अशोभन भी मालूम पड़ती है, अश्लील भी लगती है। कहानी है पुराणों में कि कुछ उलझन आ गई और ब्रह्मा और विष्णु सलाह लेने शिव के पास गए। उलझन कुछ इमरजेंसी की थी, कोई बहुत तात्कालिक संकट था। इसलिए पूर्व निश्चय नहीं किया जा सका मिलने का, और अचानक पहुंच गए। द्वारपाल ने रोकने की कोशिश की, लेकिन उन्होंने कहा

कि रोको मत। पर द्वारपाल ने कहा कि शिव तो अभी पार्वती से संभोग कर रहे हैं। आप थोड़ी देर रुक जाएं। ऐसे क्षण में बाधा डालनी उचित नहीं है। वे मैथुन में लीन हैं।

तो थोड़ी देर ब्रह्मा और विष्णु रुके। आधा घंटा, घंटा, दो घंटा... फिर उन्होंने कहा, 'हद्द हो गई! यह किस भांति की क्रीड़ा चल रही है? अब नहीं रुका जाता।' और उत्सुकता भी बढ़ी कि यह हो क्या रहा है? तो द्वारपाल से बच कर वे भीतर पहुंच गए। शिव और पार्वती को पता भी न चला कि वे खड़े हैं। जब संभोग समाधि हो, तो क्या पता चलेगा कौन खड़ा है! उनका संभोग चलता रहा।

कहानी यह है कि एक दिन रुके, लेकिन संभोग का अंत न हुआ; तो नाराज होकर लौट गए। और अभिशाप दे गए कि यह जरा सीमा के बाहर बात हो गई। और तुम संसार में काम-प्रतीकों की भांति ही जाने जाओगे--इसीलिए शिवलिंग! इस कथा पर शिवलिंग आधारित है। शिवलिंग अकेला नहीं है, नीचे पार्वती की योनि है। शिवलिंग मैथुन प्रतीक है। उसमें योनि और लिंग दोनों हैं।

इस कथा को हिंदू दोहराते नहीं हैं। भय भी लगता है कि ऐसी कथा क्या दोहरानी! और खतरा भी है, क्योंकि संभोग की बड़ी पकड़ है आदमी के मन पर। भय भी है। लेकिन शिव का पूरा का पूरा शास्त्र संभोग के माध्यम से सत्य को जानने का है। तंत्र उसका नाम है।

संभोग से जाना जा सकता है, स्वाद से जाना जा सकता है, गंध से जाना जा सकता है, श्रवण से जाना जा सकता है, दर्शन से जाना जा सकता है। कोई भी इंद्रिय उसका द्वार हो सकती है। और हर हालत में मन डरता है। मन चाहता है, पांचों बने रहें। पांचों के बीच मन जीता है। क्योंकि अधूरा-अधूरा बंटा रहता है। जहां-जहां बटाव है, वहां मन को बचाव है। जहां इकट्ठापन आया कोई भी, कि मन घबड़ाया। क्योंकि जहां सब इंद्रियों की ऊर्जा इकट्ठी हो जाती है, वहां तुम भीतर इंटीग्रेटेड, अखंड हो गए। तुम्हारी अखंडता सत्य के द्वार को खोल देगी।

भय न खाओ, हिम्मत करो।

और जिस तरफ भी तुम्हारा प्रवाह बहता हो, वहां तुम पूरे बह जाओ--ध्यानस्थ, समाधिस्थ! द्वार खुल जाएंगे, जो सदा से बंद हैं। रहस्य ढंका हुआ नहीं है, तुम टूटे हुए हो। तुम इकट्ठे हुए, रहस्य खुला हुआ है।

आज इतना ही।

१९

चल उड़ जा रे पंछी

ओशो, नित्य की तरह शिष्यों को उपदेश देने के निमित्त, भगवान बुद्ध सुबह-सुबह सभागृह में पधारे। श्रोताओं की भीड़ इकट्ठी थी पहले से ही। इसके पहले कि वे बोलने के लिए अपना मौन तोड़ते, एक पक्षी कक्ष के वातायन पर आ बैठा; परों को फड़फड़ाया, चहका, और फिर उड़ गया।

भगवान बुद्ध ने वातायन की तरफ नजर उठा कर कहा: 'आज का प्रवचन समाप्त हुआ!' और वे सभा से चले गए।

ओशो, कृपापूर्वक बताएं कि यह कैसा प्रवचन था और इसमें क्या कहा गया?

जिन्होंने जाना है, वे कहना भी चाहें तो अपने अनुभव को कह नहीं पाएंगे। उसे कहने का कोई उपाय नहीं है। फिर भी उसे व्यक्त किया जा सकता है, इशारे किए जा सकते हैं, इंगित किए जा सकते हैं। और जो समझ सकता हो, तो इशारों को समझ लेगा। और जिसने जिद कर रखी हो ना समझने की, उसके सामने सूरज भी ऊगा हो तो भी वह आंखें बंद कर लेगा।

मैं एक और कहानी से शुरू करता हूं। एक सम्राट हुआ; बड़ा विचारशील, चिंतन-मनन का प्रेमी, सत्य का खोजी। उसे खबर मिली कि दूर किसी गांव में कोई

बड़ा दार्शनिक है, बड़ा तार्किक है, बड़ा बुद्धिमान है। तो उसने अपना संदेशवाहक भेजा। अपने हाथों पत्र लिखा, मोहर लगाई, लिफाफा बंद किया।

संदेशवाहक सम्राट का पत्र लेकर उस दूर की यात्रा पर निकला। जाकर उस दार्शनिक के द्वार पर दस्तक दी, हाथ में पत्र दिया और कहा, सम्राट ने पत्र भेजा है। दार्शनिक ने पत्र को बिना देखे नीचे रख दिया और कहा, पहले यह सिद्ध होना जरूरी है, कि सम्राट ने ही पत्र भेजा है या किसी और ने? तुम्हारे पास क्या प्रमाण है कि तुम सम्राट के संदेशवाहक हो?

उस आदमी ने कहा, इसके भी प्रमाण की कोई जरूरत है? मेरे वस्त्र देखें। मैं संदेशवाहक हूं सम्राट का।

दार्शनिक ने कहा, वस्त्रों से क्या होगा? वस्त्र तो कोई भी पहन सकता है, धोखा दे सकता है। क्या सम्राट ने स्वयं ही तुम्हें अपने हाथों यह पत्र दिया है?

संदेशवाहक भी थोड़ा संदिग्ध हुआ। उसने कहा, यह तो नहीं संभव है, क्योंकि मैं और सम्राट तो बहुत दूर हैं। प्रधान वजीर को पत्र दिया होगा सम्राट ने, वजीर से प्रधान अधिकारी के पास आया, फिर मुझे मिला। सीधा तो मुझे नहीं मिला है।

वह दार्शनिक हंसा। उसने कहा कि तुमने कभी सम्राट को देखा है?

संदेशवाहक ने कहा: मैं बहुत छोटा नौकर हूं, सेवक हूं, सम्राट को देखने का अवसर मुझे नहीं आया।

उस दार्शनिक ने कहा: जिसे तुमने न देखा, जिसने तुम्हें न संदेश दिया, तुम उसके संबंध में कैसे अधिकार से कह सकते हो कि वह है?

इतनी चर्चा होते-होते तो संदेशवाहक भी संदिग्ध हो गया। पत्र की तो जैसे बात ही भूल गई। दोनों निकल पड़े कि जब तक यह प्रमाणित न हो जाए कि सम्राट है, तब तक पत्र को खोलने की जरूरत भी क्या है? दोनों खोजने लगे। अनेक लोगों से पूछा। रास्ते पर एक सिपाही मिला; पूछा, तुम कौन हो? उसने कहा, मैं सम्राट का सैनिक हूं। क्या मेरे वस्त्रों को देखकर तुम नहीं पहचानते? उस दार्शनिक ने कहा, वस्त्रों के धोखे में तो यह भी था, यह जो मेरे साथ खड़ा है। वस्त्रों से क्या होता है? तुमने सम्राट को अपनी आंखों से देखा?

वह सैनिक भी थोड़ा डगमगाया। उसने कहा कि नहीं मैंने तो नहीं देखा; लेकिन मेरे सेनापति ने देखा है। उस दार्शनिक ने पूछा कि तुमने सेनापति को अपनी आंख से देखा है?

उसने कहा, यह भी खूब! मैंने सेनापति को तो नहीं देखा, सुना है कि सेनापति सम्राट से मिलता है। मैं एक छोटा सैनिक हूं। उतनी पहुंच मेरी नहीं। महल के दरवाजे मेरे लिए बंद हैं। दोनों खिलखिला कर हंसे--संदेशवाहक और दार्शनिक। और कहा, तुम भी हमारे साथ सम्मिलित हो जाओ। जब तक यह सिद्ध न हो जाए कि सम्राट है, तब तक यह सब झूठ का जाल फैला हुआ है।

यह कभी सिद्ध न हो सका, क्योंकि जो भी मिला, उसका प्रत्यक्ष कोई अनुभव न था। और बड़े आश्चर्य की बात तो यह थी, कि यह सिद्ध हो सकता था बड़ी आसानी से; क्योंकि सम्राट ने स्वयं निमंत्रण दिया था कि तुम आओ मेरे महल में, अतिथि बनो। और मैं तुम्हें राज्य का महागुरु बना देना चाहता हूं। लेकिन वह पत्र तो पढ़ा ही नहीं गया। किसी से पूछने की कोई जरूरत न थी। सीधा सम्राट का निमंत्रण था। महल के द्वार खुले थे, स्वागत था।

जिनके मन में संदेह है, बुद्ध के वचन उनके लिए संदेशवाहक की तरह हैं। ये वचन के पत्र बंद ही पड़े रह जाएंगे। वे उन्हें खोलेंगे ही नहीं। क्योंकि पहले तो यह सिद्ध होना चाहिए कि बुद्ध बुद्धत्व को उपलब्ध हुए। और यह सिद्ध होना करीब-करीब असंभव है। कौन सिद्ध करेगा? कैसे यह सिद्ध होगा? शब्द बंद पड़े रह जाते हैं। कितना कहा गया है! लेकिन तुमने उसे सुना नहीं। कितना शब्दों में भरा गया है, लेकिन वे शब्द तुमने कभी खोले नहीं। उनकी कुंजियां भी साथ ही लटकी थीं, लेकिन तुम्हारा संदेह से भरा चित्त बुद्धत्व की कोई भी झलक को खोल नहीं पाता। तुम सूरज को उगा देखकर आंख बंद कर लेते हो और पूछते हो, सूरज कहां है?

बुद्ध रोज बोलते रहे। जो उन्होंने रोज बोला, वही उन्होंने इस सुबह के प्रवचन में भी बोला। आकर बैठे। सुनने वाले लोग आए थे। एक पक्षी वातायन पर आकर बैठ गया। उसने पंख फड़फड़ाए। उसने गीत गुनगुनाया और उड़ गया। बुद्ध उस पक्षी को देखते रहे--बैठते, फड़फड़ाते, गीत गाते, उड़ जाते। और फिर उन्होंने कहा, 'आज का प्रवचन पूरा हुआ।' उस दिन वे कुछ भी न बोले। पर उन्होंने कहा कि 'आज का प्रवचन पूरा हुआ।'

और यह उनके गहरे से गहरे प्रवचनों में से एक है। इतना ही तो बुद्ध कहते हैं कि संसार तुम्हारा वातायन है। उस पर तुम बैठो, पर उसे तुम घर मत बना लो। वहां तुम थोड़ी देर विश्राम कर लो, लेकिन वह मंजिल नहीं है। बैठ कर कहीं पंखों का फड़फड़ाना मत भूल जाना, नहीं तो खुला आकाश सदा के लिए खो जाएगा। पक्षी भी

बहुत देर बैठा रह जाए, तो पंखों की क्षमता खो जाती है। पक्षी भी बहुत देर बैठा रह जाए, तो शायद भूल ही जाए कि उसके पास पंख भी हैं। क्योंकि क्षमताएं हमें वही याद रहती हैं, जिनका हम उपयोग करते हैं।

जिनका हम उपयोग नहीं करते, वे विस्मरण हो जाती हैं। और जिनका हम उपयोग नहीं करते, वे धीरे-धीरे निष्क्रिय हो जाती हैं। और उनकी क्षमता खो जाती है। तुम अगर चलो न, थोड़े ही दिन में पैर पंगु हो जाएंगे। तुम अगर अंधेरी कोठरियों में रहो और देखो न, तो आंखें जल्दी ही अंधी हो जाएंगी। तुम अगर शब्द ही न सुनो, अगर तुम्हारे कान पर कोई ध्वनि तरंगित न हो, जल्दी ही तुम बहरे हो जाओगे। तुम जो नहीं करोगे, उसकी करने की क्षमता खो जाएगी।

कितने जन्म हुए, जब से तुम उड़े नहीं! तुमने पंख नहीं फड़फड़ाए। कितना समय बीता, जब से तुम खिड़की पर बैठे हो और तुमने खिड़की को घर समझा; जब से तुम द्वार को ही महल समझ कर रुक गए! पड़ाव के लिए रुके थे इस वृक्ष के नीचे, लेकिन कितना समय बीता, तब से तुमने इसे ही घर मान लिया है! पंख फड़फड़ाओ। अगर बुद्धों के पास तुम पंख फड़फड़ाना न सीखो तो और कुछ सीखने को वहां है भी नहीं।

यही तो प्रवचन है: यही उनका संदेश है, कि तुम उड़ सकते हो मुक्त आकाश में। तुम मुक्त गगन के पक्षी हो। तुम व्यर्थ ही डरे हो। तुम भूल ही गए हो कि तुम्हारे पास पंख हैं। तुम पैरों से चल रहे हो। तुम आकाश में उड़ सकते थे। थोड़ा फड़फड़ाओ, ताकि तुम्हें भरोसा आ जाए।

ध्यान फड़फड़ाहट है पंखों की; उन पंखों की जो उड़ सकते हैं, दूर आकाश में जा सकते हैं।

ध्यान सिर्फ भरोसा पैदा करने के लिए है ताकि विस्मृति मिट जाए; स्मृति आ जाए। संतों ने, कबीर ने, नानक ने शब्द का उपयोग किया है--सुरति। सुरति का अर्थ है, स्मरण आ जाए। जो भूला है, उसका खयाल आ जाए। तुमने कुछ खोया नहीं है, तुम सिर्फ भूले हो। खो तो तुम सकते भी नहीं। पक्षी भूल सकता है कि उसके पास पंख हैं, खो कैसे सकेगा? और कितने ही जन्मों तक न उड़े, तो भी अगर उड़ने का खयाल आ जाए, तो पुनः उड़ सकता है।

विवेकानंद एक छोटी सी कहानी कहा करते थे। वे कहते थे, ऐसा हुआ कि एक सिंहनी एक पहाड़ी से छलांग लगा रही थी। गर्भवती थी और छलांग के बीच में ही उसे बच्चा हो गया। वह तो छलांग लगा कर चली गई। बच्चा नीचे से गुजरती हुई भेड़ों की

एक भीड़ में गिर गया; फिर भेड़ों ने उसे बड़ा किया। वह सिंह का तो बच्चा था, लेकिन उसे याद कौन दिलाए? उसे पहचान कौन करवाए? सुरति कैसे मिले? वह भेड़ों के साथ ही बड़ा हुआ। और उसने समझा कि मैं भी भेड़ हूं; यही स्वाभाविक है।

तुम जिनके बीच बड़े होते हो, वही तुम अपने को समझ लेते हो। हिंदुओं के बीच तो हिंदू, मुसलमानों के बीच तो मुसलमान, सिक्खों के बीच तो सिक्ख। जिनके बीच पैदा होते हो, तुम वही अपने को समझ लेते हो। जो भूल तुम्हारी है, वही उस शेर के बच्चे की थी। शेर का बच्चा तुमसे ज्यादा बुद्धिमान तो नहीं था! उसने समझा कि मैं भेड़ हूं। वह भेड़ों के बीच ही चलता, भेड़ों जैसा ही भयभीत होता, घास-पात खाता।

एक दिन एक सिंह ने देखा। ये भेड़ों की कतार गुजरती थी, इनके बीच में एक सिंह! सिंह बड़ा हैरान हुआ। यह असंभव घट रहा है। न तो भेड़ें उससे घबड़ा रही हैं, न वह भेड़ों को खा रहा है। ठीक भेड़ों की भीड़ में घसर-पसर--जैसे और सब भेड़ें चली जा रही हैं, ऐसे ही वह भी चल रहा है। वह सिंह इस भेड़ों की भीड़ में आया। भेड़ें भागीं, चीख-पुकार मच गई। वह सिंह भी भागा चीख-पुकार मचाता। उसकी आवाज भी भेड़ों की हो गई थी।

क्योंकि भाषा भी तो तुम उनसे सीखते हो, जिनके तुम पास होते हो। भाषा कोई जन्म के साथ लेकर तो पैदा नहीं होता। भाषा भी सीखी जाती है, वह भी पाठ है। तुम हिंदी बोलते हो, मराठी बोलते हो, अंग्रेजी बोलते हो, तुम वही सीख लेते हो जो तुम्हारे चारों तरफ बोला जा रहा है। पैदा तो तुम खाली स्लेट की तरह होते हो।

उसने भेड़ों की भाषा ही जानी थी, वही सुनी थी, वही सीखी थी। वह भी मिमियाने लगा, रोने लगा, भागने लगा। यह नया सिंह भागा, बामुश्किल उसको पकड़ पाया। पकड़ा तो वह गिड़गिड़ाने लगा, छूटने की आज्ञा चाहने लगा। घबड़ा गया, जैसे मौत सामने खड़ी हो। लेकिन यह सिंह उसे घसीटा। इसने बहुत उसे कहा कि 'नासमझ! तू भेड़ नहीं है!' लेकिन वह कैसे माने? इसमें कुछ जालसाजी दिखाई पड़ी। यह सिंह कुछ ऐसी बात समझा रहा है, जो सच हो नहीं सकती। उसके जीवन भर के अनुभव के विपरीत है।

जब तुमसे कोई कहता है, तुम शरीर नहीं हो, क्या तुम्हें भरोसा आता है? जब तुमसे कोई बुद्धपुरुष कहता है तुम आत्मा हो, तो क्या तुम्हें भरोसा आता है? और अगर उस सिंह को भी भरोसा न आया तो आश्चर्य तो नहीं। लेकिन यह दूसरा सिंह भी जिद्दी रहा होगा। और बुद्ध बड़े जिद्दी हैं। तुम जागो या न जागो, वे तुम्हें जगाए जाते हैं। तुम कितना ही भागो, वे तुम्हें घसीटते हैं।

उसने उसे घसीटा एक सरोवर के किनारे। छोड़ा नहीं; कितना ही रोया, चिल्लाया, आंख से आंसू झरने लगे, लेकिन वह सिंह उसे घसीटता ही ले गया उसकी इच्छा के विपरीत।

बहुत बार गुरु शिष्य को उसकी इच्छा के विपरीत दर्पण के निकट ले जाता है। शायद बहुत बार नहीं, हर बार। क्योंकि शिष्य तो दर्पण के निकट जाने से डरता है, क्योंकि दर्पण के सामने जाकर उसकी अब तक की सारी मान्यताएं छिन्न-भिन्न हो जाएंगी। जो भी उसने समझा-बूझा है, वह सब व्यर्थ हो जाएगा। जो भी उसकी धारणाएं हैं; टूटेंगी, खंडित होंगी। सब जीवन की प्रतिमा बिखर जाएगी। दर्पण के सामने जाने से सभी डरते हैं; अपना चेहरा देखने से सभी डरते हैं। क्योंकि तुम सब ने कुछ और चेहरे बना रखे हैं, जो तुम्हारे नहीं हैं।

तो वह सिंह भी डर रहा था। लेकिन गुरु माना नहीं। गुरु सिंह ने उसे खींचा और सरोवर के किनारे ले जाकर खड़ा किया और कहा, कि देख नासमझ! मेरे और तेरे चेहरे पानी में देख, कोई फर्क है? जो मैं हूं, वही तू है। 'तत्वमसि'।

यही बुद्ध कह रहे हैं कि जो मैं हूं, वही तू है। यही उपनिषद कह रहे हैं कि जो मैं हूं, वही तू है। जरा भी भेद नहीं--लुक, देख!

डरते-डरते उस सिंह ने देखा। लगा, जैसे कोई सपना देखता हो। क्योंकि हम उसी को यथार्थ कहते हैं, जिसको हमने बहुत बार पुनरुक्त किया है। नया तो सपना ही मालूम पड़ता है। भरोसा न आया, आंख मीड़ी होंगी, पुनः देखा होगा। जीवन भर का अनुभव तो यह था कि मैं भेड़ हूं। लगा होगा, यह सिंह कोई तरकीब तो नहीं करता! कोई जादूगर तो नहीं है! कोई हिप्नोटिस्ट तो नहीं है!

जब तुम गुरु के पास पहली दफा जाओगे तो तुम्हें अनेक बार लगेगा कि कोई सम्मोहित तो नहीं कर रहा है? कोई तुम्हें धोखा तो नहीं दे रहा है? कोई तुम्हें ऐसी बात तो नहीं समझा रहा है, जो सच नहीं है? क्योंकि तुम्हारे अनुभव के प्रतिकूल है।

लेकिन सिंह ने कहा कि 'तू देख गौर से।' और फिर उस सिंह ने गर्जना की। उसकी गर्जना सुनते ही, दर्पण में--सरोवर के दर्पण में अपने चेहरे को ठीक से देखते ही, दूसरे सिंह का भीतर सोया हुआ सिंह भी जाग गया। भेड़ तो ऊपर ही ऊपर थी, ऊपर ही ऊपर हो सकती थी।

संस्कार तुम्हारी आत्मा तो नहीं बन सकते। तुम कुछ भी उपाय करो, तुम हिंदू न हो सकोगे। तुम लाख उपाय करो, मुसलमान होने का कोई उपाय नहीं है। तुम रहोगे

तो आत्मा ही। तुम कितनी ही चेष्टा करो जन्मों-जन्मों तक, तो भी तुम शरीर न हो सकोगे। शरीर ऊपर ही ऊपर है। विचार ऊपर ही ऊपर है। मन ऊपर ही ऊपर है। और किसी भी दिन, जिस दिन गुरु तुम्हें दिखा देगा सरोवर में और जिस दिन तुम गुरु की हुंकार सुनोगे...।

उस हुंकार के साथ ही इस भटके सिंह के भीतर की भी आवाज जाग गई। रोआं-रोआं झाड़ दिया भेड़ होने का। हुंकार उठा। सारा जंगल, पहाड़, पर्वत, हुंकार से गूंज उठे। एक क्षण में भेड़ खो गई--वह सिंह था!

वापस उसने पानी में झांक कर देखा। मुस्कुराया होगा; सोचा होगा कैसा खेल हुआ! कैसी वंचना! कैसा अपने को धोखा दिया!

बुद्धों के पास दर्पण के अतिरिक्त और कुछ भी नहीं है।

और जब इस पक्षी को बुद्ध ने देखा पंख फड़फड़ाते, तब वे यही कह रहे थे कि तुम भी स्मरण करो पंखों को। तुम जहां बंद हो, वहां किसी ने तुम्हें बंद नहीं किया; वहां तुम अपनी ही विस्मृति के कारण बंद हो। तुम भेड़ नहीं हो, तुम सिंह हो। देखो इस पक्षी को, इस मुक्त आकाश में उड़ते पक्षी को!

और पक्षी गीत गाया और उड़ गया।

गीत केवल उन्हीं के जीवन में हो सकते हैं, जिनके जीवन में स्वतंत्रता की संभावना है। परतंत्रता के कैसे गीत? पक्षी गाते हैं, गा सकते हैं, क्योंकि उड़ सकते हैं।

आदमी का गीत खो गया, नृत्य खो गया। परतंत्रता में कैसा गीत? कैसा नृत्य? कैसी खुशी? कैसा आनंद? आदमी उदास है। उदासी का पत्थर उसकी छाती पर रखा ही रहता है। तुम मुस्कुराते भी हो तो भी तुम्हारी मुस्कुराहट सिर्फ उदासी की खबर देती है। तुम्हारे ओंठ मुस्कुराते हैं, लेकिन कोई उनमें गहरे देखे तो वहां भी आंसू छिपे हैं। तुम चलते हो लेकिन ऐसे, जैसे न मालूम कितनी जंजीरें तुम्हारे पैरों में बंधी हों। नृत्य नहीं है वहां। तुम नाच तो सकते ही नहीं; क्योंकि नाच तो वही सकता है, जिसे भीतर की परम स्वतंत्रता का अनुभव हुआ हो। नृत्य तो एक उत्सव है, एक धन्यवाद है। मीरा ने कहा है, 'पद घुंघरू बांध मीरा नाची रे।' लेकिन पैरों में घुंघरू तभी बांधे जा सकते हैं, जब आत्मा की भनक पड़ी हो। उसके बिना कोई गीत नहीं। उसके बिना जीवन एक बोझ है, एक संताप, एक दुख, एक, एक दुखस्वप्न है; और बड़ा लंबा दुखस्वप्न है। जिससे जागने का कोई उपाय नहीं दिखाई पड़ता; जिससे हटने का कोई मार्ग नहीं दिखाई पड़ता।

पक्षी ने गीत गाया।

खुला आकाश सामने था, पंख पास थे। गीत गाने में और चाहिए क्या? पंख हों और खुला आकाश हो। अंतहीन आकाश हो और अंतहीन उड़ने की क्षमता हो; और गीत के लिए चाहिए क्या? तुम्हारे भीतर भी गीत उस दिन उठेगा, जिस दिन तुम भी पंख फैलाओगे और खुले आकाश में उड़ जाओगे।

कभी तुमने देखा है सांझ को, आकाश में उड़ते हुए अबाबील? उड़ते भी नहीं, पंखों तक को ठहरा कर तिरते हैं। उनके तिरने में ही ध्यान है। सांझ को आज देखना, जब अबाबील अपनी ऊंचाइयों से उतरने लगें, तब वे तैरते तक नहीं; तब वे उड़ते भी नहीं। तब श्रम बिलकुल नहीं है, सिर्फ हवा पर पंख फैला कर ठहरे होते हैं। उस क्षण में, जिसको गीता स्थितप्रज्ञ कहती है, वैसी उनकी चित्त-दशा होती होगी।

जिस दिन तुम भी खुले आकाश में बिना किसी प्रयत्न के उड़ पाओगे, उस दिन नृत्य पैदा होगा। उस दिन गीत का जन्म होगा। उस दिन तुम धन्यवाद दे सकोगे।

पक्षी ने गीत गाया, पंख फैलाए, और खुले आकाश में उड़ गया।

बुद्ध ने कहा: 'आज का प्रवचन पूरा हुआ।'

और कुछ कहने को है भी क्या?

कठिन हुआ होगा सुनने वालों को समझना, क्योंकि वे शब्द सुनने आए थे। और जो शब्द सुनने आता है, वह अक्सर बहरा होता है। वे सिद्धांत सुनने आए थे। और जो सिद्धांत सुनने आता है, अक्सर बुद्धिहीन होता है। सिद्धांतों में रस बुद्धिहीनों को होता है। बुद्धिमान का रस सत्य में होता है, सिद्धांत में नहीं। सिद्धांत को क्या खाओगे, पीओगे? क्या करोगे?

तुम्हें प्यास लगी हो और कोई जल का सिद्धांत तुम्हें समझाए--एच-टू-ओ--तुम क्या करोगे? तुम्हें प्यास लगी हो, तो एच-टू-ओ से प्यास तो नहीं बुझती। यह सूत्र बिलकुल सही होगा, लेकिन इस सूत्र को तुम क्या करोगे? इसे गर्दन से बांधे घूमते रहो, कंठ इससे ठंडा न होगा, शीतल न होगा। तुम कहोगे पानी चाहिए, एच-टू-ओ नहीं। पानी प्यास को बुझाएगा। पानी कोई सिद्धांत नहीं है।

सत्य कोई सिद्धांत नहीं है। सत्य एक अनुभव है, जैसे जल कंठ से उतरता है, तब जो अनुभव होता है; वह अनुभव बड़ा अलग है।

बुद्ध के पास जो लोग सिद्धांत सुनने आए होंगे, वे चौंके होंगे। बुद्ध के दिए गए पानी को वे न समझे होंगे। वे सुनने आए थे एच-टू-ओ के संबंध में कोई खबर, कोई

सिद्धांत, कोई विश्लेषण, कोई प्रत्यय, कोई कन्सेप्ट, कोई बौद्धिक धारणा। उन्हें बड़ा बेबूझ लगा होगा। ये बुद्ध थोड़े विक्षिप्त लगे होंगे। यह व्यवहार समझ में न आया होगा। यह कैसा प्रवचन?

हम सुनने आए थे और बुद्ध ने दिखाने की कोशिश की।

हम समझने आए थे और बुद्ध ने जीवंत प्रतीक सामने खड़ा कर दिया।

बुद्ध प्रतीकों में न बोले, उन्होंने इशारा किया। उन्होंने कहा, 'देखो! यह पक्षी वातायन पर बैठा, इसे घर न बनाया। ऐसे ही तुम संसार पर बैठना और घर मत बना लेना। पंख फड़फड़ाना। कहीं भूल न जाओ, विस्मृति न हो जाए। सुरति बनी रहे। गीत गाना, क्योंकि गीत ही प्रार्थना है।'

तुम गा सको तो ही तुम भक्त हो सकते हो। तुम गा सको तो ही तुम परमात्मा से किसी तरह का संबंध जोड़ सकते हो। तुम्हारे उदास चेहरों से मंदिरों की तरफ कोई रास्ता नहीं जाता। तुम्हारे बोझिल मन से परमात्मा की तरफ कोई स्वर नहीं उठता। तुम दुख से भरे, थके-मांदे, हारे-पराजित! तुम्हारे हृदय से ऐसी कोई गंध नहीं उठती, जो परमात्मा के चरणों को छू ले। तुम जब गाओगे, तब ही तुम्हारा हृदय पूरा का पूरा खिलता है।

गीत पक्षियों के फूल हैं। वृक्षों में फूल लगते हैं, पक्षियों में गीत लगते हैं। तुम्हारा गीत कहां है? और जब तक तुम्हारा गीत नहीं लगा, तब तक तुम अधूरे हो, पंगु हो! तुम्हारा वृक्ष अपनी पूर्णता पर नहीं पहुंचा।

क्या है तुम्हारा गीत?

धर्म उसी गीत की तलाश है। उसे धर्मों ने प्रार्थना कहा है, पूजा कहा है, अर्चना-आराधना कहा है, ध्यान कहा है, स्तुति कहा है, सामायिक कहा है, नमाज कहा है। ये सारे नाम हैं, लेकिन बात एक ही है।

जिस दिन तुम्हारे भीतर से अस्तित्व के प्रति आभार और अहोभाव का गीत उठता है, जिस दिन तुम कह पाते हो, मैं धन्यभागी हूं, क्योंकि मैं हूं। बस मेरा होना पर्याप्त तृप्ति है, कुछ और नहीं चाहिए। जब तक तुम कुछ और मांगते हो, तब तक शिकायत उठती है। क्योंकि तुम्हारी मांग में ही छिपा है कि जो तुम्हें मिला है, वह काफी नहीं है। तुम्हारी मांग कहती है और चाहिए, तब मैं धन्यवाद दे सकता था। जो मुझे मिला, वह कम है। प्रार्थना कहती है, जो मुझे मिला है वह ज्यादा है। जितना मुझे मिलना था, मेरी पात्रता थी, उससे बहुत ज्यादा है। मैं हर हालत में धन्यवाद दे रहा हूं। मेरा होना ही पर्याप्त तृप्ति है।

थोड़ा सोचो! एक क्षण के होने को भी तुम किस तरह पा सकोगे? यह श्वास का भीतर जाना और बाहर आना, यह तुम्हारा होना, यह तुम्हारा होश! एक क्षण को भी तुम्हारा होना काफी नहीं है? अगर तुम्हें एक क्षण का भी होना मिलता हो, तो क्या तुम सारे जगत का साम्राज्य उसके बदले में दे देने को राजी न हो जाओगे?

लेकिन तुम्हें याद नहीं पड़ता। सरोवर के किनारे बैठे तुम्हें समझ में नहीं आता कि मरुस्थल में पानी की कितनी कीमत होगी! मरते वक्त समझ में आता है कि होने का कितना मूल्य था! जब श्वास आखिरी टूटती होगी, तब तुम चीखोगे, चिल्लाओगे कि एक क्षण को होना और हो जाए, मैं सब देने को तैयार हूं। लेकिन अभी? अभी तुम हो, लेकिन तुम्हारे मन में कोई धन्यवाद नहीं।

प्रार्थना अहोभाव है। जैसे धूप उठती है आकाश की तरफ सुगंध को लेकर, ऐसे तुम्हारे हृदय से जो भाव उठता है अनंत की तरफ, तुम्हारी सारी सुगंध को लेकर, वही प्रार्थना है। उस पक्षी का गीत गाना...।

बुद्ध ने काफी कह दिया, जरूरत से ज्यादा कह दिया। जितना समझना जरूरी हो, उससे ज्यादा कह दिया। जितने से पूरी यात्रा हो सकती है, उतना कह दिया। पूरा सेतु निर्मित कर दिया, रास्ता पूरा साफ कर दिया। और पक्षी ने गीत गाया और उड़ गया खुले आकाश में।

जिस दिन तुम प्रार्थना कर सकोगे, उसी दिन मोक्ष का आकाश तुम्हें उपलब्ध हो जाएगा। जिस दिन तुम गा सकोगे धन्यवाद, जिस दिन तुम्हारा पूरा तन-मन, तुम्हारे पूरे प्राण, अहोभाव को प्रकट कर सकेंगे, और तुम कह सकोगे, 'धन्यभाग'! उसी दिन मोक्ष तुम्हारा है। गीतों को कोई बंधन में नहीं रख सकता। प्रार्थनाओं को कारागृह में रखने का कोई उपाय नहीं।

जर्मनी में एक बहुत कीमती विचारक अभी-अभी हुआ, दूसरे महायुद्ध में--बोन हायफर, ईसाई फकीर। उसे हिटलर ने कारागृह में डाल दिया था। अनेक वर्ष कारागृह में बिताए। कारागृह से उसने जो पत्र लिखे हैं, उसमें एक वचन भूलने जैसा मुझे नहीं लगा। एक वचन उसने लिखा है, कि मुझे तो कारागृह में डाल दिया, लेकिन मेरी प्रार्थना को कौन कारागृह में डाल सकेगा? मेरी प्रार्थना उतनी ही स्वतंत्र है, जितनी बाहर थी। मैं परमात्मा को उतने ही आनंद से पुकारता हूं, जितना बाहर पुकारता था; रत्ती भर फर्क नहीं पड़ा। मुझे तुम कारागृह में डाल सकते हो, लेकिन मेरी प्रार्थना को कैसे कारागृह में डालोगे?

प्रार्थना तुमसे बहुत बड़ी है। तुम्हारे ऊपर बंधन डाले जा सकते हैं। तुम्हारी प्रार्थना विराट है, उस पर बंधन डालने का कोई उपाय नहीं। और जिसके पास प्रार्थना है उसके पास आत्मा है। आत्मा को बंधन में कोई नहीं डाल सकता। और जो उड़ सकता है उसके लिए मोक्ष पूरा खुला है। तुम पूछते हो, मोक्ष कहां है? तुम्हें पूछना चाहिए, मेरे पंख कहां हैं? तुम पूछते हो, ईश्वर है या नहीं? तुम्हें पूछना चाहिए, मेरे पंख उड़ सकते हैं या नहीं? ईश्वर और मोक्ष पूछने की बातें नहीं हैं। तुम उड़ सकते हो तो तुम उन्हें जान ही लोगे। तुम उड़ सकते हो तो वे यहीं मौजूद हैं। वे दूर दिखाई पड़ते हैं, क्योंकि तुम उड़ नहीं सकते।

एक यहूदी फकीर हुआ, मजीद उसका नाम था। उसने रात एक सपना देखा कि कोई आवाज उससे कह रही है कि मजीद! तू क्यों भूखा मरता है? क्यों प्यासा, क्यों दुख-पीड़ा में? तेरी पत्नी उदास है सदा, तेरे बच्चे भीख मांगते हैं। तू जा वार्सा, राजधानी की तरफ। वार्सा के पुल के पास इतने कदम चलने पर, एक सिपाही खड़ा है। बस ठीक उसके पीछे एक वृक्ष है। उस वृक्ष के पीछे बड़ा धन गड़ा है। सुबह मजीद उठा, मन में वासना भी जगी पर उसने कहा, सपनों का क्या भरोसा? और सपना ही है यह। कैसा वार्सा? कैसा धन?

लेकिन दूसरी रात फिर सोया कि फिर सपना आया और उसने कहा कि मजीद! चूक मत, हम बार-बार न चेताएंगे। फिर उसे दिखाई पड़ा वार्सा का पुल, सिपाही खड़ा है, उसके पीछे एक वृक्ष, वृक्ष के पीछे धन गड़ा है। दूसरे दिन भी उसने अपने को संतुष्ट कर लिया, समझा-बुझा लिया कि सपनों में पड़ना उचित नहीं है। लेकिन तीसरी रात, फिर वही सपना और वही आवाज, कि यह आखिरी चेतावनी है। अब बहुत हो गया। तू जा, खजाना खोदकर ले आ।

तब तीसरे दिन रुकना मुश्किल हो गया। मजीद ने कहा: हो न हो सपना भी साधारण नहीं है। क्योंकि तीन बार निरंतर कोई सपना लौटे तो करीब-करीब सत्य मालूम पड़ने लगेगा। और वही आवाज, वही पुल, सब दिखाई पड़ता है। तो मजीद गया। सैकड़ों मील की यात्रा थी, पहुंचा।

जब वार्सा के करीब पहुंचा तो उसे लगा कि यह तो मामला सपने का नहीं दिखता। वही पुल, जो सपने में देखा था। हाथ-पैर कंपने लगे कि मैं फिर से सपना तो नहीं देख रहा हूं? मैं सो तो नहीं गया हूं? वही वृक्ष! सिपाही सामने खड़ा, वही सिपाही। उसने कहा कि अब बड़ा मुश्किल है, खजाना होगा ही। मगर खजाने को खोदना कैसे?

सिपाही खड़ा है, रास्ता चलता है, कहीं संदिग्ध न हो जाऊं! तो भी उसने वृक्ष के आसपास चक्कर लगा कर देखा। ठीक वही स्थान, जो सपने में दिखाई पड़ा था। तीन बार देखा था, बिलकुल साफ था।

और तभी पुलिसवाले ने उसे पकड़ लिया। और कहा कि 'तू संदिग्ध मालूम पड़ता है। तू यहां क्या खोज रहा है? यहां तू क्या कर रहा है। और अजनबी है। सच-सच बोल।' पुलिसवाला उसे अपने घर ले गया और कहा कि सच बोल दे तो तुझे छोड़ दूंगा। मजीद ने सोचा कि सच बोल देना ही उचित है। तो उसने सारी बात कह दी कि ऐसा-ऐसा तीन बार सपना आया। और मैं चला आया। और बड़ी मुश्किल की बात तो यह है कि सब ठीक वैसा ही है, जैसा सपने में था।

वह पुलिसवाला हंसने लगा। उसने कह: 'पागल! अगर मैं भी तेरे जैसा पागल होता, तो आज मैं क्राका नाम के गांव में होता। मजीद ने कहा: 'क्या मतलब?' क्योंकि क्राका गांव से वह आया था। उस पुलिसवाले ने कहा कि 'तीन बार सपना आ चुका है, कि तू यहां खड़ा-खड़ा क्या कर रहा है वृक्ष के नीचे? क्राका गांव में मजीद नाम का एक फकीर है, उसके घर के भीतर जहां उसका चूल्हा है, उसके बिलकुल बगल में खजाना गड़ा है। और आवाज कहती है, 'जा, चूक मत!' और मैंने सोचा, सपने-सपने हैं। अगर मैं भी तेरे जैसा पागल होता, तो आज क्राका गांव में होता। और फिर कहां खोजो मजीद को? मजीद नाम के न मालूम कितने आदमी हों। फिर उसके घर में कैसे घुसोगे? उसके चूल्हे के बगल में खजाना गड़ा है।

मजीद तो और भी मुश्किल में पड़ गया। लेकिन पुलिसवाले ने उसे छोड़ दिया कि तू पागल है, कोई अपराधी नहीं। वह भागा घर। जाकर चूल्हे के बगल में खोदा; खजाना वहां गड़ा था।

सपने बड़े अजीब हैं। तुम्हें वहां खजाना दिखलाते हैं, जहां बहुत फासला है। और खजाने तुम्हारे पास गड़े हैं। दूर दिखाता है सपना सदा--वार्सा में, राजधानी में; और खजाना तुम्हारे पास गड़ा है। वहां भी कोई देखता है, लेकिन उसे भी खजाना दूर... सभी खजाने दूर दिखाई पड़ते हैं।

परमात्मा बहुत दूर दिखाई पड़ता है। उससे ज्यादा पास और कोई भी नहीं, लेकिन पास तुम देख नहीं पाते। पास के प्रति तुम अंधे हो गए हो। इशारे करते हैं बुद्धपुरुष, कि खजाने तुम्हारे पास हैं।

पक्षी बिलकुल पास ही बैठा था वातायन पर। और उसने उस ढंग से बात कह दी, जिस ढंग से बुद्ध भी न कह पाते। लेकिन शायद किसी ने भी न देखा।

पक्षी फड़फड़ाया, गीत गाए, पंख खोले, उड़ गया।

किसी ने भी न देखा। वे सब बुद्ध की तरफ नजर लगाए थे--बहुत दूर, जहां से शब्दों के संदेश आएंगे। शब्द तो बहुत दूर हो जाते हैं, क्योंकि शब्द तो फीकी खबर है, प्रतिबिंब है। और बुद्ध एक जीवंत प्रतीक की तरफ इशारा कर रहे थे। वे देख रहे थे पक्षी की तरफ।

काश! सुनने वालों में थोड़ी भी समझ होती, तो वहीं देखते जिस तरफ बुद्ध देख रहे हैं। बुद्ध क्या कहते हैं, यह समझना जरूरी नहीं है। बुद्ध कहां देखते हैं, वहां देखना जरूरी है। बुद्ध क्या बोलते हैं, यह व्यर्थ है। बुद्ध कैसे हैं, वही सार्थक है। बुद्ध की आंखों में क्या झलक रहा है, वह हमें खोजना चाहिए। बुद्ध के शब्दों में क्या झलक आ रही है, वह तो बहुत दूर की है। बुद्ध की आंखें बिलकुल खजाने के पास हैं।

ठीक कहते हैं बौद्ध, कि उस दिन का प्रवचन पूरा हो गया। और बुद्ध ने कहा, 'आज का प्रवचन पूरा हुआ।' ऐसा मधुर प्रवचन उन्होंने दुबारा दिया भी नहीं।

तुम्हारी भी तकलीफ वही है, जो बुद्ध के सुनने वालों की थी। मेरी अड़चन भी वही है, जो बुद्ध की है। अगर मैं चुप बैठूं, तुम चूक जाओ। अगर मैं बोलूं, तुम सुन लो; फिर भी समझ नहीं पाओगे। बोलने से कौन-कब सुना और समझा है?--इशारे! लेकिन इशारों के लिए तुम्हारी तैयारी चाहिए। शब्द तो कोई भी सुन लेता है। शब्द सुनने के लिए तुम्हें कुछ तैयार होने की जरूरत तो नहीं है, बच्चे भी सुन लेते हैं। लेकिन इशारे देखने के लिए तुम्हारी तैयारी चाहिए, तुम्हारी चेतना तैयार होनी चाहिए। होश चाहिए, एक जागरूकता चाहिए।

उस दिन लोग हंसते हुए लौटे होंगे। उन्होंने कहा, 'बुद्ध ने भी खूब मजाक किया! यह भी कोई बात थी? अगर ऐसा ही प्रवचन सुनना था, अपने ही घर सुन लेते। पक्षी वहां भी बैठते हैं वातायन पर और फड़फड़ाते हैं और उड़ जाते हैं। ऐसा बुद्ध ने नया क्या किया?'

तुम्हारे वातायन पर भी पक्षी बैठते हैं, लेकिन तुमने कब उन्हें देखा? फड़फड़ाते हैं पंख, तुमने कब अपने पंखों की स्मृति उनसे पाई? उड़ते हैं आकाश में, कब उड़ने की आकांक्षा तुम्हें पकड़ी? कब तुम्हें आकाश दिखाई पड़ा?

बुद्ध जैसे लोगों की जरूरत है उसको दिखाने की, जो बिलकुल प्रकट है। जो बिलकुल तुम्हारे पास ही गड़ा है। तुम्हारे चूल्हे के बगल में जो खजाना है, उसके लिए भी तुम्हें आवाजें देनी पड़ती हैं।

और ध्यान रहे, यह मजीद को भरोसा भी आ गया तीन दिन सपना देख कर, कि जा वार्सा और वहां खजाना खोद। अगर सपने में आवाज ने कहा होता, तेरे चूल्हे के बगल में खजाना गड़ा है, मजीद को भरोसा न आता, यह मैं तुमसे कहता हूं। यह कहता, 'छोड़ो भी बकवास! कहां मजीद का घर, और कहां खजाना!' सपना सपना है। वह तो वार्सा बहुत दूर था, इसलिए भरोसा भी आ गया।

तुम्हें पास भी खोजना हो, तो दूर के रास्ते से लाना पड़ता है। तुम्हें निकट भी बताना हो तो बड़ी यात्रा करवानी पड़ती है। क्योंकि दूर को तुम थोड़ा सा समझ भी लेते हो, वासना दूर को समझ पाती है। ध्यान पास को समझ पाता है। ध्यान निकट की खोज है, वासना दूर की खोज है।

तीन बार सपना आया तो मजीद को भरोसा आ गया कि हो न हो--शायद! जाने में हर्ज भी क्या है? खोऊंगा क्या, अगर न भी मिला? चला जाऊं। लेकिन अगर यह चूल्हे के बगल में ही आवाज ने कहा होता कि तेरे बगल में ही खजाना गड़ा है, तो मजीद सुबह दिल खोल कर हंसता और कहता, 'खूब मजाक हो रही है। सपने मजाक कर रहे हैं। मेरे घर में कैसा खजाना?'

अगर मैं तुमसे कहूं, तुम्हारे भीतर ही परमात्मा बैठा है, तुम सुन लोगे, लेकिन भरोसा न करोगे। इसलिए सारे धर्म कहते हैं, परमात्मा आकाश में, सात आकाशों के पार बैठा है। तब तुम्हारे हाथ जुड़ते हैं; तुम्हारा सिर झुकता है। परमात्मा दूर हो तो शायद हो भी! तुम्हारे भीतर परमात्मा? तुम मान ही नहीं सकते। तुम्हारे भीतर और परमात्मा हो सकता है? यह बात भरोसे की ही नहीं।

इसलिए दुनिया में आत्मवादी धर्मों का बहुत प्रचार नहीं हुआ, परमात्मवादी धर्मों का बहुत प्रचार हुआ। इस्लाम है, ईसाइयत है, हिंदू हैं, ये परमात्मवादी धर्म हैं। परमात्मा आकाश में बैठा है। जैन हैं, आत्मवादी हैं, इनका बहुत प्रचार नहीं हो सका। क्योंकि उन्होंने कहा, 'परमात्मा तुम्हारे भीतर है।' महावीर ने सपने को उलटा करके तुम्हें आवाज दी, कि तुम्हारे चूल्हे की बगल में ही गड़ा हुआ है धन। इसलिए तुम राजी भी न हुए खोदने को। धन दूर हो सकता है, तुम्हारे पास कैसे होगा? तुम्हारे पास होता तो तुम खोद ही लेते। तुम्हारे भीतर होता, तो तुमने अब तक पा ही लिया होता।

और बुद्ध जैसे पुरुष निरंतर कोशिश कर रहे हैं तुम्हें जगाने की उसकी, जो तुम्हारे बिलकुल पास है। जैसे मछली के पास सागर है, वैसे तुम्हारे पास सब-कुछ है। और शास्त्र, कहीं वेद, गीता और कुरान में नहीं है, शास्त्र तो प्रतिपल जीवित है चारों तरफ; पक्षियों के उड़ने में, फूलों के खिलने में, आकाश में बादलों के तैरने में, तुम्हारी आंखों में, बच्चे के हंसने में, सब तरफ मौजूद है।

मैं एक यहूदी फकीर का जीवन पढ़ता था। उसे लोग पागल समझते थे, क्योंकि वह बातें ऐसी करता था। बातें उसकी बड़ी कीमती थीं। अक्सर संतों की और पागलों की बातें एक जैसी हो जाती हैं। क्योंकि दोनों तुम्हारी बुद्धि के पार पड़ जाते हैं। वह फकीर से किसी ने कहा कि बाइबिल के संबंध में कुछ कहो। तो उसने कहा, 'मैं क्या कहूं बाइबिल के संबंध में, सभी बाइबिलें मेरे संबंध में कहती हैं।' यह आदमी पागल मालूम पड़ेगा।

'आने वाले मसीहा के संबंध में कुछ कहो'--किसी ने कहा।

तो उसने कहा, कि 'आने वाला मसीहा मेरे संबंध में कुछ कहेगा। वह मेरे जीवन की व्याख्या करेगा। सब मसीहा मेरी सेवा में नियुक्त हैं।'

यह निश्चित आदमी पागल है। अगर कोई कहे कि कृष्ण, राम मेरी सेवा में नियुक्त हैं, तो तुम उसे पागल समझोगे ही। अगर कोई कहे कि वेद, गीताएं, उपनिषद सब मेरी व्याख्या करते हैं, तुम उसे पागल कहोगे ही। पर यह ठीक कह रहा था। यह बिलकुल ही ठीक कह रहा था। यह बिलकुल इसने तीर ठीक निशाने पर मारा है। सभी कुरान, सभी बाइबिल, सभी गीताएं, सभी वेद तुम्हारी व्याख्या करते हैं। और तुम उनमें अपनी ही खोज के लिए जाते हो। बेहतर होता तुम अपने भीतर जाते।

बुद्ध और क्या बोलेंगे?

यह बुद्ध का बिना बोले बोल दिया जाना...!

सोचना, इस पक्षी के प्रतीक को। तुम्हारे सपनों में उतर जाने देना। जब दुबारा तुम किसी पक्षी को वातायन पर बैठा हुआ देखो, रुकना; गौर से देखना, जैसा बुद्ध ने उस सुबह देखा होगा। प्रतीक्षा करना जब पक्षी गीत गाए, पंख फड़फड़ाए, और उड़े। अगर तुम ध्यानपूर्वक देख सके, अगर तुमने बिना सोचे इस प्रत्यक्ष को किया तो जब पक्षी पर फड़फड़ाएगा, तुम पाओगे कि तुम भी पर फड़फड़ा रहे हो। जब पक्षी गीत गाएगा तो तुम पाओगे, तुम्हारे हृदय में भी कोई धुन गूंजने लगी। और जब पक्षी उड़ेगा तब तुम पाओगे कि तुम भी उड़े।

जीवन तो एक है। फासले तो बहुत ऊपरी हैं। पक्षी और तुममें कोई फासला है? ऊपर की रेखाओं का भेद है। अगर तुम समग्र मन भाव से पक्षी को उड़ते देख लो तो तुम उड़ गए। अगर तुम समग्र मन भाव से एक फूल को खिलते देख लो तो तुम खिल गए। अस्तित्व एक है। तुम नाहक अपने में बंद सड़ रहे हो। तुम नाहक ही अपने को सब तरफ से बंद किए तोड़े हुए हो। अपने ही हाथों सब जड़ें तुमने काट डाली हैं।

संदेश चारों तरफ लिखा है।

शास्त्र सब तरफ खुदे हैं।

द्वार-द्वार, गली-गली, कूचे-कूचे, पत्थर-पत्थर पर वेद है। बस, तुम्हें रुक कर देखने की जरूरत है।

उस सुबह बुद्ध रुके, चुपचाप उस पक्षी की तरफ देखते रहे, पक्षी उड़ गया, और उन्होंने कहा, 'प्रवचन आज का पूरा हुआ।'

कुछ और?

ओशो, हम तो दुख से भाग कर आपके पास आए हैं और अंधकार में खड़े हैं। और आप उस परम प्रकाश के प्रतिनिधि हैं, जो बिना बत्ती और तेल के जलता है। क्या दोनों में मिलन संभव है?

मिलन तो संभव नहीं है। वही दुविधा है। अंधकार और प्रकाश का कभी कोई मिलन नहीं होता। हो भी नहीं सकता क्योंकि प्रकाश 'है', और अंधकार 'नहीं है।' तो जो है, उसका जो नहीं है--कैसे मिलन होगा? अंधकार तो सिर्फ अभाव है, अनुपस्थिति है, प्रकाश की गैर-मौजूदगी है। अंधकार अपने आप में कुछ भी नहीं है। इसलिए तुम अंधकार के साथ सीधा कुछ करना चाहो तो न कर पाओगे। कमरे में अंधेरा भरा है और तुम चाहो कि अंधेरे को हटाना है, तो तुम क्या करोगे? धक्के दोगे? पोटलियां बांधोगे? अंधेरे को बाहर उलीच कर फेंकोगे? क्या करोगे? नहीं, कुछ भी न किया जा सकेगा सीधा। तुम्हें कुछ भी करना हो तो तुम्हें दीया जलाना होगा। कुछ करना है, तो प्रकाश के साथ करना होगा। अंधेरे के साथ कुछ भी नहीं कर सकते।

प्रकाश है, अगर तुम्हें अंधेरा लाना हो तो तुम क्या करोगे? बाजार से खरीद कर अंधेरा ला सकते हो? क्या तुम अंधेरे को दीये के ऊपर गिरा कर दीये को बुझा सकते

हो? कोई उपाय नहीं। तुम दीया बुझा दो, अंधेरा वहां आ जाएगा। अंधेरा सिर्फ अभाव है। इसलिए अंधेरे और प्रकाश का कभी कोई मिलना नहीं होता।

फिर बुद्ध तुम्हें क्या समझाते हैं? बुद्ध तुम्हारे अंधेरे से अपने प्रकाश को नहीं मिलाते हैं, न मिला सकते हैं। बुद्ध तुम्हें यही समझाते हैं कि तुम्हारी भ्रांति है कि तुमने समझा कि तुम अंधेरे में हो। तुम भी बिन बाती बिन तेल जलने वाले दीये हो, तुम भी प्रकाश हो। बुद्ध केवल तुम्हें यह स्मरण दिलाते हैं, तुम कौन हो इसका। अगर तुम अंधेरे हो तब तो बुद्ध से तुम्हारा मिलना कभी भी न हो पाएगा। लेकिन तुम नहीं हो। यह सिर्फ तुम्हारा खयाल है, यह सिर्फ तुम्हारी धारणा है।

तो बुद्ध तुम्हारी धारणा भर को तोड़ते हैं। तुमने तादात्म्य कर रखा है अंधेरे से, कि मैं अंधेरा हूं। तुमने मान लिया है, कि तुम अज्ञान हो। तुमने मान लिया है, कि तुम भटक गए हो। तुमने मान लिया है, कि तुम पापी हो। ये तुम्हारी मान्यताएं हैं। बुद्ध इन मान्यताओं को तोड़ सकते हैं। और जिस दिन ये मान्यताएं टूटेंगी, उस दिन तुम पाओगे कि तुम तो चैतन्य प्रकाश हो, तुम तो चिन्मय प्रकाश हो, तुम तो सदा-सदा जलने वाले प्रकाश हो। क्षण भर को भी तुम अंधेरा नहीं थे। अंधेरा तुम हो भी नहीं सकते।

एक छोटी कहानी से तुम समझो।

एक सम्राट को उसके ज्योतिषी ने कहा कि इस वर्ष जो फसल आएगी उसे जो भी खाएगा, पीएगा, वह पागल हो जाएगा। तो तुम कुछ बचाने का उपाय कर लो। सम्राट ने कहा: 'तो पिछले वर्ष की फसल हम बचा लें।' लेकिन ज्योतिषी ने कहा कि 'वह इतनी काफी नहीं है कि तुम्हारे पूरे राज्य के लोग उससे एक साल तक जी सकें। इतना हो सकता है कि महल में रहने वाले लोग; तुम, मैं, तुम्हारी रानी, तुम्हारे बच्चे, थोड़े से लोग बच जाएं।'

सम्राट ने कहा: 'इन थोड़े से लोगों को बचा कर क्या सार होगा? और जब मेरा पूरा साम्राज्य ही पागल हो जाएगा, तो उनके बीच न-पागल होने में और भी अड़चन होगी। तो तुम एक काम करो, सिर्फ तुम पुरानी फसल को बचा लो, पुराने अनाज को; और हम सबको पागल हो जाने दो। एक ही बात पक्का रखना, तुम पागल नहीं रहोगे। तो तुम एक-एक व्यक्ति को जो भी तुम्हें मिलें, उसे हिला कर कहना कि 'तू भी पागल नहीं है। इतनी तुम कसम खा लो।'

सम्राट ने ठीक कहा। अगर पागल को स्मरण दिला दिया जाए, होश हिला दिया जाए पागल का, तो जो अन्न से गया है, वह तो शरीर पर ही होगा; आत्मा तक नहीं पहुंच सकता। वह जो बेहोशी है, बाहर-बाहर होगी; भीतर नहीं पहुंच सकती।

यह कहानी सूफियों की है, और बड़ी प्यारी है।

ऐसा ही हुआ। सारा साम्राज्य पागल हो गया। सिर्फ ज्योतिषी बचा। बड़ी कठिन उसकी यात्रा थी, क्योंकि पागलों को हिलाना बड़ा मुश्किल था। कितना ही उनको कहो, वे सुनते न थे। कितना ही चेताओ, चेतते न थे। कितना ही हिलाओ, जमे थे, हिलते न थे। लेकिन फिर कुछ लोग हिले, कुछ लोगों को याद आई। और जिनको याद आई, वह ज्योतिषी कहता, 'अब तुम भी यही करो, दूसरों को हिलाओ।' क्योंकि जो अन्न है, वह भीतर तक नहीं जा सकता; वह आत्मा नहीं बन सकता। ऊपर-ऊपर बेहोशी, तंद्रा ऊपर-ऊपर है।

जैसे कोई आदमी सो गया हो, तुम हिलाओ और वह जग जाए। तो जागरण कभी खोता नहीं; सिर्फ भीतर छिप जाता है। वासना ने, आकांक्षा ने, चाह ने तुम्हें विषाक्त किया है। तुम्हें धुएं से भर दिया है। लेकिन बस तुम्हारी देह पर ही है वह धुएं का आवरण।

प्रकाश से तुम्हारा मिलन अगर तुम अंधेरे होते तो कभी भी नहीं हो सकता था। तुम अंधेरा नहीं हो, तुम भी प्रकाश हो। तुम्हारे दीये की लौ चाहे कितनी ही मद्धिम जलती हो, उसके चारों तरफ चाहे कितना ही अंधेरा हो, वह स्वयं अंधेरा नहीं है। कोई चाहिए, जो तुम्हें हिलाए, कोई तुम्हें जगाए, कोई तुम्हें होश दे। बस, उतना होश! तत्क्षण तुम पाओगे, एक क्षण में क्रांति घट सकती है। और एक क्षण में तुम बुद्धपुरुष हो जाओगे। तुम स्वयं बुद्ध हो जाओगे।

तुम अगर अंधेरे होते तो तुम्हारी मुक्ति का कोई उपाय नहीं था। अंधेरे की कोई मुक्ति नहीं हो सकती। क्यों? अंधेरा है ही नहीं। तुम्हारी मुक्ति हो सकती है, क्योंकि तुम अंधेरा नहीं हो। बिन बाती बिन तेल तुम जल रहे हो। तुम्हारे भीतर एक दीया है, जो सदा से जल रहा है। सदा जलता रहेगा। कितना ही ढंक जाए, जैसे बादल आ जाते हैं, आकाश में सूरज ढंक जाता है। इससे कोई सूरज मिटता नहीं। जरा बादलों की परतों को हटाओ, सूरज फिर प्रकट हो जाता है। थोड़ी सी हवाएं चाहिए बुद्धपुरुषों की, कि तुम्हारे बादल छितर-बितर हो जाएं और तुम्हें स्मरण आ जाए कि तुम कौन हो!

आत्मबोध--कोई आत्मा को पैदा करना नहीं है, सिर्फ भूली आत्मा की पुनः स्मृति है, सुरति है।

तो मैं जो कर रहा हूं चेष्टा, वह तुम्हें हिलाने की है। उस हिलाने में तुम नाराज भी होते हो। क्योंकि किसी को हिलाओ, कोई सोता है उसे जगाओ, कोई मजे में विश्राम

कर रहा है, उसकी तंद्रा तोड़ो, वह नाराज होता है। शिष्य सदा गुरुओं पर नाराज होते हैं, जब तक कि वे जाग न जाएं। गुरुओं को छोड़ भी नहीं सकते, क्योंकि कहीं न कहीं गहरे तल में सरकती हुई उनको भी यह बात तो समझ में आती ही रहती है कि गुरु जो कह रहा है, ठीक ही कह रहा है।

शिष्य में दो तल होते हैं। एक तल पर तो वह जानता है, गुरु जो कह रहा है, बिलकुल ठीक कह रहा है। लेकिन एक तल पर वासनाएं मन को पकड़े हैं, और वह सोचता है, थोड़ी देर और सो लेते तो क्या हर्ज था? सपना बड़ा मधुर था, मीठा था और सपना बीच में तोड़ दिया। थोड़ी देर सो लेते तो क्या हर्ज था, इसलिए नाराज भी होता है।

शिष्य का एक तल गुरु से लड़ता है, और शिष्य का एक तल गुरु को छोड़ भी नहीं सकता।

इसलिए जब भी तुम सदगुरु के पास पहुंच जाओगे, बड़ा संघर्ष पैदा होगा। आधे से तुम भागना चाहोगे, हटना चाहोगे, बचना चाहोगे। तुम सब उपाय खोजोगे कि कैसे निकल भागें? और आधे से तुम रुके रहोगे, वापस बार-बार लौट जाओगे। भागोगे तो भी वापस आ जाओगे। क्योंकि आधा कहेगा, कहीं और जाने का कोई अर्थ नहीं। वह मंजिल आ गई, जिसकी तलाश थी।

गुरु पूरा एक है; शिष्य आधा-आधा है। शिष्य दो है, द्वैत है।

पर तुम्हारे भीतर जो व्यर्थ है, उससे ही छुटकारा दिलाना है। तुम्हारे भीतर जो सार्थक है, ताकि वह अपनी पूर्णता में, स्वच्छता में, प्रकट हो जाए। तुम्हें आग में डालना ही होगा, ताकि कचरा जल जाए और तुम्हारा स्वर्ण निखर आए। स्वर्ण तो जलता नहीं, सिर्फ निखरता है। तुम्हारा प्रकाश तो प्रकट होगा, तुम्हारा अंधेरा भर खो जाएगा।

जीसस ने कहा है: 'तुम जो नहीं हो, वही मैं तुमसे छीन लूंगा, और तुम जो हो, वही मैं तुम्हें दे दूंगा।' वचन विरोधाभासी लगता है, पर यही सत्य है: वही तुम से छीन लूंगा, जो तुम नहीं हो। तुमसे मैं भी वही मांगता हूं, जो तुम नहीं हो। क्योंकि उससे तुम्हारा छुटकारा हो जाए, तो वह प्रकट हो सके, जो तुम हो। और इस क्षण भी अभी, यहीं, वह बाती, वह दीया तुम्हारे भीतर जल रहा है जो अकारण है। जिसका तेल कभी चुकेगा नहीं, क्योंकि तेल नहीं है। जिसकी बाती कभी बुझेगी नहीं, क्योंकि बाती नहीं है। सिर्फ ज्योति है, सिर्फ प्रकाश है। वह शुद्ध प्रकाश तुम्हारा स्वभाव है।

अंधेरे से प्रकाश का मिलना कभी नहीं होता।

क्या तुम सोचते हो उस सिंह से, उस दूसरे सिंह की भेड़ का मिलना कभी हुआ? उस दूसरे सिंह की जो भेड़ थी, झूठी थी; थी ही नहीं, मिलने का कोई सवाल नहीं आता। मिलन तो दो सिंहों का हुआ। भेड़ का, सिंह का मिलन कैसा? भेड़ तो वहां थी भी नहीं। लेकिन इस सिंह ने क्या किया? उस भेड़ बन गए सिंह को जगाया, चौंकाया, हिलाया, डुलाया।

सूफी फकीर बायजीद अपने शिष्यों से कहता था, जब तक तुम्हें जगा ही न दूं तब तक मैं तुम्हें सताए ही चला जाऊंगा। और तुम भाग न सकोगे। मैं तुम्हारा पीछा करूंगा। मैं प्रेत की तरह तुम्हारे चारों तरफ घूमूंगा, जब तक तुम जग ही न जाओ! और जिस दिन तुम जग जाओगे, तुम्हें दूसरों के पीछे लगा दूंगा, तुम इनको जगाओ।

सारी पृथ्वी ने वह फसल खा ली, क्योंकि वे बेहोश हैं। कभी-कभी कोई एकाध आदमी उस फसल के विषाक्त भोजन से बच जाता है। उन्हीं को हम बुद्ध कहते हैं, कृष्ण कहते हैं, क्राइस्ट कहते हैं। वह तुम्हें जगाए चला जाता है। वह तुम्हें कुछ देने वाला नहीं है, जो तुम्हारे पास है, उसी के प्रति तुम्हें सजग कर देने वाला है।

आज इतना ही।

www.ingramcontent.com/pod-product-compliance
Lightning Source LLC
LaVergne TN
LVHW100619051026
849519LV00001B/54
* 9 7 8 9 3 5 6 8 4 7 8 6 6 *